国家重大建设工程关键技术丛书

上跨铁路营业线站改高架钢结构整体顶推及落梁施工技术

中铁建设集团有限公司 主编

中国建设科技出版社

北 京

图书在版编目（CIP）数据

上跨铁路营业线站改高架钢结构整体顶推及落梁施工技术 / 中铁建设集团有限公司主编. -- 北京：中国建设科技出版社，2024.9. --（国家重大建设工程关键技术丛书）. -- ISBN 978-7-5160-3342-5

Ⅰ. U291.1

中国国家版本馆 CIP 数据核字第 2024TM1354 号

上跨铁路营业线站改高架钢结构整体顶推及落梁施工技术
SHANGKUA TIELU YINGYEXIAN ZHANGAI GAOJIA GANGJIEGOU ZHENGTI DINGTUI JI LUOLIANG SHIGONG JISHU
中铁建设集团有限公司　主编

出版发行：中国建设科技出版社
地　　址：北京市西城区白纸坊东街 2 号院 6 号楼
邮　　编：100054
经　　销：全国各地新华书店
印　　刷：北京雁林吉兆印刷有限公司
开　　本：787mm×1092mm　1/16
印　　张：21.75
字　　数：500 千字
版　　次：2024 年 9 月第 1 版
印　　次：2024 年 9 月第 1 次
定　　价：88.00 元

本社网址：www.jccbs.com，微信公众号：zgjcgycbs
请选用正版图书，采购、销售盗版图书属违法行为
版权专有，盗版必究。 本社法律顾问：北京天驰君泰律师事务所，张杰律师
举报信箱：zhangjie@tiantailaw.com　　举报电话：(010) 63567684
本书如有印装质量问题，由我社事业发展中心负责调换，联系电话：(010) 63567692

本书编委会

主任委员：梅洪亮　赵向东

委　　员：钱增志　吴永红　沈天丽　乔聚甫　方宏伟　李宏伟
　　　　　　韩　锋　王　硕　李长勇　周大兴　刘得江　郝　凯
　　　　　　蒋亚铭　郭旭东　苟少谦　李双来　程先坤　李英杰
　　　　　　孙玉龙　张光松

主　　编：李宏伟　韩　锋　姚锦宝

副 主 编：王　硕　康宽彬　刘伟忠

参　　编：李海龙　崔现良　姜兰潮　李晓阁　夏佳霖　马水生
　　　　　　龚　睿　周　健　赵彦斌　孙友国　徐春山　史念嘉
　　　　　　杨金涛　余　洋　潘　东　余桂爱　廖章良　陈仁强
　　　　　　郭德平　支乐乐　卢　经　蔡　鹏　赵　聪　郑　浩
　　　　　　刘怀宇　李健雄　康振琴　张淼淼　胥孝文　张亚飞
　　　　　　李营军　王成飞　姜　帅　何欣武　陈江波　李侠义
　　　　　　张保权　马　振

前　　言

中铁建设总承包公司负责庐山站改工程，项目部通过与北京交通大学等多方合作，针对大型钢结构采用顶推营业线施工过程中潜在的施工难题，研究跨越营业线过程中的智能施工技术、智能安全控制与安全评估技术，以及大型钢结构跨越营业线施工的关键施工技术，进行了大量的技术攻关，形成了一整套的跨线顶推施工的关键性施工技术成果。庐山站顶推施工意义如下：

（1）安全性能好，工艺可控性能强；

（2）对运营影响小，施工效率较高；

（3）全国乃至世界首例如此大规模的上跨繁忙干线整体顶推，可推广用于类似跨线站改工程。

老站改造已成为国内站房建设的一个趋势，庐山站几乎囊括了站改工程中所有能遇到的重难点，庐山站顶推施工不同体系结构上跨营业线施工过程中，解决了许多新的关键施工技术和安全性保证问题。当前，针对跨营业线顶推施工未形成相应的施工规范（规程）或标准，导致各建设单位在跨线顶推施工领域中无据可依，使得大体积钢结构体系跨线顶推施工工艺无法更好地推广和应用，在一定程度上制约了顶推施工工艺的发展。

本书通过收集整理国内外相关文献、规范及规程，对现有的顶推施工、跨越既有线铁路车站设计以及研究的相关成果进行广泛资料收集与深入现场进行工程调研，总结研究现状、最新研究成果，以庐山高铁二期站房工程为依托，从铁路营业线站房跨线施工现状发展、顶推及落梁设计与安全性分析、施工过程、控制、监控以及安全管理与环境保护等方面进行《上跨铁路营业线站改高架钢结构整体顶推及落梁施工技术》的编写。

编者
2023 年 4 月

目 录

第1章 绪论 1
1.1 铁路站房跨线施工现状 1
1.2 顶推及落梁施工的发展 5
1.3 庐山站结构工程概况 15
1.4 本书基本内容 18

第2章 顶推及落梁临时结构设计 19
2.1 顶推及落梁设备选型与计算 19
2.2 顶推及落梁临时结构设计与计算 22

第3章 顶推及落梁装置与安装 45
3.1 顶推及落梁施工装置与安装 45
3.2 顶推及落梁同步装置与安装 64
3.3 顶推及落梁支撑体系与转换 66
3.4 顶推及落梁动力与控制系统 79
3.5 顶推及落梁设备带荷试验 81

第4章 顶推及落梁施工 82
4.1 顶推及落梁施工准备工作 82
4.2 顶推及落梁临时结构施工 92
4.3 钢结构的拼装与顶推 115
4.4 钢结构的落梁 131
4.5 临时结构的拆除 134

第5章 顶推及落梁施工过程控制 146
5.1 顶推及落梁过程中结构的横向偏位及控制 146
5.2 顶推及落梁过程中结构的局部稳定性 152
5.3 顶推及落梁过程中不同结构同步性控制 155

第6章 顶推及落梁施工监控 176
6.1 顶推及落梁施工的监控内容 176
6.2 顶推及落梁施工监控系统 178

6.3 顶推及落梁施工智能化监测平台 ·· 181

第7章 顶推及落梁施工安全性分析 　　215

7.1 顶推结构物关键部位风洞实验 ·· 215
7.2 顶推及落梁施工过程安全性分析 ·· 226
7.3 极端荷载作用下顶推及落梁安全性分析 ·· 261

第8章 顶推施工安全管理与环境保护 　　273

8.1 顶推及落梁施工风险管理 ·· 273
8.2 顶推及落梁施工安全管理 ·· 277
8.3 顶推及落梁施工环境保护 ·· 287
8.4 顶推及落梁施工智能化风险与安全管控平台 ·· 288

附录A 　　292

A.1 各风向下模型的平均风压系数分布云图 ·· 292
A.2 各风向角下模型的平均风压系数具体值 ·· 300
A.3 数值模拟平均风压系数分布云图 ·· 312

附录B 　　320

B.1 三次顶推完成后结构内力图和变形图 ·· 320
B.2 极端温差作用下结构内力图和变形图 ·· 322
B.3 第一次顶推完成后强风作用下结构空间变形图 ·· 326
B.4 第二次顶推完成后强风作用下结构空间变形图 ·· 329
B.5 第三次顶推完成后强风作用下结构空间变形图 ·· 334

参考文献 　　339

第1章 绪 论

1.1 铁路站房跨线施工现状

随着我国高铁建设的飞速发展，钢结构在铁路站房的建造中担任着越来越重要的角色。为了满足大空间、复杂造型等构造建筑需求，大跨度钢桁架、钢网架等结构被越来越广泛地应用。由于钢结构施工专业性较强、施工难度大、安全风险高、质量标准严，故钢结构安装往往是铁路站房施工的重点和难点。

为保证施工工期，降低安全风险，提升工程质量，大跨度屋盖钢结构的安装方法早已不局限于传统钢结构的吊装思维，而衍生出了滑移、整体提升、整体顶升等多种新的施工技术，需围绕整个工程的各项目标综合考虑，以便选择更加合理的钢结构施工方案。

1.1.1 高空散装法

高空散装法在作业中适用于网架、网壳等结构的拼装。该法的优点是主要依靠人力施工，对于起重机械设备的要求不高，适用条件宽泛。缺点是在施工时由于需要搭设大量脚手架，因此需要占用较大的施工空间，可能会影响场地平面布置及材料的堆放；其次，由于是人力施工，所以作业持续时间长，可能会影响工期；最后，高空作业多，且主要是人力施工，所以安全风险高。

该法在施工作业中，应留意下述问题：

（1）为保证结构在拼装完成后能达到受力负荷的要求，拼装的精度是重中之重，应尽力规避因每次拼装误差导致累积误差超限从而影响其正常功能的使用，基于此，需要事先确定结构的安装顺序。由于需要高空作业，且施工场地环境复杂，所以应根据结构形式、支承类型、施工场地条件以及施工机械设备的性能与施工人员的专业素质等因素综合考量安装顺序。

（2）该法施工需要搭设脚手架，为保证施工安全，需要对脚手架支撑体系进行稳定性及承载能力验算，使其满足安全施工要求。

（3）为保证结构拼装精度，放样测量时应精准定位基准轴线位置，对标高及垂直偏差严格把控，确保与施工图一致。拼装过程中加强测量，确保拼装的精密性，确保拼装累积偏差指标符合设计要求；在拼装过程中若发现单元拼装偏差超出规定限值，应及时纠正。

（4）确定合理的网架支座落位措施。

1.1.2 分段或分块吊装法

分段或分块吊装法是指将结构按照一定要求进行划分，由起重设备吊装至设计位置，继而完成高空对接拼装，从而形成整体的安装方法。

结构的划分需综合考虑现场平面布置、起重设备的起重能力、构件自身形状及受力要求进行确定，所划分的拼装单元必须保证足够刚度，以此确保吊装过程中吊装单元的自身稳定性及拼装过程中构件变形不可超过限值。一般而言，桁架结构的分段位置不宜在跨中，网架结构可采用分块或分条的安装方法。该法对起重设备依赖性较大，应用要求较高。在拼装过程中，主要依靠起重设备将拼装单元吊至预定位置，再依靠人工进行拼接，属于人-机混合作业形式。同时，该法在实施时也需搭设脚手架，因此也需对脚手架稳定性及承载能力进行验算。

1.1.3 整体吊装法

整体吊装法是在地面将钢结构拼装成一个整体后，采用一台或者多台起重机械进行吊装就位的施工方法。该法的优势在于钢结构的拼装位于地面，避免了高空作业风险，同时便于施工操作，易于保证施工进度，不耽误工期。但由于该法要求整体吊装，对起重设备的起重能力及其在水平面和垂直面的移动能力要求很高，且对吊装人员技术要求较高。为保证起重机械的正常作业，对施工空间要求较高，会大量占用施工场地，不利于其他材料的堆放。同时，在最后的吊装工作中，构件已拼接完毕，自重较大，有一定风险。对于网架等结构来说，整体吊装法的施工重点在于网架同步上升的控制以及在空中移动的控制。在一些中、小型网架工程中，一般采用多台吊车抬吊或拔杆起吊方式，也可采用一台起重机起吊就位。

1.1.4 整体提升法

整体提升法是将钢结构安装单元在地面或者适宜的楼层平面进行拼装，待拼装完毕后利用爬升系统将构件沿垂直方向提升至设计标高处的一种安装方法。该方法的优点是拼装工作在地面或者平面进行，有利于控制拼装精度，保证构件拼装后达到预期效果；采用爬升系统，无须大型起重设备，对施工空间要求不高，节省大量施工空间。该方法的缺点是移动性能差，只能在预设路径上进行平行移动；其次，不适宜负载的拼装工程。一般而言，提升安装可采用卷扬机或人工绞盘提供提升力，钢丝绳承重。对于同步性要求较高的结构，宜采用计算机控制的液压千斤顶提供提升力，钢绞线承重。提升安装需要提供反力的结构，工程中可以利用永久结构作为支承架；无永久结构可利用时，可以采用临时支承架进行辅助。

1.1.5 整体顶升法

整体顶升法与整体提升法类似，区别在于：
（1）当需要吊配安装的设备位于起重设备下部时称为整体提升，当需要吊配安装的设备位于起重设备上部时称为整体顶升。
（2）当使用整体提升法施工时，所用到的起重设备一般是卷扬机；而当使用整体顶升法施工时，一般采用螺旋千斤顶或者液压活塞式千斤顶。

1.1.6 滑移法

滑移法是指在地面或者具备拼装条件的位置将拼装单元组装成局部构件或者整体构

件，再将已经拼装好的局部构件或整体构件运至预先设置好的滑移轨道上并固定好，随后将其滑移至预计位置，最后将局部构件整装拼接完毕。该法的优点是：在施工过程中，起重设备位置比较固定，无须占用过多施工场地，节省施工空间；利用轨道进行构件滑移，保证了构件的精准定位，便于构件的平行移动，可有效减少施工时间、保证工期；临时支撑数量少，作业平台固定，有利于保证施工安全，降低风险。该法的缺点是：进行轨道滑移时容易引起构件变形，从而影响后期整体安装精度；整体施工过程较复杂，对施工人员素质要求较高。为保障整体拼装精度，滑移构件应具有足够的强度、刚度及稳定性，使其在移动过程中不产生过大的变形，在后期拼装时不改变原结构的受力状态。对大跨度桁架结构而言，可采用逐榀滑移、节间整体滑移和累积滑移等方法。

按滑移对象的不同，可将滑移施工法分为结构滑移法和胎架滑移法。结构滑移法是指起重设备保持原位不动，滑动局部构件完成施工的滑移方法，包括单元分块滑移法和单元累积滑移法；胎架滑移法是指保持局部构件不动，将起重设备置于滑移轨道上进行移动式施工的方法。

按滑移方式，滑移法可分为单条滑移法和逐条累积滑移法。单条滑移法是指一次性将轨道铺设完毕后再进行滑移的施工方法，逐条累积滑移法是指完成一段滑移施工后再将轨道铺至下一个施工段的施工方法。

按照滑移过程中摩擦方式的不同又可分为滚动式滑移和滑动式滑移两种。

按滑移轨道布置方式，滑移法又分为直线滑法和曲线滑法。

按照牵引力作用方式，滑移施工法可分为牵引法滑移和顶推法滑移。牵引法滑移是指将构件置于滑移动力设备的后方，通过滑移动力设备的牵引使其滑动，构件承受拉力作用；顶推法滑移是指将构件置于滑移动力设备的前方，通过滑移动力设备的推动使其滑动，构件承受压力作用。

1.1.7 整体张拉法

整体张拉法是指利用一定数目的液压千斤顶将索同步张拉至合理标高的一种施工方法，特别适合应用于大型索膜结构的安装。

1.1.8 网壳结构外扩法

网壳结构外扩法一般适用于大型网壳结构的拼装施工，首先将结构主体网壳部分在地面或者有施工条件的平面上进行拼装，随后将该部分通过起重设备提升至一定高度后再拼接其周围部分网壳，反复进行这一步操作直至网壳结构全部拼装完毕。该法的优点是：由于主体结构拼装部分在地面或者有条件处完成，施工精度能得到有效保障，继而使结构的质量更有保证；在提升过程中完成周围部分拼装工作，节省了大量临时支撑体系，不仅降低了成本，同时也降低了安全风险。该法的缺点在于施工时间耗时较长，容易影响工期。

1.1.9 悬臂安装法

悬臂安装法主要应用于桥梁工程或小型、结构简单的空间结构施工中。首先将主体结构或承重结构部分预先拼装好并安装至设计位置，随后以其为工作平面安装后续结构单元。该法基本不用搭设临时支撑体系，不但可以缩减造价成本，对称施工方法的应用还可缩短工期。该法的缺点是高空作业较多，对施工人员的人身安全不利；由于是高空作业，施工质量难以保证，容易产生由于拼装精度不高导致出现较大次应力，如图1.1.9所示。

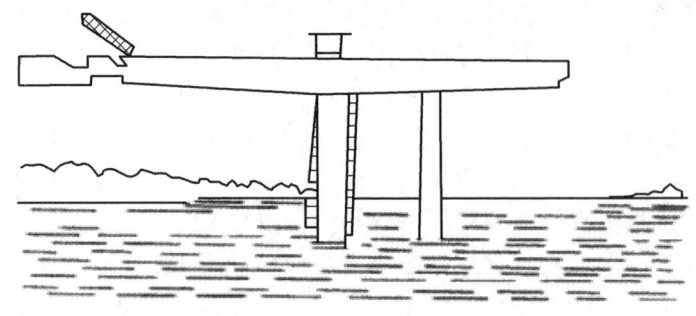

图1.1.9 悬臂安装法

1.1.10 折叠展开施工法

折叠展开施工法是指在施工时通过去掉部分杆件，将整体结构变成一个可折叠的结构体系，设置临时铰接点，再利用起重设备将其提升至设计位置，最后去除临时铰接点后补齐施工前拆除的部分杆件使结构成型。施工示意图如图1.1.10所示。

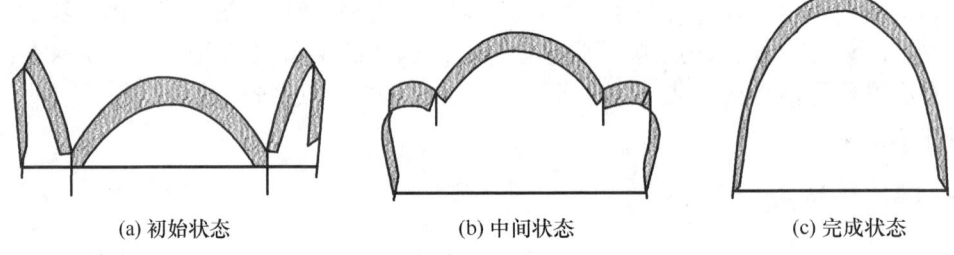

(a) 初始状态　　　　　　　(b) 中间状态　　　　　　　(c) 完成状态

图1.1.10 折叠展开施工法示意图

1.1.11 混合安装法

混合安装法是指采用两种或两种以上的钢结构拼装施工的方法。该法的出现是为了满足钢结构工程的日趋大型化、复杂化的要求，通过结合不同施工方法的优势，如焊接与螺栓连接的灵活应用，或预制构件与现场加工的有机结合，旨在提高施工效率、增强结构稳定性和适应更复杂的设计需求。但是混合安装法的实施对施工企业的硬件和软件条件要求较高。

1.1.12 攀达穹顶法

攀达穹顶法是日本法政大学川口卫教授首先提出的，通过拆除部分杆件使结构处于一种"可折叠状态"，拼装完成后顶升至设计标高，连上未安装杆件，形成稳定的几何不变体系。攀达穹顶体系已经成功应用于神户世界纪念堂、西班牙巴塞罗那奥林匹克体育场主场馆、日本大阪浪速穹顶体育馆、日本奈良大会堂、新加坡国家体育场及日本福井太阳穹顶等。

1.1.13 索穹顶结构施工技术

索穹顶结构施工技术是将索杆系经由初始无应力组装状态向低应力松垂状态转变,并最终向高应力成型状态转变的施工技术。国内主要有北京市建筑工程研究院有限责任公司王泽强等基于国内最大的索穹顶结构(直径 71.2m 的内蒙古自治区伊金霍洛旗全民健身活动中心索穹顶),提出的地面整体拼装整体同步提升外脊索和外斜索的安装方法。索穹顶施工有四个方面的关键技术:结构施工偏差及构件尺寸精度控制、结构安装成型方法、预应力张拉技术、施工过程仿真分析与监测控制技术。具体施工分为 9 步:①安装内拉环,地面搭设拼装平台并安装环索和索夹;②安装脊索体系;③拼装内斜索;④安装中撑杆;⑤安装中斜索;⑥安装外撑杆;⑦外斜索安装;⑧安装外脊索销轴;⑨安装外斜索销轴。东南大学罗斌、郭正兴等基于无锡市高新区科技交流中心 24m 索穹顶结构提出了索穹顶无支架提升牵引施工方法,该施工方法在地面组装内拉环和脊索网,随后提升牵引,在低空组装其他索杆系;以外压环为支座利用工装索交替提升内拉环和牵引外脊索,直至外脊索与外压环连接就位,对外斜索同步张拉结构成型。凤凰山体育公园足球场为索穹顶结构,如图 1.1.13 所示。

图 1.1.13 凤凰山体育公园足球场

1.2 顶推及落梁施工的发展

顶推法施工是桥梁施工中常用和重要的施工方法之一,国内外依照此方法已成功修建了许多桥梁,其工艺成熟、历史悠久,现已成为常用的固定工法。顶推法架梁是梁体在桥头逐段浇筑或拼装,用千斤顶纵向顶推,使桥梁通过各墩顶的临时滑动支座面就位的施工方法。施工原理如下:沿桥纵轴方向在桥台后设置预制场,分阶段预制拼装梁体或整体制造梁体,通过水平千斤顶施力,借助由聚四氟乙烯模压板与不锈钢板特制的滑移装置,将梁体逐段向前顶推,就位后落梁并更换正式支座,从而完成桥梁施工。

顶推施工方法的雏形来自早期钢桥的拖拉法、导梁拖拉法、纵向连接拖拉法等。1959年,莱昂哈特(Leonhardt)教授在建造奥地利的阿格尔(Ager)桥时首次使用顶推施工法;1963年,在委内瑞拉卡罗尼河桥顶推施工中引入了导梁和辅助墩。1964年,顶推法得到进一步改进,采用了分段预制、逐段顶推、逐段接长、连续施工的工艺。此后,意大利、法国、奥地利和日本等国相继采用顶推法施工建造了多座连续梁桥。

1977年7月建成的西安—延安狄家河桥是我国第一座采用顶推法施工的桥梁，为4m×40m预应力混凝土连续梁桥口。全桥共划分为41个预制节段，然后利用单点顶推工艺，梁前段设置钢导梁，导梁长度为30m。

2013年，汪健等以蚌埠市大庆路淮河公路桥顶推施工为背景，分别采用传统的拖拉式顶推和步履式顶推方法对工程进行研究。通过对比，得到适合工程条件的优化方案。刘召宁以跨越湟水河和通行线路的通海路立交桥主桥钢箱梁顶推施工为工程背景，解决了高桥墩、大跨度、大断面、独塔钢梁跨越既有线架设的问题，开辟了钢箱梁安装的新思维和新方法。

2014年，阎永风依据沈阳绕城高速公路后丁香大桥钢箱梁顶推施工，对顶推施工过程中拼装平台的搭设、钢箱梁的拼装、临时墩设置、导梁拼装、顶推设备布置、顶推步骤、落梁一整套系统进行了论述。2014年张云瑜根据既有线施工实际情况，采取每榀主桁架在加工厂分节制作方式，运至施工现场后拼装成统一整体后，进行整幅桁架空中转体整体吊装。

2015年，余茂峰对钢箱梁顶推施工过程中顶推线形、导梁线形和支墩标高等关键技术进行了研究，结合其受力特征，提出钢箱梁的整体设计要点及局部加强设计要点；通过对施工方案和监控，提出了邻近既有线高墩的施工方法及墩身模板改进的施工方法，保证了既有线的安全行车，又缩短了工期，取得了良好的经济效益。

2016年，李雁鸣对沈阳绕城高速改扩建大桥工程采用步履施顶推法施工进行了研究。该桥跨越铁路，跨度为38m+61m+61m+43m，对其落梁技术进行了研究，并利用ABAQUS软件进行了最不利工况下的设计和验算，保证了施工安全。

2017年，Chai等的研究表明，大跨径桥梁采用顶推法施工存在可行性研究不足的问题，以主跨180m的大跨度桥梁为研究背景，用有限元法分析了无支墩顶推法施工的可行性，得到顶推长度为100m或者120m时，桥梁的强度和稳定性均能满足工程要求，顶推法施工在理论上是可行的。

2018年，陈卓基于横向四滑道步履式顶推的宽幅箱梁与顶体支撑接触区域的局部受力特性缺乏研究，依托泸州沱江四桥宽幅钢箱梁步履式顶推施工为背景，采用"单步模数搜索法"和"梁段调整法"以及结合有限元软件建立了"梁-壳-实-接触"混合的有限元模型进行分析，对钢箱梁的局部受力状态和顶推同步控制策略等方面进行了研究。

2019年，马琼锋针对变截面钢箱梁顶推施工，提出一种新型顶推施工技术，克服了变截面顶推施工技术的难题，使得变截面钢箱梁具备高精度线形，同时采用了自适应控制技术和智能化监测系统，增强了顶推施工的多点同步性和整体安全性。

2020年，赵毅提出了应加强对钢箱梁结构的重视程度，并应根据钢箱梁施工技术的要点严格施工，从而增强顶推施工过程中及使用中的质量。

2021年，陈君等综述了近几年国内步履式顶推施工技术，对步履式顶推施工的特点、钢箱梁局部受力、预应力混凝土梁受力、施工控制等方面进行了介绍，指出了设备系统同步、钢箱梁局部受力问题，以及顶推过程中多参数控制是需要进一步研究的方向。

2022年，中铁九局集团的一种跨既有线钢结构桁架天桥整体吊装施工工法，整体吊装采用大吨位履带吊，避免了吊装设备过多而导致的配合不协调问题，便于安全控制（在既有线每天天窗点内精确施工任务时间，减小了对既有线的正常运行的干扰）。

2022年，江东亚在莱阳站天桥工程中，对高铁车站跨线天桥施工技术展开了研究。采用大型起重设备整体吊装天桥就位，拼装期间不影响蓝烟线正线正常运营，吊装就位采用天窗点施工。

1.2.1 顶推法分类

1. 按顶推的动力装置数量分类

（1）单点顶推

单点顶推的施工方法主要是将顶推装置集中在主梁梁段的预制场地附近的桥台或者桥墩上，然后将滑动支座设置在前方墩的各个支点上。这种施工方法使用的设备数量少且易于集中和同步施工，但缺点是功率以及墩台的受力都比较大。顶推装置是沿箱梁两侧的牵动钢杆通过水平千斤顶给预制梁段一个顶推力，再联合水平和竖直千斤顶将预制梁段顶推前进。主要的工序为：顶梁→推移→竖直千斤顶落下→水平千斤顶的活塞杆收回。由于顶推装置主要集中在台后而滑动支座都设置在前方各支点上，因此滑块可以在不锈钢板上不断地滑动并且在前方滑出，然后不断在滑道的后方楔入下一块滑块，梁身就可前进。图 1.2.1-1 为单点顶推施工示意图。

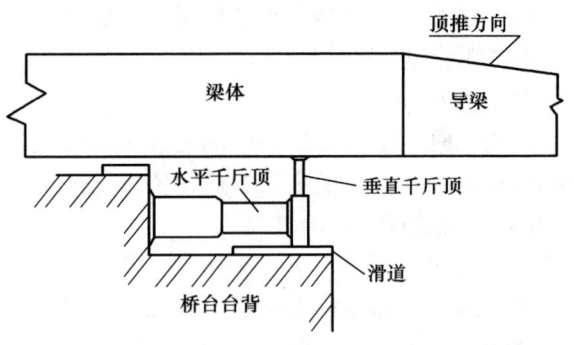

图 1.2.1-1　单点顶推施工示意图

（2）多点顶推

多点顶推的施工方法主要是在每一个墩上都加设一对小吨位的水平千斤顶，这样顶推力就不会集中而是分散到了各个墩上。多点顶推的施工关键主要是同步。为了保证同步进行施力操作，应该采用一套液压、电路相结合的控制系统，保证集中控制、分级调压，从而实现同时启动、同步前进以及同时停止操作。从安全角度考虑，采用这种方法必须设置意外急停措施，即应在各机组以及观测点上设置一个触发急停按钮，只要按下任意一个触发急停按钮就能同时停止全部机组的工作。这种顶推方法使得每个桥墩承受的水平力推力因分散而变小，因此十分适用于柔性墩。近几年，拉杆式的多点顶推方法在我国逐渐普及，这不仅归因于多点顶推的上述特点，还因为其所需的顶推设备吨位小，比较容易获得。对于多联桥的顶推，可以

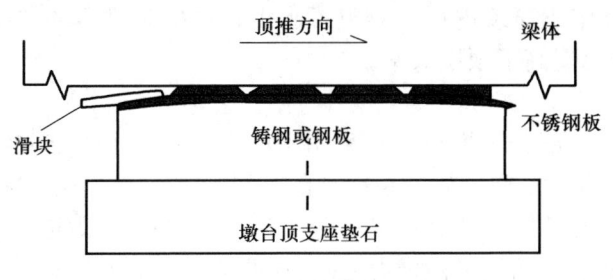

图 1.2.1-2　多点顶推示意图

采用先分步顶推然后再通联就位的方式，也可以采用先联结然后再一起顶推的方式。图 1.2.1-2为多点顶推施工示意图。

2. 按支承系统分类

（1）设置临时滑道支承装置的顶推方法

这种顶推方法主要是在永久和临时的墩台上设置临时的滑道装置然后进行顶推,当梁体就位后再次起梁,用支座等装置替换最初设置的滑道后再落梁。显而易见,这是一项非常复杂的工程,起梁、落梁的过程必须有专业的设计程序来确保梁体和整个工程的质量和安全。采用这种顶推方法要注意永久墩台的支承垫石顶面的标高必须要符合设计的要求。现在我国大部分公路桥梁的顶推施工都是采用设置临时滑道支承装置的方法。

(2) 永久支承兼用滑道的顶推方法

这种顶推方法是在一些条件适合的工程中将永久支座做一些临时处理后兼作顶推的临时滑道,在顶推完成后再起梁拆除临时滑道,然后落梁。目前在国外已经出现了简化起、落梁施工工序的施工方法——RS施工法。这种施工法是由厚度仅为0.6mm的极薄不锈钢带以及厚度为3mm的橡胶做成的连续滑板进行自动循环,从而简化施工。采用这一方法的代表性桥梁建筑是日本的秩父跨线桥（29.3m+50m+29.3m,PC连续梁）。

3. 按顶推方向分类

(1) 单向顶推

单向顶推就是仅在桥的一端安设制梁台座,然后进行梁段的分段预制再逐段顶推直到全部桥体就位。在顶推多联的连续桥梁梁体时,首先需要将两联临时连接,在全部桥体就位后再拆除临时连接。

(2) 双向顶推

双向顶推,即在桥两端的台后分别设置一个制梁台座,同时进行梁体的分段预制,然后逐段顶推。因此,这种顶推方式必须解决两联梁体就位前的导梁处理问题。比较常见的解决方式是先按照常规的就位方式让第一联梁体就位,然后将第二联梁体顶推到合适的位置,这时将导梁移位到梁体的顶部,让第二联梁体的导梁在第一联梁体的顶部滑行移动。这种顶推方法要求的设备数量比一般顶推方法多,因此一般只考虑在桥梁较长且工期较短的情况下使用。

4. 按动力装置的类别分类

(1) 连续顶推

自从长沙湘江北大桥西延铁路刘家沟大桥采用串联穿心千斤顶、钢绞线束、自动工具锚、拉锚器体系实现了连续顶推以后,许多桥梁的顶推施工都采用了这一新工艺。它通过千斤顶的连续工作,使一段梁体的顶推作业连续进行,避免了步距式顶推时梁体的"爬行"现象及其对墩台的反复冲击,同时也提高了顶推效率。

(2) 步距式顶推

自从1990年广北立交桥建成以后,大部分顶推桥梁均采用串联穿心千斤顶、钢绞线束、自动工具锚、拉锚器体系作为顶推动力装置。为了使多台千斤顶同步运行,采用主控台控制各个泵站的方式来操纵千斤顶,既可集中控制,又可分级调压,也可以限定差值(各墩台设计允许的水平推力与施加给各墩台的不平衡推力之差)。但是,由于步距式顶推是以水平千斤顶的工作行程为一个顶推步距,当水平千斤顶回程时,梁体便停止前移。对于墩台而言,每一个顶推步距都将经历从静摩擦到动摩擦再到停止的过程,墩台顶部的位移也随之从零—最大—较小—零这样周而复始的变化。同时,每当顶推力克服了静摩擦力时,梁体便突然前移,而由于动摩擦力比静摩擦力小,水平千斤顶的油压随之下降,梁体前移速度也随之减慢,这就是梁体爬行现象。它对柔性高墩的安全存在严重威胁,因此,出现了连续顶推新工艺。

5. 按箱梁节段的成型方式分类

(1) 预制组拼，分段顶推

这种方法是先在桥台的后方设置梁体的预制场地和存放场地以及拼梁线，再根据预先的设计将整个梁体按照顶推的单元划分成若干份进行预制，然后再在拼梁线上进行组拼，接着张拉预应力形成一个整体梁体，最后再进行顶推。这是一种在桥台后的场地条件优越，并且具备了自行运输以及就地组拼的能力，同时工期比较短的情况下可以考虑的极佳的施工方案。

(2) 逐段预制，逐段顶推

这种方法是先在桥台的后方设置梁体的预制场地，然后再根据预先的设计将整个梁体按照顶推的单元划分成若干份，每一份为一个预制的基本节段，接着在预制场地上进行节段梁体的制作。完成一段梁体的预制后，通过顶推滑道以及各个千斤顶的作用，在前一段预制好的梁体离开预制台座后紧接着进行下一段梁体的预制，然后再进行新一轮的顶推。重复以上工序，最后将梁体逐步顶推到对岸。

1.2.2 顶推法施工现状

1. 拖拉式顶推法

顶推法随着材料、设备（下斤顶、步履式千斤顶）和数值模拟技术等的发展，其施工工艺日趋成熟，应用前景日趋广阔。作为目前常用的桥梁施工方法之一，顶推法的构思源于19世纪早期钢结构桥梁施工所采用的纵向拖拉法。具体施工步骤为：在顶推平台上分节段预制主梁梁段，将预制成型的梁段按设计标高连成整体（预应力筋张拉或焊接），通过千斤顶施力，借助滑道上的钢板和滑块组成的滑道装置，将已拼梁段顶进、再拼装（浇筑）、再顶进，待全部梁段顶推就位落梁后完成施工。

"拖拉式多点连续顶推法"是目前国内外桥梁顶推施工中较为常用的传统施工工艺。其原理是通过布置在各个桥墩（临时墩）上的液压千斤顶拖拉连接梁底的钢绞线进而带动梁段在临时墩墩顶设置的滑道上向前移动。拖拉式顶推系统主要由滑道系统、牵引系统、限位纠偏系统组成。滑道系统主要由滑道梁、垫梁、分配梁组成；牵引系统由千斤顶、钢绞线和拉锚器组成；纠偏系统采用穿心千斤顶，通过张拉牵引来调整钢箱梁横向位置（图1.2.2-1）。

顶推法于1959年第一次成功应用在一座PC连续梁（Ager Bridge）的施工中，该方法的首创者为莱昂哈特博士和鲍尔教授，从此该方法在桥梁建设上得到迅速发展。1963年，顶推法再次在委内瑞拉的卡罗尼河（Caroni）桥顶推施工中成功运用，该桥为预应力混凝土连续箱梁，全长480m。施工中首次使用了临时墩与导梁，顶推跨径为48m。该桥被认为是真正意义上采用顶推法施工的桥梁，顶推过程照片如图1.2.2-2所示。

此后，顶推法在欧洲地区和日本得到应用与发展，主要应用于预应力混凝土桥梁。1973年，日本首次采用顶推法施工建成幌萌大桥，采用全长为20m的钢板导梁。每跨内设临时墩，顶推跨径21.0m+4×31.5m+21.0m，采用单点顶推；1977年，美国建成了首座顶推法施工的沃巴什河桥（the Wabash River Bridge），主跨内设临时墩，顶推跨径10×28.5m。由于主墩斜交，两肢钢板导梁长度稍有差别，以便同时上墩。1979年联邦德国采用顶推法建设了主跨为168m的三跨连续梁桥，最大顶推跨径为62.5m，横向有两

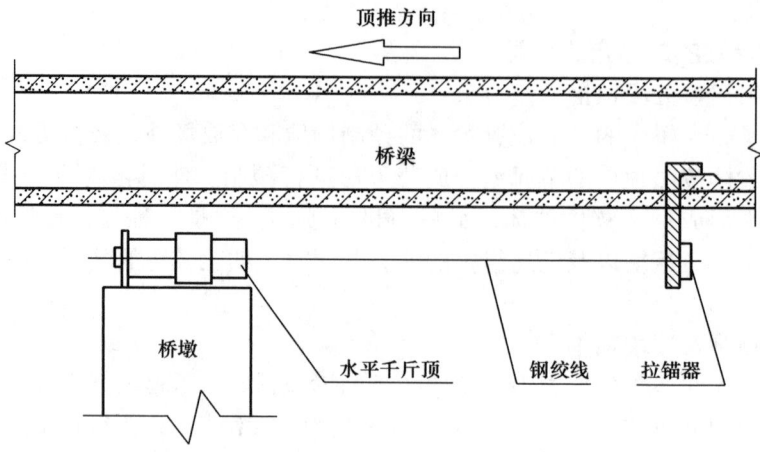

图 1.2.2-1　拖拉式千斤顶

图 1.2.2-2　顶推中的卡罗尼河桥

幅，第一幅顶推到位后进行横移，以便空出顶推装置与滑道用于第二幅顶推；1999年瑞士采用顶推法建成了主梁线形为竖曲线的多跨连续混凝土梁桥，顶推设置了长26m的导梁、顶推预应力索及临时墩以确保应力安全。随着顶推施工理论与技术的综合发展，顶推法逐渐在大跨度钢结构桥梁的施工中被应用。2001年，瑞士建成的沃克斯高架桥，主跨部分顶推跨径为45m+62m+120m+16m+130m+62m，在桥台上设置了标高可调的支座，通过对支座反力的检测和支座高度的调整确保了顶推施工的成功完成；2003年，墨西哥恰帕斯（the Chiapas Bridge）桥建成通车，采用顶推法架设了1208m长的钢箱梁，成为了该类桥梁的新纪录；2004年建成的法国米约大桥（the Millau Viaduct），采用多点柔性正交顶推法施工，顶推设备采用楔进式顶推系统，顶推最大跨为171m，最大跨径为342m。顶推施工中的米约大桥如图1.2.2-3所示。

中国于1977年首次在西（安）延（安）铁路狄家河大桥的架设中采用顶推法施工，顶推设备为水平千斤顶和竖向千斤顶组合而成的摩擦顶推设备。主梁分块浇筑，分段拼接

图 1.2.2-3 顶推施工中的米约大桥

张拉,分段顶推,首创单点顶推施工,建成之后的狄家河大桥如图 1.2.2-4 所示。20 世纪 80 年代,顶推法被引入到公路桥梁施工中,并且以 20 世纪 90 年代我国交通基础建设黄金阶段为契机,被逐渐发展起来,同样,也是首先在混凝土桥梁的施工中得到广泛应用。1980 年建成的望城沩水大桥,桥型为混凝土连续梁桥,采用柔性墩多点顶推施工,该施工工艺为国内首创。1991 年,江文明、上官兴发明了自动连续千斤顶顶推装置。该装置首次使用于 1992 年建设的湘潭二桥南引桥,实现了连续顶推。随后,连续顶推得到广泛应用。1992 年建成了当时中国顶推法施工中跨度最大的预应力混凝土梁桥——丘墩桥。1995 年建成的衡山湘江特大桥是中国首例采用顶推法施工的斜拉桥。1999 年建成的邵阳西湖大桥采用了钢管混凝土拱桥顶推施工方法。

图 1.2.2-4 狄家河大桥

统计发现、随着钢箱梁桥的逐渐普及,国内也出现了一些采用拖拉法施工的钢箱梁桥。2002 年建成的哈尔滨尚志大桥,其主桥是一座跨越铁路及火车站的由四跨连续钢箱梁搭建而成的桥,跨径组合为 51.45m+55m+50m+50.45m。其中一侧处于半径 700m 的圆曲线上,其余为直线梁段,直线段与曲线段分别顶推,然后在直圆点合龙,顶推最大跨径约为 31.5m。2006 年建成的独塔单跨自锚式四索面悬索桥——佛山平胜大桥,是国内首次采用斜交顶推施工方法施工的钢箱梁桥,最大跨度为 78m,顶推采用连续千斤顶、工字形钢板导梁，顶推过程中的佛山平胜大桥如图 1.2.2-5 所示。可见，采用传统拖拉法已成为架设钢箱梁的常用方法。

图 1.2.2-5　顶推施工中的佛山平胜大桥

2. 步履式顶推法

近年来，钢结构桥梁因其强度高、材质均匀、跨越能力大、制造适合工业化生产等优点，被越来越多地运用于大跨径桥梁。而钢结构桥梁多为薄壁结构，局部易失稳，顶推过程中梁体线形和应力控制难度大，施工精度要求高，传统顶推工艺顶推过程中存在墩身水平支反力过大、墩顶偏位较大、梁体应力集中等缺点，故难以满足施工控制精度要求高、结构受力复杂的大跨度钢结构桥梁施工。基于上述背景，新的顶推工艺应运而生。

法国米约大桥施工中使用的楔进式多点顶推设备提高了设备集成化与自动化，该工艺通过两块表面光滑的楔形滑块相对顶升、前进、下降等循环过程实现了对梁体的顶推，有效地解决了各支墩受不平衡水平反力较大、受力不均的问题，实现了自平衡顶推。但是，梁体下降搁置时，底板易因局部受力较大而失稳，故对底板受压强度要求高，且摩擦面要求高，加工难度大、成本高，使其推广应用受到限制。

受法国米约桥楔进式顶推施工工艺的启发，我国研制了一种新型顶推施工法——步履式多点连续顶推，成功于 2010 年应用在杭州九堡大桥的施工中，该工艺不同于常用的在支墩滑块上滑移的拖拉法，而是采用了一套液压千斤顶设备来实现梁体的顶进。该工艺使用一套集顶升、纵向顶推、横向调整于一体的液压顶推设备，实现了钢箱梁的顺桥向、竖向、横桥向的整体移动和调整（图 1.2.2-6），并通过同步平衡控制技术保证了结构受力的均匀、可靠，进而可以减少对钢主梁的局部加强，具有更好的经济性和安全性。

步履式顶推动作原理是通过顶推装置顶升、纵向顶推、落梁、滑箱回位 4 个步骤循环运作来实现桥梁顶推的。如图 1.2.2-7 所示，首先在支墩顶面布置顶推设备与临时垫梁，已拼梁体荷载通过垫梁传递至墩台，梁体被竖向千斤顶顶起，脱离垫梁，水平千斤顶同步施力，克服滑移面摩擦力，梁体前移一个行程，然后，竖向千斤顶同步缩缸，梁体落至垫梁，顶推设备的滑箱回至原位，上述 4 个步骤的反复循环，最终实现梁体顶推到设计位置。

图 1.2.2-6　步履式顶推设备

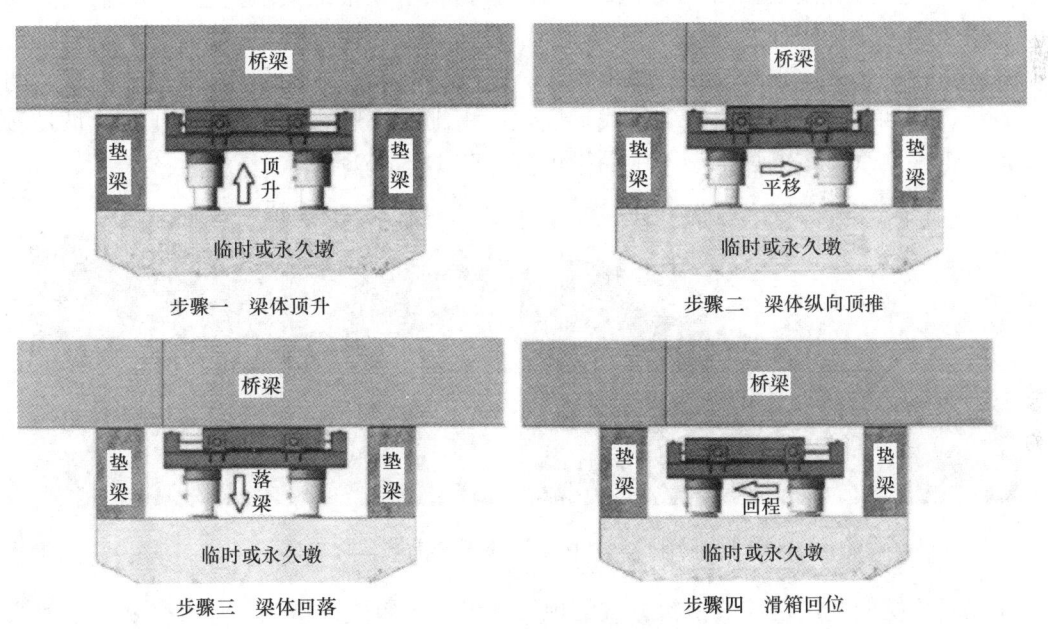

图 1.2.2-7　一个顶推循环

步履式顶推法自发明以来，因其机械化程度高、适应性强、安全性能好，已成为近年来钢梁架设的常用方法之一。2012 年，福元路湘江大桥主桥上部结构采用拱梁整体步履式顶推的施工方法（图 1.2.2-8），支撑跨径组合为 188m＋22m＋188m＋2m＋188m。2015 年建成的蚌埠市淮河公路桥，主桥为双塔双索面自锚式悬索桥，跨径组合为 80m＋200m＋80m。钢箱梁主梁采用自主研发的拼装式步履式顶推施工装置，该装置能够完全满足施工工艺的要求且得到了实践的检验。2016 年建成的鹅公岩城轨专用桥主桥为双塔跨自锚式悬索桥，钢箱梁主梁采用步履式顶推方式架设。2016 年建成的株洲枫溪大桥主桥为自锚式悬索桥，跨径布置为 3×45m＋300m＋3×45m，主跨钢箱梁为单箱三室扁平流线型，采用步履式多点连续顶推法施工，顶推最大跨径 75m，采取了提升顶推一体化施工，施工更为灵活，控制精度较高。

图 1.2.2-8　顶推中的福元路湘江大桥钢拱梁

2021 年建成的北京地铁 S1 线上跨阜石路三跨拱桥顶推最大质量达 1700t，最大顶程 394m，采用钢桥预制拼装＋步履式顶推施工工艺，最大程度地消减对城市干线道路营运的影响，自西向东依次顶推就位。俯视整个 3 组顶推钢梁，每一跨均包含缓和曲线、圆曲线、直线、缓和曲线加圆曲线等多种线形变化，相比传统钢梁水平顶推施工，上坡带转弯的顶推施工在北京市钢梁顶推施工中屈指可数（图 1.2.2-9）。

图 1.2.2-9　北京地铁 S1 线跨阜石路三跨拱桥

相比于传统的利用钢绞线拖拉方式的顶推施工，步履式顶推装置顶推平稳，轴线调整方便，且其滑动面处于顶推装置的滑箱与滑道之间，使梁体与支墩的受力状态更佳，综合部分文献，总结了传统拖拉法与步履式顶推法的优缺点见表 1.2.1。

表 1.2.1　步履式与拖拉式顶推施工法综合对比

	拖拉式	步履式
成本	成本较低	成本较高
进度	进度较快	进度一般
技术特点	①设备简单，工艺比较成熟，便于运输保养；②机械化程度低，需人工通过垫块调整标高；③产生的水平力对顶推墩影响较大；④横向限位装置设置困难且偏位控制能力低；⑤各支点反力无法控制；⑥设置的锚碇系统，容易造成主梁局部受损或削弱；⑦规避风险能力弱	①设备复杂，施工现场要求高于拖拉式；②机械化程度高，控制操作复杂；③有效控制临时墩或永久墩水平力；④横向纠偏控制能力强；⑤竖向调整便利，可有效控制各支点反力；⑥规避风险能力强；⑦维修成本高，故障维修耗时久

1.2.3 顶推法发展特点

伴随着我国中西部大开发的推进和高铁的兴建，跨线桥梁和跨山区水域的桥梁建设给顶推工艺的发展提供了一个良好的发展机遇。此外，预应力等建筑材料性能、计算机仿真水平和顶推设备水平的不断提高，使顶推施工法的发展日新月异。其发展有以下特点：

（1）施工工艺日趋成熟。随着桥梁施工设备的研究与成功运用，施工工艺呈现出多样化、标准化的发展趋势。从单点顶推到多点顶推；从节段顶推到整体顶推；从间歇式顶推到连续顶推；从早期的水平和竖向千斤顶直接顶推梁体，到水平千斤顶配合拉杆（索）顶拉梁体施工，再到水平千斤顶与竖向千斤顶相结合的步履式多点连续顶推施工。可见，顶推设备体系逐渐完善，施工工艺日趋成熟。

（2）适用范围不断扩大。顶推工艺和技术的发展亦促使其适用范围不断扩大。从桥型方面看，顶推施工法早期应用于混凝土连续梁桥，后被推广运用到拱桥、斜拉桥以及悬索桥的主梁架设中；从主梁的类型上看，顶推施工法应用于混凝土箱梁、钢箱梁、钢桁梁、板桁梁、钢槽梁、钢混结合梁等主梁形式中；从主梁线形来看，顶推施工法从单一的水平直线桥以及坡度一定或竖曲率一定的桥扩展到水平弯桥、变曲率竖曲线桥、空间曲线桥的运用中；从顶推跨径来看，顶推跨径不断被刷新，使顶推法有了更为广阔的运用空间。同时，成功的实践运用也促进了顶推施工法的不断完善与发展。

（3）施工精度与同步性控制精度日益提高。计算机仿真分析、控制以及电子监测技术的发展促进了施工精度与顶推同步性控制精度的提高。通过有限元仿真模拟分析顶推过程中主要受力结构受力与变形以指导施工，有效提高了施工精度；对不利工况的精细局部分析研究，提出相应的措施，保证了顶推过程中梁体局部受力的安全。施工现场进行的实时监控保证施工精度的同时确保了施工过程的安全；电气自动化与机械自动化理论的成功运用，保证了同步性控制精度。

（4）理论技术逐渐完善。顶推法在各个桥梁施工中的成功运用都对顶推施工理论体系的逐步完善有一定的促进作用，适用于不同桥型的顶推工艺逐渐与之系统匹配，施工方法以及计算分析趋于标准化，顶推理论技术渐成体系。

1.3 庐山站结构工程概况

1.3.1 庐山站二期工程概况

庐山站改扩建项目分两期建设，一期西站房和4～8站台及跨线结构已完工，改建二期东站房。二期包括东站房、既有庐山站站内1～3站台及跨线高架站房和天桥。东站房横跨既有昌九城际、京九、武九普速共10股道线路。由东站房侧至一期西站房侧跨度分别为29.15m＋4.6m（二站台）＋34.82m，结构总长度68.57m，宽176m，结构最大顶标高18.980m，最大跨度34.82m，结构与站台最小净高9m（图1.3.1-1）。

1. 顶推结构概况

候车层桁架、换乘通廊及天桥结构采用数控液压同步顶推施工（图1.3.1-2和图1.3.2-3），顶推结构总宽176m，总长89.5m（结构＋导梁），总重4300t，由5个相连单体组成。整个结构分六次顶推、四次落梁，第一次顶推距离26m，跨越昌九城际线，导

图 1.3.1-1　庐山站现场实景图

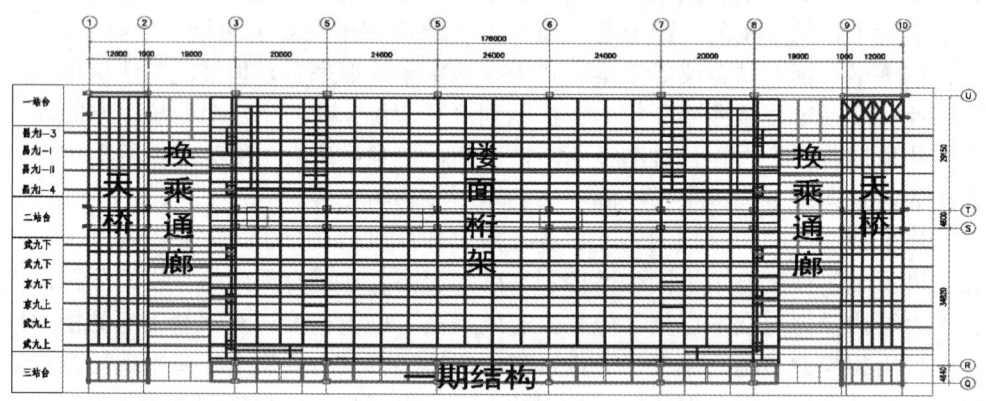

图 1.3.1-2　结构平面图

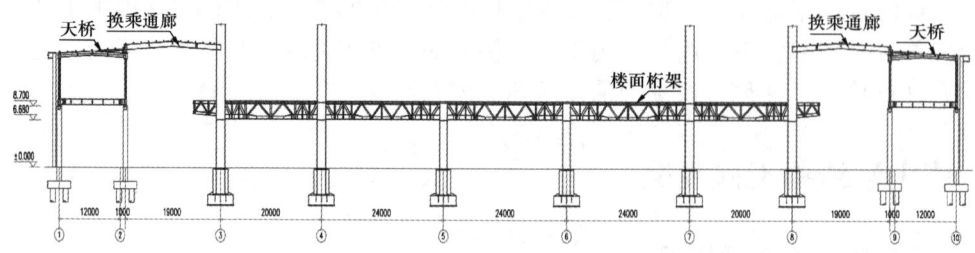

图 1.3.1-3　结构断面图

梁落位二站台临时墩；第二次顶推距离 16.5m，跨越昌九城际线、武九客专，京九客专，结构落位二站台滑移油缸上方；第三次顶推距离 8.5m，跨越昌九城际线、武九客专，京九客专；第四次顶推距离 9.5m，跨越昌九城际线、武九客专，京九客专，导梁落位三站台临时墩；第五次顶推距离 10.2m，跨越昌九城际线、武九客专，京九客专；第五次顶推距离 9.1m，跨越昌九城际线、武九客专，京九客专；结构到达设计位置上方，后分三次落梁，分别落 0.4m、0.6m、0.5m 和一次精调。

2. 与营业线位置关系

顶推结构与营业线位置关系如图 1.3.1-4 所示。天桥结构与营业线位置关系如图

1.3.1-5 所示，楼面桁架结构与营业线位置关系如图 1.3.1-6 所示。

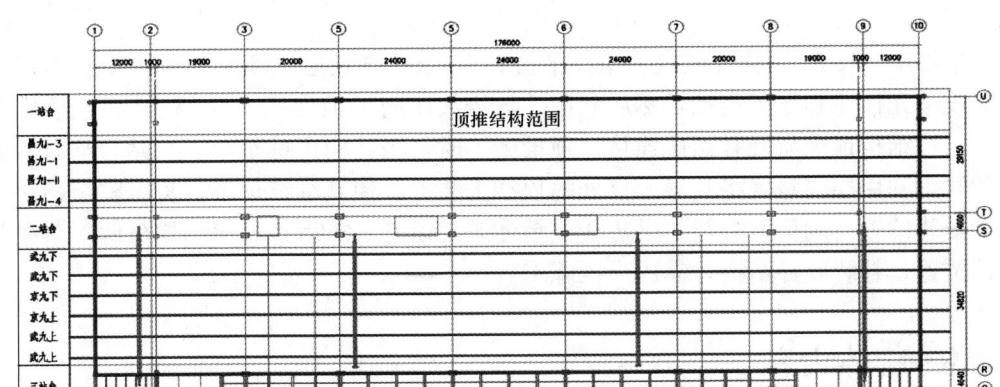

图 1.3.1-4　顶推结构与营业线位置关系平面图

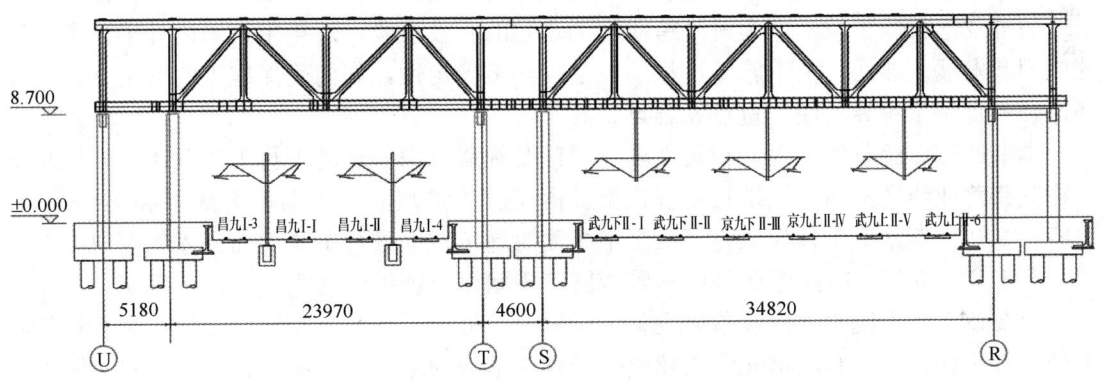

图 1.3.1-5　天桥结构与营业线位置关系俯视图

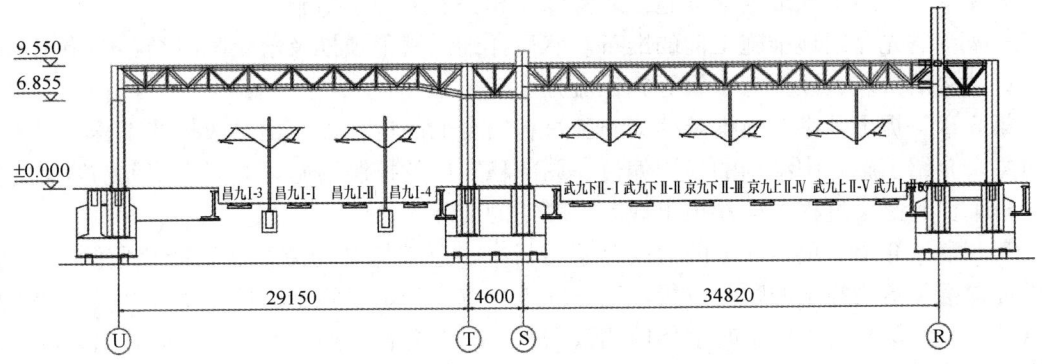

图 1.3.1-6　楼面桁架结构与营业线位置关系

1.3.2　总体施工工艺

根据工程结构特点，候车层桁架、两侧天桥及换乘通廊采用"厂内分段制作＋现场分单元组拼＋数控液压同步顶推"的整体施工思路。根据构件质量及运输能力合理划分构件分段，构件制作完成后运输至现场。现场采用260t履带吊及50t汽车吊进行候车层桁架组拼。

在东站房一站台U轴外侧设置组拼平台和10条顶推轨道，顶推轨道采用直线形。结构拼装成单元体后和导梁连接，然后利用"数控液压同步顶推技术""整体累积顶推"的施工工艺将结构顶推与既有站房连接。顶推施工时，当结构顶推至二、三站台临时墩处临时工装时，利用导向装置将其导入该处的顶推工装上，使其继续顶推，直至整个站房结构到设计安装位置。调整梁端线、梁边线，精度满足设计要求后将站房结构分两次落梁落位于设计位置，补装后补结构，完成顶推施工。

1.4 本书基本内容

随着我国铁路建设的快速发展，跨铁路营业线高架站房钢结构工程日益增多，这类工程因其施工环境的特殊性、复杂性以及高风险性，对施工技术和安全管理提出了极高的要求。顶推及落梁施工技术作为解决跨线施工难题的有效手段，近年来在国内外得到了广泛的应用和发展。然而，由于施工过程的复杂性和不确定性，如何确保施工的安全、高效和环保，一直是工程界关注的重点和难点。

本书通过广泛收集国内外相关文献、规范及规程，深入现场进行工程调研，系统总结了跨铁路营业线高架站房钢结构工程顶推及落梁施工的现状、最新研究成果和实践经验，以庐山高铁二期站房工程为依托，从多个维度对施工技术进行了全面而深入的探讨。

第1章 介绍了铁路营业线站房跨线施工现状以及顶推法施工的发展及现状。

第2章 首先说明顶推及落梁设备工作原理，提出了针对大型复杂结构，最合理的施工分析方法就是采用有限单元法来建模分析整个结构的施工状态的结论，然后对实际中较常采用的有限元软件MIDAS的施工分析原理做了简单的介绍，接着对其临时结构设计进行了计算分析。

第3章 介绍了顶推及落梁施工装置以及相关安装施工措施。

第4章 先介绍顶推施工前的准备，然后详细说明了顶推及落梁临时结构的施工与拆除、钢结构的拼装、顶推与落梁等施工流程及工艺。

第5章 提出了影响顶推及落梁施工过程安全的因素，以庐山站改扩建工程项目为研究对象，介绍了施工中结构的横向偏位、局部稳定性的控制措施，并以有限元仿真计算方法分析了顶升落梁过程中千斤顶出现卸力脱空的情况。

第6章 介绍了顶推施工的监控对象与目标、监控体系与方法、智能化监测等内容。为保证顶推及落梁施工的顺利进行，根据施工特点，确定了施工监控系统并开发了智能监控软件平台，该平台可以实时上传监测数据并实时查看各项检测数据。同时，监控软件根据实时监控数据，做出预警判断并自动报警。

第7章 介绍了跨营业线施工中的风险管理、安全管理、施工过程中的环境保护措施，最后简单介绍了BIM技术在既有铁路车站站改施工中的应用。

第8章 介绍了顶推结构关键部位风洞试验并通过有限元仿真计算给出了极端荷载作用下和施工过程的安全性分析。

第2章 顶推及落梁临时结构设计

钢结构顶推涉及桩基、支架、顶推系统、液压系统以及相关配套设施等。桩基、支架设计时应满足相关规范的规定，符合相应的技术标准，参数取值明确；顶推系统设计构造应满足现行《钢结构设计标准》(GB 50017—2017)的构造要求并与液压系统的工作相配合，确保使用过程中的便利性与可操作性。

临时支撑体系设计时应考虑永久荷载和可变荷载的基本组合后进行计算，宜对支撑体系进行抗风分析、温度分析、侧向刚度分析和整体稳定性分析。支撑体系验算宜采用空间有限元分析软件进行整体分析。支架设计时应进行单肢稳定、整体稳定验算，单肢稳定性验算可按普通钢结构构件进行计算。

本章以庐山高铁二期站房工程为例，建立有限元模型，利用工程力学的原理采用MIDAS/Gen等软件对其进行施工全过程模拟分析，提供了可靠的监测依据，并通过现场调控结果对其安全性进行评定。

2.1 顶推及落梁设备选型与计算

2.1.1 顶推设备选用

1. 设备总体配置原则
① 满足钢结构累积顶推驱动力的要求，尽量使每台液压顶推器受载均匀；
② 尽量保证每台液压泵站驱动的液压顶推器数量相等，提高液压泵源系统利用率；
③ 在总体布置时，要认真考虑系统的安全性和可靠性，降低工程风险。

2. 液压顶推器的配置
在顶推过程中，顶推器所施加的推力和所有顶推滑靴的摩擦力 F 达到平衡。摩擦力 F=结构自重作用下竖向反力×1.2×0.1（不锈钢板与MGE板之间的动摩擦系数为0.05，静摩擦系数为0.07~0.1，偏安全考虑取摩擦系数为0.1 或 1.2为摩擦力的不均匀系数）。总体顶推总质量约为4300t。则顶推过程中总的摩擦力大小为：$F=4300 \times 1.2 \times 0.1 = 516$N。

根据以上计算，总顶推力大小为516N。本工程中楼面桁架顶推共设置12台YS-PJ-50型液压顶推器；天桥顶推共设置4台YS-PJ-50型液压顶推器；总配置16台YS-PJ-50型液压顶推器。单台YS-PJ-50型液压顶推器的额定顶推驱动力为50N，则顶推点的总顶推力设计值为16×50=800N＞516N，能够满足顶推施工的要求。

根据以上计算对天桥和楼面桁架分别计算摩擦力情况：天桥质量为371t，楼面桁架质量为3558t；天桥在顶推过程中受到的摩擦力大小为 $F=371 \times 1.2 \times 0.1 = 44.52$N，天桥顶推点的总推力值为50×2=100N，负载率为44.52%，故单独天桥顶推满足施工要求；楼面桁架在顶推过程中受到的摩擦力大小为 $F=3558×1.2×0.1=426.96$N，楼面桁架顶推点的总推力值为 $50×12=600$N，负载率为 71.16%，故单独楼面桁架顶推满足施工要求，顶推器的配置可以满足施工顶推的要求。

2.1.2 顶推夹轨器作用原理

顶推夹轨器是采用楔形夹紧块的定位机构，具有两个对称的轨面作为夹轨器的夹紧工作面这一特征，是一个用于夹紧轨面的工作齿面和箱体滑移面相配合的结构（图 2.1.2）。

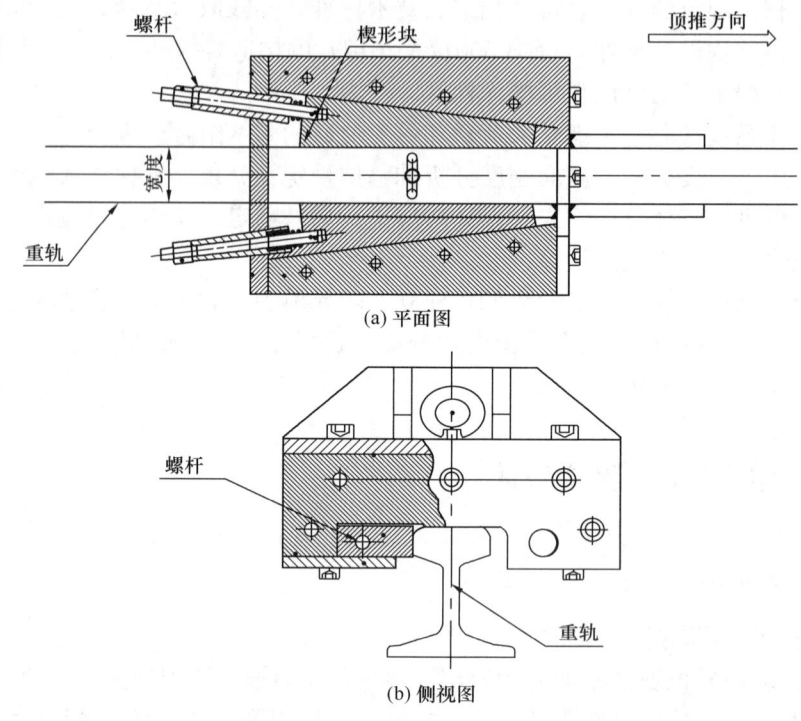

图 2.1.2 顶推夹轨器

顶推前，事先通过螺杆调节两个楔形块的宽度，使楔形块之间夹紧重轨上端，同时前后形成一定角度，保证顶推过程中缩缸不会产生过大阻力。

顶推过程中顶推器伸缸向后顶紧夹轨器，夹轨器夹紧重轨提供反作用力，使得顶推器伸缸向前，结构向前滑移。

2.1.3 落梁设备选用

落梁的 PLC 液压同步顶升控制系统采用美国 Enerpac 公司最新产品，是一种同步顶升控制系统（图 2.1.3-1），同步精度为 $±1.0$mm，同步落梁力精度在 0.5kN 之内，从而起到位移补偿的作用。千斤顶选用 600t 液压千斤顶（行程 300cm），均配有液压锁和机械锁，可防止任何形式的系统及管路失压问题，从而保证负载得到有效支撑。

1. 三维精调设备的组成

由顶升油缸、侧推油缸、旋转机构、减摩材料机构组成。配套附件由手动泵 1 台、手动控制方向阀 2 个、压力表 1 个、液压软管 3 根、快换管接头 6 个以及转换阀块 1 个组成。

第 2 章 顶推及落梁临时结构设计

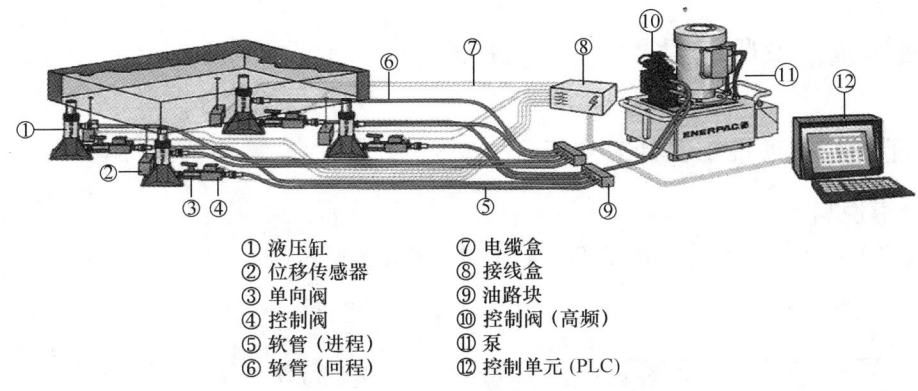

① 液压缸　　　　　⑦ 电缆盒
② 位移传感器　　　⑧ 接线盒
③ 单向阀　　　　　⑨ 油路块
④ 控制阀　　　　　⑩ 控制阀（高频）
⑤ 软管（进程）　　⑪ 泵
⑥ 软管（回程）　　⑫ 控制单元（PLC）

图 2.1.3-1　液压同步顶升控制系统

2. 三维精调设备的参数及型号

型号：SXTD-300-100-50-50（图 2.1.3-2）、SXTD-400-100-50-50（图 2.1.3-3）、SXTD-600-100-50-50（图 2.1.3-4）；垂直顶升载荷：300N；垂直顶升行程：100mm；侧向顶推油缸：15t；水平调整距离：±50mm；倾斜式鞍座；主顶升油缸带机械锁紧装置。

图 2.1.3-2　SXTD-300-100-50-50（100t）精调千斤顶

图 2.1.3-3　SXTD-400-100-50-50（400t）精调千斤顶

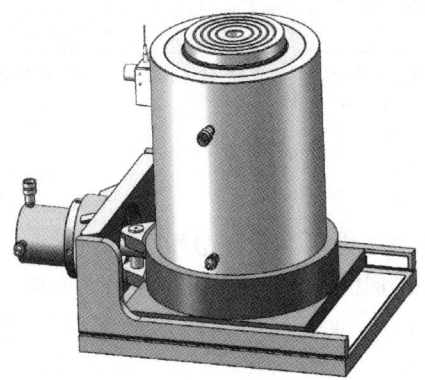

图 2.1.3-4　SXTD-600-100-50-50（600t）精调千斤顶

2.2 顶推及落梁临时结构设计与计算

2.2.1 下部措施顶推工况计算分析

1. 计算说明

支架位置约束反力编号如图2.2.1-1和图2.2.1-2所示。

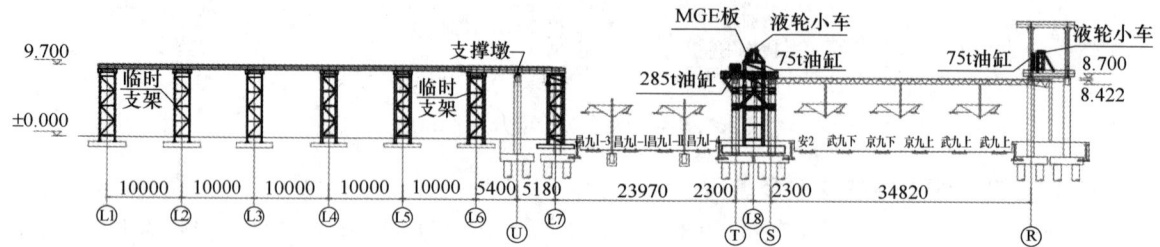

图2.2.1-1 天桥位置支架编号

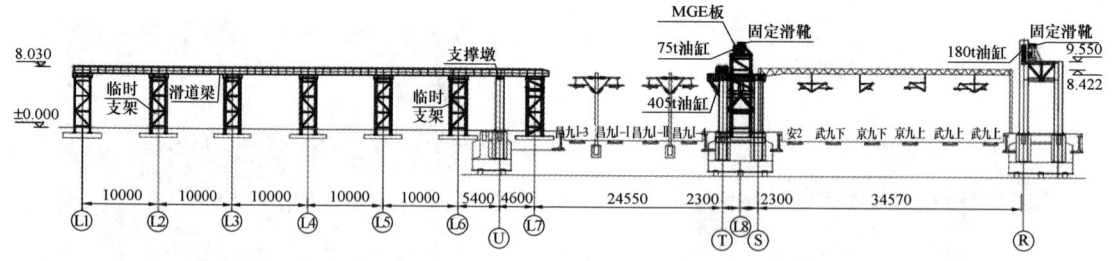

图2.2.1-2 楼面桁架位置支架编号

根据上部顶推结构计算结果,可列出各支架位置反力见表2.2.1-1。

表2.2.1-1 各支架位置反力表

位置	最大反力/kN										
	L1	L2	L3	L4	L5	L6	U	L7	L8	L9	L10
天桥/max	83	477	690	887	826	756	1133	821/752	2062	391	559
楼面桁架/max	370	1118	1060	1160	1503	1384	2301	2266	3377	1043	1133

注:U为钢柱或混凝土柱支撑位置;L1—L10为支架编号,其中,L9为导梁受力,L8为天桥或楼面桁架受力,L10为R轴位置支架编号。

2. 荷载与组合

(1)荷载工况

恒荷载D_L:根据结构自重考虑,自重系数取1.05;

活荷载L_L:取上部结构传递的荷载(竖向力);

克服摩擦力的顶推反力D_T:取上部结构传递的竖向荷载的10%(摩擦系数为0.1)作为顶推反力(纵向水平力);

风荷载W_L:取上部结构传递荷载的2%作为风荷载(横向水平力);

（2）荷载组合

计算时考虑荷载组合如下：

标准组合为 $1.0D_L+1.0L_L+1.0D_T+1.0W_L$；

基本组合为 $1.3D_L+1.5L_L+1.5D_T+1.0W_L$；

计算结果中，应力取基本组合值；反力、变形取标准组合值，均取包络值。

3. 计算模型

（1）天桥支架计算模型

根据施工图纸，天桥支架受力分成两种工况进行计算，分别为站台1侧工况和站台3侧工况。计算模型如图2.2.1-3和图2.2.1-4所示。

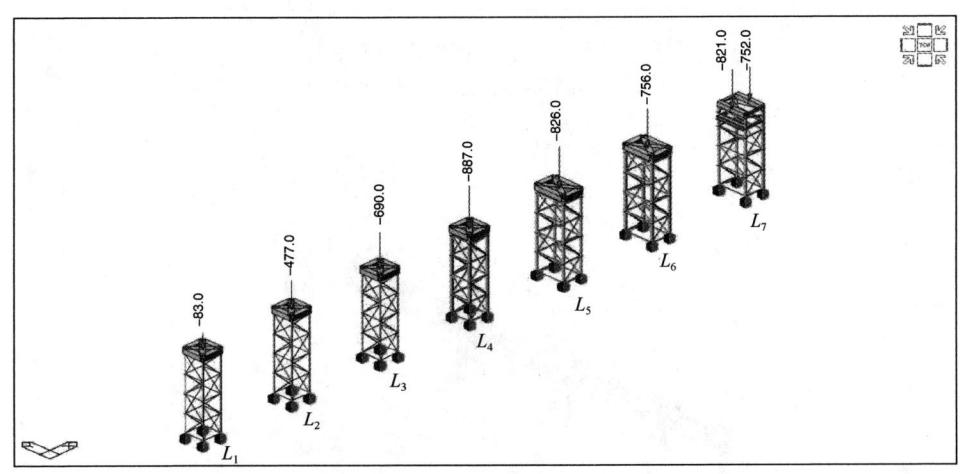

图 2.2.1-3　天桥支架，站台 1 侧受力计算模型

注：从左到右依次为 $L_1 \sim L_7$ 支架。

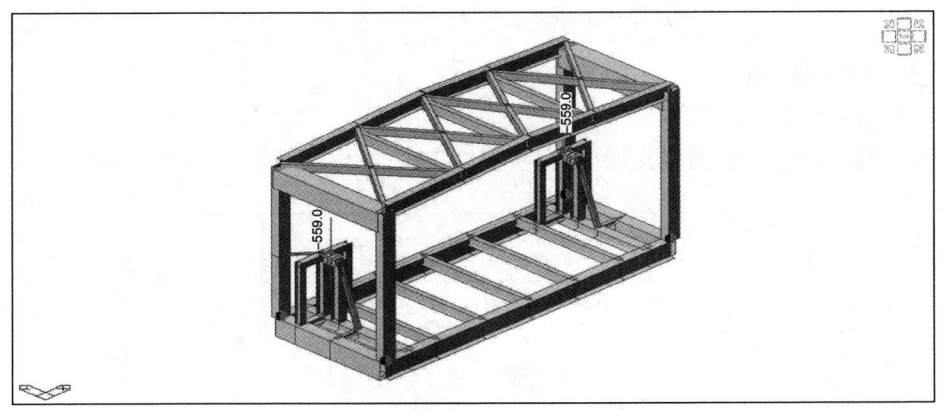

图 2.2.1-4　天桥支架，站台 3 侧受力模型

注：图中仅显示竖向荷载，其他荷载数值参考荷载工况说明。

（2）楼面桁架支架计算模型

根据施工图纸，楼面桁架支架受力分成两种工况进行计算，分别为站台1侧工况和站台3侧工况。计算模型如图2.2.1-5和图2.2.1-6所示。

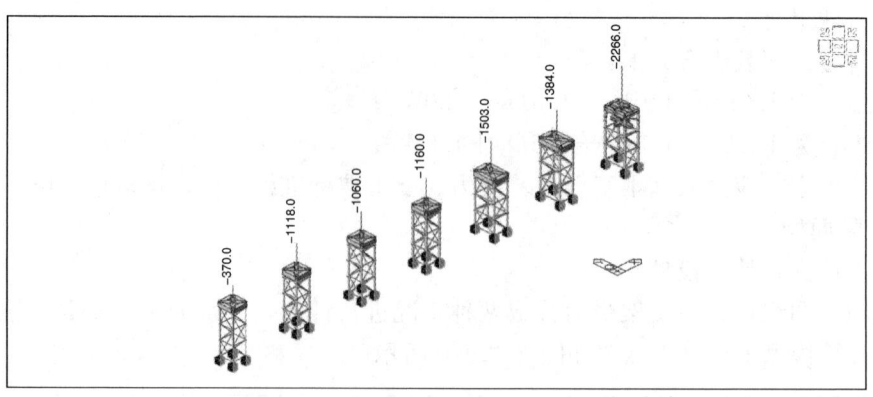

图 2.2.1-5　楼面桁架支架，站台 1 侧

注：从左到右依次为 $L_1 \sim L_7$ 支架。

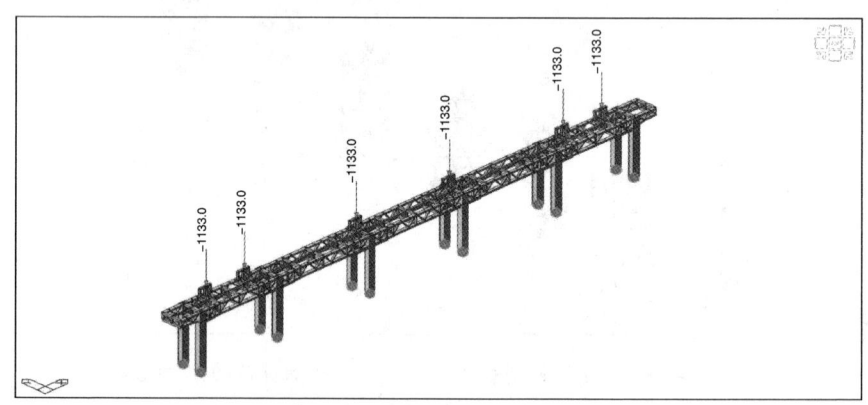

图 2.2.1-6　楼面桁架支架，站台 3 侧

注：图中仅显示竖向荷载，其他荷载数值参考荷载工况说明。

4. 各工况计算结果

（1）天桥支架计算结果

站台 1 侧和站台 3 侧天桥支架组合应力比如图 2.2.1-7 和图 2.2.1-8 所示。

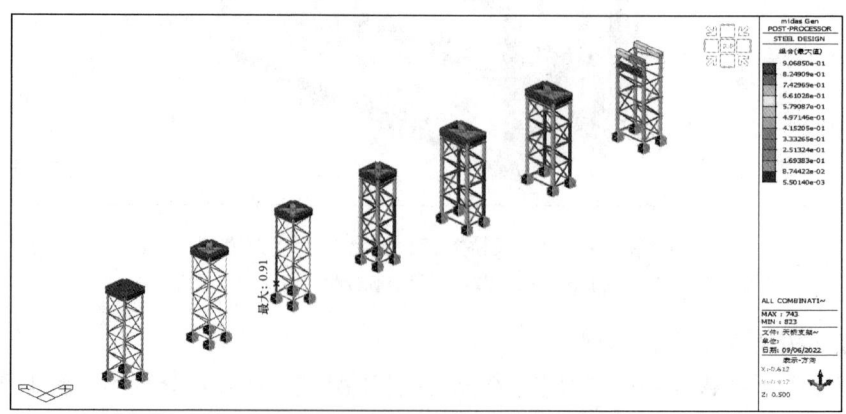

图 2.2.1-7　站台 1 侧天桥支架组合应力比

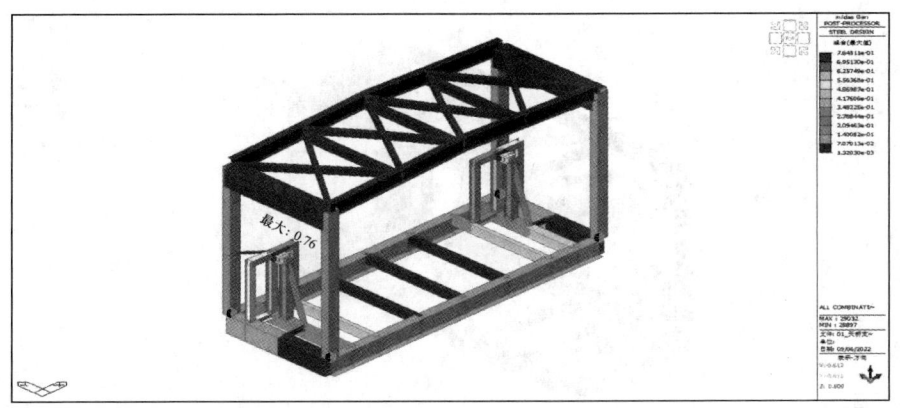

图 2.2.1-8　站台 3 侧天桥支架组合应力比

根据计算可知，站台 1 侧天桥支架最大应力比为 0.91，站台 3 侧天桥支架最大应力比为 0.76，均小于 1，满足规范要求。

站台 1 侧和站台 3 侧天桥支架变形如图 2.2.1-9 至图 2.2.1-12 所示。

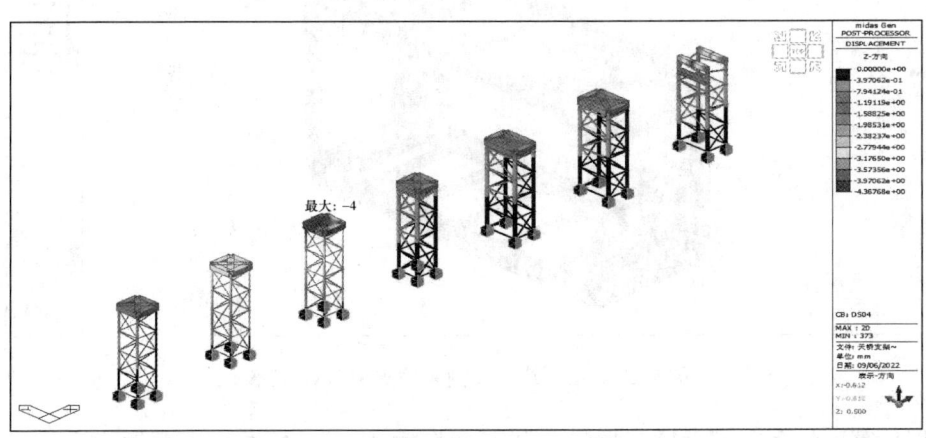

图 2.2.1-9　站台 1 侧天桥支架 DZ 变形

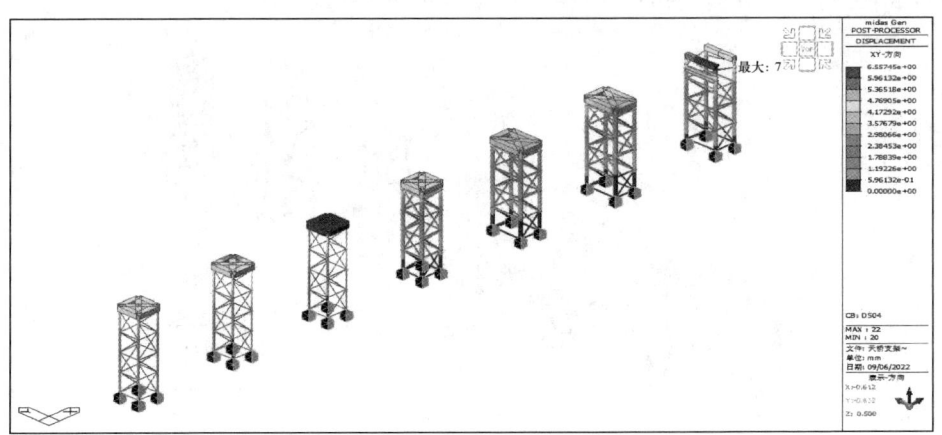

图 2.2.1-10　站台 1 侧天桥支架 DXY 变形

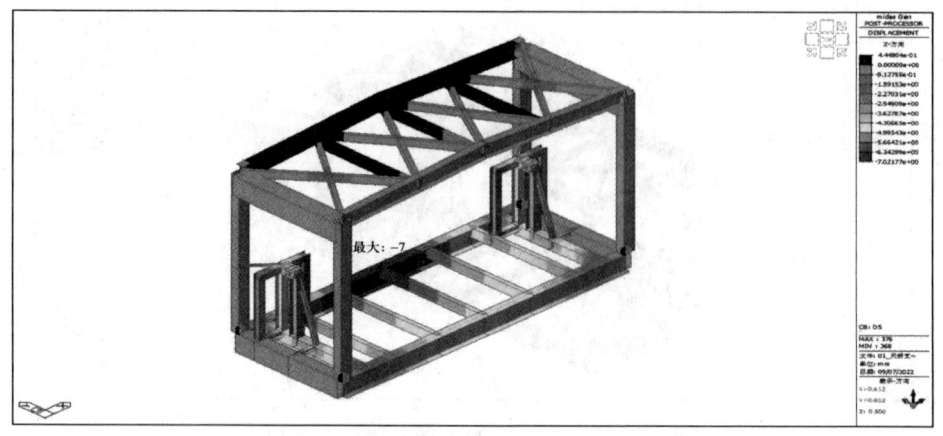

图 2.2.1-11　站台 3 侧天桥支架 DZ 变形

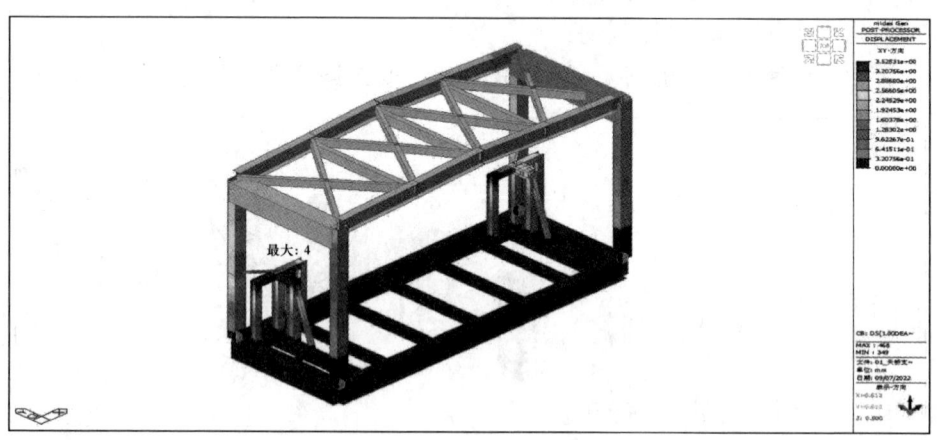

图 2.2.1-12　站台 3 侧天桥支架 DXY 变形

根据计算，站台 1 侧天桥支架最大竖向变形为 4mm，最大水平变形为 7mm，站台 3 侧天桥支架最大竖向变形为 7mm，最大水平变形为 4mm。均满足规范要求。

站台 1 侧天桥支架反力如图 2.2.1-13 至图 2.2.1-15 所示。

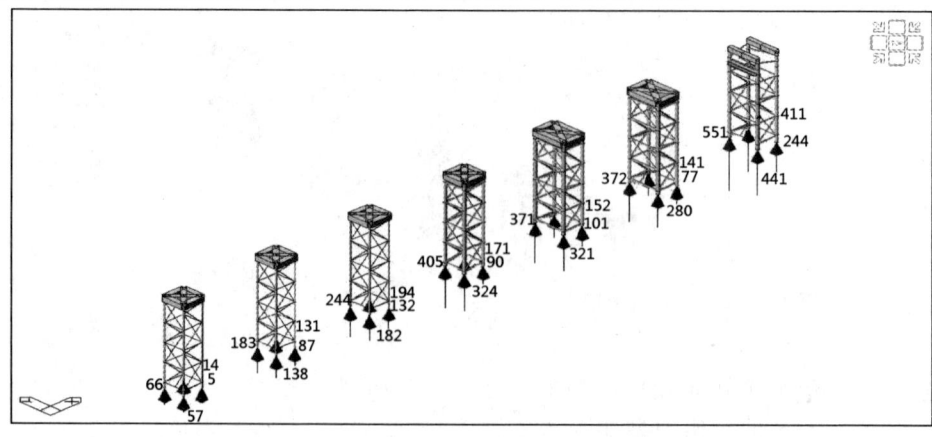

图 2.2.1-13　站台 1 侧天桥支架 FZ 反力

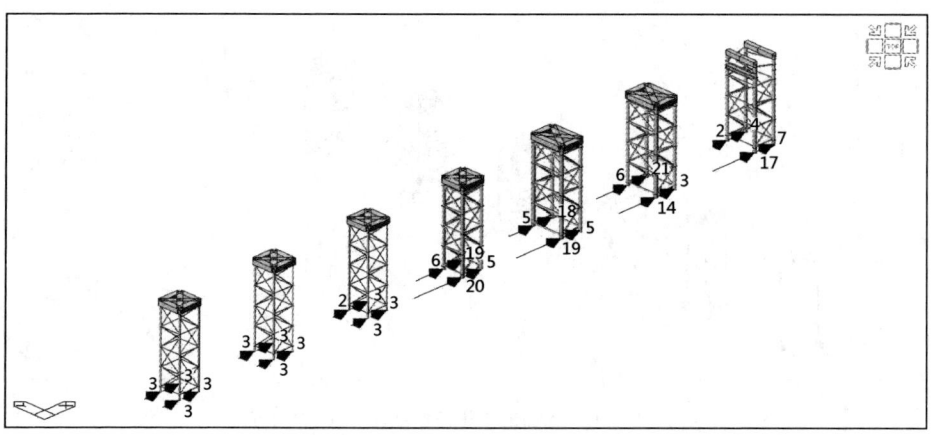

图 2.2.1-14　站台 1 侧天桥支架 FX 反力

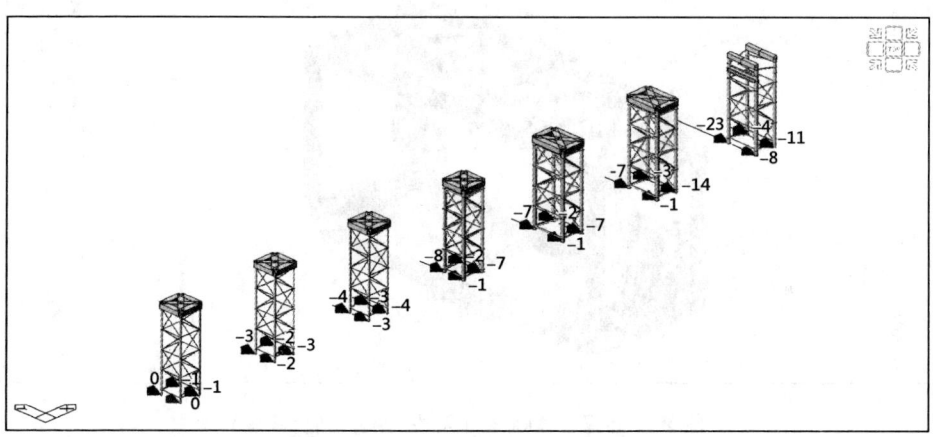

图 2.2.1-15　站台 1 侧天桥支架 FY 反力

根据计算可知,站台 1 侧天桥支架承受的最大竖向反力为 551kN。图中反力用于设计天桥支架基础和埋件。

天桥支架屈曲分析工况见表 2.2.1-2。

表 2.2.1-2　屈曲分析工况

荷载工况	系数	荷载类型
DEAD	1	常量
LIVE	1	变量
WIND	1	变量
DT	1	变量

站台 1 侧天桥支架屈曲分析模型如图 2.2.1-16 所示,屈曲分析特征值见表 2.2.1-3。站台 3 侧天桥支架屈曲分析模型如图 2.2.1-17 所示,屈曲分析特征值见表 2.2.1-4。

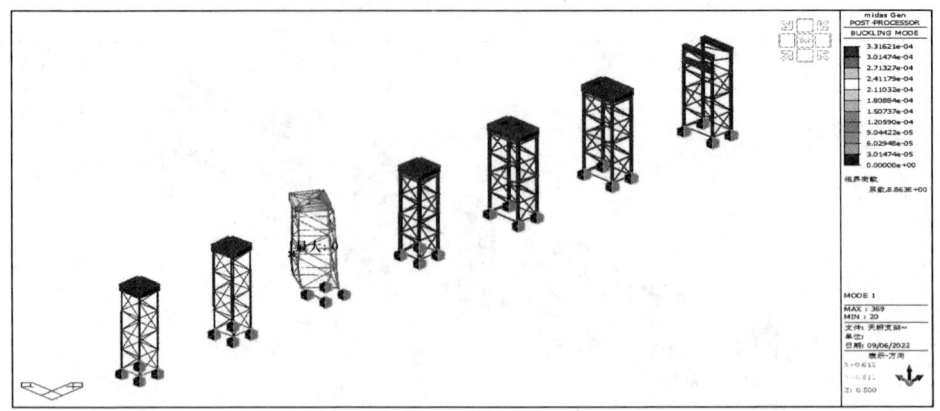

图 2.2.1-16　Mode 1（天桥支架，站台 1 侧）

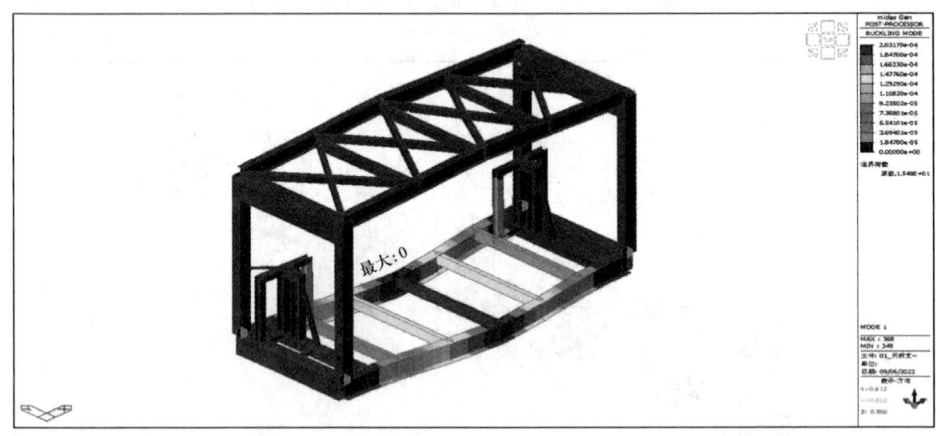

图 2.2.1-17　Mode 1（天桥支架，站台 3 侧）

表 2.2.1-3　屈曲分析特征值（天桥支架，站台 1 侧）

模态	特征值	容许误差
1	8.862708	2.4484e-37
2	9.103257	1.3119e-36
3	10.500626	1.3516e-27
4	11.296063	6.9716e-19
5	11.351936	3.1293e-19
6	11.758689	2.0191e-17

表 2.2.1-4　屈曲分析特征值（天桥支架，站台 3 侧）

模态	特征值	容许误差
1	15.479844	5.4467e-46
2	22.598039	2.1405e-34
3	30.932990	2.5102e-24
4	33.186032	1.0850e-21
5	36.670802	1.9855e-18
6	41.259990	4.4633e-13

站台1侧天桥支架屈曲分析特征值最小为8.8，站台3侧天桥支架屈曲分析特征值最小为15.4＞4，满足规范要求。

（2）楼面桁架支架计算结果

站台1侧楼面桁架支架组合应力比如图2.2.1-18所示。站台3侧楼面桁架支架组合应力比以及最大应力位置如图2.2.1-19和图2.2.1-20所示。

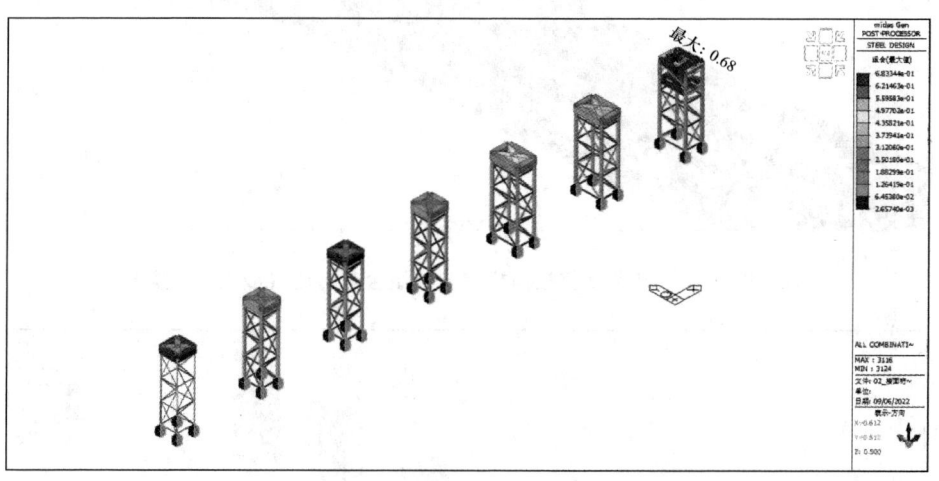

图2.2.1-18　站台1侧楼面桁架支架组合应力比

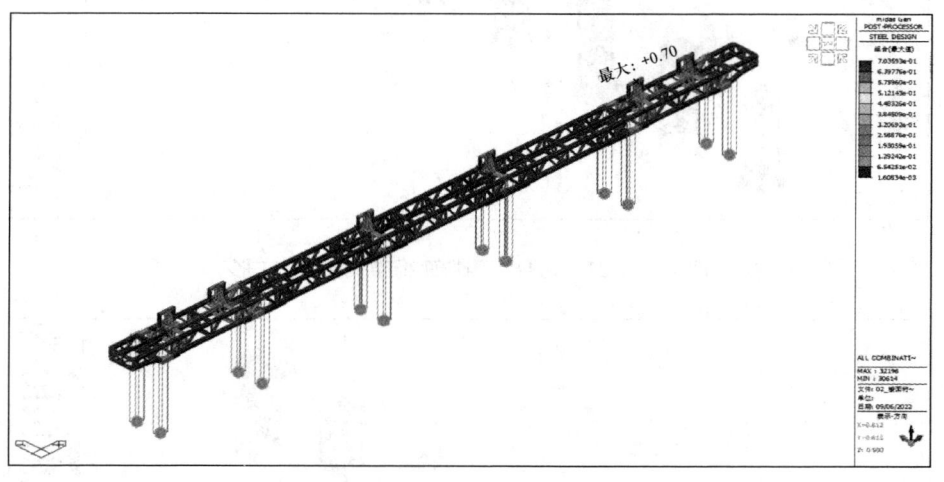

图2.2.1-19　站台3侧楼面桁架支架组合应力比

根据计算可知，站台1侧支架最大应力比为0.68，站台3侧支架最大应力比为0.70，均小于1，满足规范要求。

楼面桁架支架变形如图2.2.1-21至图2.2.1-24所示。

根据计算，站台1侧楼面桁架支架最大竖向变形为6mm，最大水平变形为6mm，站台3侧楼面桁架支架最大竖向变形为5mm，最大水平变形为6mm。均满足规范要求。

站台1侧楼面桁架支架反力如图2.2.1-25至图2.2.1-27所示。

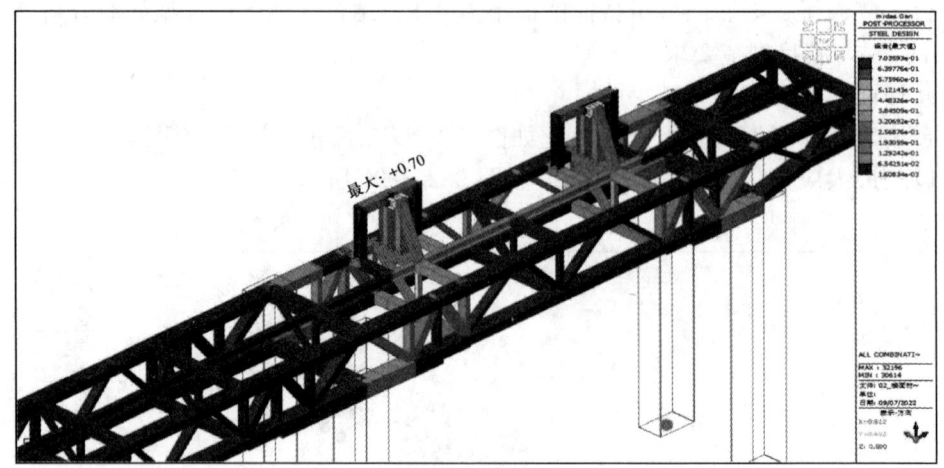

图 2.2.1-20　站台 3 侧楼面桁架支架组合应力比（最大力位置）

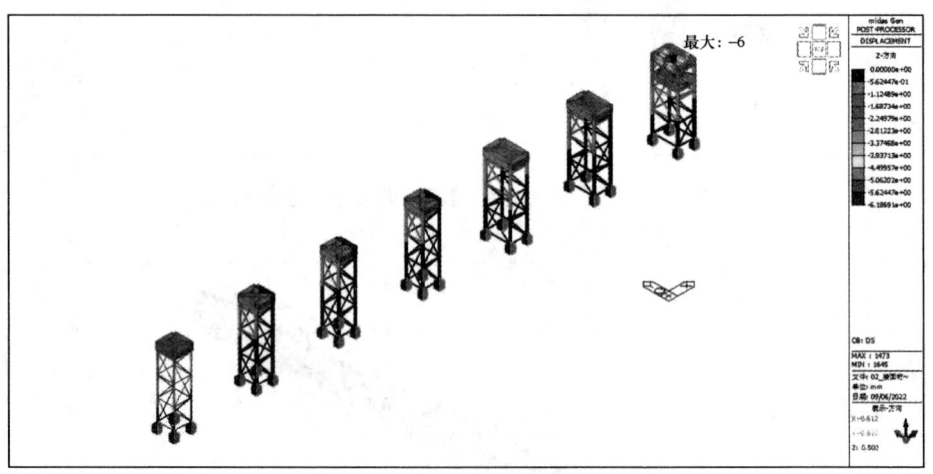

图 2.2.1-21　站台 1 侧楼面桁架支架 DZ 变形

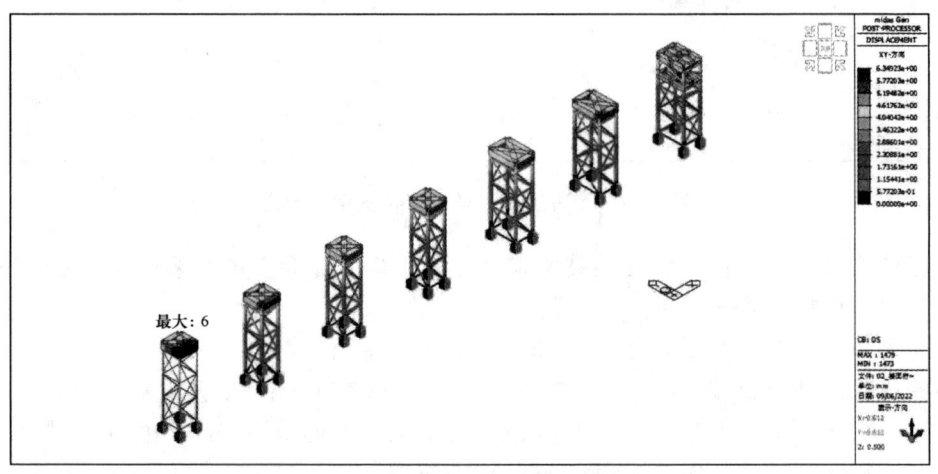

图 2.2.1-22　站台 1 侧楼面桁架支架 DXY 变形

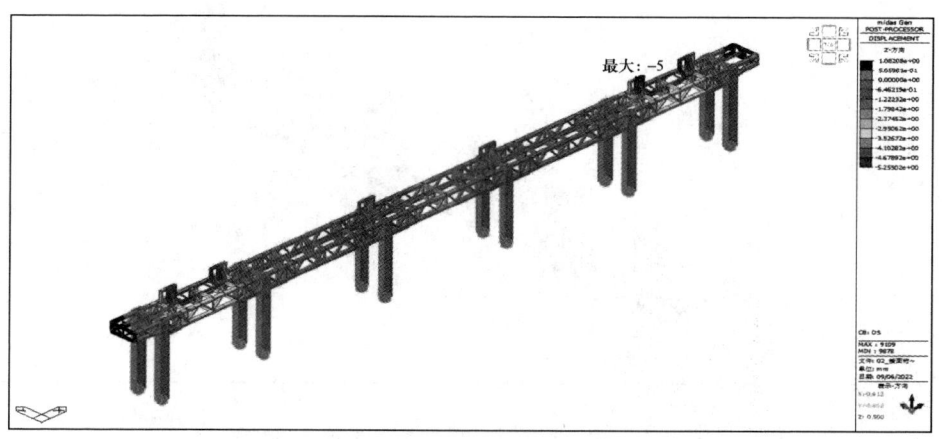

图 2.2.1-23　站台 3 侧楼面桁架支架 DZ 变形

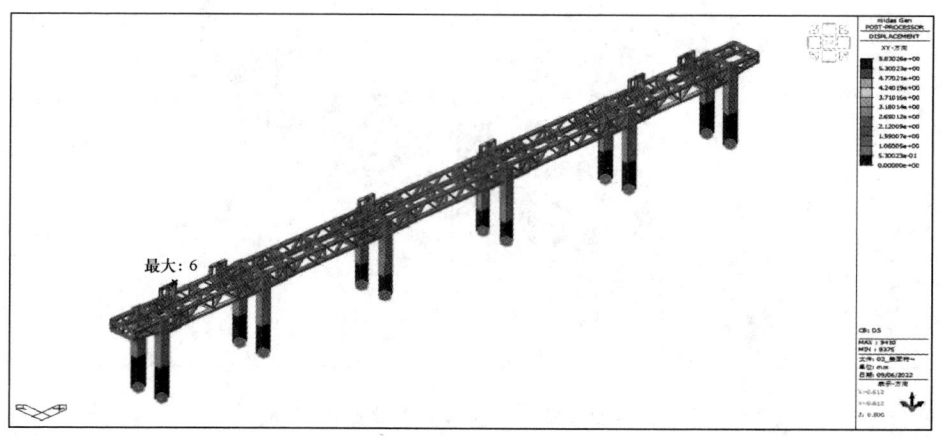

图 2.2.1-24　站台 3 侧楼面桁架支架 DXY 变形

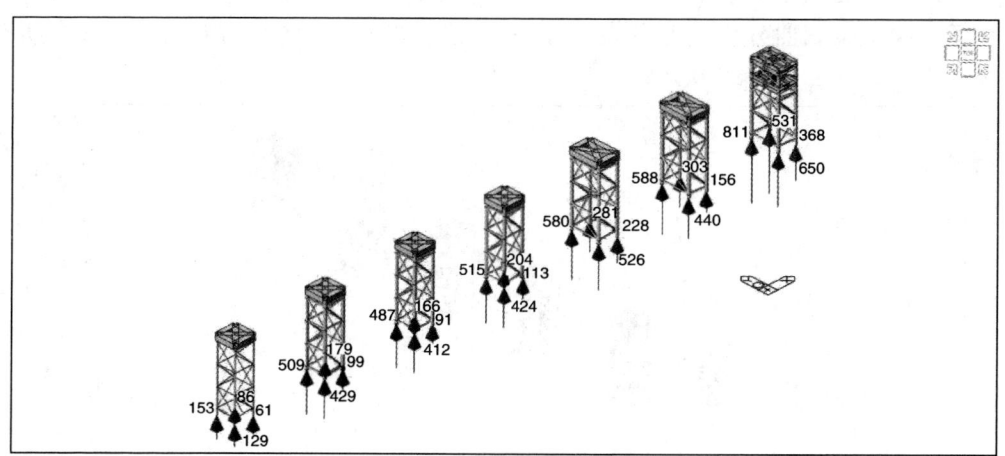

图 2.2.1-25　站台 1 侧楼面桁架支架 FZ 反力

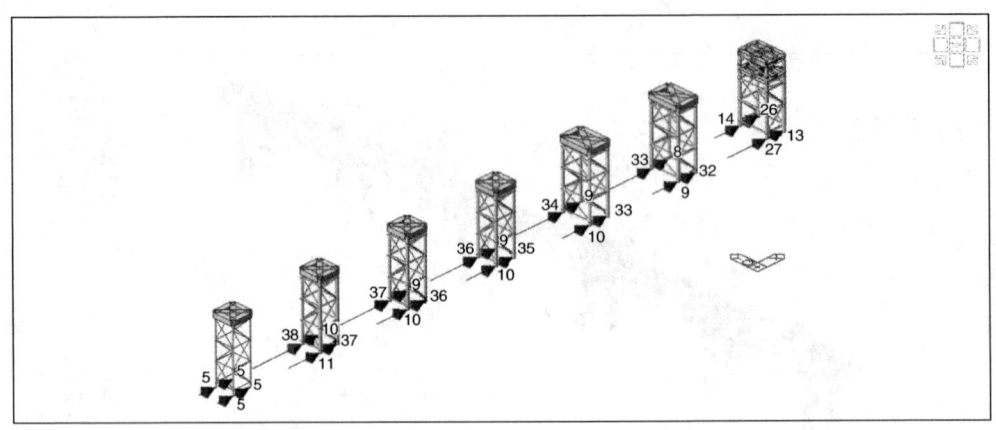

图 2.2.1-26　站台 1 侧楼面桁架支架 FX 反力

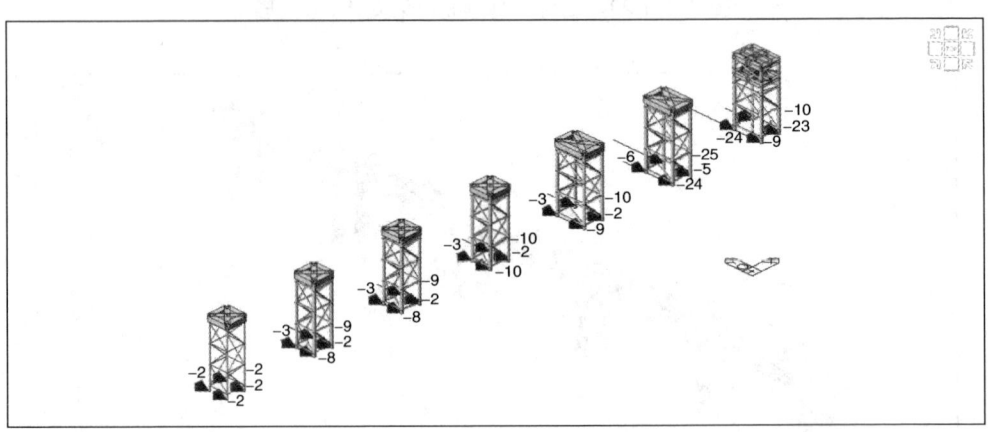

图 2.2.1-27　站台 1 侧楼面桁架支架 FY 反力

根据计算可知，站台 1 侧楼面桁架最大竖向反力为 811kN，图 2.2.1-25～图 2.2.1-27 中反力用于设计支架基础和埋件。

楼面桁架支架屈曲分析工况见表 2.2.1-5～表 2.2.1-7。楼面桁架支架屈曲分析模型如图 2.2.1-28、图 2.2.1-29 所示。

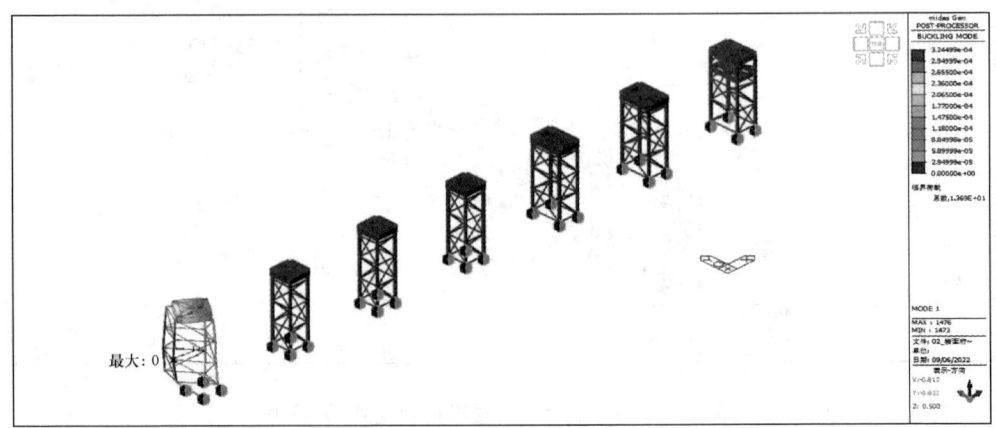

图 2.2.1-28　Mode 1（楼面桁架支架，站台 1 侧）

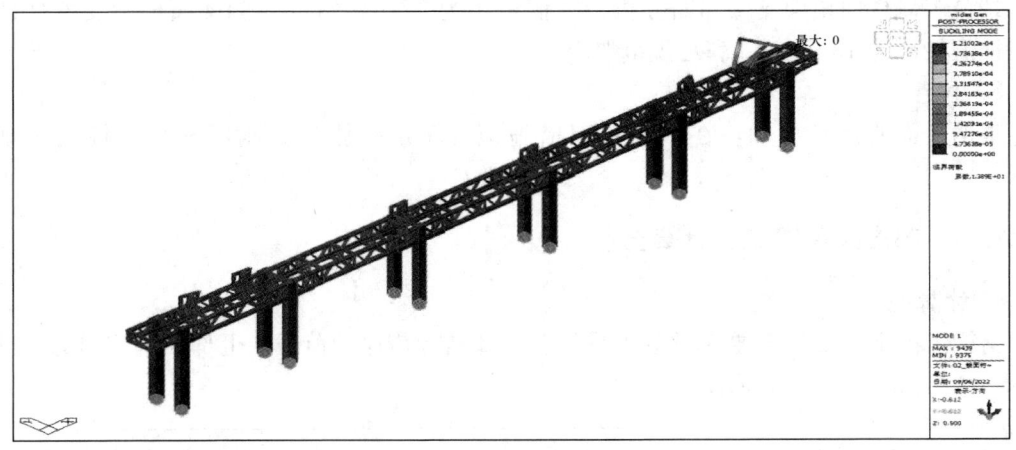

图 2.2.1-29　Mode 1（楼面桁架支架，站台 3 侧）

表 2.2.1-5　楼面桁架支架屈曲分析工况

荷载工况	系数	荷载类型
DEAD	1	常量
LIVE	1	变量
WIND	1	变量
DT	1	变量

表 2.2.1-6　屈曲分析特征值（楼面桁架支架，站台 1 侧）

模态	特征值	容许误差
1	13.688778	6.3929e-27
2	16.391810	1.0984e-19
3	18.321746	7.3812e-16
4	19.058181	3.7716e-14
5	19.822822	8.1287e-13
6	20.854381	3.9984e-11

表 2.2.1-7　屈曲分析特征值（楼面桁架支架，站台 3 侧）

模态	特征值	容许误差
1	13.890479	1.8077e-11
2	13.893641	1.2259e-11
3	13.897039	2.3767e-11
4	13.900579	2.5576e-12
5	15.736055	1.5338e-11
6	15.738202	7.5543e-11

站台1侧楼面桁架支架屈曲分析特征值最小为12.6,站台3侧楼面桁架支架屈曲分析特征值最小为13.8>4,满足规范要求。

5. 小结

根据上面的计算可知,在下部支架措施顶推工况下强度、刚度和稳定性满足规范要求。

2.2.2 下部支架落梁工况计算分析

1. 计算说明

落梁工况下,支架主要受设备支承状态上部结构传递的荷载。上部结构传递的荷载如图2.2.2-1和图2.2.2-2所示。

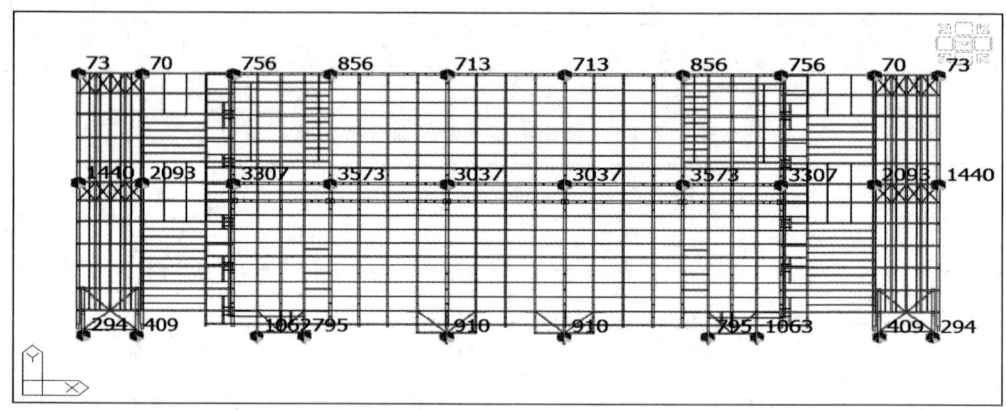

图2.2.2-1 临时支承状态上部结构受力

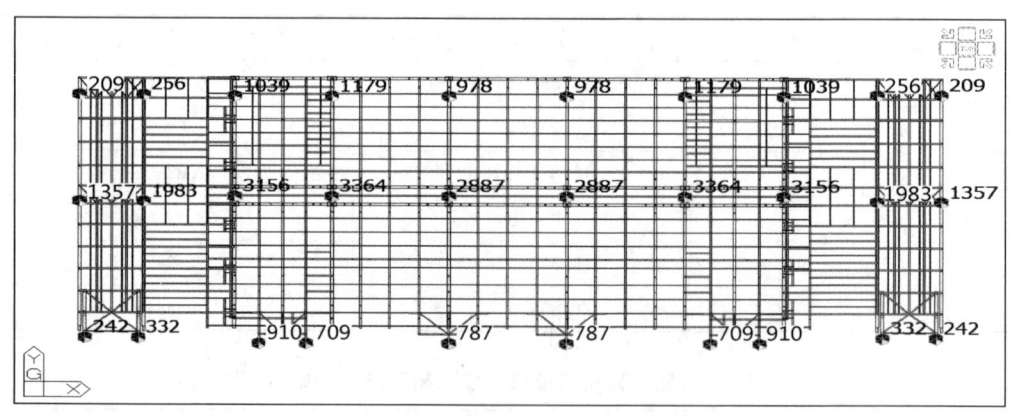

图2.2.2-2 设备支承状态上部结构受力

2. 荷载与组合

（1）荷载工况

恒荷载D_L：根据结构自重考虑,自重系数取1.05;

活荷载L_L：取上部结构传递的荷载（竖向力）;

风荷载W_L：取上部结构传递荷载的2%作为风荷载（横向水平力）。

（2）荷载组合

计算时考虑荷载组合如下：

标准组合：$1.0D_L + 1.0L_L + 1.0W_L$；

基本组合：$1.3D_L + 1.5L_L + 1.0W_L$；

计算结果中，应力取基本组合值；反力、变形取标准组合值，均取包络值。

3. 计算模型

（1）天桥落梁支架计算模型

站台 1 侧和站台 3 侧天桥落梁支架计算模型如图 2.2.2-3 和图 2.2.2-4 所示。

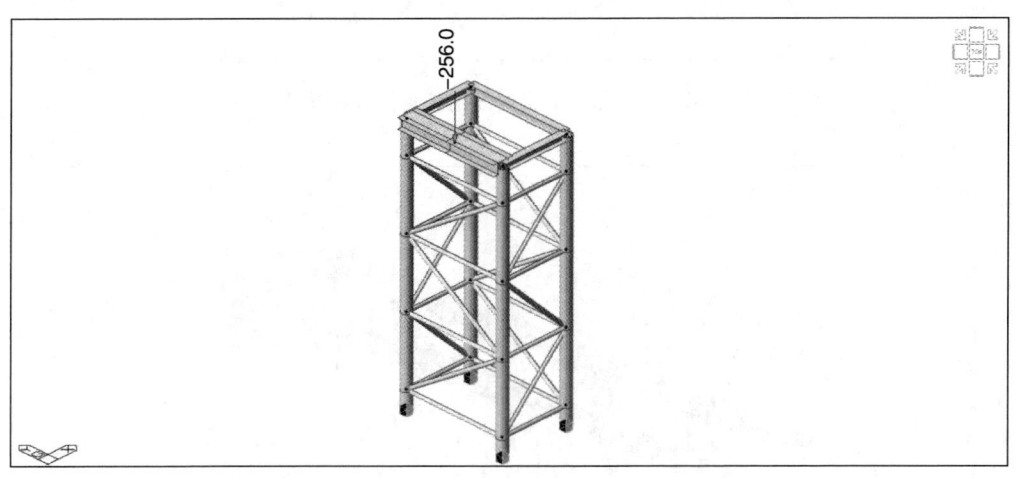

图 2.2.2-3　支架，站台 1 侧

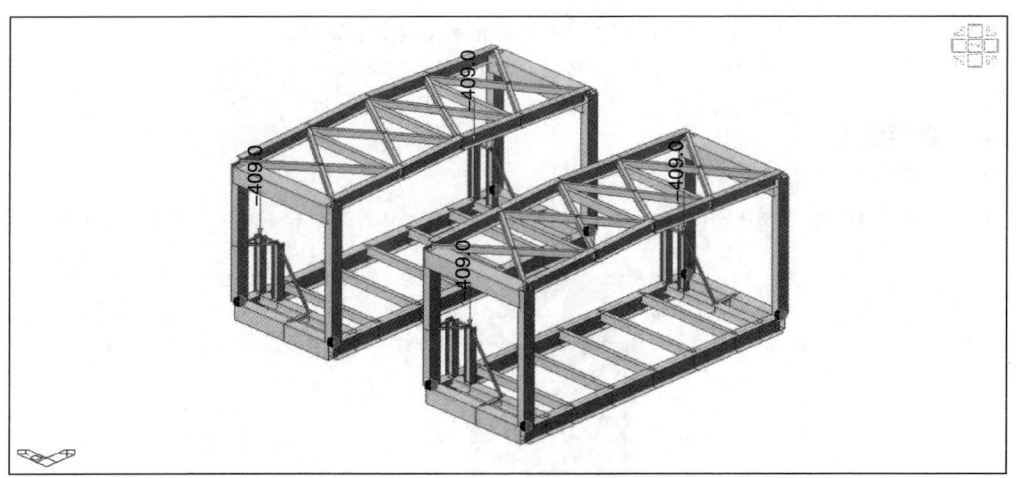

图 2.2.2-4　支架，站台 3 侧

注：图中仅显示计算竖向荷载，其他荷载数值参考荷载工况说明。

（2）楼面桁架落梁支架计算模型

站台 1 侧和站台 3 侧楼面桁架支架计算模型如图 2.2.2-5 和图 2.2.2-6 所示。

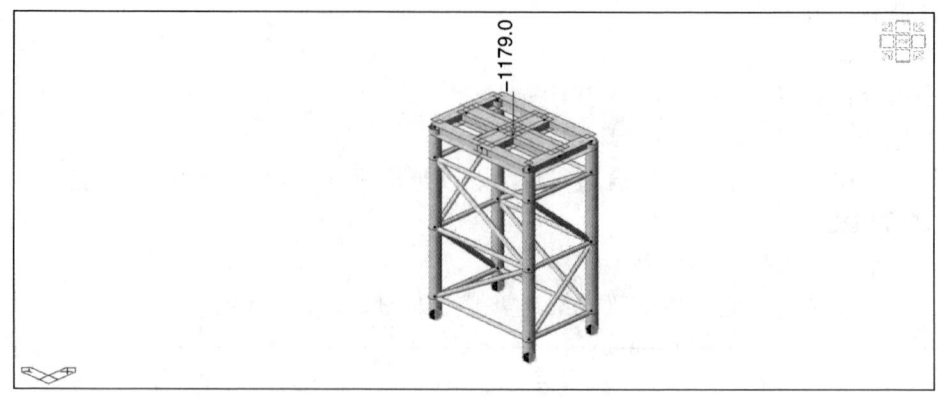

图 2.2.2-5　站台 1 侧楼面桁架落梁支架模型

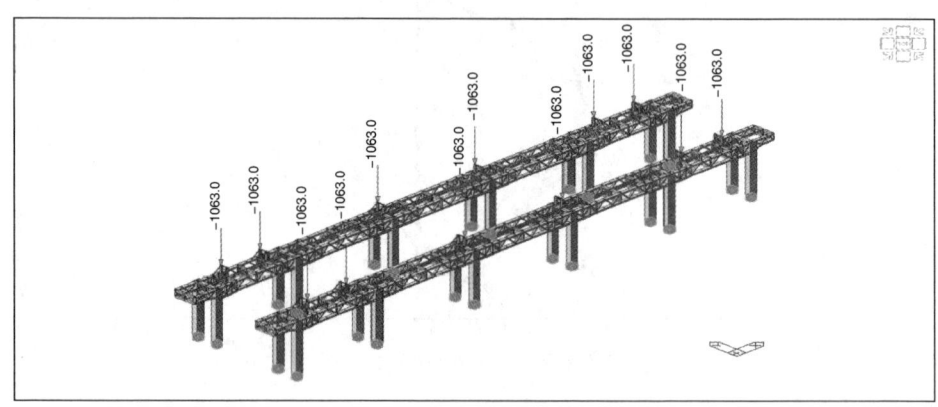

图 2.2.2-6　站台 3 侧楼面桁架落梁支架模型

注：图中仅显示计算竖向荷载，其他荷载数值参考荷载工况说明。

4. 计算结果

（1）天桥计算结果

站台 1 侧天桥落梁支架组合应力比如图 2.2.2-7 所示。站台 3 侧天桥落梁支架组合应

图 2.2.2-7　站台 1 侧天桥落梁支架组合应力比

力比如图 2.2.2-8 所示。

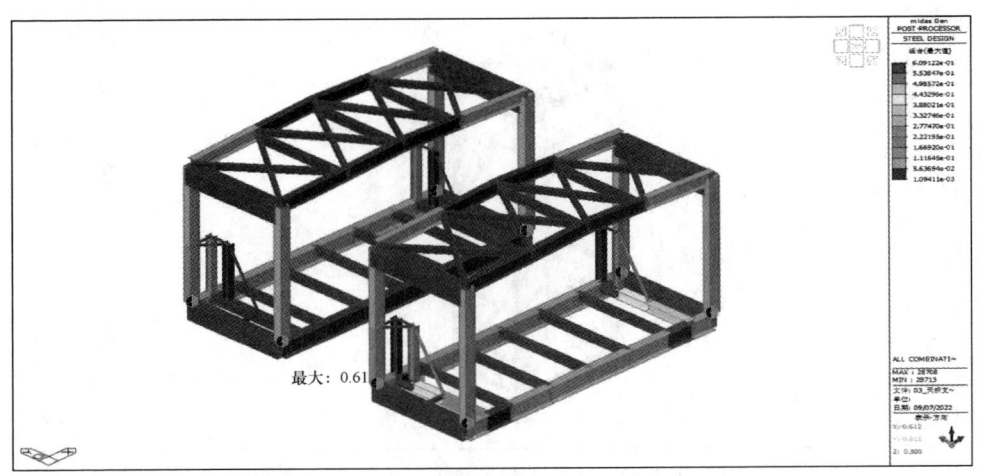

图 2.2.2-8　站台 3 侧天桥落梁支架组合应力比

根据计算可知，站台 1 侧和站台 3 侧天桥落梁支架最大组合应力比为 0.36，站台 3 侧天桥落梁支架最大组合应力比为 0.61，均小于 1，满足规范要求。

站台 1 侧和站台 3 侧天桥落梁支架变形如图 2.2.2-9 至图 2.2.2-12 所示。

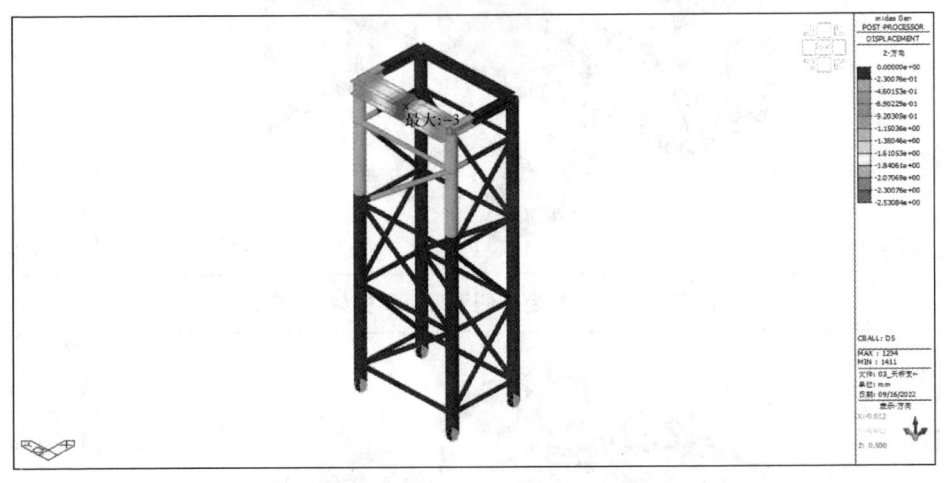

图 2.2.2-9　站台 1 侧天桥落梁支架 DZ 变形

根据计算可知，站台 1 侧天桥落梁支架最大竖向变形为 3mm，最大水平变形为 1mm，站台 3 侧天桥落梁支架最大竖向变形为 7mm，最大水平变形为 3mm，均满足规范要求。

站台 1 侧天桥落梁支架承受反力如图 2.2.2-13 所示。

根据计算可知，支架站台 1 侧天桥落梁支架承受的最大竖向反力为 149kN。支架反力用于设计基础和埋件。

屈曲分析工况见表 2.2.2-1。

天桥落梁支架分析模型如图 2.2.2-14 和图 2.2.2-15 所示。天桥落梁支架屈曲分析特征值见表 2.2.2-2 和表 2.2.2-3。

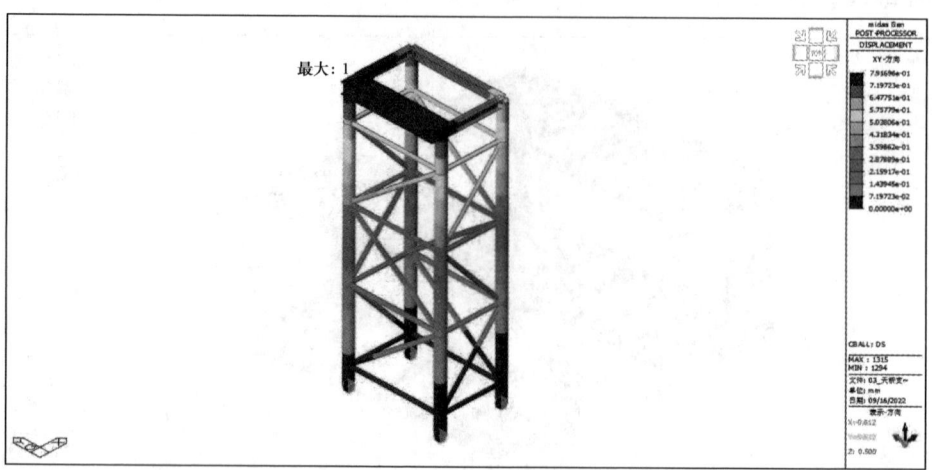

图 2.2.2-10　站台 1 侧天桥落梁支架 DXY 变形

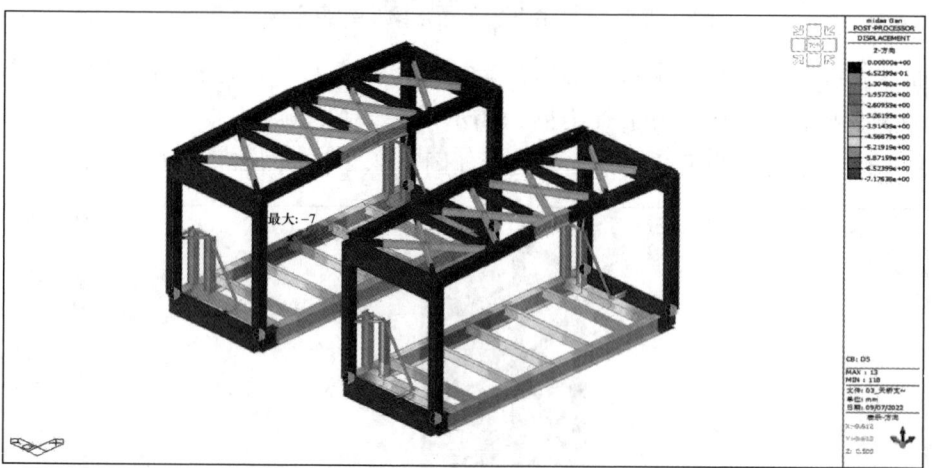

图 2.2.2-11　站台 3 侧天桥落梁支架 DZ 变形

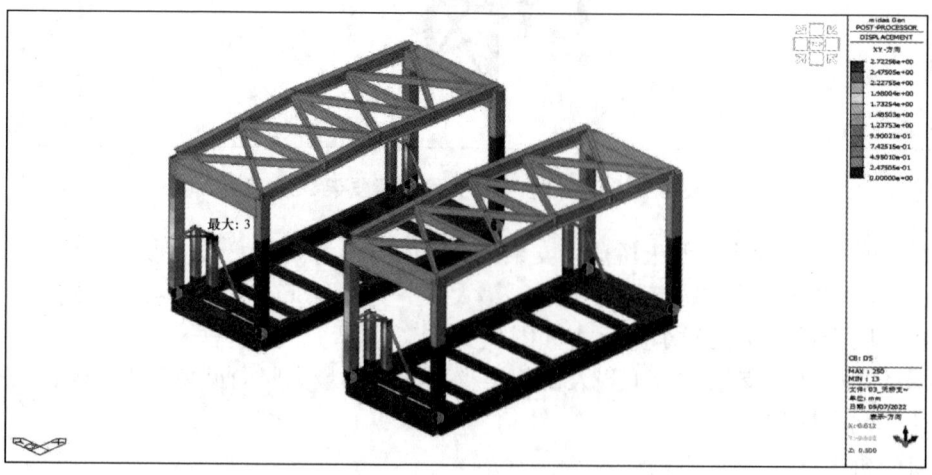

图 2.2.2-12　站台 3 侧天桥落梁支架 DXY 变形

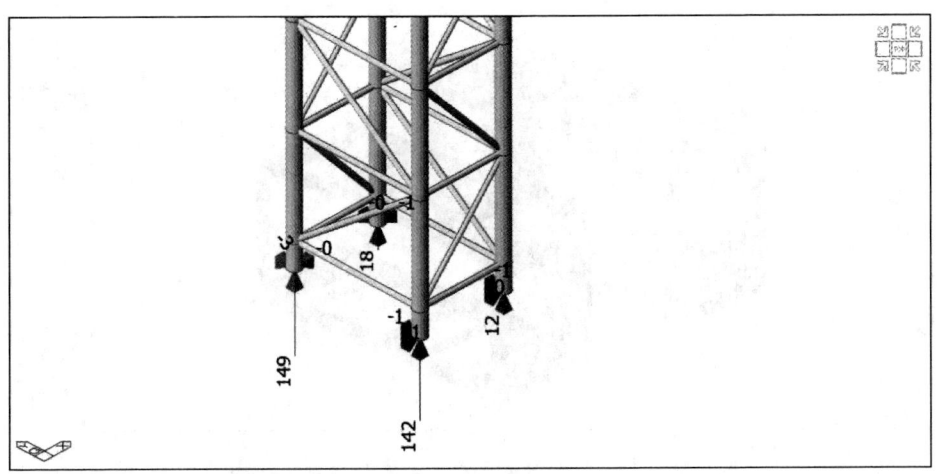

图 2.2.2-13　站台 1 侧天桥落梁支架 FXYZ 反力

表 2.2.2-1　天桥落梁支架屈曲分析工况

荷载工况	系数	荷载类型
DEAD	1	常量
LIVE	1	变量
WIND	1	变量

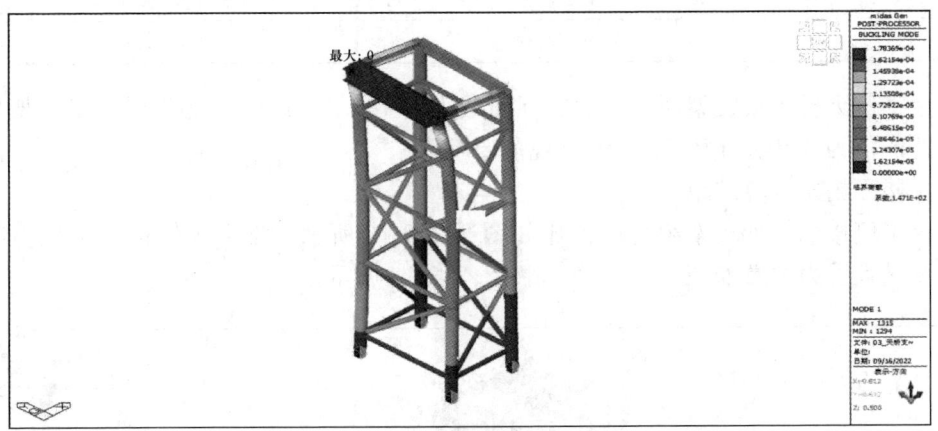

图 2.2.2-14　站台 1 侧天桥落梁支架屈曲分析模型

表 2.2.2-2　站台 1 侧天桥落梁支架屈曲分析特征值

模态	特征值	容许误差
1	147.100102	2.5258e-56
2	222.999835	2.8827e-41
3	240.968736	7.5680e-39
4	248.063310	2.0542e-38
5	294.106224	1.1502e-33
6	382.604494	3.6495e-25

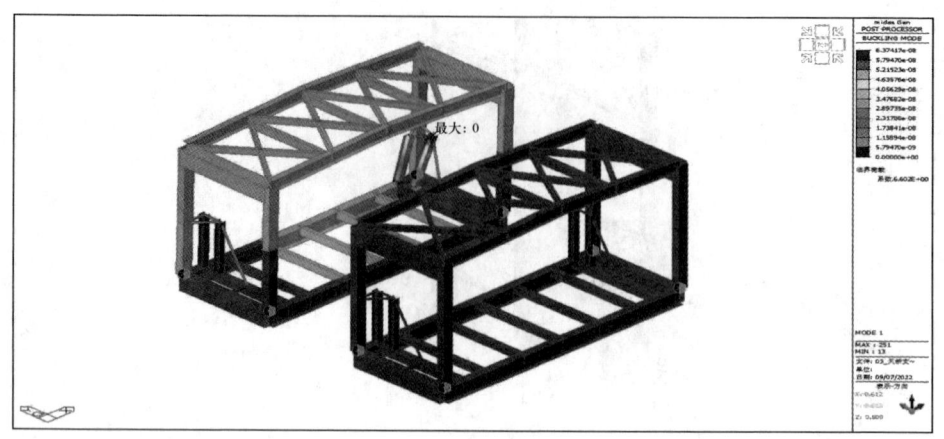

图 2.2.2-15　站台 3 侧天桥落梁支架屈曲分析模型

表 2.2.2-3　站台 3 侧天桥落梁支架屈曲分析特征值

模态	特征值	容许误差
1	6.601549	1.8681e-42
2	6.601549	4.4716e-44
3	13.277704	7.5490e-28
4	14.095915	3.8577e 25
5	16.481462	1.3003e-20
6	17.060940	4.0349e-20

站台 1 侧天桥落梁支架屈曲分析特征值最小为 147.1，站台 3 侧天桥落梁支架屈曲分析最小特征值为 6.6，均大于 4，满足规范要求。

（2）楼面桁架计算结果

站台 1 侧楼面桁架支架组合应力比如图 2.2.2-16 所示。站台 3 侧楼面桁架支架组合应力比及最大受力位置如图 2.2.2-17 和图 2.2.2-18 所示。

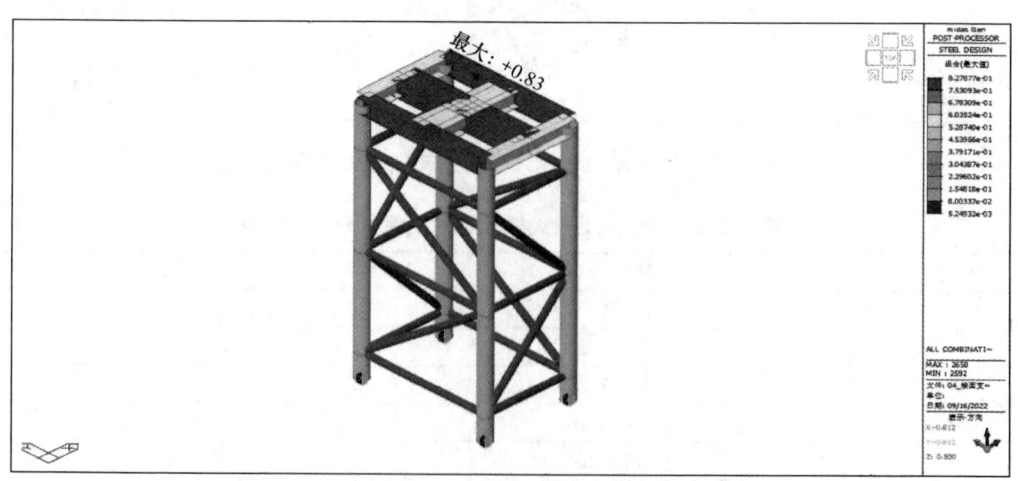

图 2.2.2-16　站台 1 侧楼面桁架支架组合应力比

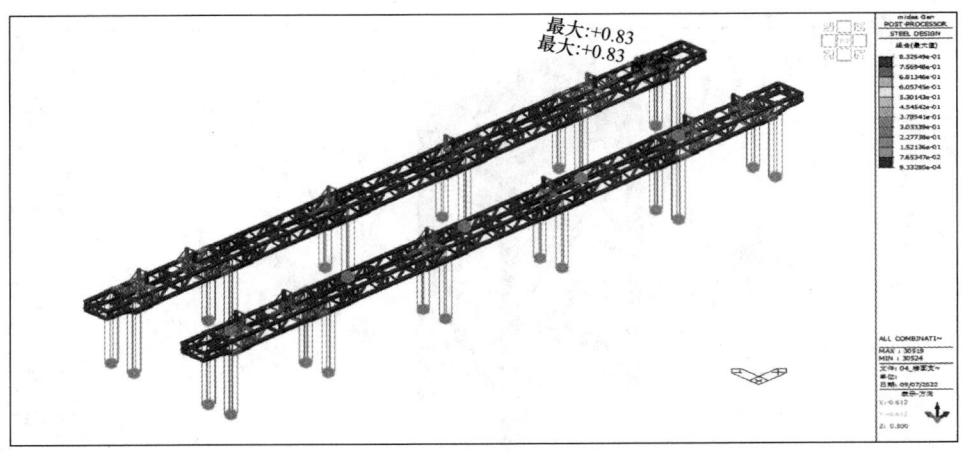

图 2.2.2-17　站台 3 侧楼面桁架支架组合应力比

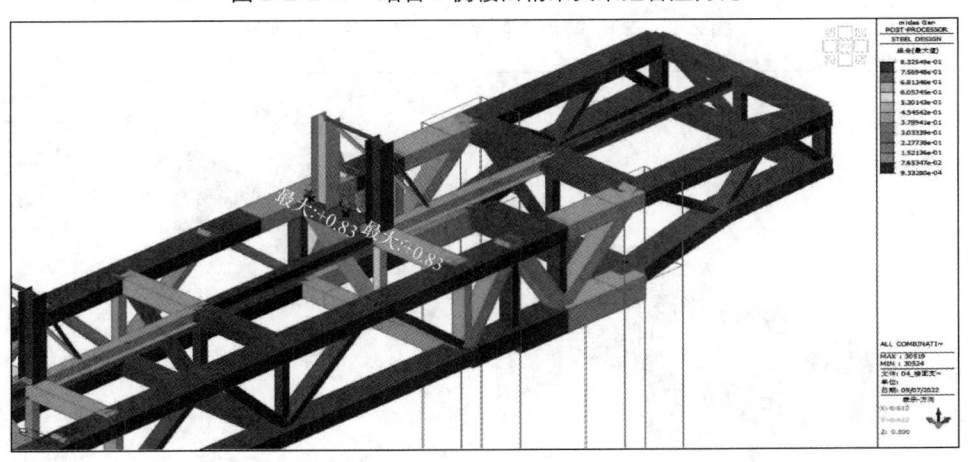

图 2.2.2-18　站台 3 侧楼面桁架支架组合应力比（最大力位置）

根据计算可知，支架站台 1 侧楼面桁架支架最大组合应力比为 0.83，站台 3 侧楼面桁架支架最大组合应力比为 0.83，均小于 1，满足规范要求。

楼面桁架支架变形情况如图 2.2.2-19 至图 2.2.2-22 所示。

图 2.2.2-19　站台 1 侧楼面桁架支架 DZ 变形

图 2.2.2-20　站台 1 侧楼面桁架支架 DXY 变形

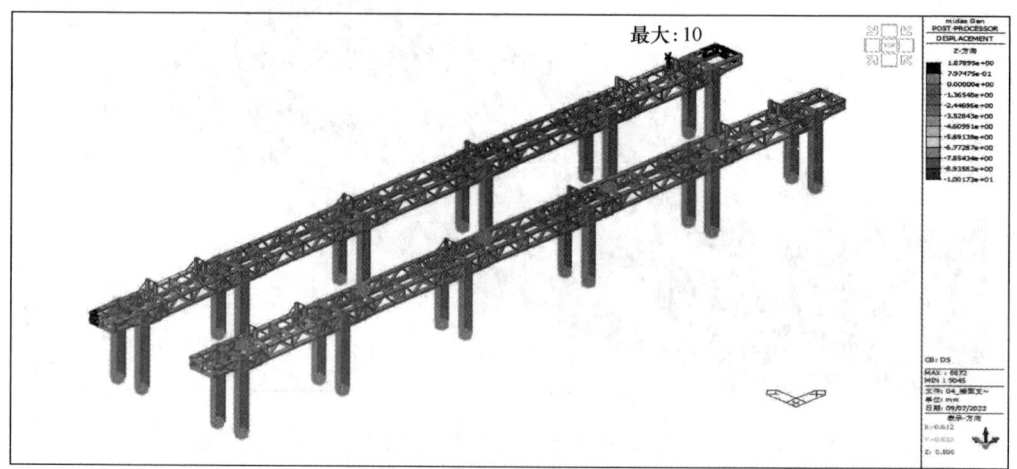

图 2.2.2-21　站台 3 侧楼面桁架支架 DZ 变形

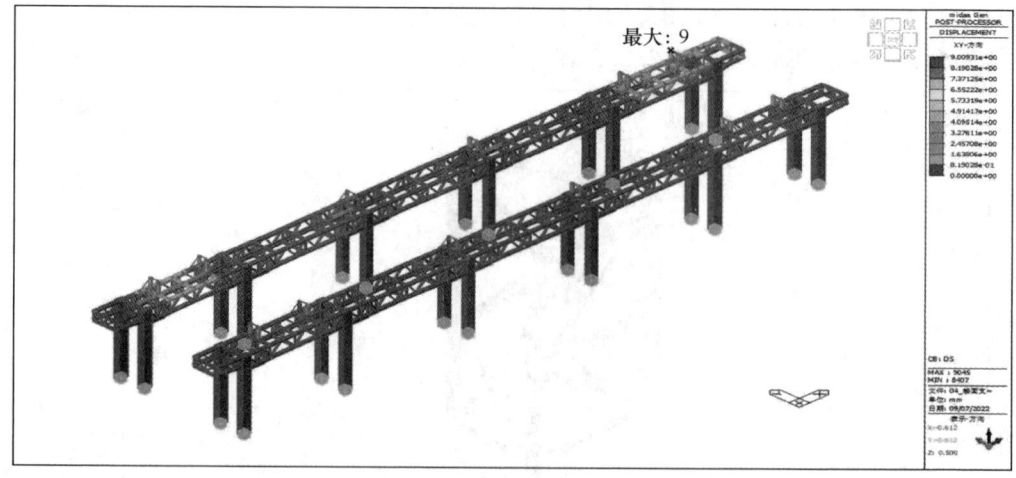

图 2.2.2-22　站台 3 侧楼面桁架支架 DXY 变形

根据计算可知，站台1侧楼面桁架支架最大竖向变形为7mm，最大水平变形为1mm；站台3侧楼面桁架支架最大竖向变形为10mm，最大水平变形为9mm，均满足规范要求。

楼面桁架支架反力计算结果如图2.2.2-23和图2.2.2-24所示。

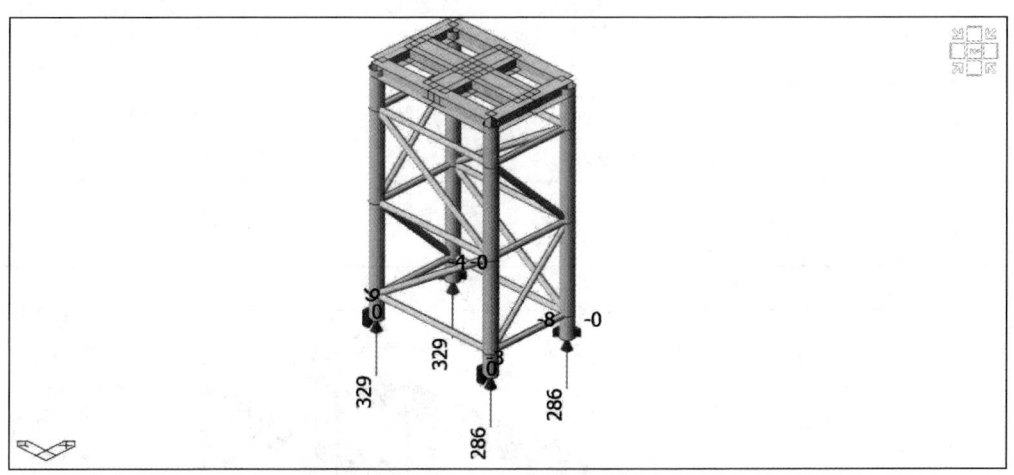

图2.2.2-23　站台1侧楼面桁架支架FXYZ反力

图2.2.2-24　站台1侧楼面桁架支架屈曲分析模型

根据计算可知，站台1侧楼面桁架支架最大竖向反力为329kN。支架反力用于设计基础和埋件。

楼面桁架支架屈曲分析工况见表2.2.2-4。

表2.2.2-4　楼面桁架支架屈曲分析工况

荷载工况	系数	荷载类型
DEAD	1	常量
LIVE	1	变量
WIND	1	变量

特征值见表 2.2.2-5 和表 2.2.2-6。屈曲分析模型图如图 2.2.1-53 和图 2.2.1-54 所示。

表 2.2.2-5　站台 1 侧楼面桁架支架屈曲分析特征值

模态	特征值	容许误差
1	67.860525	4.2680e-10
2	69.234252	1.4186e-10
3	70.713982	9.6045e-10
4	87.604209	1.4885e-09
5	104.433500	2.4076e-09
6	108.694929	4.1138e-09

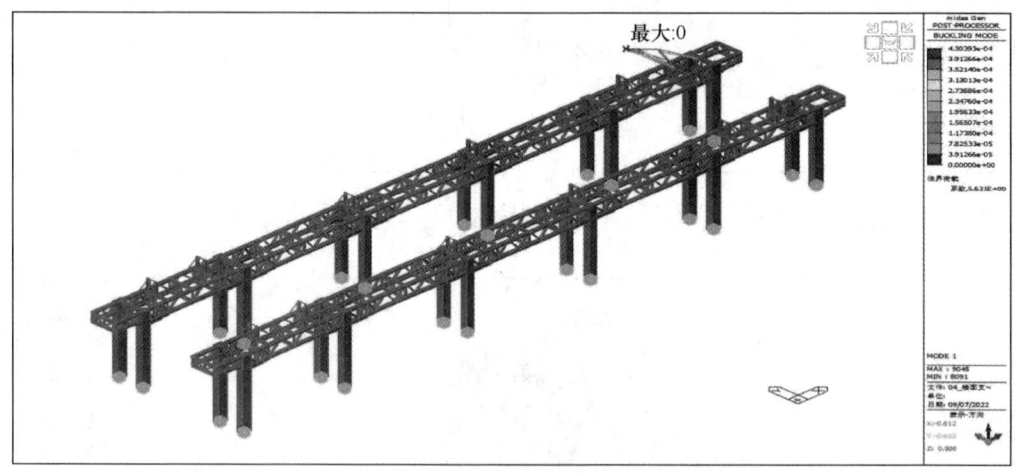

图 2.2.2-25　站台 3 侧楼面桁架支架模型

站台 1 侧楼面桁架支架屈曲分析特征值最小为 67.8，站台 3 侧楼面桁架支架屈曲分析特征值最小为 5.6，均大于 4，满足规范要求。

表 2.2.2-6　站台 3 侧楼面桁架支架屈曲分析特征值

模态	特征值	容许误差
1	5.630515	3.9419e-56
2	7.964337	3.1209e-40
3	8.271547	6.8867e-38
4	8.887695	2.8269e-33
5	9.089956	4.7861e-32
6	10.000400	1.0899e-28

5. 小结

根据计算可知，下部支架落梁工况下强度、刚度和稳定性满足规范要求。

第3章 顶推及落梁装置与安装

顶推滑移装置系统包括滑移机构、滑移构造系统和导向装置等。作为滑移运动的基础，滑移轨道的设计需充分考虑其稳定性、承载能力及与滑移构造系统的兼容性。轨道材料应具备良好的耐磨性、抗腐蚀性以及足够的刚度，以承受滑移过程中产生的巨大载荷和动态效应。滑移构造系统直接关联到滑移单元（即被移动的结构物）的移动性能，其设计需细致考量滑移单元的具体特性，如质量分布、结构强度、支座类型及位置等，以确保滑移过程平稳无阻。同时，还需结合现场施工条件，如地形、气候等以及施工单位的技术实力，综合选择最适合的滑移方式和技术方案。导向装置的设置是确保滑移方向准确、防止偏移的关键，它必须精确匹配顶推原理（即通过外力推动结构物沿预定轨道移动）及结构物的断面形式，确保在滑移过程中结构物能够保持正确的姿态和位置，避免不必要的损伤或事故。

顶推动力装置宜由千斤顶、液压泵站以及相关配套电气控制装置等共同组成。由液压千斤顶支撑的还应包括顶升千斤顶及相应液压泵站。液压泵源系统应提供稳定的液压动力，在各种液压阀的控制下能完成相应的动作。计算机同步控制则是整个系统的核心，其主要功能是顶推控制、操作控制和安全控制。

庐山高铁二期站房工程中，候车层桁架、天桥及换乘通廊采取分段、由中部向两侧焊接的方法，以控制焊接收缩量，在安装过程中及时调整误差，保证安装质量。

3.1 顶推及落梁施工装置与安装

3.1.1 顶推轨道设计

顶推轨道在临时格构支架上水平布置，焊接在支架立柱分配梁或横梁上。在顶推过程中，轨道梁承受轨道上部顶推滑靴传递的荷载。新建站房顶推施工时，在组拼平台上共铺设10条顶推轨道，楼面桁架轨道之间间距为20m、24m，天桥轨道之间间距为13m，楼面桁架轨道与天桥轨道之间间距为19m。

1. 天桥顶推轨道设计

轨道梁均由箱型钢、加劲板等组成，材质均为Q355B；两侧天桥结构轨道各设置2条轨道梁，共4条轨道梁（图3.1.1-1和图3.1.2-2）。轨道梁通长至少每间隔1000mm设

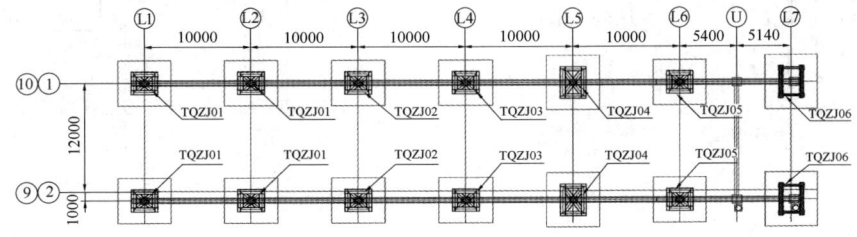

图 3.1.1-1 天桥顶推轨道平面图

置一道加劲板,其厚度和材质与焊接位置处滑道梁腹板相同;轨道梁与横梁或分配梁节点处的加劲板除外,轨道梁使用斜撑、限位板与分配梁焊接连接固定(图3.1.1-3)。轨道梁上表面中心通长铺设重轨P43,重轨P43与轨道梁通过卡板固定连接(图3.1.1-4),卡板每间隔1000mm设置一组,卡板材质为Q235B;轨道梁上表面通长铺设3mm厚不锈钢板,不锈钢板与滑道梁上表面贴合焊接,采用不锈钢焊丝,侧边间隔10cm焊接10cm,对接采用满焊连接,滑靴结构与不锈钢板摩擦起到减少摩擦力的作用。

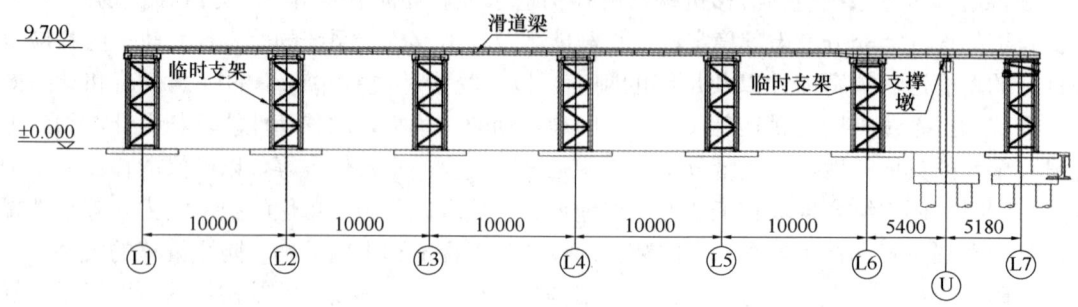

图3.1.1-2 天桥顶推轨道立面图

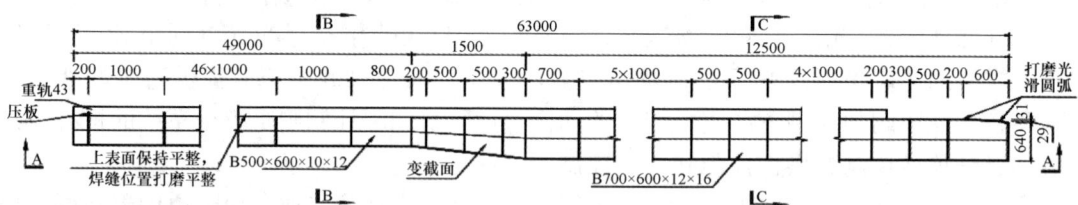

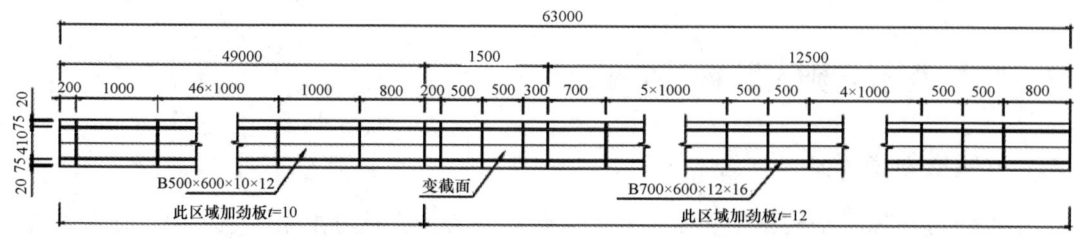

A—A

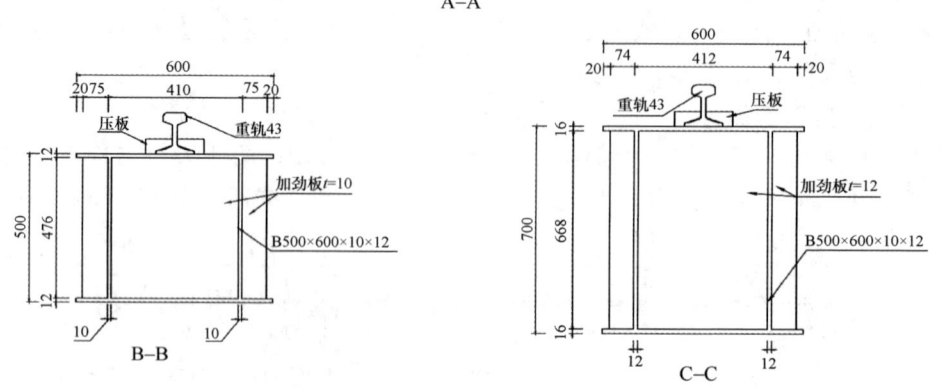

图3.1.1-3 天桥顶推轨道详图

2. 楼面桁架顶推轨道设计

楼面桁架顶推轨道梁均由箱型钢、加劲板等组成，材质均为Q355B；楼面桁架轨道共设置6条轨道梁，两侧天桥结构轨道各设置2条轨道梁，共4条轨道梁（图3.1.1-5和图3.1.1-6）。轨道梁通长至少每间隔1000mm设置一道加劲板，其厚度和材质与焊接位置处滑道梁腹板相同；轨道梁与横梁或分配梁节点处的加劲板除外。轨道梁使用斜撑、限位板与分配梁焊接连接固定（图3.1.1-7）。轨道梁上表面中心通长铺设重轨P43，重轨P43与轨道梁通过卡板固定连接，卡板每间隔1000mm设置一组，卡板材质为Q235B（图3.1.1-8）；轨道梁上表面通长铺设3mm厚不锈钢板，不锈钢板与滑道梁上表面贴合焊接，采用不锈钢焊丝，侧边间隔10cm焊接10cm，对接采用满焊连接，滑靴结构与不锈钢板摩擦起到减少摩擦力的作用。

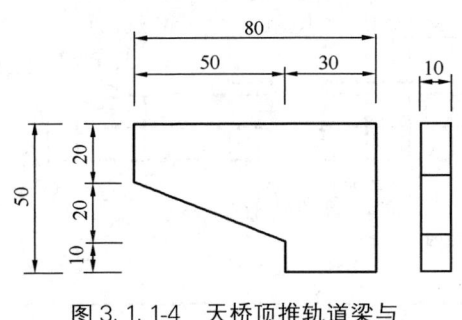

图3.1.1-4 天桥顶推轨道梁与重轨P43卡板连接

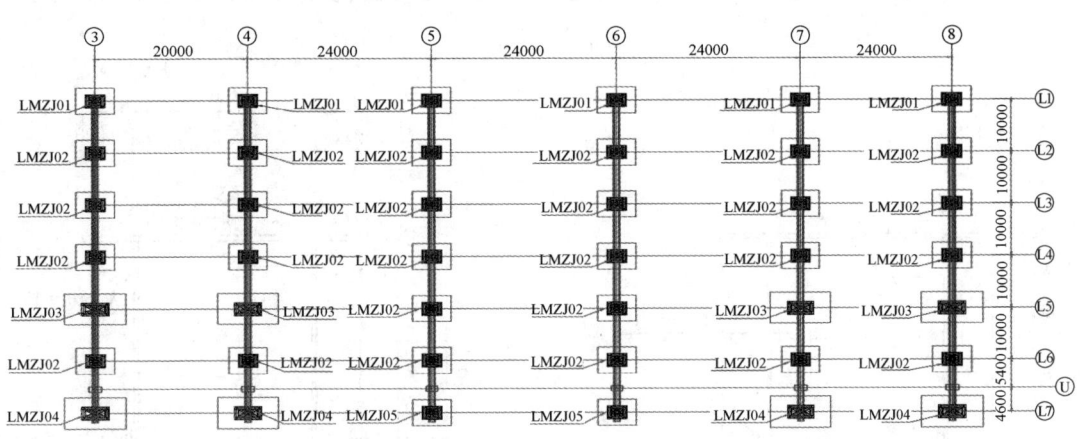

图3.1.1-5 楼面桁架顶推轨道平面布置图

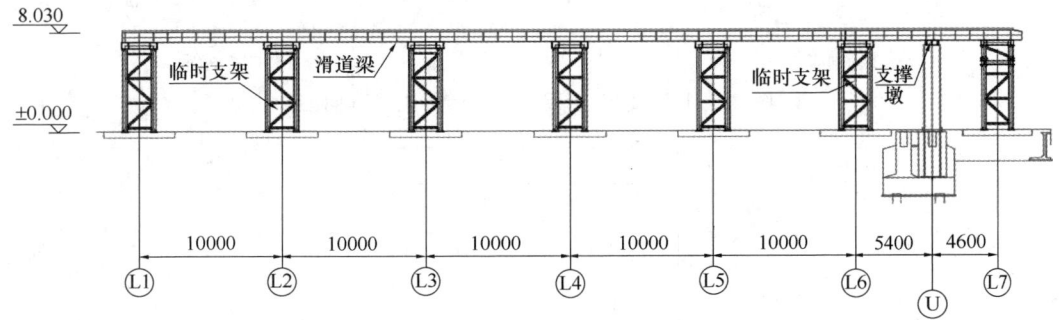

图3.1.1-6 楼面桁架顶推轨道立面图

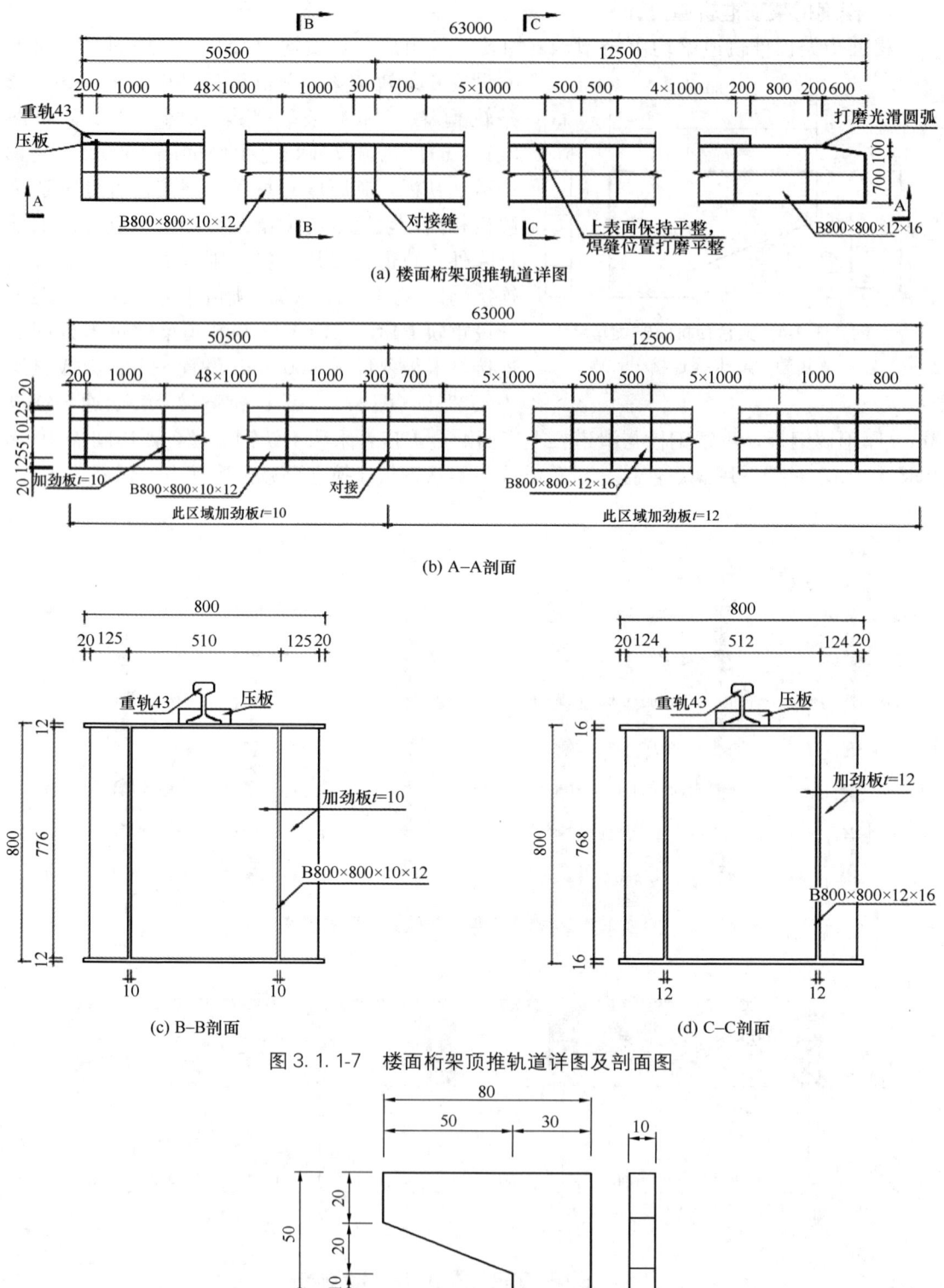

图 3.1.1-7 楼面桁架顶推轨道详图及剖面图

图 3.1.1-8 楼面桁架顶推轨道梁与重轨 P43 卡板连接

3.1.2 顶推滑靴设置

新建站房顶推时采用顶推滑靴，滑靴采用钢板制作，钢板厚度为10mm，钢材材质均为Q355B，滑靴底板设置MGE滑板，MGE滑板与顶推滑靴底板之间采用内六角螺钉连接，MGE滑板前端进行"雪橇式"处理，滑板表面涂硅脂油以减少顶推摩阻力，同时顶推滑靴侧面限位板前端进行"雪橇式"处理，有效防止顶推滑靴侧挡板与轨道梁侧边顶死"啃轨"（图3.1.2-1～图3.1.2-14）。

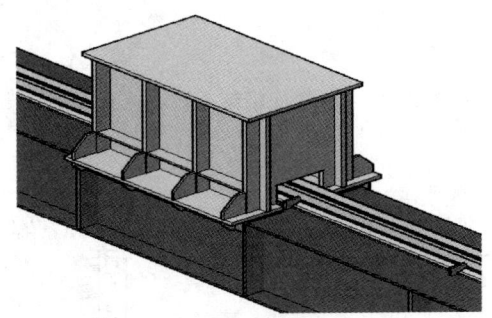

图3.1.2-1 滑靴三维示意图

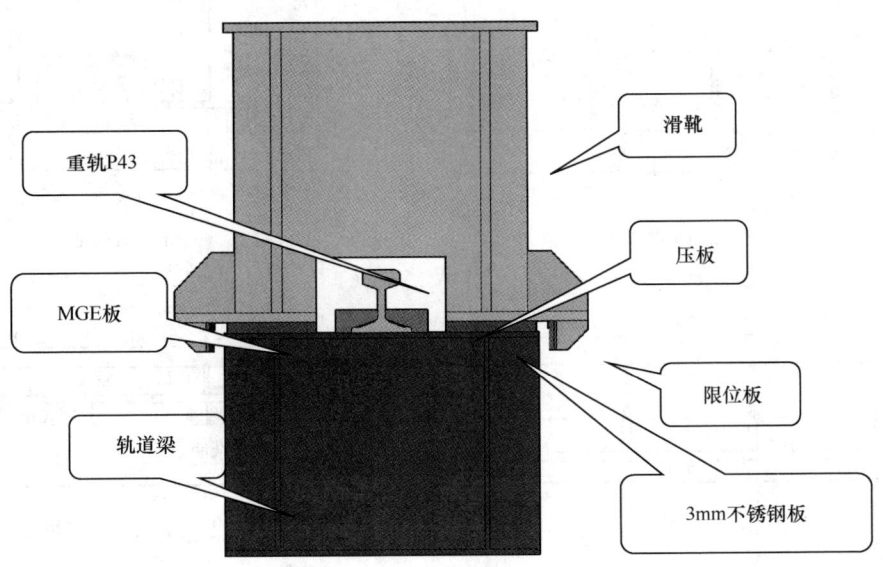

图3.1.2-2 顶推断面示意图

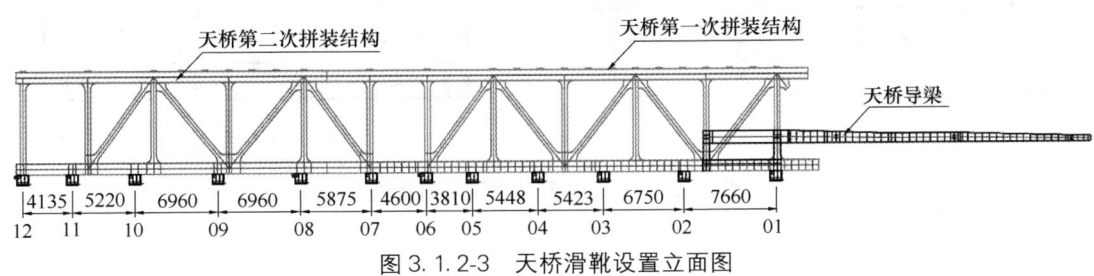

图3.1.2-3 天桥滑靴设置立面图

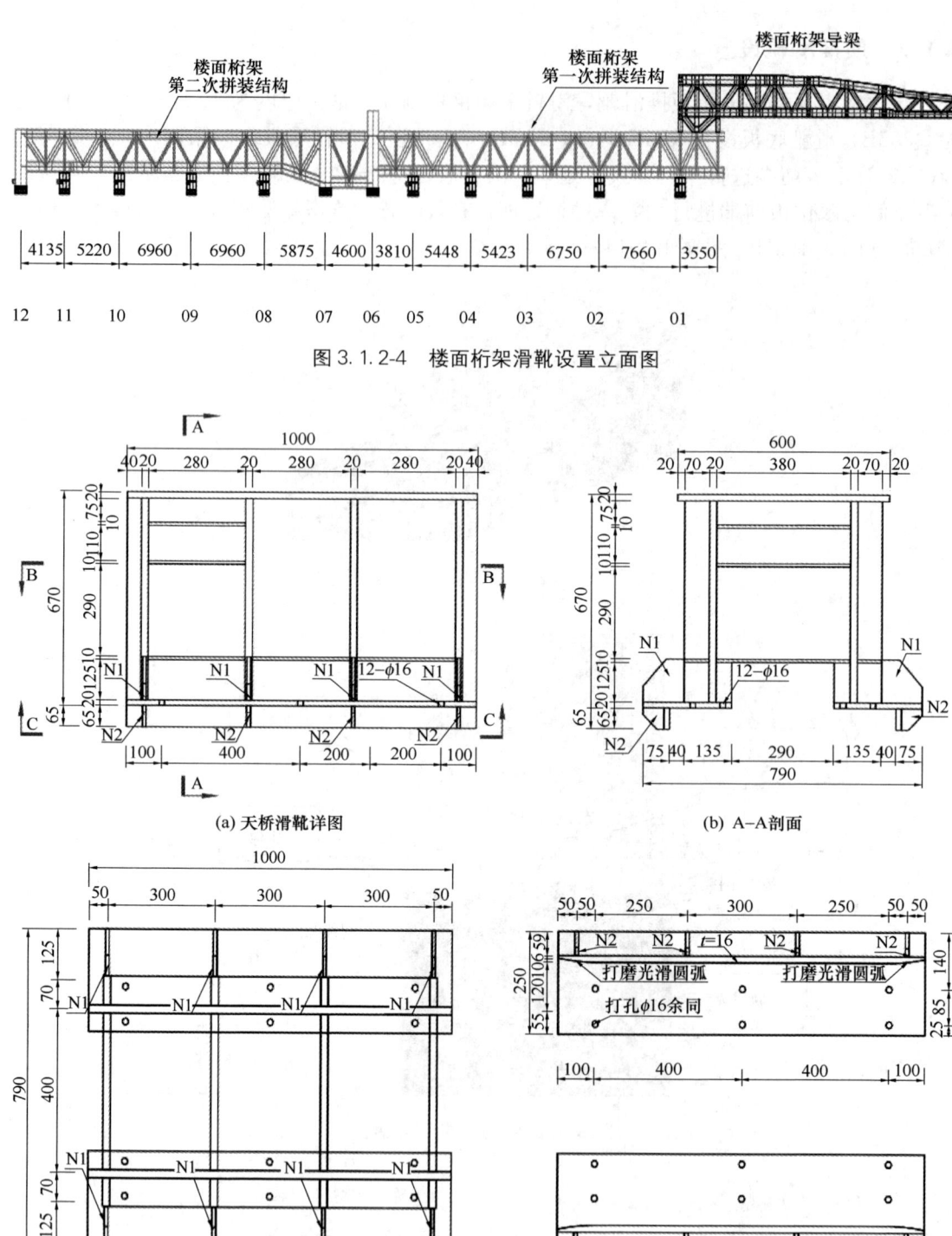

图 3.1.2-4 楼面桁架滑靴设置立面图

(a) 天桥滑靴详图

(b) A—A 剖面

(c) B—B 剖面

(d) C—C 剖面

图 3.1.2-5 天桥滑靴详图及剖面图

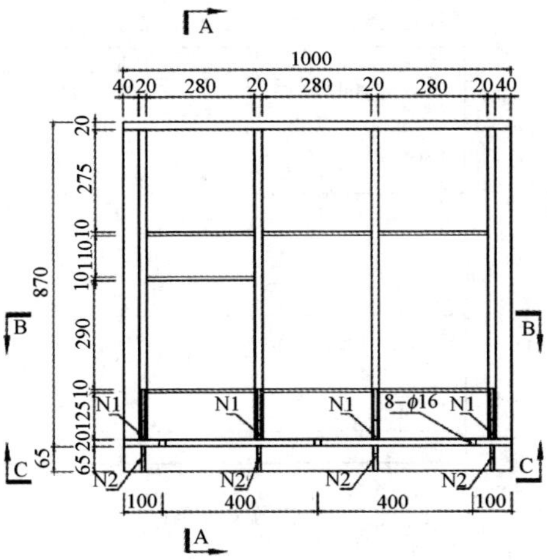

(a) 楼面桁架滑靴A详图

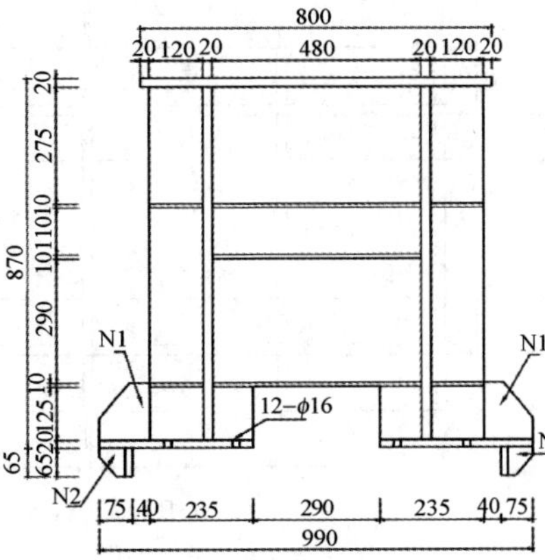

(b) A—A剖面

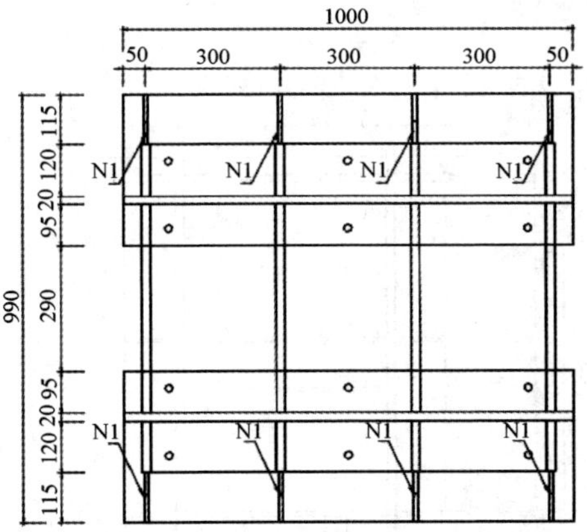

(c) B—B剖面

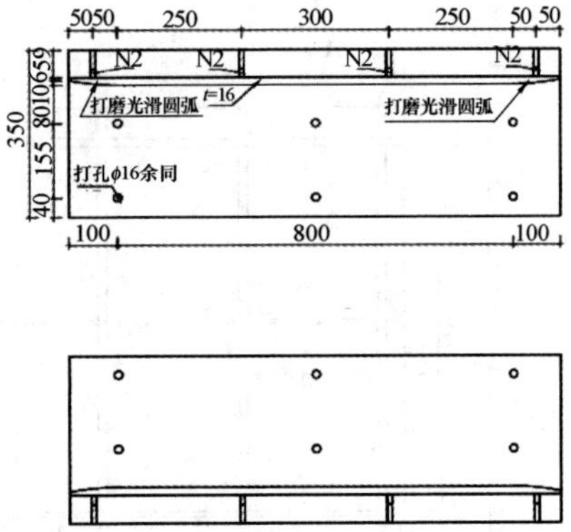

(d) C—C剖面

图 3.1.2-6　楼面桁架滑靴详图及剖面图

附注：楼面桁架滑靴 A 适用于滑靴节点 02、03、04、05、08、09、10、11、12

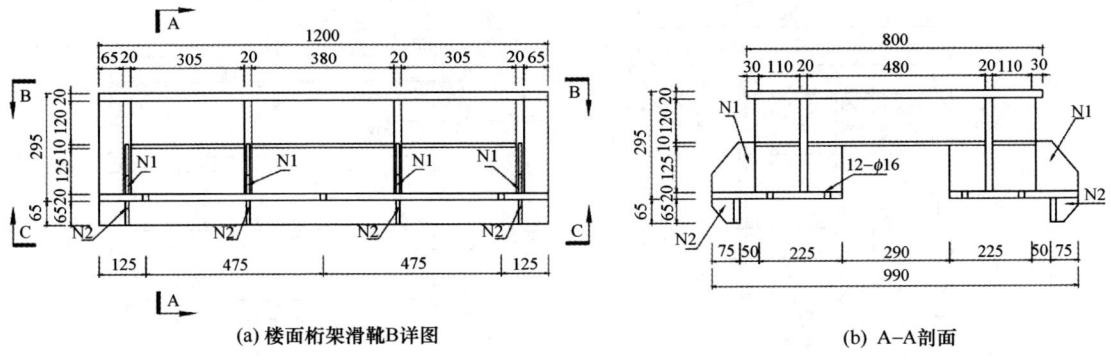

(a) 楼面桁架滑靴B详图

(b) A—A剖面

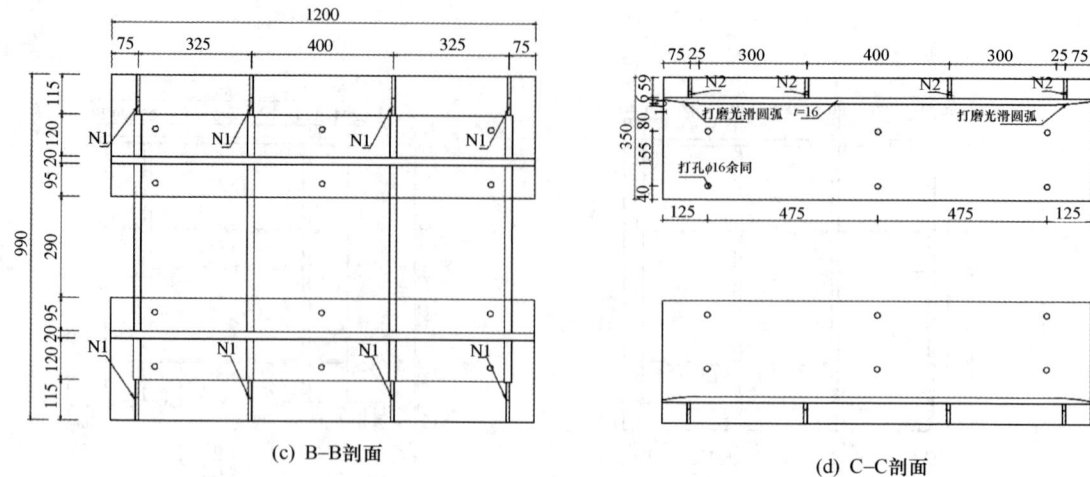

(c) B-B剖面　　　　　　　　　　　　(d) C-C剖面

图 3.1.2-7　楼面桁架滑靴 B 详图及剖面图

附注：楼面桁架滑靴 B 适用于滑靴节点 01、06、07

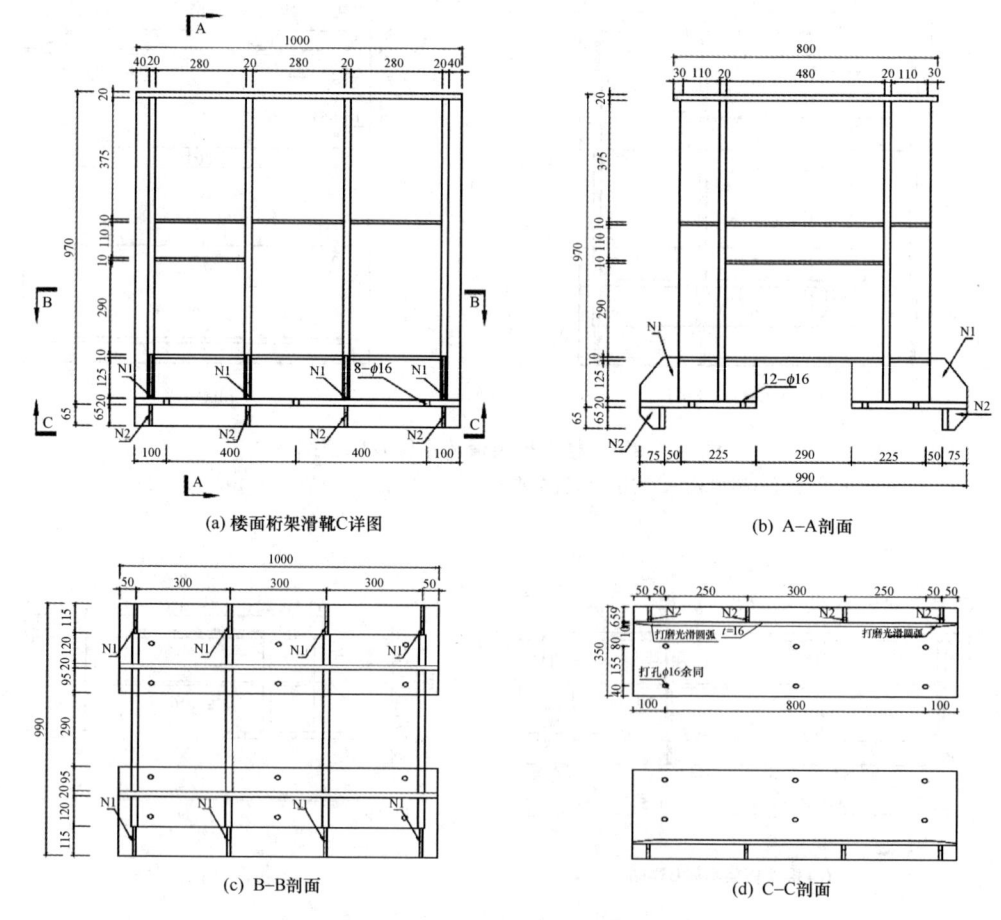

(a) 楼面桁架滑靴C详图　　　　　　(b) A-A剖面

(c) B-B剖面　　　　　　　　　　　　(d) C-C剖面

图 3.1.2-8　楼面桁架滑靴 C 详图及剖面图

附注：楼面桁架滑靴 A 适用于滑靴节点 08、09、10、11、12

第 3 章 顶推及落梁装置与安装

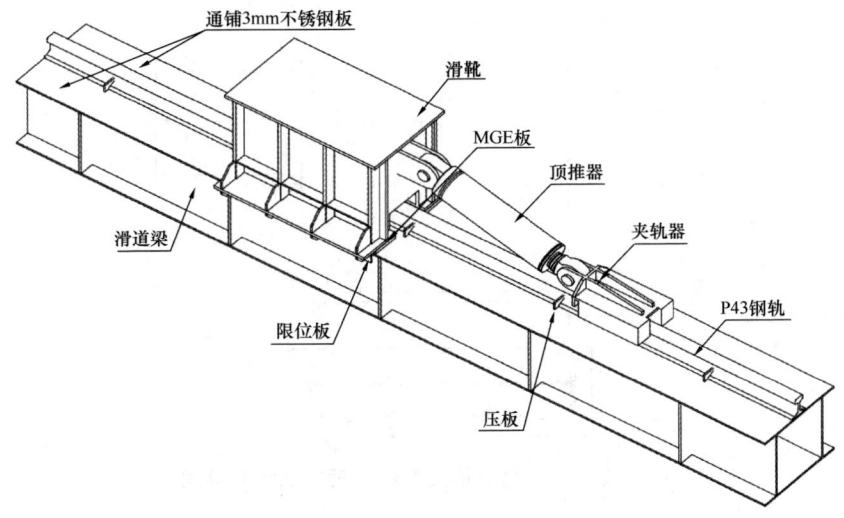

图 3.1.2-9 滑靴顶推示意图

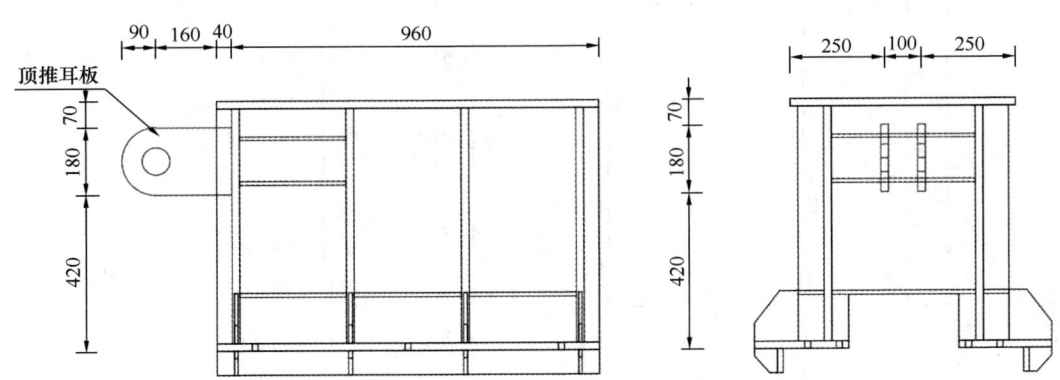

图 3.1.2-10 天桥滑靴顶推耳板安装图
附注：适用于滑靴节点 06、08、12

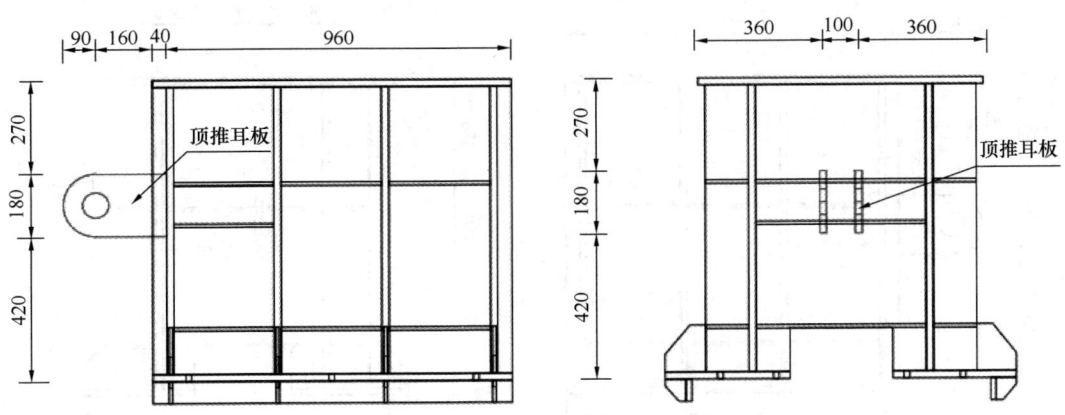

图 3.1.2-11 楼面桁架滑靴 A 顶推耳板安装图
附注：适用于滑靴节点 05

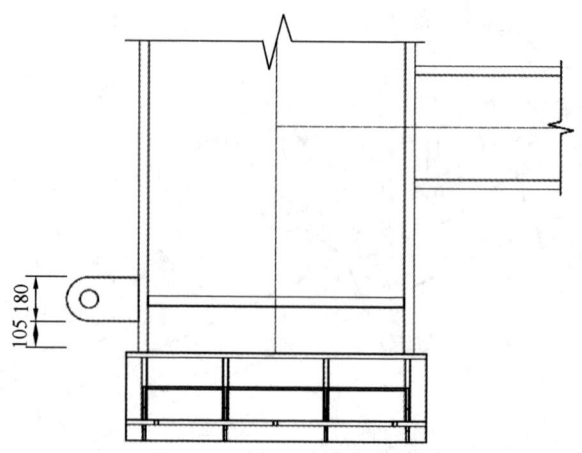

图 3.1.2-12 楼面桁架滑靴 B 顶推耳板安装图

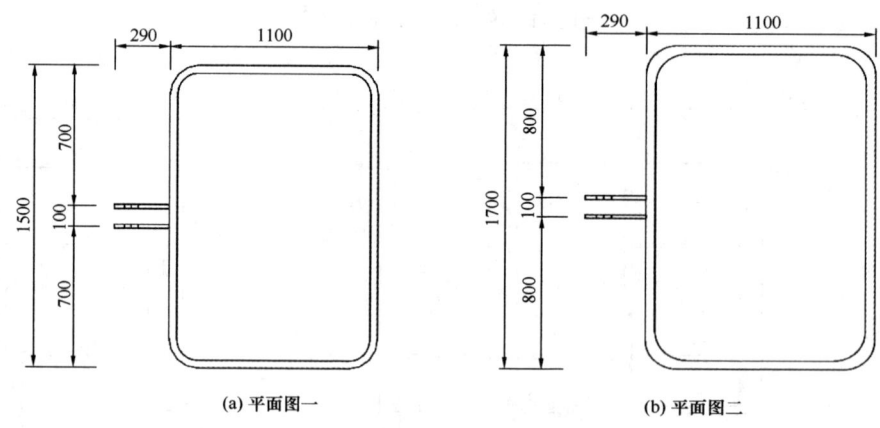

(a) 平面图一 (b) 平面图二

图 3.1.2-13 楼面桁架滑靴 B 顶推耳板安装平面图
附注：适用于滑靴节点 12

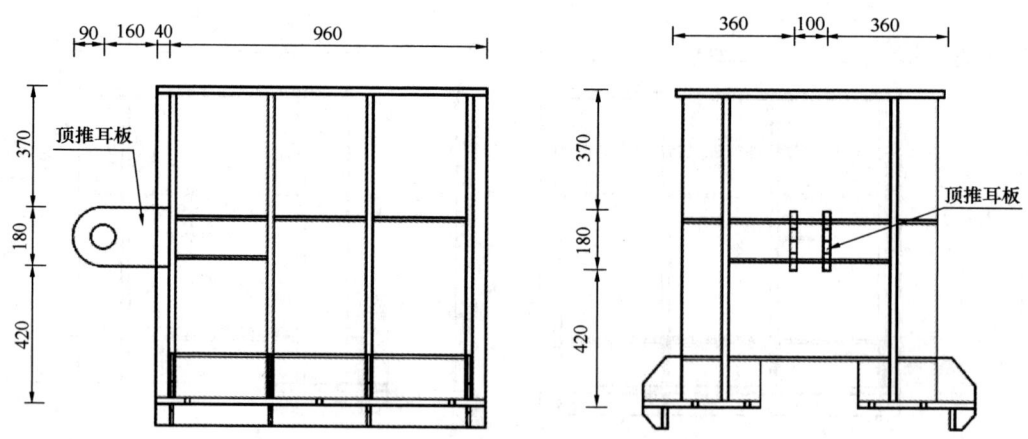

图 3.1.2-14 楼面桁架滑靴 C 顶推耳板安装图
附注：适用于滑靴节点 08、11

3.1.3 摩擦减阻设计

顶推过程中,顶推滑靴和滑板在轨道梁上滑动。在滑动时,顶推滑靴上的限位板对顶推滑靴起到限位作用,顶推过程中轨道梁上表面通长铺设 2mm 厚不锈钢板,起到减少摩擦力的作用。

滑板采用 MGE 滑板,MGE 滑板与顶推支座下底板之间采用内六角螺钉连接。MGE 滑板前端做"雪橇式"处理、滑板表面涂硅脂油以减少顶推摩阻力,滑道表面的光洁度要保证,保持清洁并避免划伤(图 3.1.3-1~图 3.1.3-4)。滑板抗压强度设计值为 65MPa,大于滑板所受的最大压应力为 2MPa,满足使用要求。

图 3.1.3-1 MGE 滑板示意图

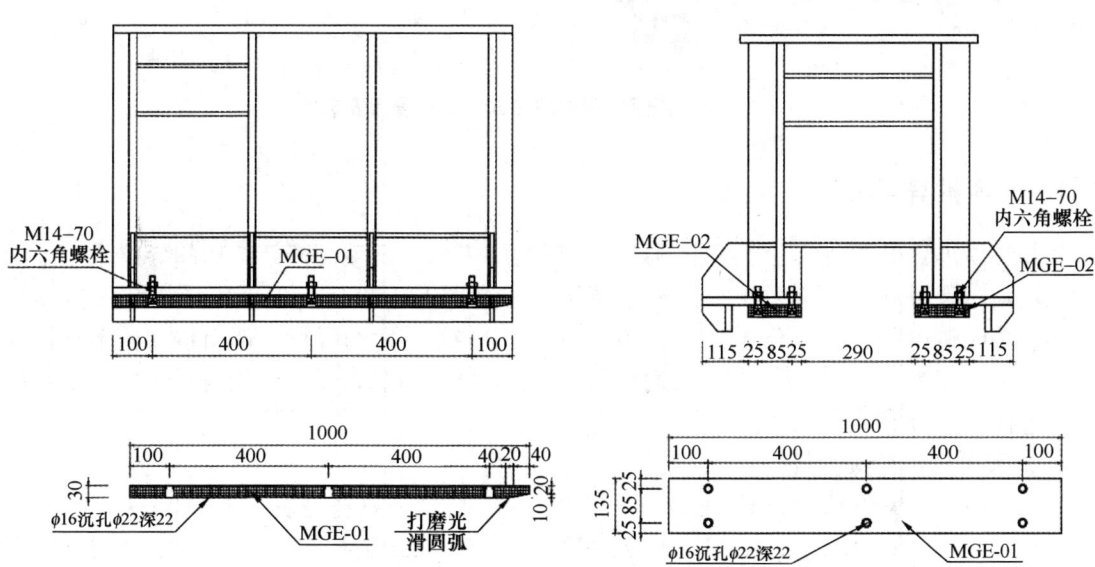

图 3.1.3-2 天桥滑靴 MGE 滑板安装图

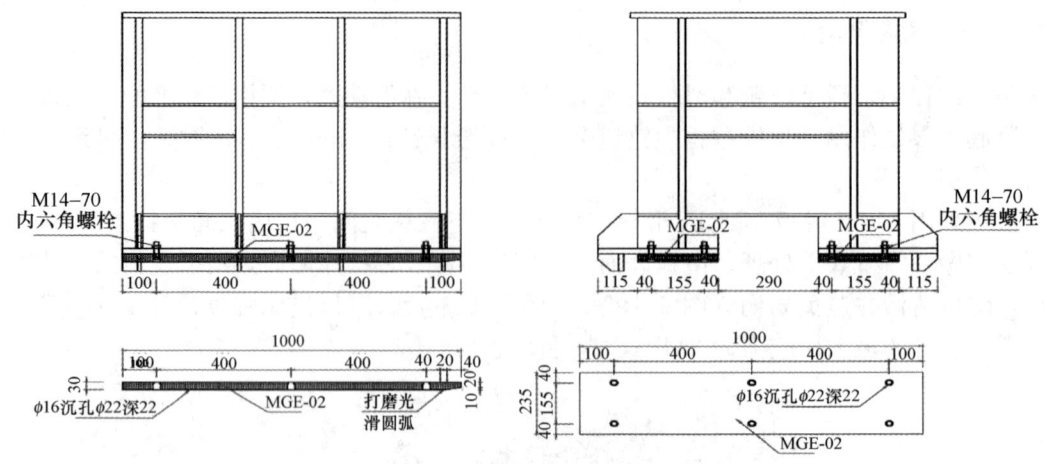

图 3.1.3-3 楼面桁架滑靴（A、C）MGE 滑板安装图

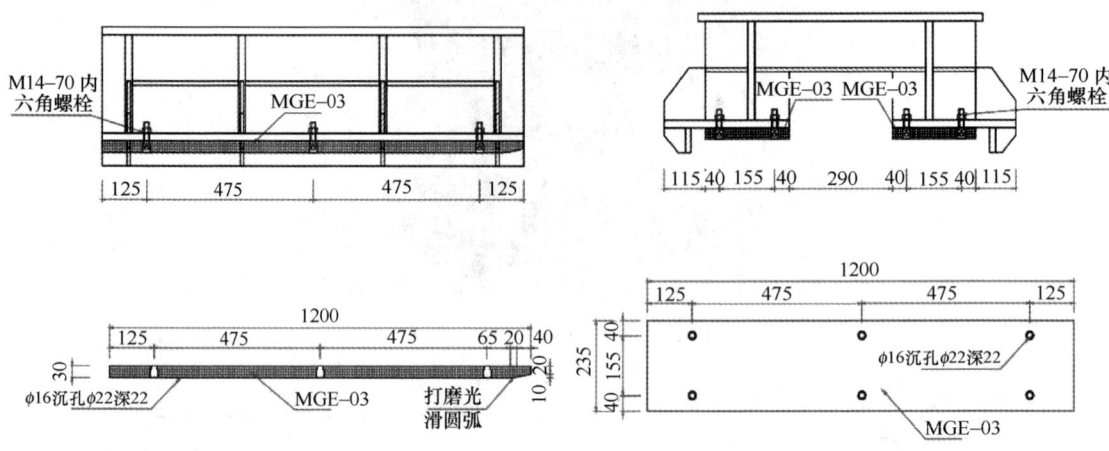

图 3.1.3-4 楼面桁架滑靴（B）MGE 滑板安装图

3.1.4 顶推导梁设计

安装顶推导梁的目的在于减小顶推时钢梁的施工内力。楼面桁架结构的导梁采用空间桁架形式，天桥结构导梁采用平面桁架结构形式（图 3.1.4-1）；顶推前导梁与站房顶推结构连接成整体单元，顶推过程整体滑动。此工程共设有六组导梁，四组楼面桁架顶推导梁，导梁长度为 26.9m；两组天桥顶推导梁，导梁长度为 32.5m。导梁与主结构通过对接焊接连接，焊接等级为一级。

1. 天桥顶推导梁设计

天桥顶推导梁设计图如图 3.1.4-1～图 3.1.4-3 所示，材料见表 3.1.4-1。

表 3.1.4-1 天桥顶推导梁 TQDL 材料表

序号	名称	规格	材质
1	GL1	箱型 900×700×20×20	Q355B
2	GL2	箱型 650×550×12×12	Q355B

续表

序号	名称	规格	材质
3	GL3	HW250×250×9×14	Q355B
4	GL4	箱型 600×600×16×16	Q355B
5	GL5	HW300×300×10×15	Q355B

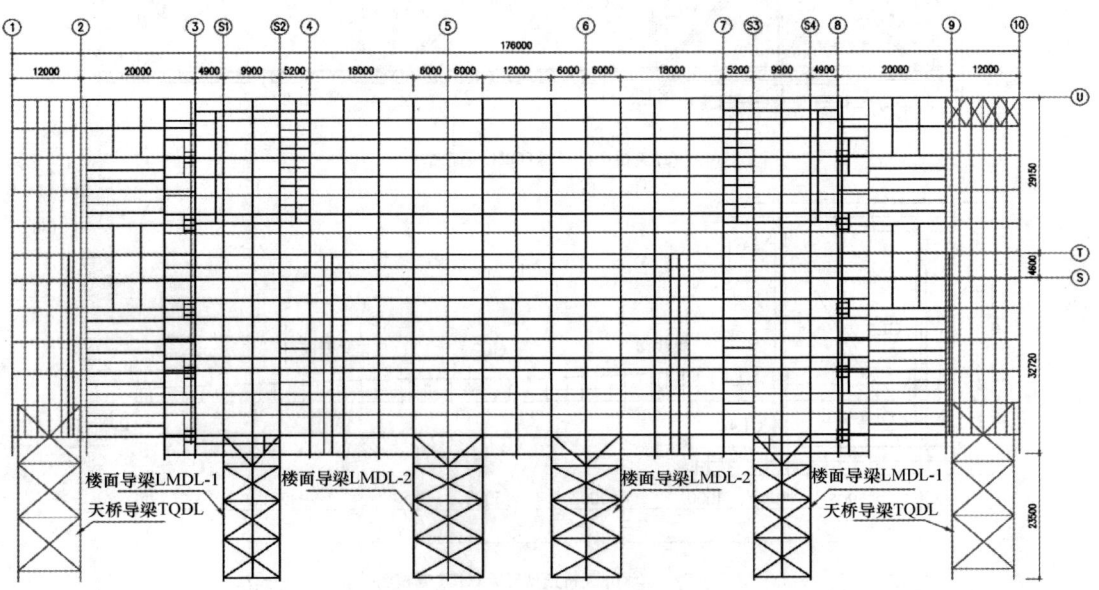

图 3.1.4-1 天桥顶推导梁平面布置示意图

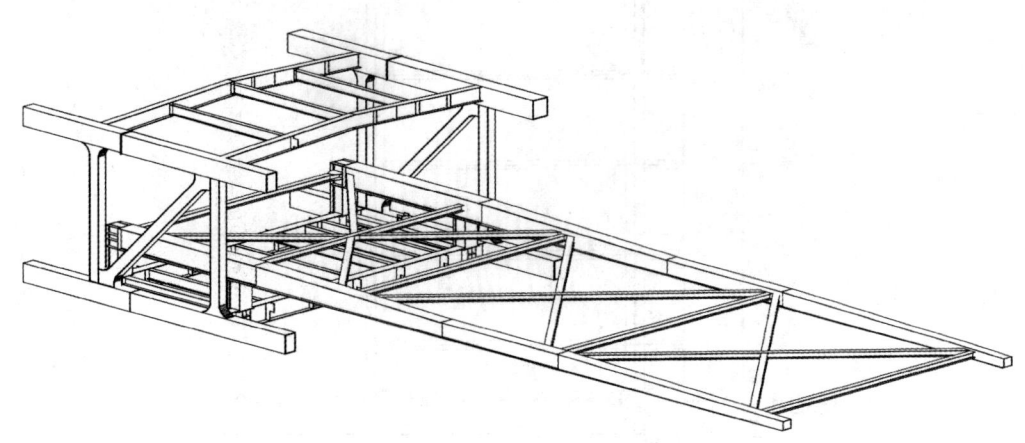

图 3.1.4-2 天桥顶推导梁三维图

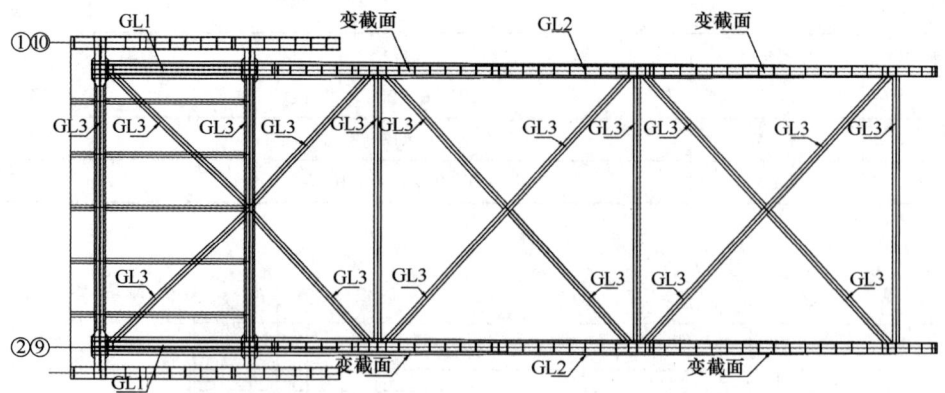

(a) 天桥顶推导梁TQDL平面图

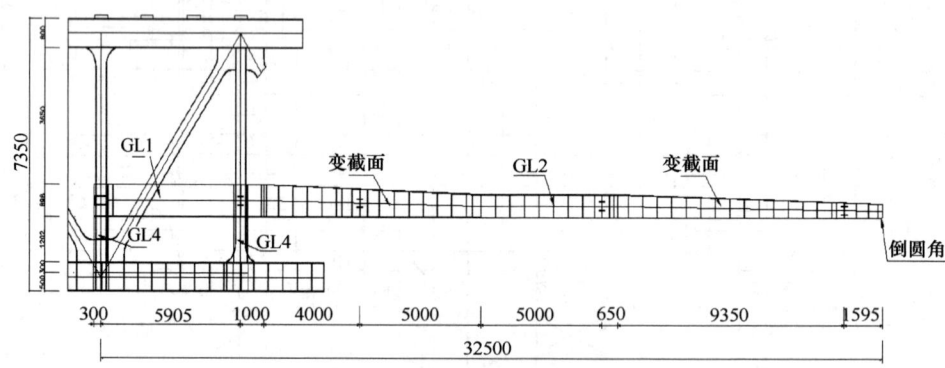

(b) 天桥顶推导梁TQDL侧视图

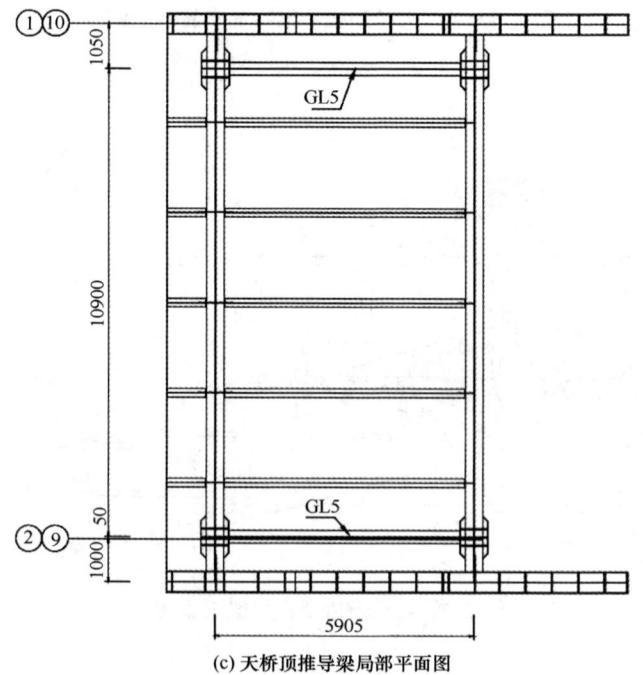

(c) 天桥顶推导梁局部平面图

图 3.1.4-3 天桥顶推导梁平面图和剖面图

2. 楼面桁架顶推导梁设计

楼面桁架顶推导梁设计图如图 3.1.4-4 至图 3.1.4-19 所示,材料见表 3.1.2 至表 3.1.4。

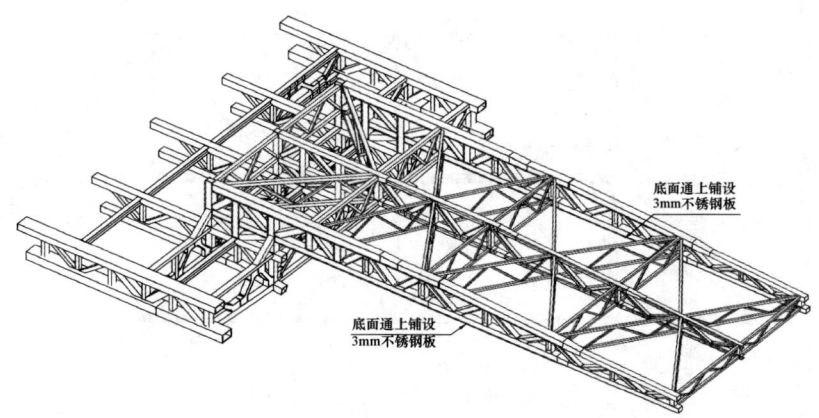

图 3.1.4-4 楼面桁架顶推导梁 LMDL-1 三维图

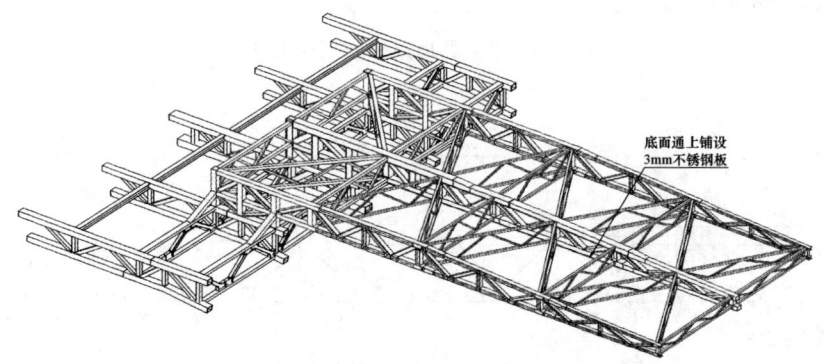

图 3.1.4-5 楼面桁架顶推导梁 LMDL-2 三维图

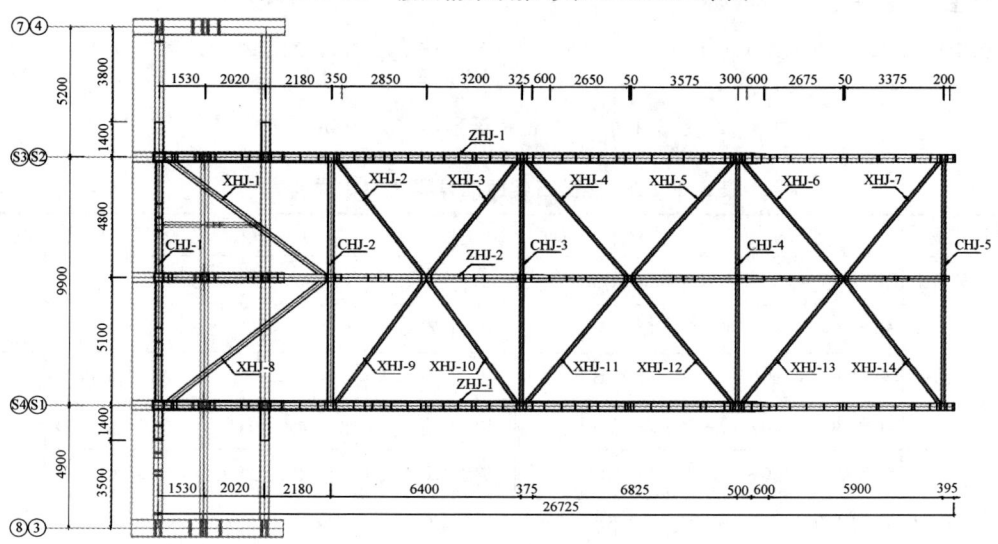

图 3.1.4-6 楼面桁架顶推导梁 LMDL-1

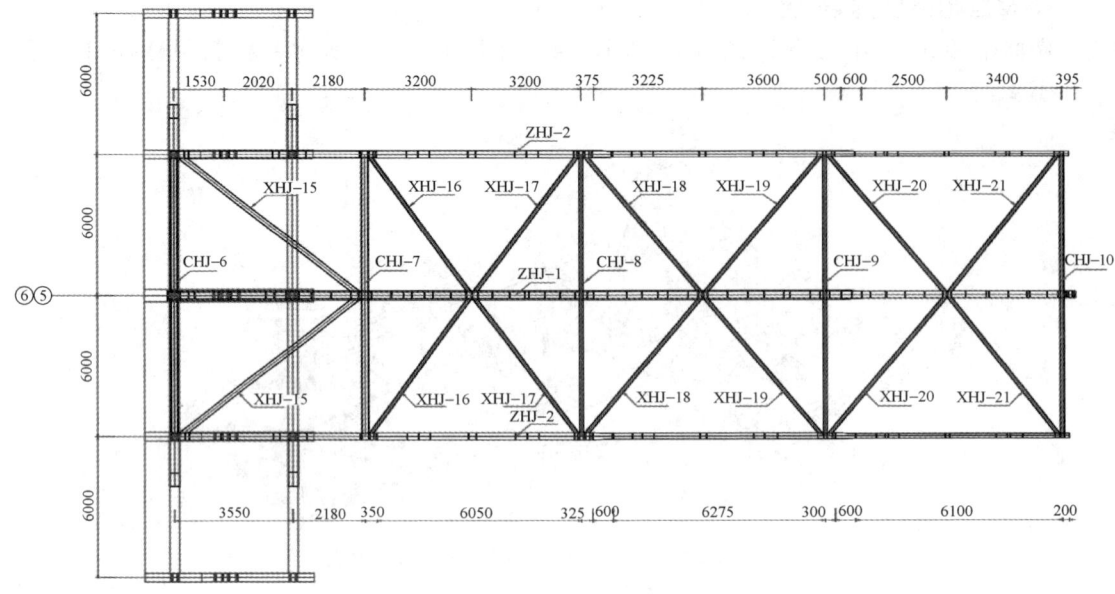

图 3.1.4-7 楼面桁架顶推导梁 LMDL-2

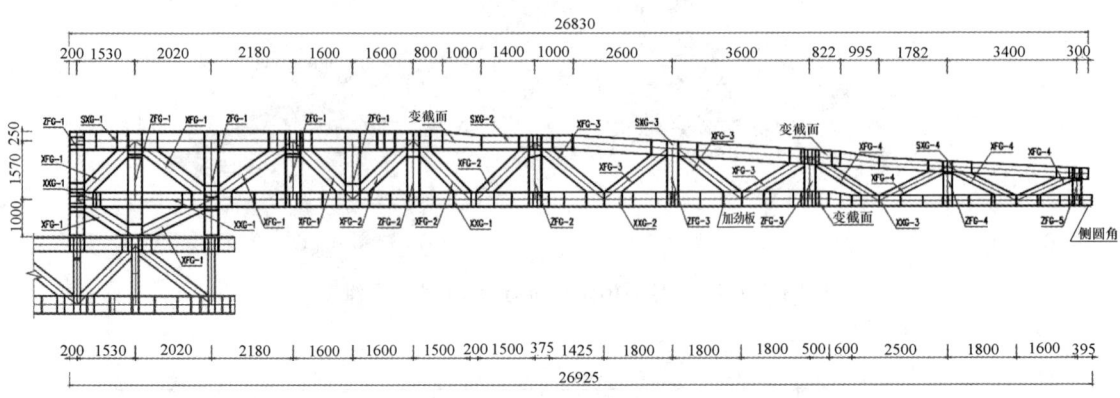

图 3.1.4-8 楼面桁架顶推导梁 ZHJ-1

表 3.1.4-2 楼面桁架顶推导梁 ZHJ-1 材料表

序号	名称	规格	材质	备注	序号	名称	规格	材质	备注
1	SXG-1	箱型 500×400×20×20	Q355B		9	ZFG-2	HW350×350×12×19	Q355B	
2	SXG-2	箱型 400×400×20×20	Q355B		10	ZFG-3	HW300×300×10×15	Q355B	
3	SXG-3	箱型 400×400×10×10	Q355B		11	ZFG-4	HW250×250×9×14	Q355B	
4	SXG-4	箱型 300×300×10×10	Q355B		12	ZFG-5	箱型 250×250×10×10	Q355B	
5	XXG-1	箱型 400×400×20×20	Q355B		13	XFG-1	箱型 350×350×16×16	Q355B	
6	XXG-2	箱型 400×400×10×10	Q355B		14	XFG-2	HW350×350×12×19	Q355B	
7	XXG-3	箱型 300×300×10×10	Q355B		15	XFG-3	HW300×300×10×15	Q355B	
8	ZFG-1	箱型 400×400×20×20	Q355B		16	XFG-4	HW250×250×9×14	Q355B	

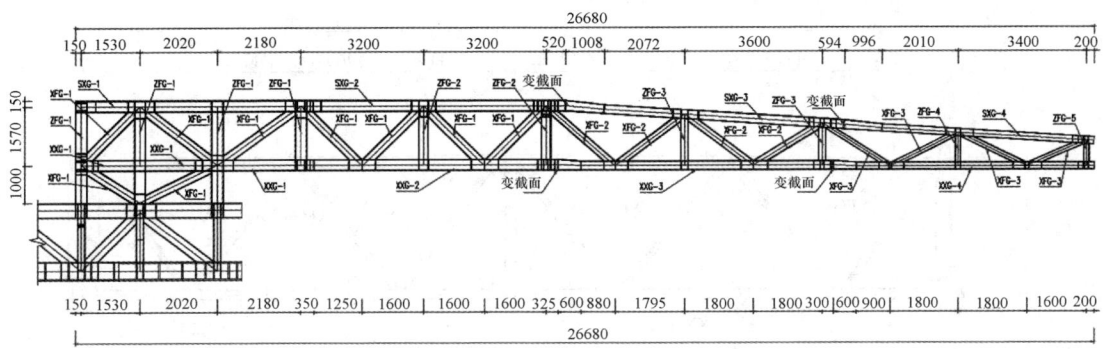

图 3.1.4-9 楼面桁架顶推导梁 ZHJ-2

表 3.1.4-3 楼面桁架顶推导梁 ZHJ-2 材料表

序号	名称	规格	材质	备注	序号	名称	规格	材质	备注
1	SXG-1	箱型 300×300×10×10	Q355B		9	ZFG-1	箱型 300×300×10×10	Q355B	
2	SXG-2	HW300×300×10×15	Q355B		10	ZFG-2	HW250×250×9×14	Q355B	
3	SXG-3	HW250×250×9×14	Q355B		11	ZFG-3	HW200×200×8×12	Q355B	
4	SXG-4	HW200×200×8×12	Q355B		12	ZFG-4	HW150×150×7×10	Q355B	
5	XXG-1	箱型 300×300×10×10	Q355B		13	ZFG-5	箱型 150×150×8×8	Q355B	
6	XXG-2	HW300×300×10×15	Q355B		14	XFG-1	HW250×250×9×14	Q355B	
7	XXG-3	HW250×250×9×14	Q355B		15	XFG-2	HW200×200×8×12	Q355B	
8	XXG-4	HW200×200×8×12	Q355B		16	XFG-3	HW150×150×7×10	Q355B	

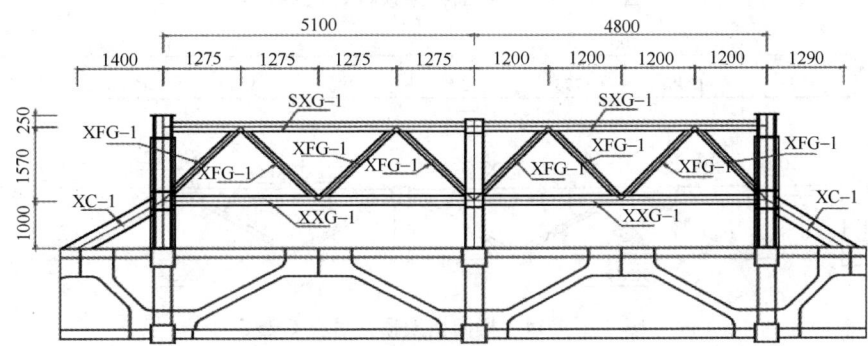

图 3.1.4-10 楼面桁架顶推导梁 CHJ-1

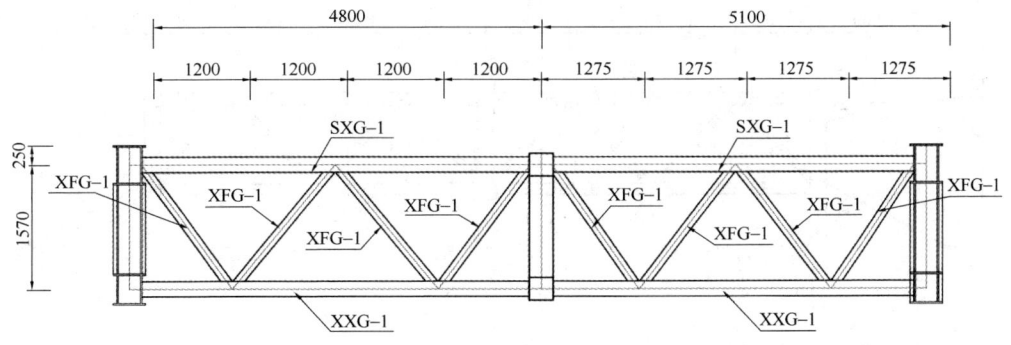

图 3.1.4-11 楼面桁架顶推导梁 CHJ-2

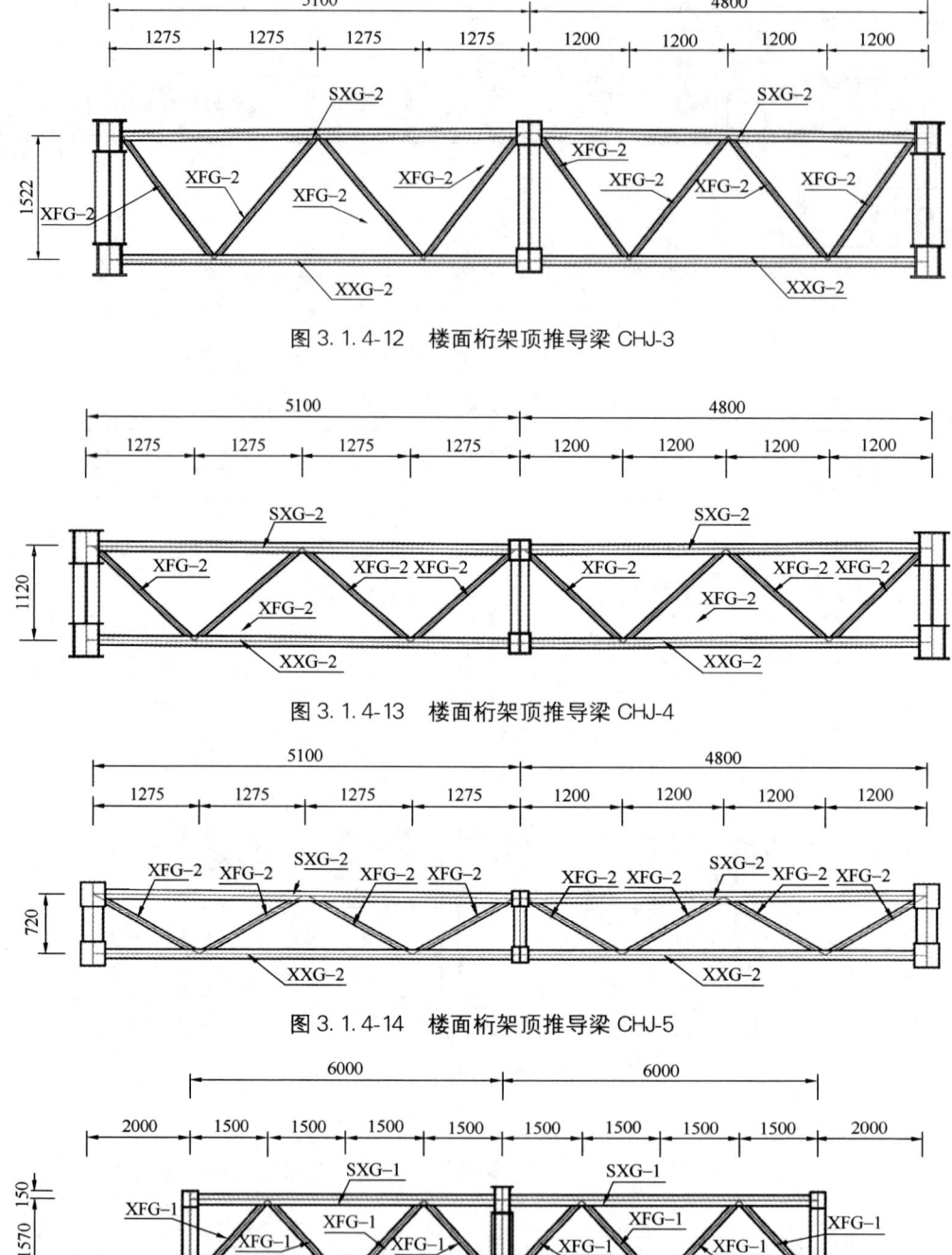

图 3.1.4-12 楼面桁架顶推导梁 CHJ-3

图 3.1.4-13 楼面桁架顶推导梁 CHJ-4

图 3.1.4-14 楼面桁架顶推导梁 CHJ-5

图 3.1.4-15 楼面桁架顶推导梁 CHJ-6

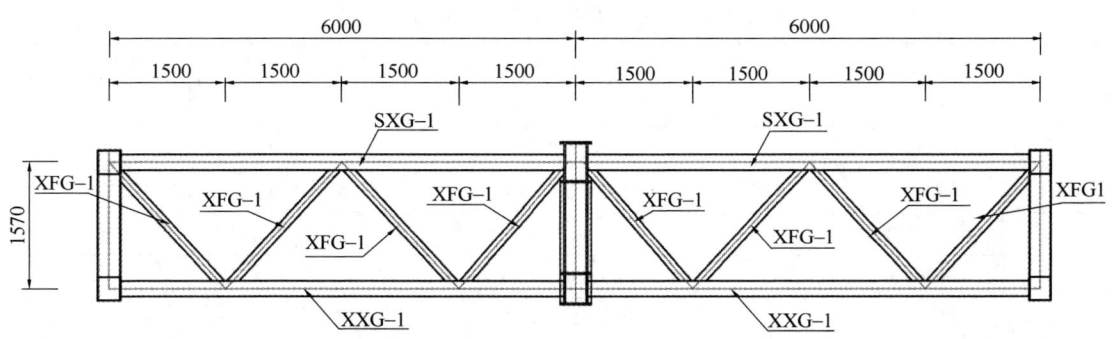

图 3.1.4-16　楼面桁架顶推导梁 CHJ-7

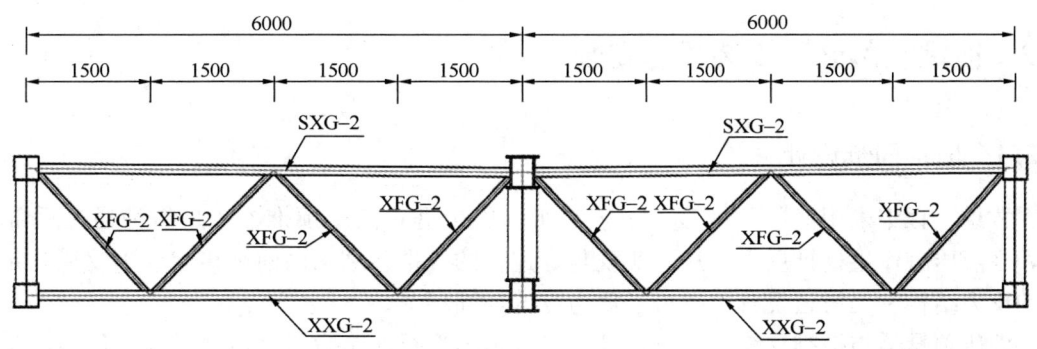

图 3.1.4-17　楼面桁架顶推导梁 CHJ-8

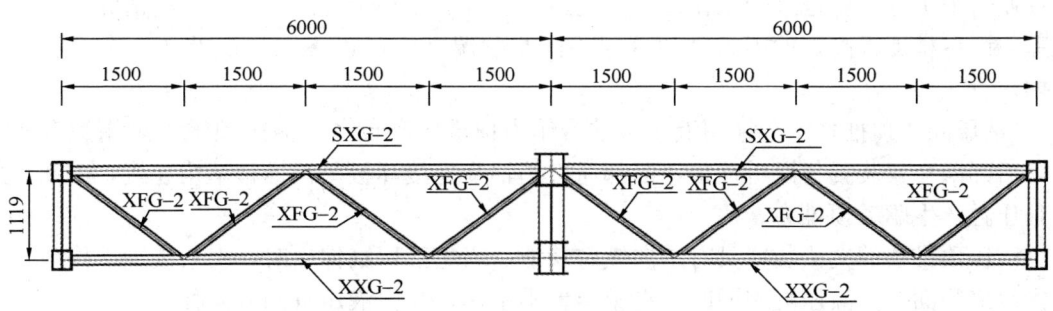

图 3.1.4-18　楼面桁架顶推导梁 CHJ-9

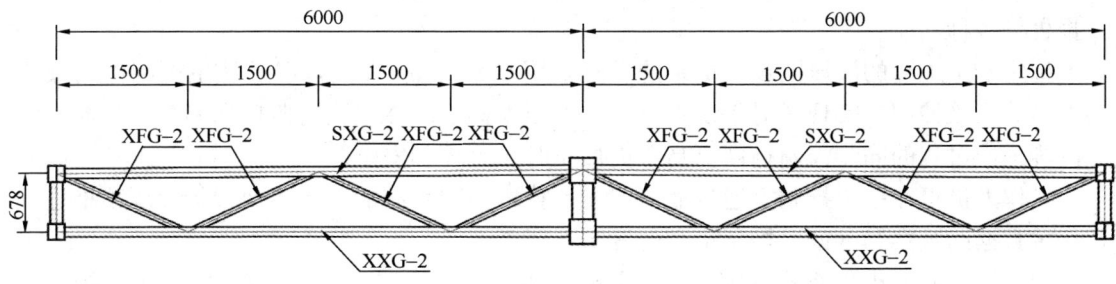

图 3.1.4-19　楼面桁架顶推导梁 CHJ-10

表 3.1.4-4　楼面桁架顶推导梁 CHJ 材料表

序号	名称	规格	材质	备注
1	SXG-1	B200×200×5×5	Q235B	
2	SXG-2	B120×120×5×5	Q235B	
3	XXG-1	B200×200×5×5	Q235B	
4	XXG-2	B120×120×5×5	Q235B	
5	XFG-1	B120×120×5×5	Q235B	
6	XFG-2	B70×70×5×5	Q235B	
7	XC-1	B300×300×10×10	Q355B	

3.2　顶推及落梁同步装置与安装

3.2.1　顶推同步设计

背景工程中采用液压顶推施工工艺，所选用步进式液压顶推器，是一种通过后部夹紧，主液压缸产生顶推反力，从而实现与之连接的被推移结构向前平移的专用设备。此设备的反力结构利用滑道设置，省去了反力点的加固环节。

液压顶推器与被推移结构通过销轴连接，传力途径非常直接，启动过程无延时，动作精确度好。由于其反力点为夹轨器夹紧式接触，不会在顶推过程中产生相对滑动，所以同步控制效果更好。步进式的工作过程，使得同步误差在每个行程完成后自然消除，无累积误差，同步精度很高。如因特殊原因遇不同步状况，应保证不同步误差在一个行程 2cm 以内。

"液压同步顶推技术"采用液压顶推器作为顶推驱动设备。液压顶推器采用组合式设计，后部以夹紧装置与滑道连接，前部通过销轴及连接耳板与被推移结构连接，中间利用主液压缸产生驱动顶推力。

液压顶推器的夹紧装置具有单向锁定功能。当主液压缸伸出时，夹紧装置工作，自动夹紧滑道侧面；主液压缸缩回时，夹紧装置不工作，与主液压缸同方向移动。

液压同步顶推施工技术采用传感监测和计算机集中控制，通过数据反馈和控制指令传递，可全自动实现同步动作、负载均衡、姿态矫正、应力控制、操作闭锁、过程显示和故障报警等多种功能。

拟用于本工程的液压同步顶推系统设备采用 CAN 总线控制，以及从主控制器到液压顶推器的三级控制，实现了对系统中每一个液压顶推器的独立实时监控和调整，从而使液压同步顶推过程的同步控制精度更高，更加及时、可控和安全。

操作人员可在中央控制室通过液压同步计算机控制系统的人机界面进行液压顶推过程及相关数据的观察和（或）控制指令的发布（图 3.2.1）。

通过计算机人机界面的操作，可以实现自动控制、顺控（单行程动作）、手动控制以及单台顶推器的点动操作，从而满足钢结构整体顶推安装工艺中所需要的同步顶推、安装就位调整、单点毫米级微调等特殊要求。

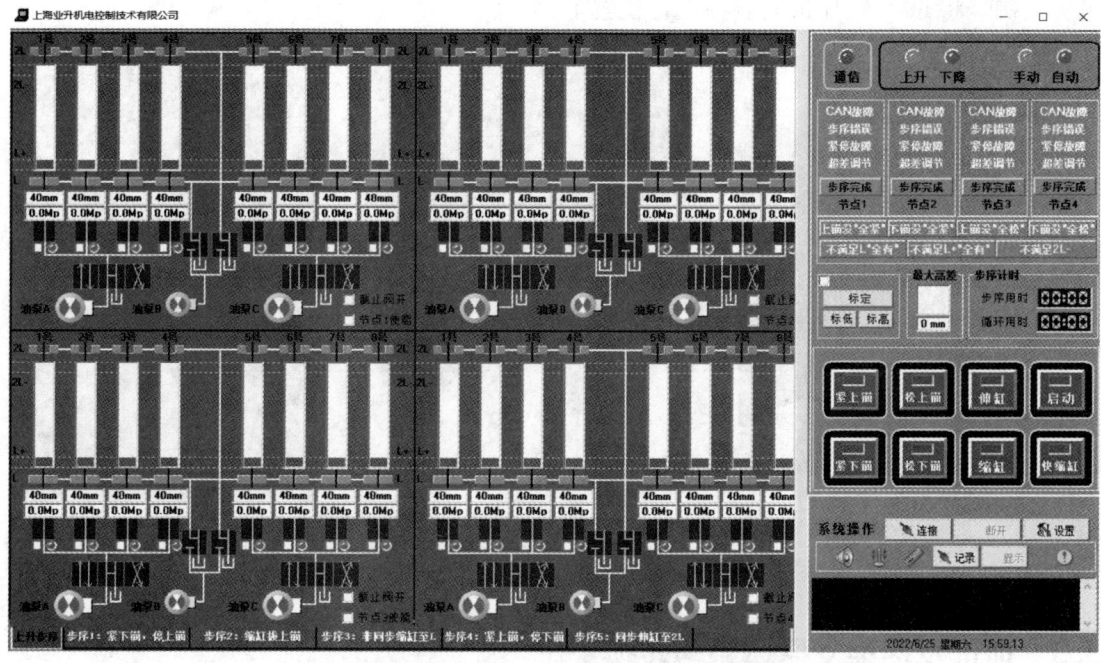

图 3.2.1 液压同步顶推计算机控制系统人机界面

3.2.2 落梁设备安装

根据液压控制系统的性能，为便于顶升精度的控制，根据现场情况、所在轴线及各顶升布置点的千斤顶布置，将其分为 6 个区，每个区域布置 1 个泵站。根据力及位移信号，由主控室的 PLC 控制整个顶升过程（图 3.2.2-1）。

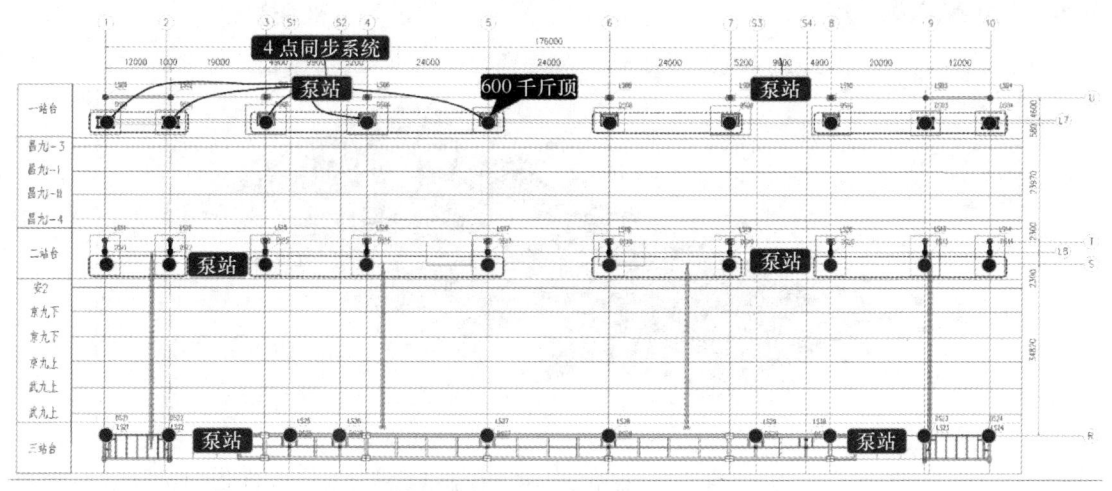

图 3.2.2-1 千斤顶布置图

按照设计位置布置，在楼面主桁架上焊接一块 12mm 厚的钢板，并在两侧焊接角钢限位（图 3.2.2-2）。因 600t 千斤顶质量为 750kg，人力很难进行安装，故安装设备采用机械式蜘蛛将 600t 千斤顶安装在设计位置上。

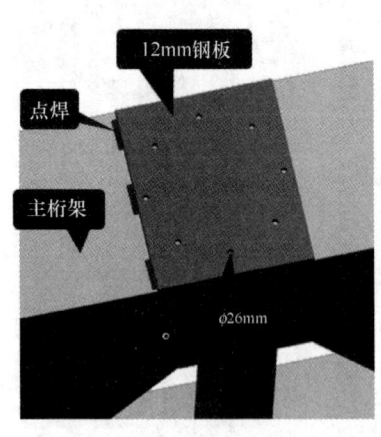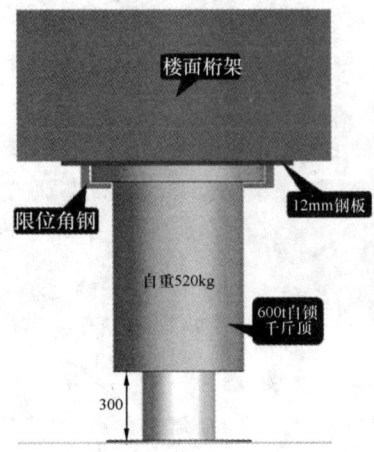

图 3.2.2-2　千斤顶安装立面图

3.3　顶推及落梁支撑体系与转换

钢结构在顶推施工过程中，随着顶推进度的不断进行，结构受力体系也在不断转变，各个截面承受不断交替变化的正负弯矩。以对 2 站台支架转换过程中受力情况进行有限元分析为例，获得结构在施工中的受力性能，分析其变化规律，并以这些参数为依据制订合理的控制方案，这些控制参数对施工安全控制具有至关重要的作用。

2 站台由导梁受力转换为楼面桁架受力工况受力分析如图 3.3.1-1 和图 3.3.1-2 所示。

3.3.1　计算工况

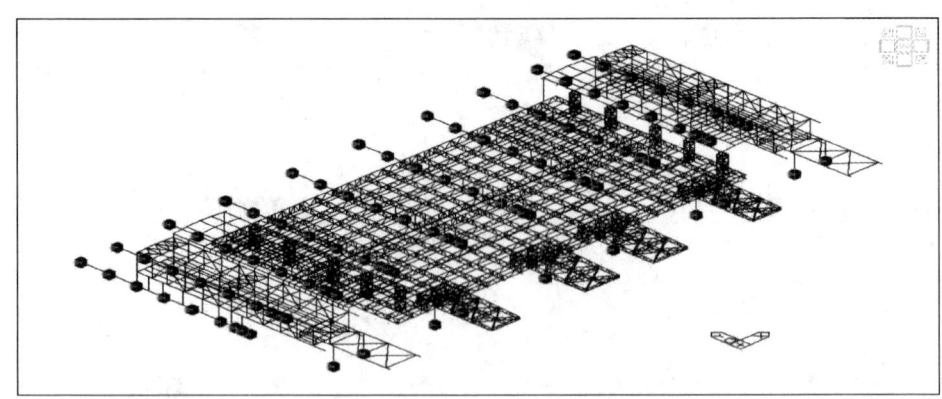

图 3.3.1-1　计算工况 CS1：转换前导梁受力
注：转换前，2 站台导梁受力。

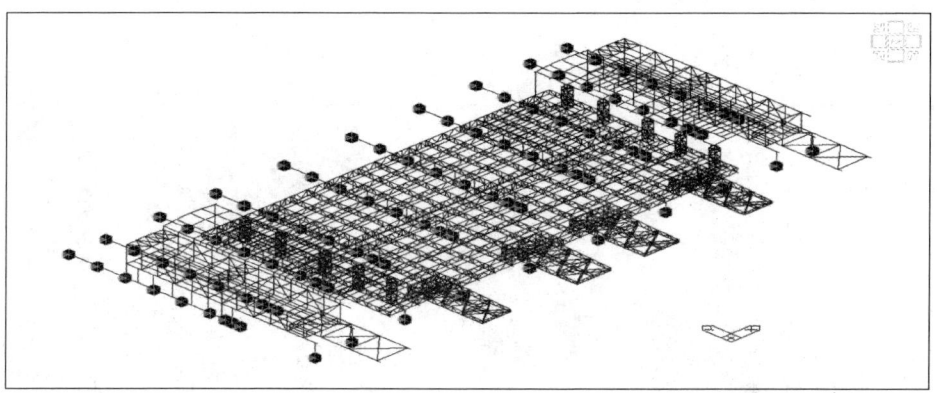

图 3.3.1-2　计算工况 CS2：转换后楼面桁架受力

注：转换后，2 站台天桥和楼面桁架受力。

3.3.2　计算结果

1. 应力验算结果

2 站台受力转换前 CS1 应力比如图 3.3.2-1 所示。

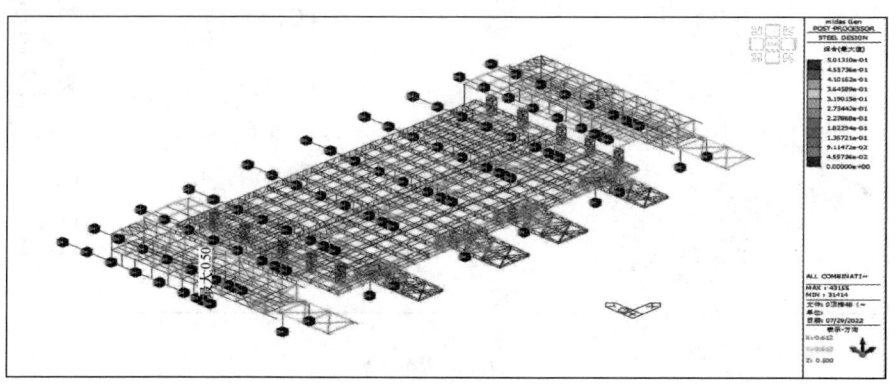

(a) 应力比，整体(CS1)

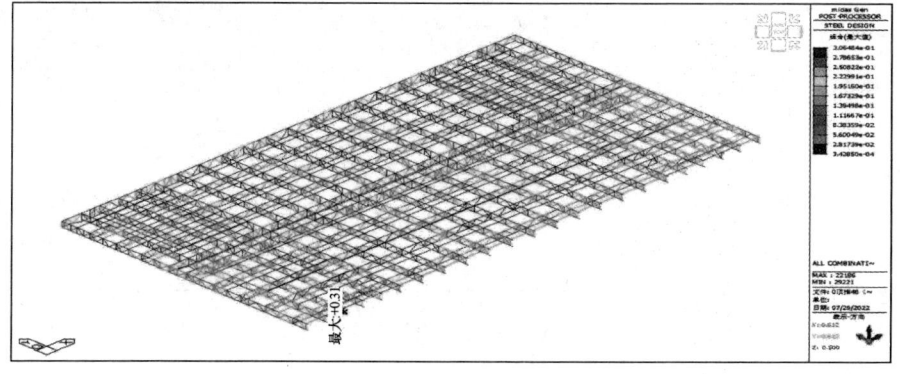

(b) 应力比，楼面桁架(CS1)

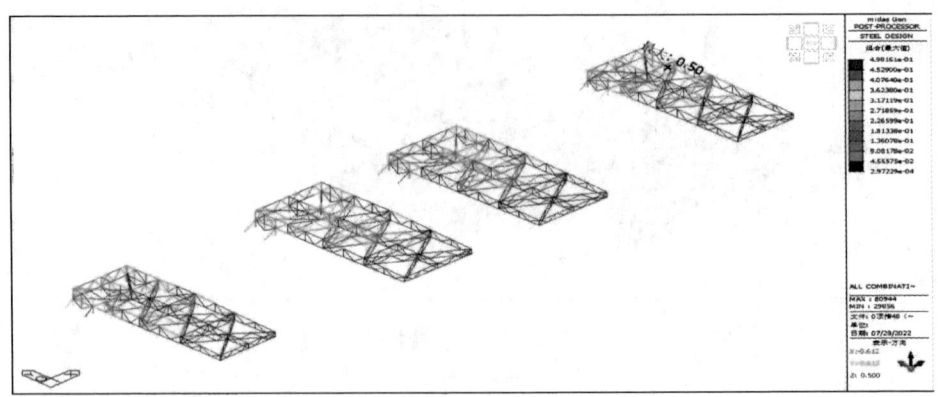

(c) 应力比，楼面桁架导梁 (CS1)

(d) 应力比，天桥 (CS1)

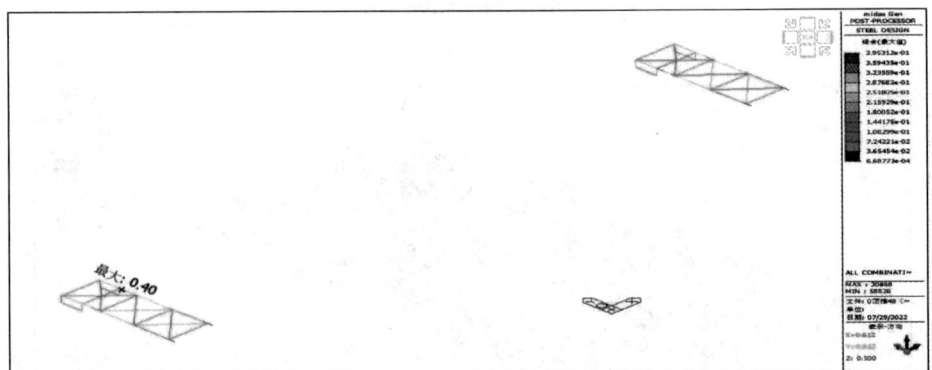

(e) 应力比，天桥导梁 (CS1)

第 3 章 顶推及落梁装置与安装

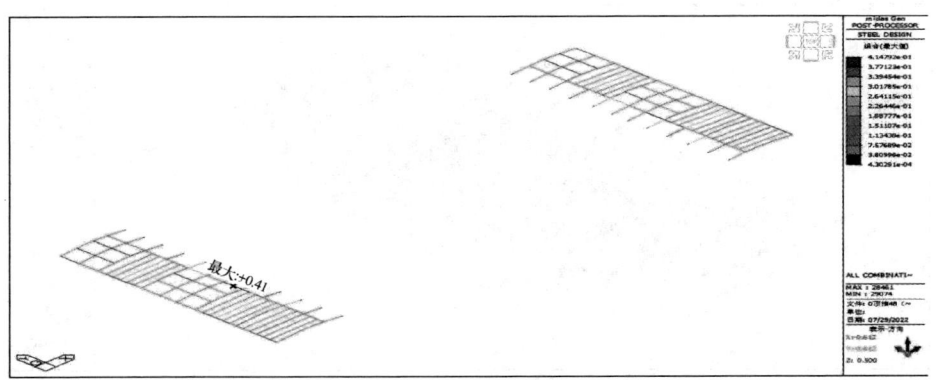

(f) 应力比，换乘通廊(CS1)

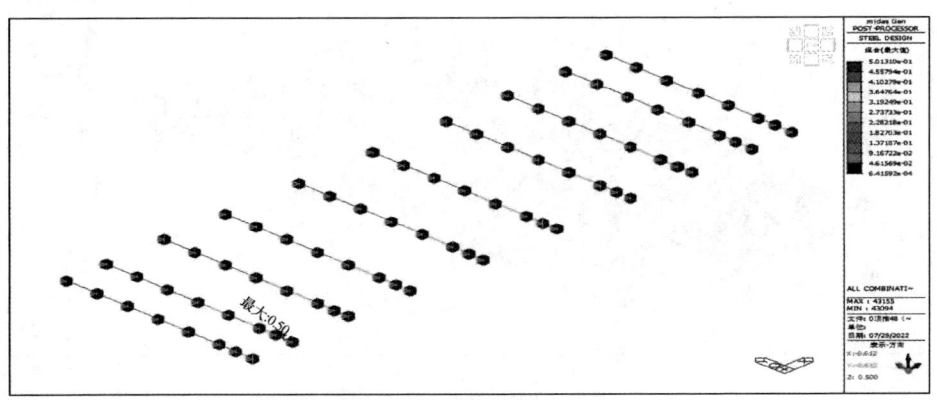

(g) 应力比，轨道梁(CS1)

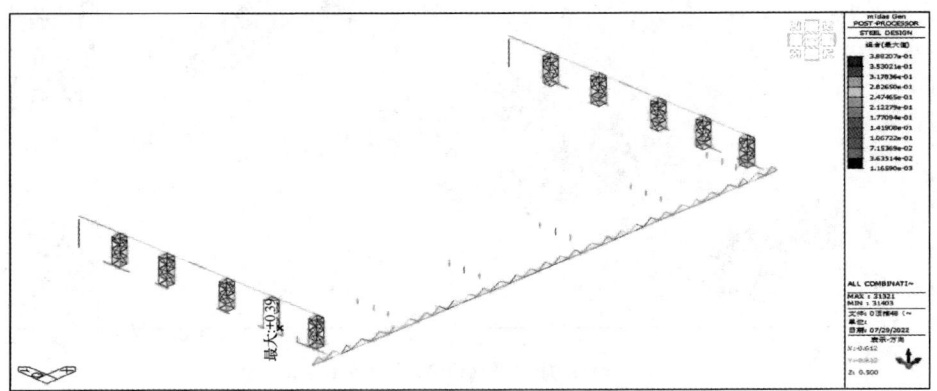

(h) 应力比，其他临时措施(CS1)

图 3.3.2-1　2 站台受力转换前应力比

2 站台受力转换后 CS2 应力比如图 3.3.2-2 所示。

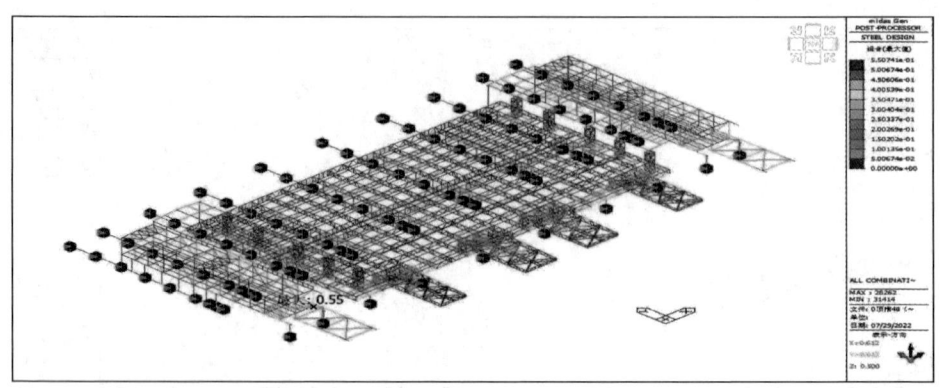

(a) 应力比，整体 (CS2)

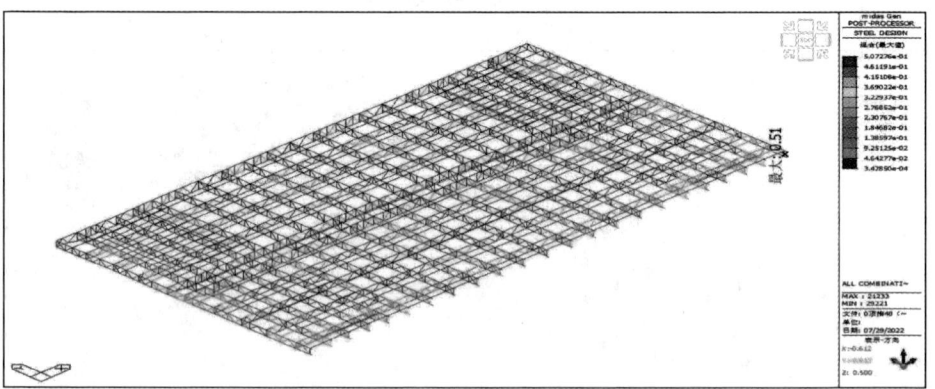

(b) 应力比，楼面桁架 (CS2)

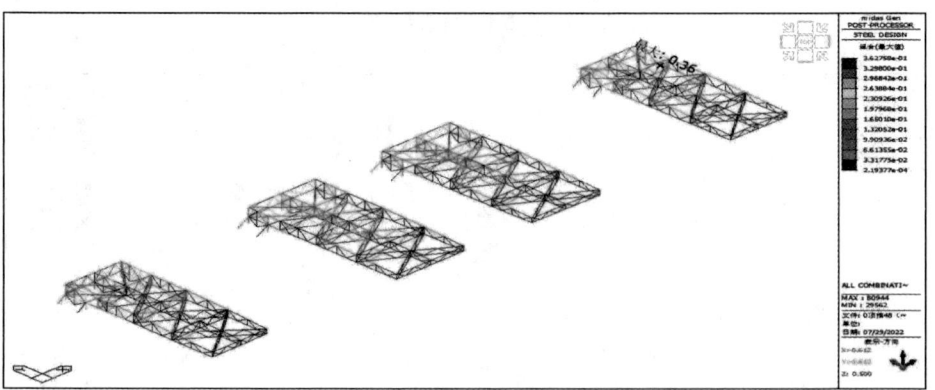

(c) 应力比，楼面桁架导梁 (CS2)

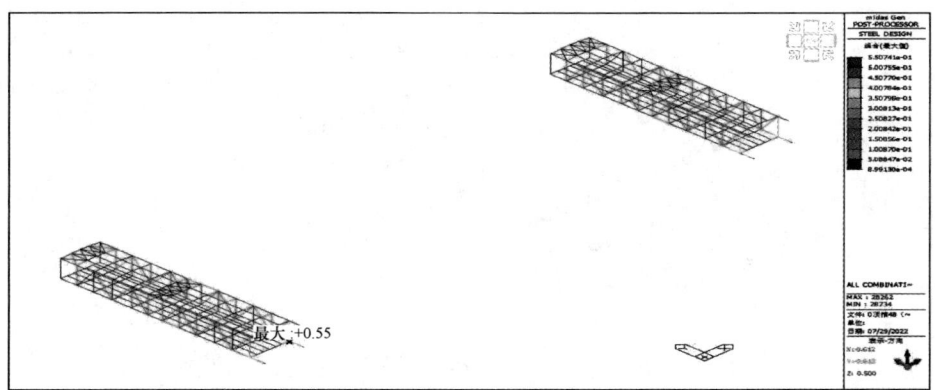

(d) 应力比,天桥 (CS2)

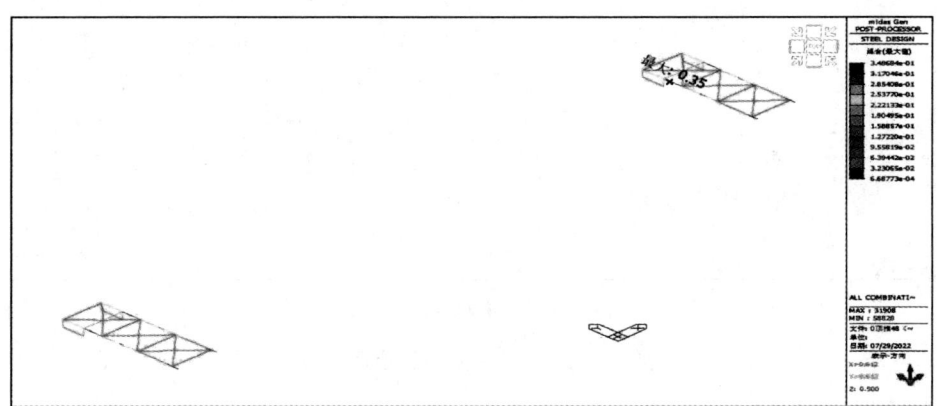

(e) 应力比,天桥导梁 (CS2)

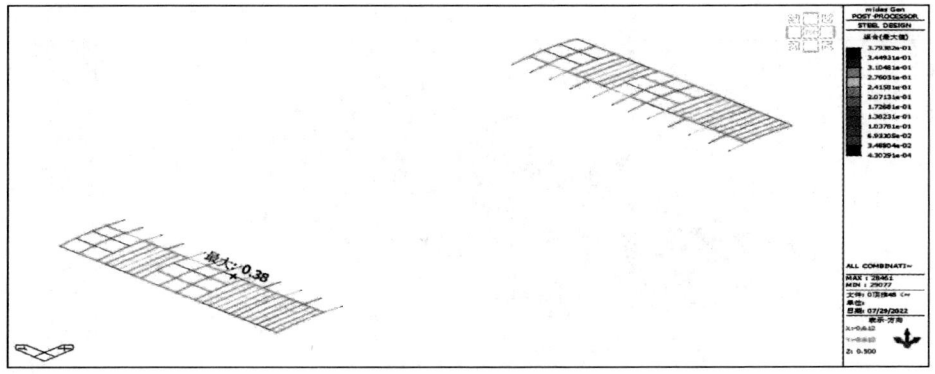

(f) 应力比,换乘通廊 (CS2)

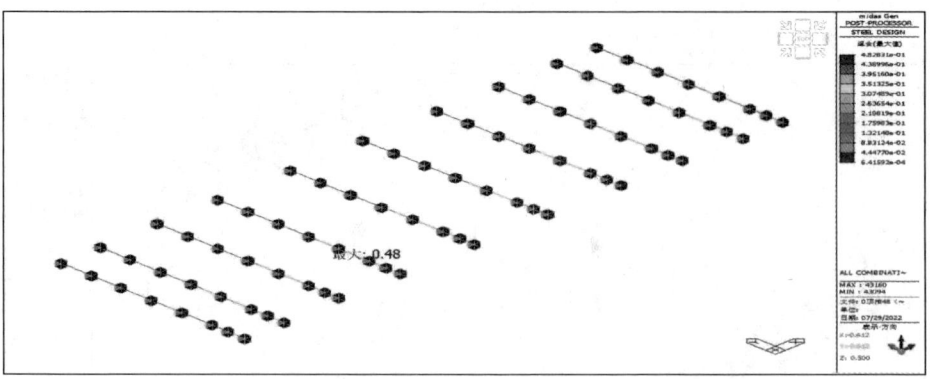

(g) 应力比,轨道梁(CS2)

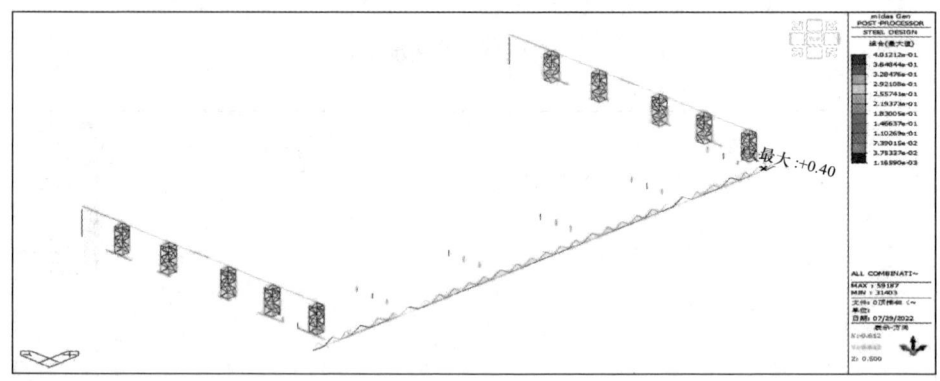

(h) 应力比,其他临时措施(CS2)

图 3.3.2-2 2 站台应力转换后应力比

2. 变形分布结果

2 站台受力转换前 CS1 DZ 变形情况如图 3.3.2-3 所示。

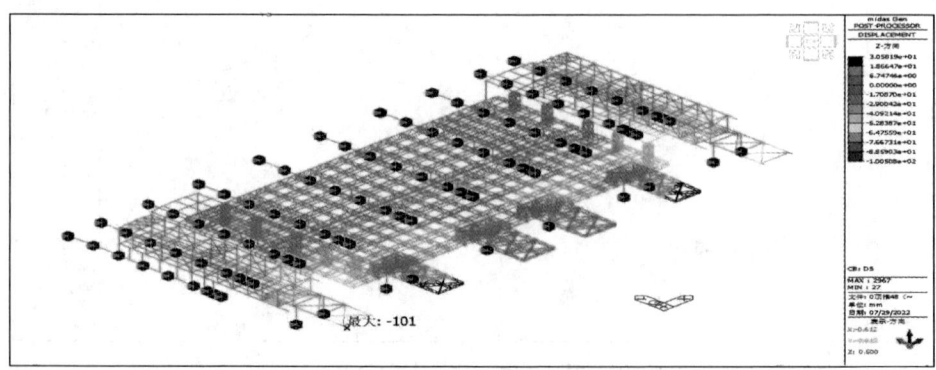

(a) DZ 变形,整体(CS1)

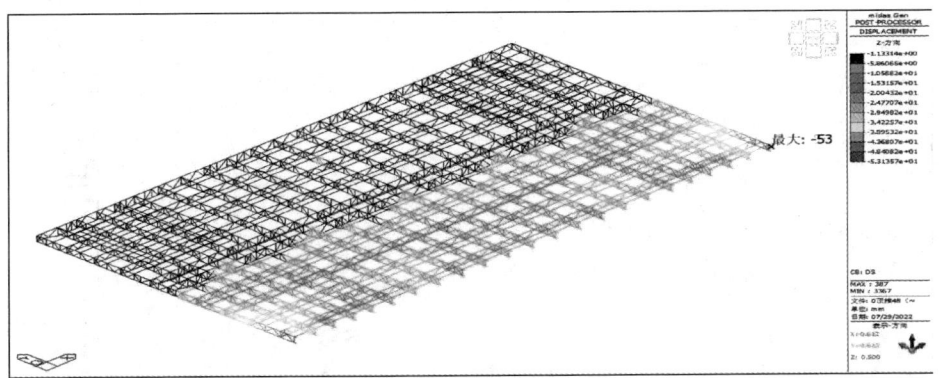

(b) DZ 变形，楼面桁架 (CS1)

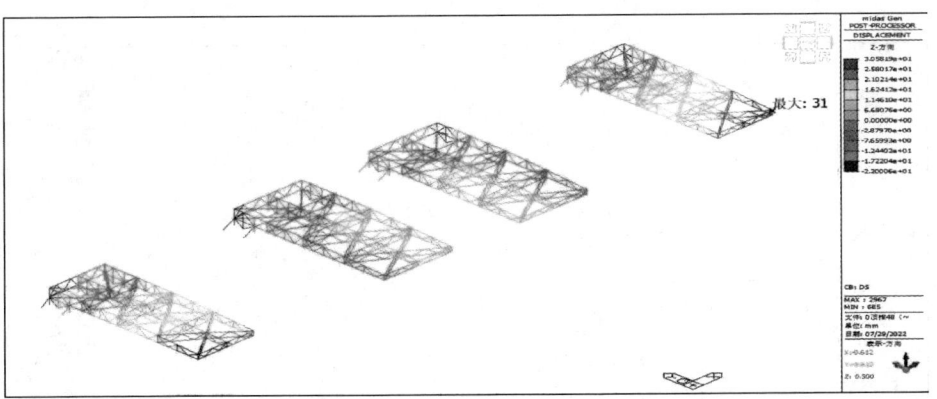

(c) DZ 变形，楼面桁架导梁 (CS1)

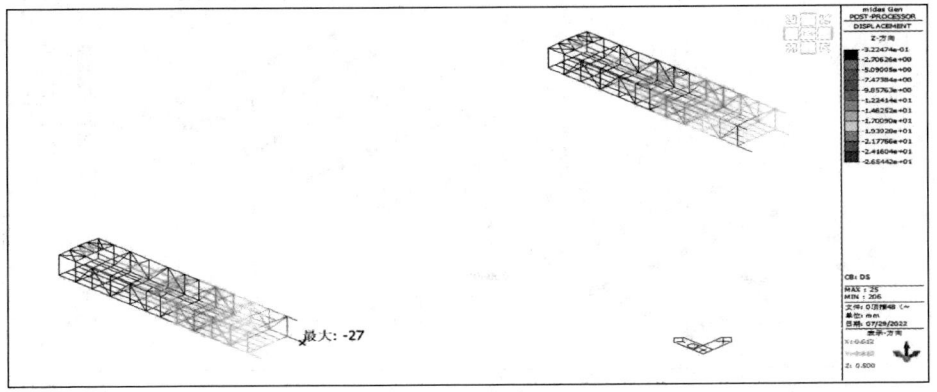

(d) DZ 变形，天桥 (CS1)

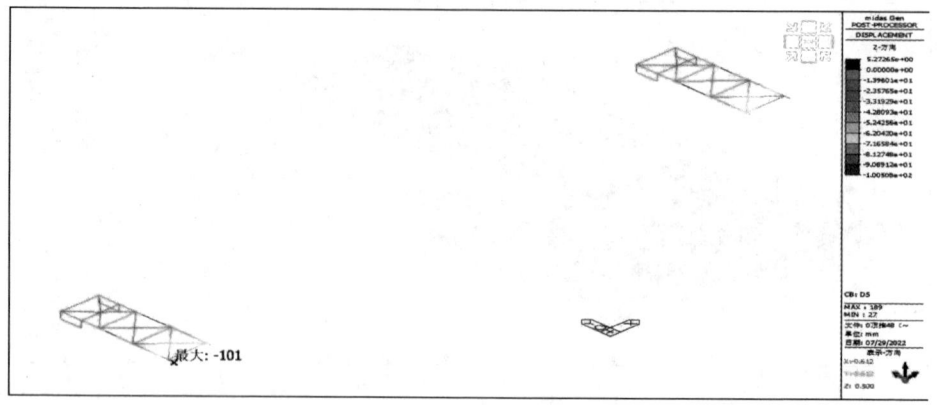

(e) DZ 变形，天桥导梁(CS1)

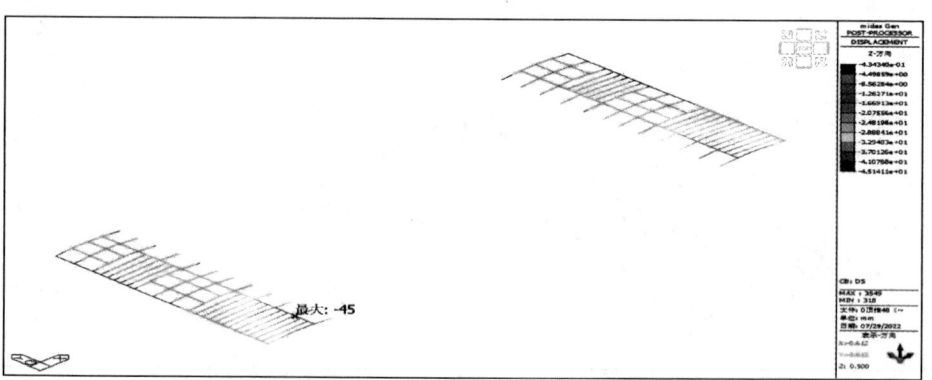

(f) DZ 变形，换乘通廊(CS1)

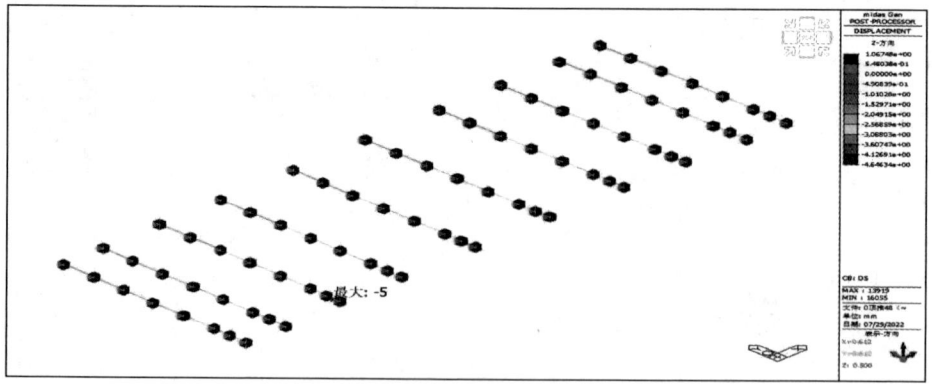

(g) DZ 变形，轨道梁(CS1)

图 3.3.2-3　2 站台应力

2 站台受力转换后 CS2 DZ 变形如图 3.3.2-4 所示。

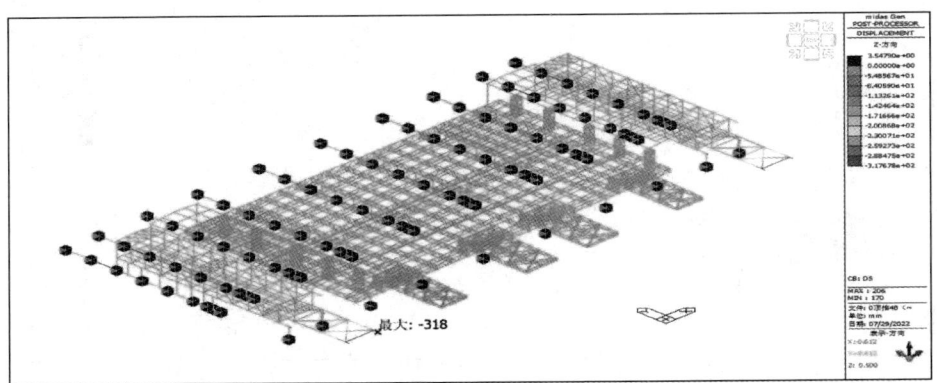

(a) DZ 变形：整体 (CS2)

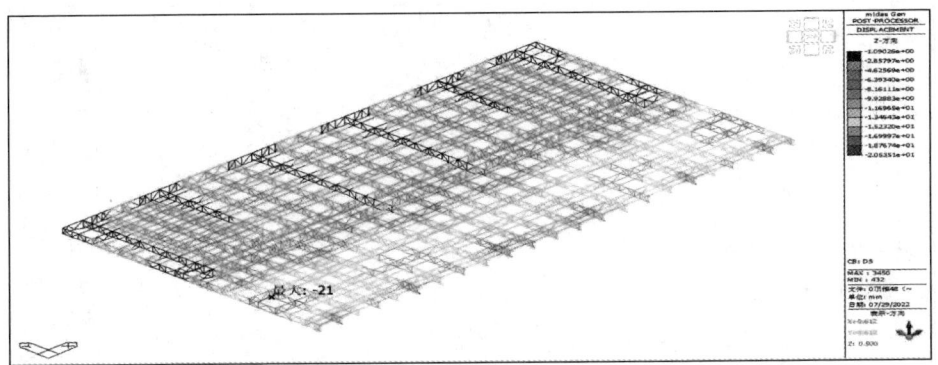

(b) DZ 变形：楼面桁架 (CS2)

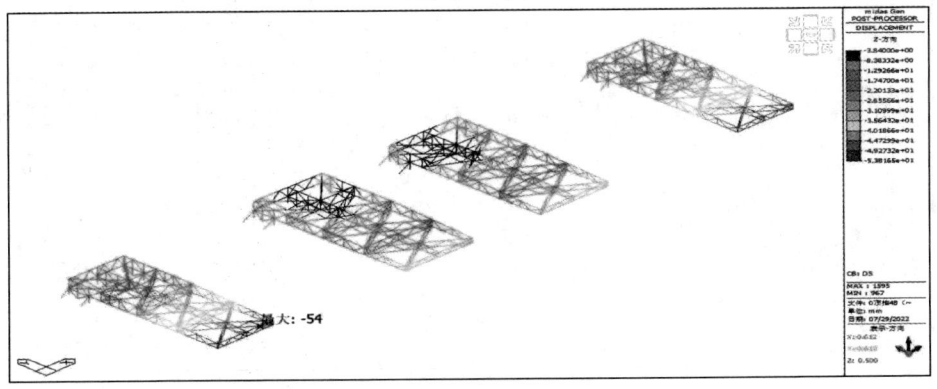

(c) DZ 变形：楼面桁架导梁 (CS2)

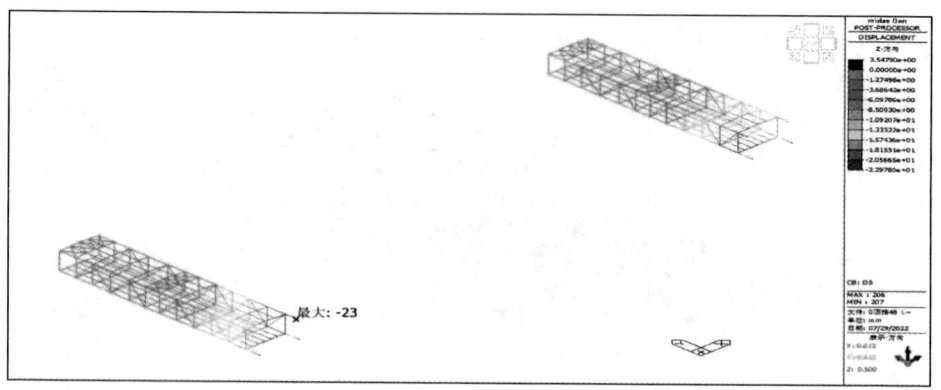

(d) DZ 变形：天桥 (CS2)

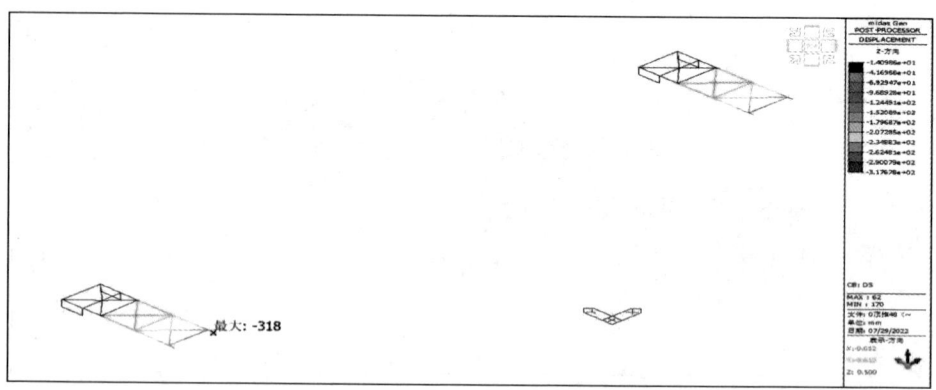

(e) DZ 变形：天桥导梁 (CS2)

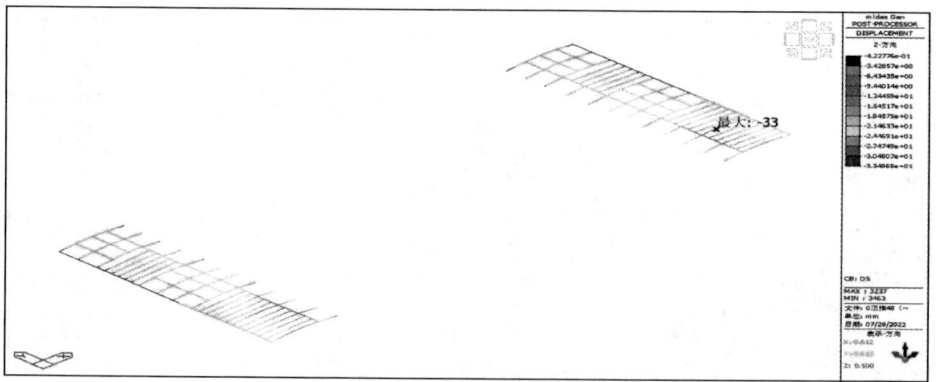

(f) DZ 变形：换乘通廊 (CS2)

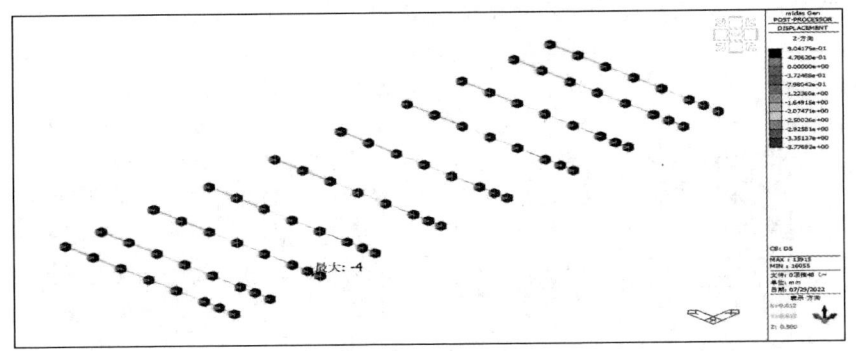

(g) DZ 变形：轨道梁 (CS2)

图 3.3.2-4　2 站台受力转换后 DZ 变形图

3. 反力分布结果

2 站台受力转换前 CS1 反力 FZ 分布情况如图 3.3.2-5 所示。

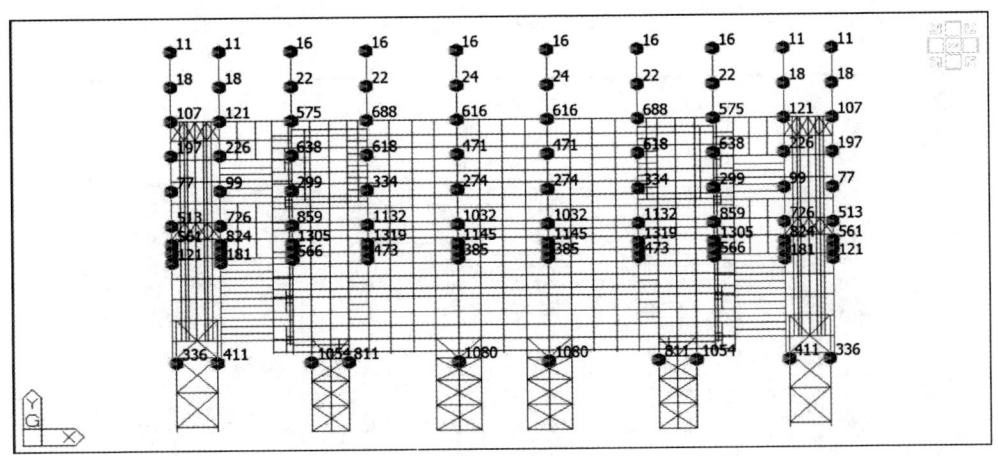

(a) FZ 反力 (CS1)

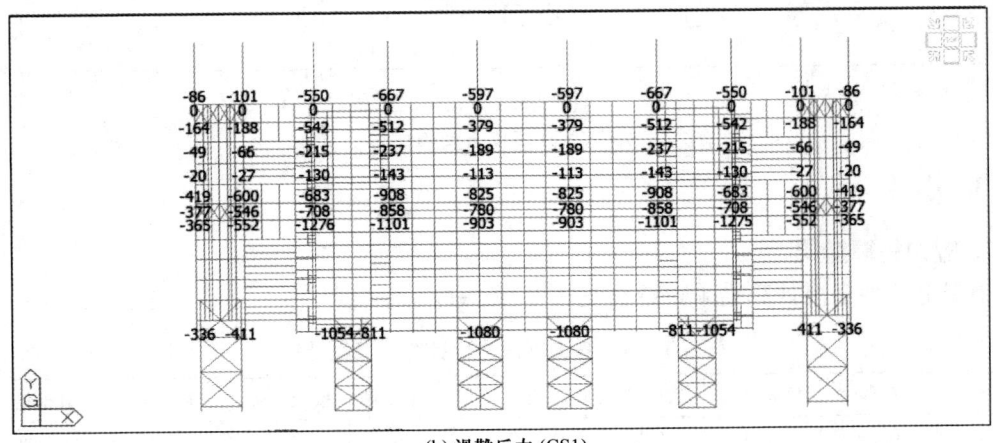

(b) 滑靴反力 (CS1)

图 3.3.2-5　2 站台受力转换前反力分布情况

2 站台受力转换后 CS2 反力 FZ 分布情况如图 3.3.2-6 所示。

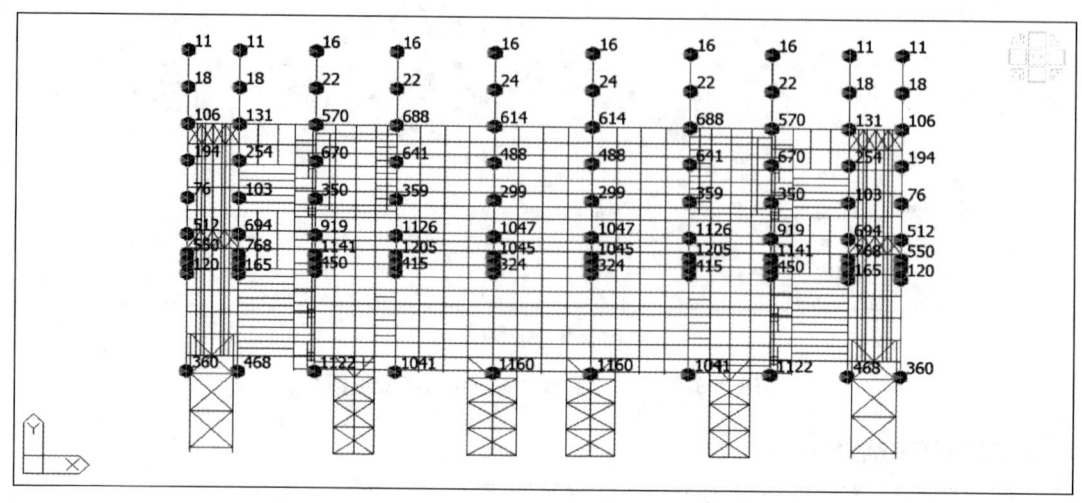

(a) FZ 反力 (CS2)

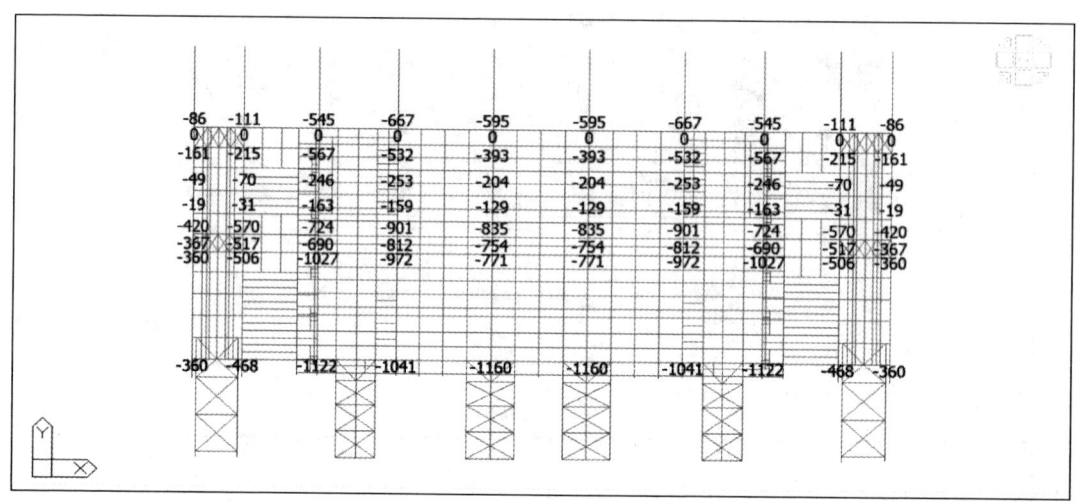

(b) 滑靴反力 (CS2)

图 3.3.2-6　2 站台受力转换后反力分布

3.3.3　小结

1. 应力验算结果

根据上述各工况计算结果，统计见表 3.3.3-1。

表 3.3.3-1　各工况应力比计算结果统计表

工况	整体	楼面桁架	桁架导梁	天桥	天桥导梁	换乘通廊	轨道梁	其他措施
CS1	0.50	0.31	0.50	0.25	0.40	0.41	0.50	0.39
CS2	0.55	0.51	0.36	0.55	0.35	0.38	0.48	0.40
Max	0.55	0.51	0.50	0.55	0.40	0.41	0.50	0.40

根据计算结果可知，上部结构最大应力比为 0.55<1，满足规范要求。

2. 位移分布结果

位移分布情况见表 3.3.3-2。

表 3.3.3-2　各工况变形计算结果统计表　　　　（单位：mm）

工况	整体	楼面桁架	桁架导梁	天桥	天桥导梁	换乘通廊	轨道梁
CS1	101	53	31	27	101	45	5
CS2	318	21	54	23	318	33	4
Max	318	53	54	27	318	45	5

根据计算结果可知，整体最大变形为 318mm。

3.4　顶推及落梁动力与控制系统

3.4.1　液压泵源系统

液压泵源系统为液压顶推器提供液压动力，在各种液压阀的控制下完成相应动作。

在不同的工程使用中，由于顶推点的布置和液压顶推器的配置不尽相同，为了提高液压顶推设备的通用性和可靠性，泵源液压系统的设计采用了模块化结构。根据顶推重物顶推点的布置以及液压顶推器数量和液压泵源流量，可进行多个模块的组合。每一套模块以一套液压泵源系统为核心，可独立控制一组液压顶推器，同时可用比例阀块箱进行多吊点扩展，以满足各类顶推工程的实际需要。

工程考虑钢结构顶推施工，配置 8 台 YS-PP-60 液压泵源、2 台 YS-PP-15 液压泵源和 1 套 YS-CS-01 型计算机电气同步控制系统。电气同步控制系统由动力控制系统、功率驱动系统、传感检测系统和计算机控制系统等组成。

液压同步顶推施工技术采用行程及位移传感监测和计算机控制，通过数据反馈和控制指令传递，可全自动实现同步动作、负载均衡、姿态矫正、应力控制、操作闭锁、过程显示和故障报警等多种功能。

操作人员可在中央控制室通过液压同步计算机控制系统人机界面进行液压顶推过程及相关数据的观察和（或）控制指令的发布。

3.4.2　顶推速度和加速度

1. 顶推速度

液压顶推系统设备的水平顶推速度取决于液压泵源系统的配置及单台液压顶推器所分配的流量、其他辅助工作所占用的时间。

布置 3 台 YS-PP-60 液压泵站用以顶推器配置，根据设备配置，最大布置 20 台 YS-PJ-50 型液压顶推器，计算总体理论顶推速度为 10m/h。根据已施工过的工程，考虑外界影响因素，实际顶推速度通过计算机控制系统控制在 8m/h，确保安全顺利实施。

2. 顶推加速度

液压同步顶推作业过程中各点速度保持匀速、同步。在启动和制动时，其加速度取决于液压泵源系统流量及液压顶推器的工作压力，加速度极小，以至于可以忽略不计。这为顶推过程中钢桁架结构、下部支撑结构以及所有临时措施的安全性增加了保证度。

3.4.3 系统故障预案

1. 液压顶推器故障

提升过程中主要存在液压顶推器漏油的故障，出现故障后的具体应急措施如下：

① 立即关闭所有阀门，切断油路，暂停顶推；
② 专业人员对漏油设备的漏油位置进行全面检查；
③ 根据检查结果更换垫圈、阀门等配件；
④ 必要时更换油缸等主体结构；
⑤ 检修完成后恢复系统，进行系统调试；
⑥ 调试完成后继续顶推。

2. 泵站故障

泵站作为顶推系统的动力源，由液压泵和电气系统两部分组成，主要故障表现为停止工作、漏油以及电机故障，采取的应急措施如下：

① 当泵站停止工作时，检查电源是否正常；
② 检查泵站各个阀门的开闭情况，确保全部阀门处于开启状态；
③ 检查智能控制器是否正常；
④ 泵站出现漏油时，关闭所有阀门，停止顶推；
⑤ 迅速确认漏油的部位；
⑥ 更换漏油部位的垫圈；
⑦ 电机出现故障时，专业人员立即检查电机的电源是否正常；
⑧ 检查电机的线路是否正常；
⑨ 故障排除后恢复系统，进行系统调试；
⑩ 调试完成后继续顶推。

3. 油管损坏

油管的损坏主要包括运输过程中的损坏和提升过程中的损坏，具体应急措施如下：

① 油管运输到现场后，立即检查油管有无破损、接头位置是否完好，发现问题后立即联系更换；
② 提升过程中油管爆裂时，立即关闭爆裂油管的阀门；
③ 关闭所有阀门，暂停顶推；
④ 更换爆裂位置的油管，并确认连接正常；
⑤ 检查其他位置油管的连接部位是否可靠；
⑥ 故障排除后恢复系统，进行系统调试；
⑦ 调试完成后继续顶推。

4. 控制系统故障

顶推使用的电气系统稳定性高，出现故障后即可维修，具体应急措施如下：

① 关闭所有阀门，停止提升作业；
② 无法自动关闭阀门时，立即采取手动方式停止；

③ 检测电气系统；
④ 对于一般故障，可进行简单维修即可排除；
⑤ 无法维修时时，更换控制系统相应组件；
⑥ 故障排除后恢复系统，进行系统调试；
⑦ 调试完成后继续顶推。

5. 传感器无信号

锚具传感器无信号时检查传感器感应面到锚板的距离是否过小。如调整后传感器仍无信号，则更换相应的锚具传感器。

6. 突然停电、停电复送

突然停电时控制系统将全部处于自动停机的安全状态。液压系统失压，平衡阀能可靠锁住负载，保证主油缸活塞杆不下沉。停电复送时系统仍处于停机状态，必须重新初始化才能启动。

3.5 顶推及落梁设备带荷试验

正式顶推前进行试顶推，试顶推的目的主要是对顶推结构和措施各个方面的工况进行检验，对试顶推过程出现的问题进行分析总结，找出相应原因，并及时做出整改措施。第一次顶推前的两次试顶推为邻近营业线施工。

试顶推主控结果确认：顶推设备的推力是否足够、顶推是否同步或顶推的同步偏差是否处于顶推纠偏的范围内、顶推是否出现卡轨现象、变形应力情况的监测值是否与计算值匹配、工序时间是否符合预设目标、临时加固是否有效等。

第 4 章　顶推及落梁施工

顶推施工技术具有安全、快速、经济等特点，且对交通干扰少、占用场地少，在我国各种工程建设中得到了广泛应用。顶推前应对顶推设备（如千斤顶、高压油泵、控制装置及梁段中线、各滑道顶的标高等）进行检测，并做好顶推的各项准备工作。顶推时，应加强对主梁、导梁、顶推系统等的观测，如有异常应停止顶推，进行处理，确保安全后再进行顶推。结构顶推到位、符合设计要求、将其落到永久支座上时，应符合规定：当顶推装置占用永久支座位置时，应进行体系转换，拆除其顶推装置，拆除时，各点宜均匀顶起，其顶推力应按照设计支反力大小进行控制。

本章以庐山高铁二期站房工程为依托，介绍其顶推及落梁前的准备工作、临时结构的施工与拆除、钢结构的拼装与顶推及落梁等施工措施。

4.1　顶推及落梁施工准备工作

4.1.1　顶推准备

1. 顶推施工作业

① 为保证营运线运输安全，钢桁架正式顶推施工仅允许在天窗点作业；

② 顶推施工前应做好各项准备工作，以确保天窗点期间的顶推作业效率；

③ 施工前应对施工现场进行调查，并与电务、工务、供电、车站等有关单位联系，了解既有设备状况和隐蔽设施的分布情况，并根据现场实际情况制订切实可行、有针对性地对既有和新建设备的保护措施，向全体施工人员进行技术交底；

④ 顶推作业过程应做好安全防护工作，严禁物体坠落至动车营运安全范围内；

⑤ 导梁拆除施工必须"一机一人"防护，无防护人员不得施工。

2. 顶推单元划分

根据新建站房现场条件及顶推工艺的要求，东站房顶推时主结构共划分为 2 个主要顶推单元（图 4.1.1-1），第 1 顶推单元为第 1 次拼装结构和结构导梁，第 2 顶推单元为第 1 次拼装结构、结构导梁和第 2 次拼装结构；第 1 顶推单元长度为 55.8m，第 2 顶推单元长度为 89.5m，具体划分如图 4.1.1-2 和图 4.1.1-3 所示。

3. 封边桁架设计

根据计算，楼面桁架顶推结构端部需设置封边桁架（图 4.1.1-4），以保证结构端部受力和变形满足设计规范要求。利用楼面桁架结构端部原有钢梁，在对应下弦位置增加钢梁，上下增加腹杆连接形成封边桁架（图 4.1.1-5）。

4. 顶推点设置

在顶推第 1 顶推单元时在顶推分段的尾部设置 10 个顶推点；在顶推第 2 顶推单元前，

拆除顶推第1顶推单元时顶推点处临时措施,将顶推点处临时措施移至顶推结构尾部顶推点处,整个顶推结构共20个顶推点,分别为DT01~DT20。顶推点平面布置如图4.1.1-6和图4.1.1-7所示。

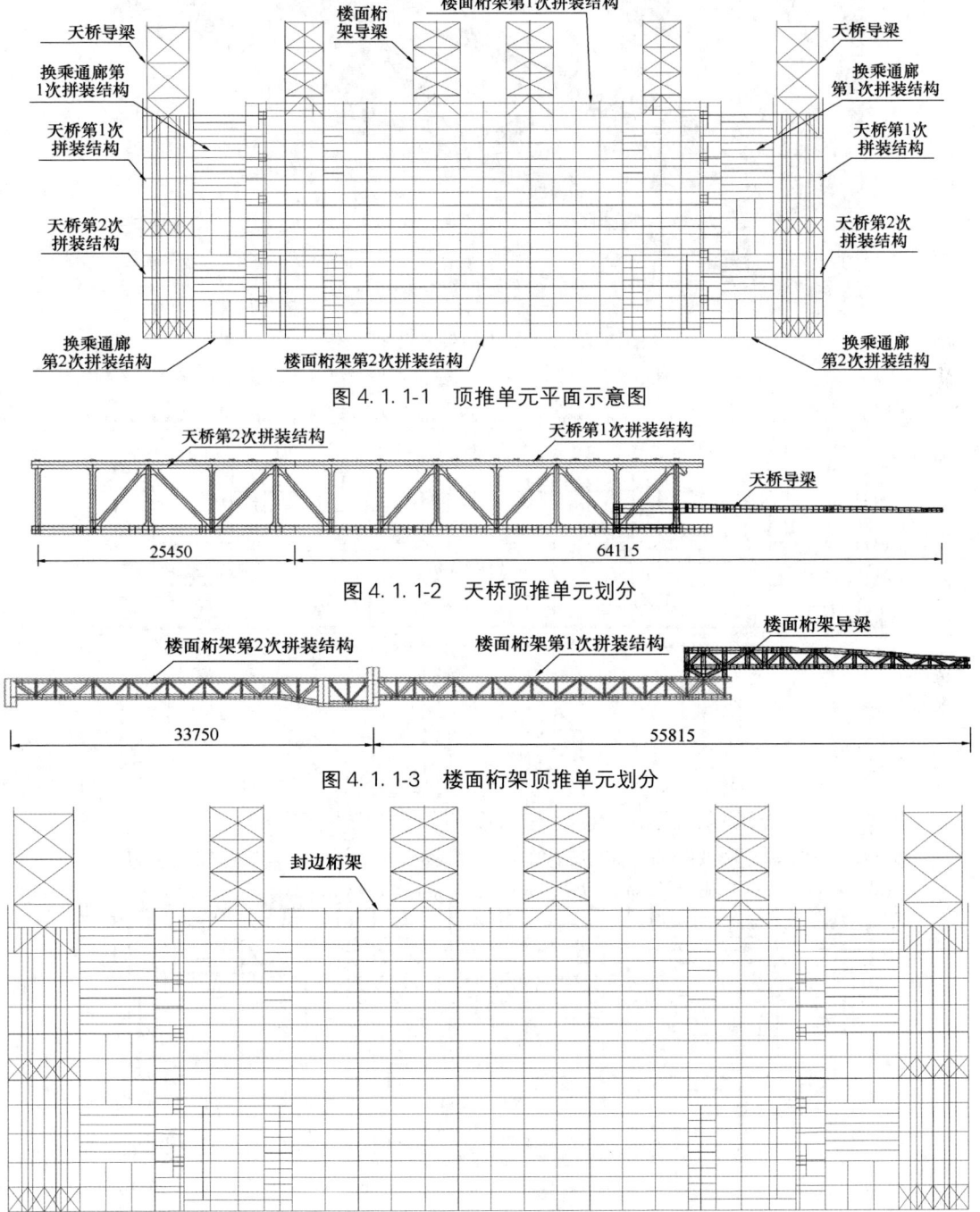

图4.1.1-1 顶推单元平面示意图

图4.1.1-2 天桥顶推单元划分

图4.1.1-3 楼面桁架顶推单元划分

图4.1.1-4 封边桁架设置位置

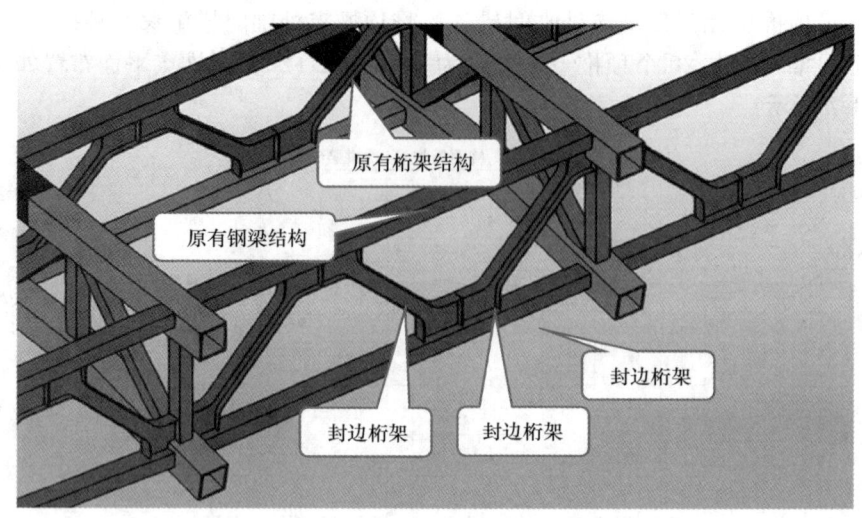

图 4.1.1-5 封边桁架三维示意图

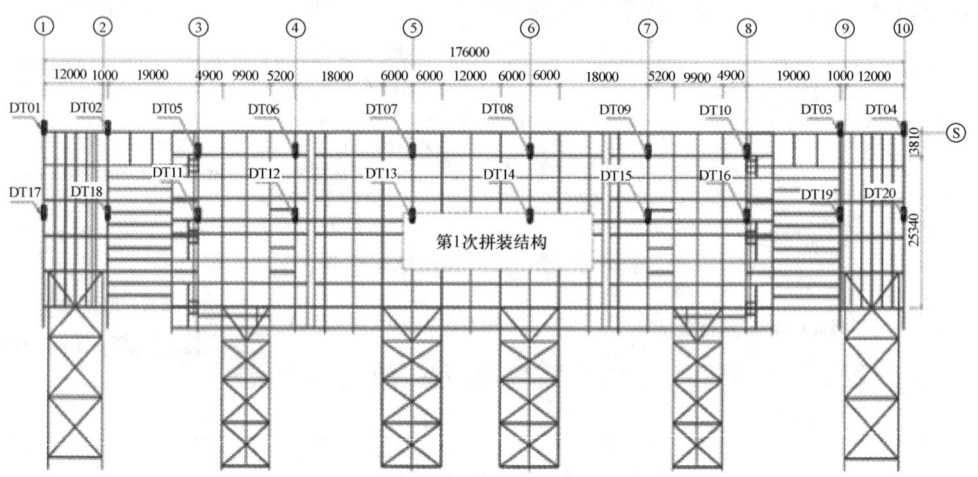

图 4.1.1-6 第 1 顶推点平面布置图

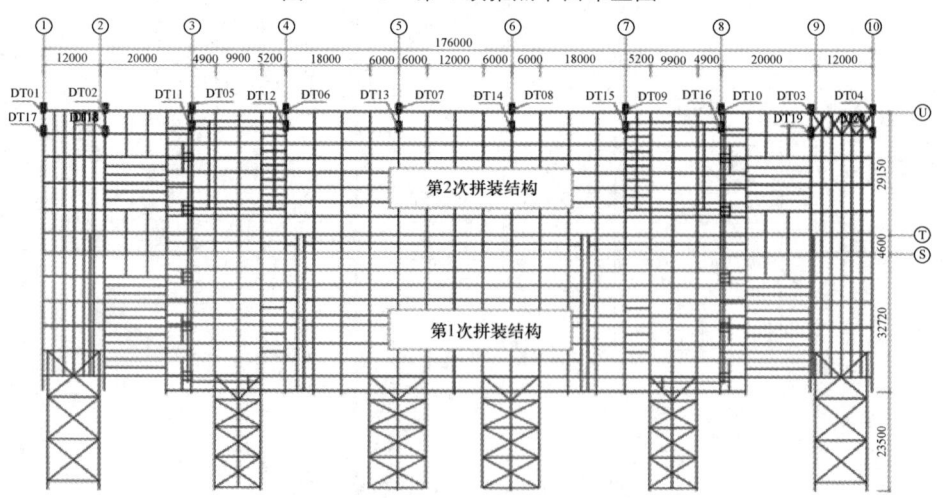

图 4.1.1-7 第 2~第 6 顶推点平面布置图

4.1.2 落梁准备

1. 技术准备

落梁前在楼层桁架上布置若干观测点，精确测量各点的标高值及偏移情况，并做好记录，在取得设计认可的基础上，确定各点的精确顶升高度。

2. 落梁系统可靠性检验

(1) 元件的可靠性检验。元件的质量是系统质量的基础，为确保元件可靠，本系统选用的元件均为恩派克的优质产品或国际品牌产品。在正式实施顶升前，将以70%~90%的顶升力在现场保压5min，再次确认密封的可靠性。

(2) 液压油的清洁度。液压油的清洁度是系统可靠的保证，本系统的设计和装配工艺，除严格按照污染控制的设计准则和工艺要求进行外，连接软管在工厂进行严格冲洗，封口后移至现场，现场安装完毕后进行两次空载运行，以排除现场装配过程中可能混入的污垢。

(3) 力闭环的稳定性。所谓力闭环就是当系统设定好一定的力后，力的误差在5%内，当力超过此范围后，系统自动调整到设定值的范围；力闭环是本系统的基础，力闭环的调试利用死点加压，在工厂内逐台进行。

(4) 位置闭环的稳定性。所谓位置闭环就是当系统给光栅尺设定落梁高度后，当落梁高度超过此高度时系统自动降至此高度，当落梁高度低于此高度时系统自动升至此高度，保证系统落梁的安全性与同步性。

3. 人员准备

(1) 成立落梁工程现场领导组

现场指挥组设总指挥1名，全面负责现场指挥作业，指挥组下设3个职能小组：分别是控制组、液压组和作业组，负责相关的工作，各职能小组设组长一名，与总指挥共同组成现场指挥组。

(2) 各职能小组的功能

控制组：根据总指挥的命令对液压系统发出启动、落梁或停止等操作指令。对于启动、落梁或停止指令，只听从总指挥的指令，当出现异常情况需紧急停止时，应在得到信息的第一时间对系统发出停止指令，而不管这一信息是否由总指挥发出。

液压组：负责整个液压系统的安装、维护与保养、检查与维修等。根据总指挥的要求调整液压元件的设置。

作业组：负责落梁期间的劳力配置，在顶升的整个过程中提供劳务作业。其工作内容包括施工准备时的场地清理、落梁时的垫铁安装等。

各职能小组受总指挥统一指挥，向总指挥汇报工作，总指挥汇总领导组其他成员的意见后做出决策，并由总指挥向各职能小组发出指令，进入下一道工序工作。

4.1.3 营业线邻近施工准备工作

先对一站台上的天桥 U/①②⑨⑩轴支架上的滑靴、滑道进行拆除并同时安装Φ500mm钢管支撑及600t千斤顶，安装完成后在对U/③⑧轴进行相应施工并依次向中间施工（图4.1.3-1、图4.1.3-2）。其次进行落梁前设备的测试，以检验落梁工况。2、3站台按照上述步骤依次施工。

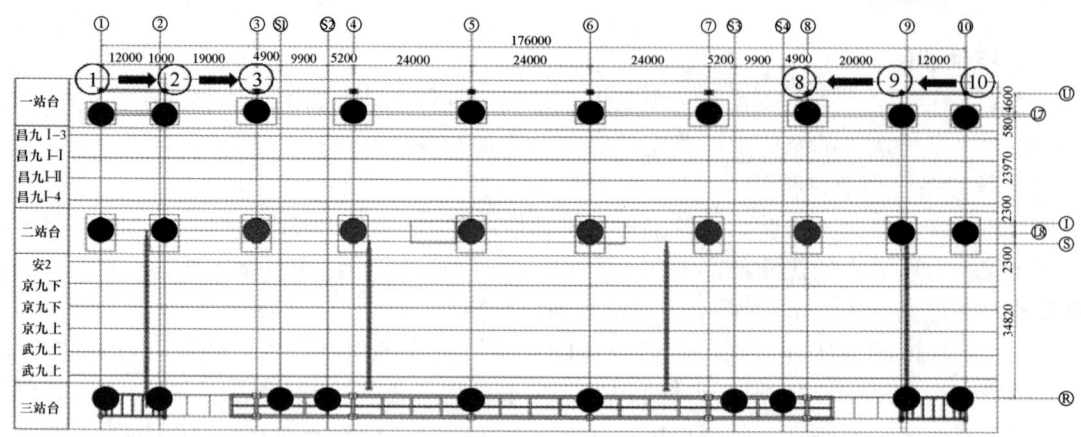

图 4.1.3-1 落梁前准备工作流程图

图 4.1.3-2 落梁前立面图

(1) 1 站台楼面桁架落梁前邻近施工准备步骤

步骤 1：在滑道梁上安装 600t 千斤顶并调试后，将楼面桁架顶升 10mm（4.1.3-3）。

步骤 2：移除既有滑靴（图 4.1.3-4）。

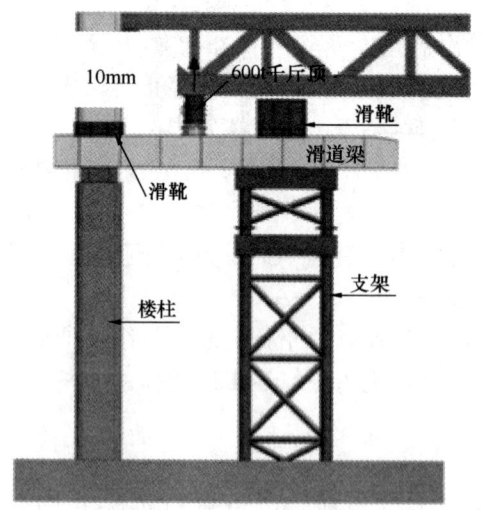

图 4.1.3-3 楼面桁架提升 10mm

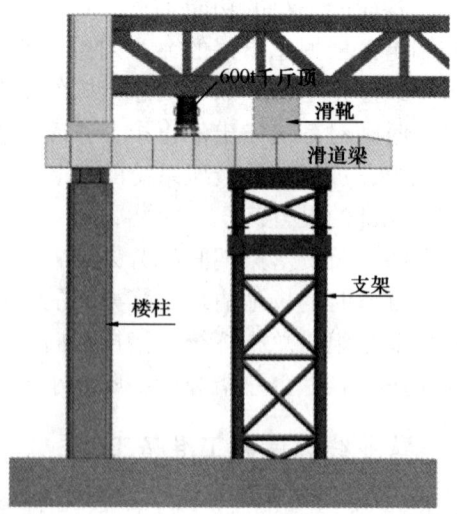

图 4.1.3-4 移除滑靴

步骤3：U轴安装 Φ500mm 钢管支撑，千斤顶落梁后并移除千斤顶（图 4.1.3-5、图 4.1.3-6）。

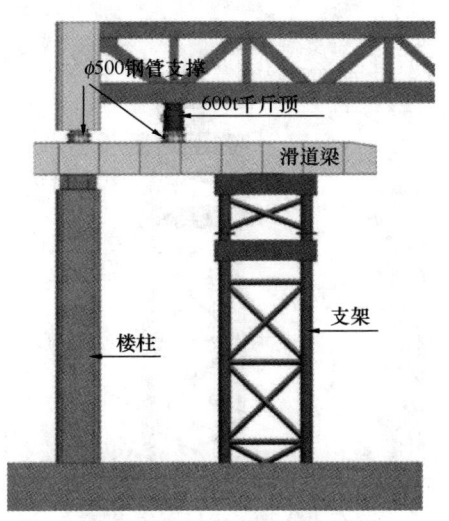

图 4.1.3-5　U轴安装支撑

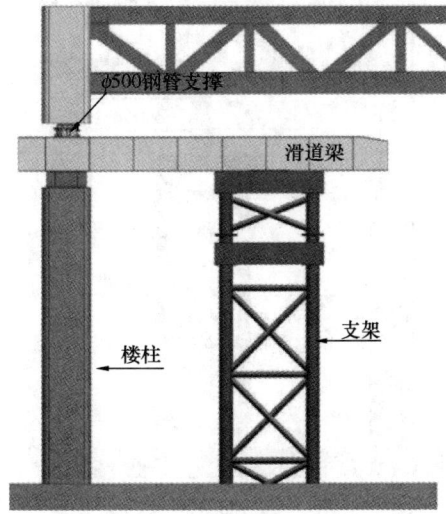

图 4.1.3-6　移除千斤顶

步骤4：采用倒链葫芦将要烧割的滑移轨道固定，烧割滑移轨道6.25m后，倒链葫芦吊装至地面（图 4.1.3-7）。

步骤5：在支架上安装 Φ500mm 钢管支撑及反装千斤顶，并与桁架固定（图 4.1.3-8）。

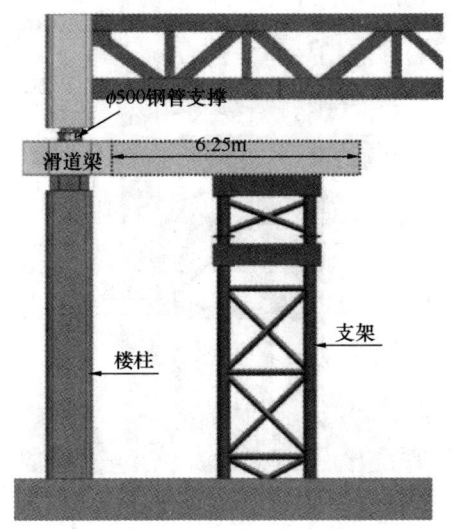

图 4.1.3-7　烧割滑移轨道

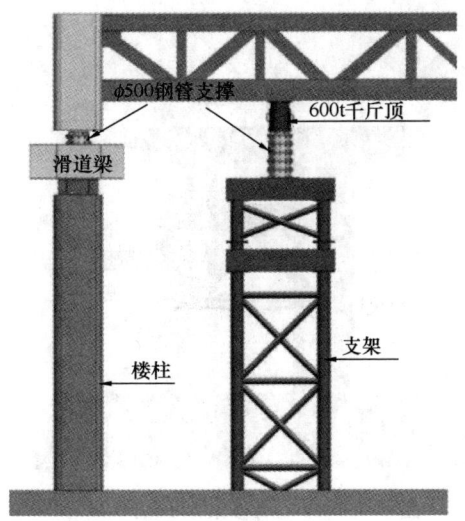

图 4.1.3-8　支架安装支撑

步骤6：千斤顶将楼面桁架顶升30mm，移除楼柱上的 Φ500mm 钢管支撑并拆除滑道梁（图 4.1.3-9）。

步骤7：在楼柱上安装 Φ500mm 钢管支撑（图 4.1.3-10）

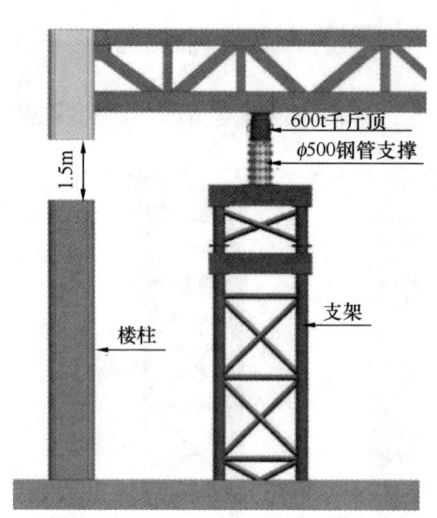
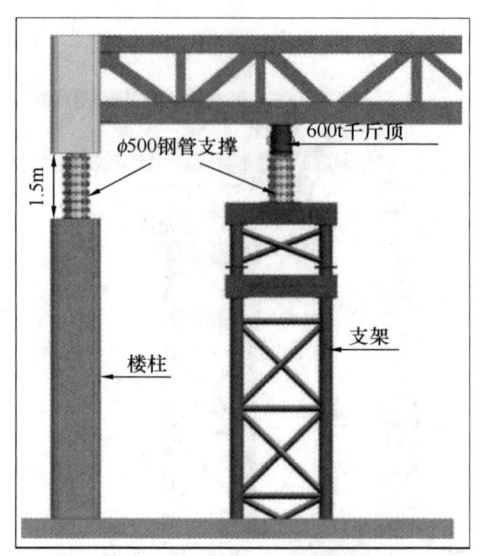

图 4.1.3-9 楼面桁架顶升 30mm　　　图 4.1.3-10 楼柱安装支撑

(2) 2 站台楼面桁架落梁前邻近施工准备步骤

步骤 1：在滑移梁上安装千斤顶，利用千斤顶顶升 10mm，拆除滑靴及滑移梁上的二限位 H 型钢（图 4.1.3-11～图 4.1.3-13）。

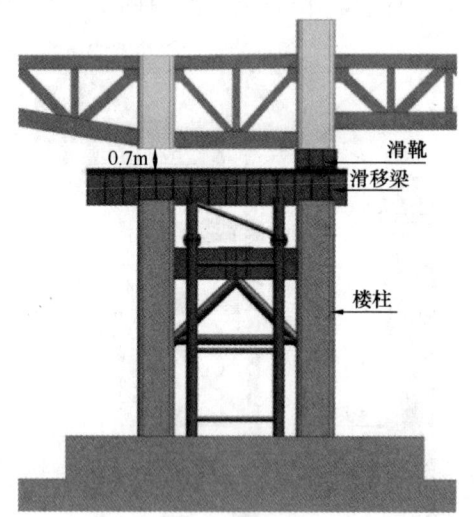
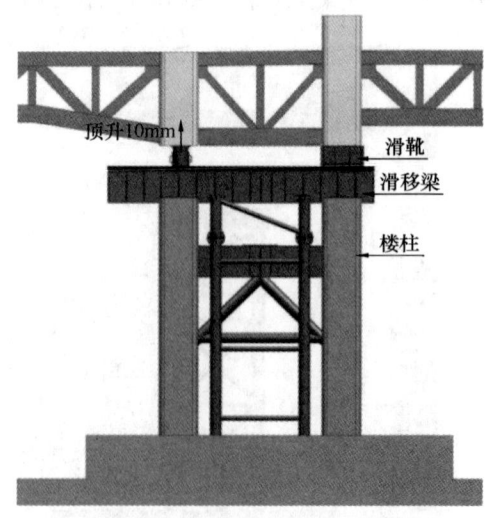

图 4.1.3-11 滑移梁顶升前状况　　　图 4.1.3-12 滑移梁顶升 10mm

步骤 2：将滑移大梁烧割 4.7m，并采用倒链葫芦吊至地面（图 4.1.3-14）。

步骤 3：在楼柱上安装 $\varPhi$500mm 钢管支撑及分配梁上安装 $\varPhi$500mm 钢管支撑及千斤顶，两个钢管支撑利用 L70mm×70mm 角钢进行临时固定（图 4.1.3-15～图 4.1.3-17）。

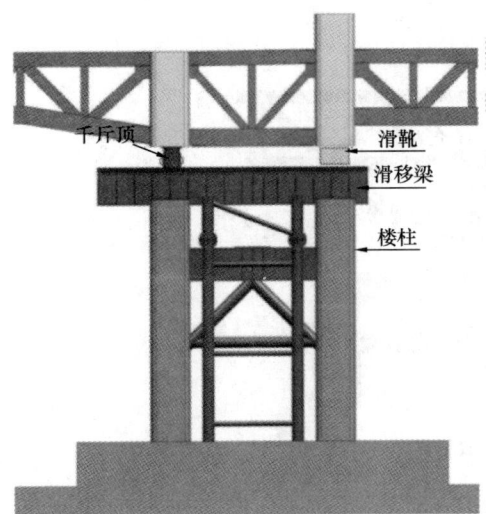

图 4.1.3-13 拆除滑靴及 H 型钢

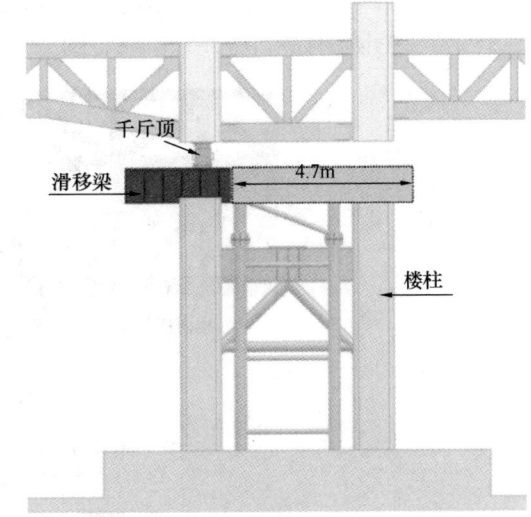

图 4.1.3-14 烧割滑移梁并吊至地面

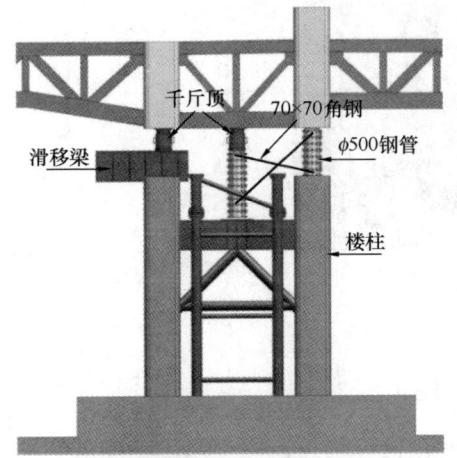

图 4.1.3-15 楼柱及分配梁安装支撑

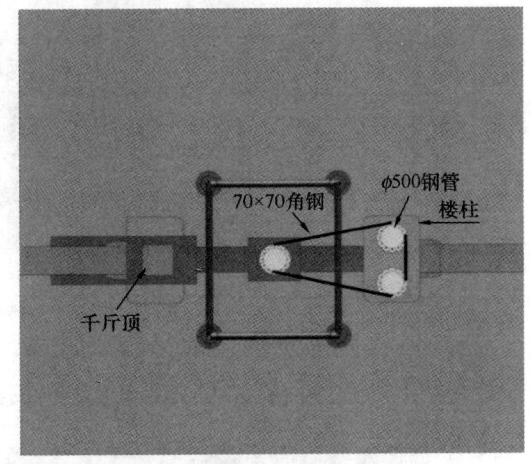

图 4.1.3-16 安装千斤顶

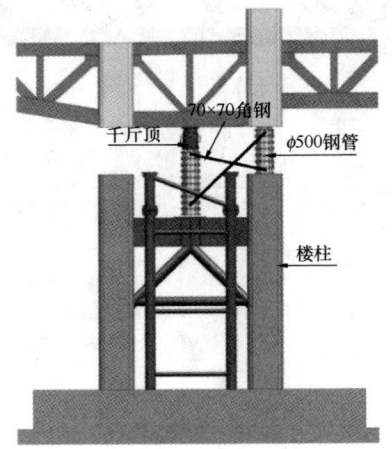

图 4.1.3-17 钢管利用角钢临时固定

（3）3站台楼面桁架落梁前邻近施工准备步骤

步骤1：拆除斜撑（图4.1.3-18、图4.1.3-19）

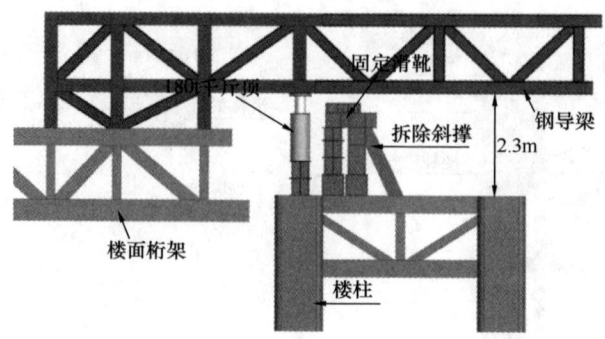

图4.1.3-18　拆除斜撑

图4.1.3-19　斜撑施工现场

步骤2：拆除斜撑后安装 $\Phi500\text{mm}$ 钢管支撑（图4.1.3-20）。

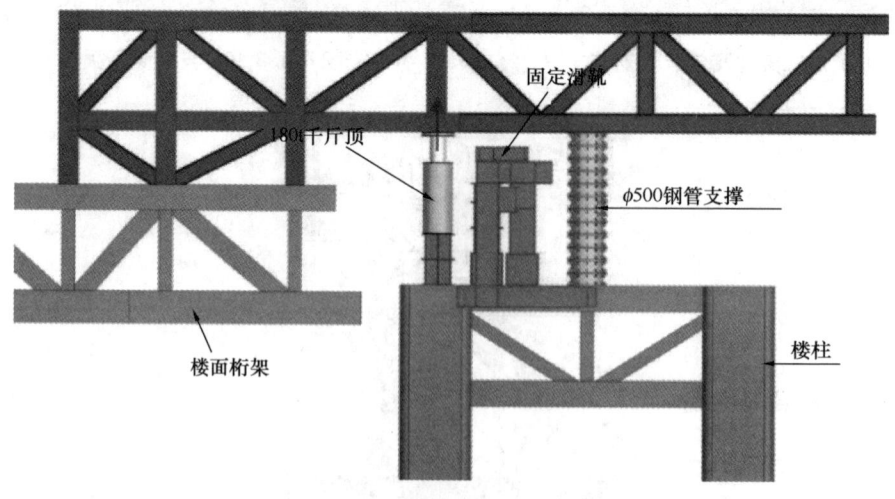

图4.1.3-20　拆除斜撑后安装支撑

步骤3：落梁后拆除既有千斤顶及垫块，替换成Φ500mm钢管支撑及600t千斤顶（图4.1.3-21）。

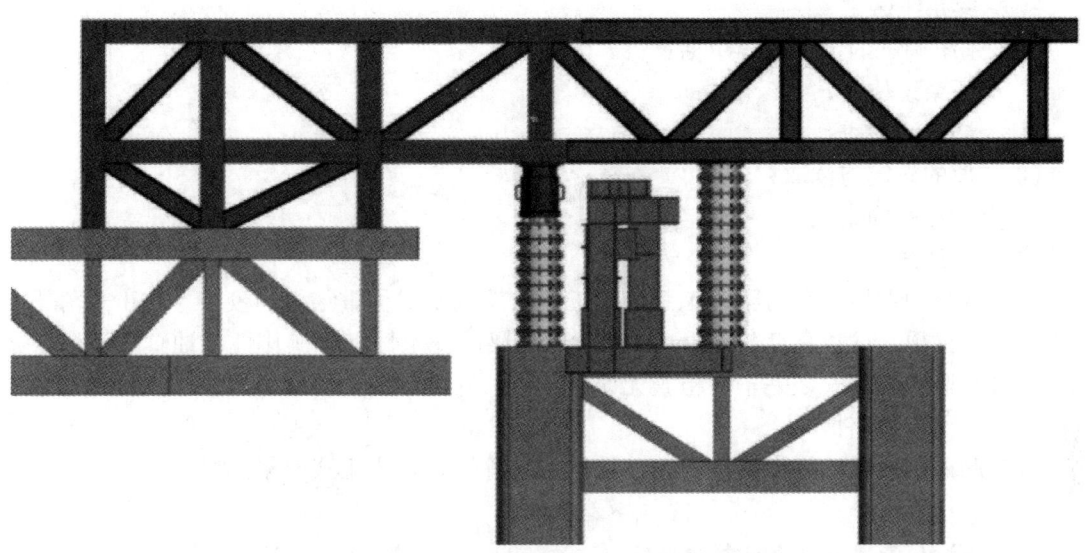

图4.1.3-21 拆除千斤顶及垫块安装支撑

步骤4：拆除固定滑靴，并用角钢对Φ500mm钢管支撑进行临时固定（图4.1.3-22）。

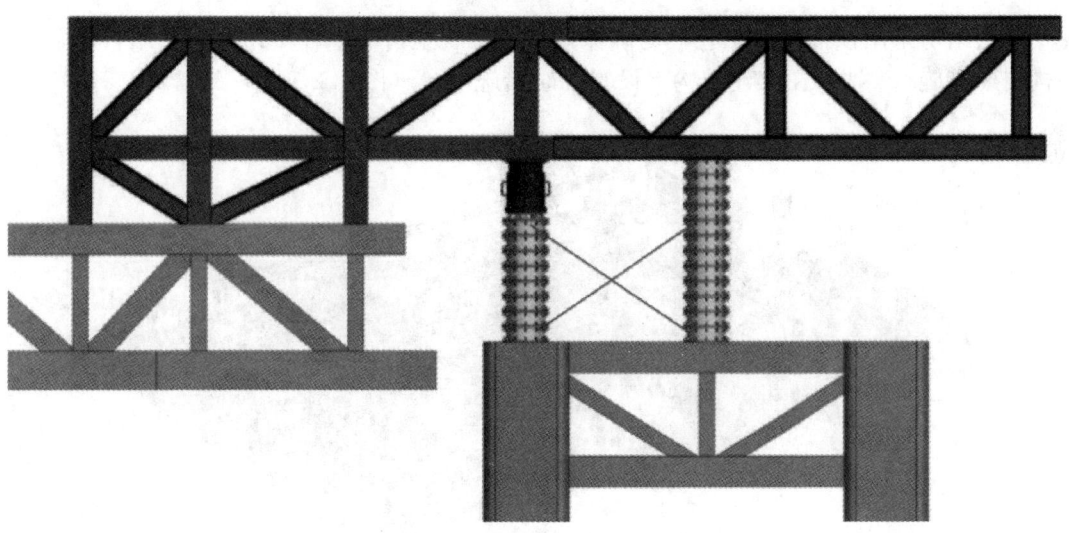

图4.1.3-22 拆除滑靴用角钢临时固定

4.1.4 正式落梁前准备

1. 落梁系统结构部分检查

① 千斤顶安装是否垂直牢固；
② 钢管支撑体系安装是否牢固；
③ 影响落梁的设施是否已全部拆除；

④ 主体结构上已去除与落梁无关的一切荷载；

⑤ 主体结构与其他结构的连接是否已全部去除。

2. 落梁系统调试

落梁系统调试的主要内容包括：

① 液压系统检查；

② 控制系统检查；

③ 初值的设定与读取；

④ 交验点的确定；

⑤ 设备调试。

为了观察和考核整个落梁施工系统的工作状态以及对称重结果的校核，在正式落梁之前，应进行试顶，试顶高度1～3mm，以检验落梁的稳定性和可操作性。油缸、油管、泵站操纵台、监测仪等安装完毕、检查无误后加压，并进行油缸的保压试验，再检查整个系统的工作情况、油路情况。

设备调试结束后，提供整体姿态、结构位移等情况，为正式落梁提供依据。

4.2 顶推及落梁临时结构施工

4.2.1 站台临时墩安装施工

新建站房采用顶推施工工艺，为确保顶推施工安全可靠，在1站台及2站台设置临时格构支架措施，3站台在已建结构上设置临时措施平台（图4.2.1-1～图4.2.1-5）。

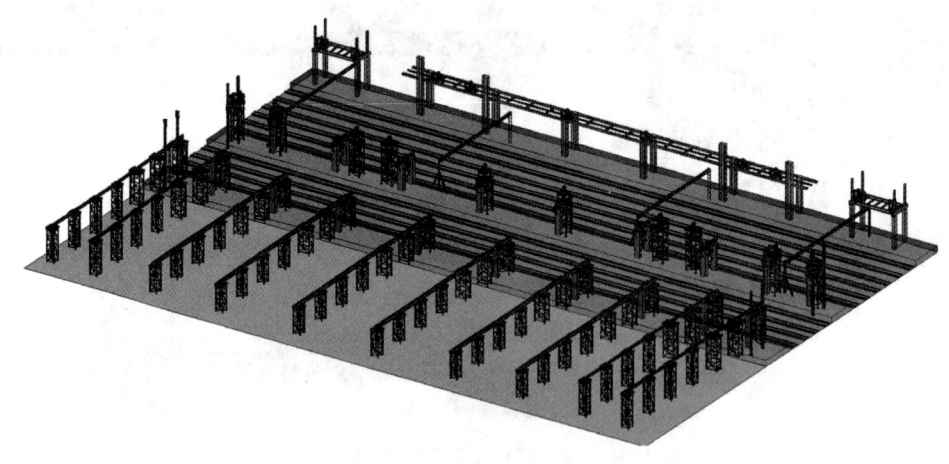

图4.2.1-1 总体下部措施三维示意图

1. 站台临时墩设计

天桥1站台临时格构支架截面为2m×3m×9m，临时格构墩立柱均采用P299×16钢管，腹杆采用P114×4钢管，材质均为Q235B。临时格构墩上部采用HW300×300型钢格构平台，材质为Q355B，平台上部设置顶推轨道。

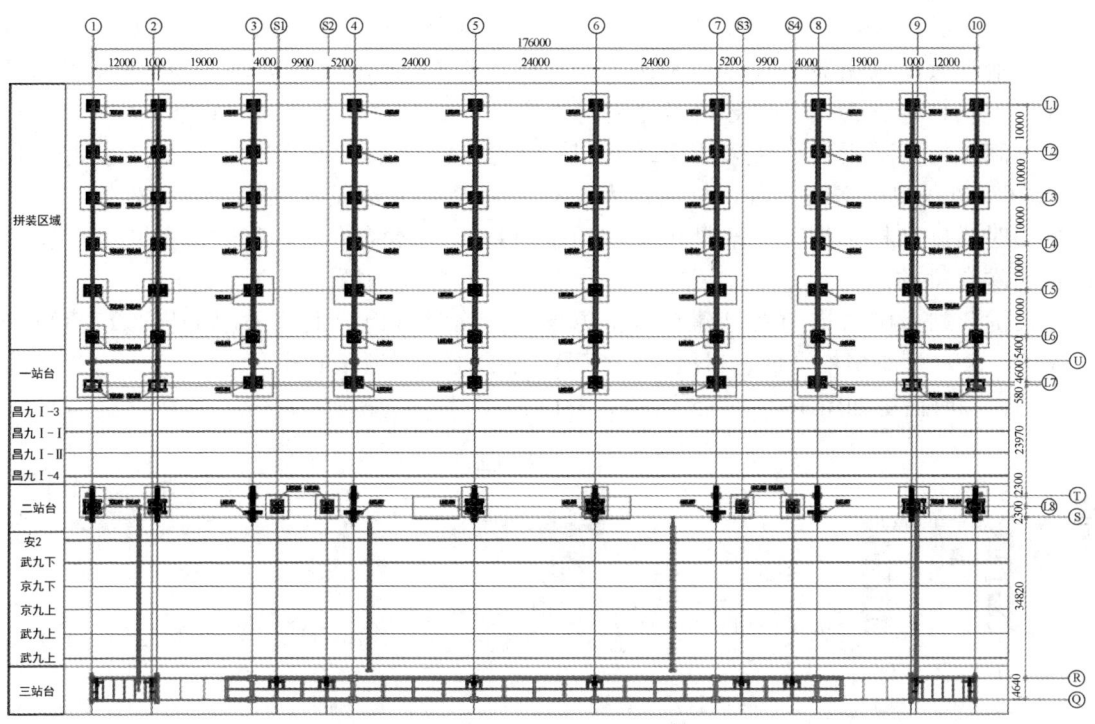

图 4.2.1-2　总体下部措施平面布置图

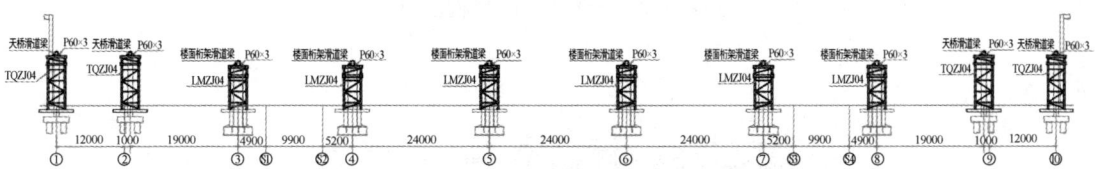

图 4.2.1-3　1 站台下部结构立面布置图

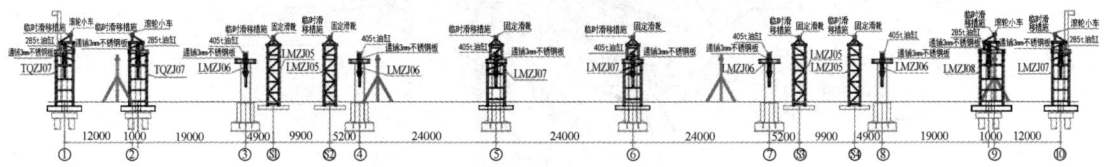

图 4.2.1-4　2 站台下部结构立面布置图

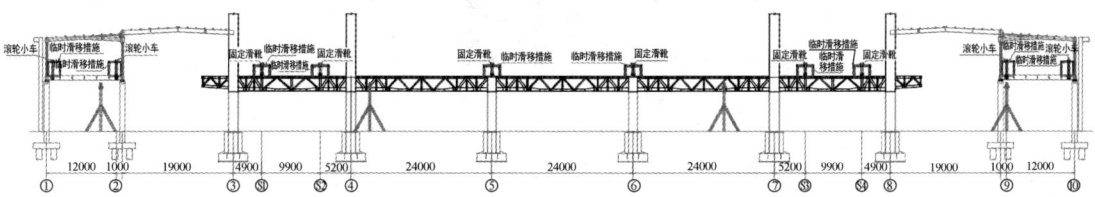

图 4.2.1-5　3 站台下部结构立面布置图

天桥 2 站台临时格构支架截面为 2.5m×3m×11.88m，临时格构支架立柱均采用 P299×16 钢管，腹杆采用 P114×4 钢管，材质均为 Q355B。混凝土柱上方设置滑移大梁，滑移大梁采用 B900×500×30×40，材质为 Q355B，滑移大梁两侧各设置两处牛腿，下接格构支架，上接导梁滑移格构平台，牛腿规格采用双拼 H606×201×12×20，牛腿上方导梁滑移平台采用 P299×16 钢管，腹杆采用 P114×4 钢管，上部采用 HW300×300 型钢格构平台，材质均为 Q355B，平台上部设置滚轮小车。处于 2 站台上的临时措施结构，临时支架是用于在顶推时搭接主体结构的，临时墩是用于顶推时搭接前端导梁的。

天桥 3 站台临时措施在已建结构上方设置。临时格构墩上部采用 HW300×300 及 HW400×400 型钢格构平台，材质为 Q355B，平台上部设置滚轮小车。

站台临时措施如图 4.2.1-6 至图 4.2.1-13 所示。

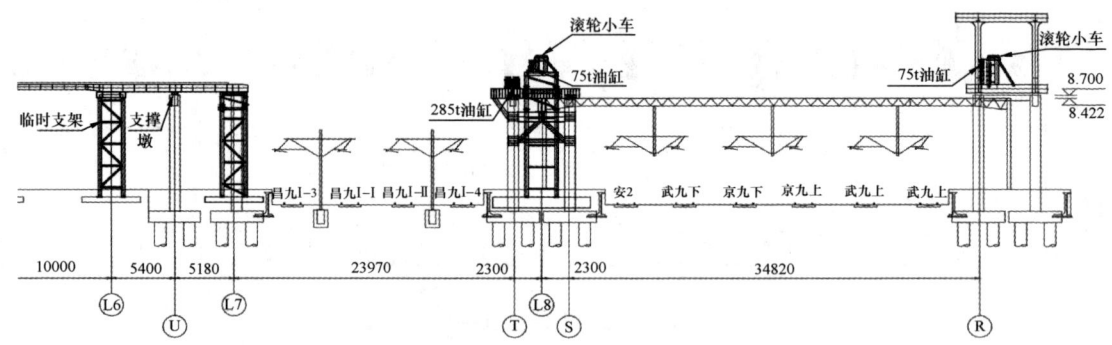

图 4.2.1-6 天桥临时格构立面图

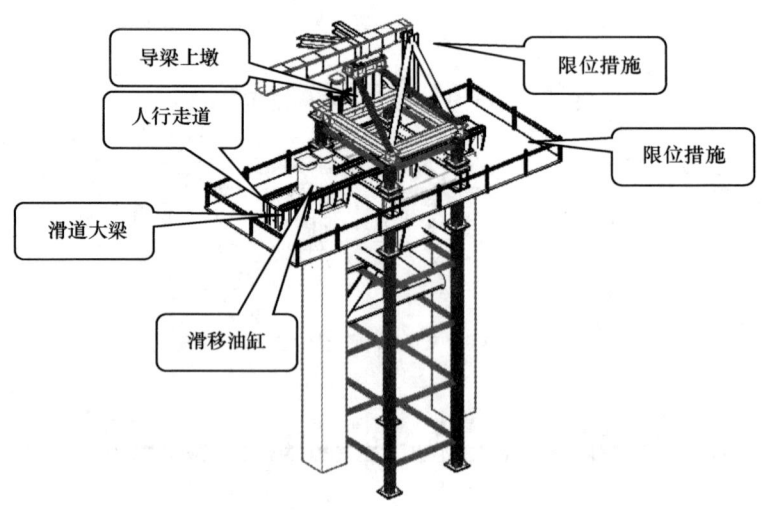

图 4.2.1-7 天桥 2 站台临时措施示意图

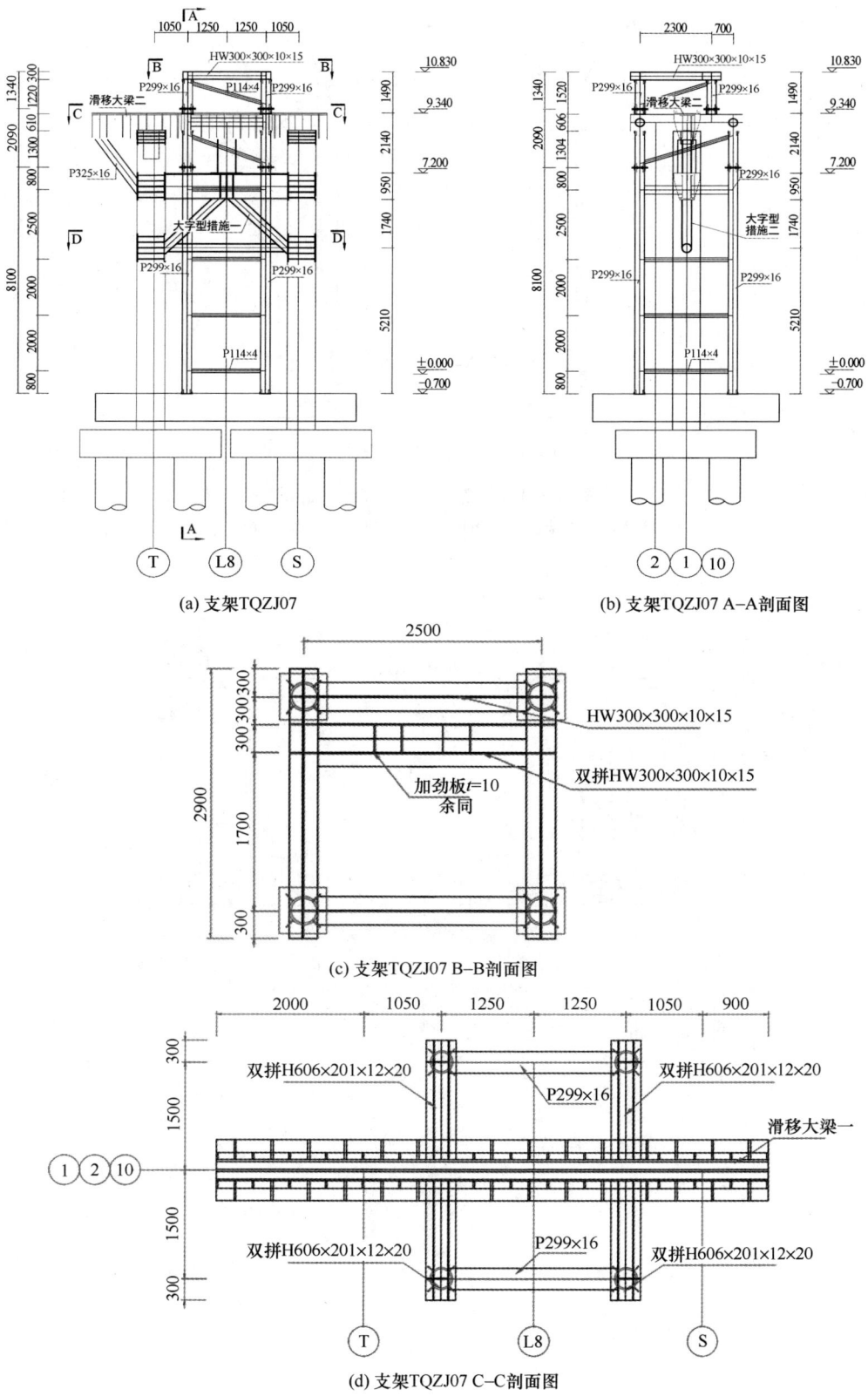

(a) 支架TQZJ07
(b) 支架TQZJ07 A-A剖面图
(c) 支架TQZJ07 B-B剖面图
(d) 支架TQZJ07 C-C剖面图

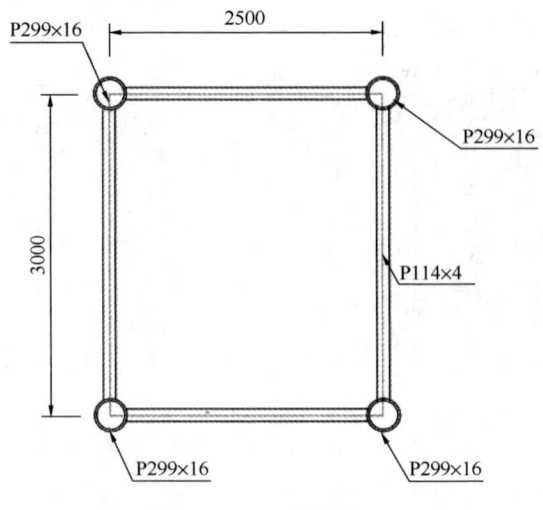

(e) 支架TQZJ07 D–D剖面图

图 4.2.1-8　临时支架 TQ2507 详图

附注：支架TQZJ07适用于楼面桁架组拼平台L8轴×（1轴、2轴、10轴），共3组。

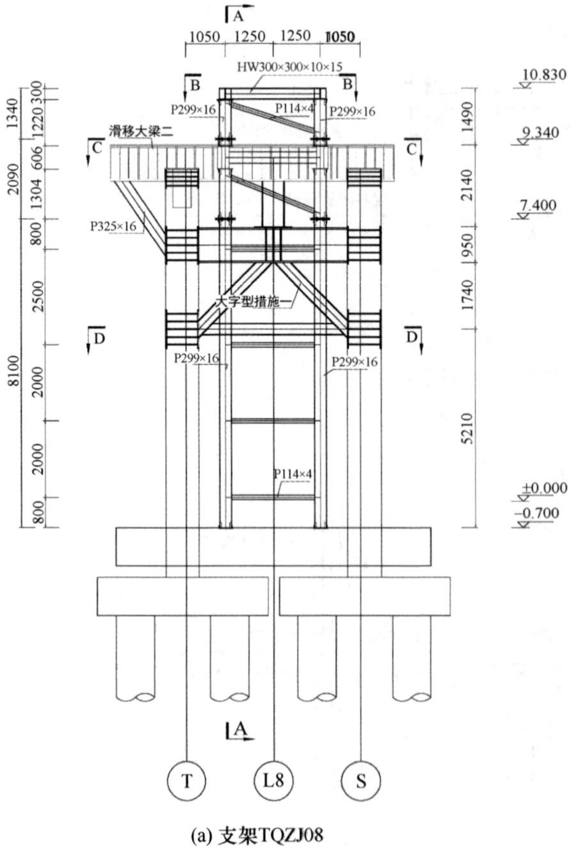

(a) 支架TQZJ08 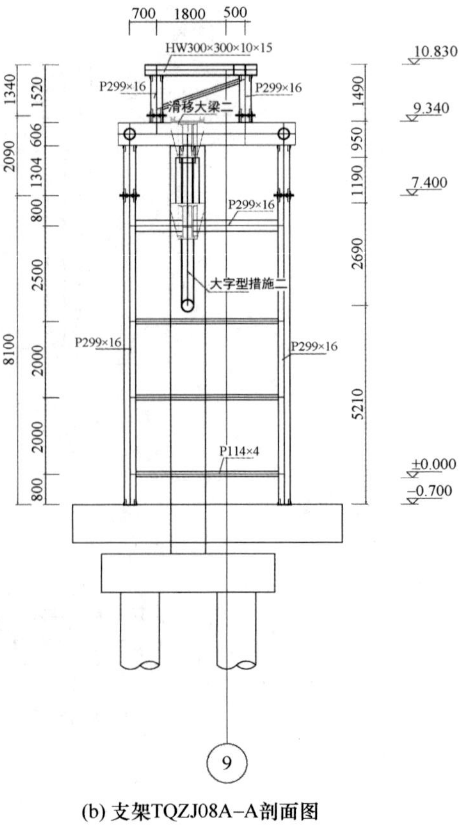　　　　　(b) 支架TQZJ08A-A剖面图

第 4 章 顶推及落梁施工

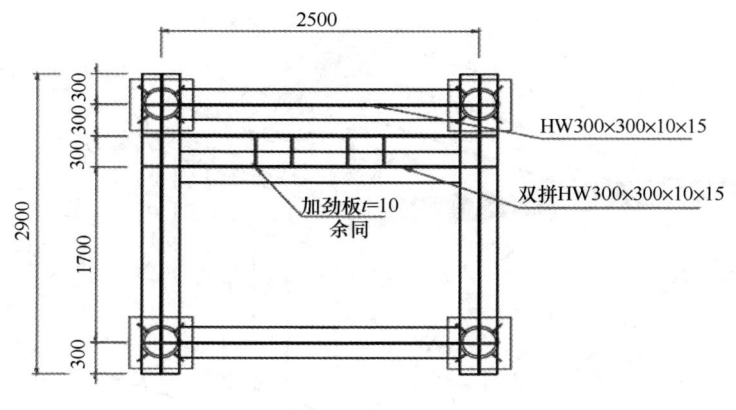

(c) 支架TQZJ08 B—B剖面图

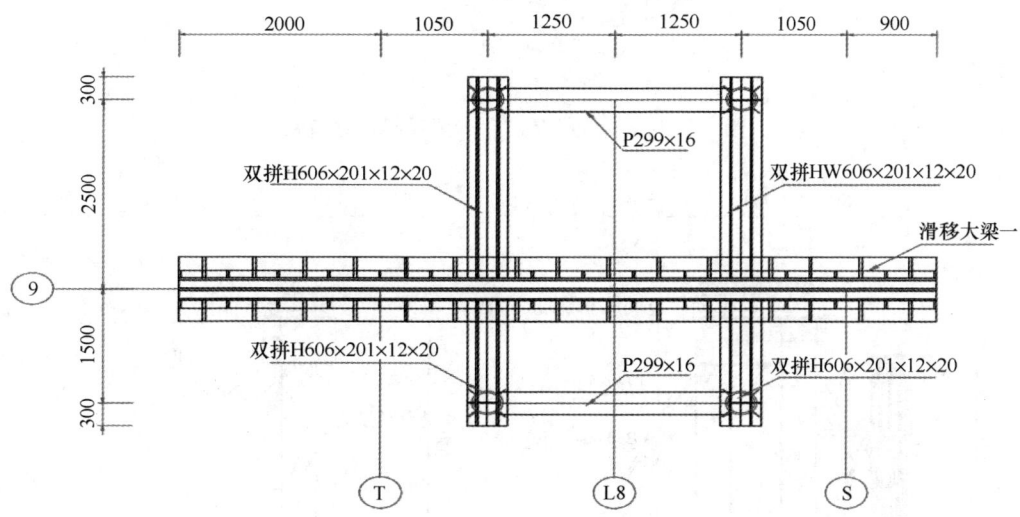

(d) 支架TQZJ08 C—C剖面图

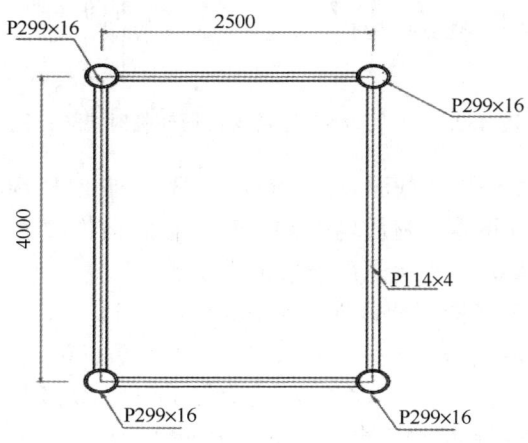

(e) 支架TQZJ08 D—D剖面图

图 4.2.1-9 临时支架 TQZJ08 详图

附注：支架 TQZJ08 适用于楼面桁架组拼平台 L8 轴×9 轴，共 1 组。

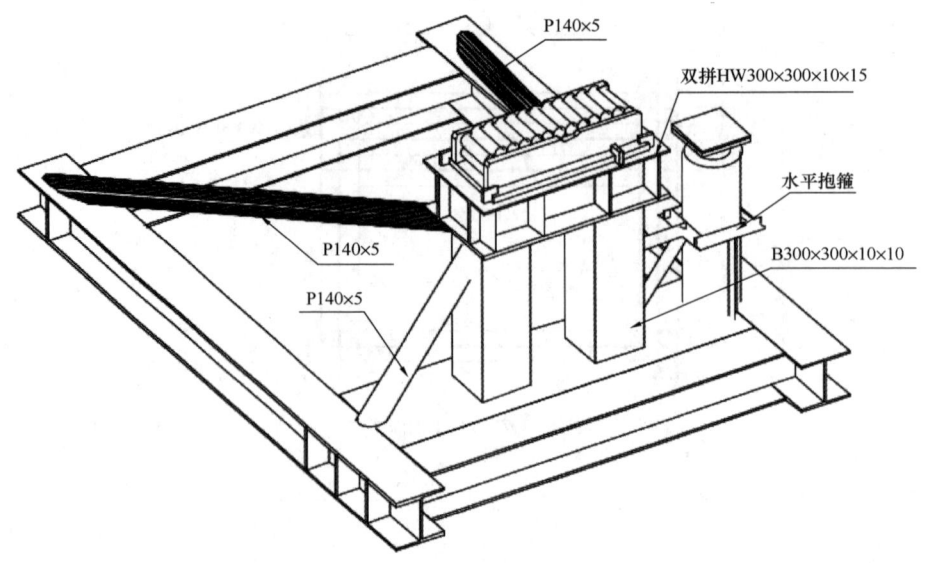

图 4.2.1-10 天桥 2 站台支架顶部临时措施

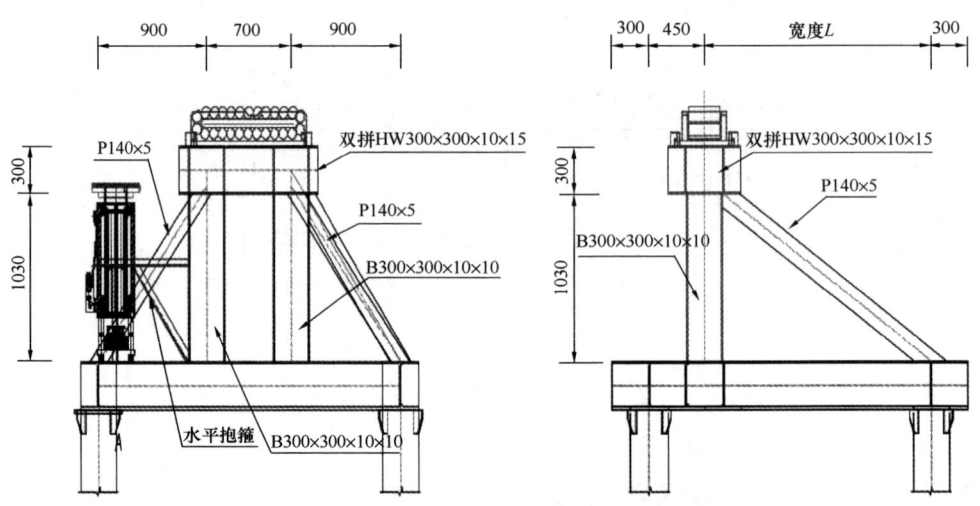

图 4.2.1-11 天桥 2 站台支架顶部临时措施详图

楼面桁架 1 站台临时格构墩截面 2m×3m×7.23m，临时格构墩立柱均采用 P402×16 钢管，腹杆采用 P159×6 钢管，材质均为 Q355B。临时格构墩上部采用 HW400×400 型钢格构平台，材质为 Q355B，平台上部设置顶推轨道。

楼面桁架 2 站台临时格构支架截面为 2.5m×3m×11.88m，临时格构支架立柱均采用 P299×16 钢管，腹杆采用 P114×4 钢管，材质均为 Q355B。混凝土柱上方设置滑移大梁，滑移大梁采用 B900×500×30×40，材质为 Q355B。滑移大梁两侧各设置两处牛腿，下接格构支架，上接导梁滑移格构平台，牛腿上方导梁滑移平台采用 P299×16 钢管，腹杆采用 P114×4 钢管，上部采用 HW300×300 型钢格构平台，材质均为 Q355B，平台上部设置固定滑靴。

第 4 章 顶推及落梁施工

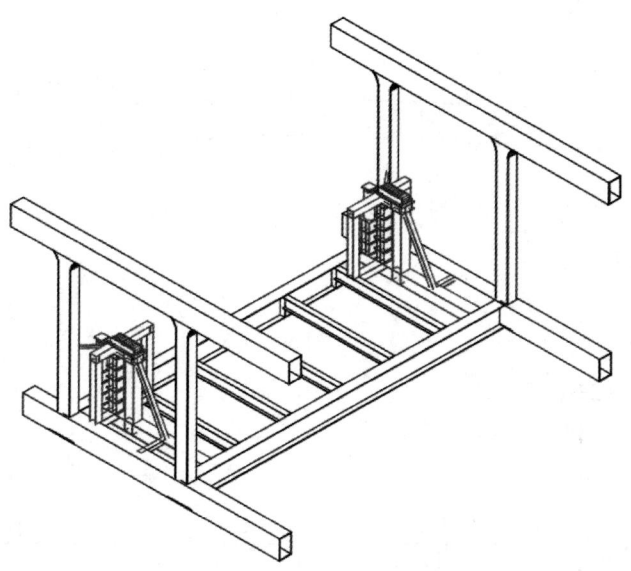

图 4.2.1-12 天桥 3 站台支架临时措施

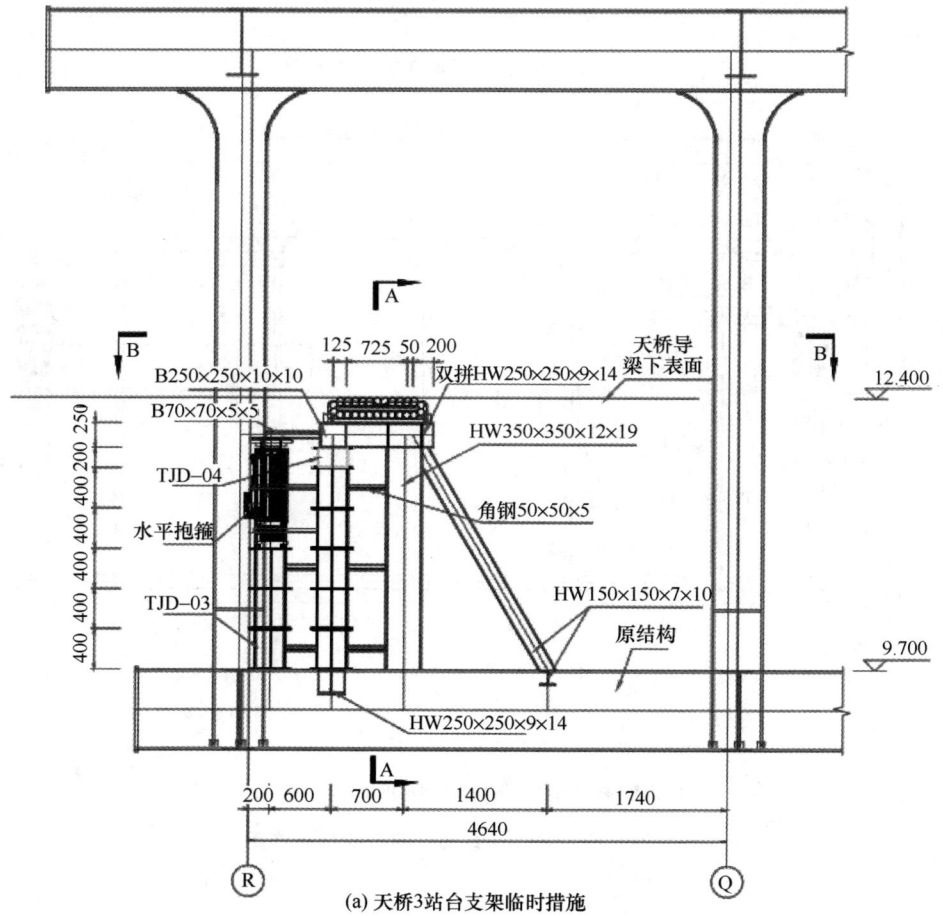

(a) 天桥 3 站台支架临时措施

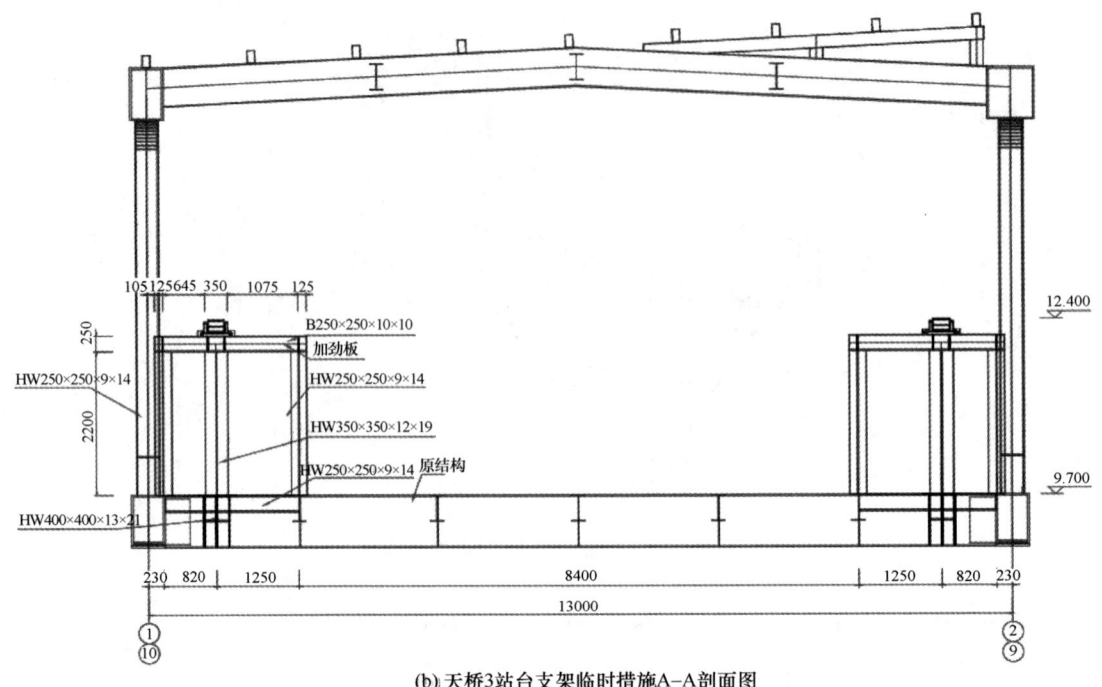

(b) 天桥3站台支架临时措施A-A剖面图

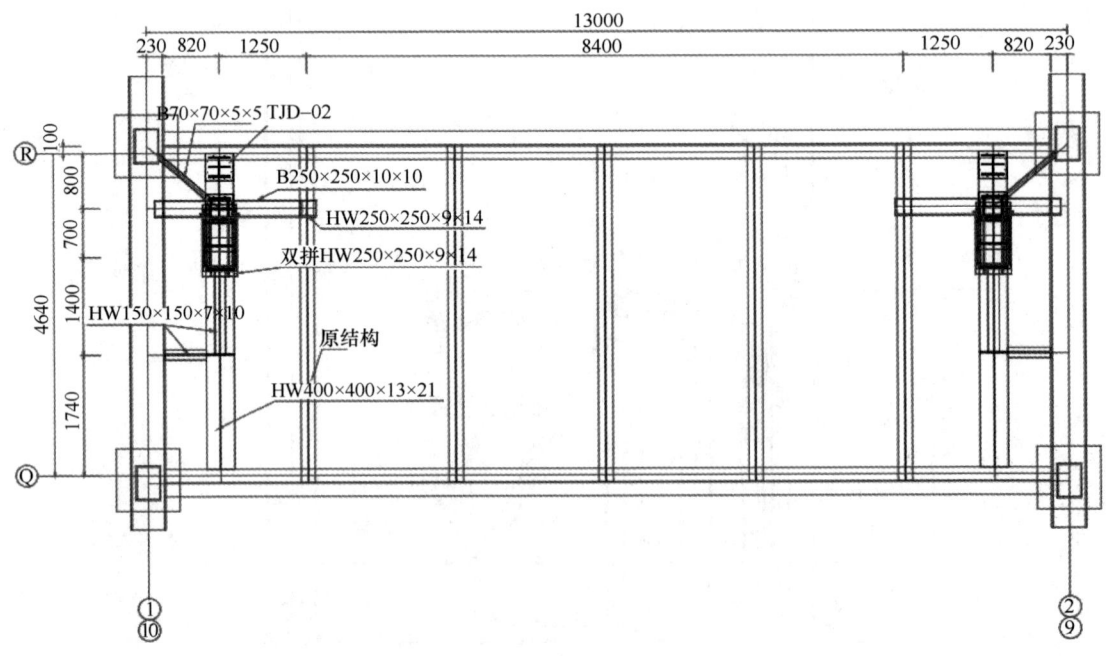

(c) 天桥3站台支架临时措施B-B剖面图

图4.2.1-13 天桥3站台支架临时措施详图

楼面桁架 3 站台临时措施在已建结构上方设置。临时格构墩上部采用 HW300×300 及 HW400×400 型钢格构平台，材质为 Q355B，平台上部设置固定滑靴。

楼面桁架临时措施如图 4.2.1-14 至图 4.2.1-24 所示。

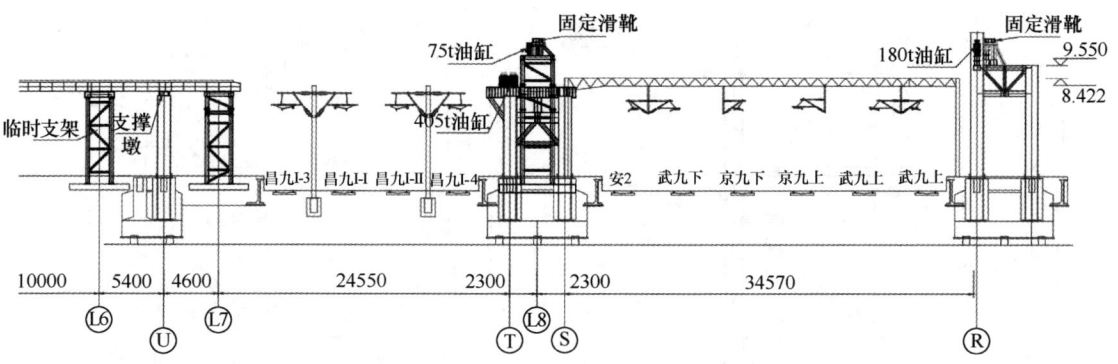

图 4.2.1-14 楼面桁架临时墩立面图

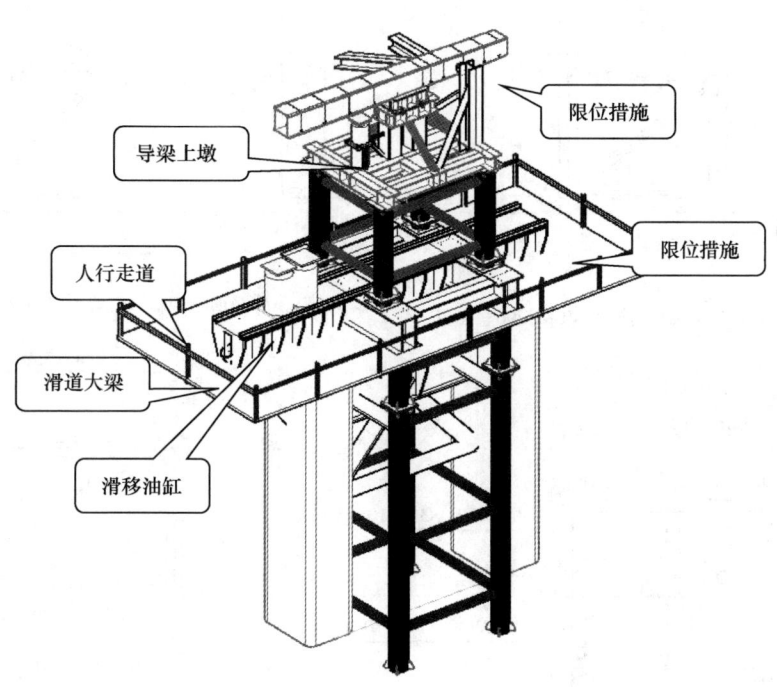

图 4.2.1-15 楼面桁架 2 站台临时措施示意图

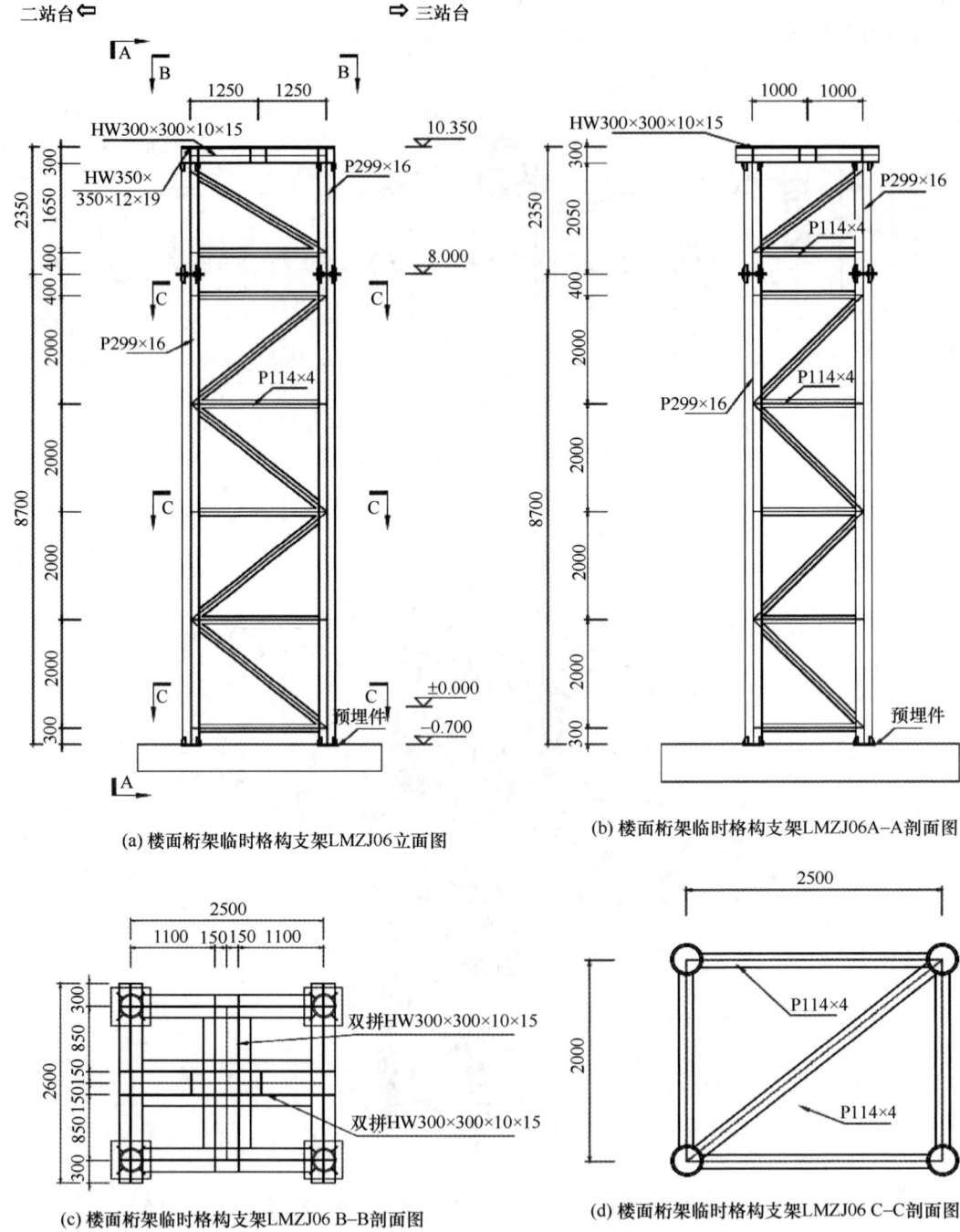

图 4.2.1-16　楼面桁架临时格构支架 LMZJ06 详图

附注：支架 LMZJ06 适用于 L8 轴×（S1～S2）轴和 L8 轴×（S3～S4）轴，共 4 组。

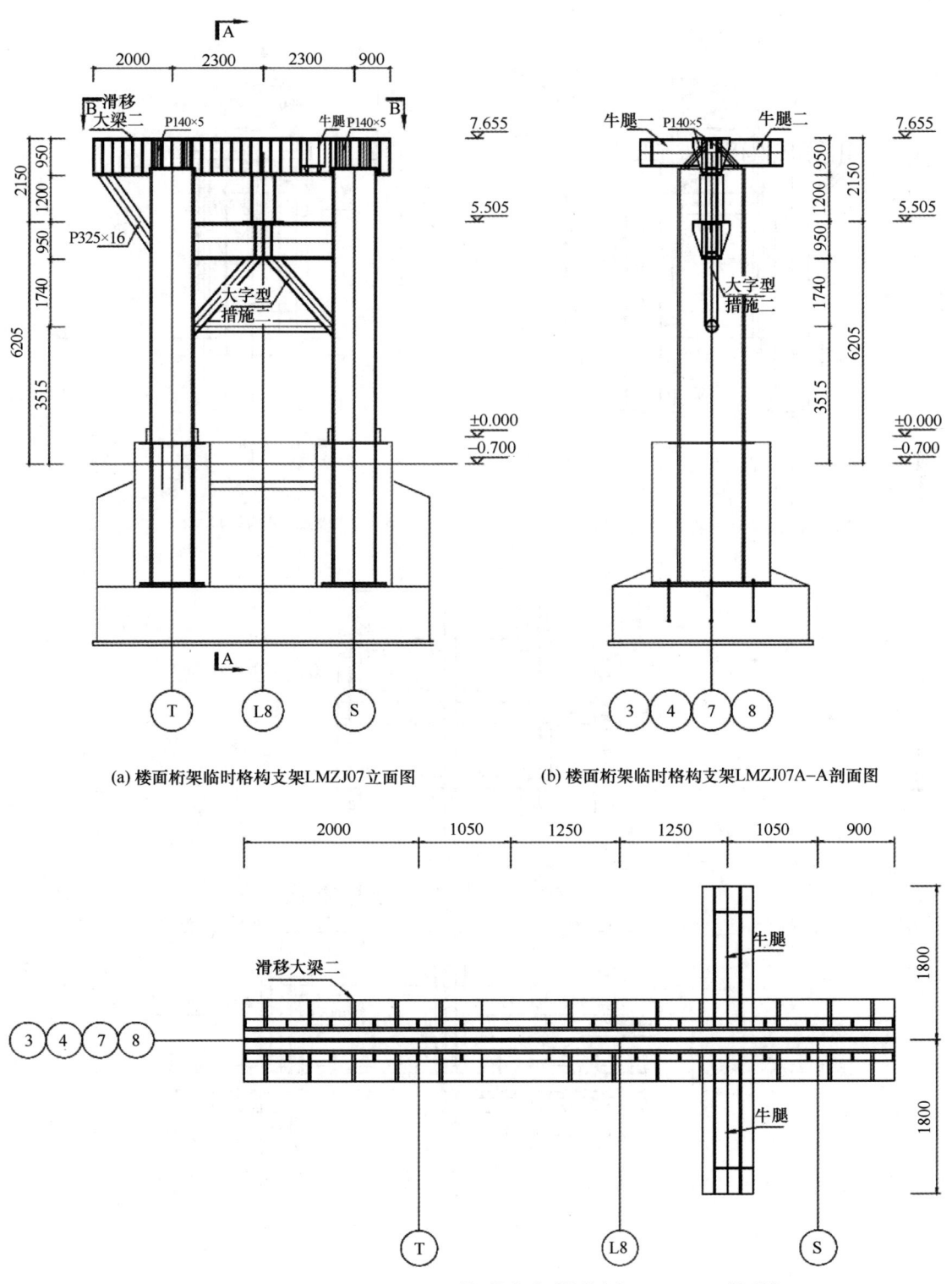

图 4.2.1-17 楼面桁架临时格构支架 LMZJ07 详图

附注：支架 LMZJ07 适用于 L8 轴×（3～4）轴和 L8 轴×（7～8）轴，共 4 组。

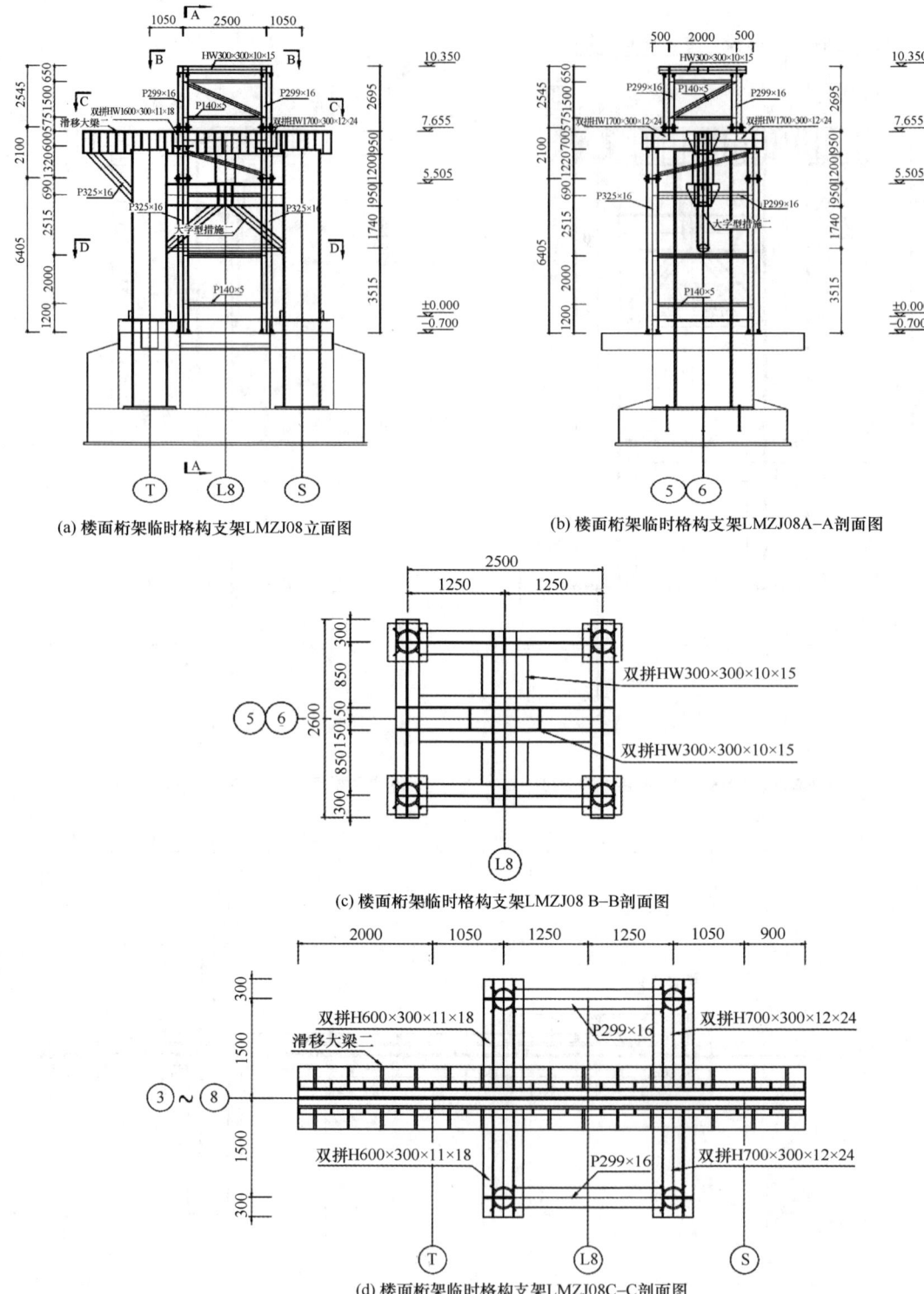

(a) 楼面桁架临时格构支架LMZJ08立面图

(b) 楼面桁架临时格构支架LMZJ08A-A剖面图

(c) 楼面桁架临时格构支架LMZJ08 B-B剖面图

(d) 楼面桁架临时格构支架LMZJ08C-C剖面图

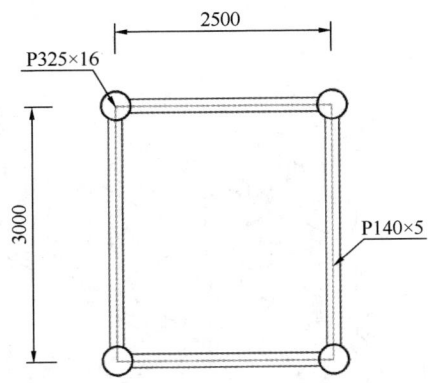

(e) 楼面桁架临时格构支架LMZJ08D–D剖面图

图 4.2.1-18　楼面桁架临时格构支架 LMZJ08 详图

附注：支架 LMZJ08 适用于 L8 轴×（5～6）轴，共 2 组。

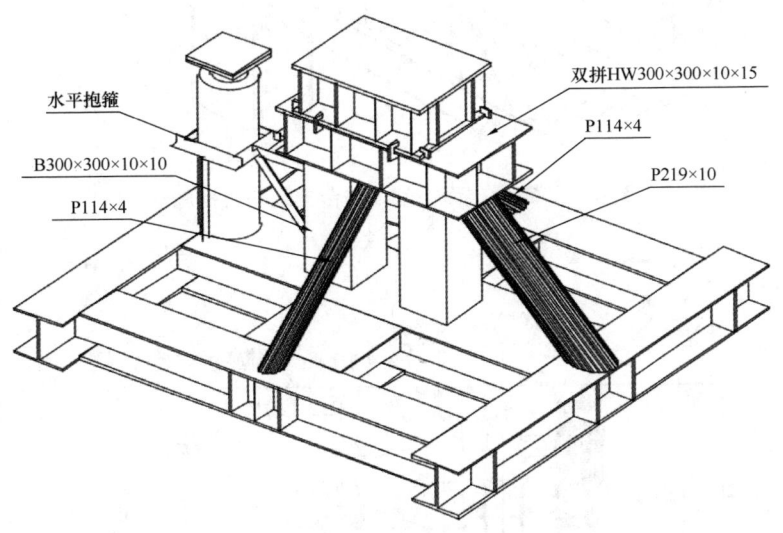

图 4.2.1-19　楼面桁架 2 站台支架临时措施

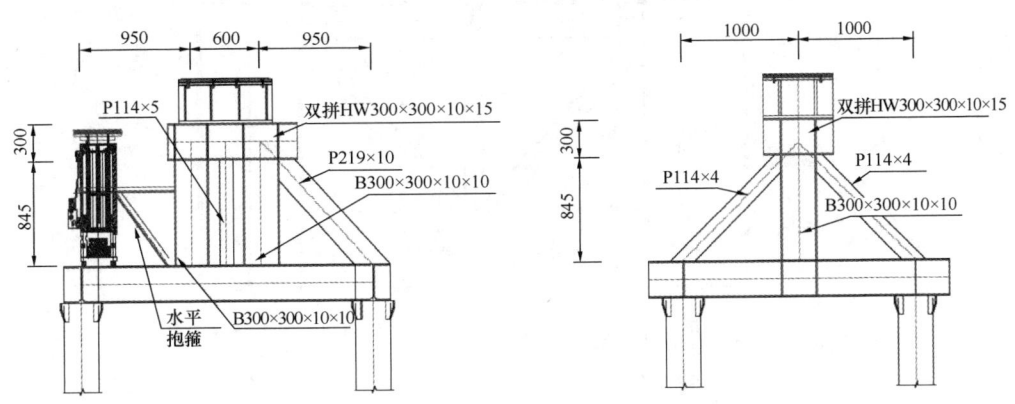

图 4.2.1-20　楼面桁架 2 站台支架顶部临时措施详图

附注：2 站台支架临时措施适用于 L8 轴×（5～6）轴、L8 轴×（S1～S2）轴和 L8 轴×（S3～S4）轴，共 6 组。

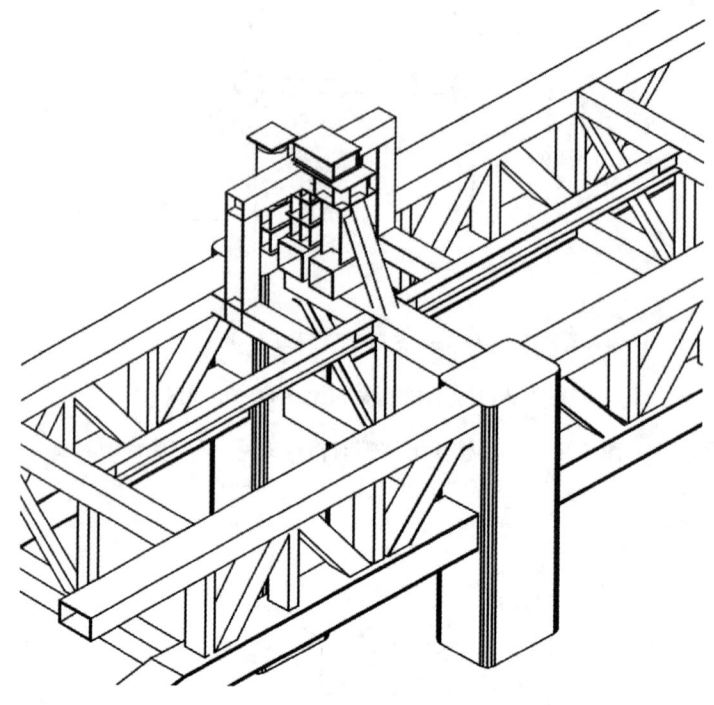

图 4.2.1-21 楼面桁架 3 站台支架临时措施一

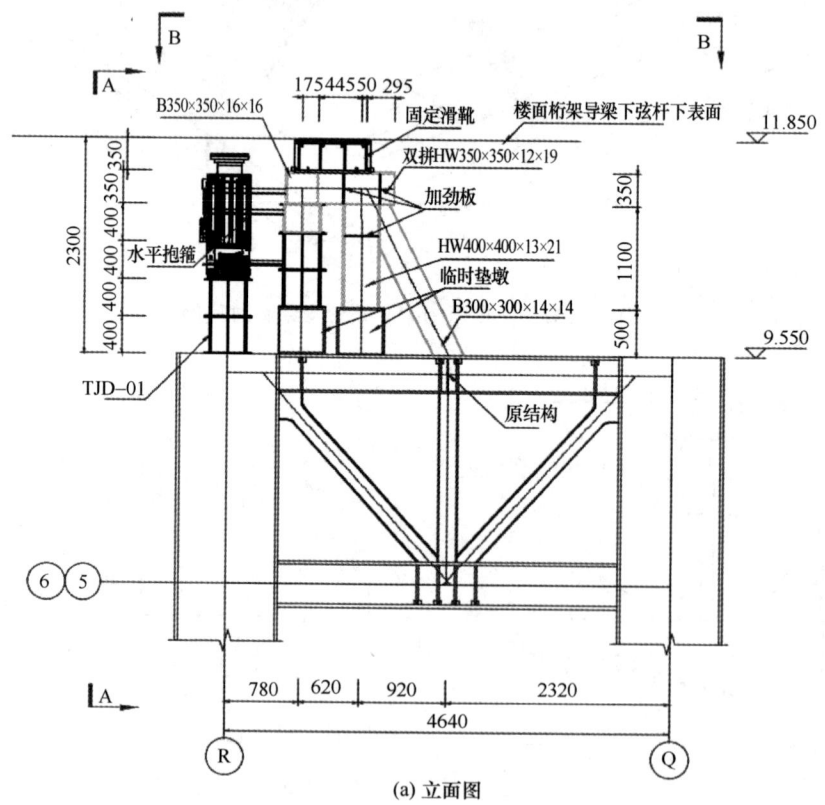

(a) 立面图

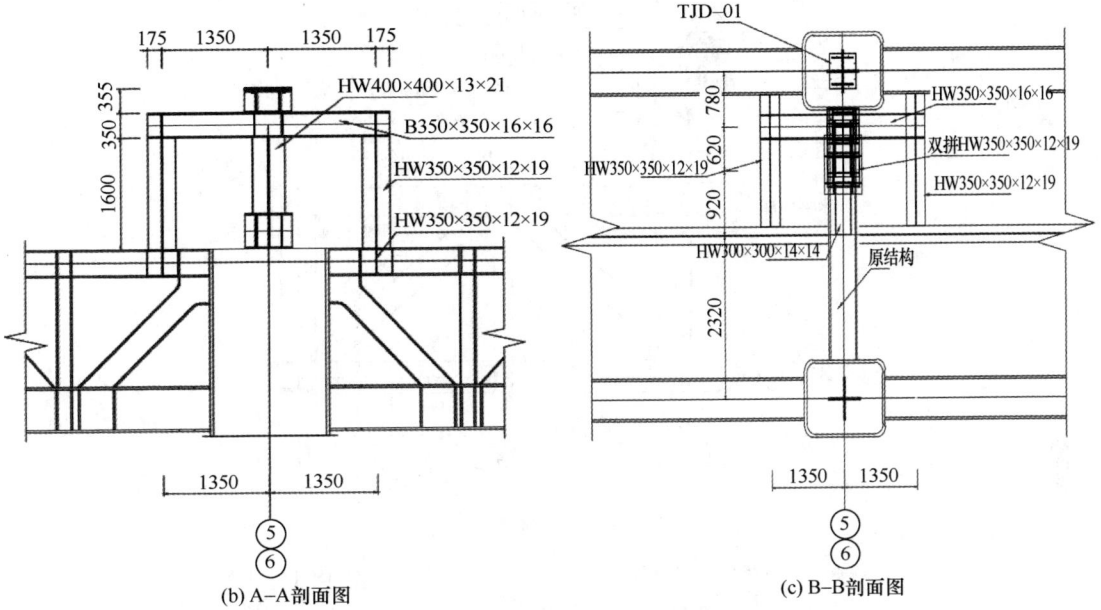

(b) A-A剖面图   (c) B-B剖面图

图 4.2.1-22　楼面桁架 3 站台支架临时措施一详图

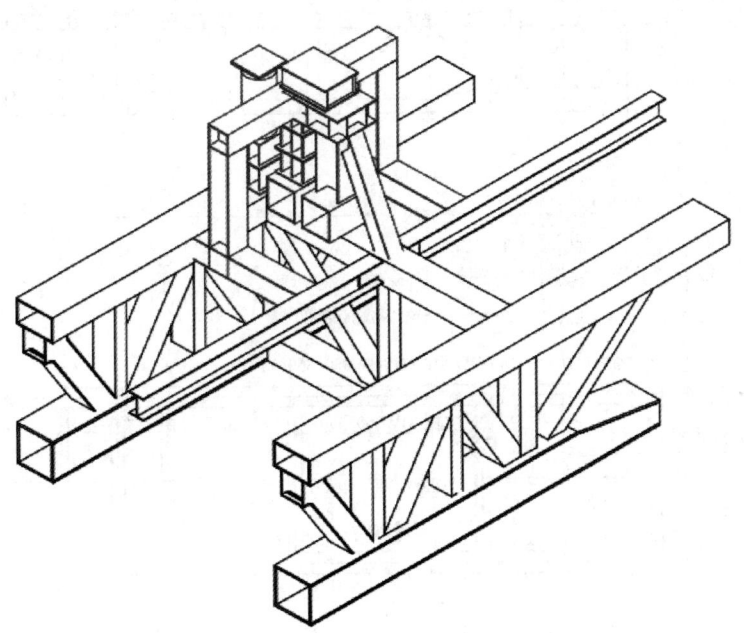

图 4.2.1-23　楼面桁架 3 站台支架临时措施二

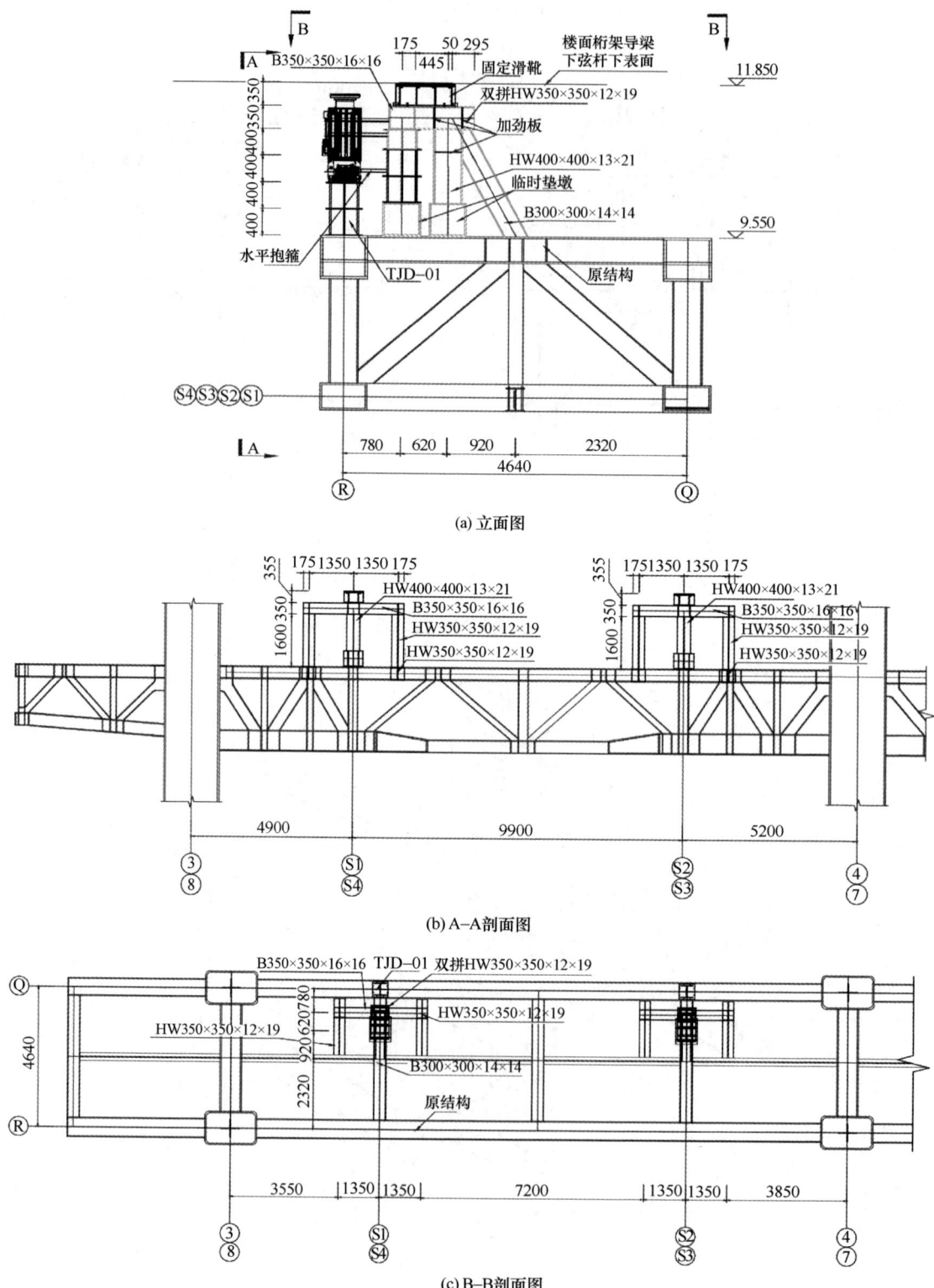

图 4.2.1-24 楼面桁架 3 站台临时措施详图

2. 站台临时墩基础

站台临时格构支架基础如图 4.2.1-25 和图 4.2.1-26 所示。

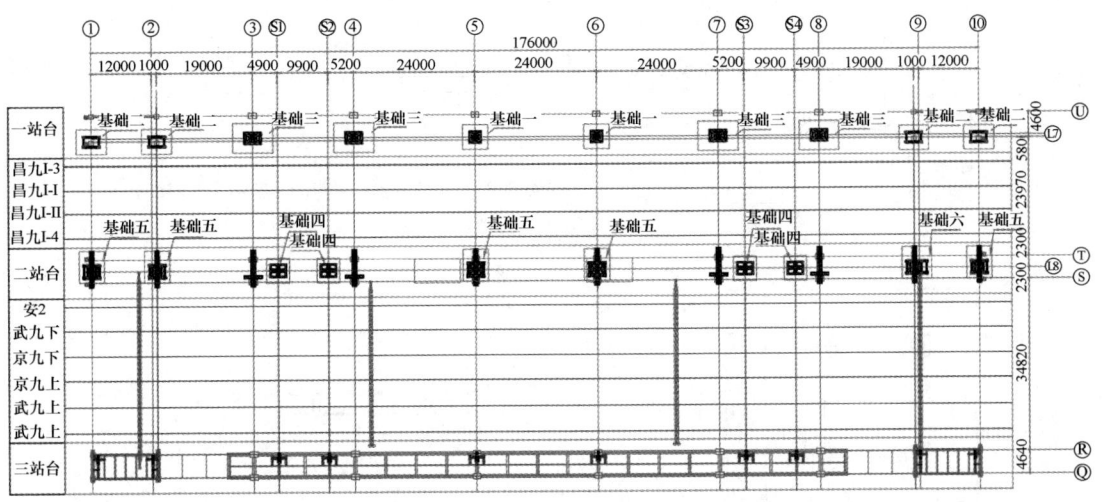

图 4.2.1-25　站台临时格构支架基础平面图

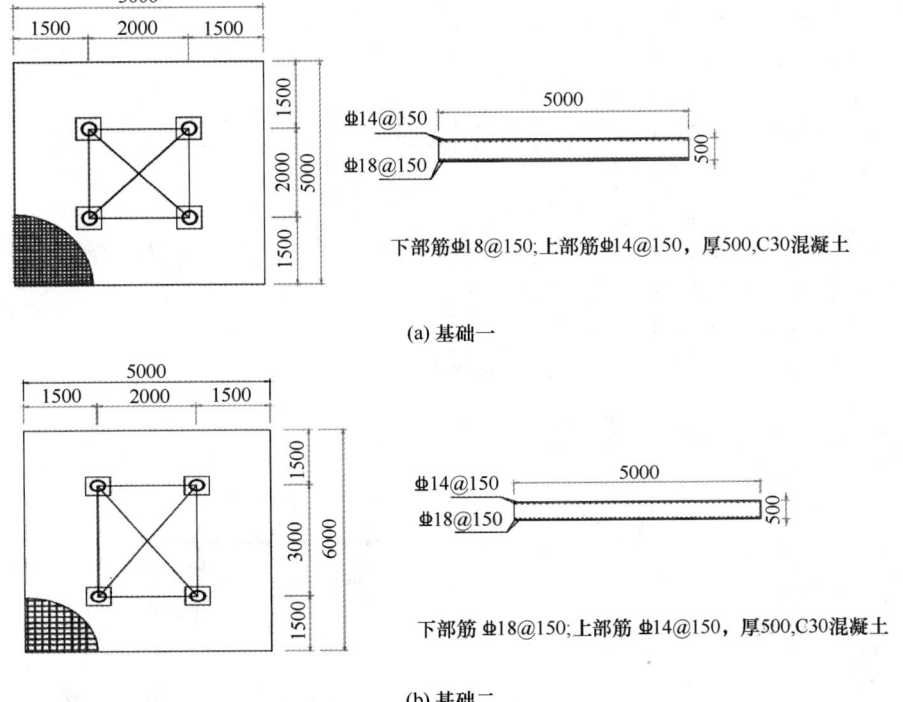

(a) 基础一

(b) 基础二

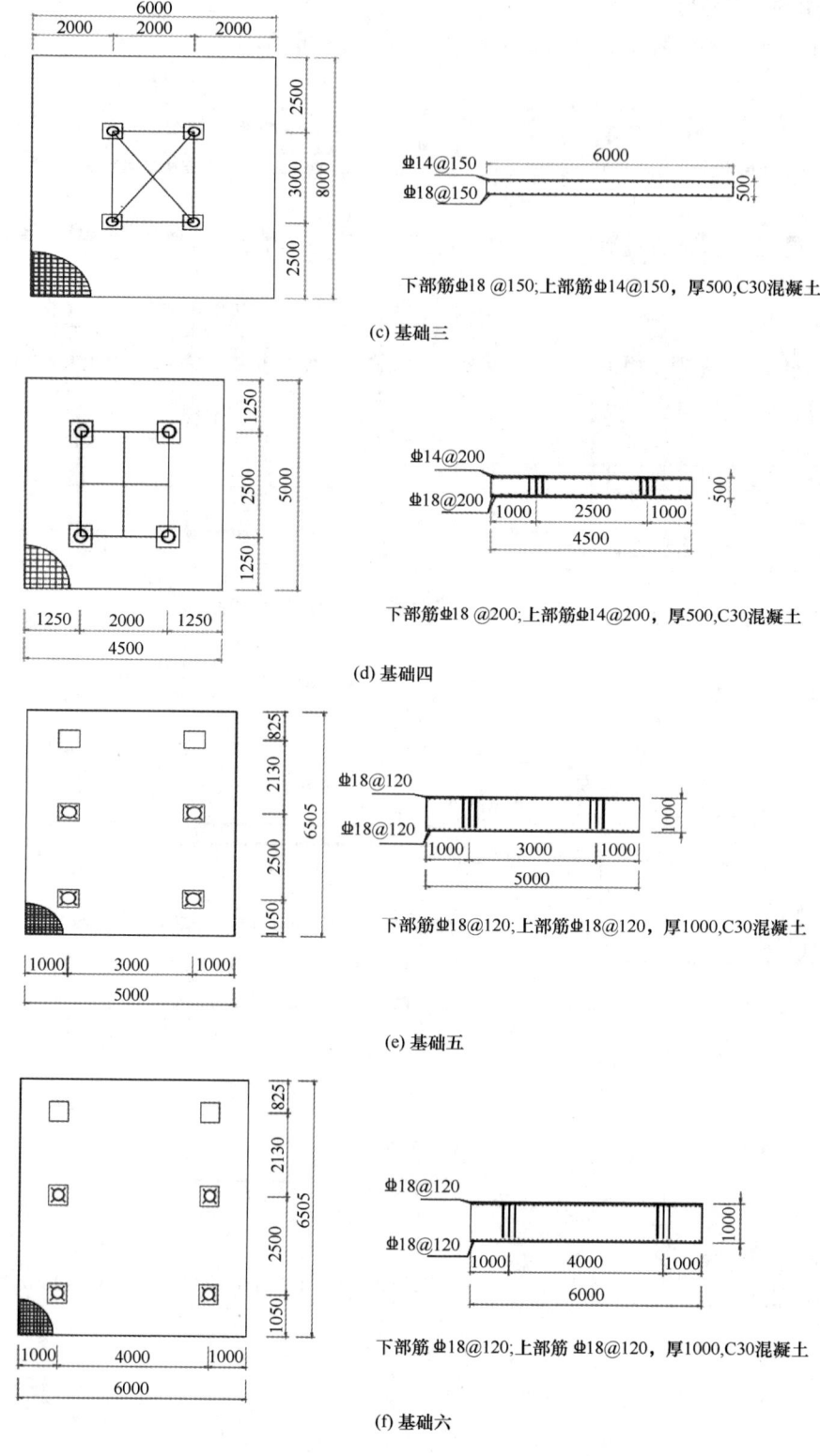

图 4.2.1-26 站台临时格构支架基础详图

4.2.2 临时围挡设置

为防止旅客误入施工区域,利用天窗时间在昌九Ⅰ-1股道上搭设固定式围挡进行防护。围挡加固角钢拐角外裸露处做包裹处理,围挡上贴安全标识及导向标识,当遇到紧急情况下需配合设备管理单位做围挡拆移。临时支撑设置后,对站房客运组织要求高,尤其是客流量大时安全要求高。因此项目部安排专人配合"庐山站"使用单位进行旅客组织疏导,防止旅客误入施工区域。施工现场临时围挡必须全封闭,不能有缺口(图4.2.2-1~图4.2.2-3)。

图 4.2.2-1 马道隔断示意图

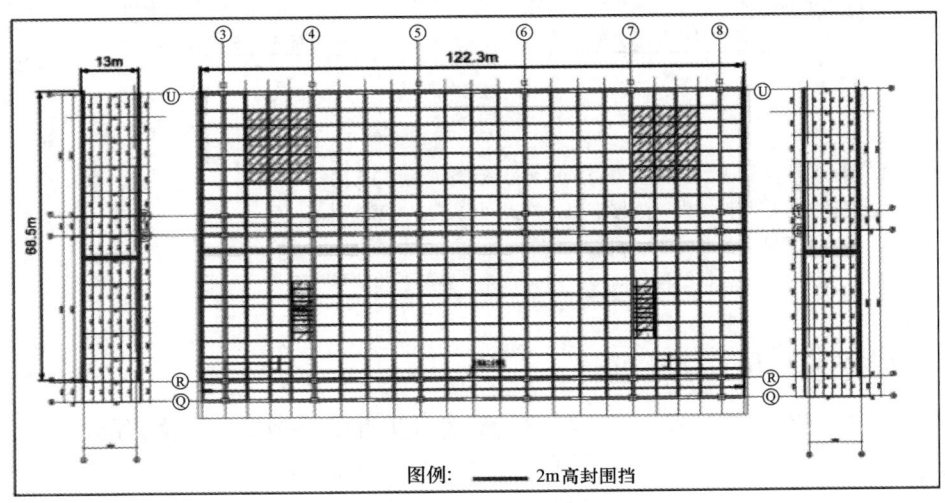

图 4.2.2-2 高架天桥楼面桁架临边围挡

营业线施工过程中，不得破坏施工区域范围内的既有栅栏，对施工过程中拆除的栅栏在施工完成后必须恢复原状态。

在天桥和楼面桁架顶推结束后，在施工马道上已顶推单元的尾部设置定性隔断围挡，将施工区与已经顶推单元分开，安排防护人员进行监督防护，避免施工人员通过结构爬到接触网上部。待结构再次进行顶推前或其他的天窗点施工时，将防护措施提前拆除，以免影响施工，并安排防护人员进行防护。

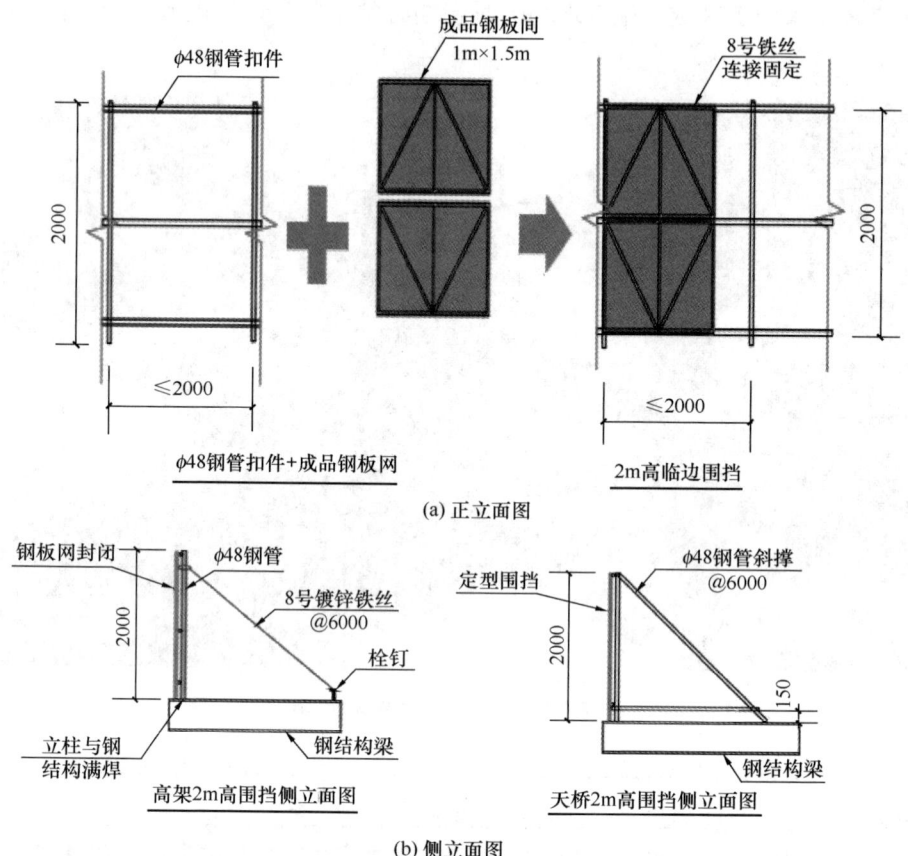

图 4.2.2-3 围挡详图

注：1. 钢板网、定型围挡与钢管连接采用 8 号镀锌铁丝绑扎牢固；
2. 钢管立柱应与钢结构梁焊接牢固，钢板网应完整、无破损；
3. 围挡光面朝向为非施工区域；
4. 天桥围挡设置在钢结构竖向构件内侧，并与其设置连墙件。

4.2.3 导梁搭接措施

导梁搭接措施在顶推过程中导致导梁受到各种工况的影响发生下挠情况，此时导梁需搭接处理：

第一次顶推搭接：在顶推施工过程中，当导梁前端位置位于 2 站台 75t 油缸上方、滚轮小车前方位置时，暂停顶推，将 75t 顶升油缸升起顶住导梁下端，使得导梁下端口与滚轮小车上表面平齐后，75t 油缸暂停顶升，顶推继续将导梁推至滚轮小车上面搭接，导梁端头超过滚轮小车 100mm 后，暂停顶推，第一次顶推结束（图 4.2.3-1）。

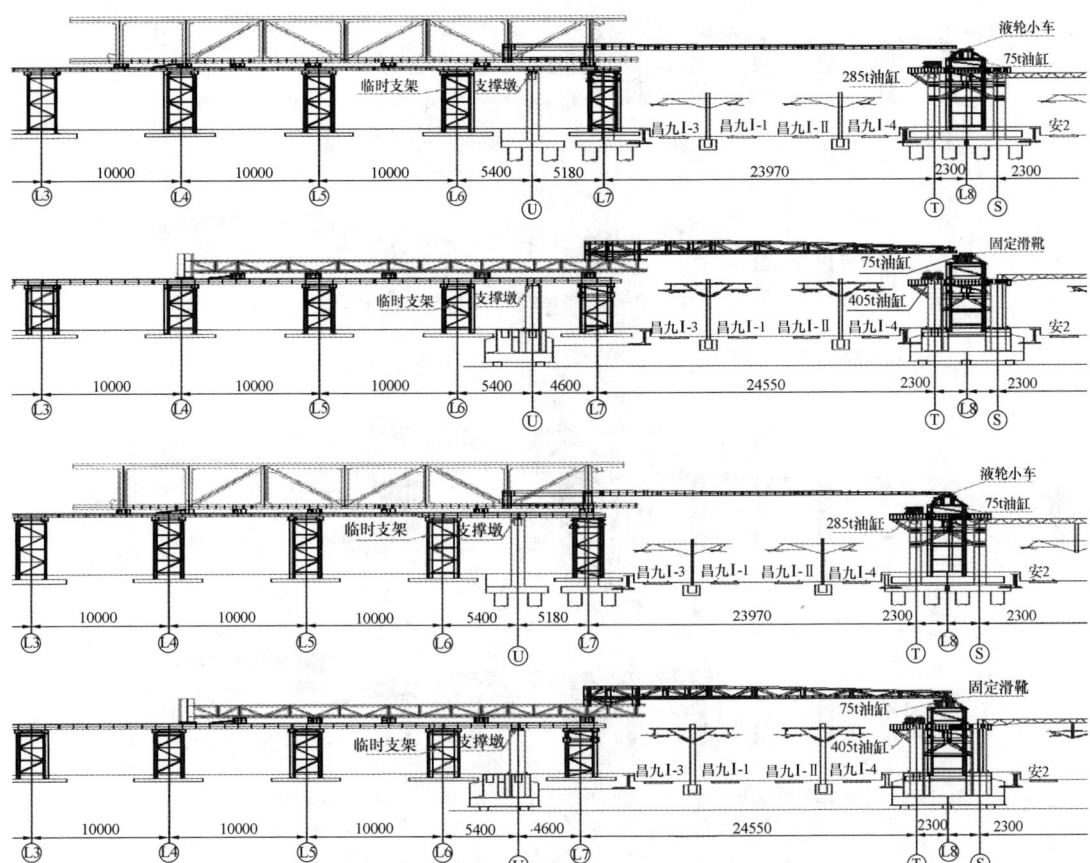

图 4.2.3-1　第一次顶推导梁搭接示意图

第二次顶推搭接：在顶推施工过程中，当导梁前端位置位于 3 站台 75t 油缸上方、滚轮小车前方位置时，暂停顶推，将 75t 顶升油缸升起顶住导梁下端，使得导梁下端口与滚轮小车上表面平齐后，75t 油缸暂停顶升，顶推继续将导梁推至滚轮小车上面搭接，导梁端头超过滚轮小车 100mm 后，暂停顶推，第二次顶推结束（图 4.2.3-2）。

4.2.4　顶推结束后的临时固定措施

顶推结束后，对 1 站台和 2 站台结构进行临时固定，保证顶推前稳定（图 4.2.4-1、图 4.2.4-2）。

顶推结束后，对 1 站台滑靴结构采用卡板进行临时固定，进而保证结构临时稳定，卡板与重轨采用双面角焊缝焊接连接，设置在滑靴前后贴紧，每条轨道梁上设置 3 处固定点，共 60 处（图 4.2.4-3）。

直角角焊缝应按下列规定进行强度计算：

在通过焊缝形心的拉力、压力或剪力作用下：

正面角焊缝（作用力垂直于焊缝长度方向）：

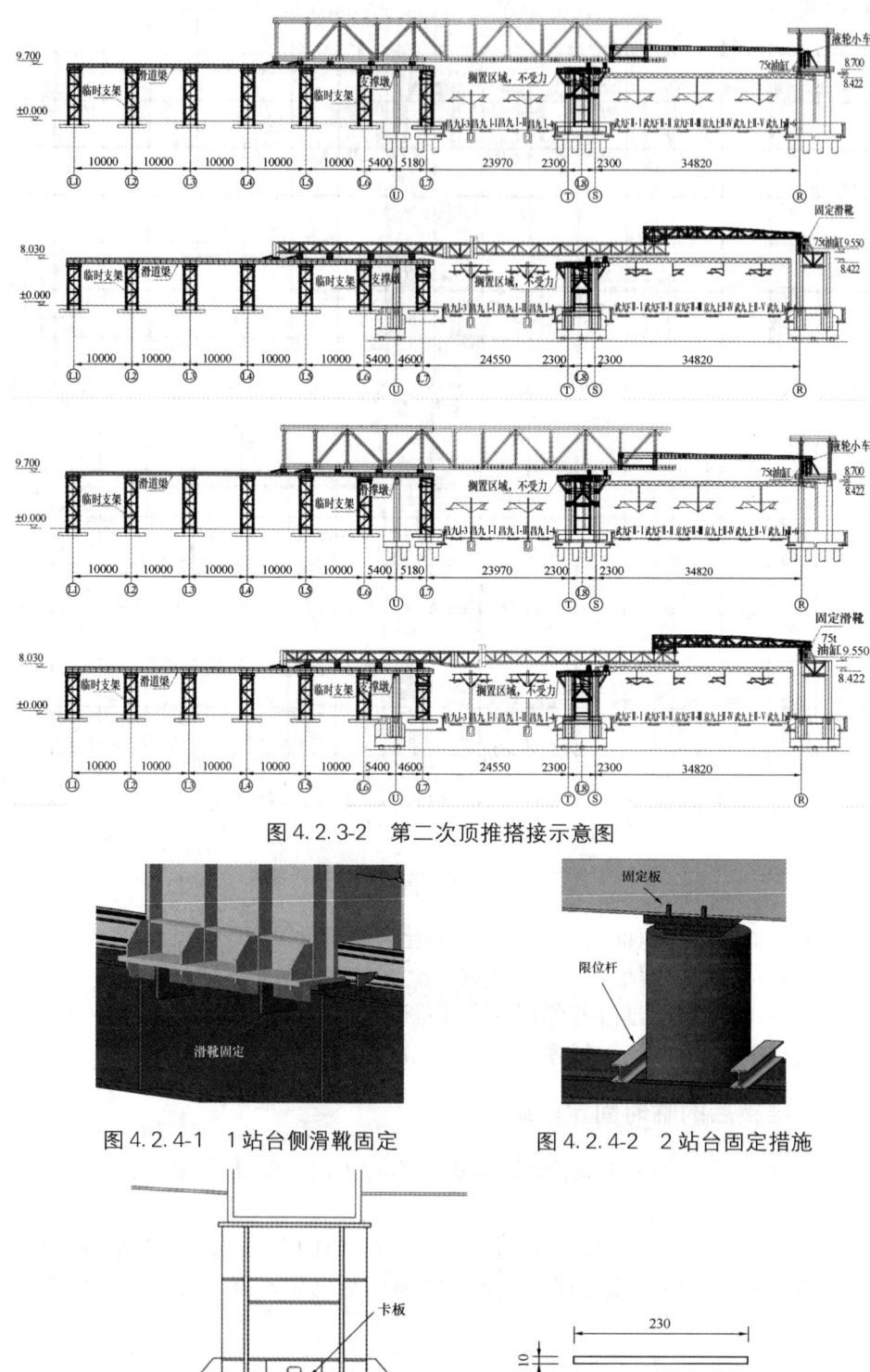

图 4.2.3-2　第二次顶推搭接示意图

图 4.2.4-1　1 站台侧滑靴固定

图 4.2.4-2　2 站台固定措施

图 4.2.4-3　卡板详图

$$\sigma_{\mathrm{f}} = \frac{N}{h_{\mathrm{e}} l_{\mathrm{w}}} \leqslant \beta_{\mathrm{f}} f_{\mathrm{f}}^{\mathrm{w}} \qquad (\text{式 4-1})$$

侧面角焊缝（作用力平行于焊缝长度方向）：

$$\tau_{\mathrm{f}} = \frac{N}{h_{\mathrm{e}} l_{\mathrm{w}}} \leqslant f_{\mathrm{f}}^{\mathrm{w}} \qquad (\text{式 4-2})$$

$$F = 43000 \times 0.1 \times 1.2 = 5160 \text{kN}$$
$$N = 5160000/60 = 86000 \text{N}$$

焊缝强度 $= 86000/50/14 = 123\text{N/mm}^2 < 160\text{N/mm}^2$，计算满足要求。

4.3 钢结构的拼装与顶推

4.3.1 顶推概况

施工方式是整体结构顶推施工，施工流程如下：

结构拼装→结构拼装"验控"→拼装第一次顶推单元→预顶推 2m→试推 3m→第一次顶推 26m→拼装第二次顶推单元→第二次顶推 16.5m→拆除 2 站台导梁临时支撑→第三次顶推 8.5m→第四次顶推 9.5m→第五次顶推 10.2m→第六次顶推 9.1m→导梁前端拆除→落梁前结构转换→第一次落梁 0.8m→第二次落梁 0.7m→结构对接、后补段补装、桁架加腋→顶推完成。

4.3.2 顶推总体示意

顶推示意图如图 4.3.2 所示。

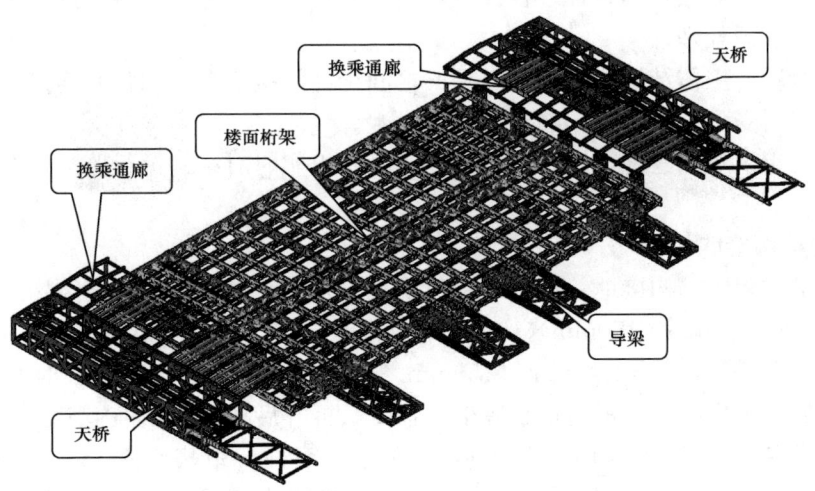

图 4.3.2 顶推单元三维示意图

4.3.3 顶推顶进的保证措施

1. 顶推保证措施

顶推前对整体顶推结构的安装精度进行测量检查；通过健康监测，对整体结构的应力变化进行检查；通过试顶推对顶推设备进行全面排查；顶推前排查所有的临时措施安装位置、精度、使用的材料等。

（1）顶推系统使用前应认真调整好行程开关的位置，系统电源质量应予保证。

（2）必须保证油液的清洁干净。必须经常过滤油液，保证过滤精度不低于 20μm，并定期更换油液。

（3）每次顶推，必须对顶推的梁段中线和各滑道顶的标高进行测量，并控制在允许范围以内：

① 导梁中线偏差不大于 2.0mm；

② 梁体中线偏差不大于 2.0mm；

③ 下滑道面应顺滑流畅。

（4）四氟板两面均应保持清洁，顶推时四氟板面必须朝下，滑道顶面涂上润滑用的硅脂以减少摩擦，清理四氟板不可使用汽油或柴油。

（5）顶推过程中若发现顶推力骤升，应及时停止并检查原因，特别是检查四氟板。

（6）每阶段开始顶推时，先推进 5cm，立即停止，回油，再推进 5cm，再停止，回油，反复两三次，以松动各滑动面并检查各部分设施，然后正式顶推。

（7）顶推时，应派专人检查导梁及结构，如果导梁构件有变形、螺丝松动、导梁与钢箱梁联结处有变形或箱梁局部变形等情况发生时，应立即停止顶推，进行分析处理。

2. 顶推中断应急技术处理措施

在顶推过程中，顶推偏差在有限天窗点时间内难以进行纠偏处理实现顶推到位、顶推出现卡轨及设备出现故障现象等导致的本次顶推无法完成的情况，将采取以下的处理措施：

（1）通过对整体结构的计算，在最不利情况下，结构不会发生倾覆的情况，为保证安全将结构进行加固处理。

（2）将滑靴、主体结构、支撑架、导梁之间全部焊接起来，加强其连接，避免结构停留在线路上方后受到外界因素影响导致事故发生。

（3）现场组织对问题进行及时的排查，监测小组实时对结构进行监测并汇报结构稳定情况。

3. 顶推结构接地

（1）顶推过程中结构接地。顶推结构与组拼平台间连接全部采用钢结构连接，自然接地；顶推前采用 100mm×150mm×10mm 钢板将钢结构与拼装胎架连接，连接点不少于 1 处；顶推至临时墩后，采用 100mm×150mm×10mm 钢板将钢结构与临时墩连接，连接点不少于 1 处；顶推前将钢板与拼装胎架、临时墩拆开后再进行顶推施工。

（2）顶推到站台后结构接地。在顶推结构与钢柱、站房交接点，预留 100mm×150mm×10mm 钢板（每个点预留 2 块），待顶推结构安装就位找正后，在钢板上用 Φ12mm 镀锌圆钢或 40mm×4mm 镀锌扁钢将顶推结构与柱及站房的接地预留钢筋或钢板连接，使之与整个站房接地网连成一体，成为一个等电位体，从而保证钢结构的防雷及接地。

4.3.4 新建天桥组拼平台

天桥临时平台采用格构架搭设，格构架共采用 2 排 7 组，支架为截面为 2.0m×

2.0m、2.0m×3.0m；支架立杆为 P89mm×4mm、P140mm×5mm、P299mm×16mm，腹杆为 P60mm×3.5mm、P133mm×4mm，材质均为 Q355B。格构支撑顶部采用 B500mm×500mm×22mm×22mm 钢平台，材质均为 Q355B，平台上部设置滑道梁，底部与混凝土基础预埋件采用焊接连接。格构支撑上部滑移轨道与格构支撑顶部采用焊接连接，并采用 P60mm×3mm 钢管设置侧向斜撑（图 4.3.3-1～图 4.3.3-10）。

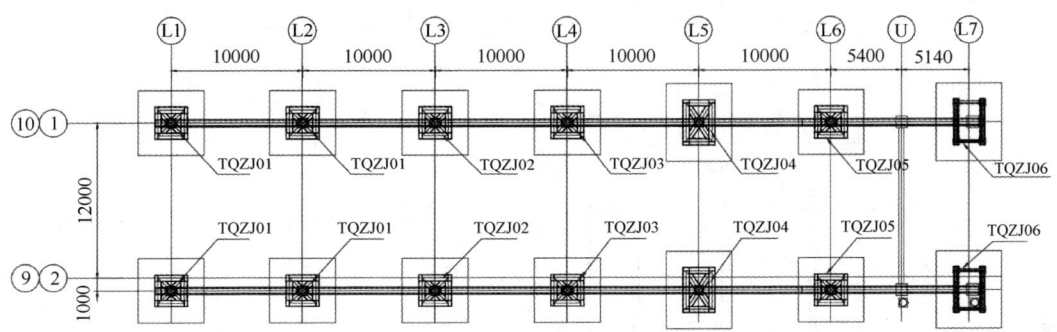

图 4.3.3-1 天桥组拼平台平面图（平台上设置轨道）

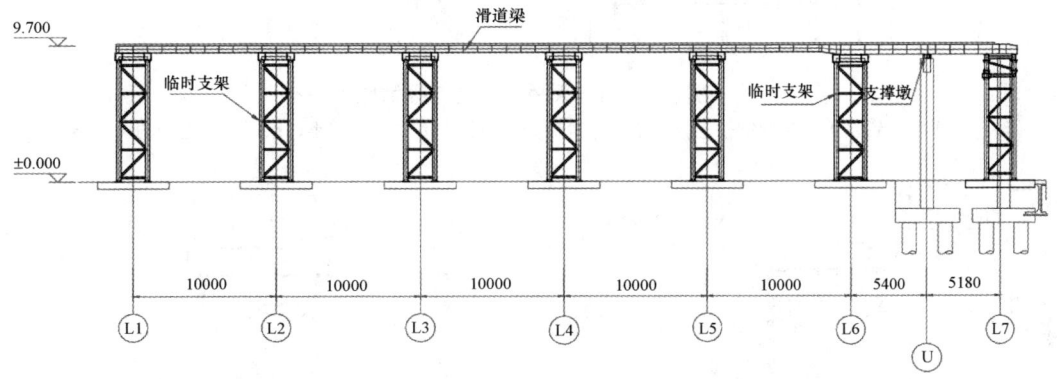

图 4.3.3-2 天桥组拼平台立面图（平台上设置轨道）

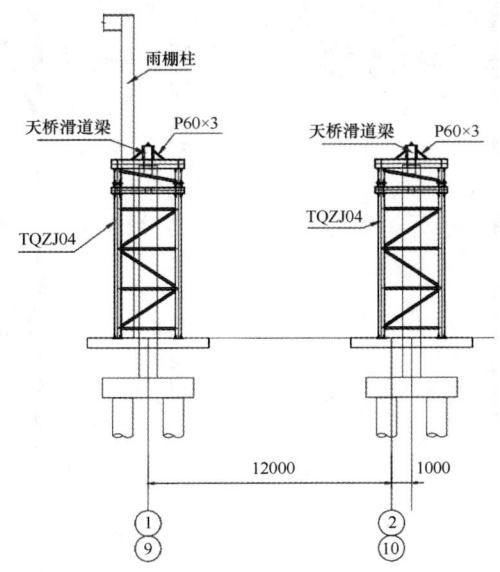

图 4.3.3-3 天桥组拼平台断面图（平台上设置轨道）

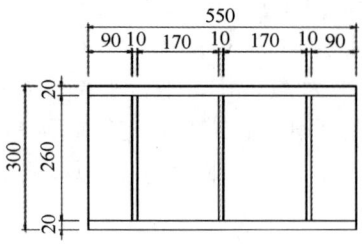
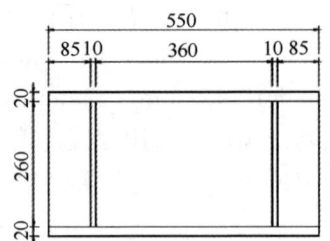
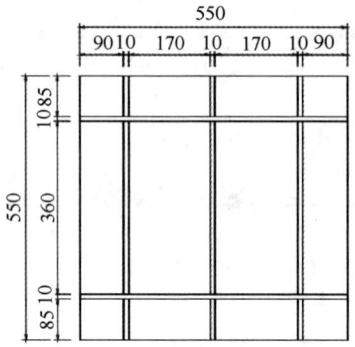

图 4.3.3-4　天桥 1 站台支撑墩图

注：支撑墩放置在 1 站台的钢柱上，用来支撑滑道梁，使得滑道梁跨距减小，以增强滑道梁的抗弯能力

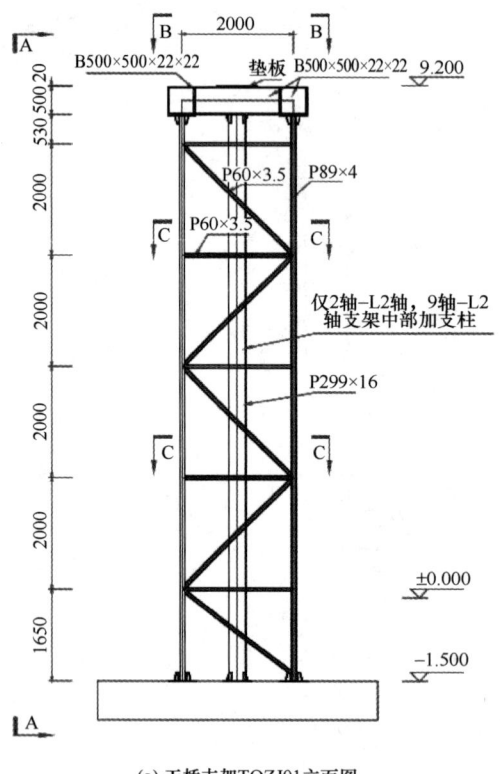
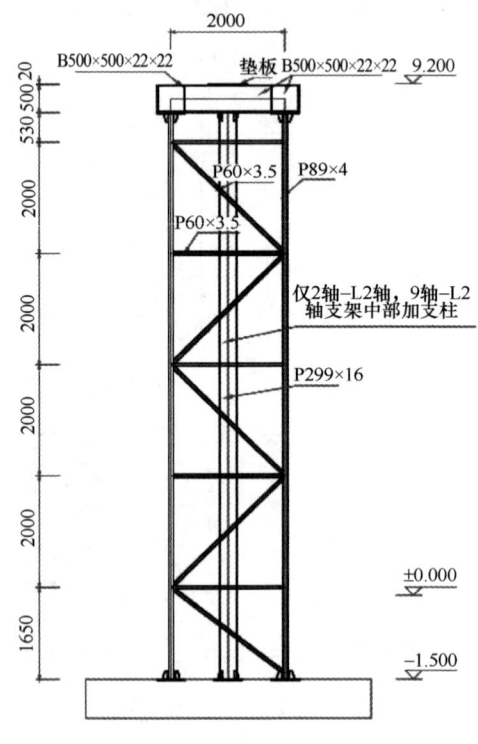

(a) 天桥支架 TQZJ01 立面图　　　　　　(b) A—A 剖面图

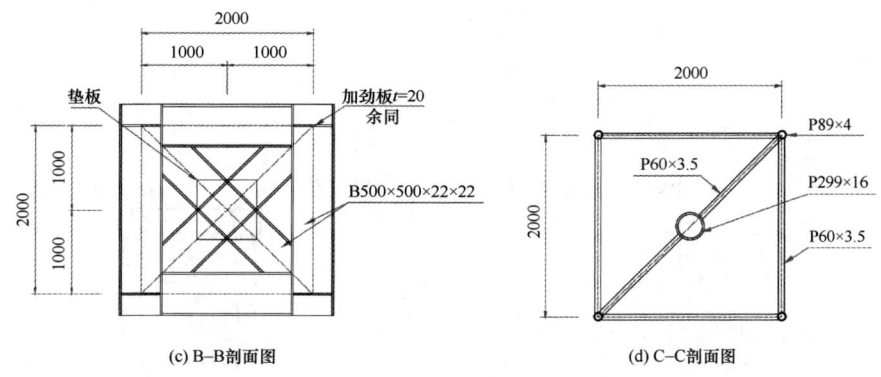

(c) B–B剖面图　　　　　　　　(d) C–C剖面图

图4.3.3-5　天桥支架TQZJ01详图

附注：支架TQZJ01适用于天桥组拼平台L1～L2轴，共8组

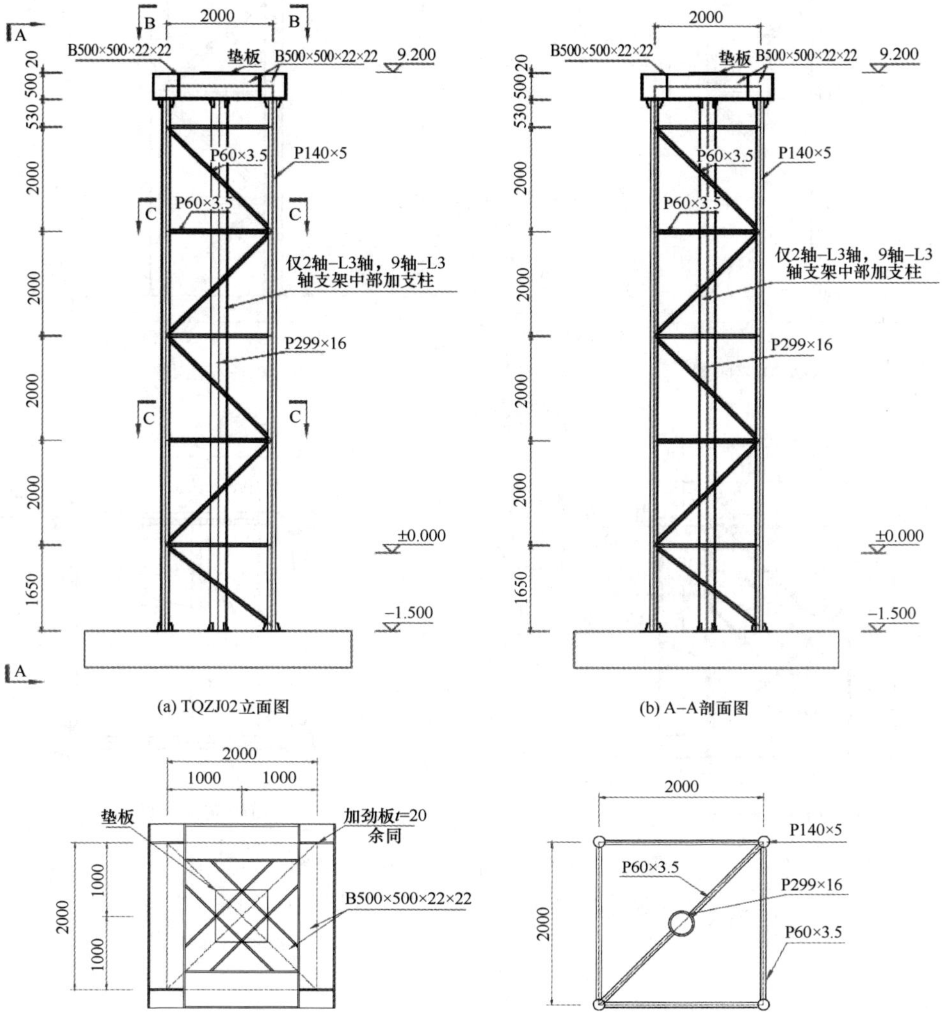

(a) TQZJ02立面图　　　　　　　　(b) A–A剖面图

(c) B–B剖面图　　　　　　　　(d) C–C剖面图

图4.3.3-6　天桥支架TQZJ02详图

附注：支架TQZJ02适用于天桥组拼平台L3轴，共4组

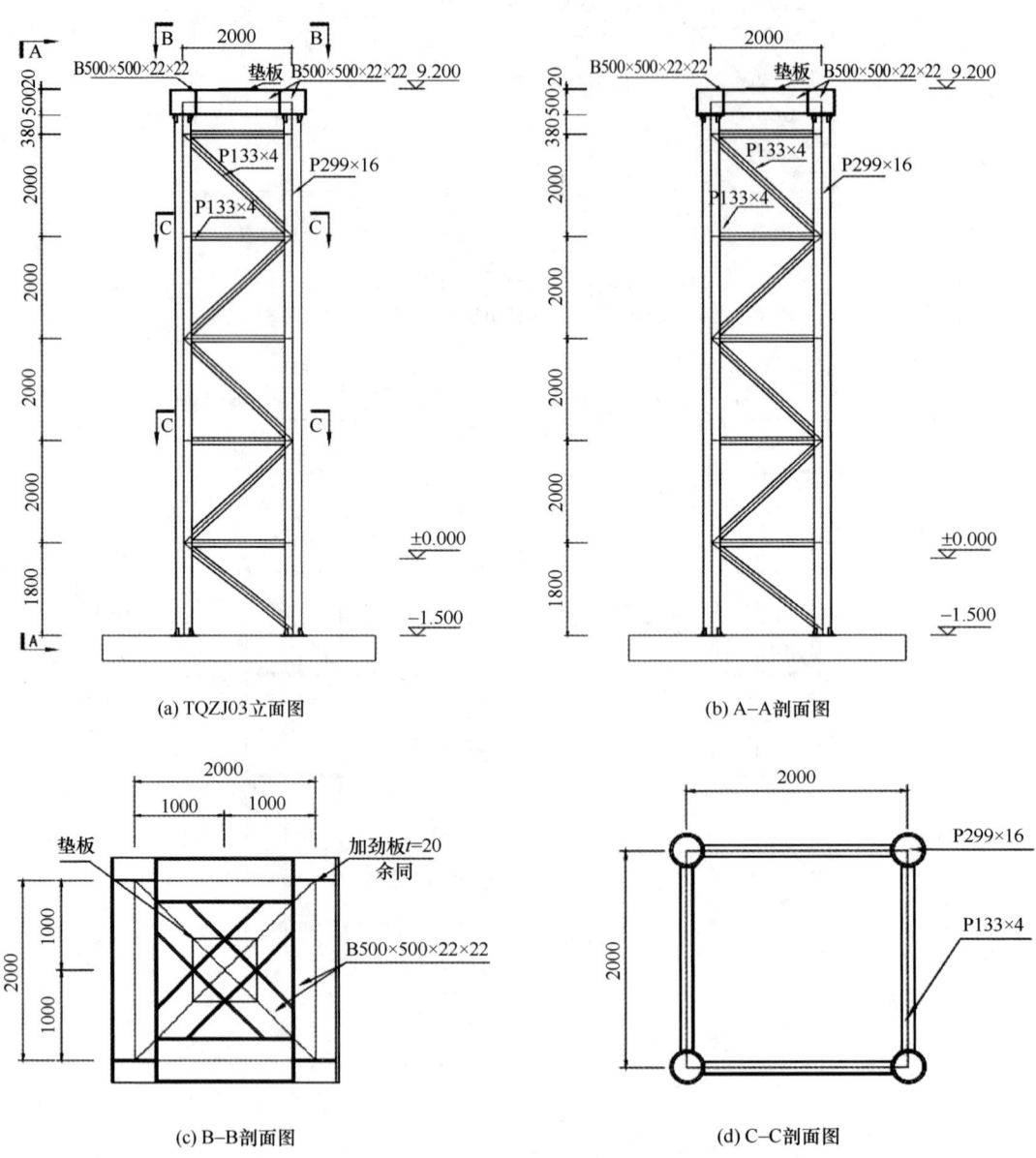

图 4.3.3-7 天桥支架 TQZJ03 详图
附注：支架 TQZJ03 适用于天桥组拼平台 L4 轴，共 4 组

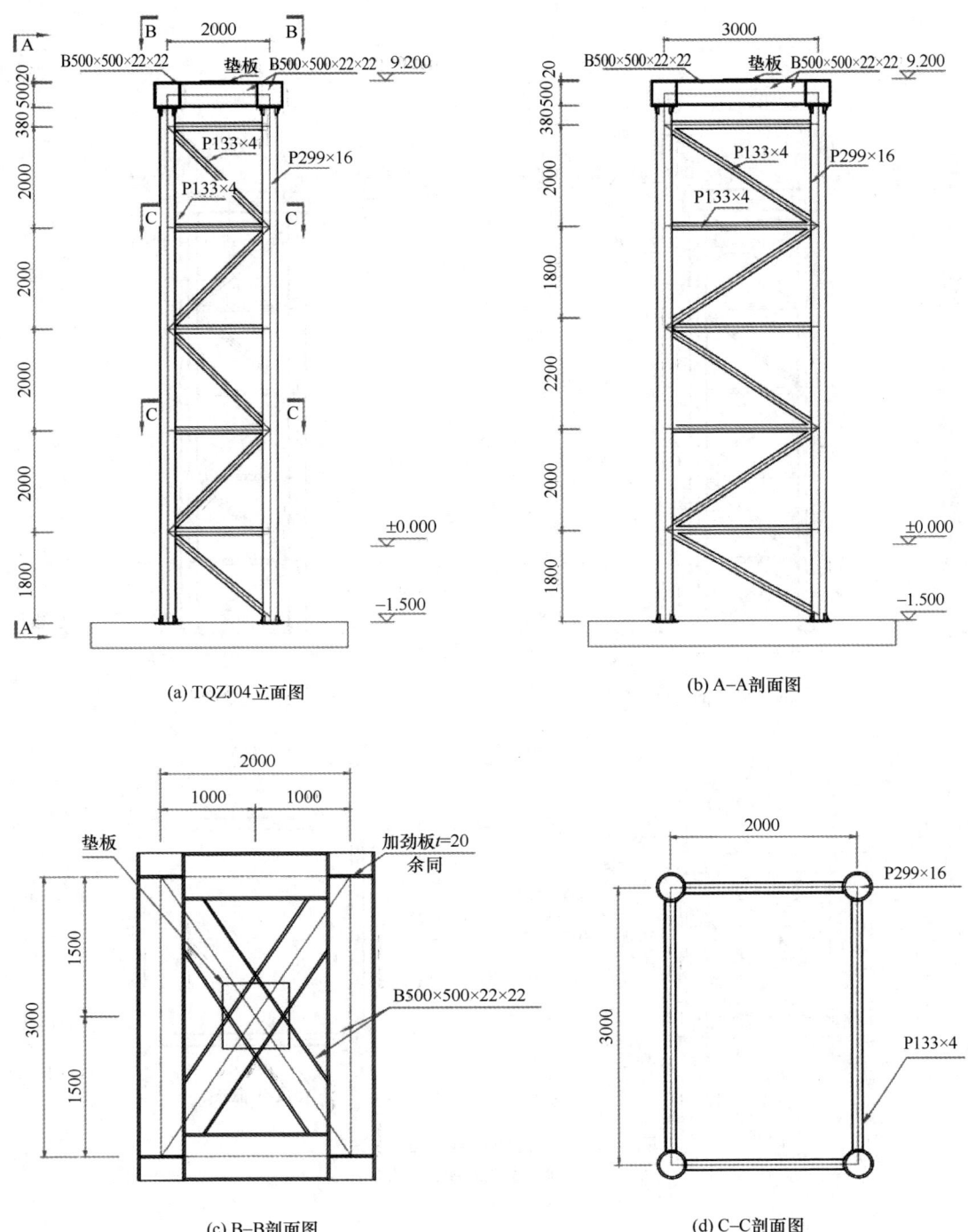

图 4.3.3-8 天桥支架 TQZJ04 详图

附注：支架 TQZJ04 适用于天桥组拼平台 L5 轴，共 4 组。L5 轴采用的结构尺寸与其他轴线不一样。其一，主要在此处设置纠偏位置，安装纠偏限位及设备所需；其二，因为在进行纠偏的时候，此处支撑基础需要承受较大的水平力，因此将基础做大，即相应的工字钢承台也需要变大

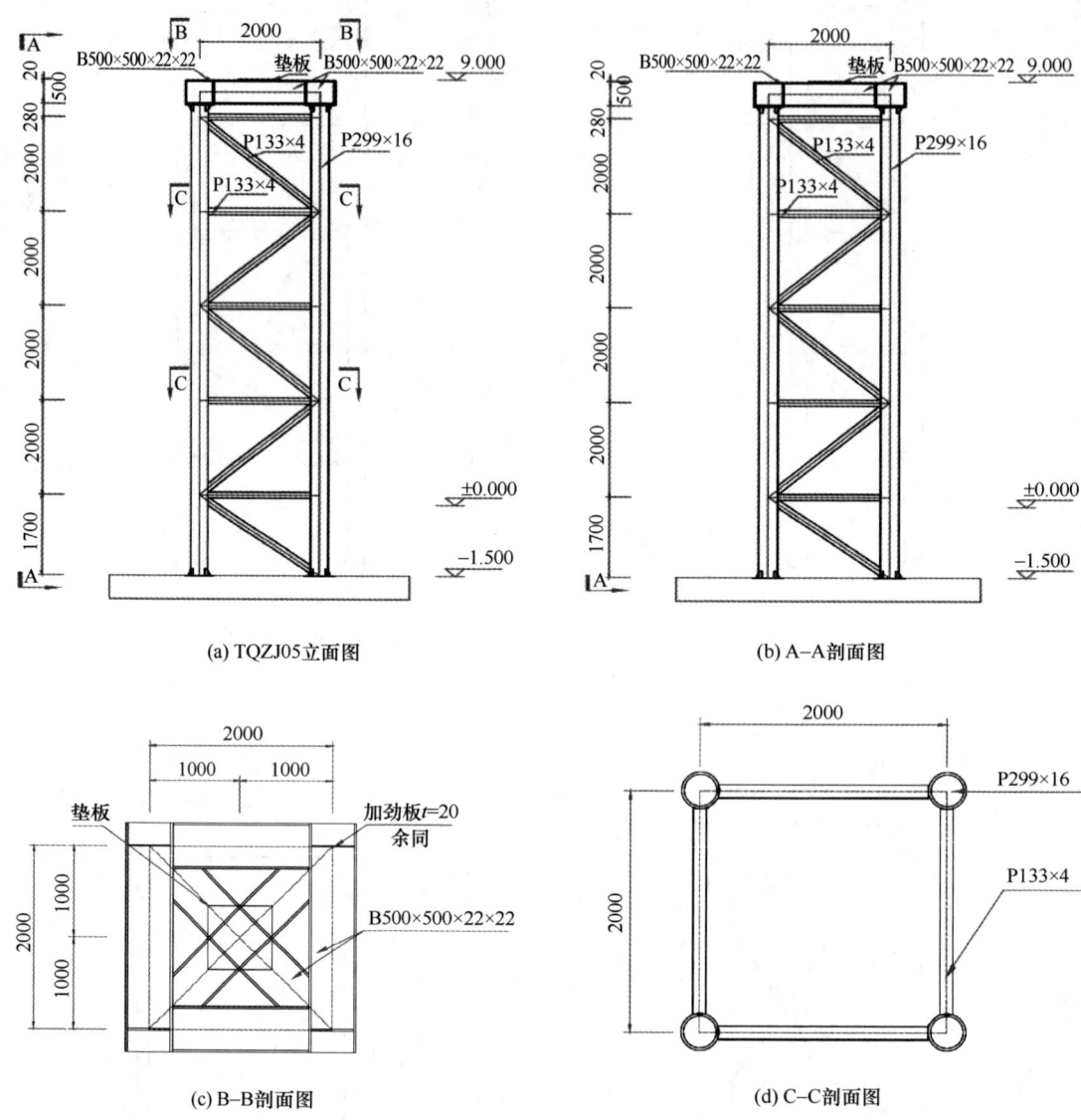

(a) TQZJ05立面图

(b) A-A剖面图

(c) B-B剖面图

(d) C-C剖面图

图 4.3.3-9 天桥支架 TQZJ05 详图

附注：支架 TQZJ05 适用于天桥组拼平台 L6 轴，共 4 组

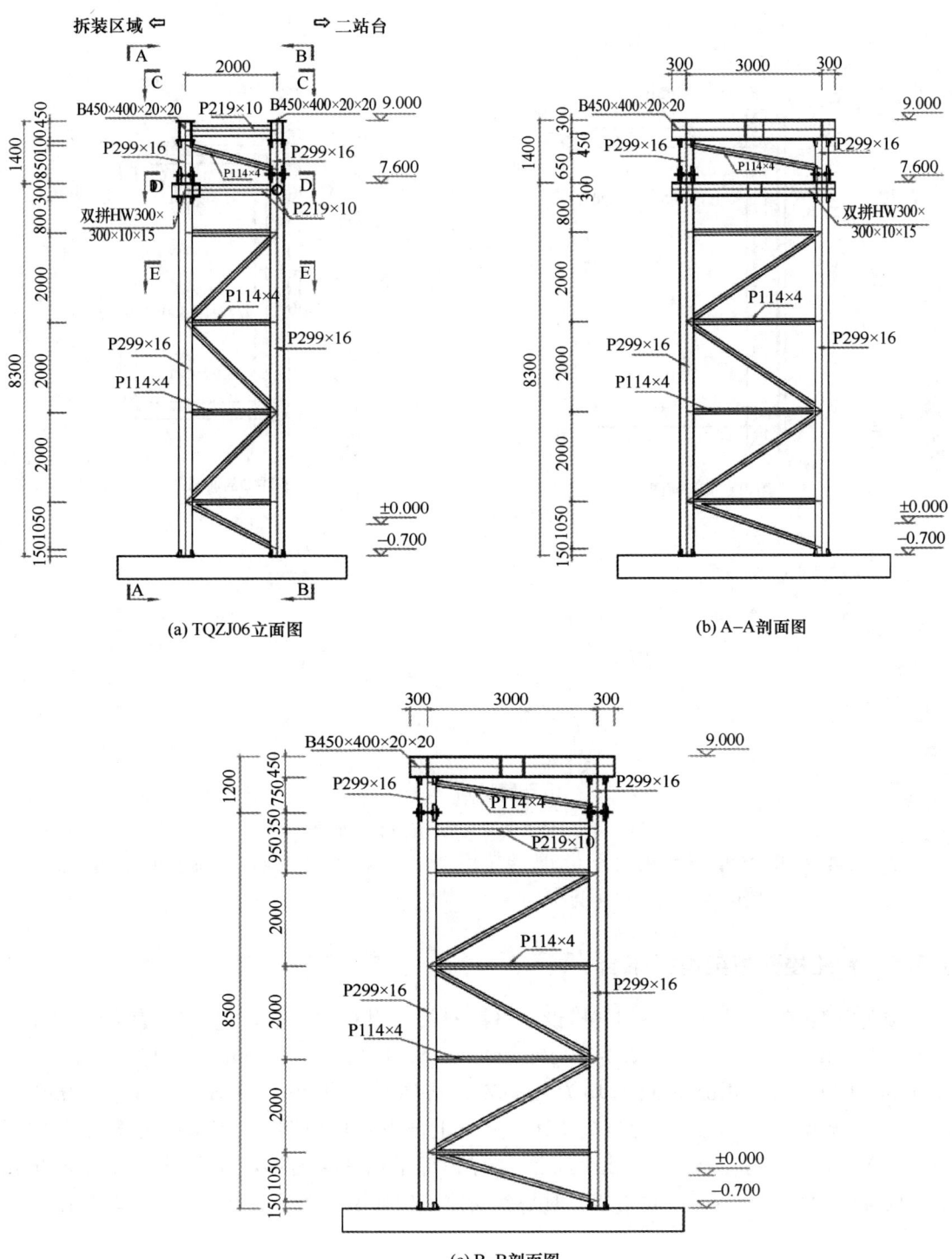

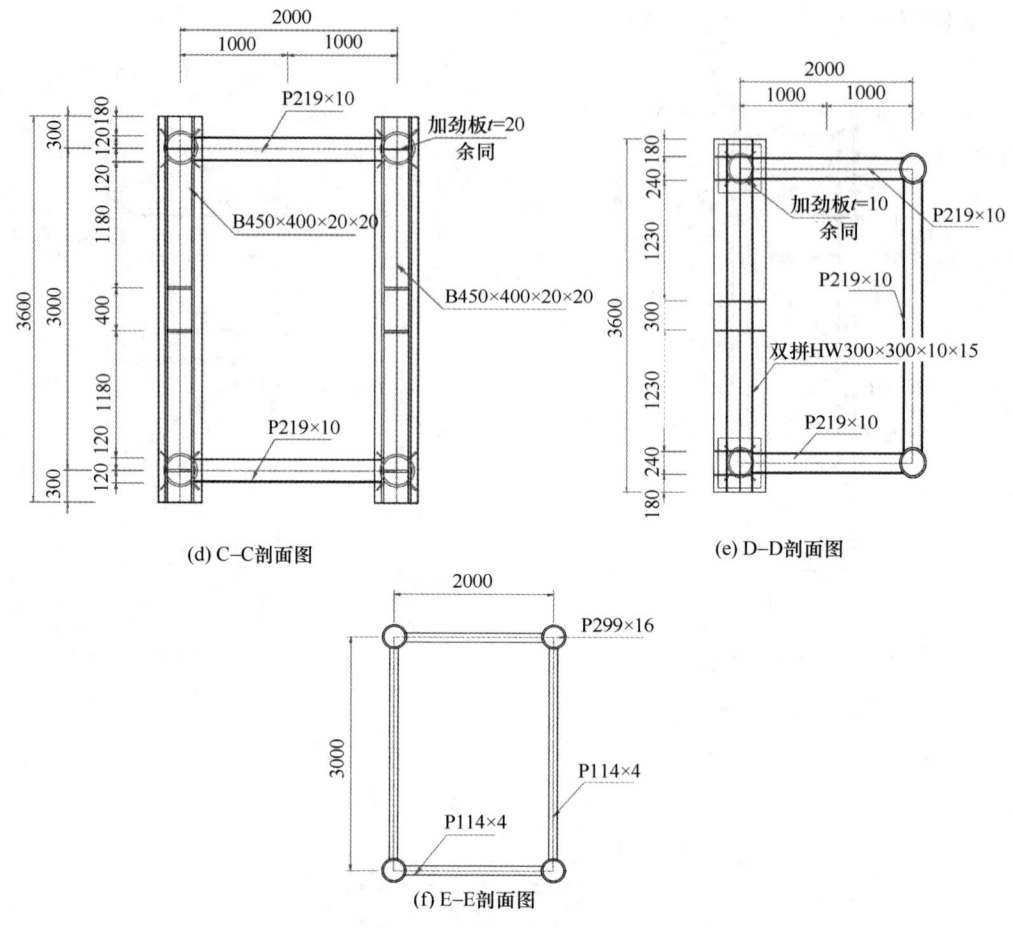

图 4.3.3-10 天桥支架 TQZJ06 详图

附注：支架 TQZJ06 适用于天桥组拼平台 L7 轴，共 4 组。其下端一侧采用工字钢，一方面是在后期落梁施工时方便拆除，另一方面是为了落梁时放置顶升油缸之用

4.3.5 新建楼面桁架组拼平台

楼面桁架临时平台采用格构架搭设，格构架共采用 6 排 7 组，支架为截面为 2.0m×2.0m、2.0m×3.0m，支架立杆为 P140mm×5mm、P299mm×16mm，腹杆为 P60mm×3.5mm、P114mm×4mm，材质均为 Q355B。格构支撑顶部采用 B500mm×500mm×22mm×22mm 钢平台，材质均为 Q355B，平台上部设置顶推钢梁，底部与混凝土基础预埋件连接。格构支撑上部滑移轨道与格构支撑顶部采用焊接连接，并采用 P60mm×3mm 钢管设置侧向斜撑。新建楼面桁架临时平台支撑结构如图 4.3.5-1 至图 4.3.5-9 所示。

第 4 章 顶推及落梁施工

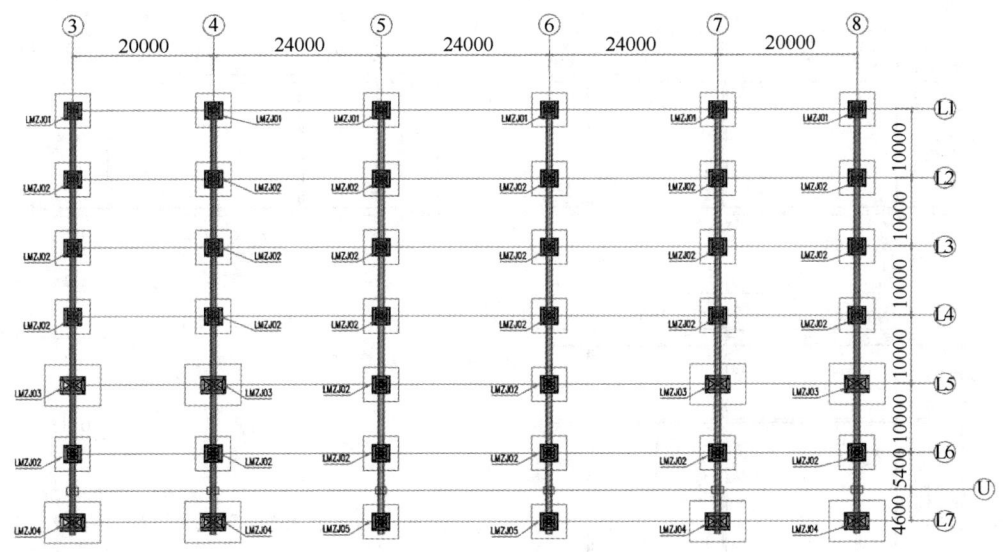

图 4.3.5-1 楼面桁架组拼平台平面图（平台上设置轨道）

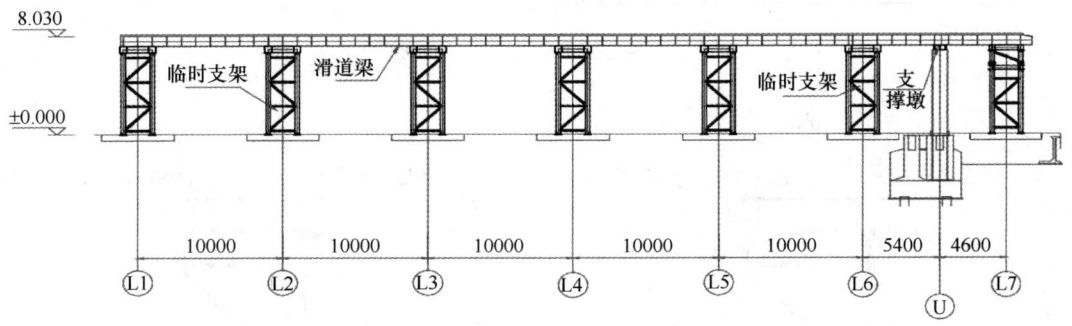

图 4.3.5-2 楼面桁架组拼平台立面图（平台上设置轨道）

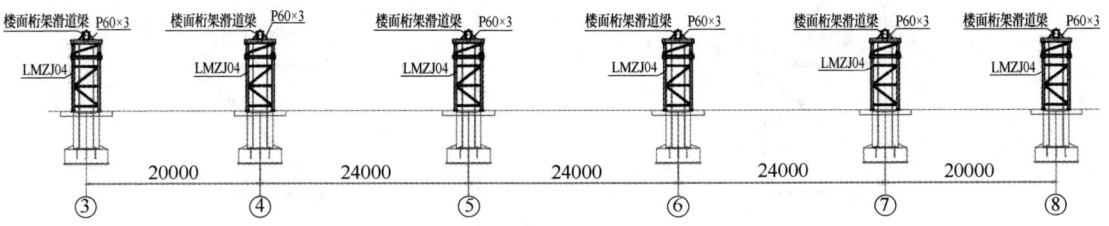

图 4.3.5-3 楼面桁架组拼平台断面图（平台上设置轨道）

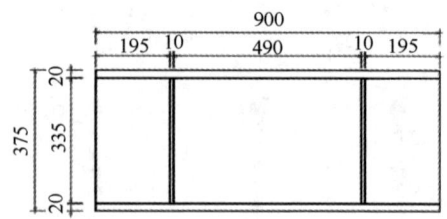
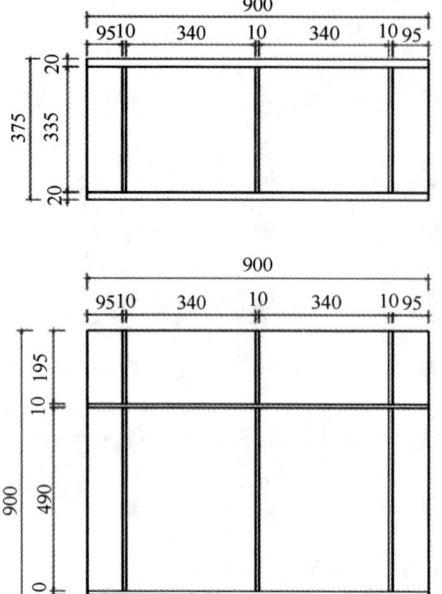

图 4.3.5-4　楼面桁架 1 站台支撑墩图

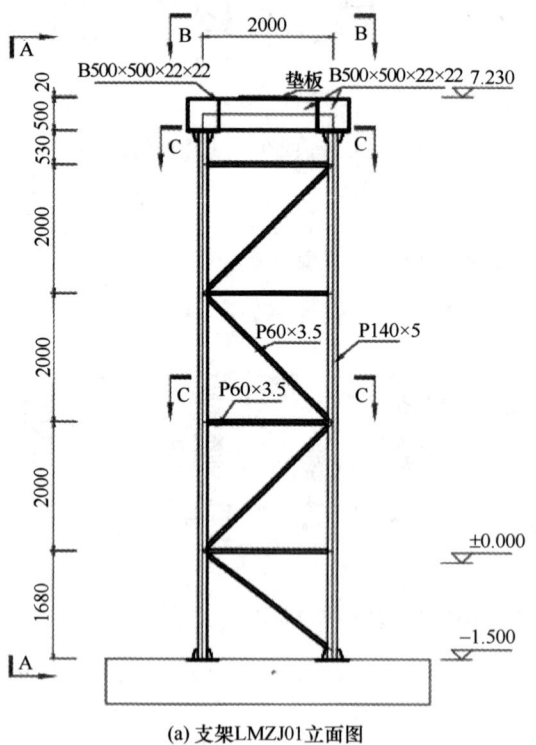

(a) 支架LMZJ01立面图

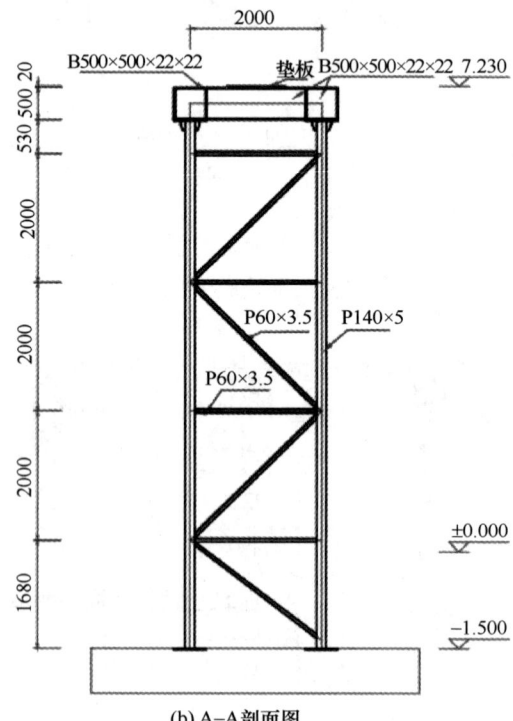

(b) A-A剖面图

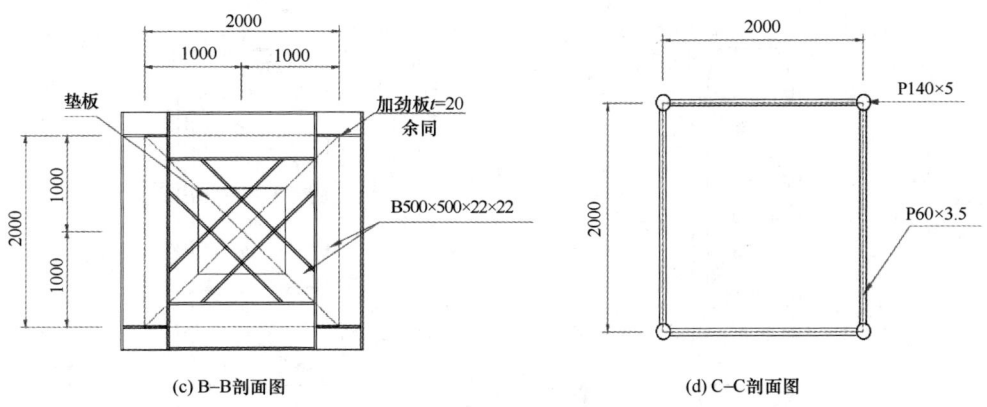

(c) B-B剖面图　　　　　　　　　(d) C-C剖面图

图 4.3.5-5　楼面桁架支架 LMZJ01 详图

附注：支架 LMZJ01 适用于楼面桁架组拼平台 L1 轴，共 6 组

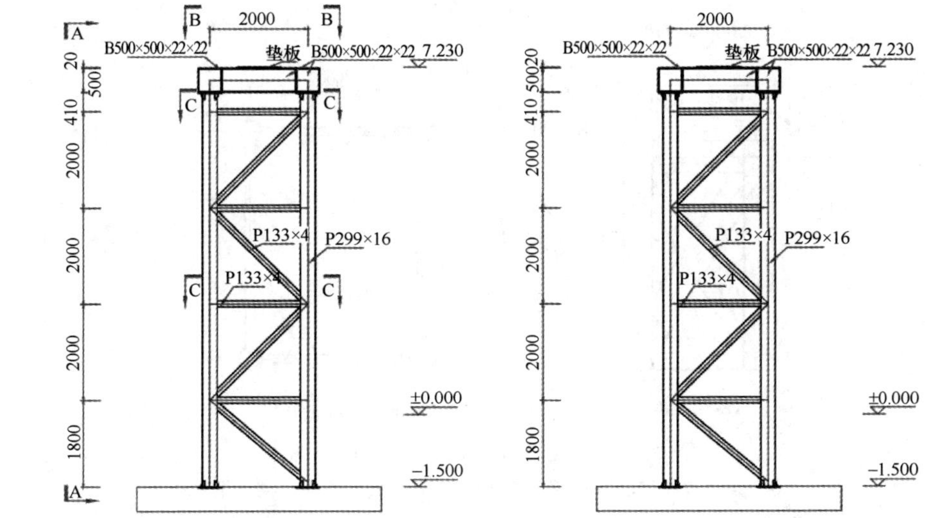

(a) 支架LMZJ02立面图　　　　(b) A-A剖面图

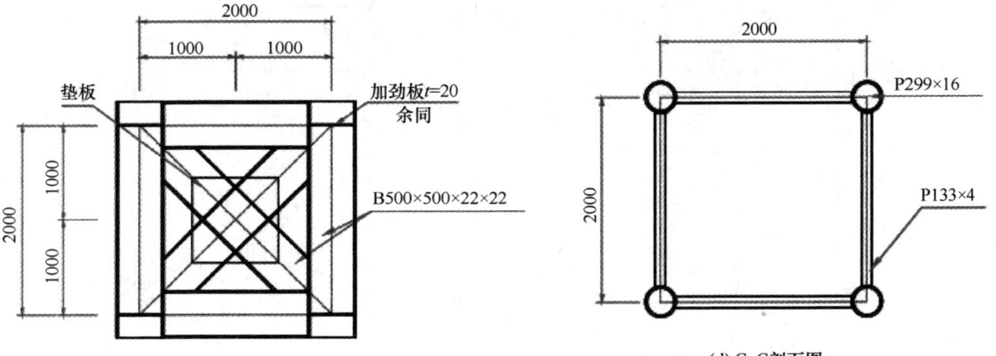

(c) B-B剖面图　　　　　　　　　(d) C-C剖面图

图 4.3.5-6　楼面桁架支架 LMZJ02 详图

附注：支架 LMZJ02 适用于楼面桁架组拼平台 L2~L6 轴，共 26 组

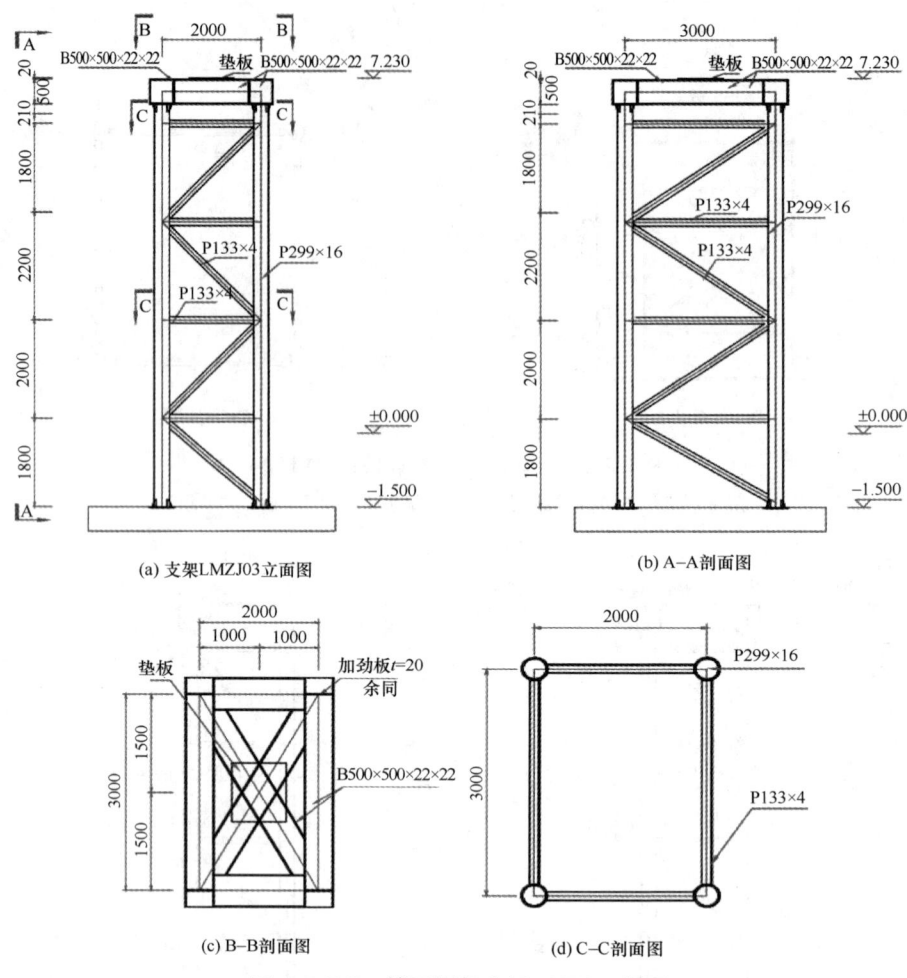

(a) 支架LMZJ03立面图　　(b) A–A剖面图

(c) B–B剖面图　　(d) C–C剖面图

图 4.3.5-7　楼面桁架支架 LMZJ03 详图

附注：支架 LMZJ03 适用于楼面桁架组拼平台 L5 轴，共 4 组

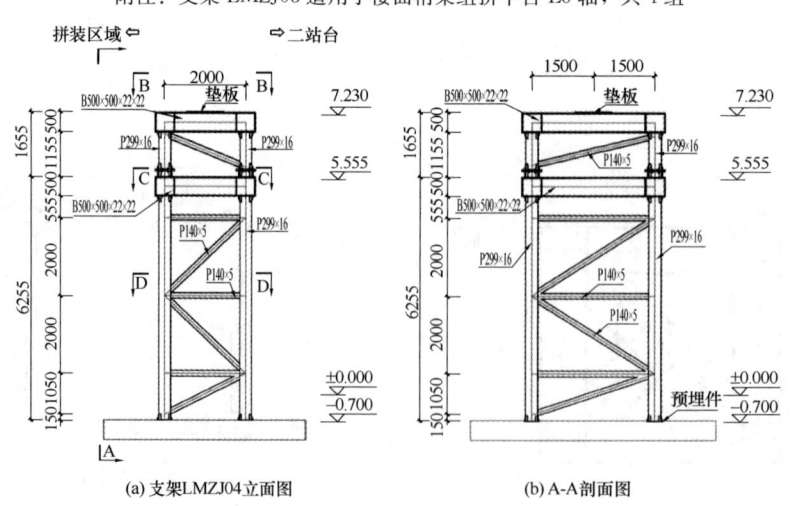

(a) 支架LMZJ04立面图　　(b) A–A剖面图

(c) B-B 剖面图　　　　　　　　(d) C-C 剖面图　　　　　　　　(e) D-D 剖面图

图 4.3.5-8　楼面桁架支架 LMZJ04 详图

附注：支架 LMZJ04 适用于楼面桁架组拼平台 L7 轴×（3 轴、4 轴、7 轴、8 轴），共 4 组

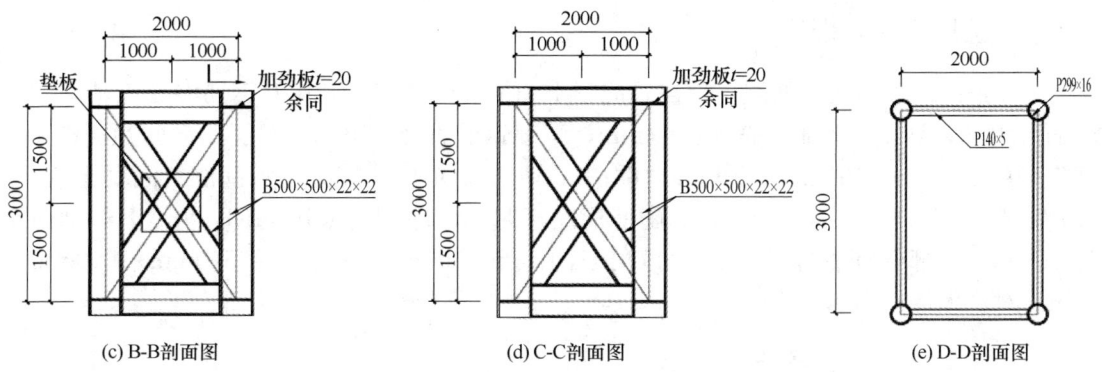

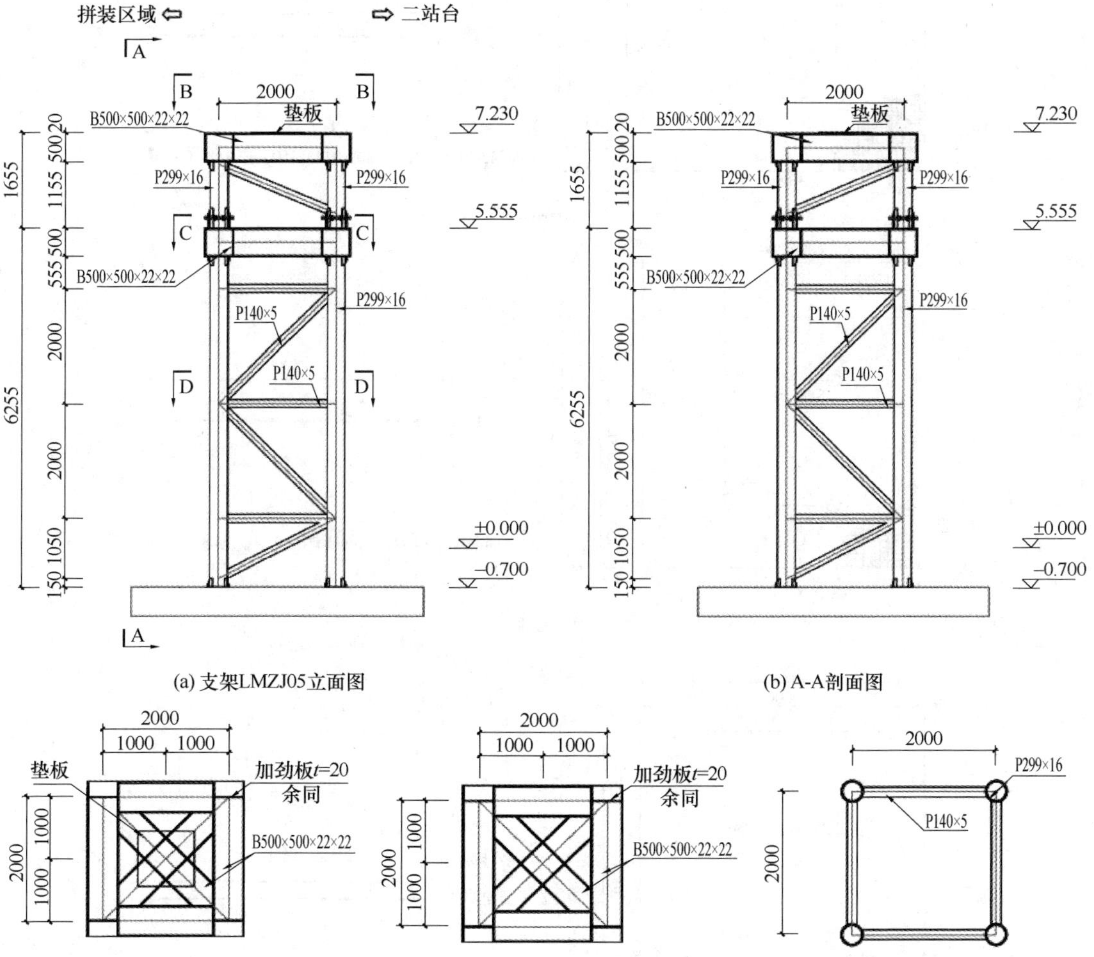

(a) 支架 LMZJ05 立面图　　　　　　　　　　　　　　　　(b) A-A 剖面图

(c) B-B 剖面图　　　　　　　　(d) C-C 剖面图　　　　　　　　(e) D-D 剖面图

图 4.3.5-9　楼面桁架支架 LMZJ05 详图

附注：支架 LMZJ05 适用于楼面桁架组拼平台 L7 轴×（5 轴、6 轴），共 2 组。采用工字钢，一方面是在后期落梁施工时方便拆除，另一方面是为了落梁时放置顶升油缸之用

4.3.6 组拼平台基础设计

L1轴~L4轴格构支架组下部浇筑混凝土5m×5m×0.5m，C30钢筋混凝土基础，埋配筋采用HRB400，上部钢筋直径14mm，下部钢筋直径18mm，双层双向间距150mm，埋件采用500mm×500mm×20mm埋件；L5轴~L7轴格构支架组下部浇筑混凝土5m×6m×0.5m、6m×8m×0.5m，C30配筋混凝土基础，埋配筋采用HRB400，上部钢筋直径14mm，下部钢筋直径ϕ18mm，双层双向间距150mm，埋件采用500mm×500mm×20mm对拉埋件（图4.3.6）。

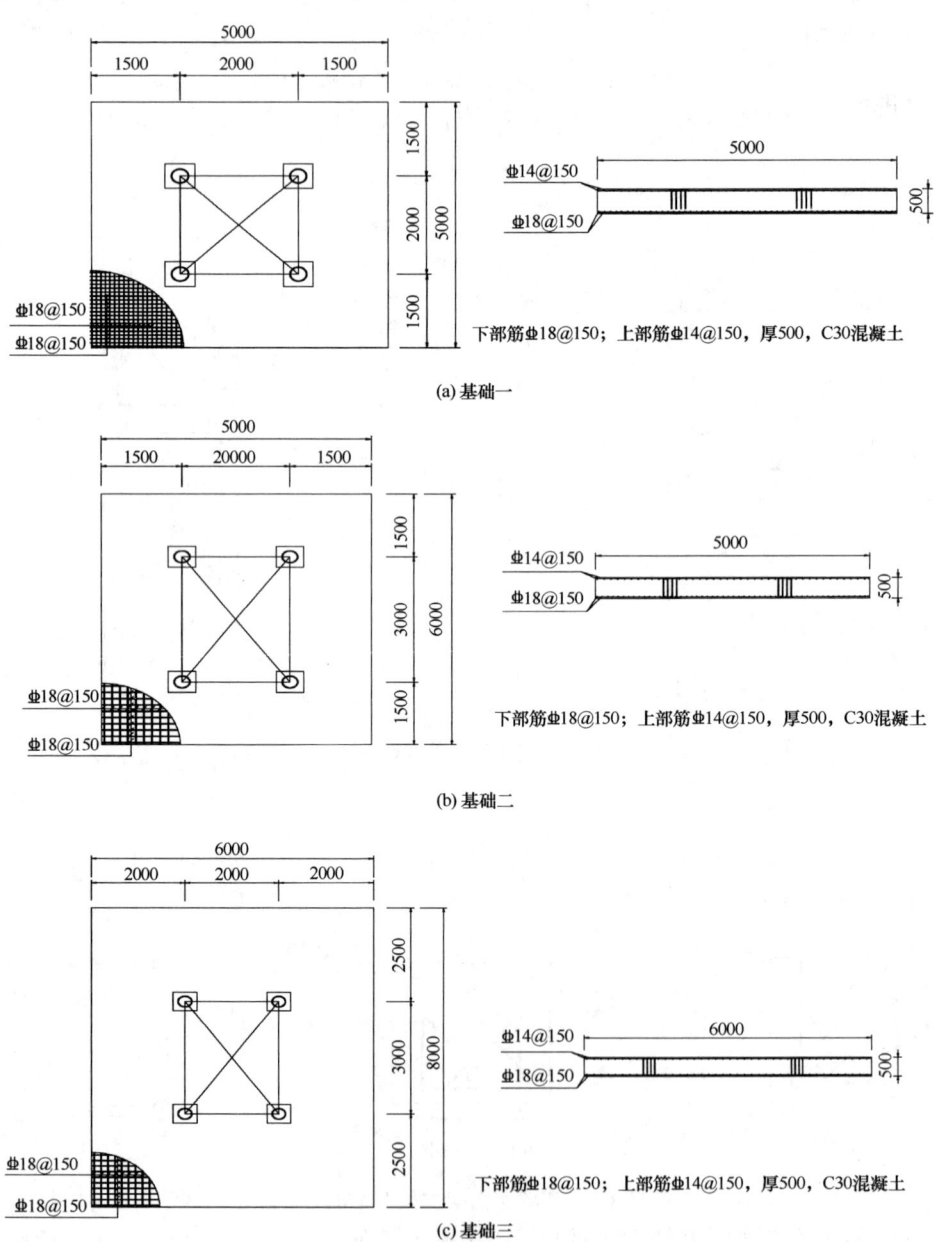

图4.3.6 组拼平台基础详图

4.3.7 结构拼装验控

拼装时严格按照控制标准进行安装,安装完成后按照相应要求及规范验收,对影响顶推的结构安装误差进行分析,并提出解决方案。

验控分为三级:安装单位自我组织验控(验控单位:钢结构单位、液压顶推单位),总承包方单位组织验控,业主、监理及第三方监测单位组织验控。

验控的主要内容:顶推措施是否与设计要求及施工方案要求一致(若有偏差,顶推施工前必须调整完成方可顶推)、焊缝质量是否满足设计要求和规范要求(若存在缺陷,必须及时返修)、结构安装是否符合设计深化图纸、顶推结构是否按照方案要求进行放置、顶推设备是否按照方案要求进行安装及构件进场前的原材验控是否合格等。

原材进场验控程序:

① 根据构件性质分类,进行复检或抽检。安装时钢卷尺应与业主土建、安装、制造厂统一。对关键钢构件(如柱、梁)的长度复检应用钢尺应按标准条件实施,其余钢构件均以实数为依据;

② 对构件预检的项目,如几何外形尺寸、螺孔大小和间距、预埋件位置、连接摩擦面、构件数量现场、构件的内在质量,以制造厂质量报告为准。关键构件全部检查,其他构件抽检5%~10%,并记录预检数据。

4.4 钢结构的落梁

4.4.1 落梁施工作业

① 千斤顶位置应安放准确、稳妥,上下支撑面要垫平。千斤顶中心轴应与支撑结构中心线重合;

② 落位时要求随着活塞起落及时安放或抽除垫块;

③ 千斤顶安放在梁底的位置均应符合设计。

4.4.2 结构落梁施工

结构顶推施工过程中,钢梁梁底标高始终高于梁底最终设计标高,顶推到位后需进行落梁作业,受既有接触网横跨高度的影响,结构顶推施工过程中整体抬高1.5m,顶推到位后需进行落梁作业,分3次落梁、1次精调(第1次落梁0.4m,第2次落梁0.6m,第3次落梁0.5m)。楼面桁架设置18处顶升落梁点,18处临时转换搁置点;两侧天桥共设置12处顶升落梁点,12处临时转换搁置点,整个落梁过程所有设备均同步分级进行。落梁完成后,30处搁置点同步进行三维精调。

4.4.3 营业线天窗点正式落梁

(1) 试落梁后若无问题,便进行正式落梁,每一落梁标准行程按照设计执行。

(2) 正式落梁,须按下列程序进行,并作好记录。

操作:按预设荷载进行加载和落梁;

观察：各个观察点应及时反映测量情况；

监测：各个测量点应认真做好监测工作，及时反馈测量数据；

校核：数据汇总后交付现场领导组，比较实测数据与理论数据的差异；

分析：若有数据偏差，有关各方应认真分析并及时进行调整；

决策：认可当前工作状态，并决策下一步操作。

（3）落梁注意事项

① 落梁关系结构的安全，各方要密切配合；

② 落梁过程中认真做好记录工作；

③ 落梁过程中，应加强巡视工作，应指定专人观察各个系统的工作情况。若有异常，直接通知指挥控制中心；

④ 结构落梁空间内不得有障碍物；

⑤ 在施工过程中要密切观察结构的变形情况；

⑥ 落梁过程中未经许可不得擅自进入施工现场；

⑦ 落梁过程控制。整个落梁过程应保持位移传感器的位置同步误差小于 2mm，一旦位置误差大于 2mm 或任何一缸的压力误差大于 5%，控制系统立即关闭液控单向阀，以确保梁体安全。

落梁过程中，对计算机显示的各油缸的位移和千斤顶的压力情况，随时整理分析，如有异常，及时处理。

4.4.4 封锁施工流程

封锁前落梁各支点状态如图 4.4.4-1 所示。

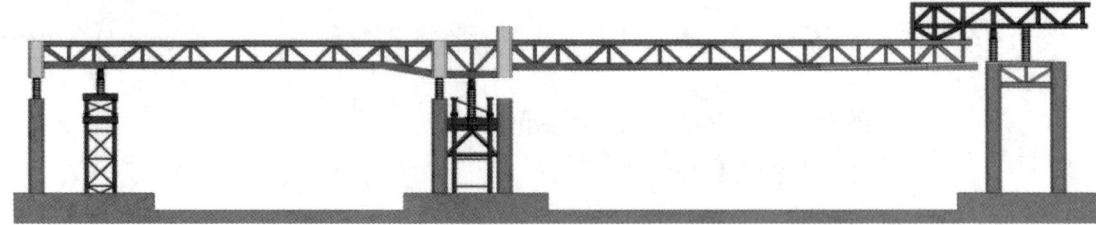

封锁前落梁各支点状态

图 4.4.4-1 封锁前落梁各支点状态立面图

（1）第一个封锁点（240min）

① 线路封锁，接触网断电，工人就位等；（20min）

② 千斤顶及传感器调试，结构称重、顶升后确认姿态稳定；（10min）

③ 顶升\称重（顶升 10mm、检查各支点结构变形情况、计算结构理论质量与实际顶力是否一致等）；（20min）

④ 交叉落梁 400mm，共 2 个循环，36min/行程；（72min）

⑤ 接触网伸缩吊柱及悬挂调整；（90min）

⑥ 线路开通，人员、工机具撤离线路；（15min）

（2）第一个封锁点后邻近施工（2d）

利用邻近施工拆除支架第一层平台，安装Φ500钢管，并与支架第二层平台进行固结（图4.4.4-2）。

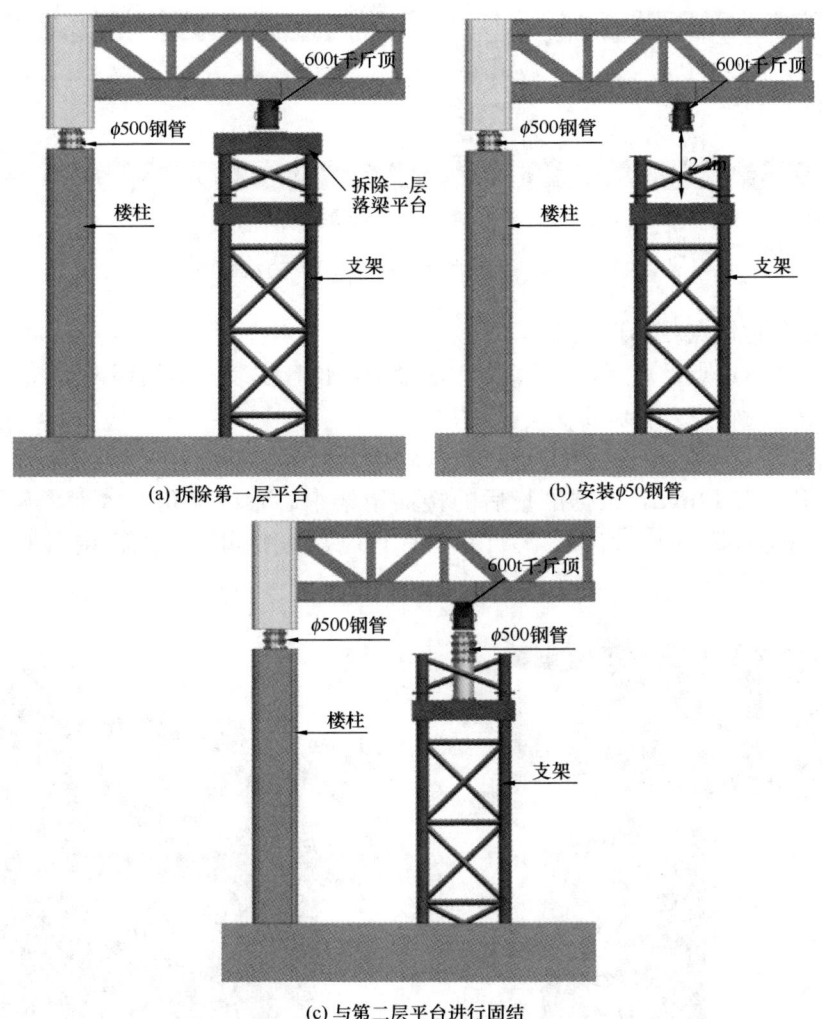

图4.4.4-2 第一封锁点后临近施工

(3) 第二个封锁点（240min）

① 线路封锁，接触网断电，工人就位等；(15min)

② 交叉落梁600mm，共3个循环，36min/行程，测量标高；(108min)

③ 接触网伸缩吊柱及悬挂调整；(90min)

④ 线路开通，人员、工机具撤离线路。(15min)

(4) 第三个封锁点（240min）

① 线路封锁，接触网断电，工人就位等；(20min)

② 交叉落梁500mm，共2.5个循环，36min/行程，测量标高；(90min)

③ 接触网伸缩吊柱及悬挂调整；(90min)

④ 线路开通，人员、工机具撤离线路。(15min)

落梁就位后结构状态如图 4.4.4-3 所示。

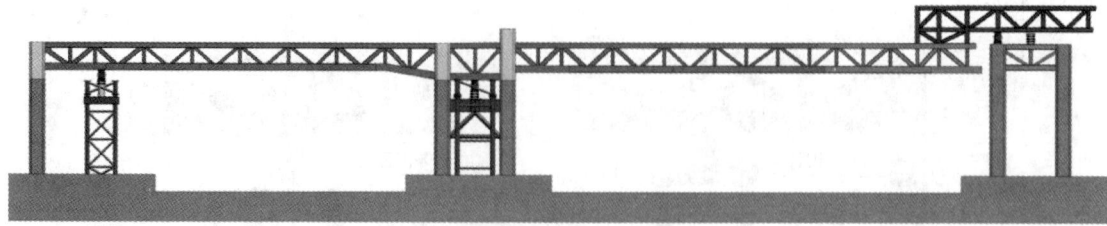

交替落梁就位后结构状态

图 4.4.4-3　落梁就位后结构状态立面图

（5）第二个封锁点后邻近施工（3 天）

利用第二个封锁点结束后，拆除 600t 落梁千斤顶，安装三维精调设备。

（6）第四个封锁点（240min）

① 线路封锁、开通，接触网断电，工人就位等；（20min）

② 将顶升桁架 10mm，根据测量后的楼面桁架中心轴线夹角对楼面桁架进行精调 2 次，第一次纠偏（35min），如第一次纠偏没有到位，马上调整三维精调器的方向进行第二次纠偏测量（85min）；

图 4.4.4-4　精调楼面桁架

③ 纠偏到位后，第一、第二层站台垫好后立马进行楼柱焊接，第三层站台进行临时固结；接触网伸缩吊柱及悬挂调整；（90min）

④ 线路开通，人员、工机具撤离线路。（15min）

4.5　临时结构的拆除

4.5.1　滑靴拆除措施

在顶推施工时，滑靴的拆除将在滑靴滑出轨道梁时暂停顶推，将结构与滑靴连接处位置利用气体切割器将其切断。将滑靴放置到地面采用三种方式进行模拟实验。

方式一：利用 $\phi 133mm \times 4mm$ 的钢管和钢板搭设斜坡，让滑靴从斜坡上滑到地面上；

方式二：两个滑靴间采用 3 根钢丝绳连接，将所有滑靴串联起来，利用顶推滑靴的缓慢行走让滑靴缓慢掉落到地面上；

方式三：采用升降式滑轮，将滑靴从导梁端头缓慢放置到地面上。

通过模拟实验结果选择方式二作为滑靴的拆除措施。

滑靴拆除方式二连接示意如图 4.5.1 所示。

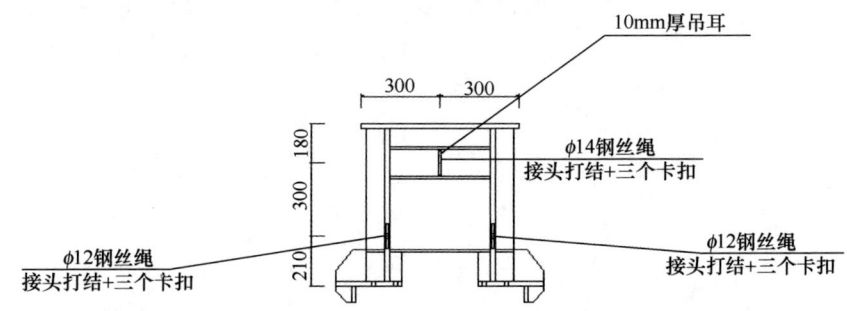

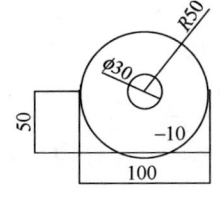

图 4.5.1 连接设置示意图

进行连接滑靴的钢丝绳验算时，钢丝绳选用标准见表 4.5.1。

表 4.5.1 钢丝绳选用参考标准

钢丝绳结构：6×7＋FC　6×7＋IWS　6×9W＋FC　6×9W＋IWR

钢丝绳公称直径		钢丝绳参考质量/(kg/100m)		钢丝绳公称抗拉强度/MPa									
				1570		1670		1770		1870		1960	
				钢丝绳最小破断拉力/kN									
D/mm	允许偏差/%	天然纤维芯钢丝绳	合成纤维芯钢丝绳	钢芯钢丝绳	纤维芯钢丝绳	钢芯钢丝绳	纤维芯钢丝绳	钢芯钢丝绳	纤维芯钢丝绳	钢芯钢丝绳	纤维芯钢丝绳	钢芯钢丝绳	纤维芯钢丝绳	钢芯钢丝绳
8	+5 0	22.5	22.0	24.8	33.4	36.1	35.5	38.4	37.6	40.7	39.7	43.0	41.6	45.0
9		28.4	27.9	31.3	42.2	45.7	44.9	48.6	47.6	51.5	50.3	54.4	52.7	57.0
10		35.1	34.4	38.7	52.1	56.4	55.4	60.0	58.8	63.5	62.0	67.1	65.1	70.4
11		42.5	41.6	46.8	63.1	68.2	67.1	72.5	71.1	76.9	75.1	81.2	78.7	85.1
12		50.5	49.5	55.7	75.1	81.2	79.8	86.3	84.6	91.5	89.4	96.7	93.7	101

续表

钢丝绳公称直径		钢丝绳参考质量/(kg/100m)		钢丝绳公称抗拉强度/MPa									
				1570		1670		1770		1870		1960	
				钢丝绳最小破断拉力/kN									
D/mm	允许偏差/%	天然纤维芯钢丝绳	合成纤维芯钢丝绳	钢芯钢丝绳	纤维芯钢丝绳	钢芯钢丝绳	纤维芯钢丝绳	钢芯钢丝绳	纤维芯钢丝绳	钢芯钢丝绳	纤维芯钢丝绳	钢芯钢丝绳	纤维芯钢丝绳	钢芯钢丝绳
13	+5 0	59.3	58.1	65.4	88.1	95.3	93.7	101	99.3	107	105	113	110	119
14		68.8	67.4	75.9	102	110	109	118	115	125	122	132	128	138
16		89.9	88.1	99.1	133	144	142	153	150	163	159	172	167	180
18		114	111	125	169	183	180	194	190	206	201	218	211	228
20		140	138	155	208	225	222	240	235	254	248	269	260	281
22		170	166	187	252	273	268	290	284	308	300	325	315	341
24		202	198	223	300	325	319	345	338	366	358	387	375	405
26		237	233	262	352	381	375	405	397	430	420	454	440	476
28		275	270	303	409	442	435	470	461	498	487	526	510	552
30		316	310	348	469	507	499	540	529	572	559	604	586	633
32		359	352	396	534	577	568	614	602	651	636	687	666	721
34		406	398	447	603	652	641	693	679	735	718	776	752	813
36		455	446	502	676	730	719	777	762	824	805	870	843	912

根据本工程的现场钢丝绳的实际使用情况，构件最重约为1.5t（取2t）。选用φ12，6mm×7mm的钢丝绳。

钢丝绳受力计算（按最重的一个滑靴重1.5t，使用3根钢丝绳进行拉结。）：

$$N < [F_g] = \frac{\alpha \cdot F_g}{K}$$

（式4-3）

$[F_g]$——钢丝绳的允许拉力；

F_g——钢丝绳的钢丝破断拉力总和；

α——换算系数，0.82；

K——钢丝绳的安全系数，取6。

滑靴最重约2t，由3根钢丝绳拉结，则每根钢丝绳受力约为0.7N，即7kN。

选用φ12，6mm×7mm的钢丝绳，公称抗拉强度1570MPa，安全系数取6，通过受力分析，钢丝绳受最大拉力为7kN，7kN＜$[F_g]$＝（0.82×75.1）/6＝10.3kN，满足要求。

4.5.2 临时墩拆除措施

在第二次顶推完成后，利用白天临近施工，需要拆除2站台上方用于搭接导梁的临时墩（图4.5.2），根据现场施工情况，顶推前在导梁结构的侧面焊接吊耳，当结构到达指定位置时将倒链葫芦挂在吊耳上方，采用割刀将上部临时墩切割分解成小构件，利用倒链葫芦将其下放至2站台地面上。

每个支墩安排 4 个施工人员，分别是 3 个施工人员在临时墩上方进行切割和 1 人将构件下放，下放的施工人员负责接收下放到地面的构件和将倒链葫芦吊钩拉回上方。拆除时是 10 个临时墩同时拆除，共计安排 40 人进行拆除 2 站台临时墩。

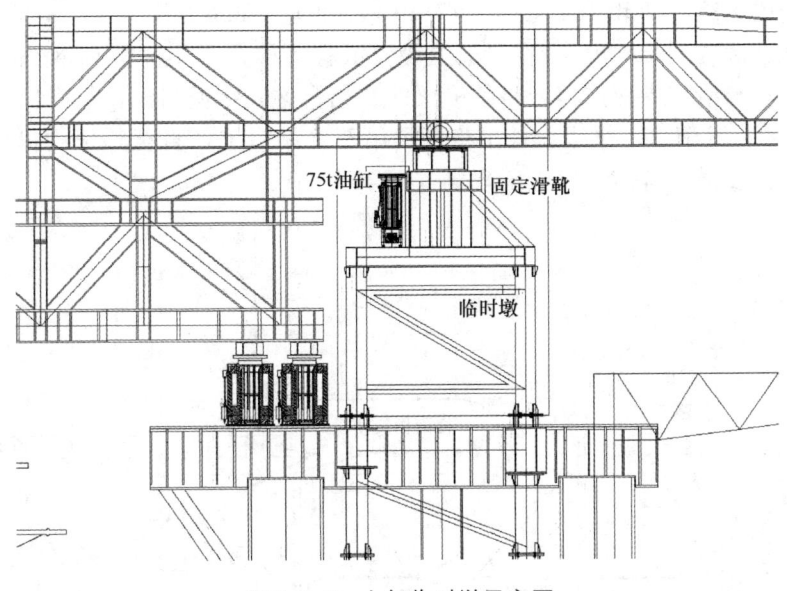

图 4.5.2　上部临时墩示意图

4.5.3　顶推过程中结构与硬横跨关系

此时导梁距离接触网最低距离（考虑结构变形）为 3221mm，主结构下弦距离硬横跨上弦最短距离（考虑结构变形 62mm）为 596mm，满足要求（图 4.5.3）。

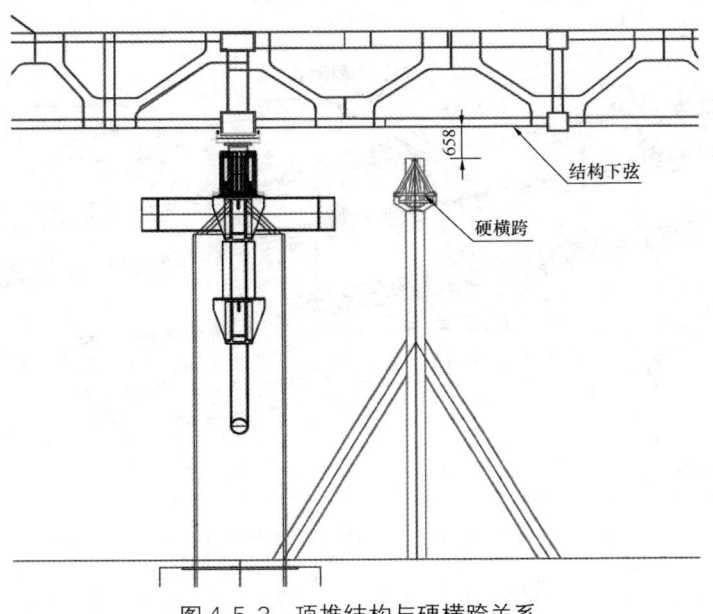

图 4.5.3　顶推结构与硬横跨关系

4.5.4 硬横跨拆除设计

顶推到位后，改拆接触网硬横跨，利用预留加固结构设置滑道拆除高架站房及人行天桥下既有硬横梁4组（85#-154#、87#-160#、89#-166#、91#-172#）（2个100min天窗点，京九、武九同步停电）。在滑道上设置滑移支撑，采用倒链和钢丝绳将每节硬横梁进行多点悬挂与滑移支撑连接，将硬横梁向2站台方向缓慢滑出，每滑出一截硬横梁至2站台正上方后将其解体，采用蜘蛛吊将横梁吊至2站台上，直至整根硬横梁全部调至2站台上，后续将硬横梁解体运出施工现场（图4.5.4-1、图4.5.4-2）。

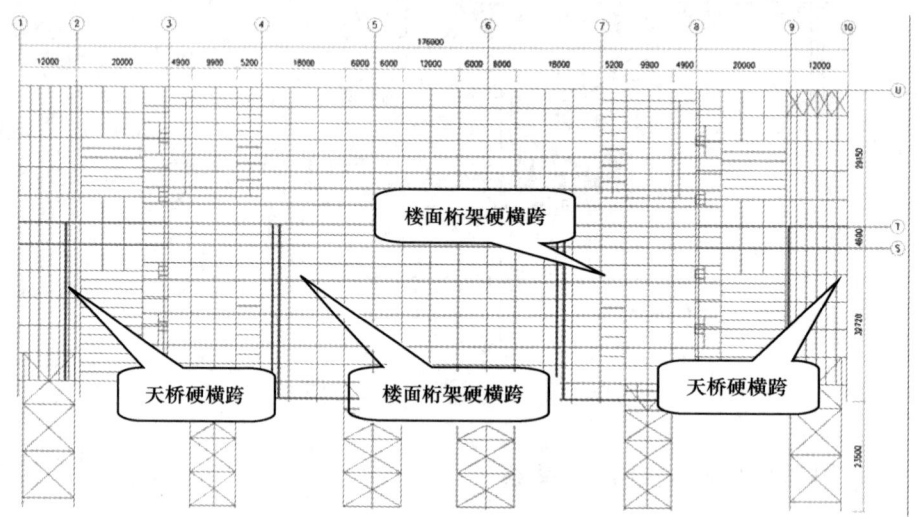

图4.5.4-1 预留杆件硬横跨拆除加固

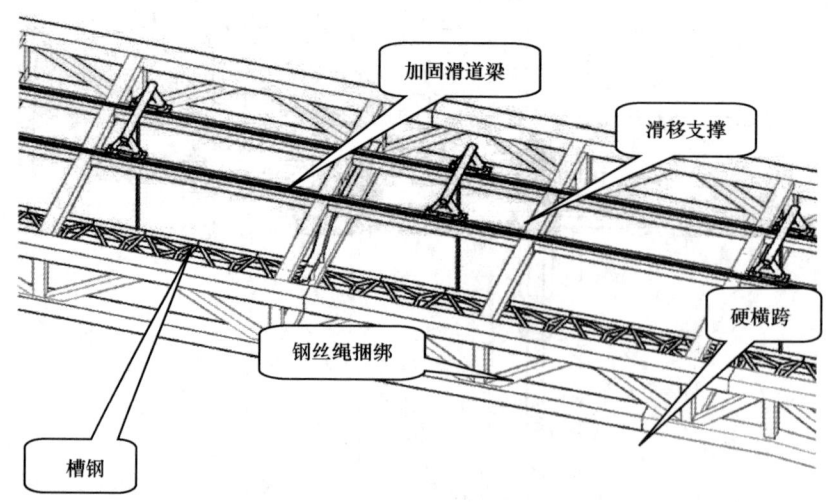

图4.5.4-2 硬横跨拆除示意图

在硬横跨拆除过程中，需要在其上方搭设滑道梁作为拆除的辅助措施，即在滑道梁上方的楼承板将无法铺设，待硬横跨拆除完成后再对该处的楼承板进行修补，其位置位于硬横跨上方（图4.5.4-3）。

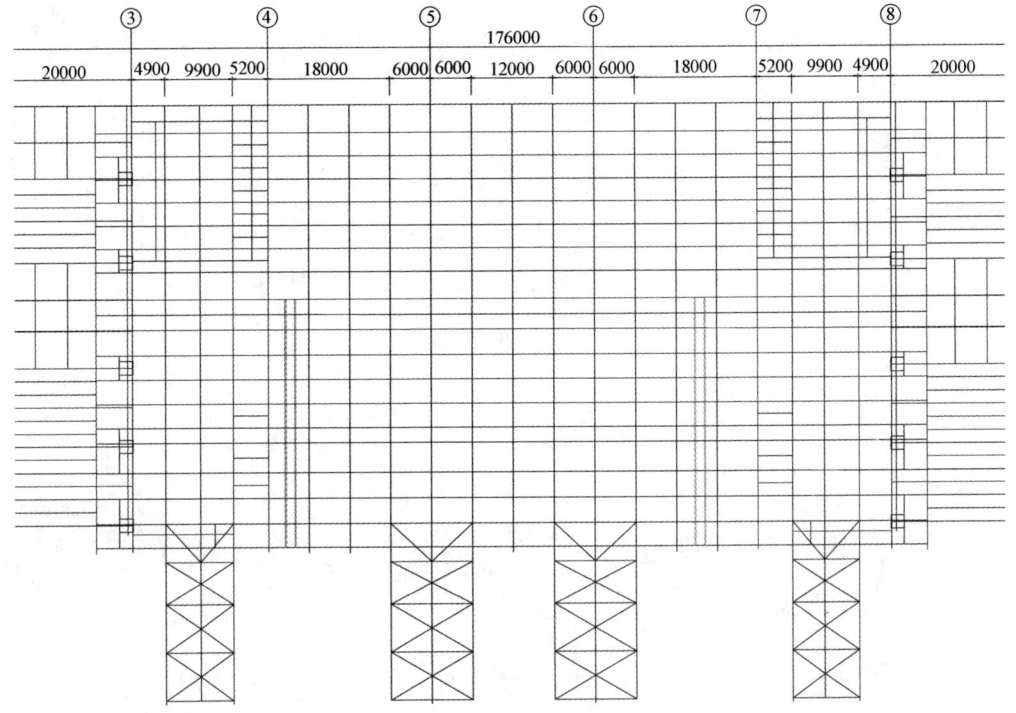

图4.5.4-3 楼撑板修补位置示意图

硬横跨拆除流程包括六步骤（图4.5.4-4）：

工序一：利用倒链和钢丝绳连接上部滑移支撑和硬横跨，拆除硬横跨两边立柱支撑；共设置5组滑移支撑。

工序二：利用滑移支撑将硬横跨向前滑移6m，第一节段到达2站台上方。

工序三：利用倒链将硬横跨第一节段，落位至2站台上。

工序四：重复上述步骤，利用倒链将硬横跨第二节段，落位至2站台上。

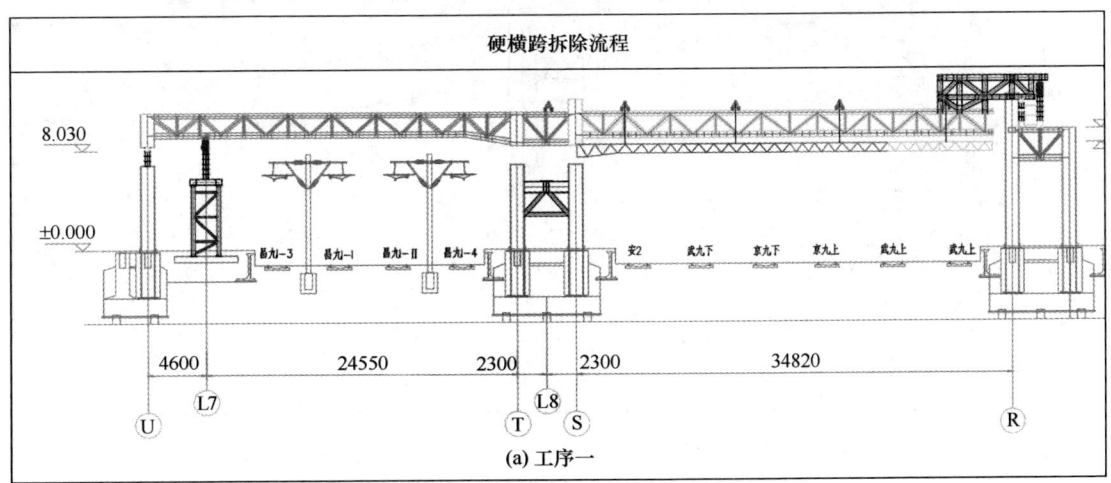

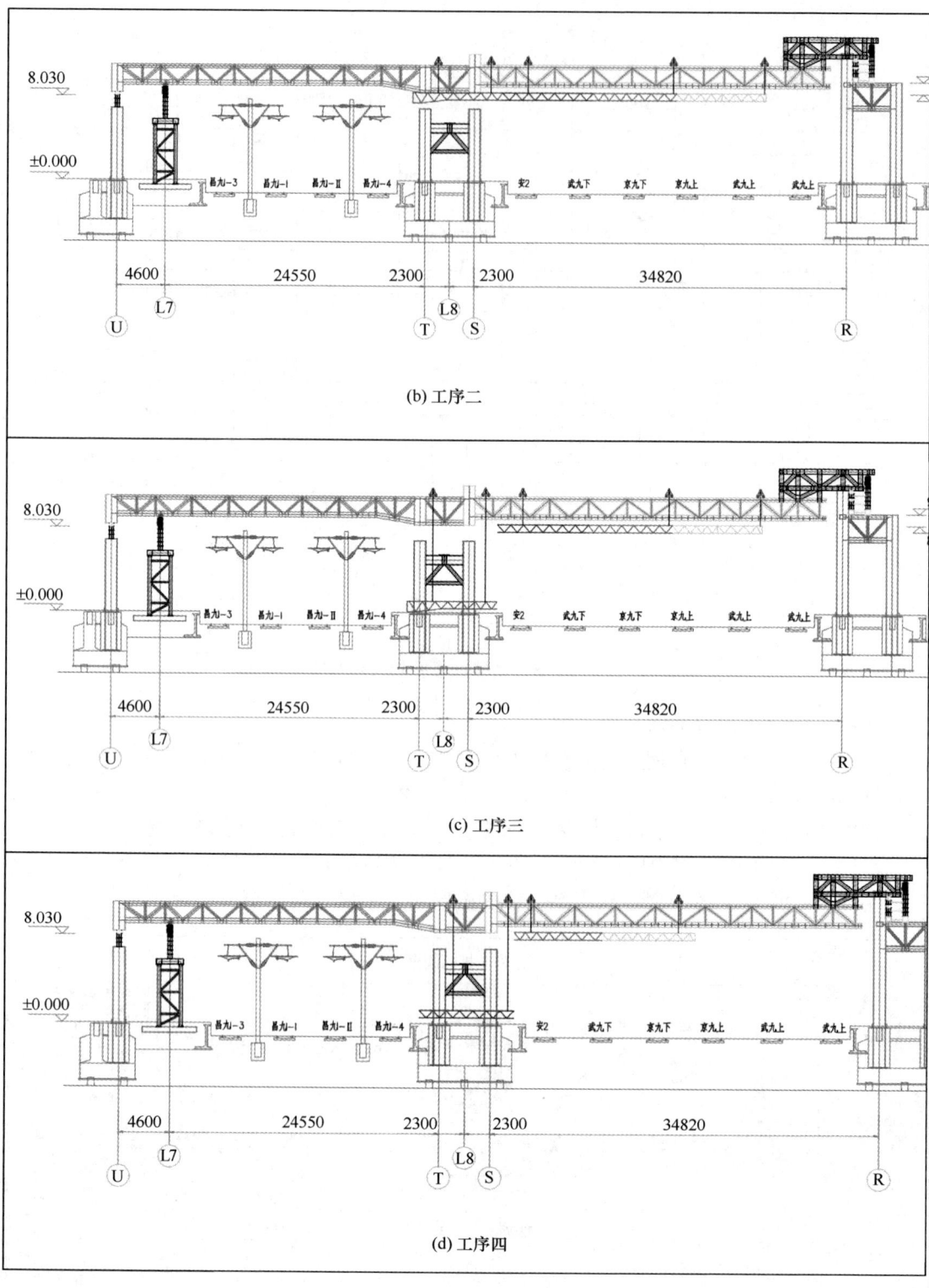

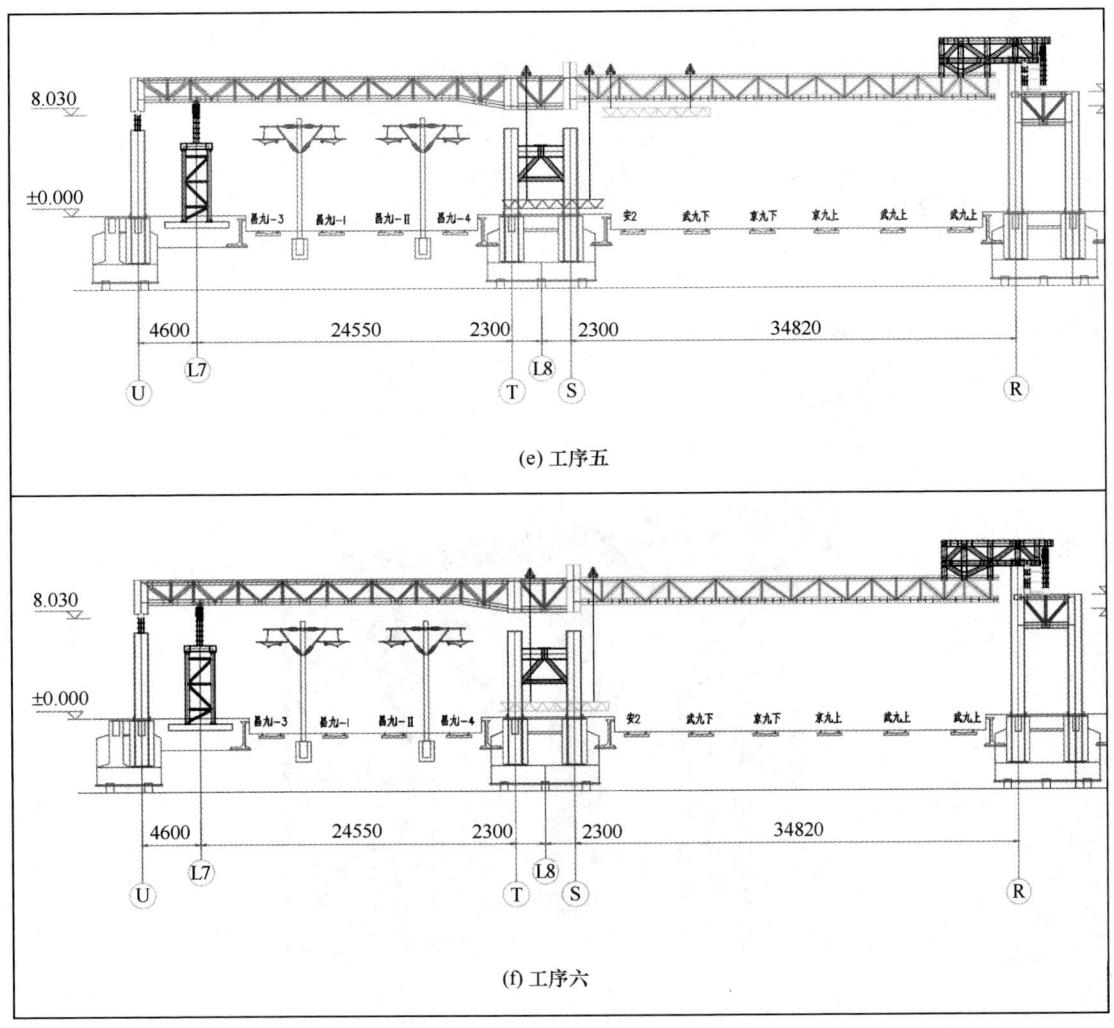

图 4.5.4-4 硬横跨拆除流程

工序五：重复上述步骤，利用倒链将硬横跨第三节段，落位至 2 站台上。
工序六：重复上述步骤，利用倒链将硬横跨最后节段，落位至 2 站台上。

4.5.5 顶推过程中的问题及整改情况

1. 滑靴钢丝绳剪断情况说明及加固措施

（1）原方案情况

2 个滑靴间采用 3 根钢丝绳连接，将所有滑靴并联起来，利用顶推滑靴的缓慢行走让滑靴缓慢掉落到地面上（图 4.5.5-1）。

（2）现场存在情况

第二次顶推时，现场第二个滑靴下落瞬间，发生并联滑靴的钢丝绳剪断情况。根据剪断位置和断面分析，钢丝绳剪断位置均出现在第二个滑靴尾部与钢丝绳连接部位的圆形吊耳处，且被剪断的钢丝绳断面刀口整齐。

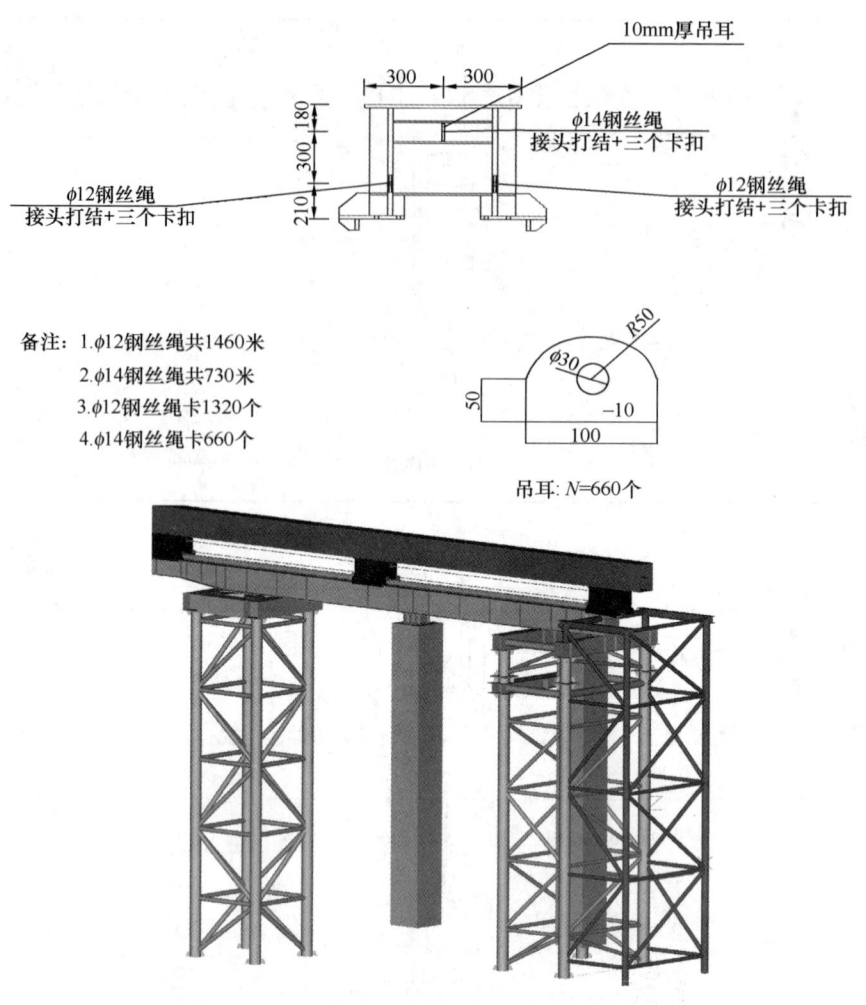

图 4.5.5-1 原设计方案示意图

现场圆形吊耳由钢板制成,与钢丝绳连接的部位截面较小且棱角明显;当在第二个滑靴从滑道梁斜坡段瞬间下落时,在产生的瞬间冲击力和第一个滑靴的下拉力作用下,因两者材质硬度不同,直接导致钢丝绳被圆形吊耳切断(图 4.5.5-2)。

(3)设计优化

利用滑轮组原理,3 根钢丝绳"并联"优化成"串联",钢丝绳与滑靴用"卡环"连接,在现场做了实验,模拟发现滑靴在随结构前进滑落过程中,钢丝绳受力均匀、无大的异响,在后续顶推过程中均顺利滑落(图 4.5.5-3)。

2. 滑轨移位情况说明及加固措施

(1)原方案情况

第 3 次顶推时,轨道梁均由箱型钢,加劲板等组成,材质均为 Q355B,轨道梁通长至少每间隔 1000mm 设置一道加劲板,其厚度和材质与焊接位置处滑道梁腹板相同;除轨道梁与横梁或分配梁处节点加劲板外,轨道梁使用斜撑、限位板与分配梁焊接连接固定。轨道梁上表面中心通长铺设重轨 43,重轨 43 与轨道梁通过卡板固定连接,卡板每间

图 4.5.5-2 钢丝绳断面现场照片

图 4.5.5-3 设计优化

隔 1000mm 设置一组，卡板材质为 Q235B；轨道梁上表面通长铺设 3mm 厚不锈钢板，不锈钢板与滑道梁上表面贴合焊接，采用不锈钢焊丝侧边间隔 10cm 焊接 10cm，对接采用满焊连接，滑靴结构与不锈钢板摩擦起到减少摩擦力的作用。

（2）现场存在的问题

现场每条轴线轨道梁长度 62.5m（共铺设 5 段重轨，每段重轨 12.5m）。

现场顶推过程中 4 轴重轨尾部挡板脱焊，导致第 1 条重轨（向后退 300mm）（图 4.5.5-4）和第 2 条重轨（向后退 50mm）（图 4.5.5-5）。现场发现 4 轴重轨尾部限位板焊缝长度不足，未能满足现场要求。

（3）设计优化

在 4 轴的第 1 条重轨和第 2 条重轨之间采用增设一块 100mm×100mm×10mm 的钢板垂直于重轨对接满焊（焊缝长度不少于 80mm），两侧增设四块与原有固定板一致的钢

图 4.5.5-4　300mm 现场照片

图 4.5.5-5　50mm 现场照片

板,并在固定板末端布设横向固定板,第 2 条重轨和第 3 条重轨之间采用 20mm 厚钢板焊接加固,给重轨提供反作用力。焊缝为双面角焊缝,焊角尺寸为钢板厚度的 0.7 倍,若无法实现双面焊则采用单面角焊缝,焊缝尺寸为钢板的厚度加固措施,详见图 4.5.5-6 和图 4.5.5-7。

排查剩余轴线尾部限位板焊缝质量,对不合格的重新进行满焊加强,并在尾部中间增设 1 块 100mm×100mm×10mm 的钢板垂直于重轨对接满焊(焊缝长度不少于 80mm),两侧如有空间增设 2 块与原有固定板一致的钢板,并在固定板板末端布设横向固定板。焊缝为双面角焊缝,焊角尺寸为钢板厚度的 0.7 倍,若无法实现双面焊则采用单面角焊缝,焊缝尺寸为钢板的厚度,如图 4.5.5-8 所示。

现场所有重轨接缝位置有空隙的接口,空隙大的塞钢板焊接(清理空隙存渣,保证焊接质量),空隙小的直接全部焊接,确保了后续顶推顺利进行。

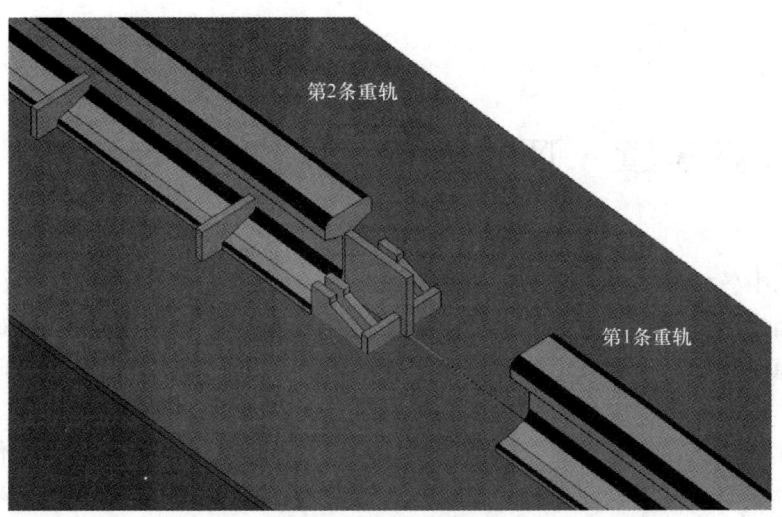

图 4.5.5-6 第 1 条重轨和第 2 条重轨之间

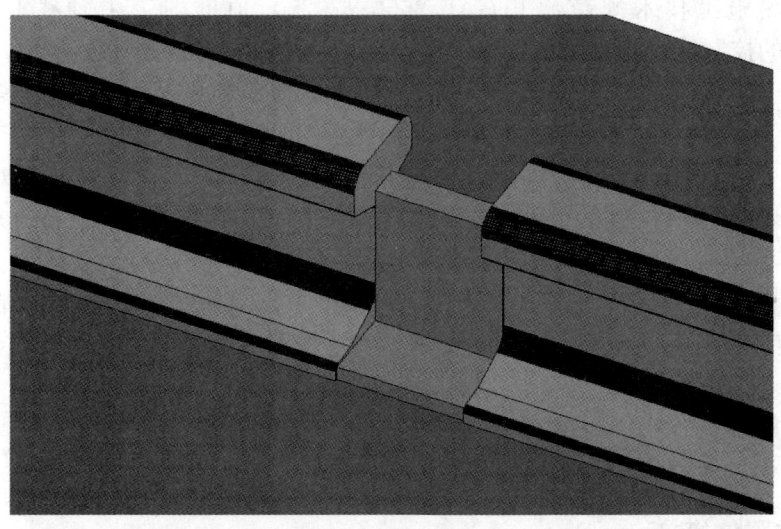

图 4.5.5-7 第 2 条重轨和第 3 条重轨之间

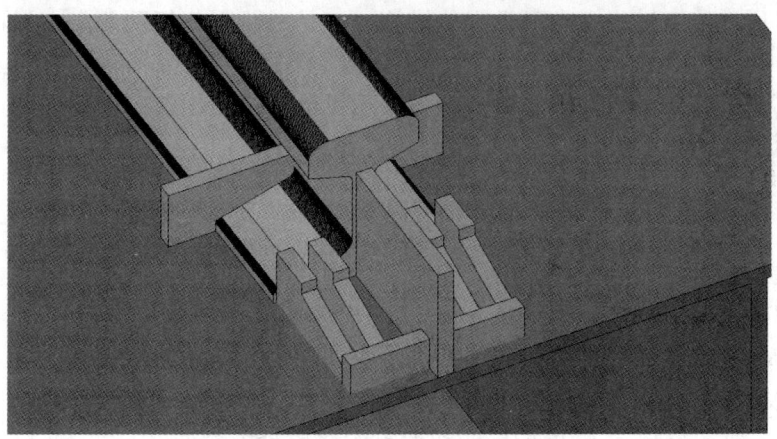

图 4.5.5-8 加固措施

第 5 章　顶推及落梁施工过程控制

　　顶推结构中各构件受力较复杂，力的作用形式及方式在不同的工况下也将发生变化，故此在顶推结构的设计计算中，除进行静力分析外，还应进行稳定性分析，确保结构的强度、刚度和稳定性满足要求。结构计算图示、几何特征、边界条件等均应反映实际结构状况和受力特征。顶推施工中，由于顶推设备系统、工艺及环境等众多复杂因素，梁体轴线必然偏离设计轴线。导致顶推施工偏位的因素主要包括：(1) 水平顶推合力作用线与梁体中心线不重合；(2) 梁体纵向重心与桥梁中心线（即设计曲线）不重合；(3) 水平千斤顶出力不同步、不均匀等。

　　《公路桥涵施工技术规范》(JTG/T 3650—2020) 顶推施工中轴线偏位控制值为 10mm，过小的控制值会导致纠偏频率增加，延长施工工期，增加施工成本。顶推设备由一个或多个竖向千斤顶组成，单个千斤顶正常工作的概率容易得到保证，但多个竖向千斤顶同时正常工作的概率大大降低，当多套顶推设备同时工作时，多支点竖向千斤顶顶升位移难以同步，并且顶推设备对液压和电气的同步性要求较高，顶推施工中很难达到理想的状态。竖向千斤顶顶升位移不同步将导致顶升力在横向上分配不合理，当顶升力超过合理范围时，梁体在支撑区域可能产生应力集中现象。

　　本章以庐山高铁二期站房工程为依托，在顶推及落梁施工过程中，对结构的横向偏位、局部稳定、顶升不同步等方面给予说明。

5.1　顶推及落梁过程中结构的横向偏位及控制

5.1.1　顶推限位措施

　　新建站房顶推施工过程中有两类限位措施，一是滑靴限位板两侧卡在滑道梁上进行限位（图 5.1.1-1）；二是二站台及三站台设置限位杆限位，限位杆采用型钢或圆管杆件，与结构接触部分设置限位块，限位块接触面采用弧形面，利用弧形面相切线进行限位，减小两者接触面，从而减少不必要的摩擦力（图 5.1.1-2、图 5.1.1-3）。

5.1.2　顶推纠偏措施

　　在顶推过程中可通过限位导向措施控制钢结构的横向偏差，通过设置限位措施将结构偏移误差控制在预留限位误差以内（2cm）。如出现偏差超出预设误差，在计算纠偏工况下，可在顶推过程或到位后利用顶升油缸进行主动纠偏，消除偏移误差。

　　顶推纠偏措施只设置在结构的单侧，纠偏位分别位于轴线 2 轴、3 轴、4 轴、7 轴、8 轴、9 轴。在 2 轴、3 轴、4 轴处位置的纠偏点的纠偏措施设置在顶进方向左侧，在 7 轴、8 轴、9 轴处位置的纠偏点的纠偏措施设置在顶进方向右侧（图 5.1.2-1）。

第 5 章 顶推及落梁施工过程控制

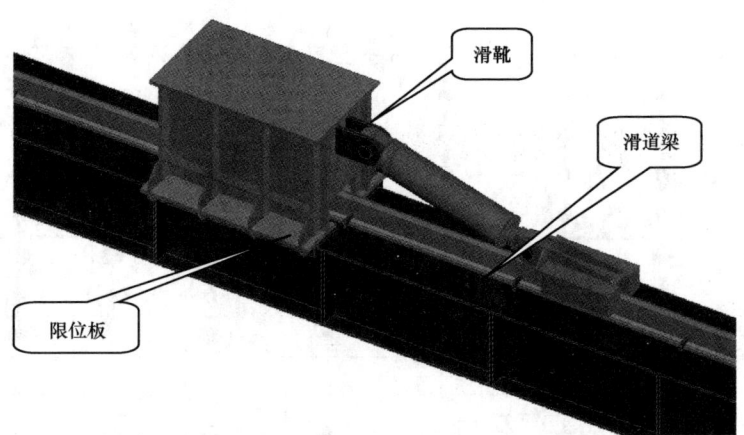

图 5.1.1-1 滑靴结构限位措施示意图

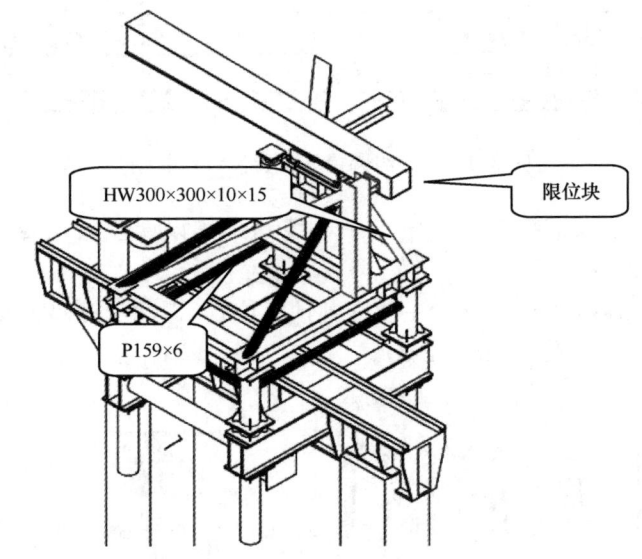

图 5.1.1-2 2 站台结构限位措施示意图

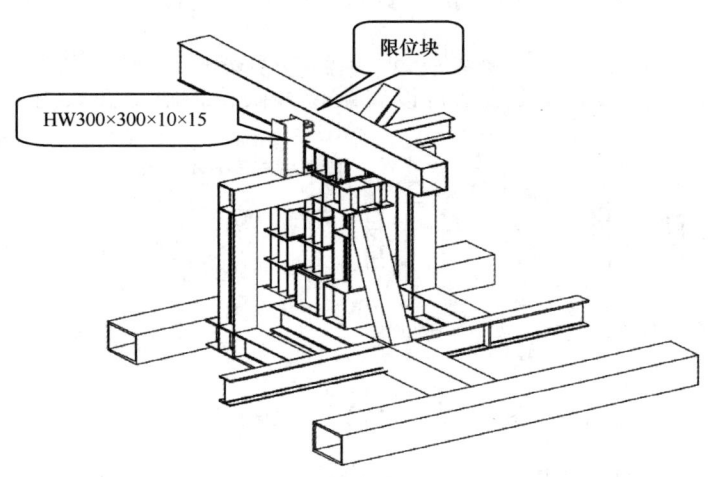

图 5.1.1-3 3 站台结构限位措施示意图

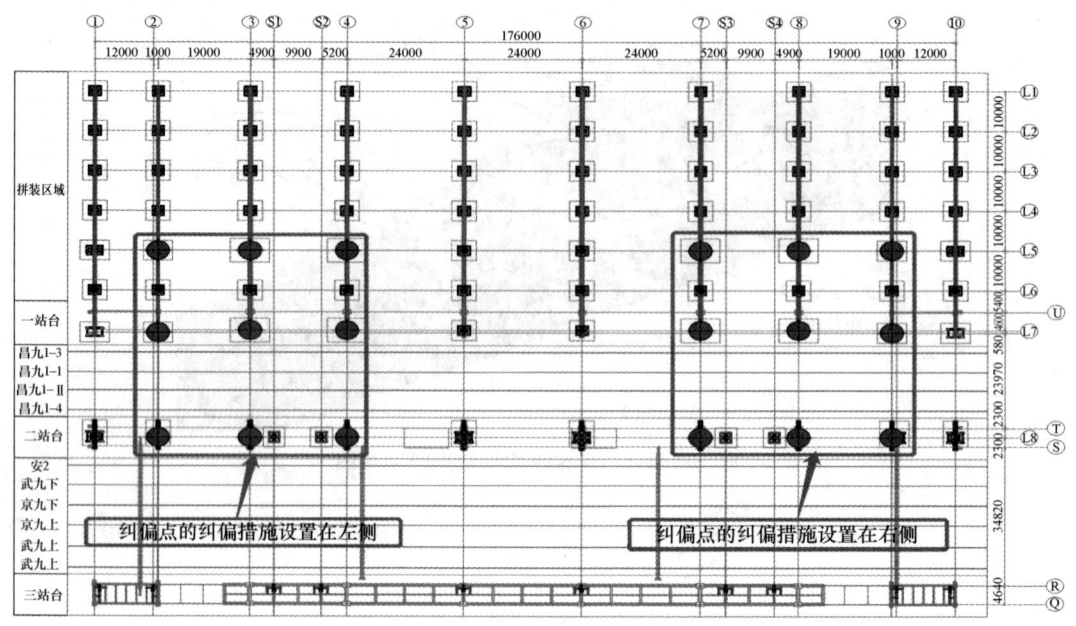

图 5.1.2-1 纠偏措施位置设置示意图

顶推过程中,考虑顶推结构偏离轨道中心线超出预设误差后,需对顶推结构进行纠偏。纠偏主要分3种工况。

工况一:第一次顶推26m,分段一顶推到预定位置后,准备拼装分段二结构,在拼装前需进行纠偏(图5.1.2-2、图5.1.2-3)。

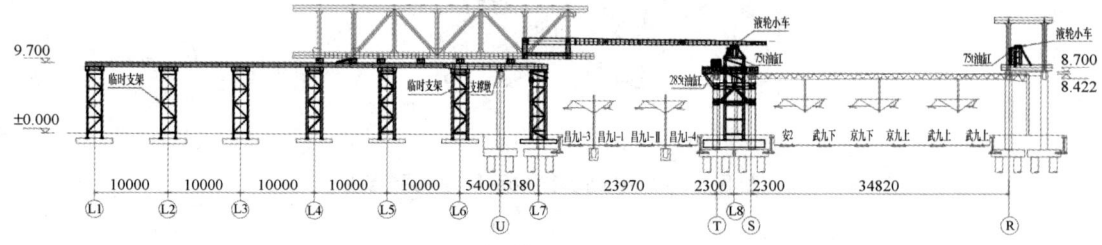

图 5.1.2-2 工况一(天桥)

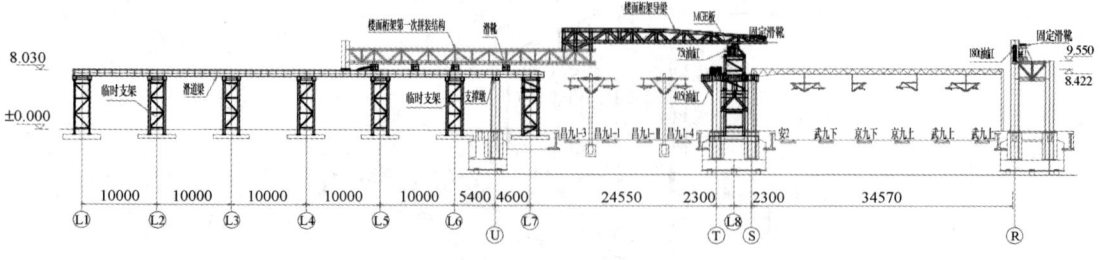

图 5.1.2-3 工况一(楼面桁架)

工况一纠偏点平面布置图如图5.1.2-4所示。

工况二:第二次至第四次顶推共计34.5m,顶推结构顶推至设计位置后,如偏离中心

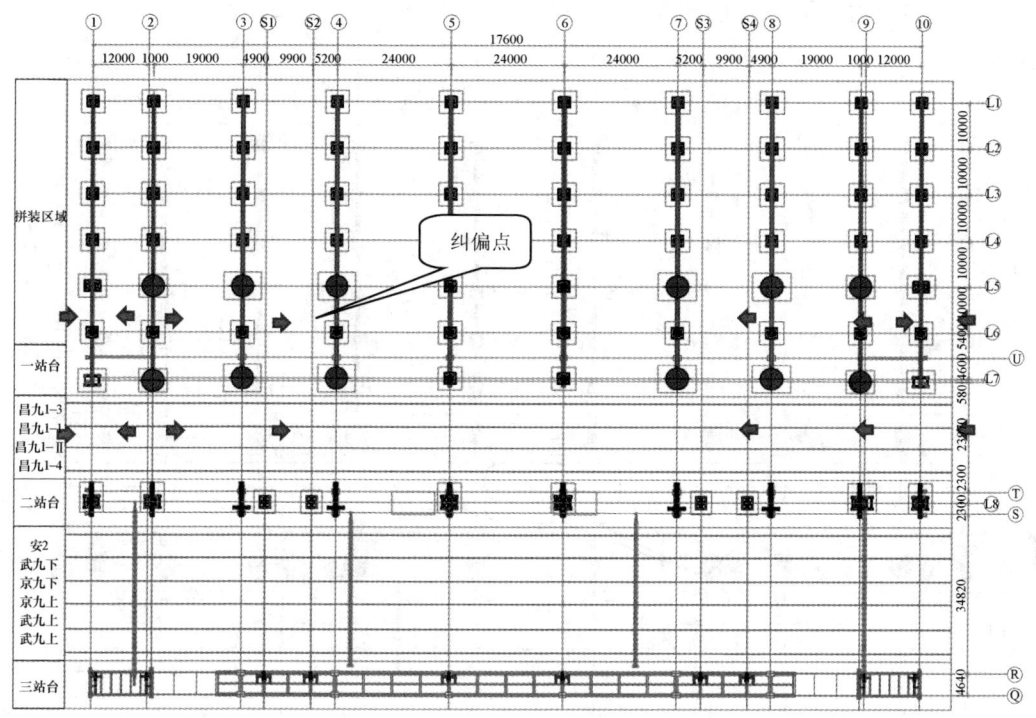

图 5.1.2-4 纠偏点平面布置图（工况一）

线，需对结构进行纠偏。如下图 5.1.2-5 和图 5.1.2-6 所示。

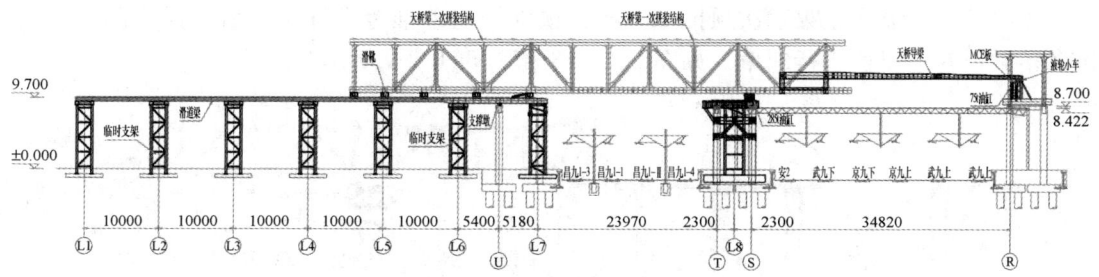

图 5.1.2-5 工况二（天桥）

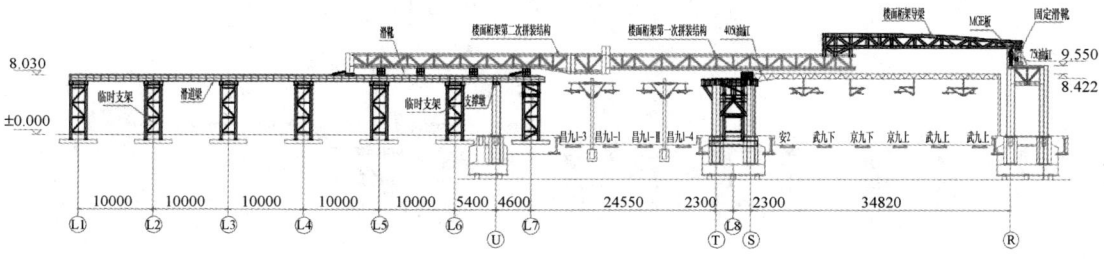

图 5.1.2-6 工况二（楼面桁架）

工况二纠偏点平面布置如图 5.1.2-7 所示。

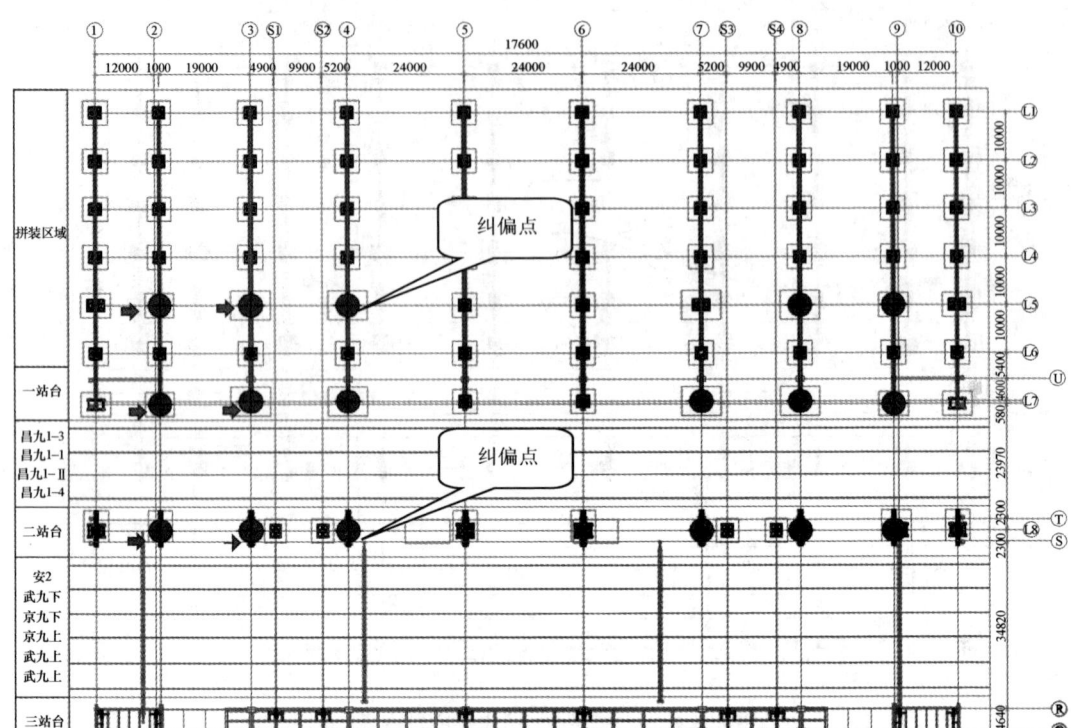

图 5.1.2-7　纠偏点平面布置图（工况二）

工况三：第五次至第六次顶推 19.3m，顶推结构顶推至设计位置后，拆除部分导梁，准备落梁，在落梁前进行纠偏。如图 5.1.2-8 和图 5.1.2-9 所示。

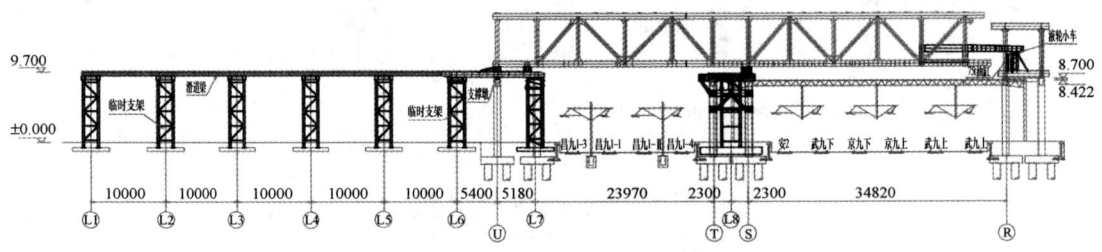

图 5.1.2-8　工况三（天桥）

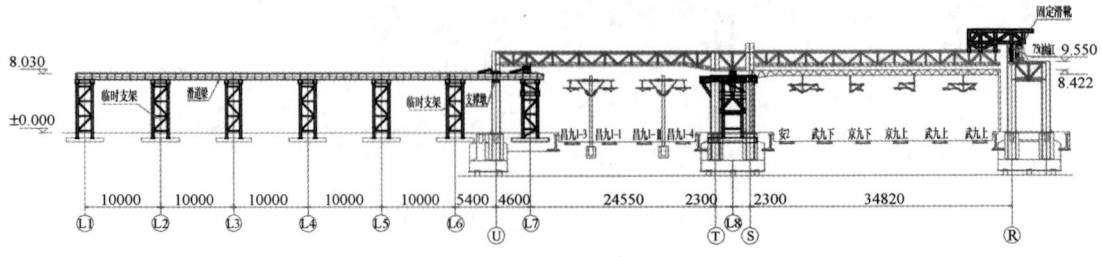

图 5.1.2-9　工况三（楼面桁架）

工况三纠偏点平面布置如图 5.1.2-10 所示。

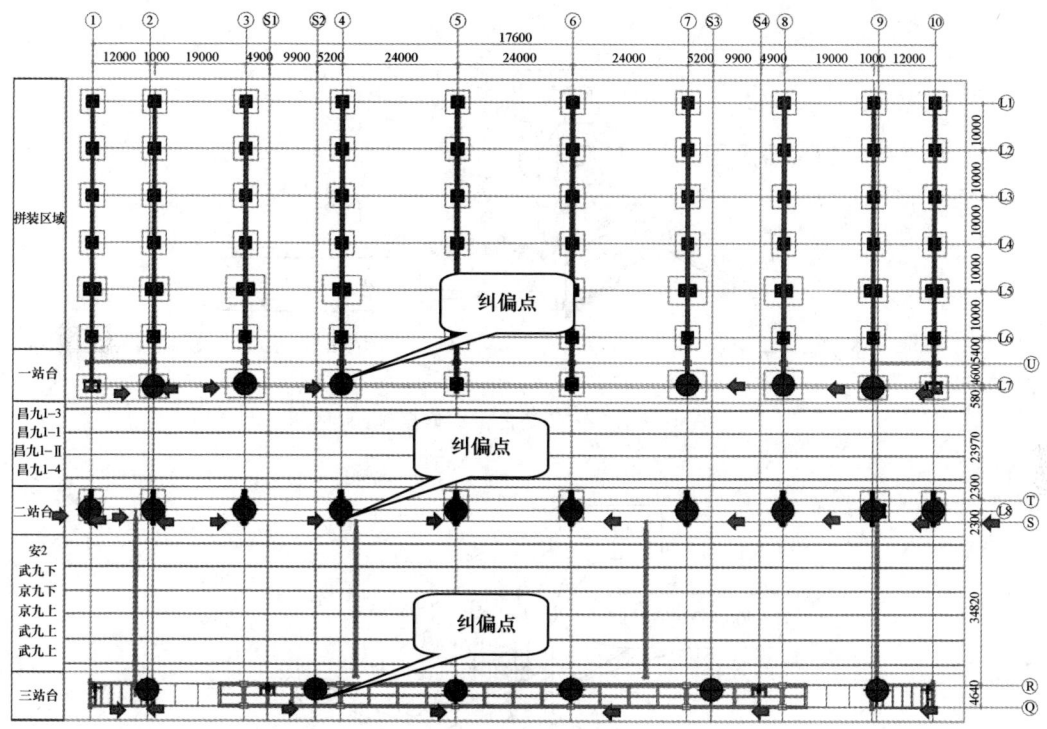

图 5.1.2-10　纠偏点平面布置图（工况三）

各站台纠偏措施如图 5.1.2-11 至图 5.1.2-13 所示。

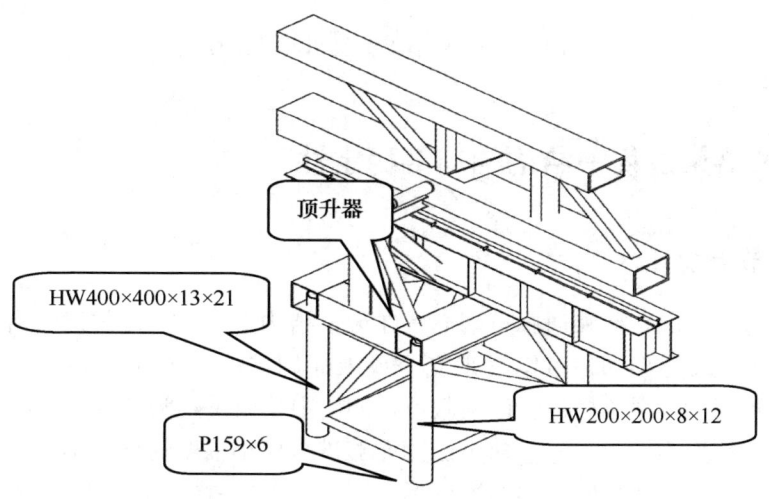

图 5.1.2-11　1 站台侧纠偏措施图

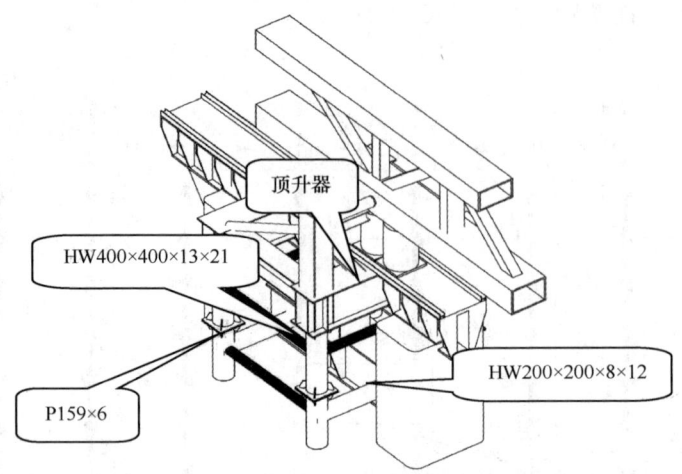

图 5.1.2-12　2 站台侧纠偏措施图

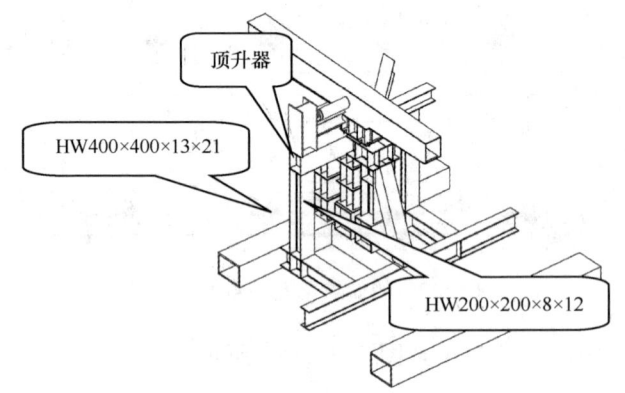

图 5.1.2-13　3 站台侧纠偏措施图

5.2 顶推及落梁过程中结构的局部稳定性

5.2.1 连接节点设计

根据顶推施工工况,换乘通廊一端搁置在天桥结构上方。一端与楼面桁架连接,在楼面桁架上通过设置支撑架和临时钢梁来支撑换乘通廊结构(图 5.2.1-1),每处连接点通过利用型钢或角钢设置限位杆进行四向限位,四向限位余量均为 5cm,使结构在顶推过程出现偶然状况(顶推不同步)时,换乘通廊能够进行极小幅度的自由偏移,防止产生钢梁内力,导致结构受扭或产生较大的刚度变形(图 5.2.1-2~图 5.2.1-4)。

5.2.2 落梁钢管节点设计

落梁施工前,在落梁设计点放置临时 Φ500mm 钢管支撑,根据现场施工情况,临时钢管支撑设计需考虑易拆性及可拆卸性,另外顶升油缸行程为 300mm,每次行程为

第 5 章 顶推及落梁施工过程控制

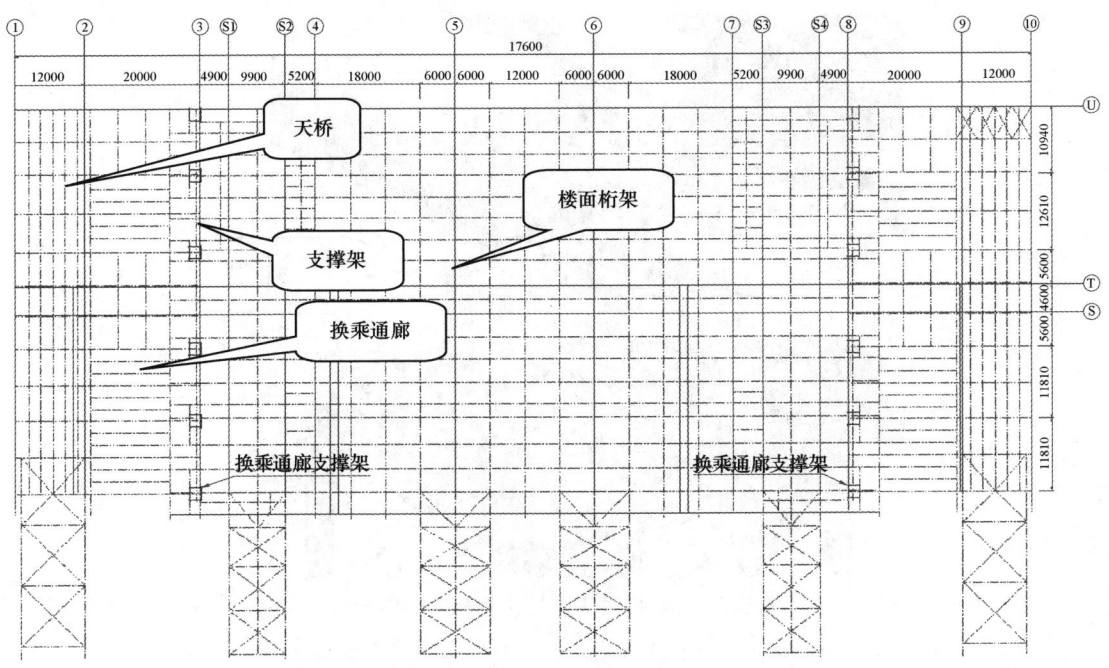

图 5.2.1-1 换乘通廊与楼面桁架连接节点平面布置

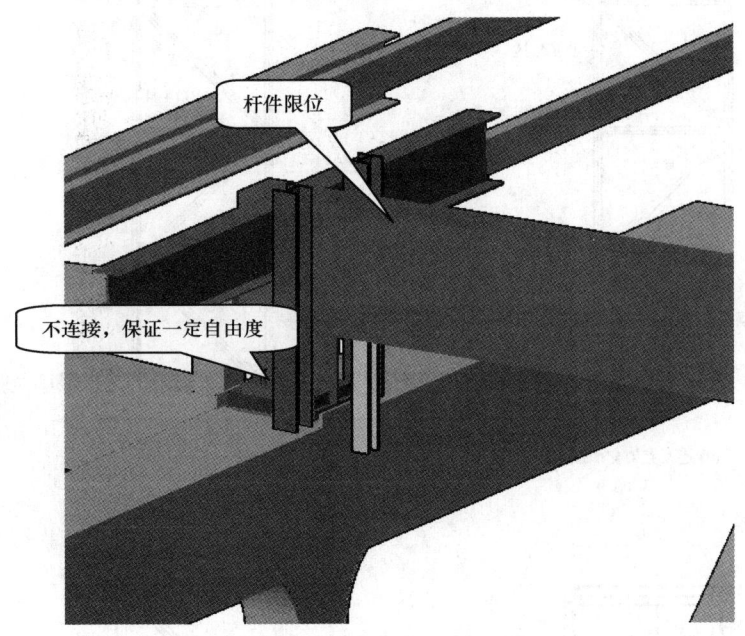

图 5.2.1-2 换乘通廊与天桥连接节点

200mm，每次行程转换需预留部分空间，方便移除临时墩，减小临时墩质量。Φ500mm 钢管支撑分为 10cm、20cm 高两种型号，质量分别为 79kg、56kg；高 10cm 的钢管支撑放置在钢管支撑顶部便于放置千斤顶（图 5.2.2-1），高 20cm 的钢管支撑便于落梁施工时控制高程（图 5.2.2-2）。

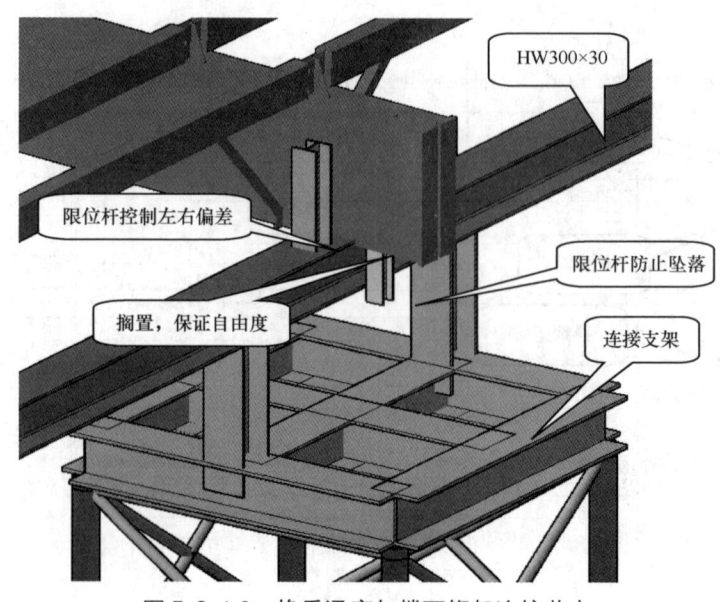

图 5.2.1-3 换乘通廊与楼面桁架连接节点

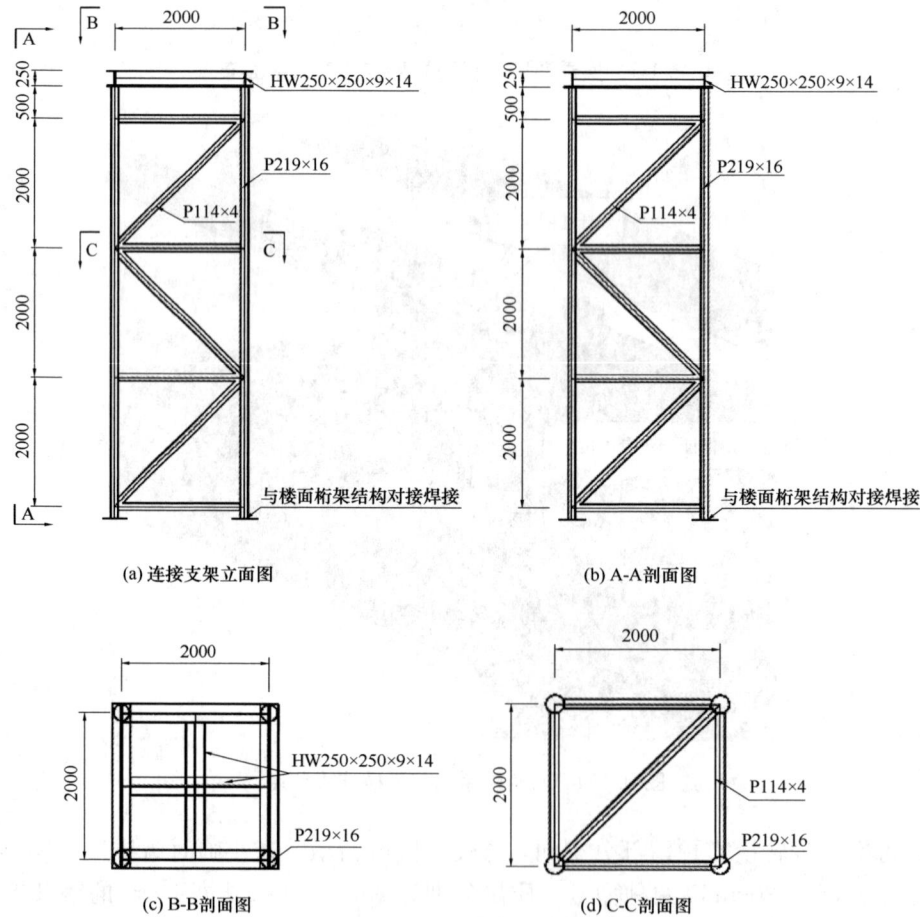

图 5.2.1-4 换乘通廊连接支架详图

第 5 章 顶推及落梁施工过程控制

图 5.2.2-1 10cm 钢管支撑盖帽

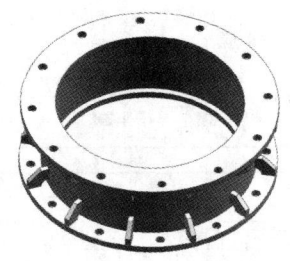

图 5.2.2-2 20cm 钢管支撑标准节

5.2.3 钢管支撑及桁架防倾覆措施

落梁前，对楼面桁架采取防倾覆措施，在 1、2 站台的③⑧轴线上的楼柱两侧焊接两段 20♯工字钢，以此保证桁架在落梁时的平稳。对钢管支撑进行倾覆措施有两种措施（图 5.2.3-1、图 5.2.3-2），一是所有钢管支撑上下连接均有螺栓进行连接固定；二是钢管支撑垫好后，利用角钢对钢管支撑进行一个临时的固结，以此来保证钢管支撑的稳定性。

图 5.2.3-1 钢管防倾覆措施

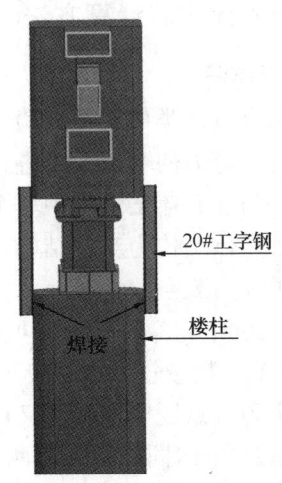

图 5.2.3-2 楼面桁架防倾覆措施

5.3 顶推及落梁过程中不同结构同步性控制

5.3.1 落梁概况

在落梁过程中，为提前预防因不确定因素导致的部分顶升千斤顶卸力问题，保证工程风险在可控范围内，就顶升落梁过程中可能出现的情况作如下模拟计算。

落梁高度为 1.5m，分两次进行落梁，第一次落梁 0.8m，第二次落梁 0.7m。楼面桁架设置 18 处顶升落梁点，18 处临时转换搁置点；两侧天桥共设置 12 处顶升落梁点，12 处临时转换搁置点；整个落梁过程所有设备均同步分级进行，共 30 处顶升落梁点（DS），30 处临时转换搁置点（LS）。落梁点与临时转换搁置点如图 5.3.1 所示。

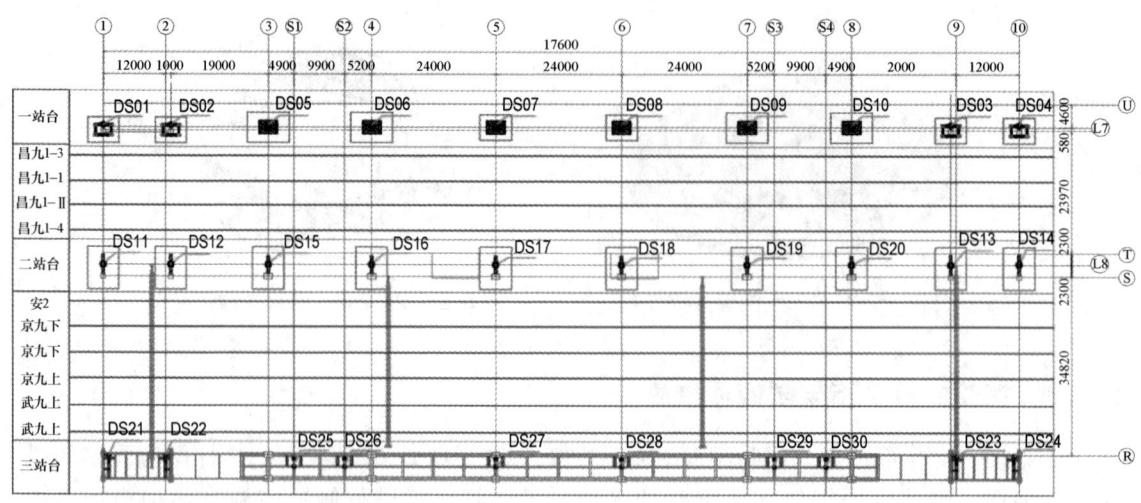

图 5.3.1 落梁点与临时转换搁置点总平面布置图

5.3.2 有限元仿真计算方法

1. 分析情况

通过结合过往类似工程经验并对实际工程中可能预见的问题进行合理的预设，现将有限元仿真分析分为两个情况来进行。

情况一为顶升落梁过程中单个千斤顶出现卸力脱空的情况。由于庐山站二期顶升落梁施工过程中整体结构为对称结构，因此在考虑单个千斤顶卸力脱空这一问题时只需考虑一半的千斤顶卸力脱空的情况。

情况二为顶升落梁过程中两个千斤顶出现卸力脱空的情况。因为庐山站二期工程共计顶升点 30 个，数量较多，相较于传统桥梁或者小型钢结构的顶升点排布较为复杂。因此在考虑两个顶升点脱空情况时又可分为四类：

① 沿南北方向同一轴上的两个千斤顶同时卸力脱空；
② 沿东西方向同一列上的两个千斤顶同时卸力脱空；
③ 同半侧不同行不同列两个千斤顶同时卸力脱空；
④ 不同半侧不同行不同列两个千斤顶同时卸力脱空。

在下述的各情况有限元仿真计算中，会将具体的考虑情况用图表示。

2. 荷载组合

(1) 荷载：重力荷载
(2) 安全等级和结构重要性系数：安全等级为 Ⅰ 级，结构重要性系数取 1.1。
(3) 荷载组合：1.1×（1.35×重力荷载）。

3. 有限元仿真计算方法

(1) 构建仿真模型

仿真计算软件为 ANSYS，采用梁单元（BEAM188 单元）建立主体结构。计算模型如图 5.3.2-1 所示。

(2) 千斤顶卸力脱空情况仿真模拟介绍

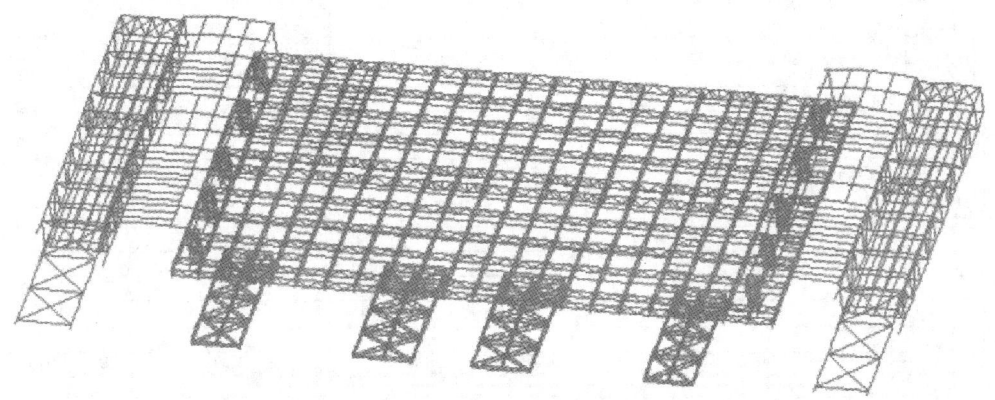

图 5.3.2-1　顶升落梁阶段的 ANSYS 计算模型

ANSYS 模拟计算见图 5.3.2-2。

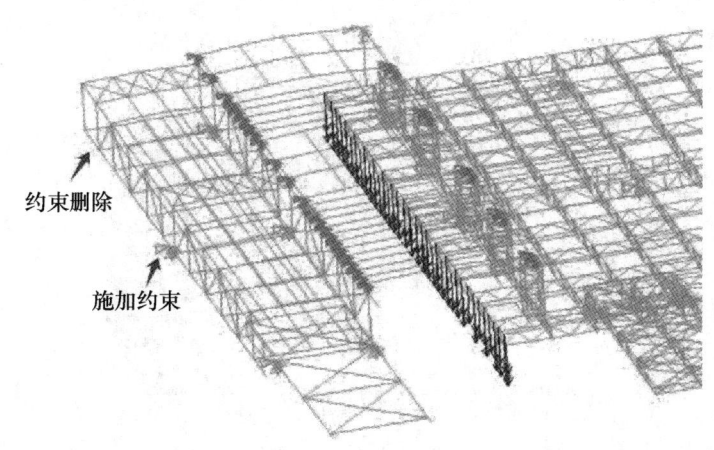

图 5.3.2-2　ANSYS 仿真删除约束示意图

注："约束删除"表示此处千斤顶卸力脱空；
"施加约束"表示此处千斤顶正常工作起到支撑上部结构的作用。

(3) 典型位置 ANSYS 模拟计算

以 DS01 处千斤顶卸力脱空为例，展示 ANSYS 仿真分析部分内力计算结果，应力计算公式为拉压与弯曲共同存在时杆件的组合应力计算公式。

假设 DS01 脱空，DS01 处千斤顶卸力脱空位置如图 5.3.2-3 所示。

图 5.3.2-4 至图 5.3.2-6 为 DS01 处千斤顶脱空卸力时结构产生的内力图，包括轴力图与弯矩图。

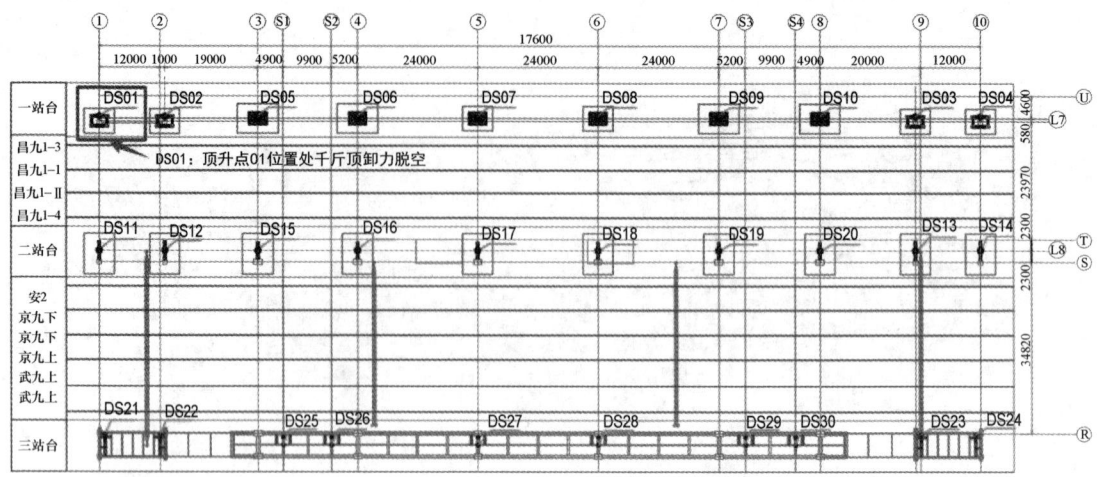

图 5.3.2-3　DS01 处千斤顶卸力脱空位置展示图

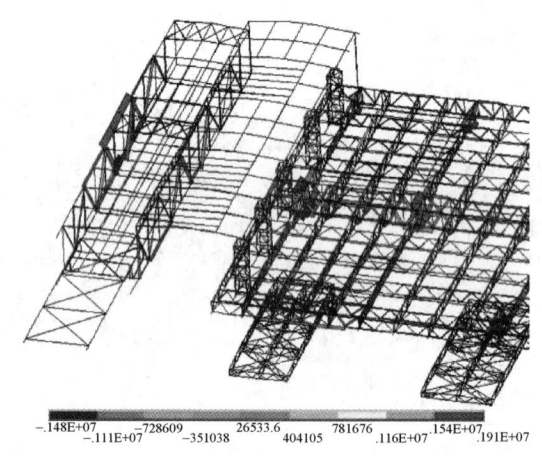

图 5.3.2-4　轴力图

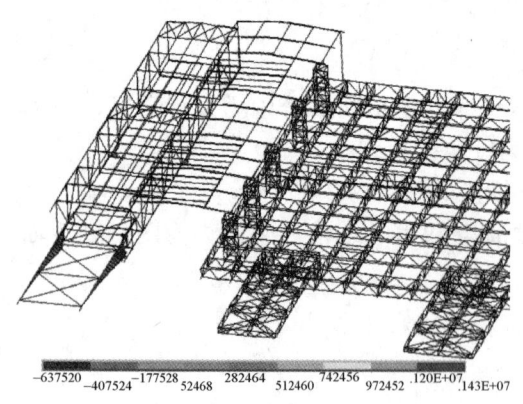

图 5.3.2-5　弯矩图 1（M_y）

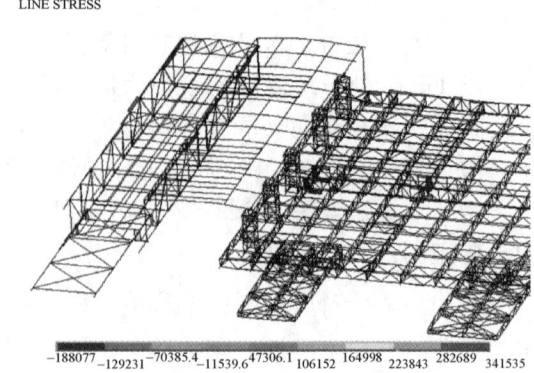

图 5.3.2-6　弯矩图 2（M_z）

5.3.3 受力分析

按式（5-1）计算应力幅值：

$$\sigma_{\max} = \frac{F_N}{A} \pm \frac{M_{z\max}}{W_z} \pm \frac{M_{y\max}}{W_y}$$ （式5-1）

$\sigma_{\max}$：最大应力；F_N：轴向力；A：截面积；$M_{z\max}$：绕Z轴的最大弯矩；W_z：关于Z轴的截面模量；$M_{y\max}$：绕y轴的最大弯矩；W_y：关y轴的截面模量。

公式中的±符号表示根据弯矩方向和载荷的性质（拉伸或压缩），各项可能相加或相减。

1. 情况一下的结构受力分析

情况一下最大拉应力和压应力值见表5.3.3-1。

表5.3.3-1　情况一最大拉应力和最大压应力　　　　　　　单位：MPa

拉应力	压应力	拉应力	压应力	拉应力	压应力	拉应力	压应力	拉应力	压应力
DS-01 脱空		DS-02 脱空		DS-05 脱空		DS-06 脱空		DS-07 脱空	
144.21	−145.29	139.65	−139.36	139.85	−136.49	135.77	−136.18	135.68	−136.18
DS-11 脱空		DS-12 脱空		DS-15 脱空		DS-16 脱空		DS-17 脱空	
169.68	−170.69	238.34	−238.93	193.48	−226.49	148.33	−136.81	142.70	−136.16
DS-21 脱空		DS-22 脱空		DS-25 脱空		DS-26 脱空		DS-27 脱空	
173.58	−173.55	175.75	−176.38	284.26	−252.88	215.71	−183.92	253.99	−250.97

分析结果：

综上数据统计表可以看出，最大的拉应力、压应力均不超过钢结构设计值±290MPa，但是会有较为接近此值的情况出现，需重点注意。对于单个千斤顶卸力脱空情况，顶升落梁点位是对称布置的，故表中内容只分析一半即可，未出现DS8~DS10，DS18~DS20，DS28~DS30。

（1）DS01至DS10处千斤顶卸力脱空未引起明显的应力变化，最大拉应力与最小压应力数值变化幅度较为稳定。

（2）DS11至DS20处千斤顶卸力脱空引起的应力变化较为明显，换乘通廊两侧的顶升位置千斤顶卸力脱空引起的应力变化较为明显，而越靠近楼面桁架中部位置，由于支座脱空而引起的应力变化越不明显。

（3）DS21至DS30处千斤顶卸力脱空引起的应力变化是最为明显的，主要是因为楼面桁架前端导梁位置下方千斤顶卸力脱空会引起较为剧烈的应力变化，需重点关注。

2. 情况二下的结构受力分析

由上节分析可知，DS01至DS10处千斤顶卸力脱空引起的应力变化幅度较小，因此，在分析两个顶升千斤顶卸力脱空情况时重点关注DS11至DS20处和DS21至DS30处的千斤顶卸力脱空对应力的影响程度，以便更好地指导工程实践。

（1）沿南北方向同一轴上的两个千斤顶同时卸力脱空（以L7轴和L8轴为例）

其情况统计见表5.3.3-2~表5.3.3-4。

表 5.3.3-2　L7 轴单轴不同脱空情况类型统计表

仿真分析大类	细分脱空情况类型
天桥处两点	DS01＋DS02　DS 01＋DS03　DS01＋DS04　DS02＋DS03
楼面桁架处两点	相邻：DS05＋DS06　DS06 ＋DS07　DS07＋DS08 相隔 1 个：DS05＋DS07　DS06＋DS08 相隔 2 个：DS05＋DS08　DS06＋DS09 相隔 3 个：DS05＋DS09 相隔 4 个：DS05＋DS10
天桥一点＋楼面桁架一点 （主要考虑换乘通廊两侧脱空情况）	DS01＋DS05　DS02＋DS05 DS01＋DS10　DS02＋DS10

表 5.3.3-3　L8 轴单轴不同脱空情况类型统计表

仿真分析大类	细分脱空情况类型
天桥处两点	DS11＋DS12　DS11＋DS13　DS11＋DS14　DS12＋DS 13
楼面桁架处两点	相邻：DS15＋DS16　DS16＋DS17　DS17＋DS18 相隔 1 个：DS15＋DS17　DS16＋DS18 相隔 2 个：DS15＋DS18　DS16＋DS19 相隔 3 个：DS15＋DS19 相隔 4 个：DS15＋DS20
天桥一点＋楼面桁架一点 （主要考虑换乘通廊两侧脱空情况）	DS11＋DS15　DS12＋DS15　DS11＋DS20　DS12＋DS20

表 5.3.3-4　R 轴单轴不同脱空情况类型统计表

仿真分析大类	细分脱空情况类型
天桥处两点	DS21＋DS22　DS21＋DS23　DS21＋DS24　DS22＋DS23
楼面桁架处两点	相邻：DS25＋DS26　DS26＋DS27　DS27＋DS28 相隔 1 个：DS25＋DS27　DS26＋DS28 相隔 2 个：DS25＋DS28　DS26＋DS29 相隔 3 个：DS25＋DS29 相隔 4 个：DS25＋DS30
天桥一点＋楼面桁架一点 （主要考虑换乘通廊两侧脱空情况）	DS21＋DS25　DS22＋DS25 DS21＋DS30　DS22＋DS30

根据表 5.3.3-2 可知，在考虑南北方向（沿列车运行方向）同一轴上的两个千斤顶同时卸力脱空时，主要考虑了 3 大类情况：第 1 类为天桥位置下方两顶升点同时卸力脱空情况，如图 5.3.3-1 所示；第 2 类为楼面桁架位置下方两顶升点同时卸力脱空情况，如图 5.3.3-2、图 5.3.3-3 所示；第 3 类为天桥一顶升点与楼面桁架一顶升点两位置处两顶升点同时卸力脱空情况，如图 5.3.3-4 所示。因篇幅关系，挑选以下 4 种情况。

据表 5.3.3-2 所示除 3 大类情况之外，还细分了 17 类细分情况，单一逐个进行有限元仿真分析，得出较有参考意义的结论。

例一　DS11＋DS12——顶升点 11、顶升点 12 同时卸力脱空。

第 5 章　顶推及落梁施工过程控制

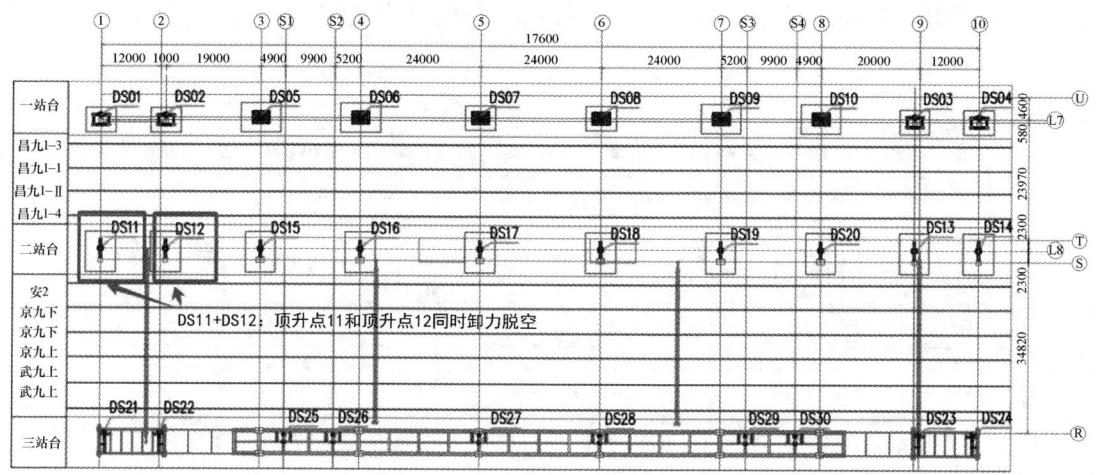

图 5.3.3-1　DS11+DS12 脱空位置展示图

例二　DS15+DS16——顶升点 15、顶升点 16 同时卸力脱空

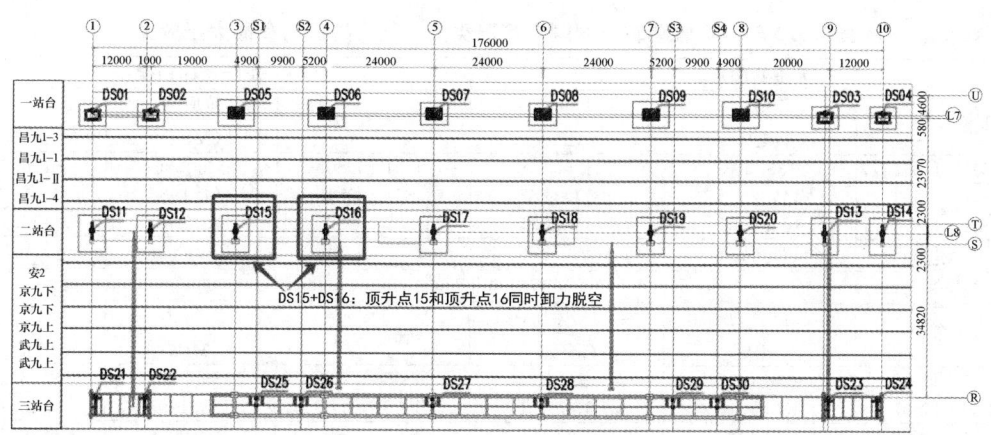

图 5.3.3-2　DS15+DS16 同时脱空位置展示图

例三　DS16+DS19——顶升点 16、顶升点 19 同时卸力脱空

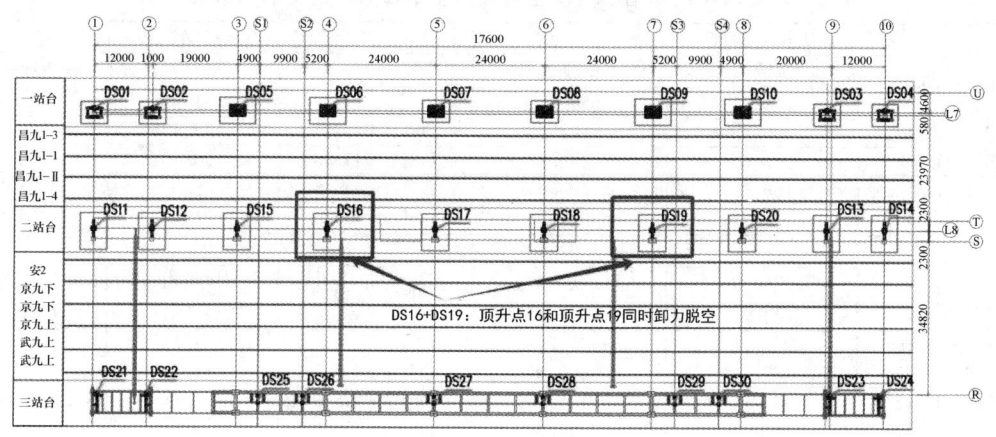

图 5.3.3-3　DS16+DS19 同时脱空位置示意图

例四　S12+DS15——顶升点12、顶升点15同时卸力脱空

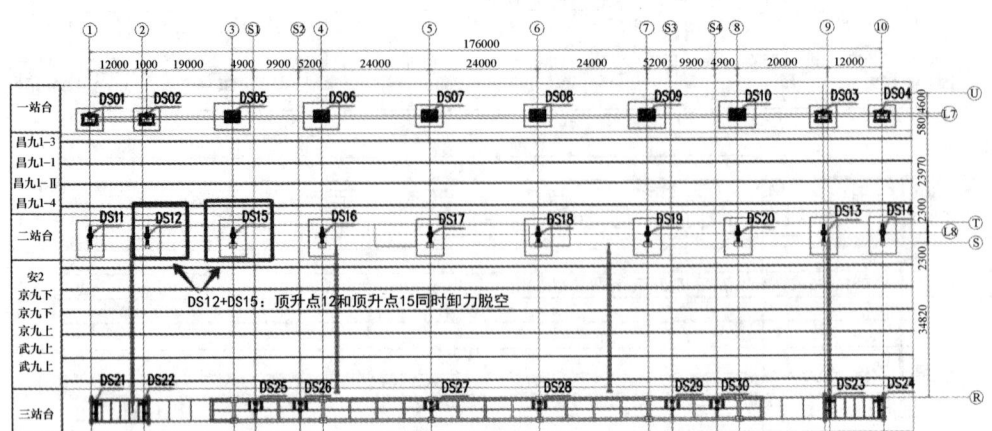

图 5.3.3-4　DS12+DS15 同时脱空位置示意图

分析计算结果见表 5.3.3-5、表 5.3.3-6 和表 5.3.3-7。

表 5.3.3-5　L7 轴单轴不同脱空情况类型下最大拉应力和最大压应力

天桥处两点			天桥一点+楼面桁架一点		
脱空位置	拉应力（MPa）	压应力（MPa）	脱空位置	拉应力（MPa）	压应力（MPa）
DS01+DS02	135.593	−136.158	DS01+DS05	145.396	−146.314
DS01+DS03	144.2058	−145.282	DS01+DS10	144.1987	−145.271
DS01+DS04	144.2507	−145.331	DS02+DS05	139.7949	−156.192
DS02+DS03	139.6538	−139.376	DS02+DS10	139.7187	−139.369
楼面桁架处两点					
脱空位置	拉应力（MPa）	压应力（MPa）	脱空位置	拉应力（MPa）	压应力（MPa）
DS05+DS06	205.1075	−207.875	DS05+DS08	139.8821	−136.496
DS06+DS07	135.5016	−136.161	DS06+DS09	135.4295	−136.126
DS07+DS08	135.4483	−136.123	DS05+DS09	140.0036	−136.488
DS05+DS07	138.6805	−136.456	DS05+DS10	203.086	−185.28
DS06+DS08	135.4712	−136.141			

表 5.3.3-6　L8 轴单轴不同脱空情况类型下最大拉应力和最大压应力

天桥处两点			天桥一点+楼面桁架一点		
脱空位置	拉应力（MPa）	压应力（MPa）	脱空位置	拉应力（MPa）	压应力（MPa）
DS11+DS12	290.28	−291.36	DS11+DS15	197.43	−199.30
DS11+DS13	238.63	−239.21	DS11+DS20	190.55	−225.86
DS11+DS14	169.60	−170.61	DS12+DS15	238.80	−278.29
DS12+DS13	238.46	−239.03	DS12+DS20	191.85	−224.04
楼面桁架处两点					
脱空位置	拉应力（MPa）	压应力（MPa）	脱空位置	拉应力（MPa）	压应力（MPa）
DS15+DS16	243.88	−276.06	DS15+DS18	197.55	−231.04
DS16+DS17	187.79	−165.97	DS16+DS19	148.60	−136.84
DS17+DS18	146.90	−136.71	DS15+DS19	193.66	−226.69
DS15+DS17	183.18	−214.99	DS15+DS20	191.65	−224.09
DS16+DS18	146.91	−136.71			

表 5.3.3-7　R 轴单轴不同脱空情况类型下最大拉应力和最大压应力

天桥处两点			天桥一点+楼面桁架一点		
脱空位置	拉应力 (MPa)	压应力 (MPa)	脱空位置	拉应力 (MPa)	压应力 (MPa)
DS21+DS22	198.77	-206.193	DS21+DS25	288.522	-257.075
DS21+DS23	175.617	-176.254	DS21+DS30	288.392	-252.707
DS21+DS24	198.77	-206.193	DS22+DS25	280.462	-249.119
DS22+DS23	175.708	-176.371	DS22+DS30	270.55	-253.526

楼面桁架处两点					
脱空位置	拉应力 (MPa)	压应力 (MPa)	脱空位置	拉应力 (MPa)	压应力 (MPa)
DS25+DS26	265.7694	-274.147	DS25+DS28	305.0148	-298.133
DS26+DS27	344.2387	-321.035	DS26+DS29	224.6452	-193.062
DS27+DS28	224.4246	-264.398	DS25+DS29	276.3316	-244.62
DS25+DS27	234.7851	-283.969	DS25+DS30	332.1812	-268.988
DS26+DS28	244.7718	-220.921			

对两个千斤顶卸力脱空中特殊情况下 L8 轴单轴重点脱空情况综合分析可知：

整体来看，在同轴两顶升点同时出现卸力脱空的情况下，L7 轴与 L8 轴同轴两点出现卸力脱空的情况下，数据基本位于安全区间范围内，重点关注 DS11+DS12 同时脱空的情况，应力数值较大，会对安全施工造成一定的影响。对于 R 轴顶升点出现卸力脱空的情况需重点关注，应力较大，部分情况出现超过设计强度的情况。

① 若天桥侧出现两个千斤顶卸力脱空情况，则需要重点关注靠近换乘通廊附近处千斤顶是否出现了卸力脱空情况。根据计算结果可知，两端（即 DS11 和 DS14 位置处）千斤顶卸力脱空时，对应力影响程度较小，而其他情况均存在位于换乘通廊附近的情况，应力极值较大。

② 对于天桥一个位置出现卸力和楼面桁架一个位置出现卸力的情况，根据前述经验，重点考虑了换乘通廊附近楼面桁架下方顶升点卸力脱空。如结果所示，应重点关注具体天桥卸力脱空处较近的换乘通廊侧楼面桁架下方顶升点的卸力脱空情况。若天桥侧已有一点卸力脱空，位于相邻位置的换乘通廊附近楼面桁架千斤顶若同样出现卸力情况，应力较大。

③ 对于楼面桁架处两个位置的千斤顶出现卸力脱空的情况，无论是相邻点还是相隔点，根据结果分析，越靠近中部的位置出现卸力脱空情况对应力结果的影响越小。若一个卸力脱空的顶升点位于楼面桁架边缘，对应力影响较大，需重点关注。

（2）沿东西方向同一列上的两个千斤顶同时出现卸力脱空情况

沿东西方向同一列上两个千斤顶同时卸为脱空情况及应力情况见表 5.3.3-8 和表 5.3.3-9。

表 5.3.3-8　同列不同脱空情况类型统计表

仿真分析大类	细分脱空情况类型		
天桥处两点	DS01＋DS11　　DS01＋DS21　　DS11＋DS21 DS02＋DS12　　DS02＋DS22　　DS12＋DS22		
楼面桁架处两点	DS05＋DS15　　DS05＋DS25　　DS15＋DS25 DS06＋DS16　　DS06＋DS26　　DS16＋DS26 DS07＋DS17　　DS07＋DS27　　DS17＋DS27		

表 5.3.3-9　同列不同脱空情况类型下最大正应力和最大压应力

拉应力 （MPa）	压应力 （MPa）	拉应力 （MPa）	压应力 （MPa）	拉应力 （MPa）	压应力 （MPa）
DS01＋DS11		DS01＋DS21		DS11＋DS21	
650.32	－583.38	180.25	－179.45	546.66	－496.42
DS02＋DS12		DS02＋DS22		DS12＋DS22	
741.42	－853.95	183.23	－180.81	756.25	－854.19
DS05＋DS15		DS05＋DS25		DS15＋DS25	
281.01	－314.28	261.24	－229.93	462.01	－371.64
DS06＋DS16		DS06＋DS26		DS16＋DS26	
145.10	－136.93	209.38	－177.54	236.00	－206.98
DS07＋DS17		DS07＋DS27		DS17＋DS27	
137.14	－136.17	251.03	－247.77	274.45	－270.85

综合表 5.3.3-8、表 5.3.3-9 分析可知：

① 对于天桥侧同列出现两个位置同时千斤顶卸力脱空情况，会有极大的应力变化情况出现，此情况下两处位置沿滑道方向相邻。应重点关注此种同列卸力脱空情况，避免危险事件发生。而对于同列间隔千斤顶卸力脱空的情况，应力影响较小。

② 对于楼面桁架侧同列出现两个位置同时千斤顶卸力脱空的情况，主要影响较大的情况为靠近换乘通廊旁的顶升点千斤顶卸力脱空。而对于靠近中部的同列脱空情况下产生的应力较小，较为安全。

（3）同半侧不同行不同列千斤顶脱空情况。此种情况存在较多的组合情况，根据前述大批量的数据分析，找到较为可能存在危险的两点组合类型多为两点距离较近的情况下出现的，因此分析目标见表 5.3.3-10，分析结果见表 5.3.3-11。

表 5.3.3-10　同半侧不同行不同列千斤顶脱空情况类型统计表

仿真分析大类	细分卸力脱空类型			
天桥处两点	DS02＋DS11	DS01＋DS12	DS11＋DS22	DS12＋DS21
楼面桁架处两点	DS05＋DS16 DS15＋DS26	DS05＋DS17 DS15＋DS27	DS06＋DS15 DS16＋DS25	DS07＋DS15 DS17＋DS25
天桥一点＋楼面桁架一点 （主要考虑换乘通廊两侧脱空情况）	DS02＋DS15 DS12＋DS25	DS05＋DS12 DS15＋DS22		

表 5.3.3-11　同半侧不同行不同列脱空情况类型下最大正应力和最大压应力

	天桥处两点			天桥一点＋楼面桁架一点	
脱空位置	正应力（MPa）	压应力（MPa）	脱空位置	正应力（MPa）	压应力（MPa）
DS01＋DS12	223.86	−223.92	DS02＋DS15	200.85	−235.07
DS02＋DS11	157.19	−157.11	DS05＋DS12	237.99	−238.38
DS11＋DS22	191.96	−190.78	DS12＋DS25	279.74	−248.44
DS12＋DS21	234.67	−236.99	DS15＋DS22	199.36	−233.17
	楼面桁架处两点				
脱空位置	正应力（MPa）	压应力（MPa）	脱空位置	正应力（MPa）	压应力（MPa）
DS05＋DS16	152.49	−137.11	DS15＋DS26	254.35	−224.79
DS05＋DS17	146.51	−136.52	DS15＋DS27	243.48	−238.65
DS06＋DS15	194.98	−228.18	DS16＋DS25	299.88	−268.91
DS07＋DS15	193.63	−226.66	DS17＋DS25	280.83	−249.24

综合分析可知：

综合上表分析，最大正应力和最大压应力出现的情况均伴随顶升点 25 处卸力脱空的情况，因此在两点或多点存在卸力脱空情况时，要重点关注顶升点 25 的接触情况，重点观测。因为模型为对称结构，因此应关注 3 轴、8 轴附近导梁前端的顶升位置处的卸力脱空情况。

（4）不同半侧不同行不同列两点千斤顶卸力脱空类型统计表

此种情况下可组合的类型较多，综合前述的运算分析结果可对细分类型进行精简，并较为适配工程实践需要，需重点关注天桥位置顶升点以及换乘通廊附近的楼面桁架下方顶升点，这两处千斤顶卸力脱空会对应力产生较大影响。分析结果见表 5.3.12 和表 5.3.13。

表 5.3.3-12　不同半侧不同行不同列脱空情况类型下最大正应力和最大压应力

仿真分析大类	细分卸力脱空类型
天桥处两点	DS01＋DS13　DS01＋DS14　DS02＋DS13　DS02＋DS14
楼面桁架处两点	DS05＋DS18　DS05＋DS19　DS05＋DS20 DS07＋DS18　DS07＋DS19　DS16＋DS20
天桥一点＋楼面桁架一点 （主要考虑换乘通廊两侧脱空情况）	DS01＋DS20　DS02＋DS20 DS10＋DS11　DS10＋DS12

表 5.3.3-13　不同半侧不同行不同列脱空情况类型下最大正应力和最大压应力

天桥处两点			天桥一点+楼面桁架一点		
脱空位置	正应力（MPa）	压应力（MPa）	脱空位置	正应力（MPa）	压应力（MPa）
DS01+DS13	238.56	-239.14	DS01+DS20	192.10	-224.32
DS01+DS14	169.44	-170.46	DS02+DS20	192.10	-224.32
DS02+DS13	238.55	-239.13	DS10+DS11	169.56	-193.60
DS02+DS14	169.44	-170.46	DS10+DS12	238.45	-239.04
楼面桁架处两点					
脱空位置	正应力（MPa）	压应力（MPa）	脱空位置	正应力（MPa）	压应力（MPa）
DS05+DS18	141.32	-136.47	DS07+DS18	143.34	-136.20
DS05+DS19	143.88	-157.89	DS07+DS19	148.42	-136.83
DS05+DS20	191.97	-224.21	DS07+DS20	190.48	-226.62

综合表 5.3.3-12、表 5.3.3-13 分析可知：

① 对于选取重要情况下的受力分析，因顶升点千斤顶卸力脱空引起的最大正应力和最大压应力均未有较为强烈的应力波动，应力较大的情况为 DS13 和另一侧天桥下方顶升点同时存在卸力脱空。

② 综合前述，再结合此情况下的分析结果能够发现，若距离较近的两个顶升点下方千斤顶同时出现卸力脱空现象，容易引起较大的应力。

因此根据各种情况下的数据分析可知：

对于单个顶推点卸力脱空的情况，应尽量避免 2 站台位置处天桥下方千斤顶出现卸力脱空，若发生会产生较大应力，但仍在容许应力范围内。另外，3 站台上方千斤顶若出现卸力脱空情况，产生的应力影响也较为强烈，这与顶升点位于导梁处有关，导梁结构相较于主体结构整体刚度较小，会容易出现应力较大的情况，但均在容许应力范围内。对于其他区域来说，越靠近候车层桁架中间部分结构越稳定，此处千斤顶卸力脱空对于整体结构的应力影响较小。

两处千斤顶出现卸力脱空的情况中，结合前述较为大量的计算结果论述可知，换乘通廊附近的千斤顶需要重点关注，天桥下方的千斤顶需重点关注。尤其是与天桥部位邻近的千斤顶若出现卸力脱空问题，应力数值大，对施工过程影响较大。对于候车层桁架中部附近千斤顶卸力脱空问题，这种情况引起的应力变化较小。邻近千斤顶同时出现卸力脱空会对会产生较大应力，相离较远的两处千斤顶若同时出现卸力脱空，相较于邻近位置出现此种危险情况引起的应力变化较小。

3. 脱空内力影响范围

为研究顶升落梁阶段千斤顶卸力脱空对周边结构内力产生的影响位置范围，现对⑤轴上的 DS07、DS17 和 DS27 分别做模拟仿真分析，并通过对照无脱空情况下结构的轴力与弯矩，形成可供实际工程施工过程参考的计算结论。

重点关注 DS07、DS17 与 DS27 出现卸力脱空内力影响范围。

图 5.3.3-5 至图 5.3.3-7 为 DS17 位置处千斤顶卸力脱空对结构产生轴力与弯矩图，图 5.3.3-8 至图 5.3.3-10 为无脱空情况下结构的轴力与弯矩图。

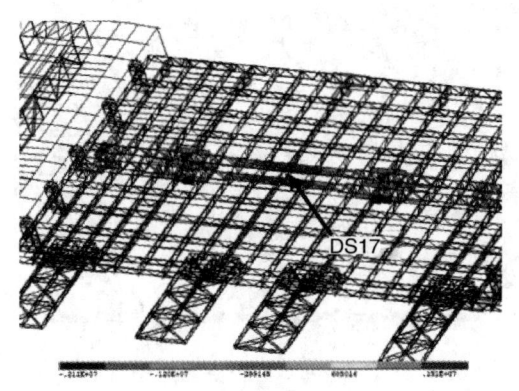

图 5.3.3-5　DS17 脱空轴力图

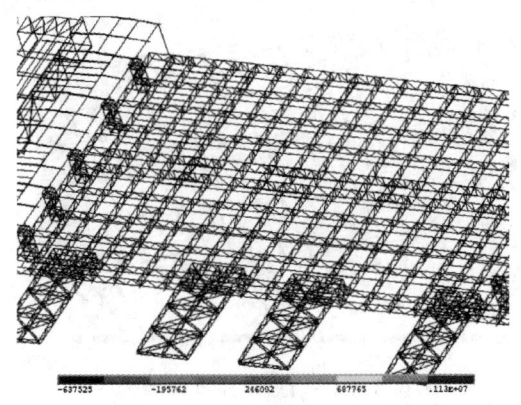

图 5.3.3-6　DS17 脱空弯矩图（M_y）

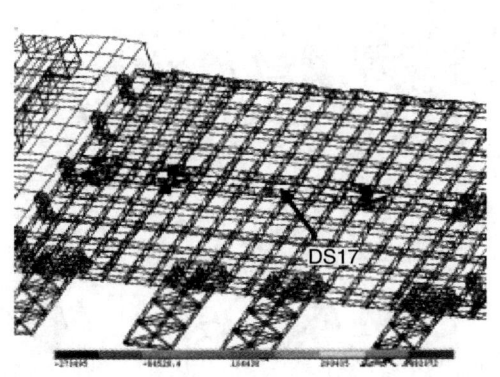

图 5.3.3-7　DS17 脱空结构弯矩图（M_z）

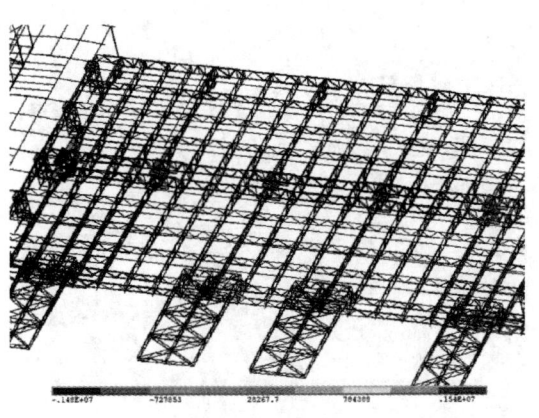

图 5.3.3-8　无脱空轴力图

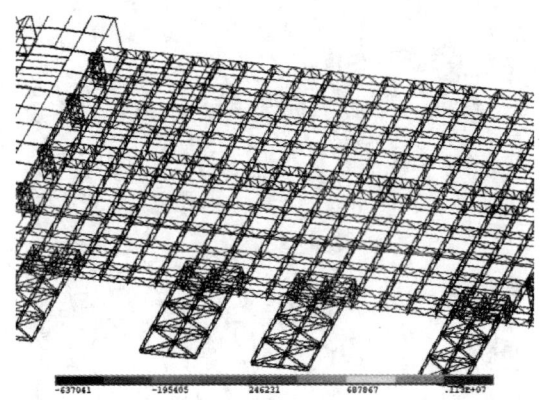

图 5.3.3-9　无脱空弯矩图（M_y）

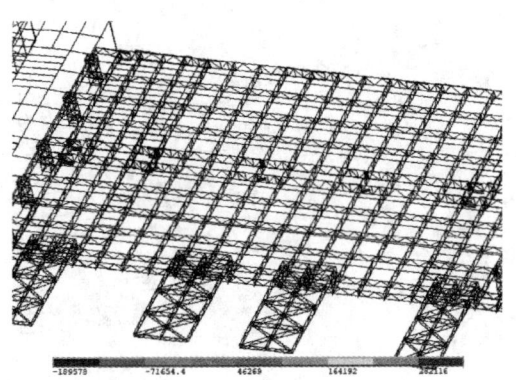

图 5.3.3-10　无脱空结构弯矩图（M_z）

图 5.3.3-11 至图 5.3.3-13 为 DS07 处千斤顶脱空时产生的轴力和弯矩。

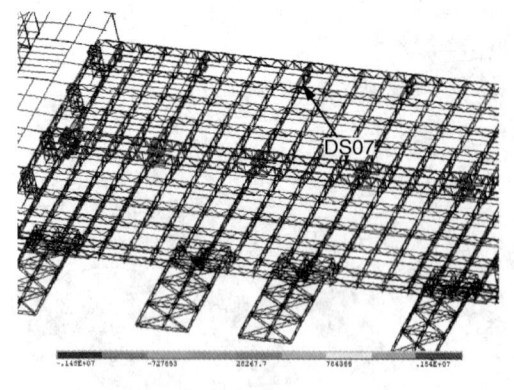

图 5.3.3-11 DS07 脱空轴力图

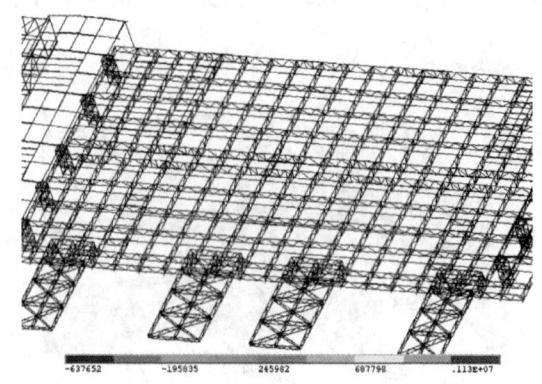

图 5.3..3-12 DS07 脱空弯矩图（M_y）

图 5.3.3-14 至图 5.3.3-16 为 DS27 处千斤顶脱空时产生的轴力和弯矩。

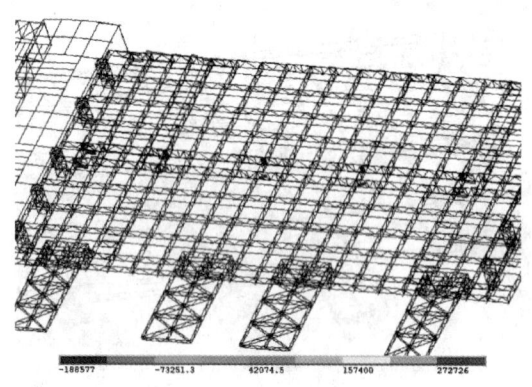

图 5.3.3-13 DS07 脱空弯矩图（M_z）

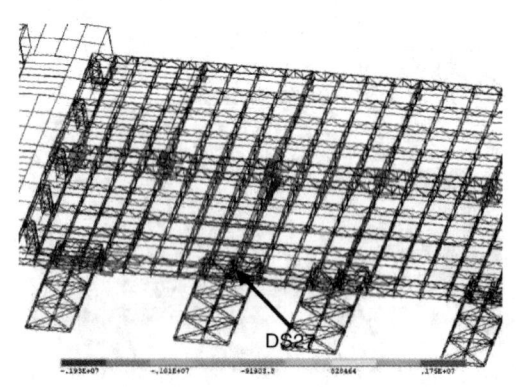

图 5.3.3-14 DS27 脱空轴力图

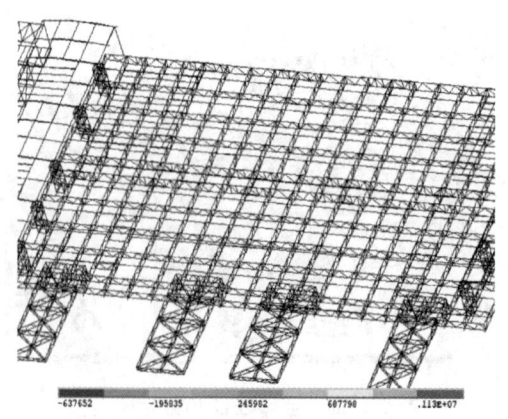

图 5.3.3-15 DS27 脱空弯矩图（M_y）

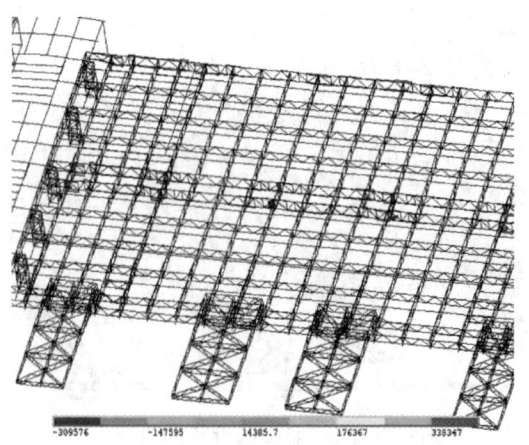

图 5.3.3-16 DS27 脱空弯矩图（M_z）

结合上述三种情况的内力示意图，对脱空产生的内力影响范围进行研究可以发现，对于结构内力的影响主要是对轴力产生的影响。对于DS07与DS27两种卸力脱空情况，当出现脱空时，中间跨顶升点17附近的内力会增加。而对于DS17卸力脱空这种情况，当出现脱空时，DS17位置南北两侧的顶升点附近的轴力会增加。

所以，内力影响范围主要是从脱空点到邻近顶升点之间，较为明显的内力变化主要集中脱空点邻近的顶升点上，这与脱空点约束消失、支撑结构的责任转移到邻近的顶升点有关，会使邻近顶升点附近杆件内力增大。

5.3.4 应力变化幅度

根据前述所做的仿真计算分析结果，并结合正常顶升落梁过程中无任何顶升点发生卸力脱空的情况下的仿真计算结果，制作了表5.3.4-1、表5.3.4-2和表5.3.4-3，可以较为明显地反映出脱空与无脱空之间的应力最值关系，也能较为直观地反映出哪种情况下哪个位置处千斤顶若发生卸力脱空会造成多大的应力增幅。

表5.3.4-1 脱空存在与脱空不存在时应力变化幅度统计表（一）

情况一				情况二			
脱空位置	脱空存在时应力（MPa）	无脱空情况应力（MPa）	增长幅度	脱空位置	脱空存在时应力（MPa）	无脱空情况应力（MPa）	增长幅度
DS01	144.21	135.58	6.37%	DS11+DS12	290.28	135.58	114.10%
	−145.29	−136.18	6.69%		−291.36	−136.18	113.95%
DS02	139.65	135.58	3.00%	DS11+DS13	238.63	135.58	76.01%
	−139.36	−136.18	2.34%		−239.21	−136.18	75.66%
DS05	139.85	135.58	3.15%	DS11+DS14	169.61	135.58	25.10%
	−136.49	−136.18	0.23%		−170.61	−136.18	25.28%
DS06	135.77	135.58	0.14%	DS12+DS13	238.46	135.58	75.88%
	−136.18	−136.18	0.00%		−239.03	−136.18	75.53%
DS07	135.68	135.58	0.07%	DS11+DS15	197.43	135.58	45.62%
	−136.18	−136.18	0.00%		−199.30	−136.18	46.35%
DS11	169.68	135.58	25.15%	DS11+DS20	190.55	135.58	40.54%
	−170.69	−136.18	25.34%		−225.86	−136.18	65.85%
DS12	238.34	135.58	75.79%	DS12+DS15	238.8	135.58	76.13%
	−238.93	−136.18	75.45%		−278.29	−136.18	104.35%
DS15	193.48	135.58	42.71%	DS12+DS20	191.85	135.58	41.50%
	−226.49	−136.18	66.32%		−224.04	−136.18	64.52%
DS16	148.33	135.58	9.40%	DS15+DS16	243.88	135.58	79.88%
	−136.81	−136.18	0.46%		−276.06	−136.18	102.72%
DS17	142.7	135.58	5.25%	DS16+DS17	187.79	135.58	38.51%
	−136.16	−136.18	0.00%		−165.97	−136.18	21.88%

续表

情况一				情况二			
脱空位置	脱空存在时应力（MPa）	无脱空情况应力（MPa）	增长幅度	脱空位置	脱空存在时应力（MPa）	无脱空情况应力（MPa）	增长幅度
DS21	173.58	135.58	28.03%	DS17＋DS18	146.9	135.58	8.35%
	−173.55	−136.18	27.44%		−136.71	−136.18	0.39%
DS22	175.75	135.58	29.63%	DS15＋DS17	183.18	135.58	35.11%
	−176.38	−136.18	29.52%		−214.99	−136.18	57.87%
DS25	284.26	135.58	109.66%	DS16＋DS18	146.91	135.58	8.36%
	−252.88	−136.18	85.70%		−136.71	−136.18	0.39%
DS26	215.71	135.58	59.10%	DS15＋DS18	197.55	135.58	45.71%
	−183.92	−136.18	35.06%		−231.04	−136.18	69.66%
DS27	253.99	135.58	87.34%	DS16＋DS19	148.6	135.58	9.60%
	−250.97	−136.18	84.29%		−136.84	−136.18	0.48%
				DS15＋DS19	193.66	135.58	42.84%
					−226.69	−136.18	66.46%
				DS15＋DS20	191.65	135.58	41.36%
					−224.09	−136.18	64.55%

对表5.3.14进行分析可知，情况一即若单个位置出现卸力脱空，产生的应力变化幅度大部分位于50%以内，但是仍需重点关注L8轴楼面桁架两侧的顶升位置以及楼面桁架导梁附近的顶升位置是否出现了千斤顶卸力脱空的情况，产生的幅度变化较大。而对于两个点的顶升点同时出现脱空的情况，需重点关注相邻侧顶升点脱空与否，产生应力变化较大。

表5.3.4-2 脱空存在与脱空不存在时应力变化幅度统计表（二）

情况二							
脱空位置	脱空存在时应力（MPa）	无脱空情况应力（MPa）	增长幅度	脱空位置	脱空存在时应力（MPa）	无脱空情况应力（MPa）	增长幅度
DS01＋DS11	650.32	135.58	379.66%	DS12＋DS25	279.74	135.58	106.3%
	−583.38	−136.18	328.39%		−248.44	−136.18	82.44%
DS01＋DS21	180.25	135.58	32.95%	DS15＋DS22	254.35	135.58	87.60%
	−179.45	−136.18	31.77%		−224.79	−136.18	65.07%
DS11＋DS21	546.66	135.58	303.20%	DS05＋DS16	152.49	135.58	12.47%
	−496.42	−136.18	264.53%		−137.11	−136.18	0.68%
DS02＋DS12	741.42	135.58	446.85%	DS05＋DS17	146.51	135.58	8.06%
	−853.95	−136.18	527.07%		−136.52	−136.18	0.25%

续表

情况二							
脱空位置	脱空存在时应力(MPa)	无脱空情况应力(MPa)	增长幅度	脱空位置	脱空存在时应力(MPa)	无脱空情况应力(MPa)	增长幅度
DS02+DS22	183.23	135.58	35.15%	DS06+DS15	194.98	135.58	43.81%
	-180.81	-136.18	32.77%		-228.18	-136.18	67.56%
DS12+DS22	756.25	135.58	457.79%	DS07+DS15	193.63	135.58	42.82%
	-854.19	-136.18	527.25%		-226.66	-136.18	66.44%
DS05+DS15	281.01	135.58	107.27%	DS15+DS26	254.35	135.58	87.60%
	-314.28	-136.18	130.78%		-224.79	-136.18	65.07%
DS05+DS25	261.24	135.58	92.68%	DS15+DS27	243.48	135.58	79.58%
	-229.93	-136.18	68.84%		-238.65	-136.18	75.25%
DS15+DS25	462.01	135.58	240.77%	DS16+DS25	299.88	135.58	121.2%
	-371.64	-136.18	172.90%		-268.91	-136.18	97.47%
DS06+DS16	145.1	135.58	7.02%	DS17+DS25	280.83	135.58	107.1%
	-136.93	-136.18	0.55%		-249.24	-136.18	83.02%
DS06+DS26	209.38	135.58	54.43%	DS01+DS13	238.56	135.58	75.96%
	-177.54	-136.18	30.37%		-239.14	-136.18	75.61%
DS16+DS26	236.01	135.58	74.07%	DS01+DS14	169.44	135.58	24.97%
	-206.98	-136.18	51.99%		-170.46	-136.18	25.17%
DS07+DS17	137.14	135.58	1.15%	DS02+DS13	238.55	135.58	75.95%
	-136.17	-136.18	-0.01%		-239.13	-136.18	75.60%
DS07+DS27	251.03	135.58	85.15%	DS02+DS14	169.44	135.58	24.97%
	-247.77	-136.18	81.94%		-170.46	-136.18	25.17%
DS17+DS27	274.45	135.58	102.43%	DS01+DS20	192.10	135.58	41.69%
	-270.85	-136.18	98.89%		-224.32	-136.18	64.72%
DS01+DS12	223.86	135.58	65.11%	DS02+DS20	192.25	135.58	41.80%
	-223.92	-136.18	64.43%		-224.35	-136.18	64.75%
DS02+DS11	157.19	135.58	15.94%	DS10+DS11	169.56	135.58	25.06%
	-157.11	-136.18	15.37%		-193.6	-136.18	42.16%
DS11+DS22	191.96	135.58	41.58%	DS10+DS12	238.45	135.58	75.87%
	-190.78	-136.18	40.09%		-239.04	-136.18	75.53%
DS12+DS21	234.67	135.58	73.09%	DS05+DS18	141.32	135.58	4.23%
	-236.99	-136.18	74.03%		-136.47	-136.18	0.21%
DS02+DS15	200.85	135.58	48.14%	DS05+DS19	143.88	135.58	6.12%
	-235.07	-136.18	72.62%		-157.89	-136.18	15.94%
DS05+DS12	237.99	135.58	75.53%	DS05+DS20	191.97	135.58	41.59%
	-238.38	-136.18	75.05%		-228.65	-136.18	69.56%

续表

情况二							
脱空位置	脱空存在时应力（MPa）	无脱空情况应力（MPa）	增长幅度	脱空位置	脱空存在时应力（MPa）	无脱空情况应力（MPa）	增长幅度
DS07+DS19	148.42	135.58	9.47%	DS07+DS18	143.34	135.58	5.72%
	−136.83	−136.18	0.48%		−136.2	−136.18	0.01%
				DS07+DS20	190.48	135.58	40.49%
					−226.62	−136.18	66.41%

表 5.3.4-3 脱空存在与脱空不存在时应力变化幅度统计表（三）

情况二							
脱空位置	脱空存在时应力（MPa）	无脱空情况应力（MPa）	增长幅度	脱空位置	脱空存在时应力（MPa）	无脱空情况应力（MPa）	增长幅度
DS01+DS02	135.59	135.58	0.01%	DS21+DS22	198.77	135.58	46.61%
	−136.16	−136.18	−0.01%		−206.19	−136.18	51.41%
DS01+DS03	144.20	135.58	6.36%	DS21+DS23	175.61	135.58	29.53%
	−145.28	−136.18	6.68%		−176.25	−136.18	29.42%
DS01+DS04	144.25	135.58	6.39%	DS21+DS24	198.77	135.58	46.61%
	−145.33	−136.18	6.72%		−206.19	−136.18	51.41%
DS02+DS03	139.65	135.58	3.00%	DS22+DS23	175.70	135.58	29.59%
	−139.37	−136.18	2.34%		−176.37	−136.18	29.51%
DS01+DS05	145.40	135.58	7.24%	DS21+DS25	288.522	135.58	112.81%
	−146.31	−136.18	7.44%		−257.71	−136.18	89.24%
DS01+DS10	144.20	135.58	6.36%	DS21+DS30	288.392	135.58	112.71%
	−145.27	−136.18	6.67%		−252.70	−136.18	85.57%
DS05+DS06	205.11	135.58	51.28%	DS25+DS26	265.77	135.58	96.02%
	−207.88	−136.18	52.65%		−274.15	−136.18	101.31%
DS06+DS07	135.50	135.58	−0.06%	DS26+DS27	344.23	135.58	153.89%
	−136.16	−136.18	−0.01%		−321.03	−136.18	135.74%
DS07+DS08	135.45	135.58	−0.10%	DS27+DS28	224.42	135.58	65.53%
	−136.12	−136.18	−0.04%		−294.40	−136.18	116.18%
DS05+DS07	138.68	135.58	2.29%	DS25+DS27	234.78	135.58	73.17%
	−136.46	−136.18	0.21%		−283.97	−136.18	108.53%
DS06+DS08	135.47	135.58	−0.08%	DS26+DS28	244.77	135.58	80.54%
	−136.14	−136.18	−0.03%		−220.92	−136.18	62.23%
DS05+DS08	139.88	135.58	3.17%	DS25+DS28	305.01	135.58	124.97%
	−136.50	−136.18	0.23%		−298.13	−136.18	118.92%

续表

		情况二					
脱空位置	脱空存在时应力（MPa）	无脱空情况应力（MPa）	增长幅度	脱空位置	脱空存在时应力（MPa）	无脱空情况应力（MPa）	增长幅度
DS06+DS09	135.43	135.58	−0.11%	DS26+DS29	224.64	135.58	65.69%
	−136.13	−136.18	−0.04%		−193.06	−136.18	41.77%
DS05+DS09	140.00	135.58	3.26%	DS25+DS29	276.33	135.58	103.81%
	−136.49	−136.18	0.23%		−244.62	−136.18	79.63%
DS05+DS10	203.09	135.58	49.79%	DS25+DS30	324.32	135.58	139.21%
	−185.28	−136.18	36.06%		−269.00	−136.18	97.53%
DS02+DS05	139.7949	135.58	3.11%	DS22+DS25	280.46	135.58	106.86%
	−156.192	−136.18	14.70%		−249.11	−136.18	82.93%
DS02+DS10	139.7187	135.58	3.05%	DS22+DS30	290.55	135.58	114.30%
	−139.369	−136.18	2.34%		−253.52	−136.18	86.17%

综合表 5.3.4-1、表 5.3.4-2 与表 5.3.4-3，可以较为清晰地看出在脱空存在的情况下与正常无脱空存在时的最大拉应力与最大压应力的变化幅度，可作为施工过程中避免关键部位发生卸力脱空并进行安全重点监测区域的参考。

5.3.5 危险位置

综合前述所做的计算分析，庐山高铁站二期站房顶升落梁施工过程中需重点注意的位置如下。

1. 情况一下的危险情况

如图 5.3.5-1 所示为情况一（单个千斤顶卸力脱空）下的顶升点卸力脱空危险位置示意图，图 5.3.5-1 中框起来的顶升点即为需要重点关注的点。

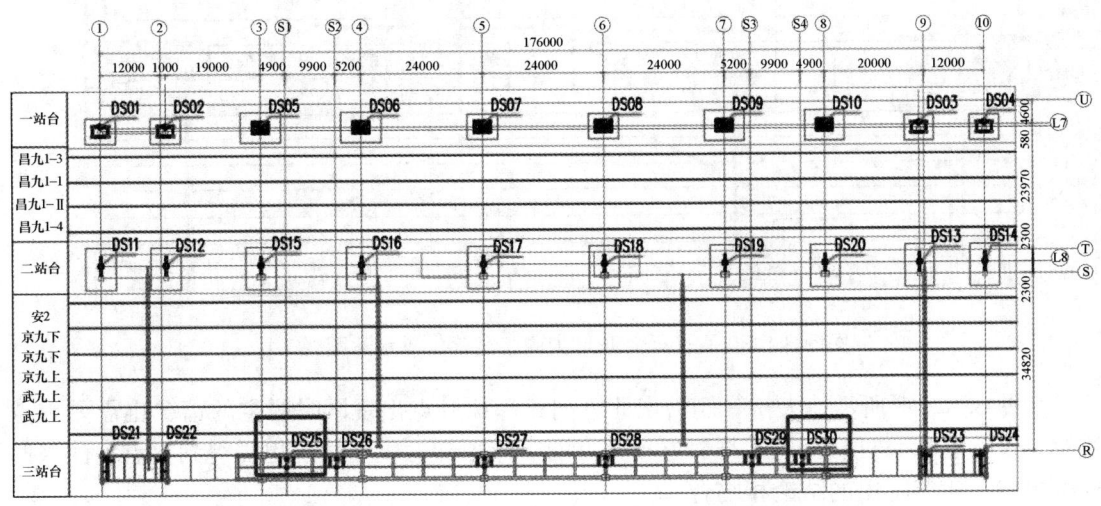

图 5.3.5-1 单个千斤顶卸力脱空危险位置示意图

2. 情况二下的危险情况

如图 5.3.5-2、图 5.3.5-3 及图 5.3.5-4 所示为情况二（两个千斤顶卸力脱空）下的顶升点卸力脱空危险位置示意图，图中框起来的顶升点即为需要重点关注的点。应重点关注天桥以及换乘通廊旁楼面桁架下方东西方向相邻顶升点。框起来的 R 轴附近的顶升位置也需重点关注。

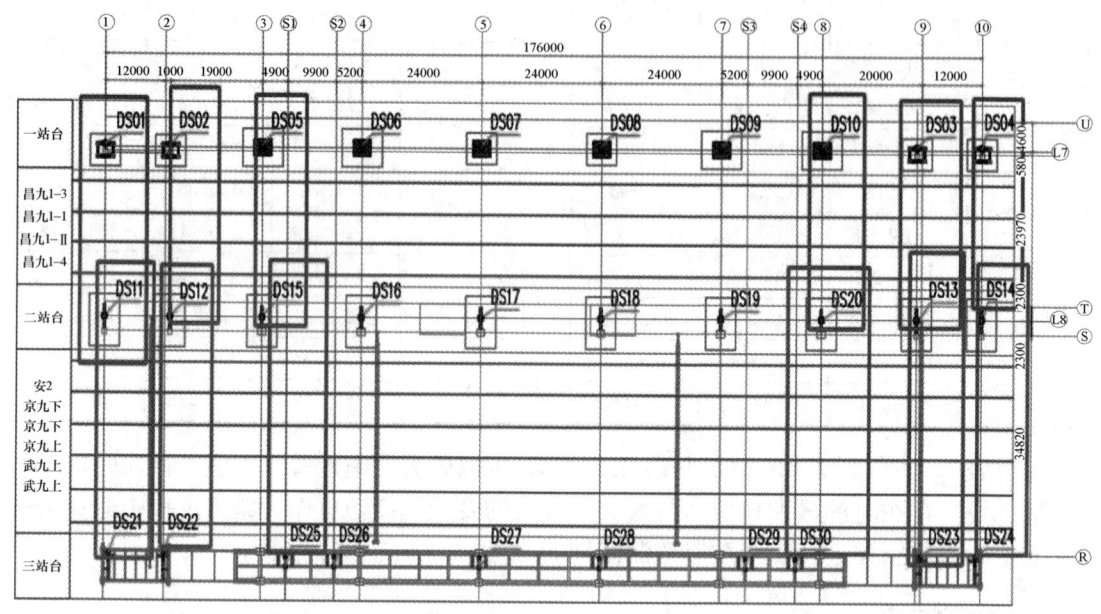

图 5.3.5-2　两个千斤顶卸力脱空危险位置示意图（一）

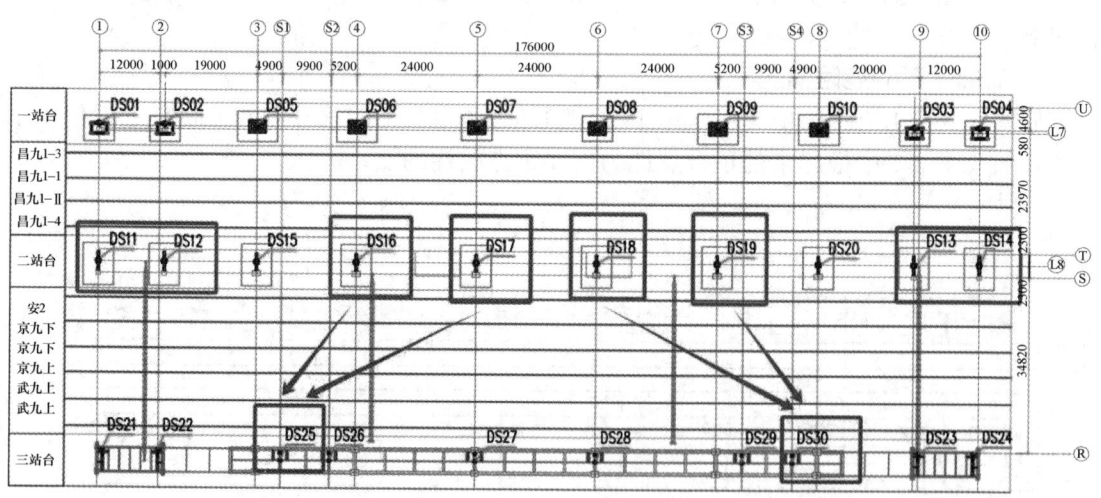

图 5.3.5-3　两个千斤顶卸力脱空危险位置示意图（二）

如图 5.3.5-3 所示，天桥一侧沿南北方向相邻顶升点出现同时脱空的情况也需要重点注意。顶升点 25 与顶升点 30 与邻近顶升点的千斤顶卸力脱空情况也需得到重点关注（此种情况与 3.4 节得出的结论相吻合）。

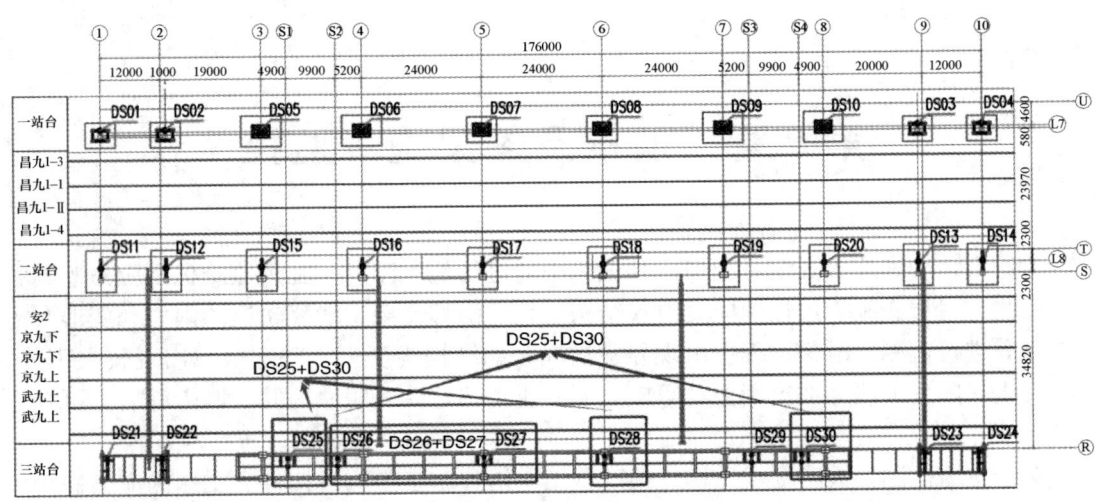

图 5.3.5-4 两个千斤顶卸力脱空危险位置示意图（三）

在顶升点下方所有千斤顶无卸力脱空的安全情况下，得到的最大拉应力为 135.58MPa，最大压应力为 −136.18MPa，经此数据与前述的大量数据进行比对，可发现庐山站二期顶升落梁施工过程中若上述几个危险部位出现卸力脱空情况，应力增大幅度极大，需要对图 5.3.5-1 至图 5.3.5-4 所示的关键位置施工过程中顶升千斤顶与上部梁的接触情况重点关注，确保工程安全并顺利施工。

5.3.6 结论

（1）对于情况一，即单个顶升点出现卸力脱空的情况，产生的最大拉应力与最大压应力均在钢结构设计规范允许的设计值范围内。因此，若出现一点的卸力脱空，结构的最大应力影响不超规范。但是，仍存在较为危险的情况，应重点关注图 5.3.5-1 所示两点位置处的支座脱空情况。

（2）对于情况二，即两个顶升点同时出现卸力脱空的情况，该情况出现的危险情况较多，具体为：

① 如图 5.3.5-2 和图 5.3.5-3 所示的两个相邻千斤顶同时卸力脱空时，结构的应力将超过设计强度，其中天桥下方的两个相邻千斤顶同时卸力脱空，将会引起杆件的应力大幅度增加，应格外重点关注；

② 对于 R 轴附近的顶升点，在顶升过程中也要重点关注该区域千斤顶卸力脱空情况，若图示位置处出现卸力脱空情况，应力将超过设计强度，需关注如图 5.3.5-4 所示千斤顶同时卸力脱空的情况。

③ 综合计算结果及关键位置，两点同时卸力脱空的危险情况中，其中一点多位于换乘通廊附近，因此换乘通廊附近顶升点脱空情况也需重点关注。

第6章　顶推及落梁施工监控

为保证结构和施工安全，顶推滑移施工中应进行施工监测，施工监测包括应力监测和变形监测。滑移法施工过程中应对滑移结构单元、滑移支架、滑移轨道的内力和变形及滑移同步等进行监测。滑移过程中出现异常情况，如结构挠度大于限定值、出现较大声响、支撑发生超限变形或局部出现振动等应立即停止滑移，待查明原因并采取措施后方可继续滑移。

对于应力监测，大跨度或结构复杂的钢结构滑移施工中应对构件和支座的应力进行实时监测，应力监测分结构滑移阶段监测和支座落位阶段监测。应力监测系统应由传感器子系统、数据采集与传输子系统和数据分析与管理子系统组成。应力监测点宜设置在滑移单元受力较大的杆件、支座等位置。监测用应变片与结构应贴合紧密并封胶固定，用导线引向测试监控台。

对于变形监测，在结构单元拼装前应对滑移支架标高进行测量，对于出现的沉降值，在拼装时应采取措施进行标高补偿。在结构单元组装完成后应对滑移支架进行标高测量，待滑移单元脱离支架后再次进行测量，对比支架的变形值，保证滑移单元空间位置的准确。

施工监控的主要目的是使施工实际状态最大限度地与理想设计状态相吻合。掌握结构的受力状态，为评估结构安全和施工安全提供依据。本章结合庐山高铁二期站房工程实例，介绍顶推及落梁施工监控的应用。

6.1　顶推及落梁施工的监控内容

6.1.1　监测执行标准

（1）变形测量级别不低于一级；
（2）在技术要求中，个别专项指标高于上述标准者，应按专项指标要求执行；
（3）基于项目结构形式的特殊性，监测单位须根据项目的实际情况和特点，在上述国家标准的基础上，制订更为严格可靠、妥善可行的方案。

6.1.2　施工监测仪器

1. 结构变形监测仪器

结构变形从观测目的方面考虑分为平面位置监测和标高监测，工程中采用全站仪进行水平（及竖向）变形检测，水准仪进行竖向变形检测。主要仪器见表 6.1.2-1。

表 6.1.2-1 结构变形监测仪器

仪器名称	规格型号	仪器介绍
全站仪	TCR-402	主要技术指标： 含 IR 红外激光、RL 可见激光两种测距模式； 测角精度：2″｜3″｜5″｜7″； 测距精度：2mm+2ppm（IR 单棱镜）/3mm+2ppm（RL 无棱镜）； 测距（平均大气条件）：3000m（IR 单棱镜）/80m（RL 无棱镜，2″型达 170m）
水准仪	DSC432	主要技术指标 自动安平水准仪 1 公里往返测量标准偏差＋/－1.5mm（带测微计）； 放大倍率标准：32×； 补偿器设置精度：±0.5″； 补偿器工作范围：±15′

2. 监测频率

表 6.1.2-2 为结构变形监测内容、频率和监测方法。

表 6.1.2-2 监测内容、频率和方法

监测内容	监测频率	监测方法	相关图示
变形监测	结构吊装过程中每 2 天进行一次监测，顶推过程中每 1 个小时监测一次	根据工程施工过程所使用的测量平面控制点，直接利用测量仪器进行监测，获取监测数据	 测点结构连接方式

顶推期间采样频率为 10 分钟/次。

3. 监测控制值

顶推结构总拼及屋面工程完成后应分别测量其挠度值，且所测的挠度值不应超过相应设计值的 1.15 倍。

6.1.3 钢结构施工监测

钢结构施工监测的内容与方法见表 6.1.3。

表 6.1.3　钢结构施工监测内容与方法

序号	监测区块	监测类型	监测部位	监测内容	监测方法
1	候车层桁架 天桥 换乘通廊	变形监测	分段中部节点	竖向位移（挠度）监测	全站仪测量
2			分段对接处	水平位移监测	全站仪测量
3				竖向位移监测	全站仪测量
4			悬挑段末端	水平位移监测	全站仪测量
5				竖向位移监测	全站仪测量
6			导梁末端	水平位移监测	全站仪测量
7	临时支撑 临时墩	变形监测 沉降监测	临时格构墩	竖向位移监测	全站仪测量
8				水平位移监测	全站仪测量
9			临时支架	竖向位移监测	全站仪测量
10				水平位移监测	全站仪测量
11	钢结构柱	变形监测	钢柱顶部	竖向位移监测	全站仪测量
12				水平位移监测	全站仪测量

6.1.4　监测保证措施

（1）根据监测项目要求，在进场前对钢结构设计图纸、施工单位的安装方案与进度计划进行详细研究，在此基础上制定详细的监测方案，细化施工进度计划，明确包括仪器设备的验校、监测传感器的安装、监测数据的采集等每个目标节点的工期。

（2）对监测工作的进度安排，由项目负责人监控各专业人员严格执行，保证项目技术负责人、项目技术人员、项目安全管理人员、后勤支持人员各司其责，严格根据工程进展情况，按照计划进行监测工作，按时提供合格的监测资料。

（3）项目部与各部门之间保持畅通的联系渠道，负责人定期对监测进度监控，各部门负责人每天至少向项目负责人汇报一次，建立例会制度，每两天召开一次由项目部主要人员参加的例会，以保证各项工作的有序进行，确保各工序交接不发生错漏，杜绝返工现象。密切注意受天气、交通等影响的工序，若发现某一工序的进度受阻，及时分析产生的偏差原因，提出进度修订计划，使进度始终在计划的控制之内。

（4）实行技术经济责任制，使职工的收入与施工安全、监测进度、质量、数量直接挂钩，进行奖励和惩罚相结合的考评。

6.2　顶推及落梁施工监控系统

6.2.1　传感器

采用南京葛南实业有限公司生产的 VWS-10F 型振弦式表面应变计作为传感器。该设备一体化设计、防旋转、防折弯。具有可机读的唯一编码，便于长距离穿线和走线，可适应庐山高铁二期站房工程复杂的施工工序。其内置的温度传感器，不但可以监测安装位置的温度，还可以为测量数据的温度校正提供基础数据。通过钢材的弹性模量可以计算出其结构的应力,基于材料力学的基本原理,可以算出内力。传感器如图 6.2.1 所示,传感器尺寸参数为 24mm×24mm×100mm,测量标距为 100mm,具体技术参数见表 6.2.1。

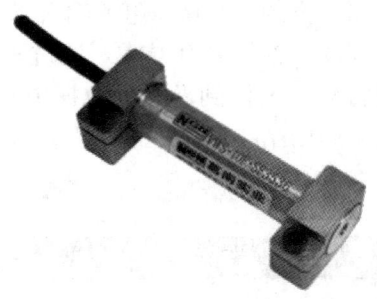

图 6.2.1　VWS-10F 型振弦式表面应变计

表 6.2.1　VWS-10F　型振弦式表面应变计技术参数

参数	应变	温度
灵敏度	$0.5\mu\varepsilon$	0.1℃
测量精度	0.1%FS	±0.5℃
量程	±1500$\mu\varepsilon$	−40℃～+80℃

6.2.2　数据采集方式

施工期的数据采集仪选用南京葛南实业有限公司生产的全功能自动化数据采集仪 GDA1602(4),该设备具有实时采集、定时采集、采集数据大容量存储、自动休眠等功能。测量精度高、抗干扰能力强,适应长期运行,通信方式有 4G、RS485 和蓝牙,内嵌高容量锂电池,如图 6.2.2 所示。

图 6.2.2　GDA1602(4) 自动化数据采集仪

6.2.3 监测系统

采用南京葛南实业有限公司开发的"葛南云®平台"监测系统。可实现各监测传感器数据的实时采集、存储，接收到的数据如果有异常，通过多种手段报警（弹出告警窗口、短信等）供业主选择，并实现将数据上传到云服务数据中心，业主可采用手机 App 的形式，方便快捷。该系统正在用于庐山站一期施工监测。主页如图 6.2.3 所示。

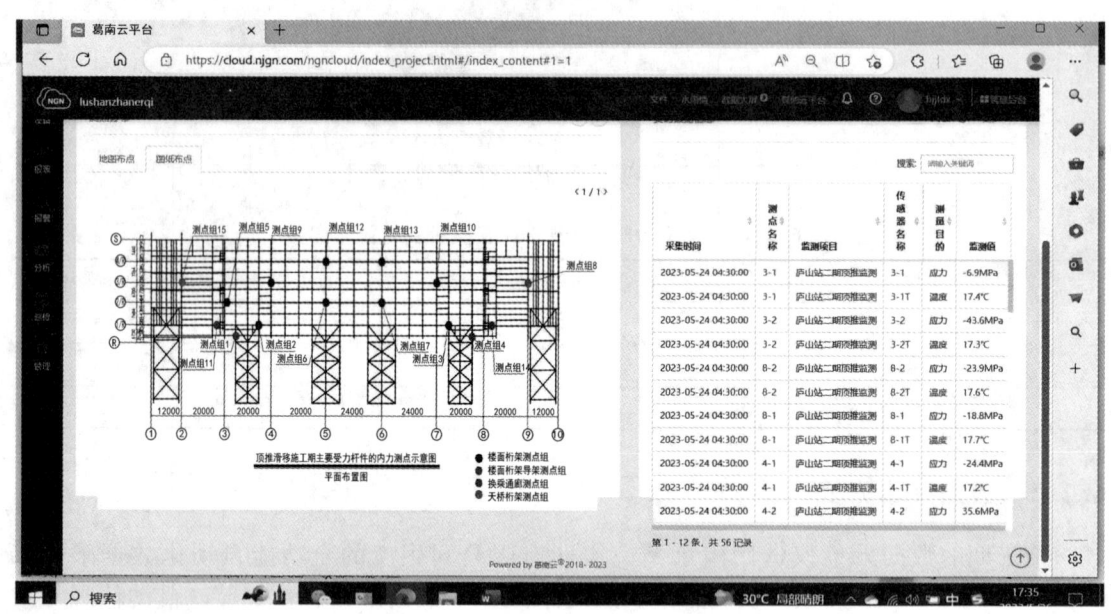

图 6.2.3　葛南云®平台监测系统

6.2.4 预警值

荷载标准值按相关规范取值。内力验算按荷载效应的基本组合计算，变形验算按荷载效应的标准组合计算，荷载标准值根据结构和环境变动情况及时调整。换乘通廊上的 2 组测点所在梁的应力无变化。

对于桁架、天桥和导梁，安全预警分为红色、橙色两个等级，红色预警的级别高于橙色预警。橙色安全预警值：结构受力分析结果的 90%；红色安全性预警值：结构受力分析结果的 100%。

对于换乘通廊上梁，安全预警分为红色、橙色两个等级。橙色安全预警值：当温度修正后的传感器读数绝对值大于 $10\mu\varepsilon$（采样误差），通知顶推人员查看导航监控设备，确定顶推同步后，方可进行后续施工；红色安全性预警值：当温度修正后的传感器读数绝对值持续 3 次大于 $20\mu\varepsilon$（梁的受力已发生变化），通知顶推人员停止施工，校正顶推设备。

预警通过弹出告警窗口和短信方式发送给相关人员。

6.3 顶推及落梁施工智能化监测平台

顶推施工监控应对各个临时墩的应力位移进行监控，监控的对象较多。同时，对于跨越铁路的顶推而言，容许工作时间段有限，对进度要求高。若采用传统监控手段，其数据采集分析速度将对施工进度产生严重的迟滞影响。因此，在顶推施工中，应建立智能化的监控平台，完成监控数据的实时采集与初步分析处理，以提供实时决策。

智能化的监控平台应包括：无线传输体系，以完成施工现场监控信息的传输与共享；视频采集体系，以实时监控施工进度，保障铁路的正常使用；监控数据实时共享平台，以实现应力变形数据的汇总与分析。

6.3.1 无线传输体系

对于施工现场而言，采用有线网络进行数据传输是不现实的。利用不需要布线的无线网络技术，搭建施工现场的局域网可使一定范围内具有信息共享能力，满足现场的数字化需求。

无线局域网产品大多是基于标准的服务器，使用的是 IEEE802.11 标准。IEEE 标准委员会于 1997 年正式公布了 802.11 标准无线局域网络 1997 版技术标准。该标准提供了两个物理层规范，包括 2.4GHz 远红外线频段中的红外线、1~2Mbit/s 跳频技术和 1~2Mbit/s 直接序列扩频技术，这一技术主要用于在办公室和校园网等小范围用户与用户终端的接入，速率最高只能达到 2Mbit/s 左右。GSM 频段是使用在科研、医疗和工业上的频段，它是面向广大群众免费开放的，所以各个生产厂家不需要支付昂贵的无线资源占用费。但是 802.11 标准在传输距离和速率上还不能满足大家的需要。因此，IEEE 标准委员会又相继推出了 802.11b 标准和 802.11a 标准。802.11b 标准也被无线以太网兼容性组织称为无线网络标准，它使用开放的 2.4GHz 频率，一般采用 DSSS 和 CCK 调制技术，最大带宽为 11Mbit/s，实际应用中的最大带宽约为 6Mbit/s，基本可以满足人们的日常生活和工作需要。因此 802.11b 标准在无线局域网领域占有重要的市场。802.11a 标准工作于 5GHz 频带，采用 OFDM 和 QFSK 调制，其所能够支持的数据速率最高可以达 54Mbit/s，完全遵循 IEEE802.11a 标准的产品一般被标记为使用 802.11a 标准的无线网络。2001 年 11 月，IEEE 协会又开始使用 802.11g 标准，这个标准也被称为 Wi-Fi 标准，同样使用 2.4GHzISM 频段。但是由于使用了一种无线环境下的高速传输技术，传输速度可以由原来使用 802.11b 标准时的 11Mbit/s 提高到 54Mbit/s，同时，由于调制方式已经遵循 Intersil 公司使用的 CCK-OFDM 与 TI 公司的分组二进制卷积码，所以 802.11a 标准和 802.11b 标准之间可以相互兼容。

2007 年，确定了 802.11n 标准的草稿。2008 届委员会使其成为正式标准。

在传输效率上，802.11n 无线网络标准传输率从目前的 802.11a 标准和 802.11 标准的 54Mbit/s，提高到 300Mbit/s，在一些环境中甚至可以高达 600Mbit/s。与正交频分复用技术结合可产生更多的额外的正交频分复用技术，可以有效地提高无线网络的传输质量和速度。

在覆盖范围方面，802.11n 标准采用智能天线技术，通过使用天线阵列（由多组独立的天线），能有效地动态调整，保证无线局域网用户获得稳定的数据信号，并有效地减少其他信号的干扰。其覆盖范围可以扩大到几平方千米，使无线局域网的流动性大大增加。

在兼容性方面，802.11n 标准采用软件无线电技术，它是一个完全可编程的硬件平台，使不同系统的基站和终端可以通过这个平台实现不同的软件，可以大大地提高网络的兼容性。这也说明了无线局域网络不仅可以实现 802.11n 标准和向后兼容的新标准，也可以实现无线局域网与无线广域网的兼容，如二代移动通信系统。

虽然使用直接序列扩频和跳频扩频以及现有的无线局域网使用扩频技术来抗干扰，另外，IEEE802.11 标准制定了有线等效保密 WEPT 协议，然而，人们发现，无线局域网络可能还是没有想象中的那么安全。这主要是因为无线网络的边界是开放的，开放空间中的信息传输是可以被任何接收设备接收和进行监测的。因此，与有线网络相比，信息更容易被披露，更为重要而且值得大家注意的是，制定的 1999 年版 802.11 标准中所存在的安全漏洞目前已经被国际社会所公认，认为该标准已经严重威胁到了无线局域网的应用和发展。为此，当前无线局域网的安全传输的技术开发已经成为无线局域网络中最重要的研究领域之一。许多国际机构都在关注无线局域网安全传输的内容。2000 年 11 月，美国联邦贸易委员会组织召开了无线局域网安全会议。Wi-Fi 无线网络联盟在这次会议上提出了新的安全标准，以增强无线局域网络的安全传输性能，这个标准又被称为无线保护接入 WPA 标准，目前它是 IEEE802.11i 标准 Draft3.0 的一个子集。2004 年 6 月，IEEE 委员会也制定了关于 IEEE802.11 标准的安全增强协议。其中，IEEE802.11i 标准是 IEEE 委员会为了弥补 802.11 标准脆弱的安全加密功能而制定的弥补方案。这一标准定义了基于暴力破解与密码强度的全新加密协议的计数器模式密码块链消息完整码协议，以及向前兼容密钥长度可变的流加密算法簇的加密协议临时密钥完整性协议，使 802.11 标准设备能够支持高级加密标准的加密算法，而且暴力破解与密码强度算法目前是公认的安全强度较高的密码算法，目前尚未发现有效的攻击方法。为了适应 802.11i 标准，Wi-Fi 无线网络联盟发布了第二代 WPA 标准，也就是 WPA2 标准。WPA2 标准和 802.11i 标准的特性基本上是相同的，它们最重要的特性是预验证：延迟是在用户的条件下实现安全快速漫游，以及使用蛮力密码强度加密机制和数据模式与密文块链接完整性代码协议加密相反的时态关键完整协议。其中，计数器模式密码块链消息完整码的协议在 802.11i 标准和 WPA2 中是强制性支持的，预验证则是可选内容。此外，中国也推出了具有自主知识产权的无线基础设施标准认证咨询服务，并规定了加密算法的认证协议、安全协会等。

6.3.2 视频采集系统

视频监控技术综合利用了现代视频图像处理、计算机网络等新型技术，具有对现场视频场景实时监控重现、数据存储等功能，被广泛应用于安全防范领域以及在无人值守的环境下进行图像采集监控等多种场合。每个站点都可以在前端采用网络视频编码器将模拟摄像机的图像进行数字压缩，然后通过无线网络传输。压缩方式采用最先进的 MPEG-4 压缩新标准。

建设无线监测系统可以实时动态地监测施工，及时发现安全和质量以及其他方面的问题，可以完成重要项目的监测和风险评估等，一旦出现危险可以正确、及时、有效地采取相应的措施，并启动相应的应急预案。在施工过程中能得到一个完整的备份和存储，并可用来分析调查。利用这一技术,可顺利执行桥梁施工工程,可在确保工程质量、安全可靠的前提下降低施工成本,实现项目管理信息的准确、及时、全面收集与分析,也将提高桥梁的施工技术水平,为更大规模的工程项目管理以及探索高效模式提供了实践和应用基础。

在顶推现场安装视频采集设备,摄像机将视频信号传输至视频服务器,视频服务器将视频信号模拟转换为数字信号,传送至无线局域网(操作环境不是直线或干扰应增加继电器)控制中心。

与传统的视频监控系统相比,所谓的实时远程视频监控系统使用了实时网络传输。该系统的后端可以连接任何监测计算机或具备视频录制功能的设备。

该系统采用防爆摄像机为视频捕获设备,它有一个单独的地址,通过网络连接到视频服务器。图像采集设备可以通过设置参数来改变图像尺寸、帧速率和波特率。采集的图像数据存储在数据缓冲区并传输到后台服务器。系统的客户端是一个应用程序,数据包的视频数据处理后显示在用户界面中,用户可以设置图像尺寸、帧速率和传输速率以及通过客户端将其发送到视频捕获设备,也可以控制启动和停止播放。其系统结构如图 6.3.2 所示。

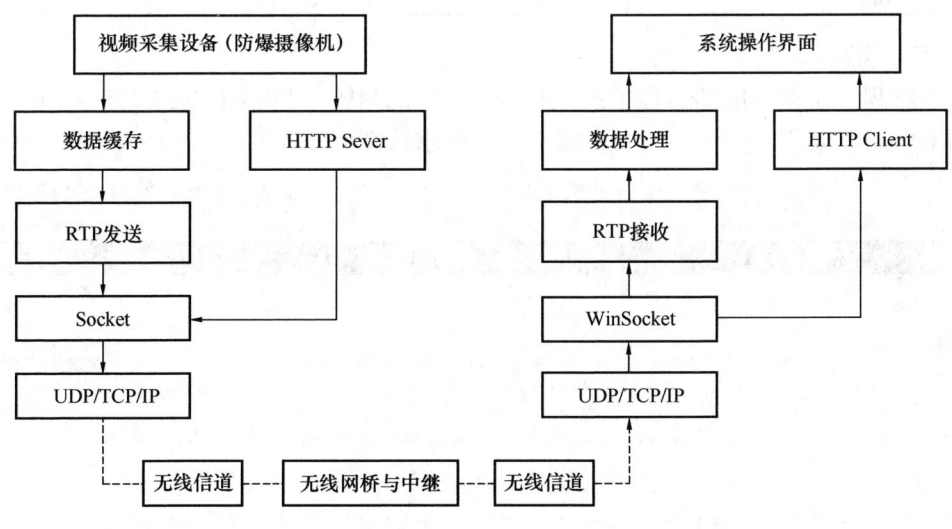

图 6.3.2 无线网络视频监控系统整体构成框图

6.3.3 监控数据实时共享平台设计

监控数据共享平台包括服务器端与客户端两个部分。客户端可安装在计算机或者手机终端上,监控员将无法由计算机自动获取的监控数据上传至服务器端。服务器端负责接收监控数据,并进行初步处理,通过数据或图形化显示,供监控负责人决策。

6.3.4 庐山高铁二期站房高架层钢结构顶推案例

1. 总体情况

2023 年 11 月 20 日至 11 月 24 日凌晨 01:20~05:20(240 分钟)庐山高铁二期站房利用 5 个 Ⅰ 级施工天窗,分别对钢结构向前顶推 16.5m、8.5m、9.5m、10.2m、9.1m。顶推过程中利用红外线测距仪实时对每条轴线向前顶推距离进行监测,最大累计不同步偏差3mm,水平方向偏移12mm;利用振弦式表面应变计传感器对钢结构应力变化进行监测,在顶推过程汇总,最大拉应力129.2MPa,最小压应力135.4MPa;前导梁最大挠度9mm,桁架最大挠度2mm,支撑胎架沉降观测数据稳定无变化,均在设计允许的范围内,满足设计计算要求。

2. 千斤顶负载率统计

每台千斤顶额定顶推力1、2、9、10轴额定顶推力100N,其余轴线额定顶推力150N,10台千斤顶平均实际最大顶推力38.8N,平均最大负载率26%。

表 6.3.4 千斤顶负载率

轴线	1	2	3	4	5	6	7	8	9	10
计算竖向压力(N)	201.9	276.2	533.1	566	506.4	506.4	566	533.1	276.2	201.9
理论顶推力(N)	24	33	64	68	61	61	68	64	33	24
平均实际顶推力(N)	21.4	22.8	37	38.8	37.4	37.2	38.4	37.2	22.4	21.2
设备额定顶推力(N)	100	100	150	150	150	150	150	150	100	100
平均负载率	21%	23%	25%	26%	25%	25%	26%	25%	22%	21%
平均实际摩擦系数	0.11	0.08	0.07	0.07	0.07	0.07	0.07	0.07	0.08	0.11

3. 应力监测

通过监测,在整个顶推过程中最大拉应力129.2MPa,最小压应力135.4MPa,设计应力范围为-200MPa~+210MPa,满足设计要求(图6.3.4-1)。

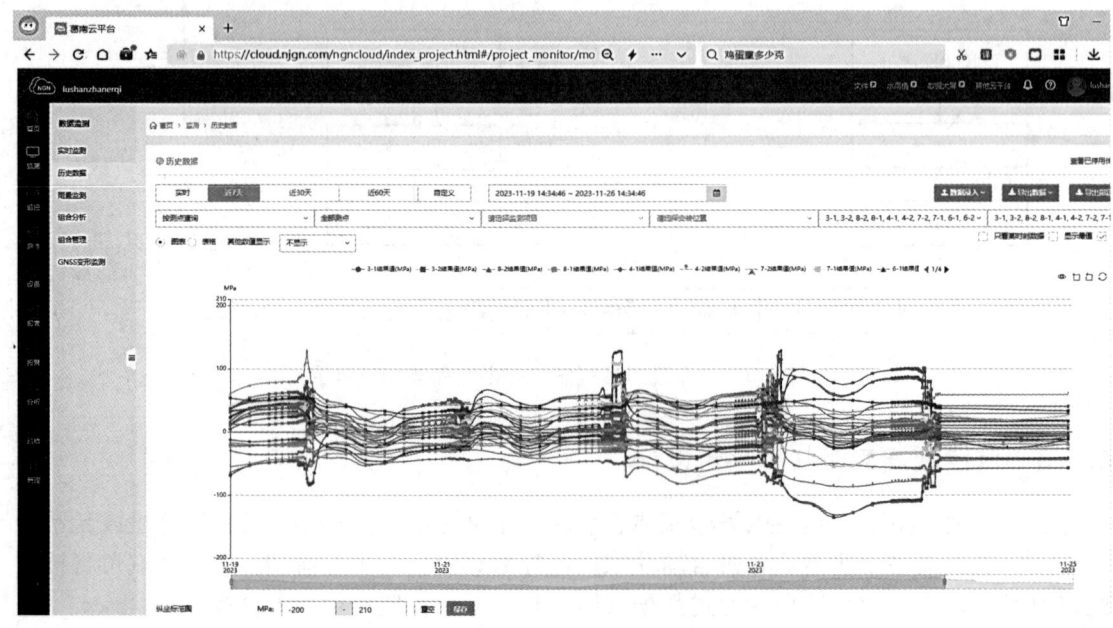

图 6.3.4-1 应力监测数据图

4. 前导梁焊缝检测

每天顶推结束后对每条前导梁焊缝抽检2处,进行无损检测,检测合格。

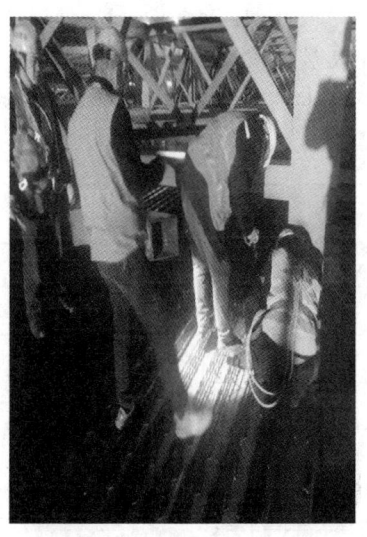

(a) 检测现场

呈送	浙江金钢钢结构质量检测有限公司		检测日期	2023.11.20
工程名称	新建安九铁路江西段庐山站站房和生产生活房屋及配套工程		构件名称	导梁
检测方法	UT	验收标准	GB/T11345-2013	验收等级 一级、Ⅱ级 二级、Ⅲ级

序号	焊缝编号	焊缝等级	缺陷情况	评定结果	监理及总包意见
1	TDT-2/2-1GL1-1(1)-9	一级	未发现超标缺陷	合格	/
2	TDT-2/2-1GL1-1(2)-9	一级	未发现超标缺陷	合格	/
3	TDT-2/2-1GL1-1(1)-1	一级	未发现超标缺陷	合格	/
4	TDT-2/2-1GL1-1(2)-1	一级	未发现超标缺陷	合格	/
5	HDT-ZHJ14/2CHJ1-4(1)	一级	未发现超标缺陷	合格	/
6	HDT-ZHJ14/2CHJ1-4(2)	一级	未发现超标缺陷	合格	/
7	HDT-ZHJ13/2CHJ2-3(1)	一级	未发现超标缺陷	合格	/
8	HDT-ZHJ13/2CHJ2-3(2)	一级	未发现超标缺陷	合格	/
9	HDT-ZHJ8/2CHJ3-10(1)	一级	未发现超标缺陷	合格	/
10	HDT-ZHJ8/2CHJ3-10(2)	一级	未发现超标缺陷	合格	/
11	HDT-ZHJ1/1CHJ3-12(1)	一级	未发现超标缺陷	合格	/
12	HDT-ZHJ1/1CHJ3-12(2)	一级	未发现超标缺陷	合格	/

说明:			
检测	魏昭君	日期	2023.11.20
审核	陈海江	日期	2023.11.20

浙江金钢钢结构质量检测有限公司

呈送	浙江金钢钢结构质量检测有限公司		检测日期	2023.11.21
工程名称	新建安九铁路江西段庐山站站房和生产生活房屋及配套工程		构件名称	导梁
检测方法	UT	验收标准	GB/T11345-2013	验收等级 一级、Ⅱ级 二级、Ⅲ级

序号	焊缝编号	焊缝等级	缺陷情况	评定结果	监理及总包意见
1	TDT-2/2-1GL1-1(1)-9	一级	未发现超标缺陷	合格	/
2	TDT-2/2-1GL1-1(2)-9	一级	未发现超标缺陷	合格	/
3	TDT-2/2-1GL1-1(1)-1	一级	未发现超标缺陷	合格	/
4	TDT-2/2-1GL1-1(2)-1	一级	未发现超标缺陷	合格	/
5	HDT-ZHJ14/2CHJ1-4(1)	一级	未发现超标缺陷	合格	/
6	HDT-ZHJ14/2CHJ1-4(2)	一级	未发现超标缺陷	合格	/
7	HDT-ZHJ13/2CHJ2-3(1)	一级	未发现超标缺陷	合格	/
8	HDT-ZHJ13/2CHJ2-3(2)	一级	未发现超标缺陷	合格	/
9	HDT-ZHJ8/2CHJ3-10(1)	一级	未发现超标缺陷	合格	/
10	HDT-ZHJ8/2CHJ3-10(2)	一级	未发现超标缺陷	合格	/
11	HDT-ZHJ1/1CHJ3-12(1)	一级	未发现超标缺陷	合格	/
12	HDT-ZHJ1/1CHJ3-12(2)	一级	未发现超标缺陷	合格	/

说明:			
检测	魏昭君	日期	2023.11.21
审核	陈海江	日期	2023.11.21

浙江金钢钢结构质量检测有限公司

(b) 检测报告

图 6.3.4-2　前导梁焊缝检测

5. 顶推同步监测

根据顶推前和顶推后进行数据比较分析（图6.3.4-3、图6.3.4-4），高架和天桥向前移动距离处于同步状态，其中同步性最大偏差3mm，高架水平方向偏移12mm，天桥水平方向无偏移，设计允许值±50mm，满足设计要求。

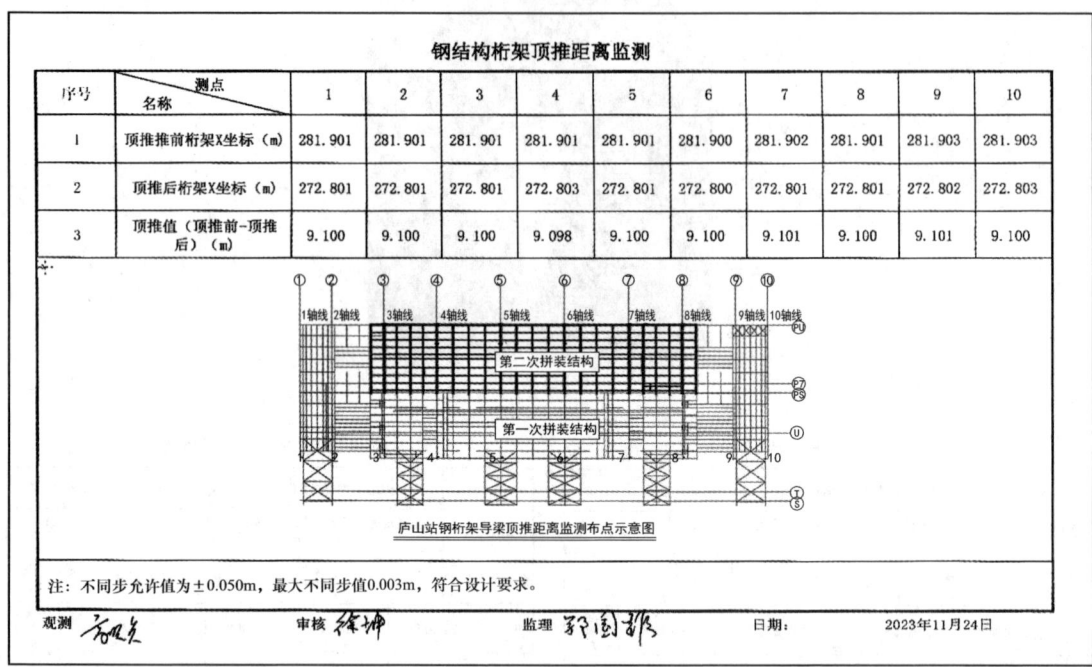

图6.3.4-3 钢结构桁架X坐标顶推距离监测

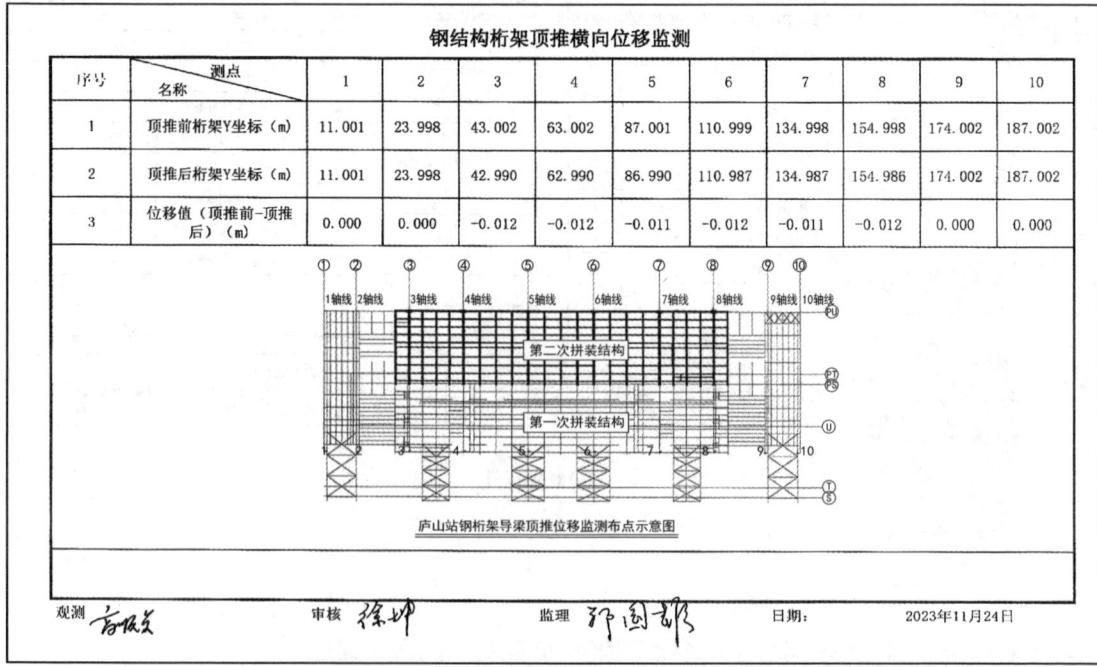

图6.3.4-4 钢结构桁架Y坐标顶推位移监测

6. 前导梁下挠监测

前导梁未上三站台临时支墩前,天桥累计最大下挠值9mm,高架累计最大下挠值5mm,设计计算天桥允许下挠值为374mm,高架允许下挠值为192mm,满足要求(图6.3.4-5)。

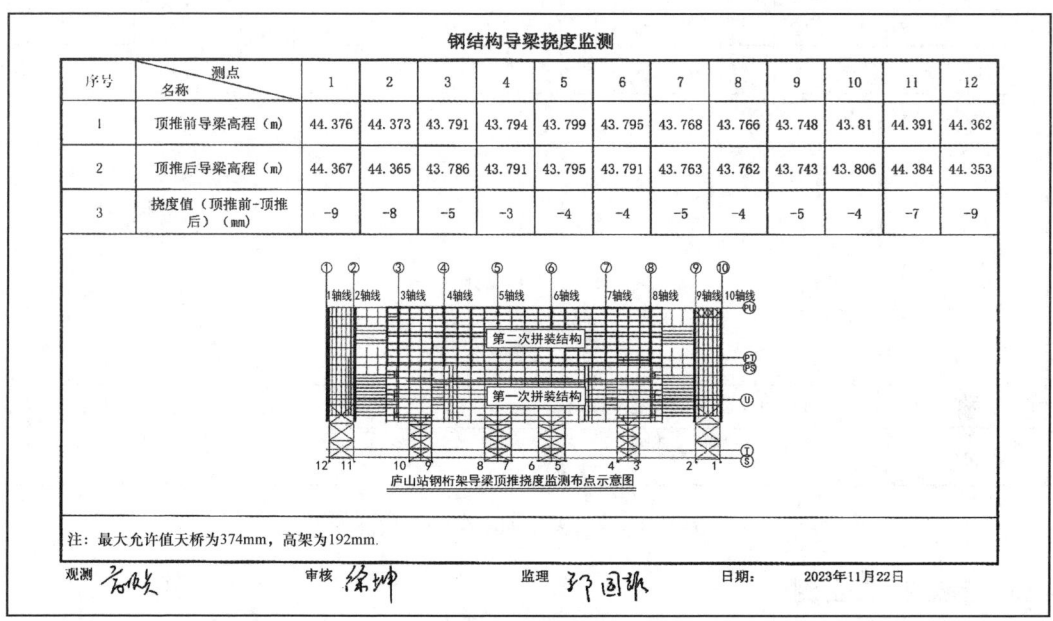

图6.3.4-5 钢结构导梁挠度监测

7. 钢结构桁架挠度监测

对钢桁架顶推前和顶推后挠度数据对比分析,高架钢桁架最大下挠值2mm,天桥最大下挠值2mm,设计允许钢桁架最大挠度为69mm,满足设计要求(图6.3.4-6、图6.3.4-7)。

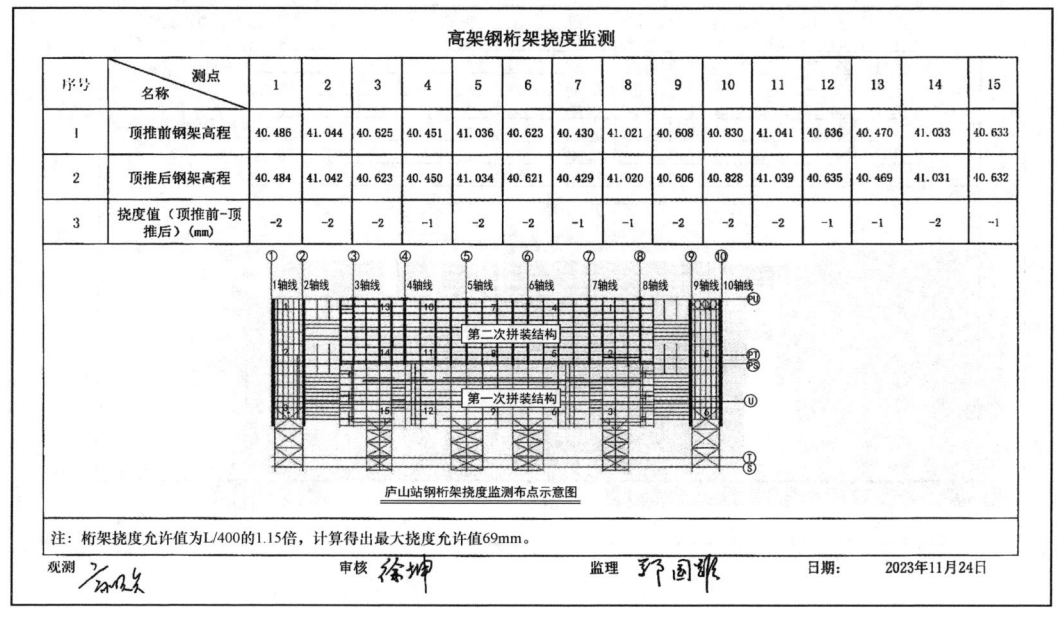

图6.3.4-6 高架钢桁架挠度监测

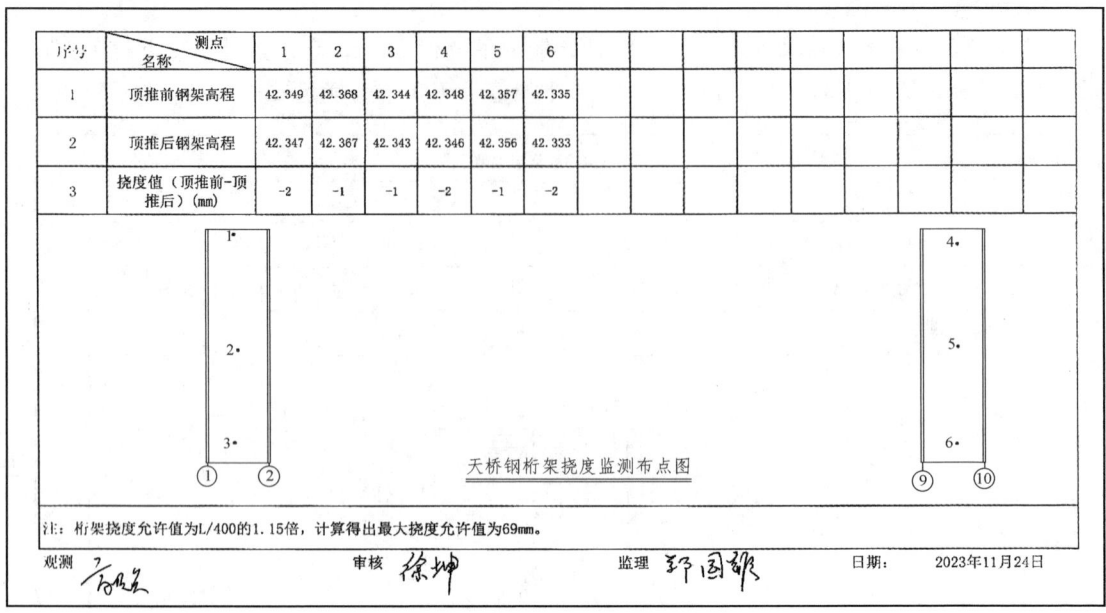

图 6.3.4-7 天桥钢桁架挠度监测

8. 支撑架沉降监测

在顶推过程中对每条支撑架进行监测，数据进行对比分析，胎架稳定无变化（图 6.3.4-8～图 6.3.4-16）。

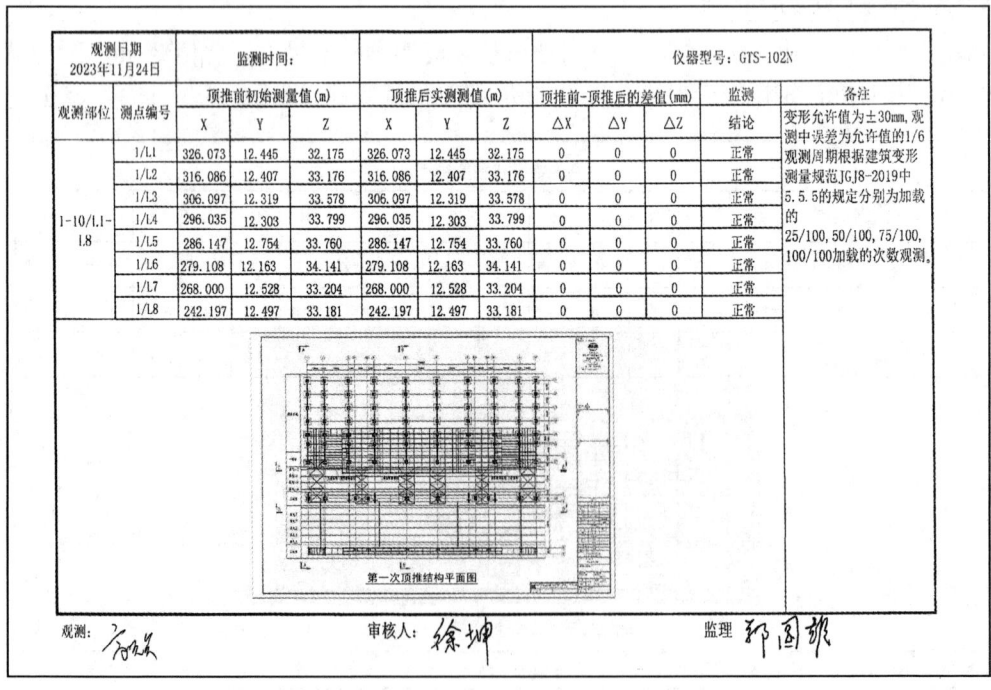

图 6.3.4-8 测点 1/L1～1/L8 胎架基础支撑变形监测

观测日期 2023年11月24日		监测时间：						仪器型号：GTS-102N			
观测部位	测点编号	顶推前初始测量值(m)			顶推后实测测量值(m)			顶推前-顶推后的差值(mm)			监测结论	备注
		X	Y	Z	X	Y	Z	ΔX	ΔY	ΔZ		
1-10/L1-L8	2/L1	326.555	25.053	33.247	326.555	25.053	33.247	0	0	0	正常	变形允许值为±30mm，观测中误差为允许值的1/6 观测周期根据建筑变形测量规范JGJ8-2019中5.5.5的规定分别为加载25/100,50/100,75/100,100/100加载的次数观测。
	2/L2	316.608	25.140	32.823	316.608	25.140	32.823	0	0	0	正常	
	2/L3	306.485	25.094	33.288	306.485	25.094	33.288	0	0	0	正常	
	2/L4	296.487	24.985	32.776	296.487	24.985	32.776	0	0	0	正常	
	2/L5	286.501	25.643	33.676	286.501	25.643	33.676	0	0	0	正常	
	2/L6	279.634	25.147	33.277	279.634	25.147	33.277	0	0	0	正常	
	2/L7	268.135	25.637	33.338	268.135	25.637	33.338	0	0	0	正常	
	2/L8	242.171	25.506	32.999	242.171	25.506	32.999	0	0	0	正常	

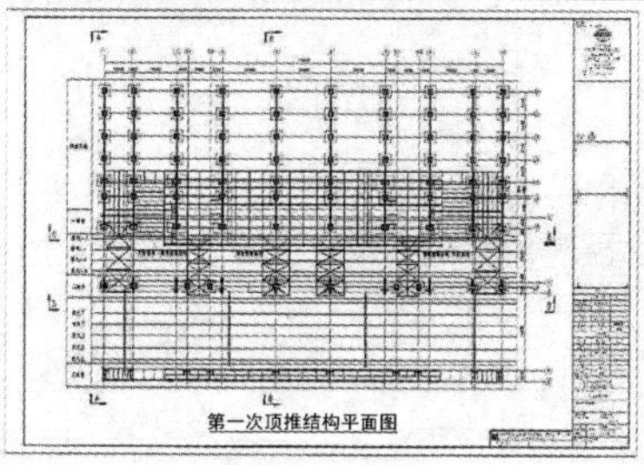

图6.3.4-9　测点2/L1～2/L8胎架基础支撑变形监测

观测日期 2023年11月24日		监测时间：						仪器型号：GTS-102N			
观测部位	测点编号	顶推前初始测量值(m)			顶推后实测测量值(m)			顶推前-顶推后的差值(mm)			监测结论	备注
		X	Y	Z	X	Y	Z	ΔX	ΔY	ΔZ		
1-10/L1-L8	3/L1	328.579	42.005	31.883	328.579	42.005	31.883	0	0	0	正常	变形允许值为±30mm，观测中误差为允许值的1/6 观测周期根据建筑变形测量规范JGJ8-2019中5.5.5的规定分别为加载25/100,50/100,75/100,100/100加载的次数观测。
	3/L2	318.414	41.970	32.049	318.414	41.970	32.049	0	0	0	正常	
	3/L3	308.526	41861.000	32.328	308.526	41861.000	32.328	0	0	0	正常	
	3/L4	298.487	41.953	32.74	298.487	41.953	32.74	0	0	0	正常	
	3/L5	288.505	41.421	33.689	288.505	41.421	33.689	0	0	0	正常	
	3/L6	282.522	41.872	32.938	282.522	41.872	32.938	0	0	0	正常	
	3/L7	266.626	41.347	32.166	266.626	41.347	32.166	0	0	0	正常	
	3/L8	239.686	46.836	32.045	239.686	46.836	32.045	0	0	0	正常	

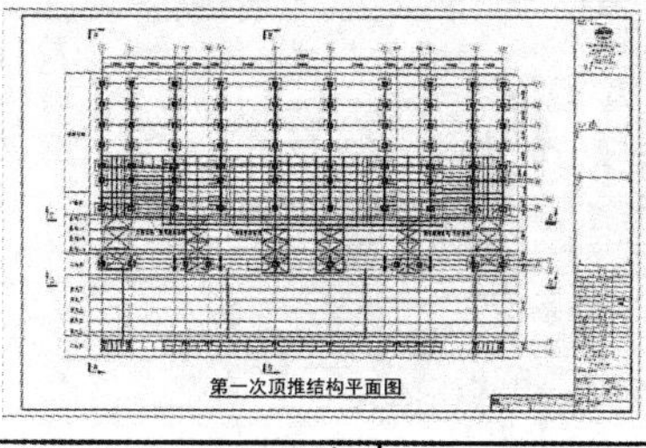

图6.3.4-10　测点3/L1～3/L8胎架基础支撑变形监测

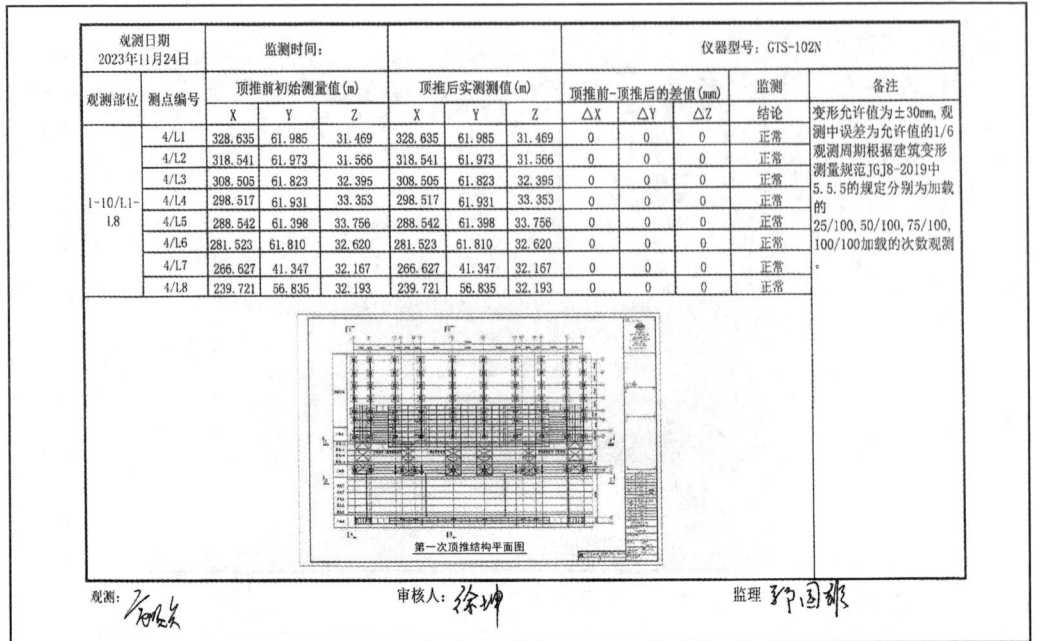

图 6.3.4-11　测点 4/L1～4/L8 胎架基础支撑变形监测

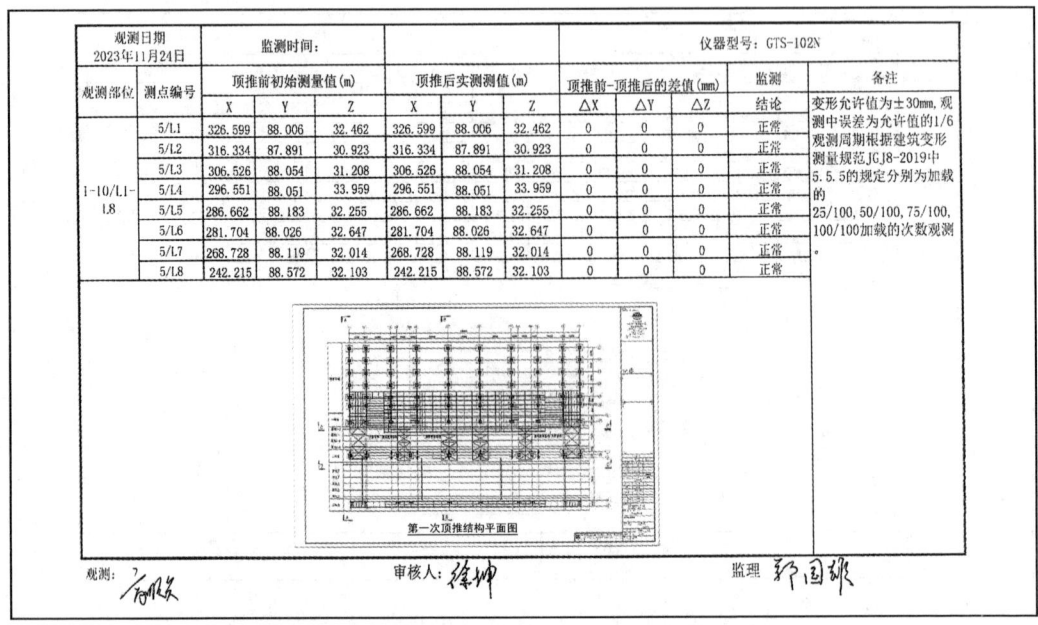

图 6.3.4-12　测点 5/L1～5/L8 胎架基础支撑变形监测

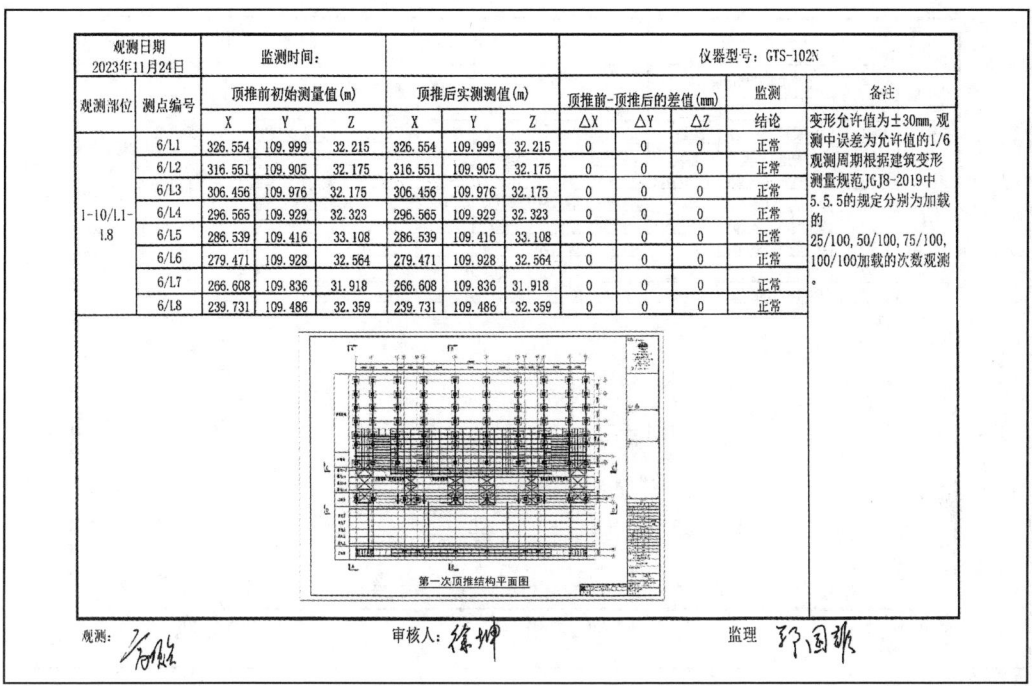

图 6.3.4-13　测点 6/L1～6/L8 胎架基础支撑变形监测

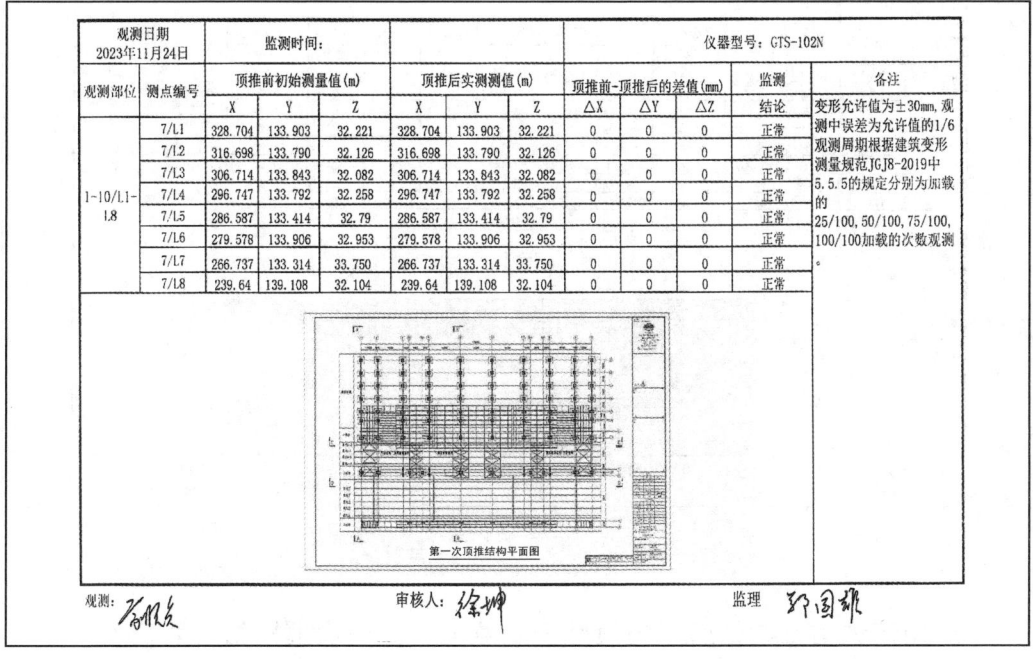

图 6.3.4-14　测点 7/L1～7/L8 胎架基础支撑变形监测

观测日期 2023年11月24日		监测时间：					仪器型号：GTS-102N			
观测部位	测点编号	顶推前初始测量值(m)			顶推后实测测值(m)			顶推前-顶推后的差值(mm)			监测结论	备注
		X	Y	Z	X	Y	Z	△X	△Y	△Z		
1-10/L1-L8	8/L1	328.614	156.088	32.657	328.614	156.088	32.657	0	0	0	正常	变形允许值为±30mm,观测中误差为允许值的1/6 观测周期根据建筑变形测量规范JGJ8-2019中5.5.5的规定分别为加载的25/100,50/100,75/100,100/100加载的次数观测。
	8/L2	318.600	156.096	32.524	318.600	156.096	32.524	0	0	0	正常	
	8/L3	308.674	156.116	32.812	308.674	156.116	32.812	0	0	0	正常	
	8/L4	298.698	156.164	33.796	298.698	156.164	33.796	0	0	0	正常	
	8/L5	288.542	156.585	32.428	288.542	156.585	32.428	0	0	0	正常	
	8/L6	281.662	156.091	32.469	281.662	156.091	32.469	0	0	0	正常	
	8/L7	268.687	156.637	33.364	268.687	156.637	33.364	0	0	0	正常	
	8/L8	242.188	151.159	32.011	242.188	151.159	32.011	0	0	0	正常	

图 6.3.4-15　测点 8/L1～8/L8 胎架基础支撑变形监测

观测日期 2023年11月24日		监测时间：					仪器型号：GTS-102N			
观测部位	测点编号	顶推前初始测量值(m)			顶推后实测测值(m)			顶推前-顶推后的差值(mm)			监测结论	备注
		X	Y	Z	X	Y	Z	△X	△Y	△Z		
1-10/L1-L8	9/L1	328.675	175.064	32.647	328.675	175.064	32.647	0	0	0	正常	变形允许值为±30mm,观测中误差为允许值的1/6 观测周期根据建筑变形测量规范JGJ8-2019中5.5.5的规定分别为加载的25/100,50/100,75/100,100/100加载的次数观测
	9/L2	318.596	175.065	32.493	318.596	175.065	32.493	0	0	0	正常	
	9/L3	308.584	175.042	32.280	308.584	175.042	32.280	0	0	0	正常	
	9/L4	298.703	175.135	32.481	298.703	175.135	32.481	0	0	0	正常	
	9/L5	288.495	175.595	32.535	288.495	175.595	32.535	0	0	0	正常	
	9/L6	281.591	175.159	32.657	281.591	175.159	32.657	0	0	0	正常	
	9/L7	268.184	175.474	33.182	268.184	175.474	33.182	0	0	0	正常	
	9/L8	242.019	176.524	32.168	242.019	176.524	32.168	0	0	0	正常	

图 6.3.4-16　测点 9/L1～9/L8 胎架基础支撑变形监测

6.3.5　庐山高铁站二期站房工程顶推安全监测（第一次顶推结束后）

1. 目标

（1）确保施工安全：采集被监测结构在第一次顶推过程中的应力数据，与施工模拟计算结果进行对比，确保顶推过程平稳进行，保证施工过程中结构安全和施工质量的实现，当应力出现异常时及时提供预警；

(2) 当发生意外或灾害后，为结构状态评估和处理提供实际数据；

(3) 为健康监测提供原始数据。

2. 监测内容

(1) 被顶推桁架和换乘通廊中主要受力杆件和受力较大杆件的内力；

(2) 被顶推桁架和换乘通廊中主要受力杆件和受力较大杆件的表面温度。

3. 监测依据

(1) 监测合同；

(2) 设计图纸和顶推方案；

(3) 本工程已批准的文件；

(4) 规范规程及国家和地方标准：

《建筑结构荷载规范》(GB 50009—2012)

《工程结构可靠度设计统一标准》(GB 50153—2008)

《钢结构工程施工规范》(GB 50755—2012)

《建筑工程施工质量验收统一标准》(GB 50300—20132)

《建筑结构检测技术标准》(GB 50344—2019)

《建筑与桥梁结构监测技术规范》(GB 50982—2014)

《民用建筑可靠性鉴定标准》(GB 50292—2015)

《危险性较大的分部分项工程安全管理规定》住房城乡建设部令第 37 号，2018

《结构健康监测系统设计标准》(CECS 333—2012)

《工程测量标准》(GB 50026—2020)

《环境试验设备温度、湿度参数校准规范》(JJF 1101—2019)

《土工试验仪器 岩土工程仪器 振弦式传感器 通用技术条件》(GB/T 13606—2007)

《建设工程施工现场环境与卫生标准》(JGJ 146—2013)

《建筑施工高处作业安全技术规范》(JGJ 80—2016)

《电气装置安装工程 电缆线路施工及验收标准》(GB 50168—2018)

《铁路客站结构健康监测技术标准》(TB/T 10184—2021)

4. 监测频次

顶推期间采样频率为 10 分钟/次。

5. 测点布置

根据有限元计算结果确定测点位置共布置 15 个测点组，其中 9 组测点布置在顶推分段一的主桁架上，位于上弦杆的上表面，在导梁上布置 2 组测点，在天桥上布置 2 组测点，测点位置和编号如图 6.3.5-1 所示。在换乘通廊的钢梁上布置 2 组测点，以便监测当偶然事件发生时（顶推不同步）给换乘通廊钢梁带来的附加应力。钢桁架上的每个测点组用一台采集仪，在上弦杆上设钢柱（图 6.3.5-2），用以固定采集仪，换乘通廊上的每个测点组用一台采集仪，固定在其下方的连接支撑上（图 6.3.5-1）。

传感器统计见表 6.3.5-1。

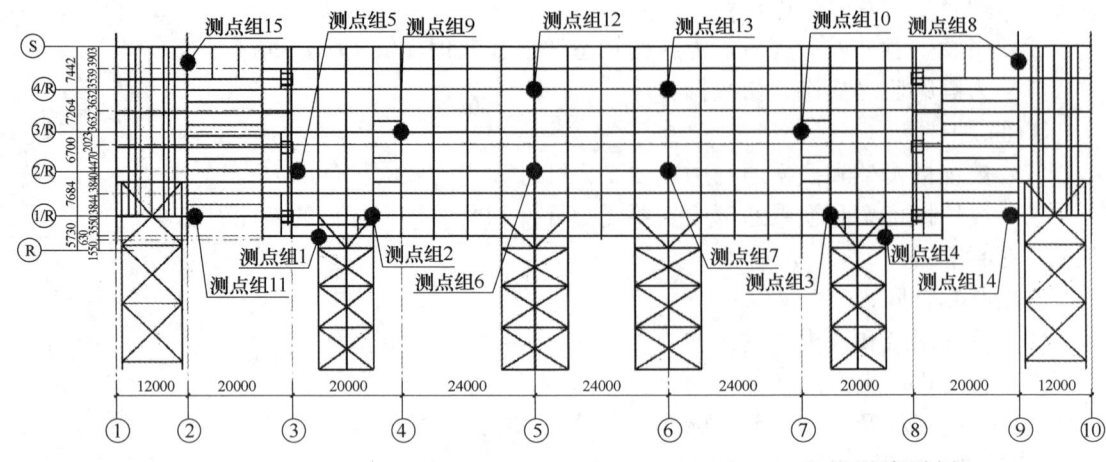

(a) 顶推滑移施工期主要受力杆件的内力测点示意图
平面布置图

● 楼面桁架测点组
● 楼面桁架导梁测点组
● 换乘通廊测点组
● 天桥桁架测点组

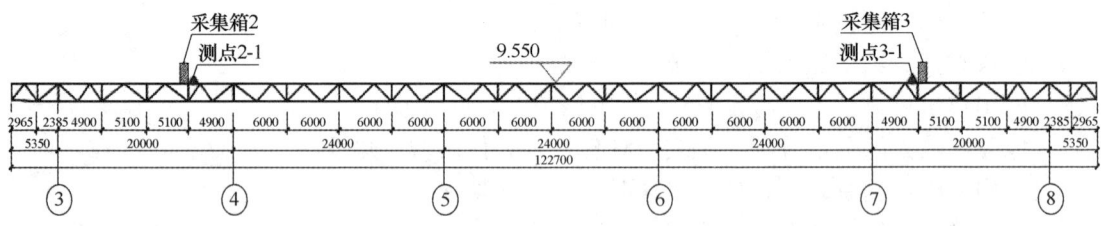

(b) 顶推滑移施工期1/R轴主要受力杆件的内力测点示意图
立面图

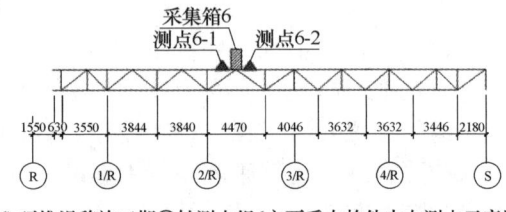

(c) 顶推滑移施工期测点组5主要受力构件内力测点示意图
立面图

(d) 顶推滑移施工期⑤轴测点组6主要受力构件内力测点示意图
立面图

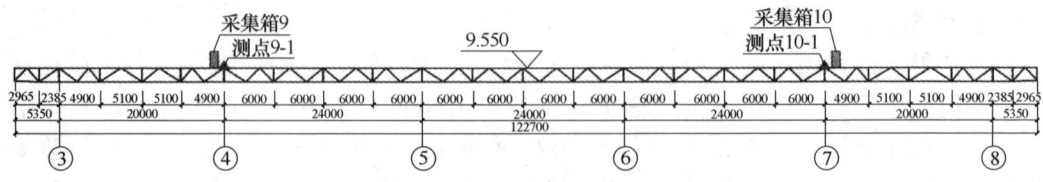

(e) 顶推滑移施工期3/R轴主要受力杆件的内力测点示意图
立面图

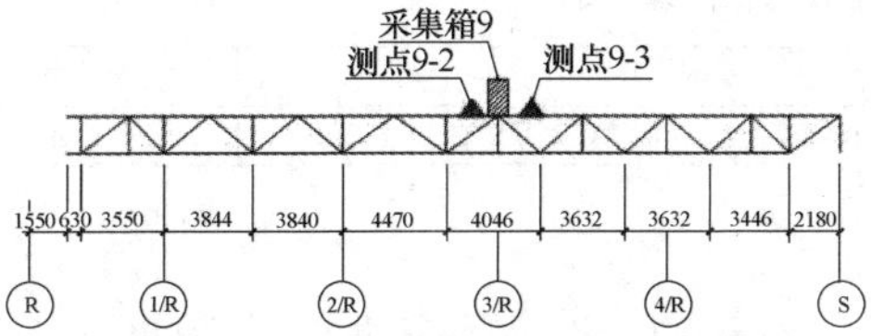

(f) 顶推滑移施工期测点组9主要受力构件内力测点示意图
立面图

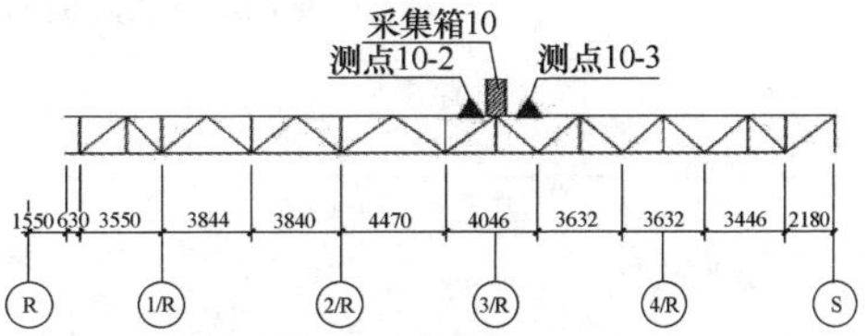

(g) 顶推滑移施工期测点组10主要受力构件内力测点示意图
立面图

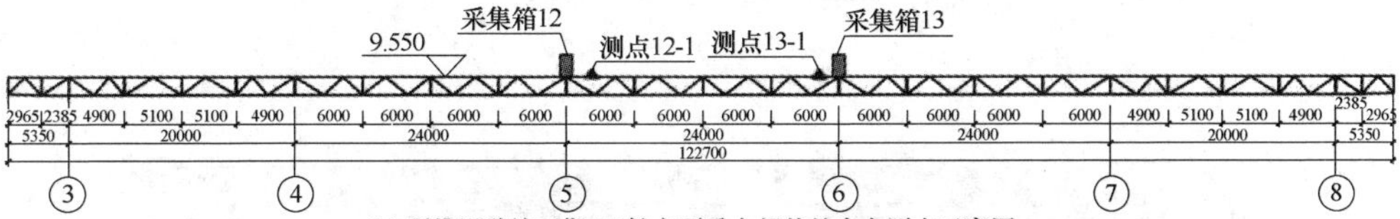

(h) 顶推滑移施工期4/R轴主要受力杆件的内力测点示意图
立面图

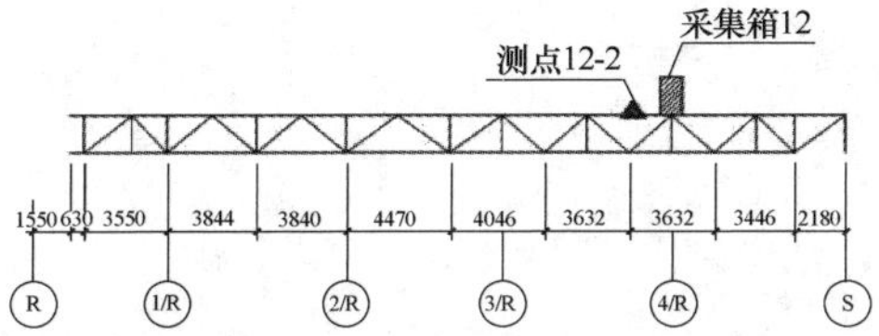

(i) 顶推滑移施工期测点组12主要受力构件内力测点示意图
立面图

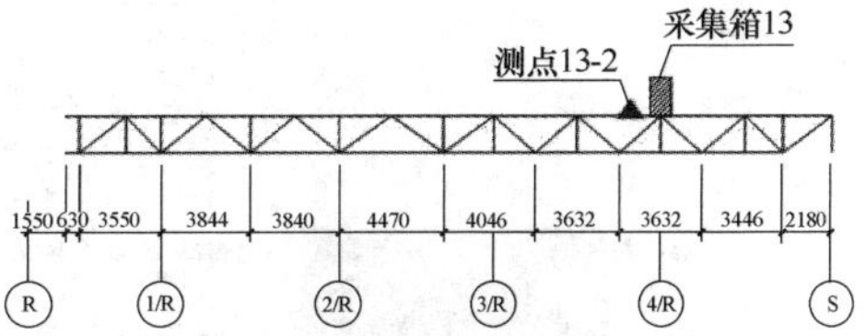

(j) 顶推滑移施工期测点组13主要受力构件内力测点示意图
立面图

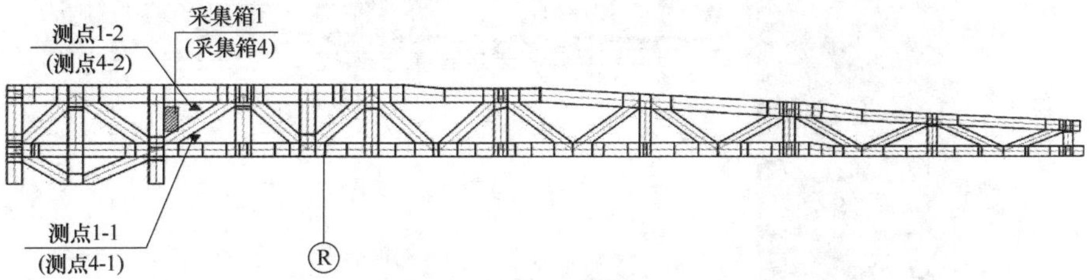

(k) 顶推滑移施工期楼面桁架导梁主要受力杆件的内力测点示意图
立面图

图 6.3.5-1 测点和采集仪布置图

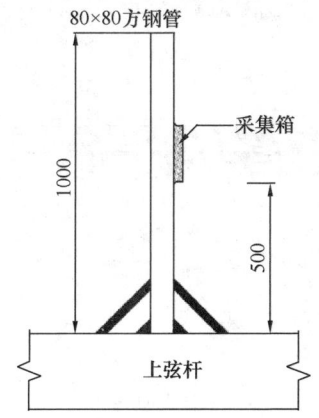

图 6.3.5-2 采集仪安装示意图

表 6.3.5-1　顶推期监测传感器统计表

监测对象	监测内容	传感器类型	传感器编号	传感器数量
顶推桁架	应力、温度	表面应变+温度计	VWS-5/10F	32

6. 监测结果

在顶推过程中，温度较为稳定，在 16.9℃～18.9℃ 之间。应力时程图 6.3.5-3 和图 6.3.5-4，应力变化数值见表 6.3.5-2。

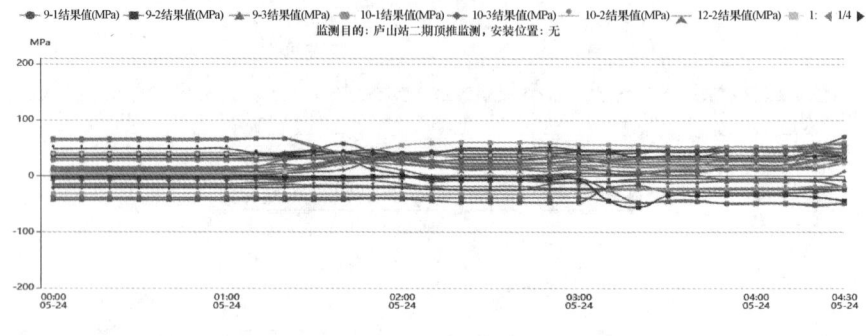

(a) 应力变化过程

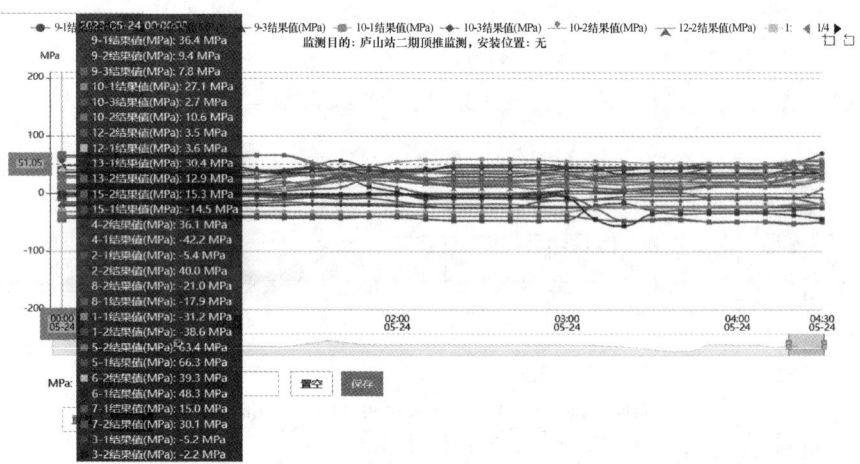

(b) 顶推开始前应力

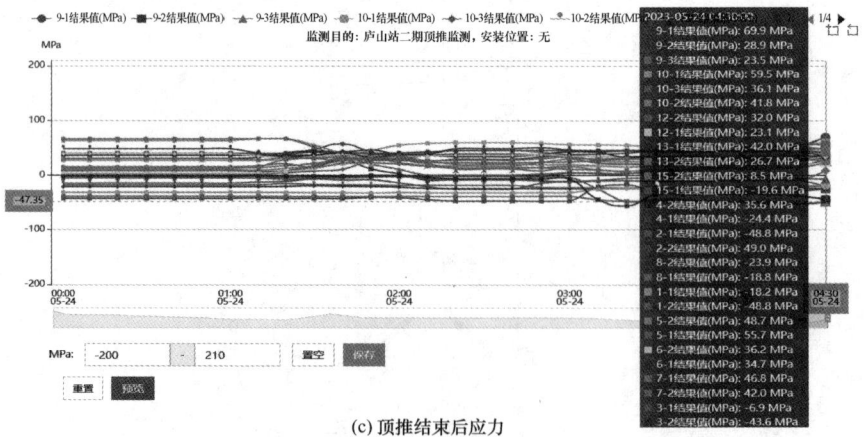

(c) 顶推结束后应力

图 6.3.5-3　楼面桁架、天桥和导梁处测点的应力时程图

第 6 章　顶推及落梁施工监控

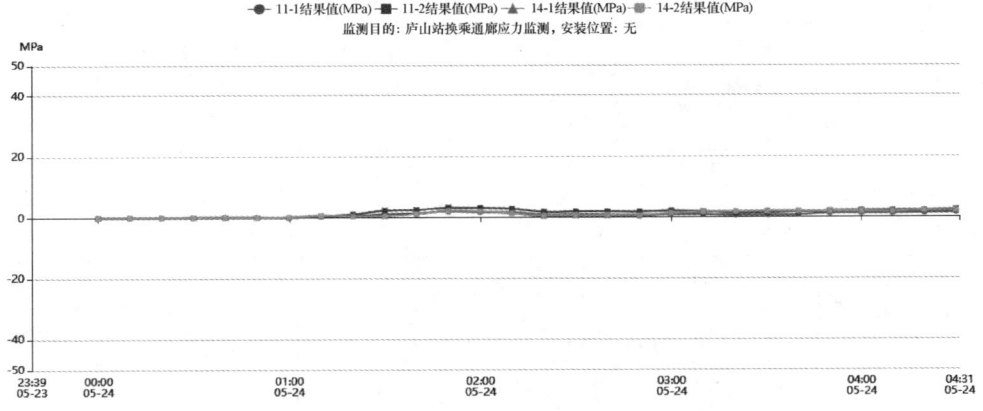

(a) 应力变化过程

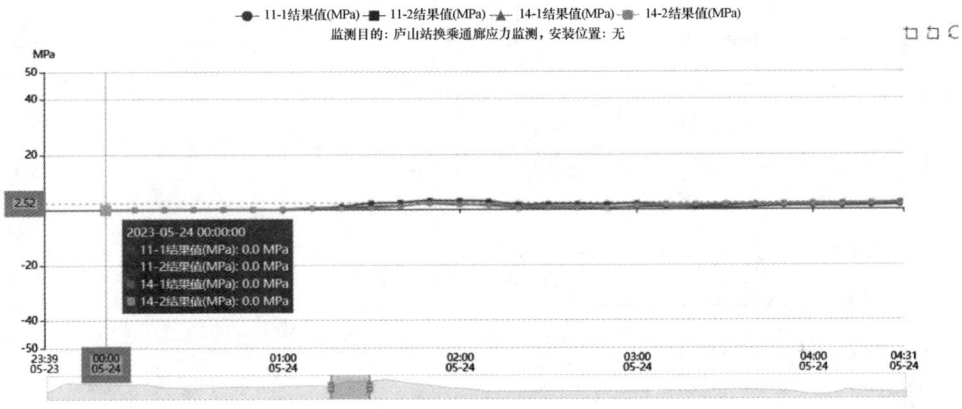

(b) 顶推开始前应力

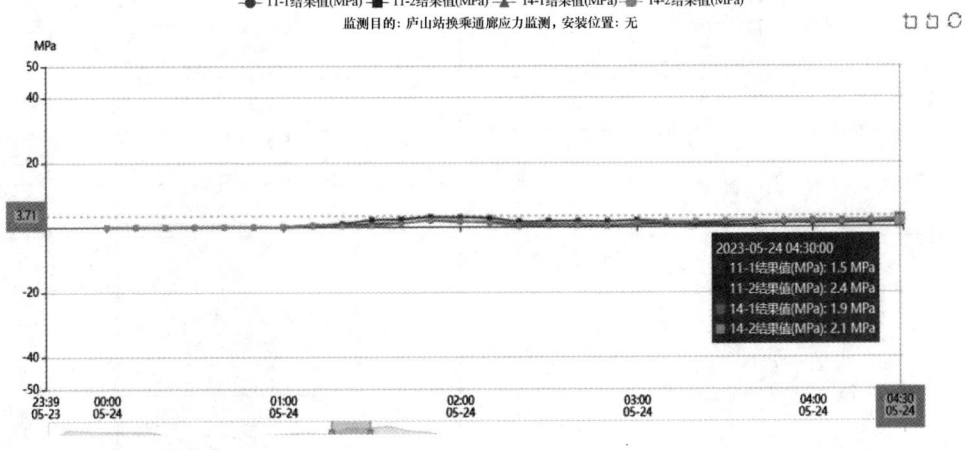

(c) 顶推结束后应力

图 6.3.5-4　换乘通廊处测点的应力时程图

表 6.3.5-2 应力监测表

测点组	测点位置	测点编号	顶推开始前应力（MPa）	顶推结束后应力（MPa）	顶推过程中最大应力（MPa）	设计应力限值（MPa）
1	导梁	1-1	−31.1	−18.2	−32.2	−190
		1-2	−38.5	−48.8	−50.7	−200
2	楼面桁架	2-1	−5.2	−48.8	−52.3	−150
		2-2	40.1	49	49	180
3	楼面桁架	3-1	−4.9	−6.9	−11.7	−150
		3-2	−2.1	−43.6	−55.7	−150
4	导梁	4-1	−42.2	−24.4	−47.1	−190
		4-2	36.2	35.6	37.4	−170
5	楼面桁架	5-1	66.4	55.7	66.7	190
		5-2	63.5	48.7	67.0	210
6	楼面桁架	6-1	48.4	34.7	50.9	200
		6-2	39.4	36.2	41.8	200
7	楼面桁架	7-1	15	46.8	53	200
		7-2	30.2	42	45.7	200
8	天桥	8-1	−17.9	−18.8	−22.7	−180
		8-2	−20.9	−23.9	−24.2	−190
9	楼面桁架	9-1	36.6	69.9	69.9	170
		9-2	9.6	28.9	28.9	170
		9-3	8	23.5	−9.1	−150
					31.4	150
10	楼面桁架	10-1	27.2	59.5	60	170
		10-2	10.9	41.8	45.2	170
		10-3	2.8	36.1	39.8	150
11	换乘通廊	11-1	0	1.5	2	4
		11-2	0	2.4	3.2	4
12	楼面桁架	12-1	3.8	23.1	23.1	140
		12-2	3.6	32	32	150

第 6 章 顶推及落梁施工监控

续表

测点组	测点位置	测点编号	顶推开始前应力（MPa）	顶推结束后应力（MPa）	顶推过程中最大应力（MPa）	设计应力限值（MPa）
13	楼面桁架	13-1	30.7	42	46.5	140
		13-2	13.1	26.7	32.6	150
14	换乘通廊	14-1	0	1.9	2.2	4
		14-2	0	2.1	2.2	4
15	天桥	15-1	−14.2	−19.6	−25	−180
		15-2	15.5	8.5	22.8	120
					−9.4	−150

从以上图表可见，顶推过程中，测点所在构件的应力变化平稳，未超过设计值。

换乘通廊的应力在消除顶推误差前达到 3.2MPa，在顶推误差调整完毕后，有所降低；顶推结束后，最大应力为 2.2MPa。考虑环境变化的影响，可以认为顶推结束后，测得的应力为测量误差和环境变化所致，换乘通廊没有受力。

7．监测结论

（1）顶推过程中，测点所在构件的应力未超过设计值。

（2）顶推结束后，换乘通廊没有受力。

6.3.6 庐山高铁二期站房工程顶推施工安全监测（第二次顶推结束后）

1．目标

（1）确保施工安全：采集被监测结构在第一次顶推过程中的应力数据，与施工模拟计算结果进行对比，确保顶推过程平稳进行，保证施工过程中的结构安全和施工质量的实现，当应力出现异常时及时提供预警；

（2）当发生意外或灾害后，为结构状态评估和处理提供实际数据；

（3）为健康监测提供原始数据。

2．监测内容

（1）被顶推桁架和换乘通廊中主要受力杆件和受力较大杆件的内力；

（2）被顶推桁架和换乘通廊中主要受力杆件和受力较大杆件的表面温度。

3．监测频次

顶推期间采样频率为 10 分钟/次。

4．测点布置

根据有限元计算结果确定测点位置共布置 15 个测点组，其中 9 组测点布置在顶推分段一的主桁架上，位于上弦杆的上表面，在导梁上布置 2 组测点，在天桥上布置 2 组测点，测点位置和编号如图 6.3.6-1 所示。在换乘通廊的钢梁上布置 2 组测点，以便监测当偶然事件发生时（顶推不同步），给换乘通廊钢梁带来的附加应力。钢桁架上的每个测点组用一台采集仪，在上弦杆上设钢柱（图 6.3.6-2），用以固定采集仪，换乘通廊上的每个测点组用一台采集仪，固定在其下方的连接支撑上（图 6.3.6-1）。

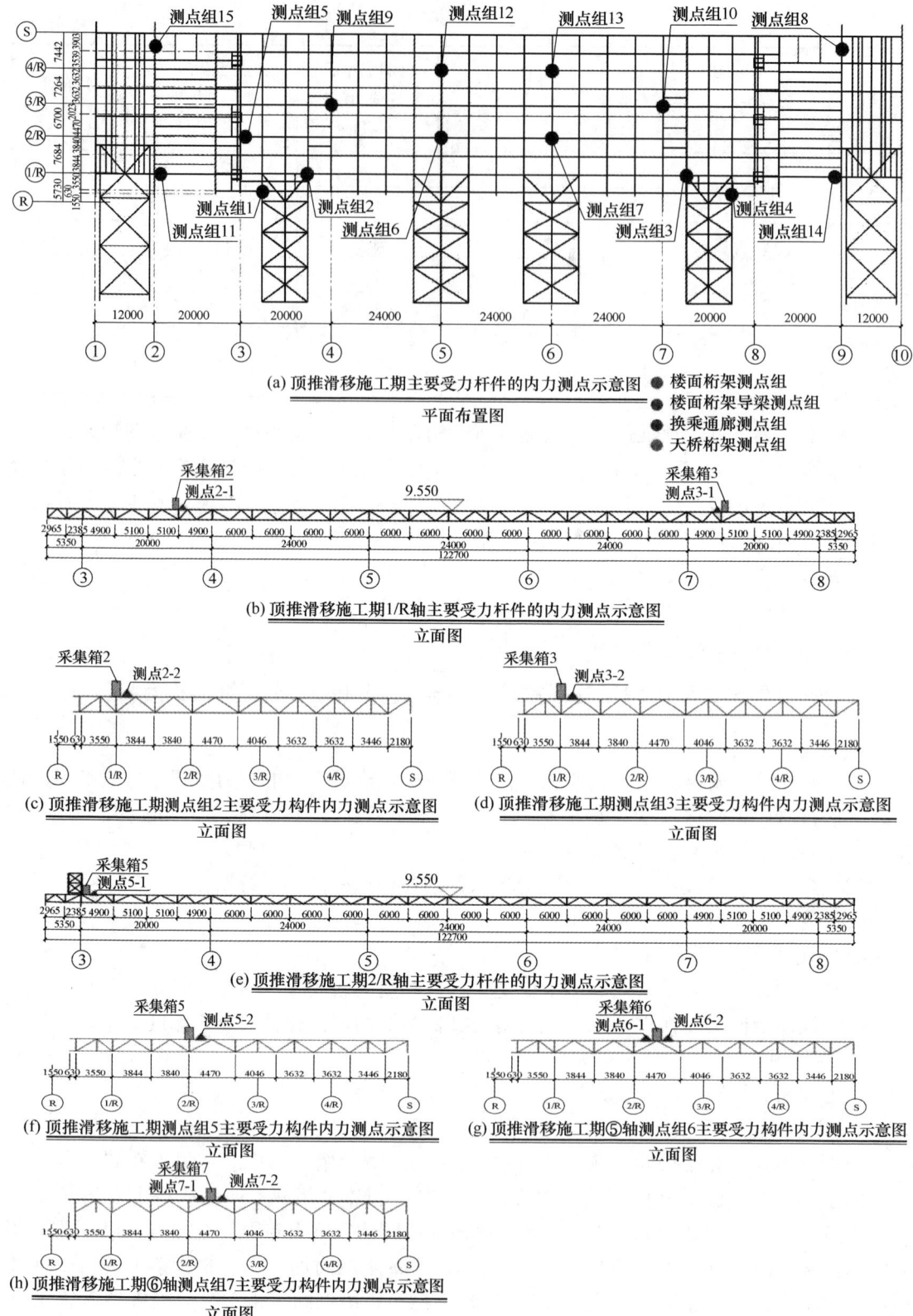

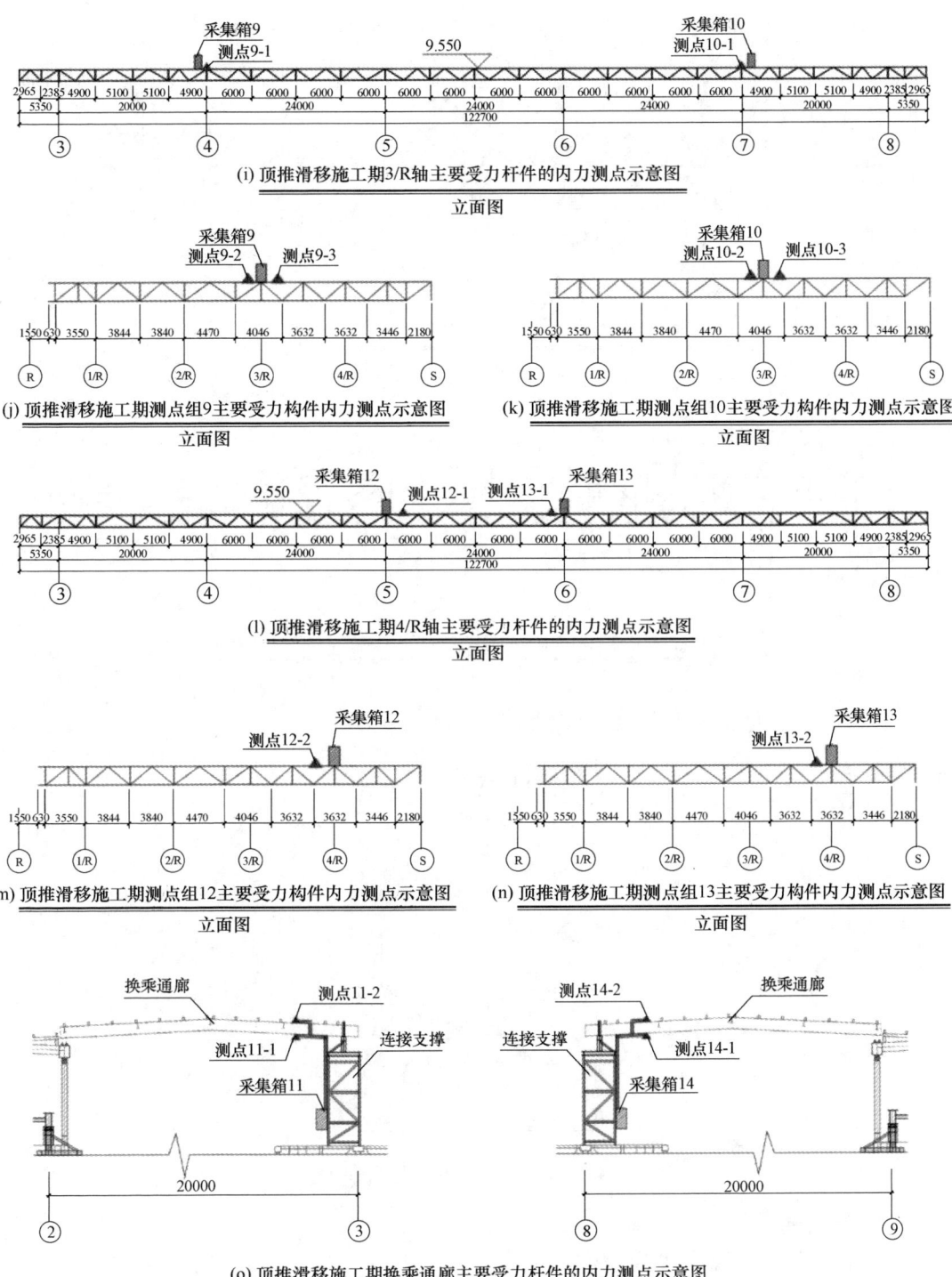

(i) 顶推滑移施工期3/R轴主要受力杆件的内力测点示意图
立面图

(j) 顶推滑移施工期测点组9主要受力构件内力测点示意图
立面图

(k) 顶推滑移施工期测点组10主要受力构件内力测点示意图
立面图

(l) 顶推滑移施工期4/R轴主要受力杆件的内力测点示意图
立面图

(m) 顶推滑移施工期测点组12主要受力构件内力测点示意图
立面图

(n) 顶推滑移施工期测点组13主要受力构件内力测点示意图
立面图

(o) 顶推滑移施工期换乘通廊主要受力杆件的内力测点示意图
立面图

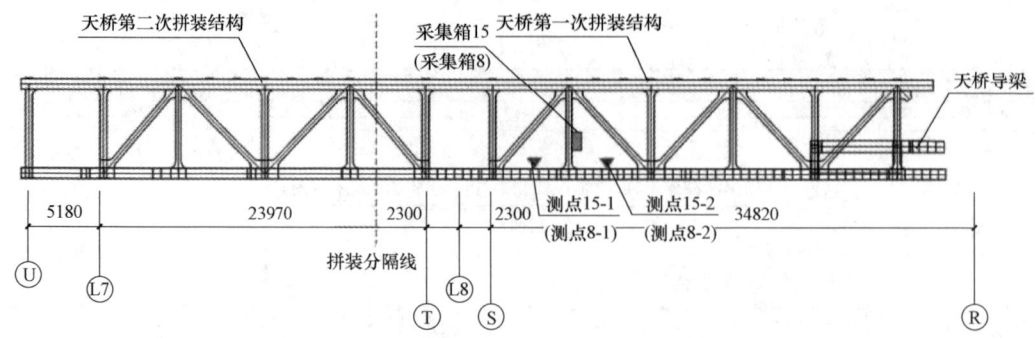

(p) 顶推滑移施工期天桥主要受力杆件的内力测点示意图
立面图

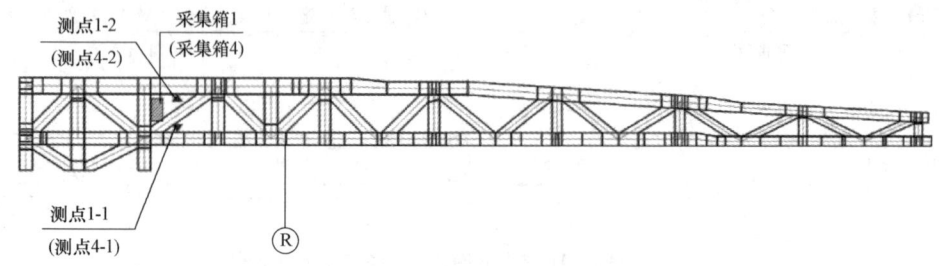

(q) 顶推滑移施工期楼面桁架导梁主要受力杆件的内力测点示意图
立面图

图 6.3.6-1 测点和采集仪布置图

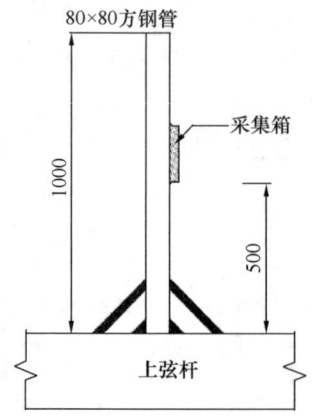

图 6.3.6-2 采集仪安装示意图

5. 检测结果

在顶推过程中，温度较为稳定，在 8.8℃～15.7℃之间。应力时程见图 6.3.6-3 至图 6.3.6-9，应力变化数值见表 6.3.6。

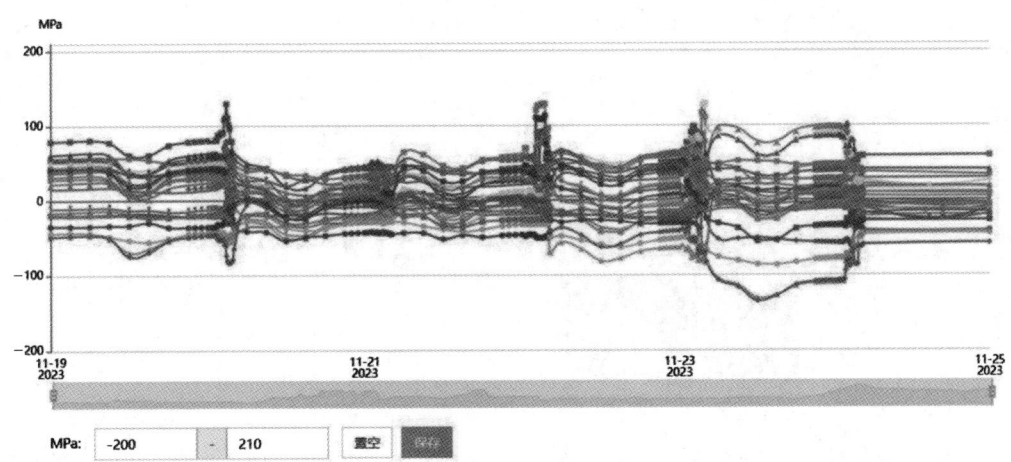

图 6.3.6-3 楼面桁架、天桥和导梁处测点的应力变化过程总览

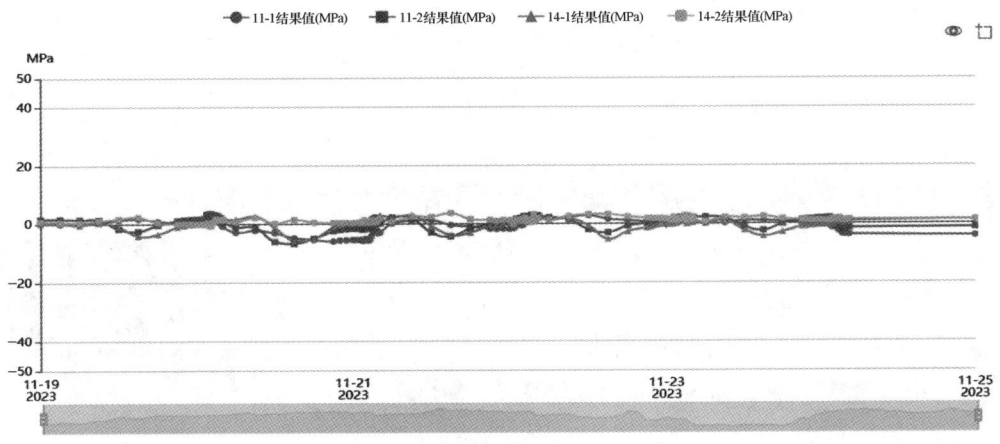

(a) 顶推过程中的应力变化图

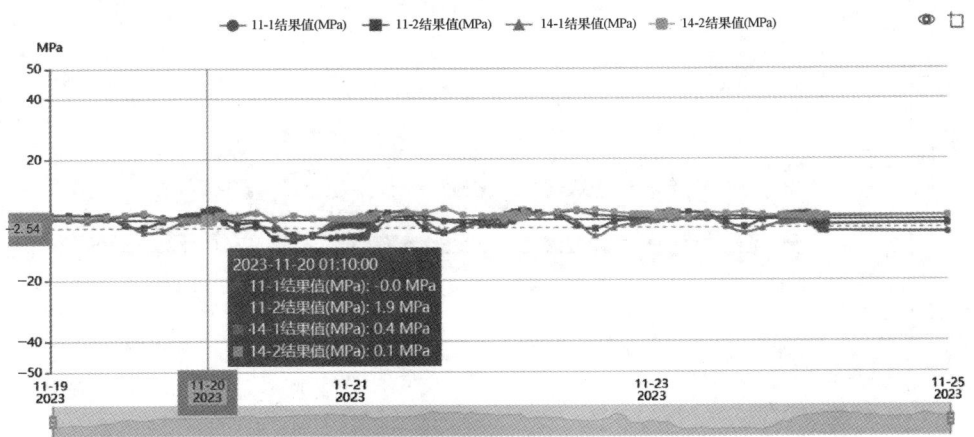

(b) 顶推开始前应力

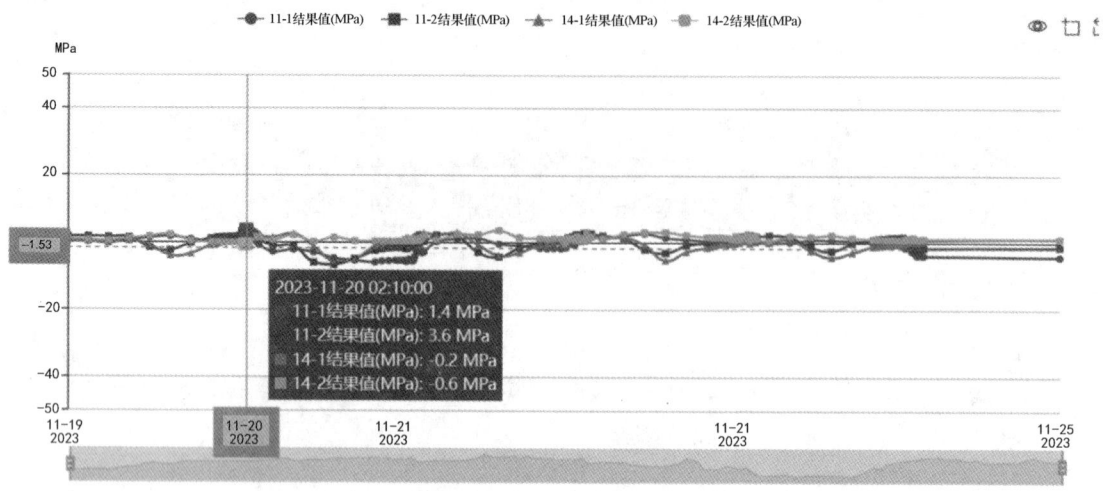

(c) 顶推过程中变化幅值最大的应力

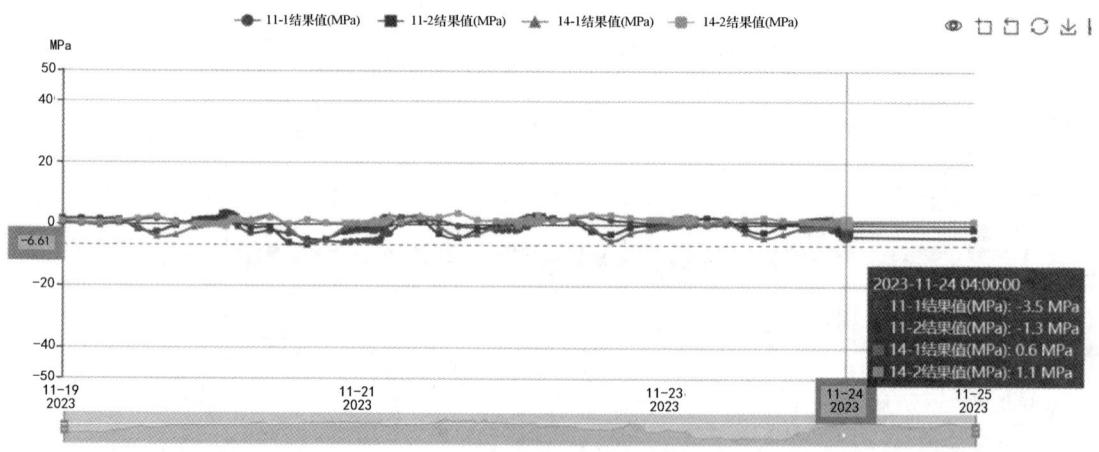

(d) 顶推结束后应力

图 6.3.6-4　换乘通廊处测点的应力变化过程

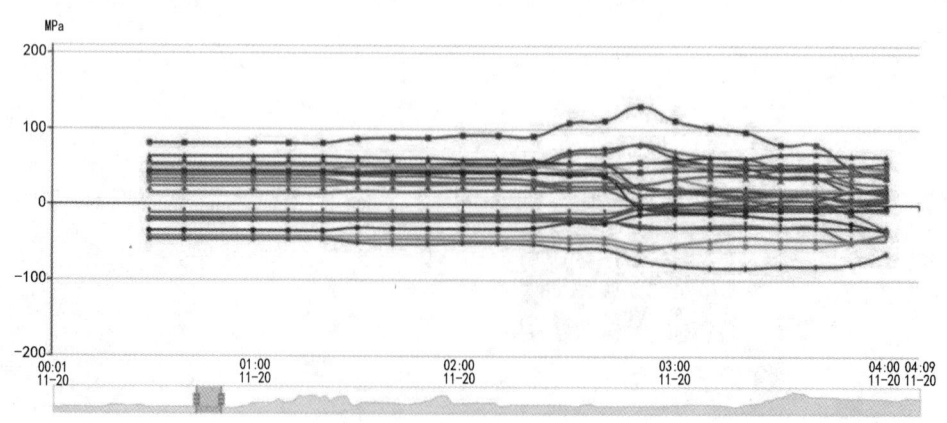

(a) 顶推过程中的应力变化图

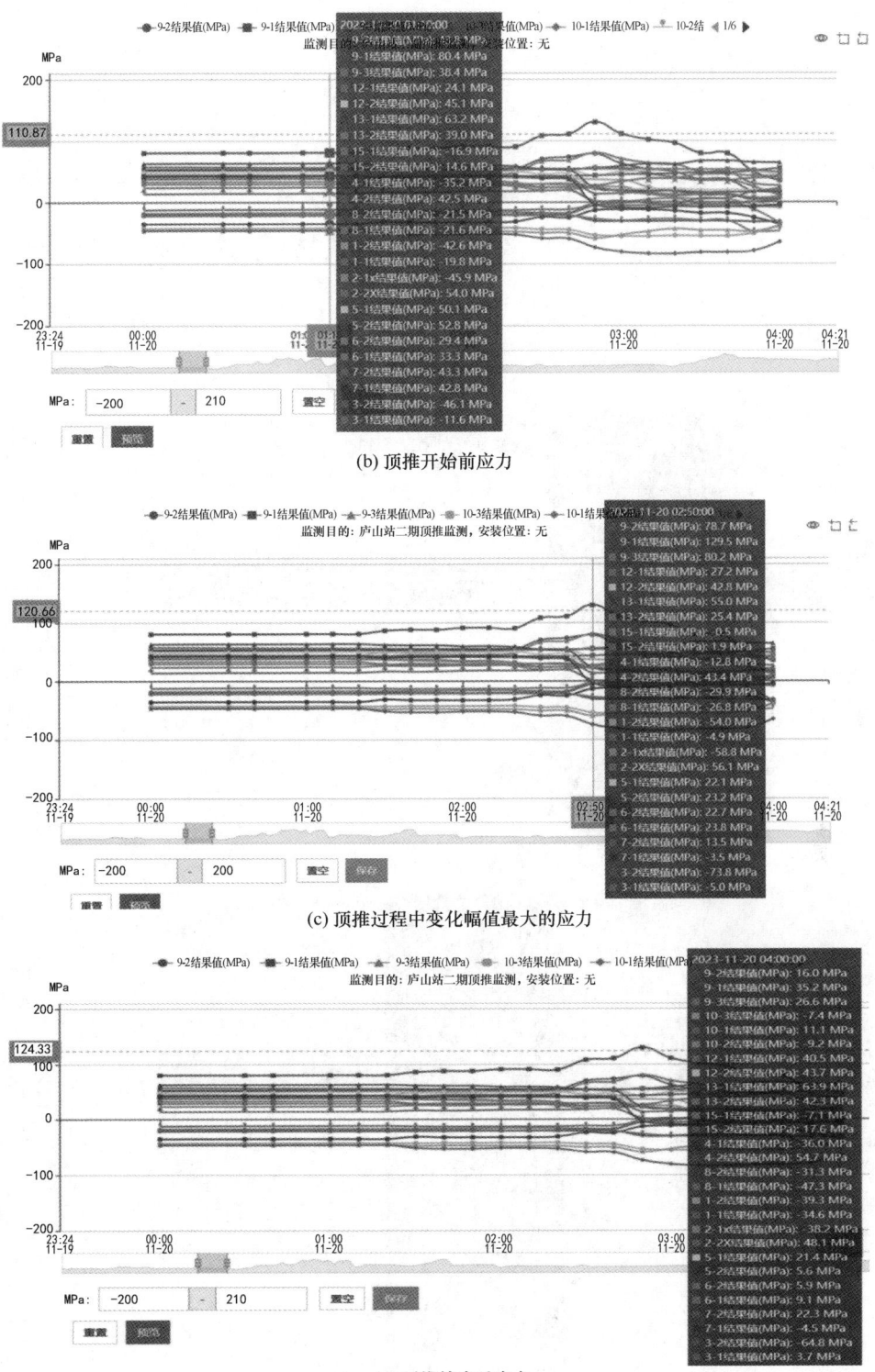

(b) 顶推开始前应力

(c) 顶推过程中变化幅值最大的应力

(d) 顶推结束后应力

图 6.3.6-5　第一次顶推楼面桁架、天桥和导梁处测点的应力时程图

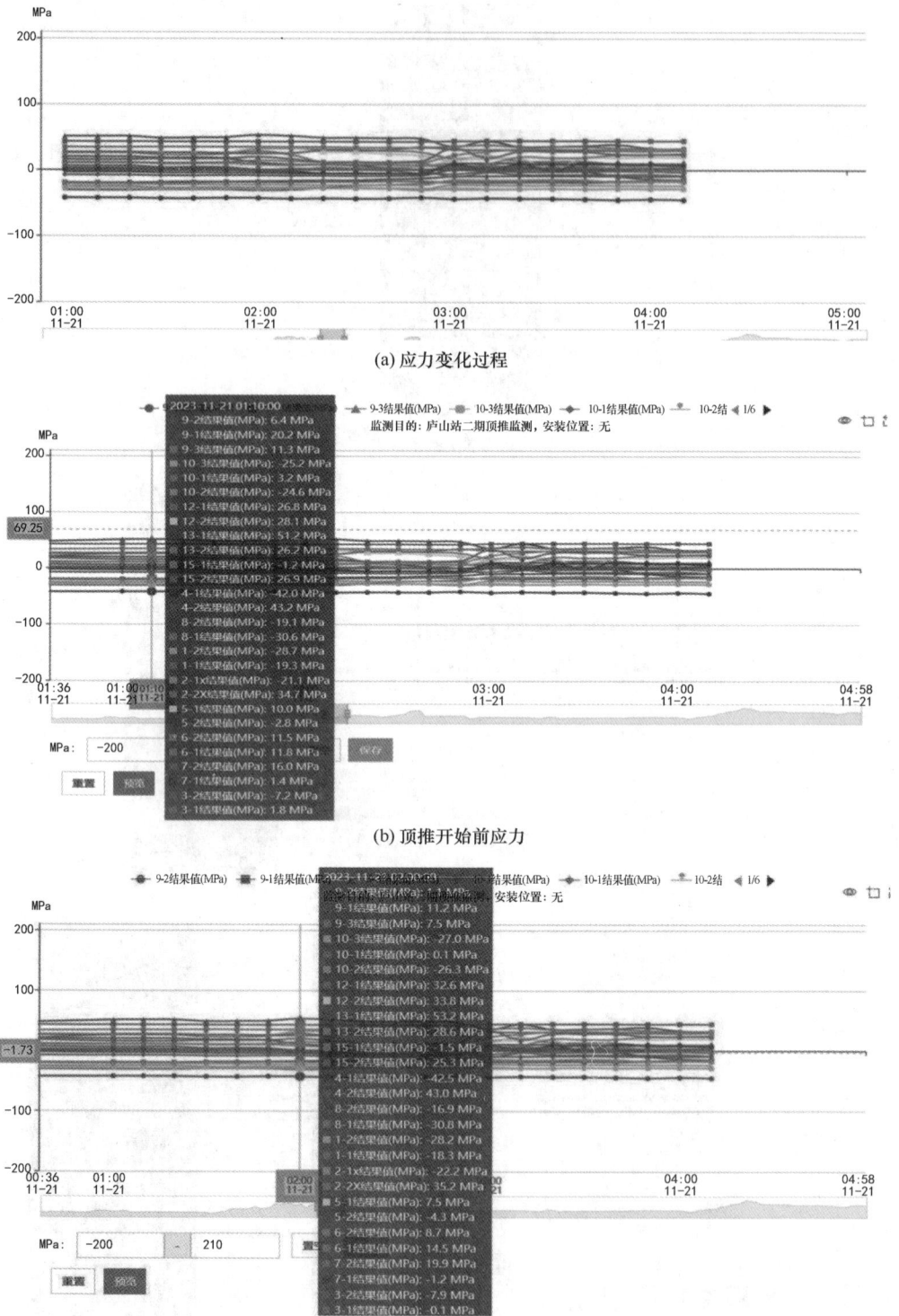

(a) 应力变化过程

(b) 顶推开始前应力

(c) 顶推过程中变化幅值最大的应力

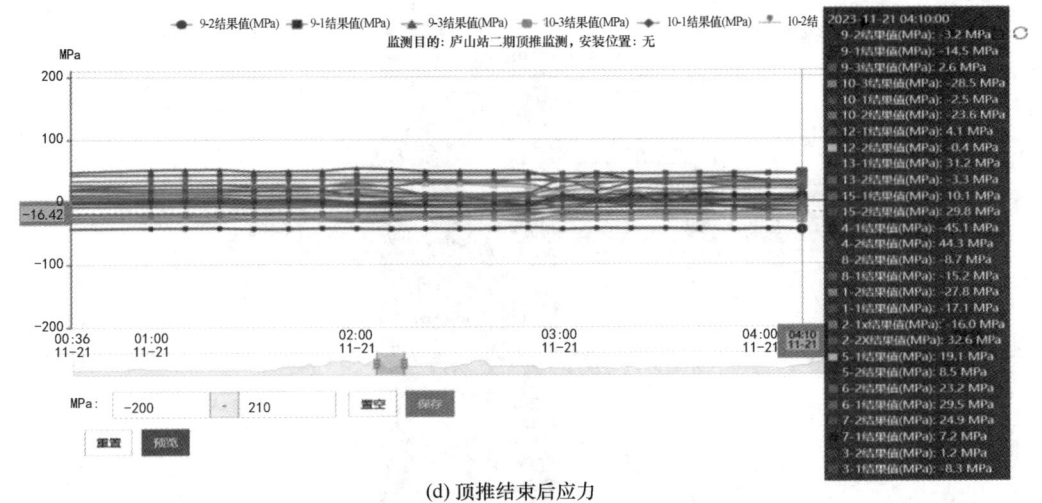

(d) 顶推结束后应力

图 6.3.6-6 第二次顶推楼面桁架、天桥和导梁处测点的应力时程图

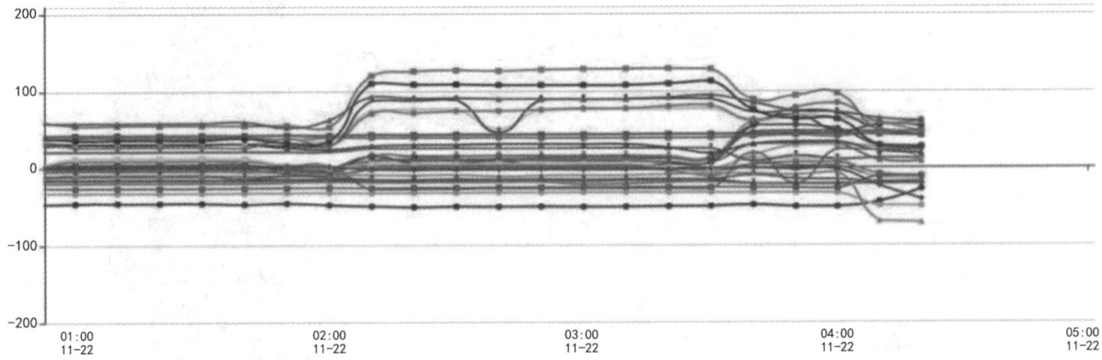

(a) 应力变化过程

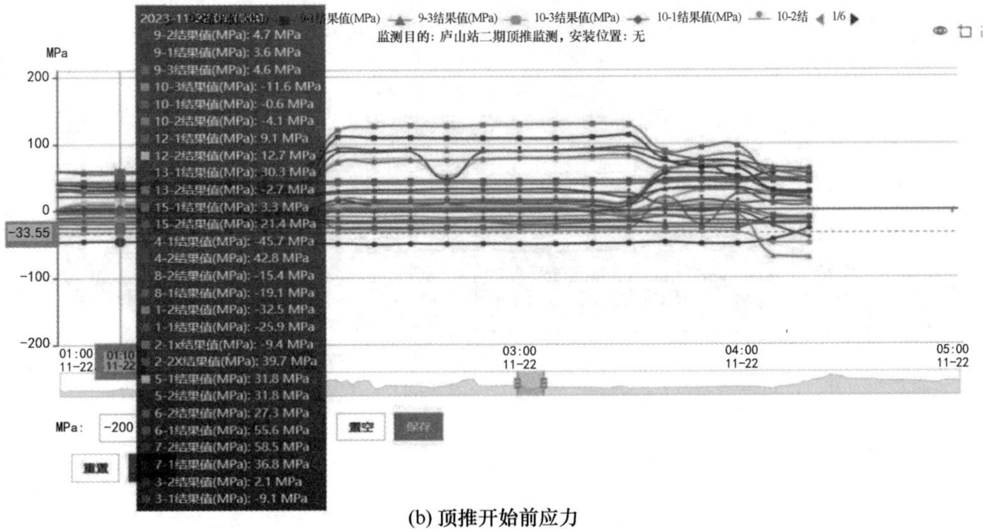

(b) 顶推开始前应力

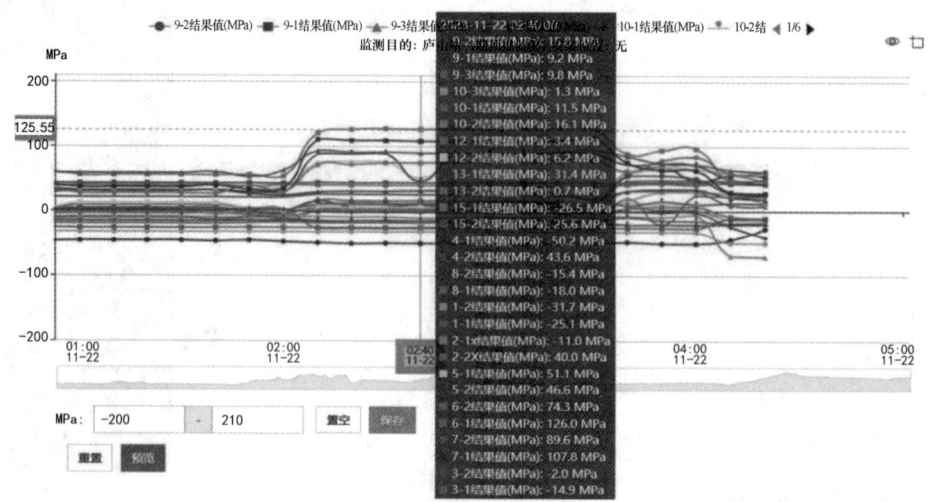

(c) 顶推过程中变化幅值最大的应力

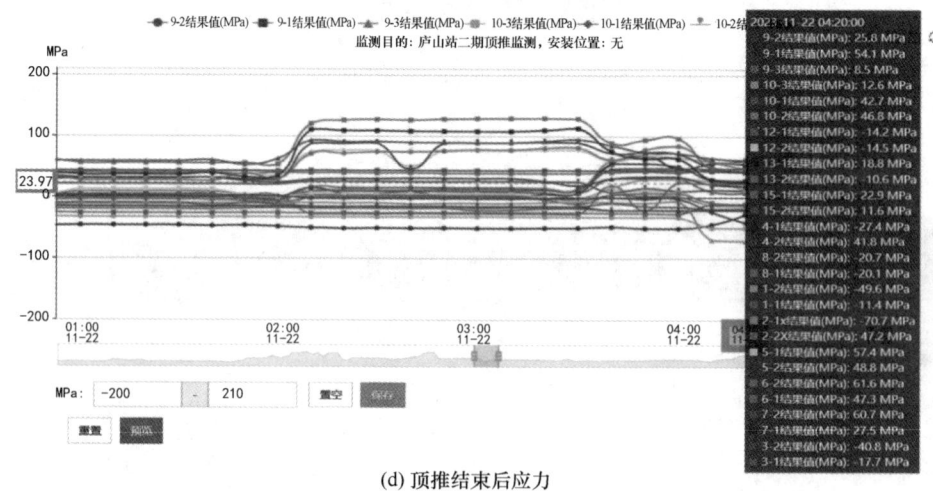

(d) 顶推结束后应力

图 6.3.6-7　第三次顶推楼面桁架、天桥和导梁处测点的应力时程图

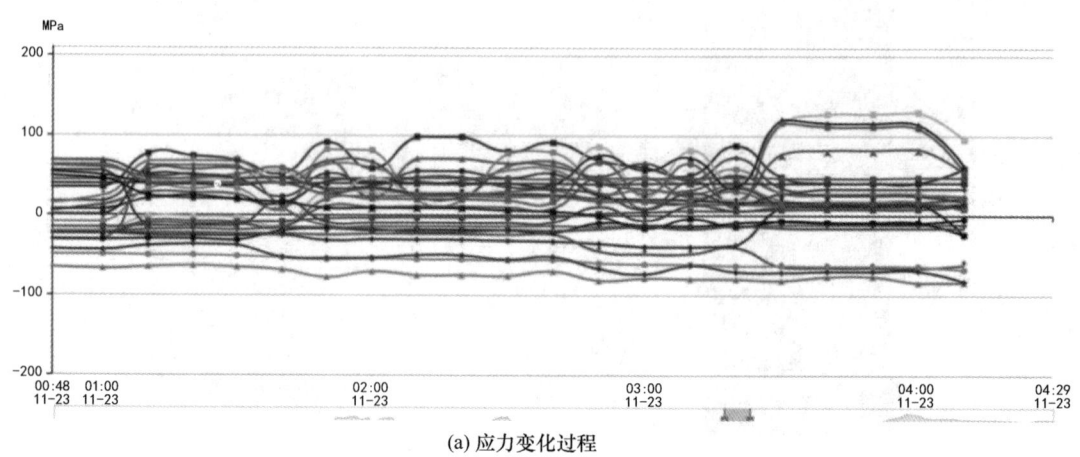

(a) 应力变化过程

第 6 章　顶推及落梁施工监控

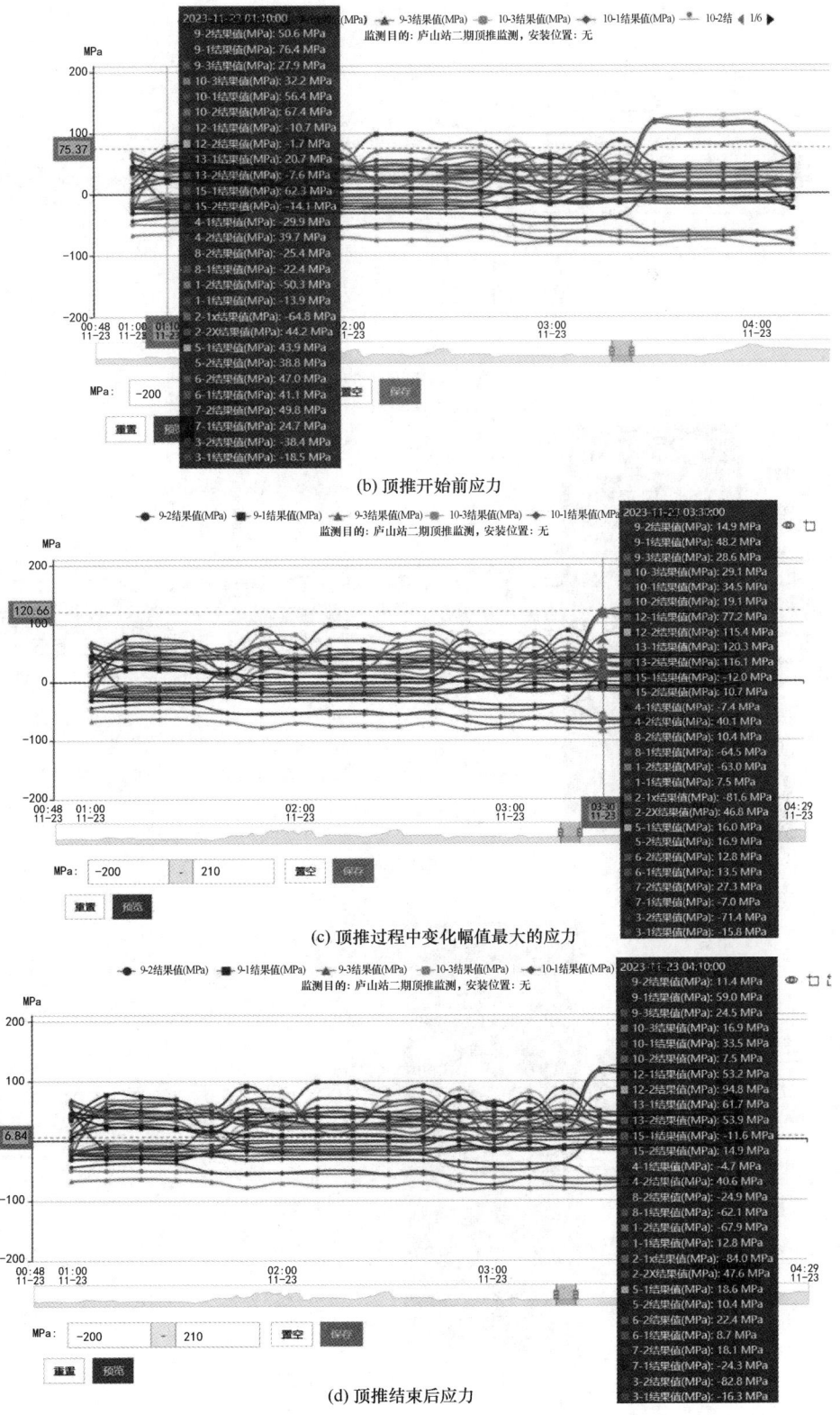

(b) 顶推开始前应力

(c) 顶推过程中变化幅值最大的应力

(d) 顶推结束后应力

图 6.3.6-8　第四次顶推楼面桁架、天桥和导梁处测点的应力时程图

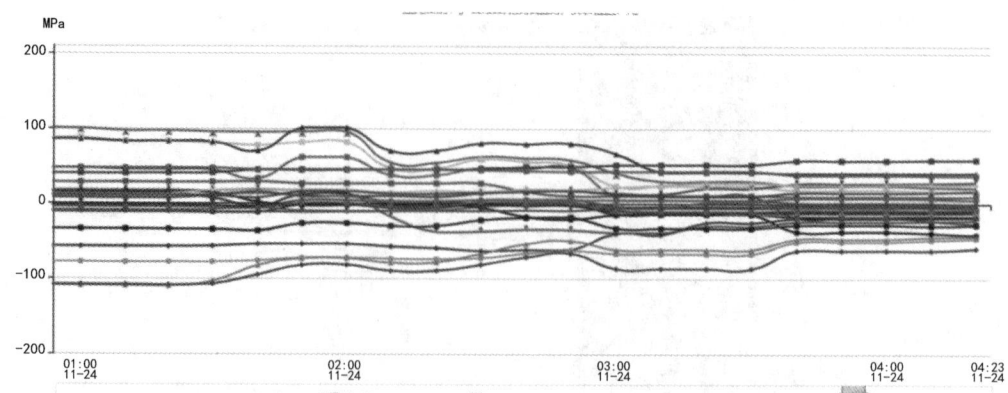

(a) 应力变化过程

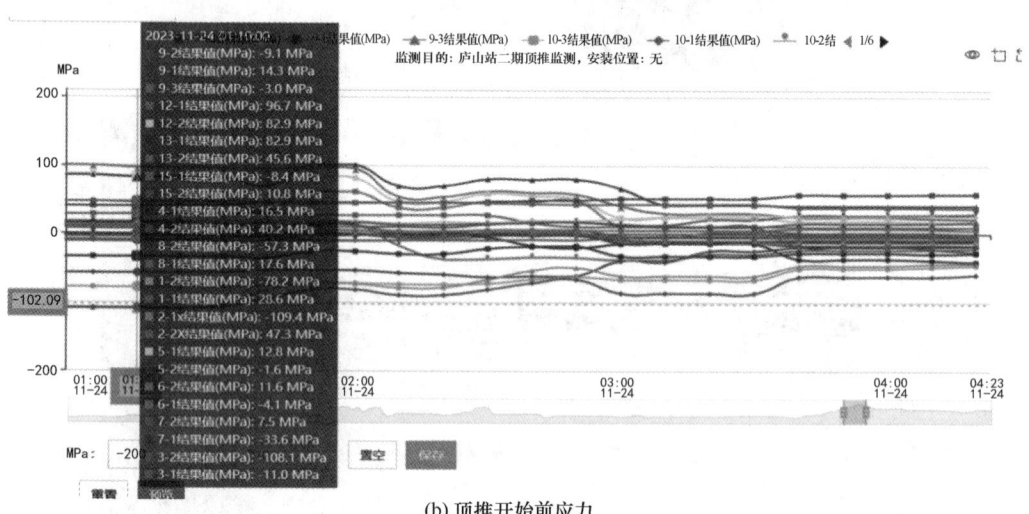

(b) 顶推开始前应力

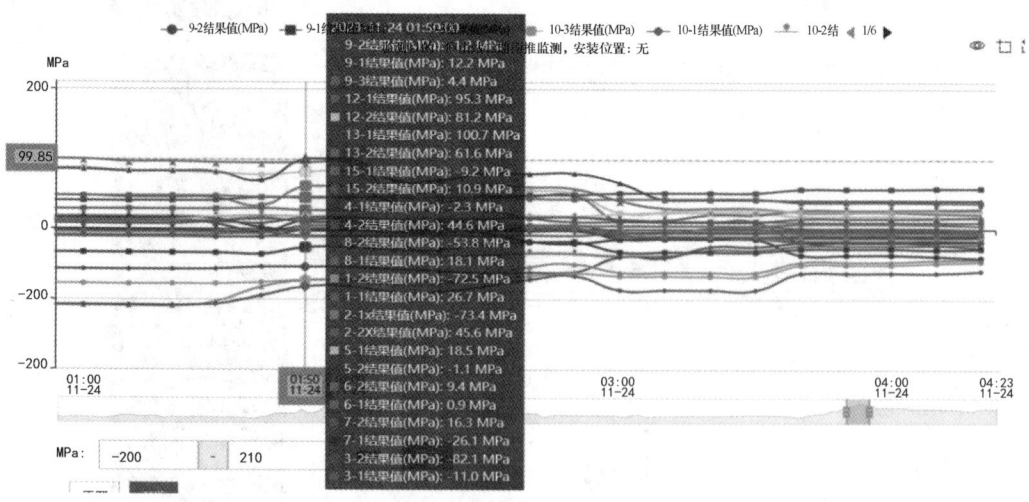

(c) 顶推过程中变化幅值最大的应力

第 6 章 顶推及落梁施工监控

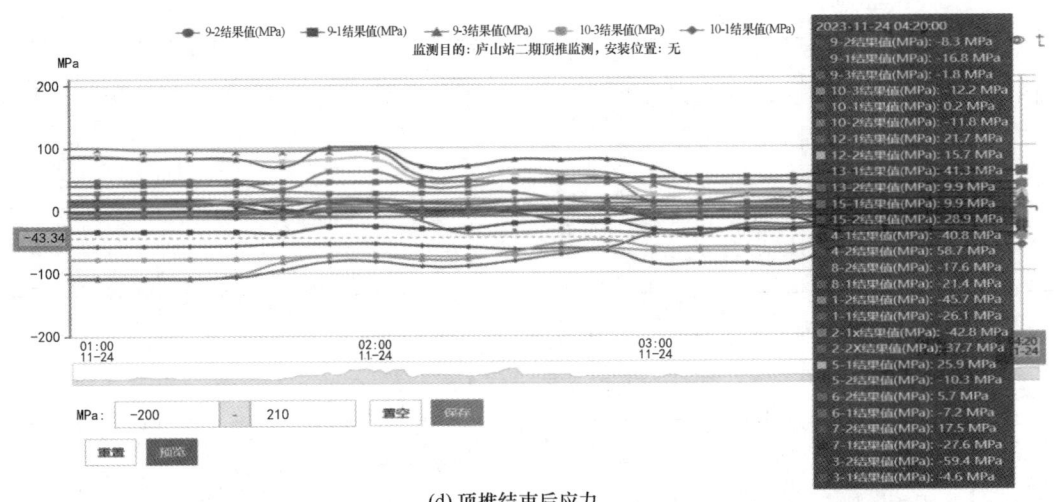

(d) 顶推结束后应力

图 6.3.6-9 第五次顶推楼面桁架、天桥和导梁处测点的应力时程图

表 6.3.6 应力监测表

测点组	测点位置	测点编号	顶推开始前应力（MPa）	顶推结束后应力（MPa）	顶推过程中最大应力（MPa）	设计应力限值（MPa）
1	导梁	1-1	−31.1	−26.9	−34.6	−190
		1-2	−43.1	−44.6	−78	−200
2	导梁	2-1	−46.4	−42.1	−109.9	−150
		2-2	53.2	33.4	56.1	180
3	楼面桁架	3-1	−12.3	−3.6	−18.8	−150
		3-2	−46.4	−57.6	−108.6	−150
4	楼面桁架	4-1	−35.4	−41	−50.6	−190
		4-2	42.2	59.2	58.9	170
5	导梁	5-1	49.7	25.7	77.4	190
		5-2	12.4	−11.1	90.3	210
6	楼面桁架	6-1	32.8	−6.1	128.9	200
		6-2	29.3	4.8	84	200
7	楼面桁架	7-1	42.3	−27	112.7	200
		7-2	43.1	18.1	94.6	200
8	楼面桁架	8-1	−21.8	−20.4	−66.2	−180
		8-2	−21.4	−16.1	−63.1	−190
9	楼面桁架	9-1	80	−18.9	129.5	170
		9-2	43	−8.0	78.7	170
		9-3	37.8	−5.7	−11.6	−150
					80.2	150

续表

测点组	测点位置	测点编号	顶推开始前应力（MPa）	顶推结束后应力（MPa）	顶推过程中最大应力（MPa）	设计应力限值（MPa）
10	楼面桁架	10-1	57.2	−3.6	72.5	170
		10-2	44.2	−12.1	67.7	170
		10-3	45.9	−12.8	81.9	150
11	换乘通廊	11-1	0	−3.5	2.8	±4
		11-2	1.9	−1.3	3.6	±4
12	楼面桁架	12-1	23.6	16.6	96.8	140
		12-2	44.6	16.7	129.2	150
13	楼面桁架	13-1	62.7	40.4	120.3	140
		13-2	38.7	8.3	116.1	150
14	换乘通廊	14-1	0.4	0.6	3	±4
		14-2	0.1	1.1	3.7	±4
15	天桥	15-1	−17.7	10.8	−31.4	−180
		15-2	13.8	29.5	31	120
					−14.1	−150

从以上图表可见，顶推过程中，测点所在构件的应力变化平稳，未超过设计值。

换乘通廊的应力在顶推开始前归零，在顶推实施的5天内有所变化，绝对最大值为3.7MPa；顶推结束后，最大应力为−3.5MPa。考虑环境变化的影响，可以认为顶推结束后，测得的应力为测量误差和环境变化所致，换乘通廊没有受力。

6. 监测结论

（1）顶推过程中，测点所在构件的应力未超过设计值，换乘通廊没有受力。

（2）顶推结束后，测点处的应力变化幅值减小，趋于平稳。

6.3.7 监测数据与计算数据比对

1. 关键位置顶推全过程竖向位移分析

使用 Midas Gen 分析软件模拟钢结构整体顶推过程，三次整体顶推的施工阶段数量分别为31、35和20，共86个施工阶段。提取自重作用下钢结构的导梁前端、天桥与楼面桁架前端等部分关键位置节点的各施工阶段竖向位移 Z，并绘制其顶推过程变化曲线，如图6.3.7-1所示。

主要分析结论如下：

（1）滑靴滑落、导梁与桁架边界条件改变等对桁架前端竖向位移 Z 的影响较明显，而导梁前端竖向位移 Z 则主要受导梁边界条件改变的影响。

（2）导梁落位临时墩（阶段29）、桁架搭上临时墩（阶段50）、导梁搭上三站台（阶段65）等为影响较明显的三次边界条件改变，在边界改变前，桁架前端竖向位移 Z 最大值约为60mm、53mm、79mm，天桥导梁前端竖向位移 Z 最大值约为302mm、60mm、

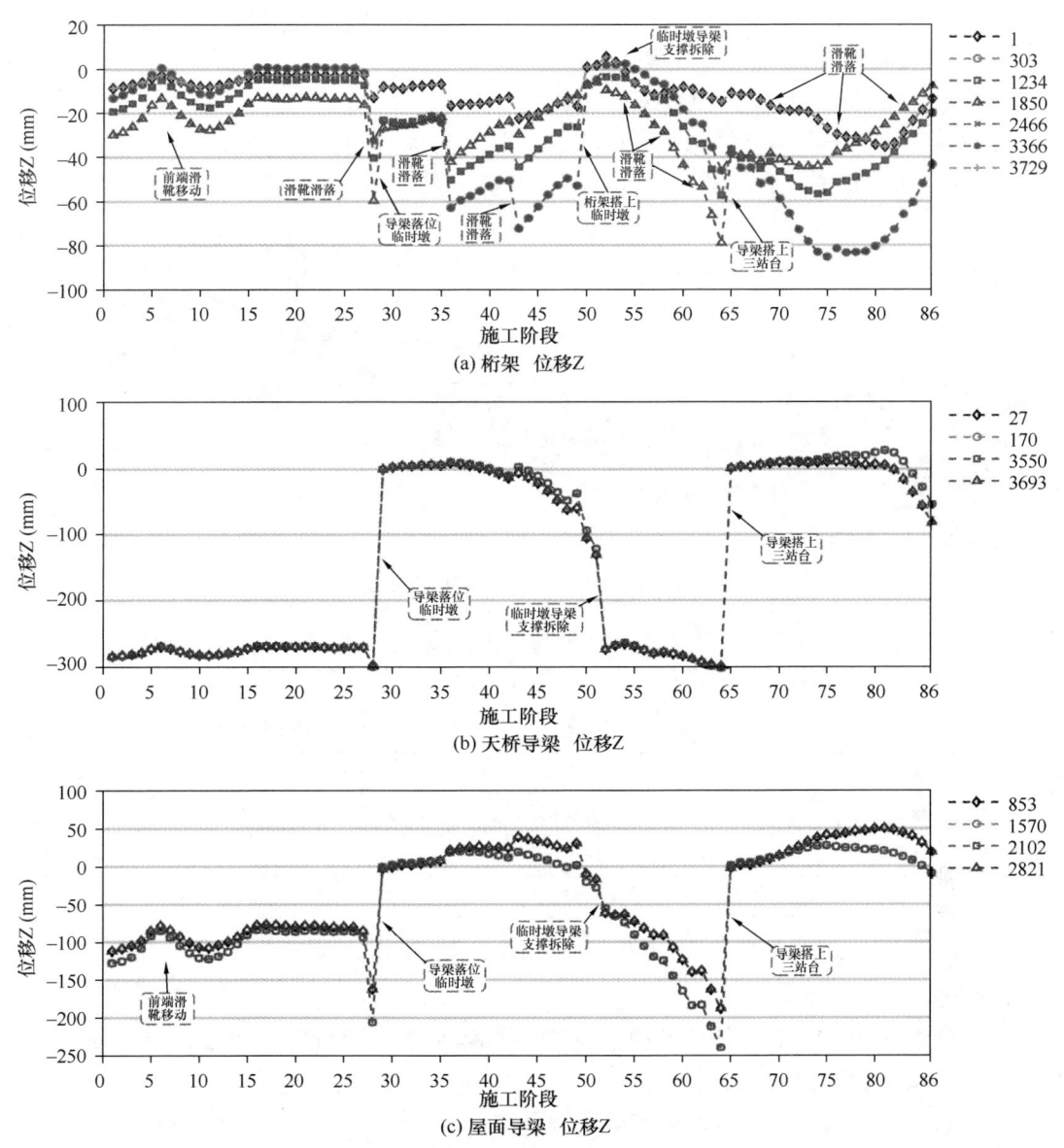

图 6.3.7-1 关键位置顶推竖向位移

304mm，屋面导梁前端竖向位移 Z 最大值约为 206mm、31mm、240mm；应重点关注三次边界改变前桁架关键位置位移 Z 的变化情况，以及第一次和第三次边界改变前导梁关键位置位移 Z 的变化情况。

（3）桁架前端竖向位移在以下阶段增加明显：①前三次滑靴掉落（阶段 28、阶段 36、阶段 43）；②二站台导梁支撑拆除到导梁落位三站台（阶段 52～阶段 65）；③第三次顶推（阶段 68～阶段 86）。在以上三个阶段，应对桁架前端竖向位移 Z 进行监测，保证顶推施工的安全性。

（4）天桥导梁和屋面导梁的前端竖向位移在以下阶段增加明显：①第一次滑靴掉落（阶段 28）；②二站台导梁支撑拆除（阶段 52）；③二站台导梁支撑拆除后至导梁落位三站

台前（阶段53～阶段64）。在以上三个阶段，应对导梁前端竖向位移Z进行监测，保证顶推施工的安全性。

2. 关键位置顶推全过程内力分析

提取自重作用下上部钢结构主要受力杆件（单元编号为：4435、4432、8788、8907、28584）在三次顶推完成后的轴力和弯矩，见表6.3.7。

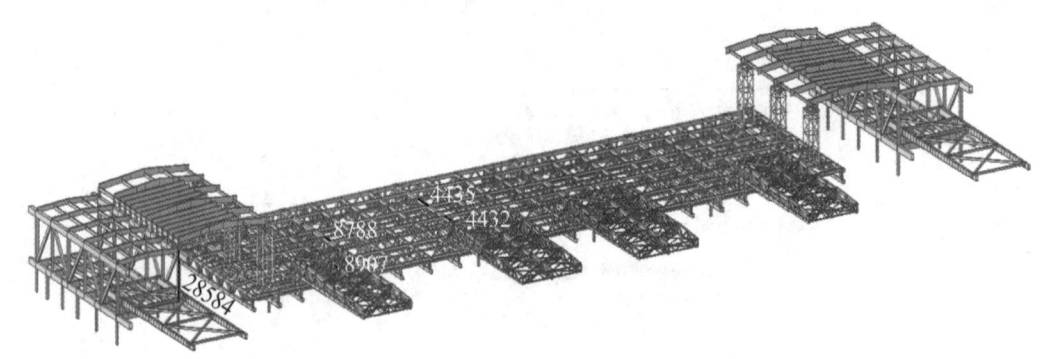

图6.3.7-2 主要受力杆件及单元编号

表6.3.7 主要受力杆件内力

单元	第一次顶推后		第二次顶推后		第三次顶推后	
	轴力/kN	弯矩/kN·m	轴力/kN	弯矩/kN·m	轴力/kN	弯矩/kN·m
4432	913.64	−86.81	2635.42	−35.19	−759.28	31.06
4435	425.30	−22.56	−3.60	−29.11	−81.11	12.78
8788	1130.75	−39.54	3036.92	−467.74	−899.30	40.64
8907	−145.64	61.70	−285.09	99.68	−524.64	87.38
28584	272.02	38.97	253.50	39.07	−599.54	−82.52

3. 小结

（1）通过Midas Gen分析软件模拟钢结构整体顶推过程校验了顶推系统工作状态良好，各部位受力状态与设计要求吻合。

（2）将各阶段监测数据与计算数据进行对比，顶推过程中主要受力杆件实测应力值趋势与理论应力值相符，导梁落位临时墩（阶段29）、桁架搭上临时墩（阶段50）、导梁搭上三站台（阶段65）等实测变形值符合设计要求。天桥导梁和屋面导梁的前端竖向位移数据均符合设计要求。

4. 结论

本章采用现场试验的方法，对大型钢结构、大体积跨线装配式弧形雨棚吊装营业线、多种不同体系结构整体跨越营业线顶推与落梁全过程进行监测和施工控制。通过全过程的监测，可以得出：

第一次顶推结束：①顶推过程中，测点所在构件的应力未超过设计值。②顶推结束后，换乘通廊没有受力。

第二次顶推结束：①顶推过程中，测点所在构件的应力未超过设计值，换乘通廊没有受力。②顶推结束后，测点处的应力变化幅值减小，趋于平稳。

第 7 章 顶推及落梁施工安全性分析

近年来，我国大跨度空间钢结构的建设进入了快速增长时期，施工技术遇到了越来越多的挑战。作为大跨度空间钢结构的常用施工工艺，滑移法施工具有吊装工作量小、结构成型质量高等综合技术经济优势，然而滑移施工过程中的影响因素众多且相互关联，同时又带有很多的不确定性因素，如在顶推施工阶段大悬臂状态下，结构频率低，结构抗风能力较弱，风荷载作用下易产生较大幅度振动甚至发生失稳破坏。为了确保结构在顶推施工全过程中的安全性，因此对现行滑移法施工工艺进行一定探索，并进行全过程的力学行为研究具有重要意义。本章以庐山二期站房工程顶推滑移法施工为研究对象，利用有限元分析软件 Midas Gen 进行全过程力学行为计算分析，为今后类似工程提供借鉴经验。

7.1 顶推结构物关键部位风洞实验

7.1.1 概述

1. 项目概况

江西庐山站改扩建项目二期工程包括东站房、既有庐山站站内 1~3 站台及跨线高架站房和天桥，如图 7.1.1-1。新建站场规模为 8 台 25 线，站房总面积为 60000 m²（其中新建西站房 22928m²，高架候车厅 27198m²，拆除既有东站房新建 9874m²），雨棚 30664m²，天桥 5900m²。车站自东向西分别为：昌九场城际场 2 台 4 线、京九场普速场 1 台 8 线、安久客专场 3 台 7 线、武九客专场 2 台 6 线，总规模 8 台 25 线（新增 2 台 4 线）。其中，昌九城际场、京九普速场、武九客运专场为既有工程，安久专场 3 台 7 线与站房同步施工，图 7.1.1-2 为庐山站场平面图。

图 7.1.1-1　庐山站图

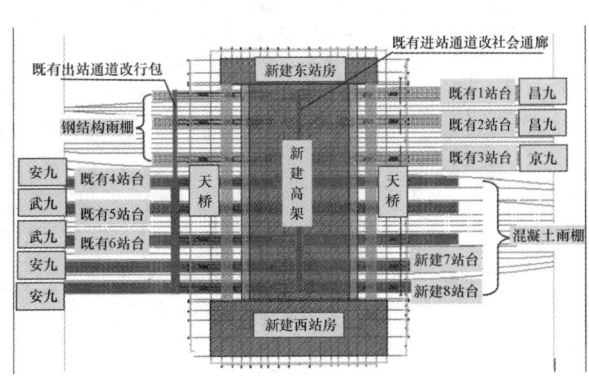

图 7.1.1-2　庐山站场平面布置图

楼面桁架、换乘通廊与天桥组成的钢结构采用场外拼装与整体顶推施工工艺进行建设。上部顶推钢结构总宽176m，总长90m（结构＋导梁），总重4300t。建设过程共三次顶推、两次落梁和一次精调，如图7.1.1-3所示。第一次顶推距离26m，跨越昌九城际场4条铁路线，导梁落位二站台临时墩，并进行后续拼装；第二次顶推距离34.5m，跨越京九、武九6条铁路线，导梁落位三站台临时墩；第三次顶推距离19.3m，结构到达设计对应空间位置。

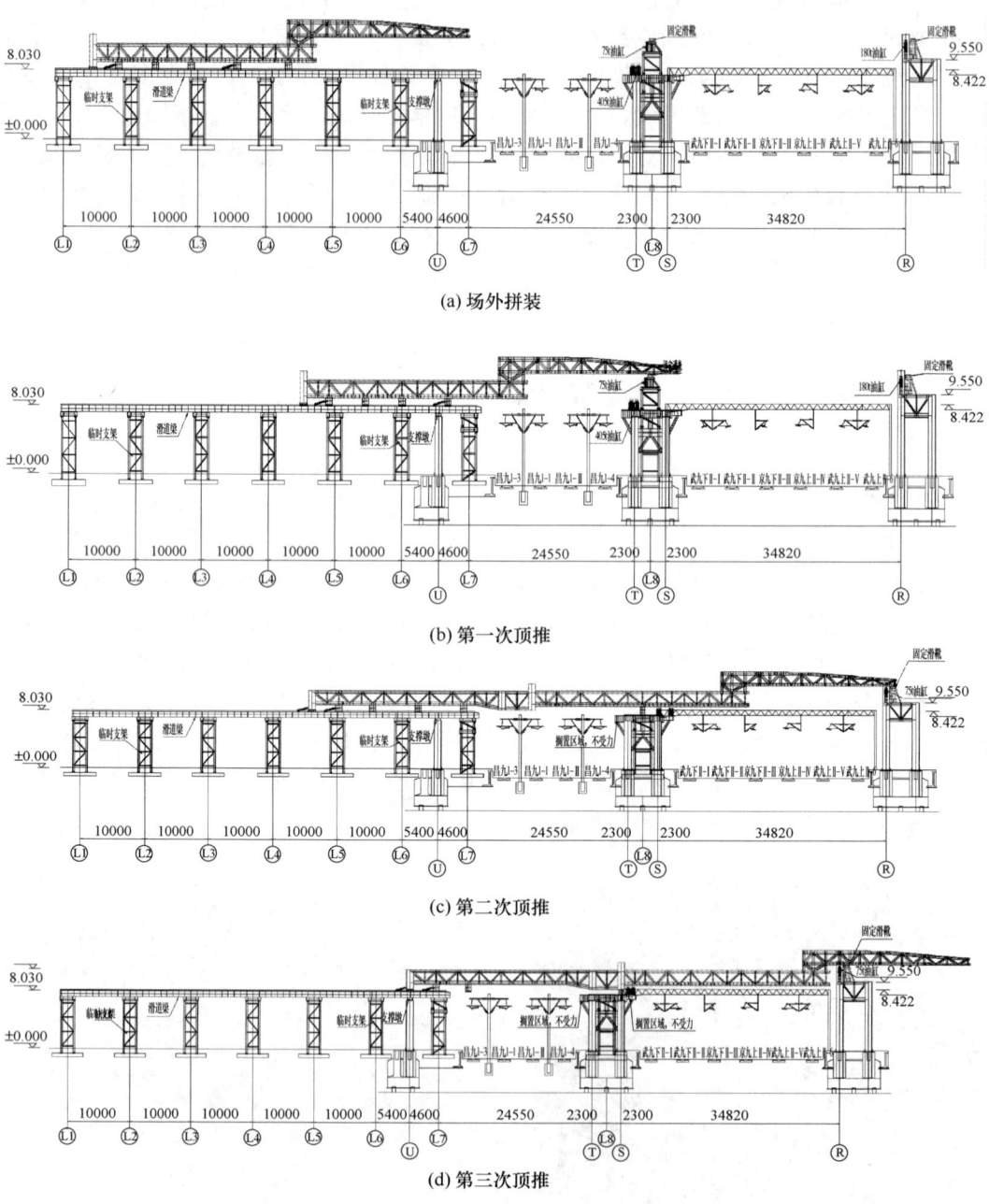

图 7.1.1-3 顶推施工流程

2. 研究意义

大型屋盖结构整体顶推施工存在以下主要问题：

（1）结构体系多次转换

施工过程中结构的支承边界条件、荷载作用等关键参数存在多次变化，从而导致结构的静动力响应与使用阶段存在显著的不同。

（2）结构布置和结构受力复杂

如此大体量和规模的跨线结构顶推整体在国内尚属首例，可借鉴经验有限。天桥、连廊和高架站房组成的3种不同体系结构在整体顶推施工过程中的体系受力复杂。施工阶段结构频率低，结构抗风能力较弱，风荷载作用下易产生较大幅度的振动甚至发生失稳破坏。对于此类建筑造型复杂、区域风荷载变化较大、环境复杂干扰影响较大的情况，目前设计规范还未有明确的计算参数作为设计的依据。

3. 主要研究内容

（1）施工场地风荷载特性研究；

（2）顶推结构物数值风洞分析；

（3）顶推结构物模型缩尺研究；

（4）顶推结构物缩尺风洞实验及施工。

7.1.2 模型试验研究

1. 研究依据

庐山站原名沙河街站、九江南站，位于我国江西省九江市。由于九江地区基本风压较大，站台站房结构跨度大，结构自振周期与自然风的卓越周期较接近，且阻尼比较小，因而结构体系对风荷载的作用十分敏感。我国现行《建筑结构荷载规范》（GB 50009—2012）对于大跨度屋盖结构尚无明确的抗风设计规定，同时，建筑外部庐山站原有站房的干扰效应较强。此外，考虑屋盖施工阶段顶推过程中风压特性与完全体不同。因此，为了保证该建筑结构施工阶段的安全、经济、合理，有必要根据风洞试验结果确定主体结构在顶推阶段的风荷载特性，为主体结构安全施工提供依据。

本研究所依据的技术资料包括：

（1）本项目建筑设计图及风洞试验技术要求；

（2）《建筑结构荷载规范》（GB 50009—2012）；

（3）《建筑风洞试验指南》，日本建筑中心（BCJ）编，2008。

2. 风洞试验设备简介

本次风洞试验是在北京交通大学风洞实验室低速试验段内进行的。该风洞是一座双试验段回流大型多功能边界层风洞（图7.1.2-1），风洞洞体平面尺寸为41.0m×18.8m，高速试验段尺寸为3.0m×2.0m×15.0m；低速试验段尺寸为5.2m×2.5m×14.0m。高速试验段最大试验风速为40m/s，试验段流场达到优秀边界层风洞流场标准。该风洞实验室配备包括测压、测力、测振在内的完整的风荷载及响应测试设备，能够满足各种要求的风荷载及响应测试。

试验中，在地板上的迎风向前沿布置了尖塔、挡板和粗糙元等，采用被动的方法来形成大气边界层风速剖面。在试验段后部靠近风洞扩散段入口处装有直径3m的转盘。试

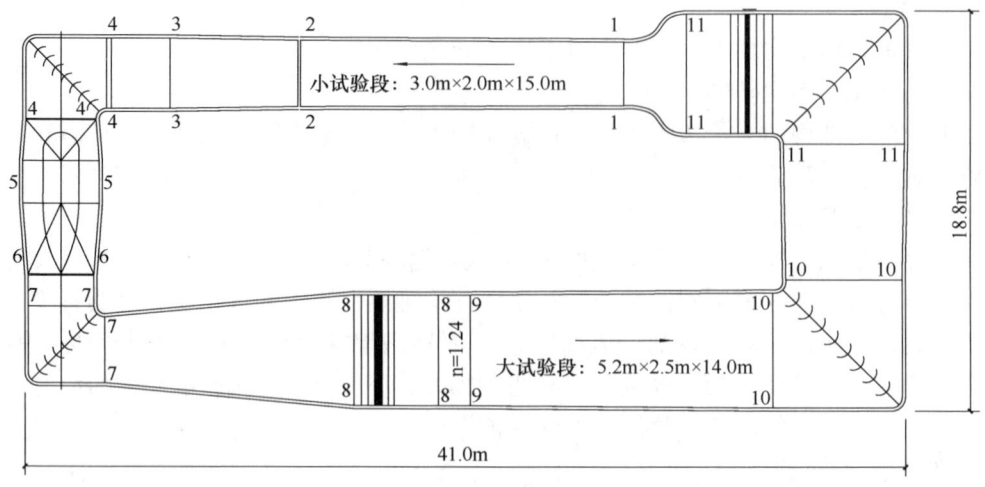

(a) 试验段尺寸

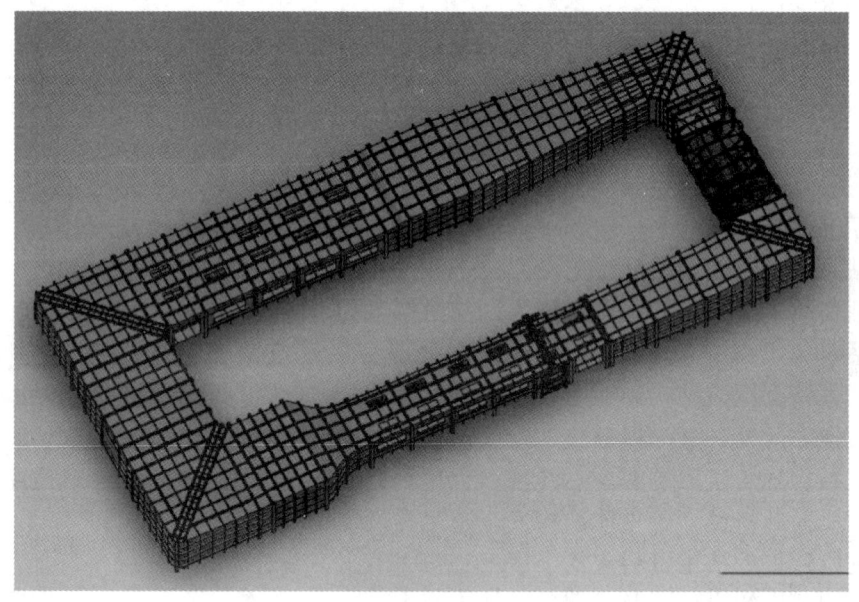

(b) 试验模型

图 7.1-2-1 北京交通大学大气边界层风洞试验

模型安装在转盘中心。

本试验为刚性模型测压试验,试验主要采用了风速控制系统、风向角控制系统、风场测试系统和风压测试系统四部分配合完成模型的风荷载测试试验。

(1) 风速控制系统采用绵阳六维科技有限公司生产的速压计及相关软件对来流风速进行控制,同时采用微净压计对风速进行监控,从而保证来流风速的准确性和稳定性。

(2) 风向角通过电机驱动的转盘精确控制来流与试验模型的相对夹角。

(3) 采用澳大利亚 Turbulent Flow Instrumentation 公司的风速测试系统 Cobra Probe 结合可精确定位至 0.1mm 范围内的三维移测架对风洞中模拟的风场进行测试,从而保证风场模拟的准确可靠。

（4）采用美国 PSI 公司的电子压力扫描阀测试结构表面的风压。压力采集设备主要为美国 PSI 公司生产的 8 个 ESP-64HD 微型压力扫描模块，可实现 512 个测点的高速同步测压实验。

3. 风场模拟和试验工况

庐山车站地处江西省九江市，根据周围实际环境，定义本项目周边地区地面粗糙度风场为 B 类地貌风场 [B 类风场定义详见我国《建筑结构荷载规范》（GB 50009—2012）]，平均风速剖面 $\alpha=0.15$，应满足幂指数的指数率变化。

试验前对试验模型区的速度剖面进行了测量。通过调整尖塔和粗糙元等的各种几何参数，在模型试验区获得《建筑结构荷载规范》（GB 50009—2012）中所列各类地形所要求的平均速度和相应湍流度随高度变化的风速剖面，如图 7.1.2-2 所示，图中 H_r 对应的高度为 80m。

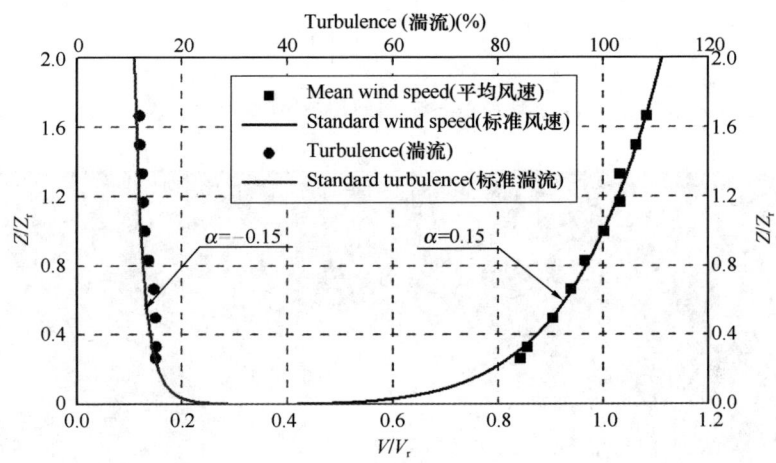

图 7.1.2-2　风洞试验段风场特性

风向角按逆时针方向增加，具体风向角定义如图 7.1.2-3 所示。在 0°~360°范围内，试验风向角间隔取为 15°，即该试验共模拟了 25 个风向的作用。

4. 模型和测点布置

根据设计单位提供的建筑图纸，按 1∶100 的模型和实物缩尺比，用 ABS 材料制作了结构的刚性测压模型（图 7.1.2-4）。

本次试验共设计 272 个测点，其中测点编号 A101-A409、B101-B406 为换乘通廊和天桥的测点，C101-C1008 为顶推结构的测点，NA101-NA409、NB101-NB406、NC101-NC1008 为对应测点内压测点。测点的具体布置如图 7.1.2-5 所示。

5. 风洞试验风速、样本长度、采样频率

试验采用美国 PSI 公司生产的电子压力扫描阀测试结构表面的风压。压力采集设备主要由美国 PSI 公司生产的 8 个 ESP-64HD 微型压力扫描模块（可实现 512 个测点的高速同步测压实验）、高性能 PC 机以及自编的压力采集处理程序组成。

风洞测压试验的名义风速为 10m/s，每个风向中单个测点的样本总长度为 30000 个数据，采样频率为 312.5Hz。

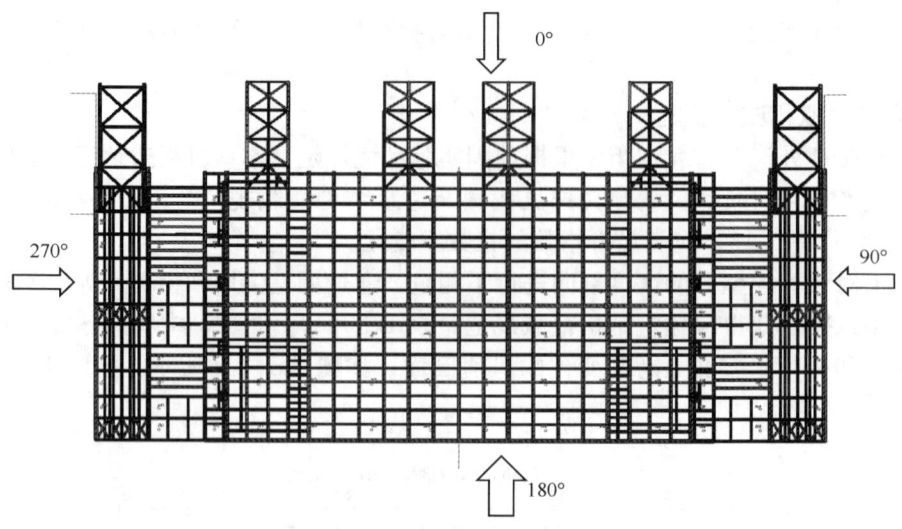

图 7.1.2-3　风向角示意图

图 7.1.2-4　风洞试验模型

6. 参考点高度和风压系数符号约定

风洞试验过程中，一般选定一个不受建筑模型影响和风洞洞壁影响的位置作为试验参考点，用于计算各测点风压与参考点高度处风压的比值作为无量纲风压系数。本报告中给出的风压系数值已经乘以了高度系数，在设计中可以直接使用。

本报告风压系数符号的约定为：风压力（压力的作用方向指向作用面）的风压系数数值为正；风吸力（压力的作用方向背离作用面）的风压系数数值为负。

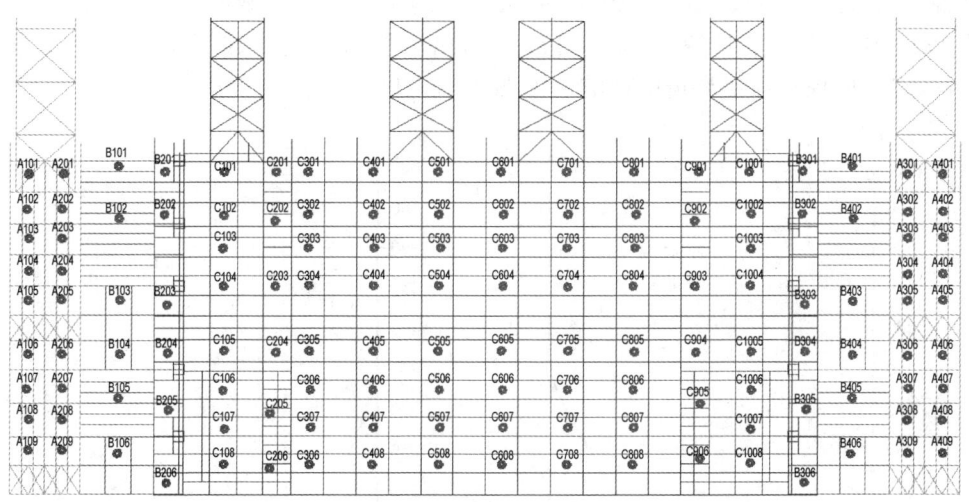

图 7.1.2-5 顶推及天桥及换乘廊道测点分布

7. 试验数据处理方法

建筑物表面的压力通常用无量纲压力系数 C_{Pi} 表示为

$$C_{Pi}(t) = \frac{P(t)_i - P_\infty}{P_0 - P_\infty} \qquad (式 7\text{-}1)$$

其中 $C_{Pi}(t)$ 为测点 i 处 t 时刻的压力系数，$P_i(t)$ 为作用在测点 i 处的压力，P_0 和 P_∞ 分别是参考高度处的总压和静压。

根据式（7-1），可以得到建筑物表面各测点的平均风压系数和均方根风压系数。平均风压系数为：

$$\overline{C}_{pi} = \frac{\sum_{i=1}^{M} C_{pi}(t)}{M} \qquad (式 7\text{-}2)$$

8. 风洞试验结果

基于风洞试验结果，按照前述方法和约定，对结构的平均风压系数进行了分析，具体内容为：

利用风洞试验测量的风压数据对各个风向角下的结构表面平均风压系数分布规律进行研究，掌握了各个风向角下结构的风荷载分布情况。附录 A 给出各风向下模型的平均风压系数分布云图以及各风向角下模型的平均风压系数的具体值。

7.1.3 数值模型研究

1. 风场模拟和试验工况

目标结构地处江西省九江市，基本风压为 $0.35\text{K}/\text{m}^2$，根据设计单位的建议和目标建筑周围的实际环境，定义本项目周边地区地面粗糙度风场为 B 类地貌风场 [B 类风场定义详见我国《建筑结构荷载规范》（GB 50009—2012）]，平均风速剖面 $\alpha = 0.15$，应满足幂指数的指数率变化。

数值模拟试验的名义风速为10m/s，按照《建筑结构荷载规范》（GB 50009—2012）中所列各类地形所要求计算得到平均速度和相应湍流度随高度变化的风速剖面输入RWIND2中，以模拟地形环境的影响，如图7.1.3-1所示。

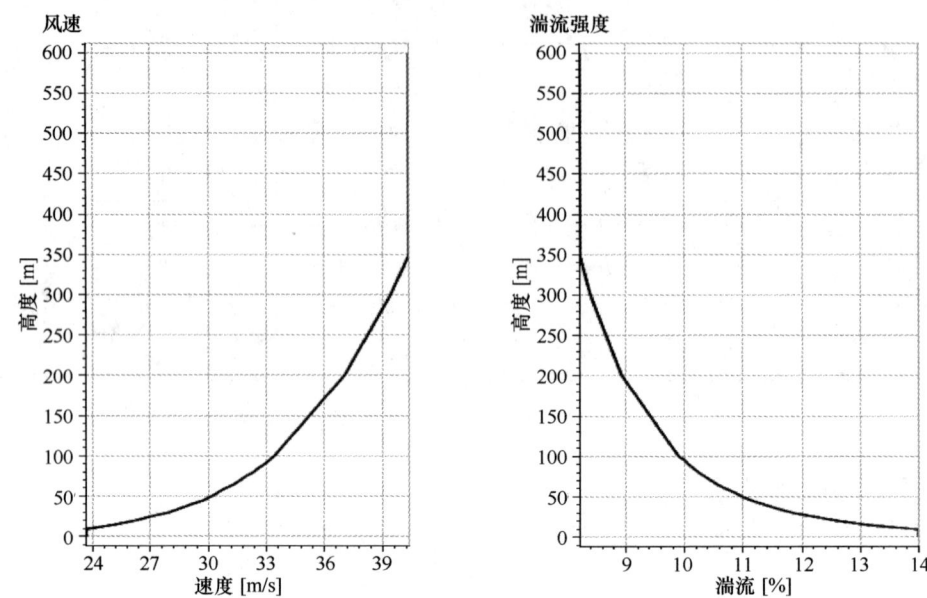

图7.1.3-1 平均风速风剖面和湍流强度风剖面

本试验采用RWIND2数值风洞软件进行模拟，以三次顶推状态（图7.1.3-2）和风洞试验（风洞试验状态是第二次顶推的主体结构在第一次顶推的支撑条件下进行的）时的为四种基本工况，再将风向角按逆时针方向增加，具体风向角定义如图7.1.2-3所示。在0°~360°范围内，试验风向角间隔取为15°，即一种工况模拟了25个风向的作用，四种工况共模拟100种结果。

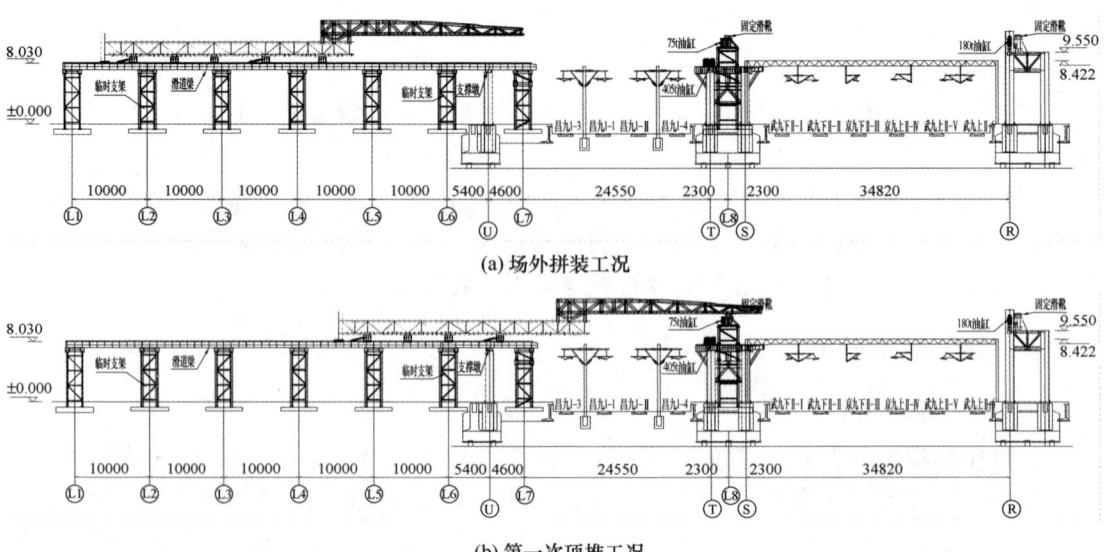

(a) 场外拼装工况

(b) 第一次顶推工况

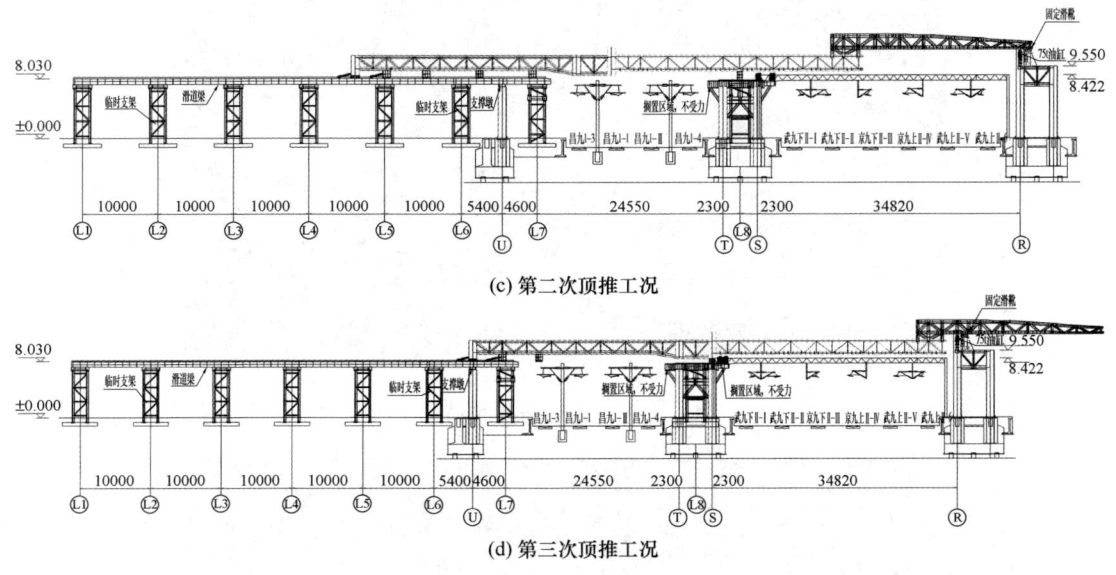

(c) 第二次顶推工况

(d) 第三次顶推工况

图 7.1.3-2 三次顶推工况

2. 数值模拟风洞试验

本试验根据实际工程，利用 Midas Gen 进行原尺寸建模，并将原顶推结构前的站台以及两边站台建模，根据顶推距离造成的支撑受力状态不同以及风洞试验将其分为四种工况：第一次顶推工况，第二次顶推工况，第三次顶推工况，风洞试验模型验证工况，如图 7.1.3-3 至图 7.1.3-6 所示。

3. 数值模拟风洞试验结果

基于风洞试验的结果，对结构的平均风压系数进行了分析，具体内容为：

利用数值模拟风洞试验测量的风压数据对各个风向角下的结构表面平均风压系数分布规律进行研究，掌握了各个风向角下结构的风荷载分布情况。

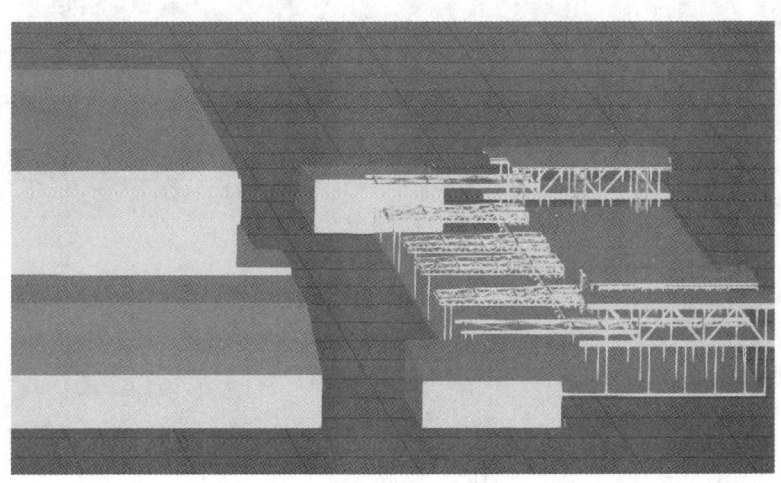

图 7.1.3-3 第一次顶推工况

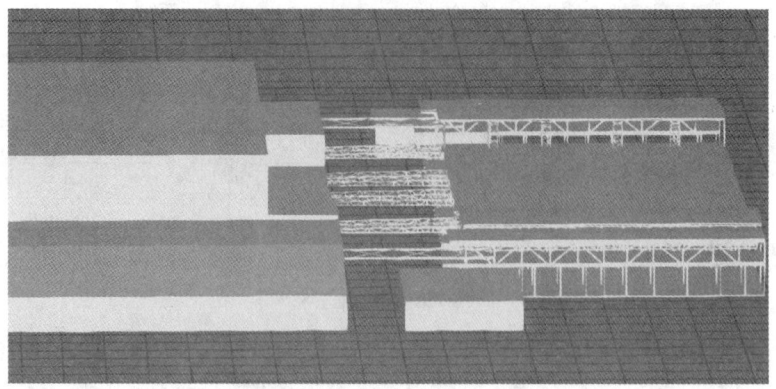

图 7.1.3-4　第二次顶推工况

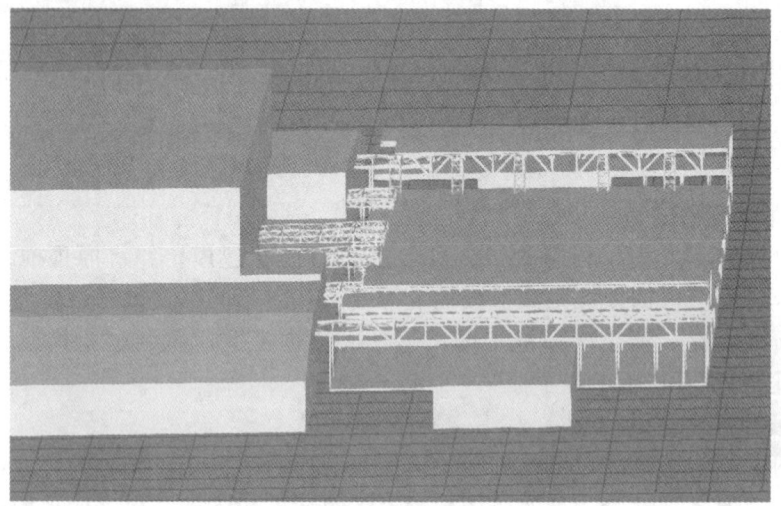

图 7.1.3-5　第三次顶推工况

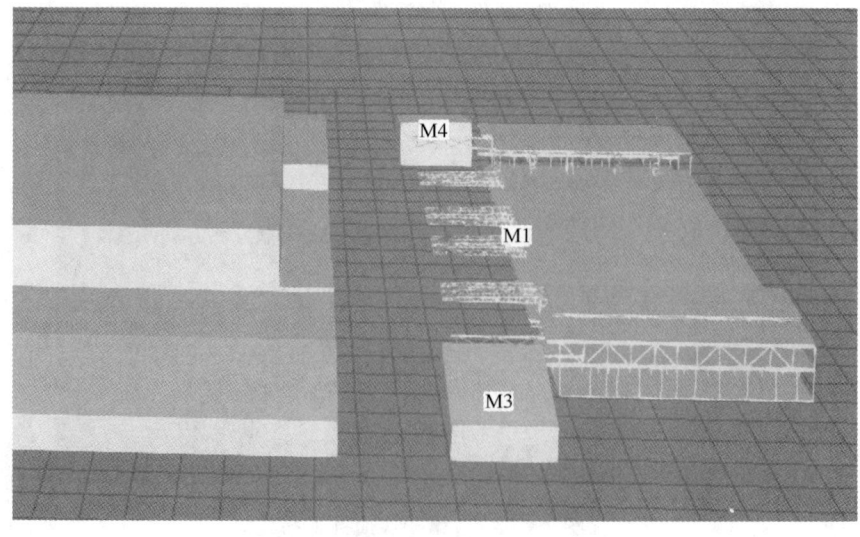

图 7.1.3-6　风洞试验模型验证工况

附录 A 中给出了各风向下模型的平均风压系数分布云图。

4. 结果分析及结论

（1）风洞和数值模拟对比

将风洞试验得到的结果和数值模拟得到的平均风压系数分布云图结果进行对比（图 7.1.3-7 和图 7.1.3-8），发现分布规律大致相同，数值结果在同一个数量级内，且差别不大，故数值模拟和风洞试验可以相互验证，结果可以用于结构设计。

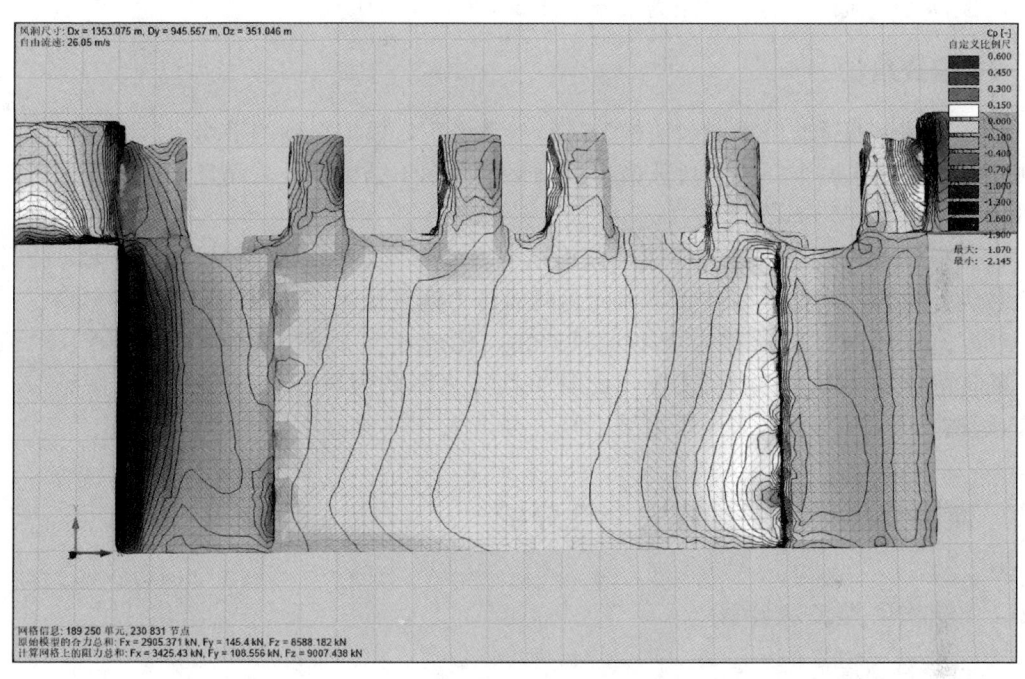

图 7.1.3-7　数值模拟风洞试验 270°风向角

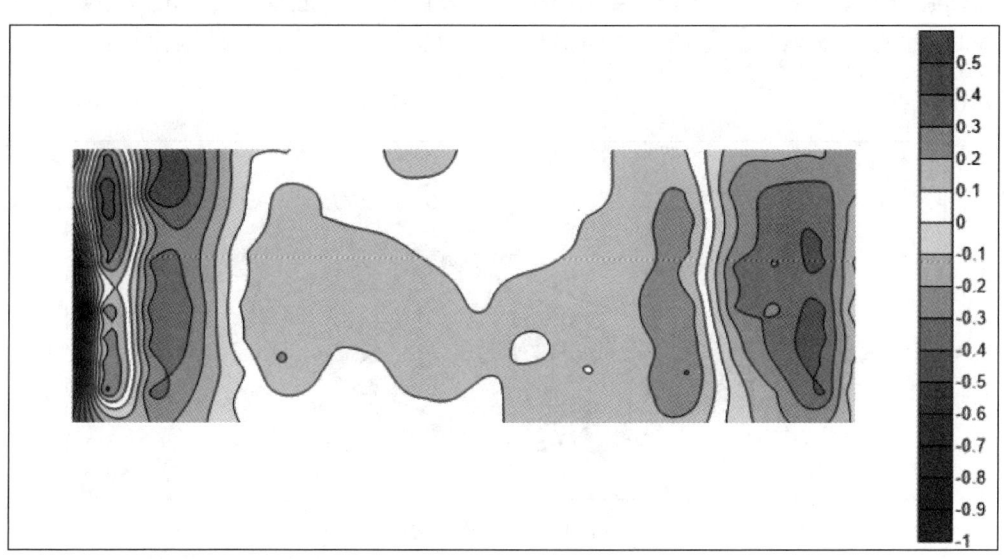

图 7.1.3-8　风洞试验 270°风向角

(2) 风洞试验最不利风向角

根据风洞试验和数值模拟,顶推结构在180°风向角时风吸力达到最大,此时体型系数为－1.90;顶推结构在285°风向角时风压力达到最大,此时体型系数为0.61。

(3) 数值模拟最不利工况

适当选取风洞试验荷载中最不利风向角,比较三次顶推过程的工况,第二次顶推270°风向角时为风吸力最不利工况,此时平均压力系数为风吸力,最大为$C_{pi}=-1.48$。第二次顶推180°风向角时为风压力最不利工况,$C_{pi}=1.059$。

7.1.4 研究结论

(1) 利用风洞试验结果对数值模型进行参数修正,模拟得到的平均风压系数大小和分布规律与试验结果基本一致,故数值模拟结果可以用于结构设计,而且大幅减少了风洞试验的投入。

(2) 根据风洞试验和数值模拟,顶推结构在180°风向角时风吸力达到最大,此时体型系数为－1.90;顶推结构在285°风向角时风压力达到最大,此时体型系数为0.61。

(3) 选取风洞试验荷载中最不利风向角,比较三次顶推过程的工况,第二次顶推270°风向角时为风吸力最不利工况,此时平均压力系数为风吸力,最大为$C_{pi}=-1.48$。第二次顶推180°风向角时为风压力最不利工况,$C_{pi}=1.059$。

7.2 顶推及落梁施工过程安全性分析

7.2.1 结构顶推工况计算

1. 结构计算模型

根据施工方案,计算模型中包含楼面桁架、天桥、换乘通廊、楼面桁架导梁、天桥导梁、临时支撑、替换杆、新增杆件、封边桁架和轨道梁等,计算的结构模型如图7.2.1-1所示。

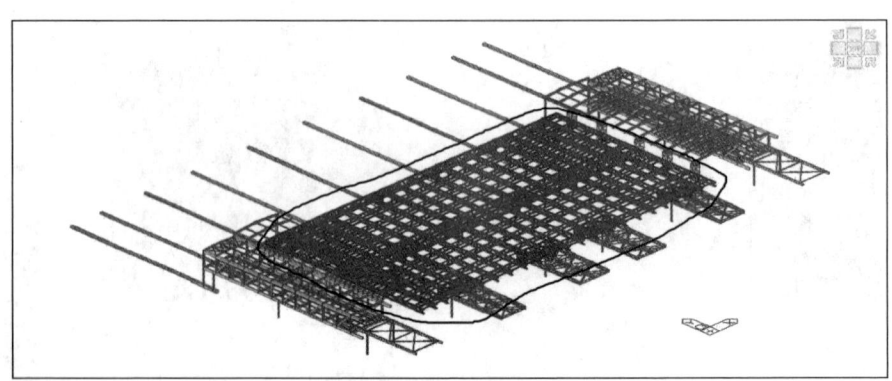

(a) 计算模型(楼面桁架)

注:图中所选杆件为楼面桁架。

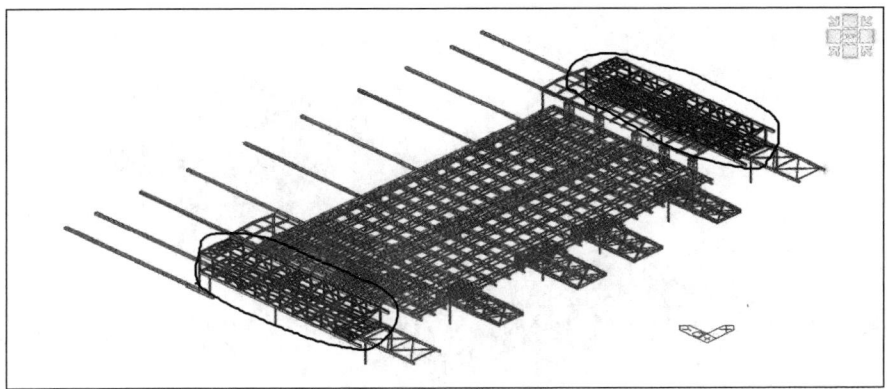

(b) 计算模型（天桥）

注：图中所选杆件为天桥。

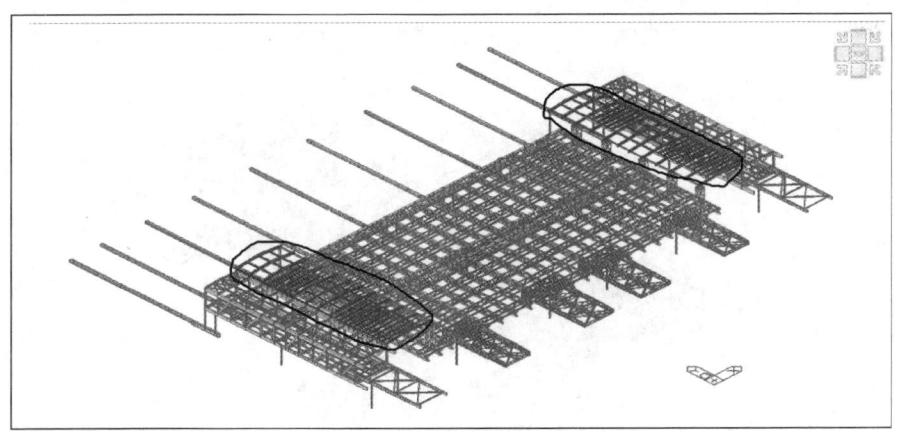

(c) 计算模型（换乘通廊）

注：图中所选杆件为换乘通廊。

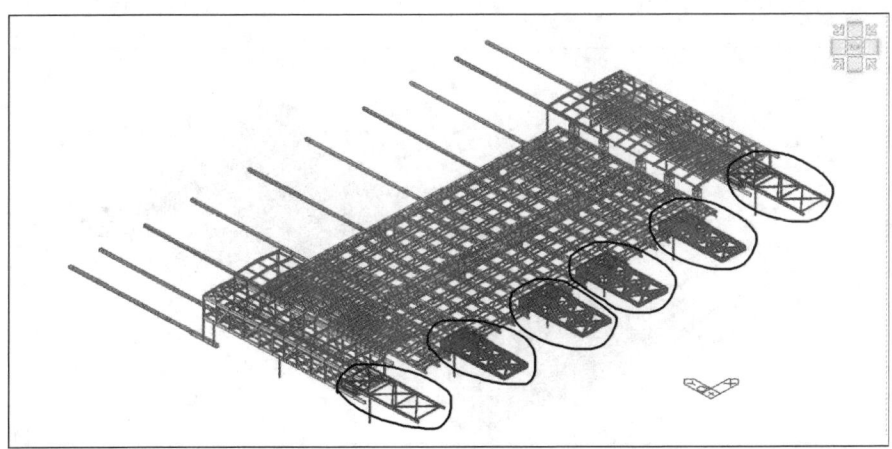

(d) 计算模型（导梁）

注：图中所选杆件为楼面桁架导梁和天桥导梁。

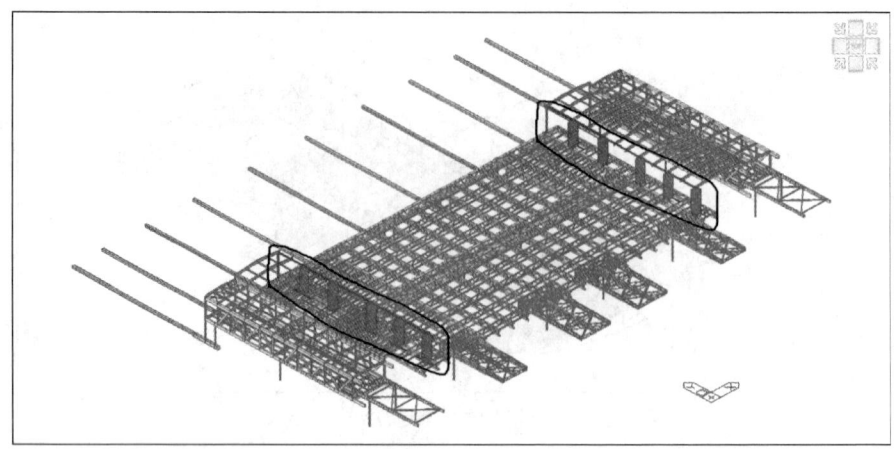

(e) 计算模型（临时支撑）

注：图中所选杆件为临时支撑。

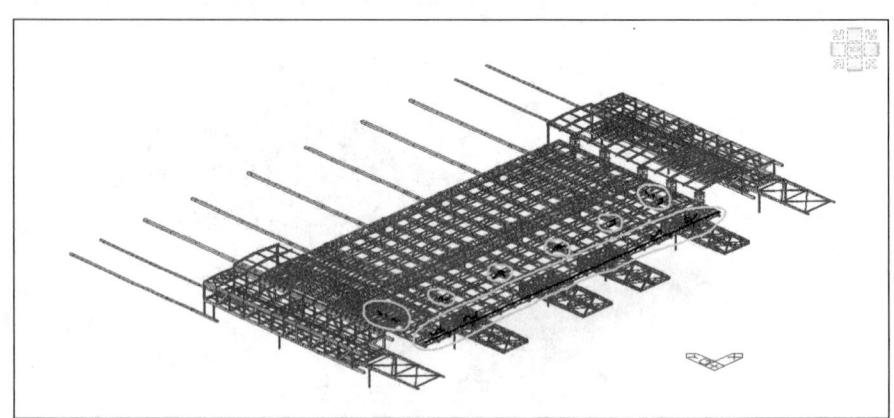

(f) 计算模型（替换杆件）

注：图中所选杆件为替换杆件，共82根杆件。

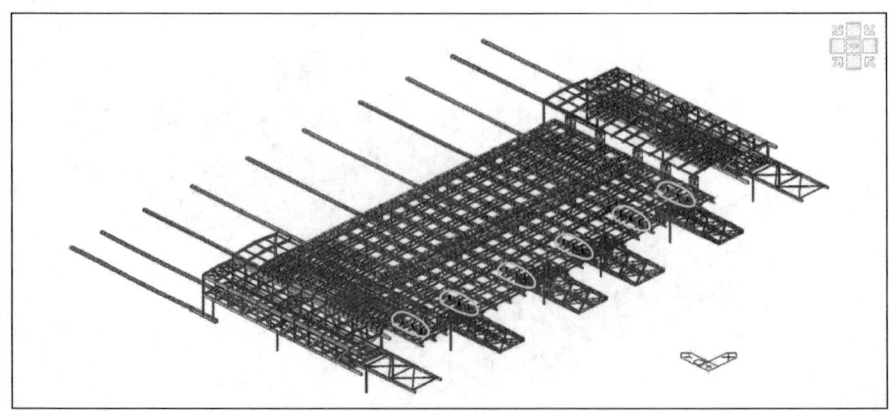

(g) 计算模型（新增杆件）

注：所选杆件为新增杆件，共18根杆件。

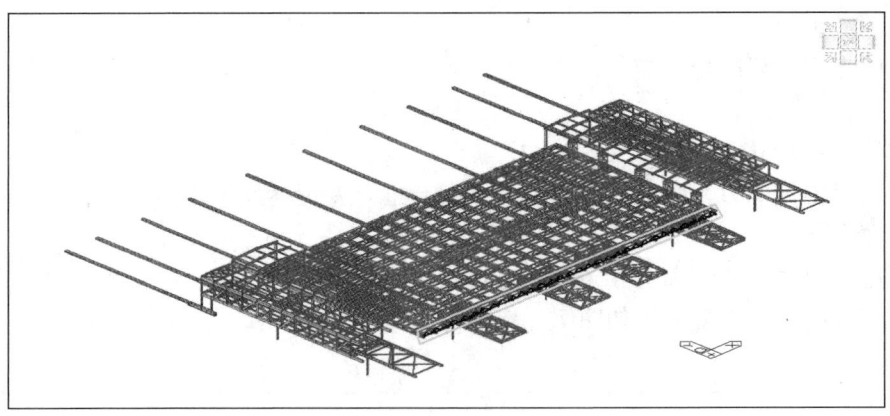

(h) 计算模型（封边桁架）

注：所选杆件为封边桁架。

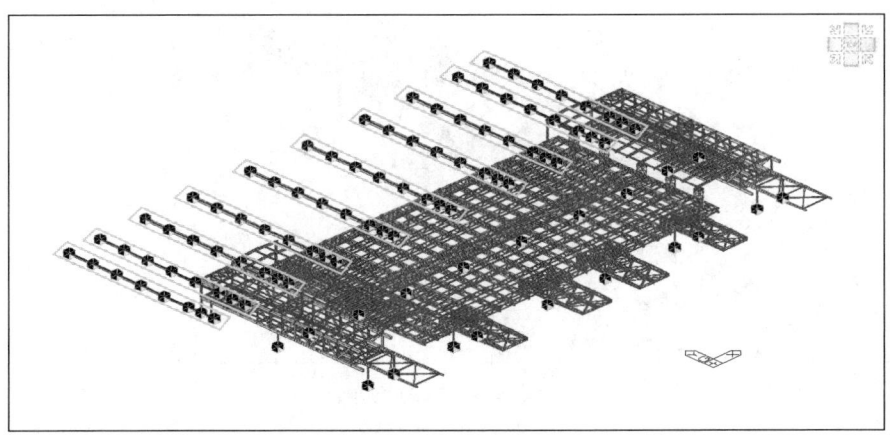

(i) 轨道梁

注：所选杆件为轨道梁，约束为支撑架约束。

图 7.2.1-1　结构

2. 荷载与组合

（1）荷载标准值

恒荷载 DL：DL 为结构自重，各部分结构质量见表 7.2.1-1。

表 7.2.1-1　各部分结构质量

名称	质量/t
楼面桁架	2687
天桥及檩条	680
换乘通廊	274
幕墙及主龙骨	15.5
楼面桁架导梁	184
天桥导梁	76.5
封边桁架	30
其他	58.6
总重	4005.6

（2）荷载组合

计算时考虑荷载组合，如下：

标准组合：1.0DL

基本组合：1.3DL

计算结果中，应力、应力比取基本荷载组合值，变形、反力取标准组合值。

3. 计算工况

根据施工方案、荷载和边界条件，选取顶推阶段关键的施工过程作为计算工况，其计算工况和对应的计算模型详情如图7.2.1-2所示。

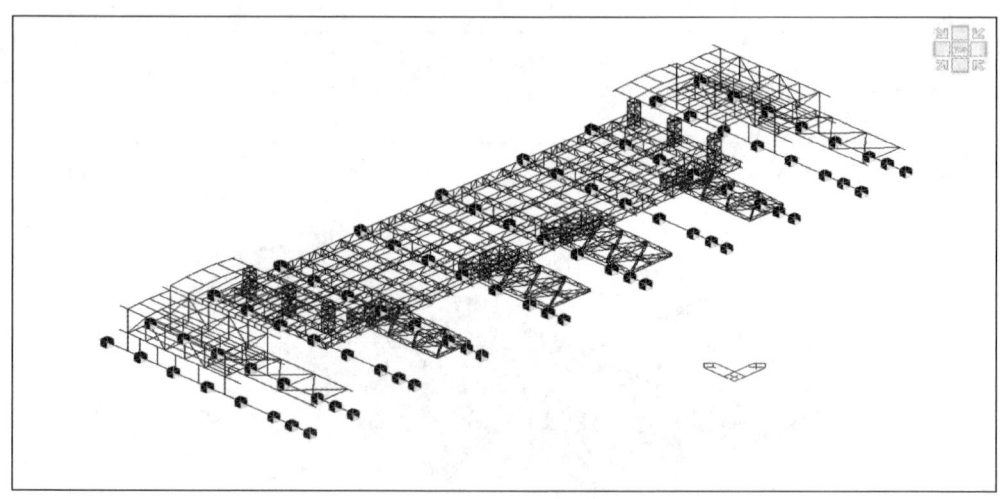

(a) CS1：拼装第一顶推单元

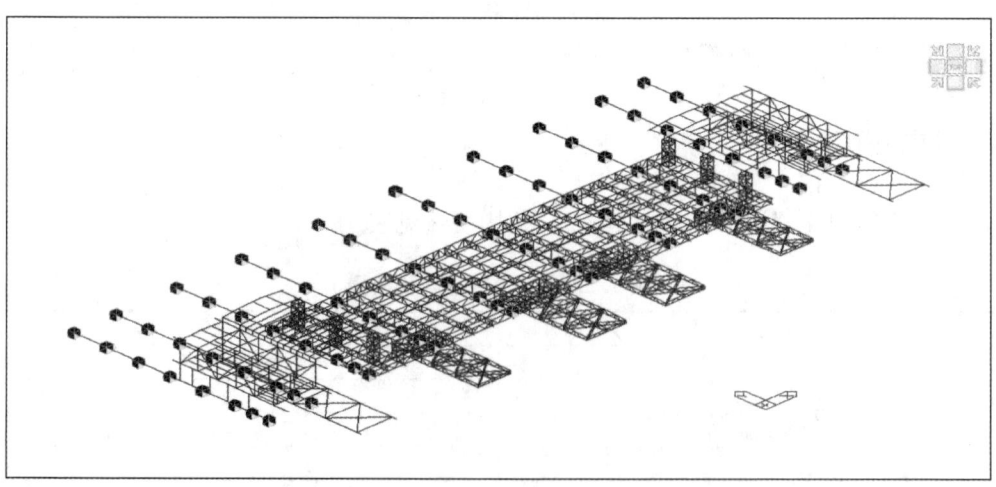

(b) CS2：顶推26m，累计顶推26m

注：此时导梁前端悬挑27m，楼面桁架导梁即将上中间支架。

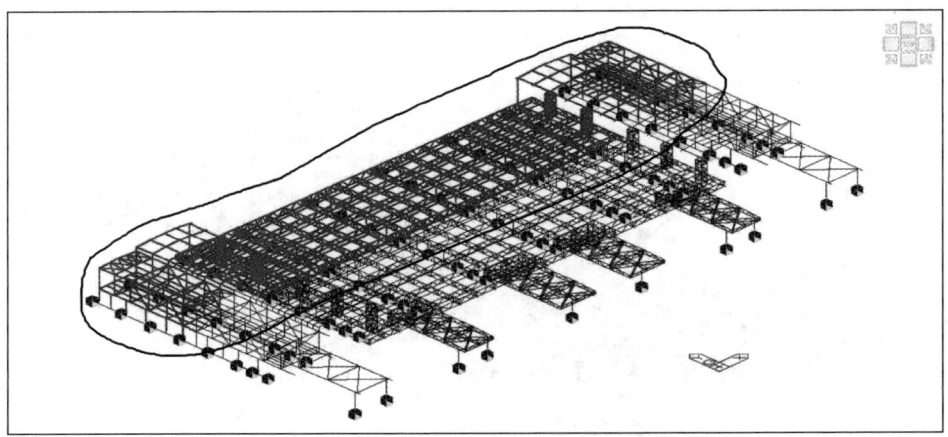

(c) CS3：累计顶推31m，拼装第二顶推单元

注：所选杆件为第二顶推单元。

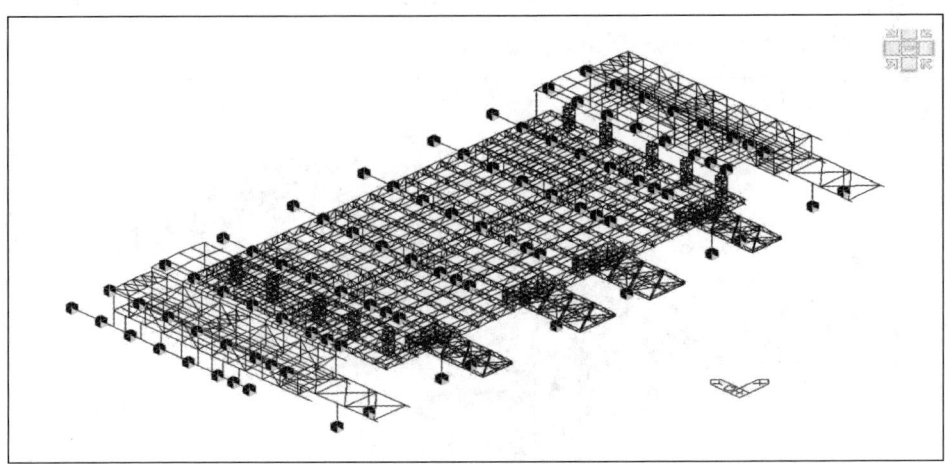

(d) CS4：顶推12m，累计顶推42m

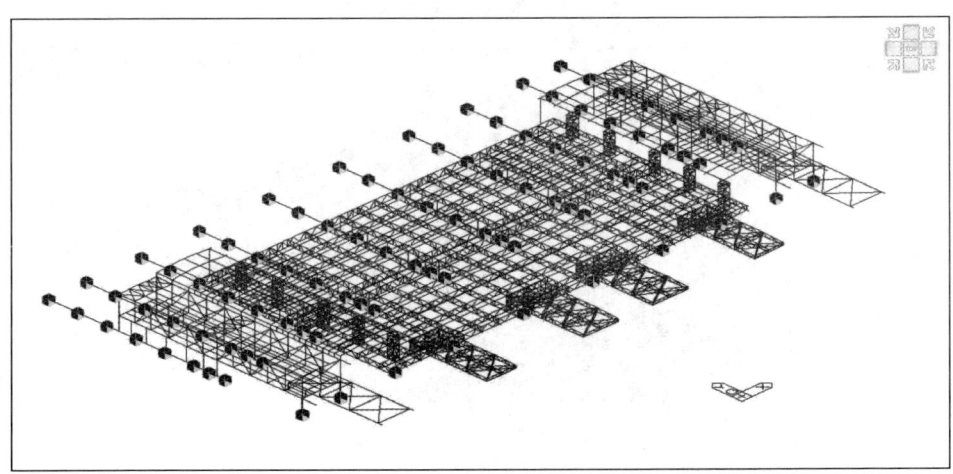

(e) CS5：顶推10m，累计顶推52m

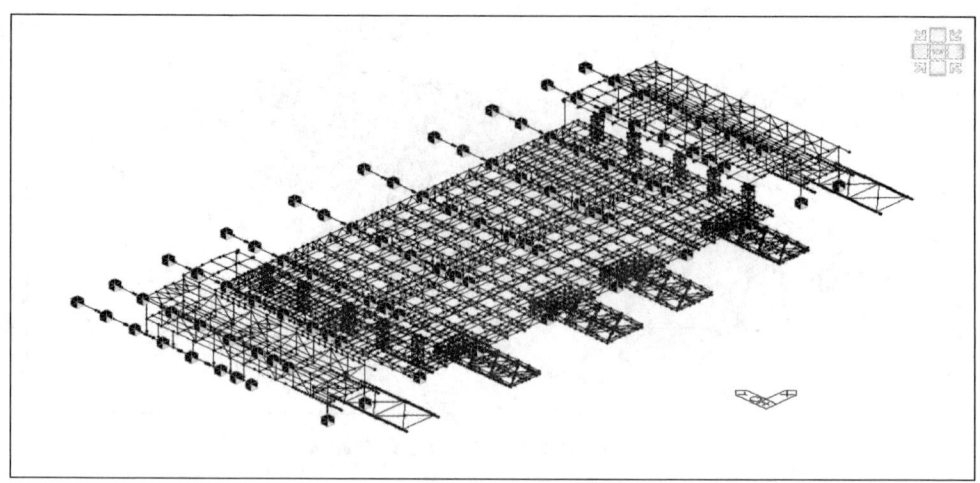

(f) CS6：顶推10m，累计顶推62m

注：此时导梁悬挑37m。

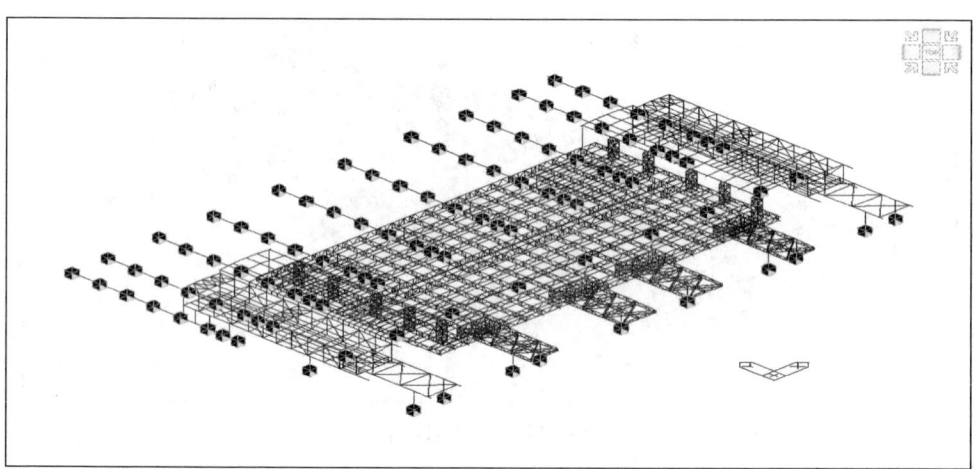

(g) CS7：顶推7m，累计顶推69m

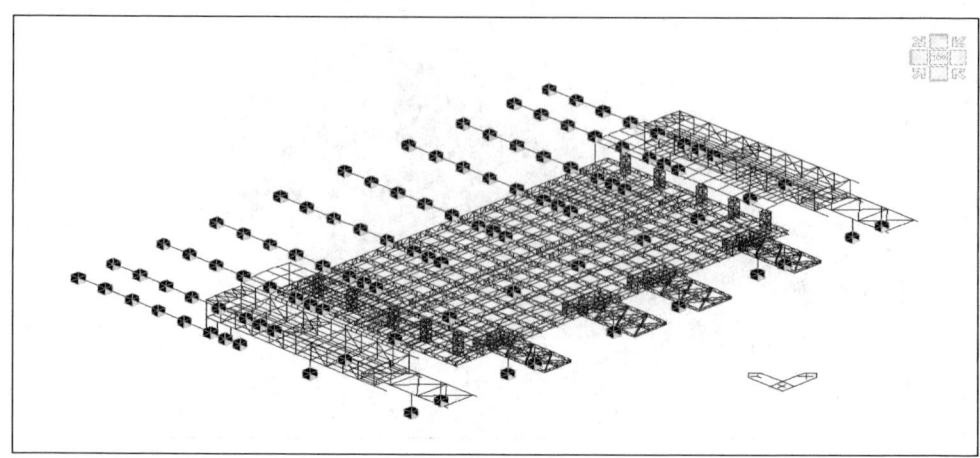

(h) CS8：顶推7m，累计顶推76m

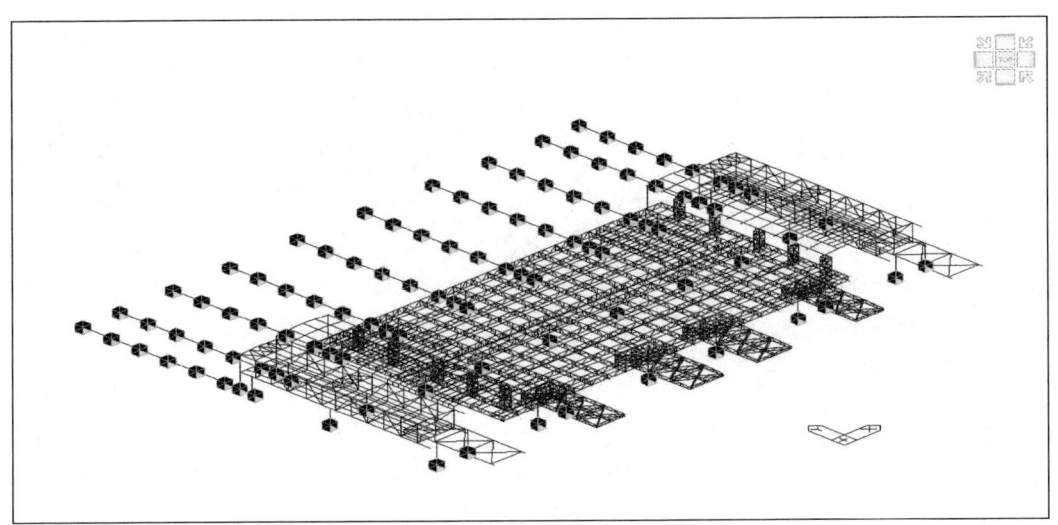

(i) CS9：顶推6.8m，累计顶推82.8m

注：顶推到设计位置。

图 7.2.1-2　计算工况和对应计算模型

4. 各工况计算结果

由于篇幅有限，以 CS1、CS2、CS9 工况为例给予说明。

（1）应力比

图 7.2.1-3 为 CS1：应力比计算结果。

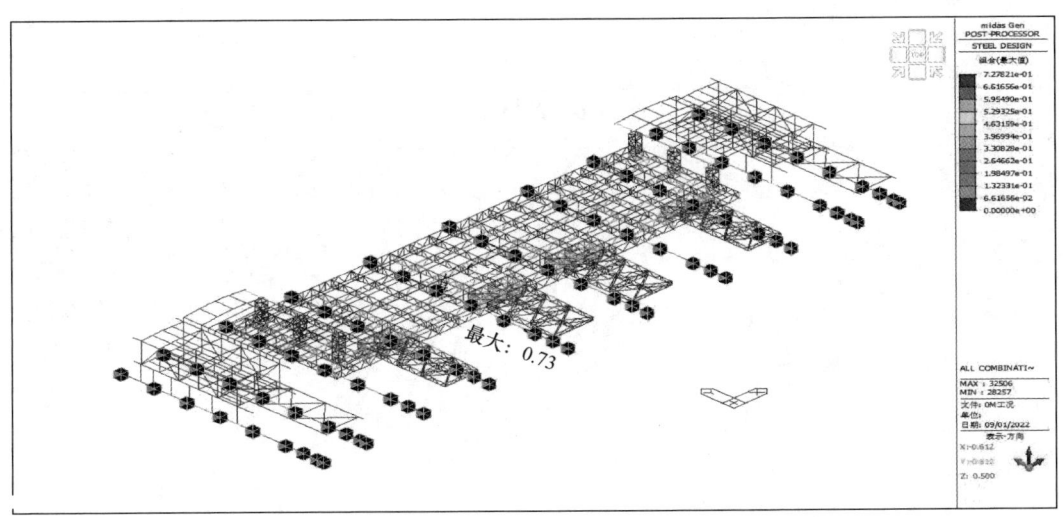

(a) 应力比：整体

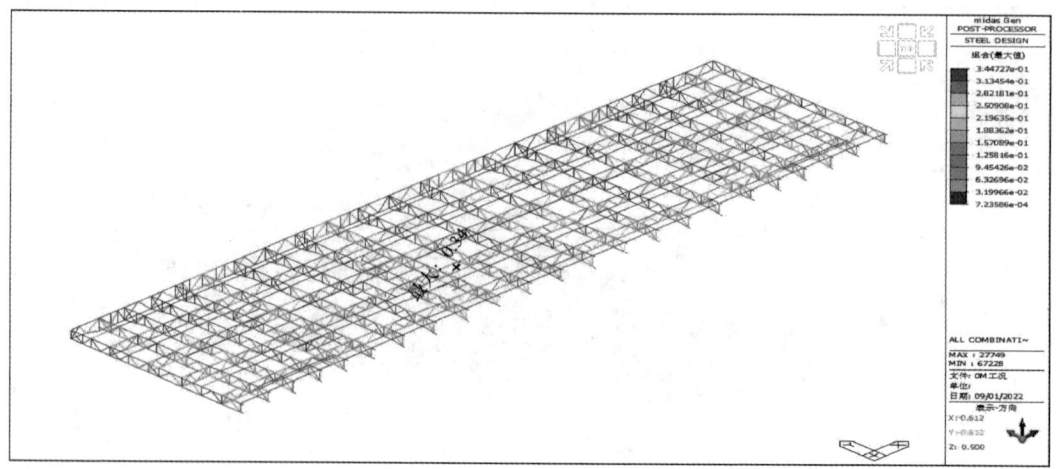

(b) 应力比：楼面桁架

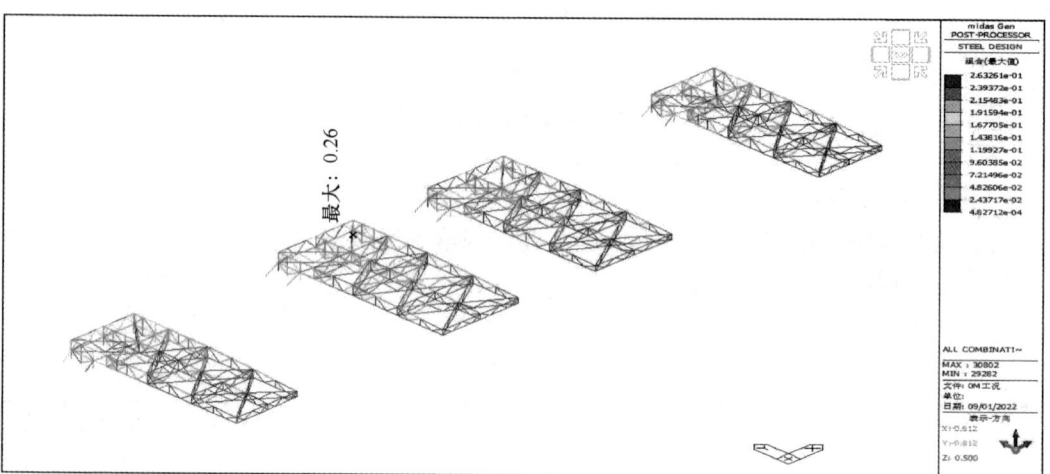

(c) 应力比：楼面桁架导梁

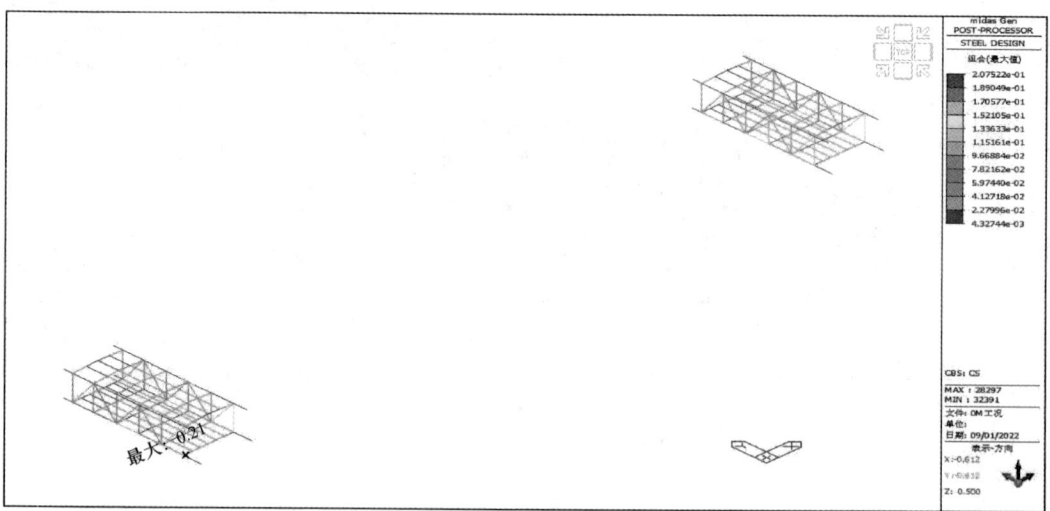

(d) 应力比：天桥

第 7 章 顶推及落梁施工安全性分析

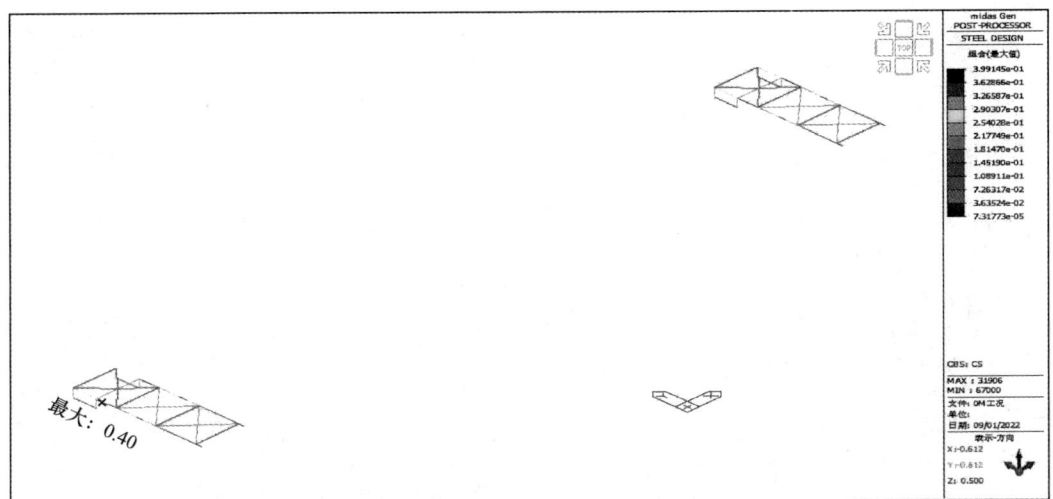

(e) 应力比：天桥导梁

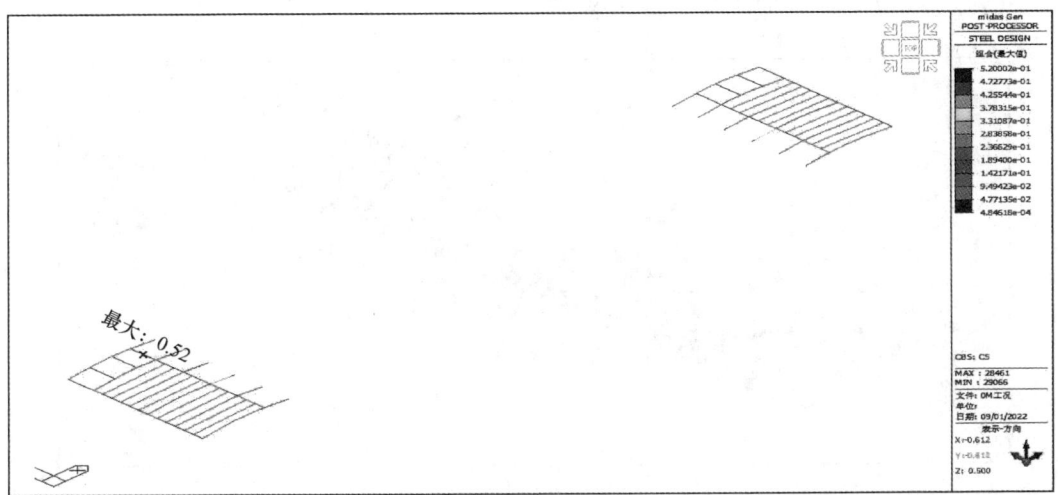

(f) 应力比：换乘通廊

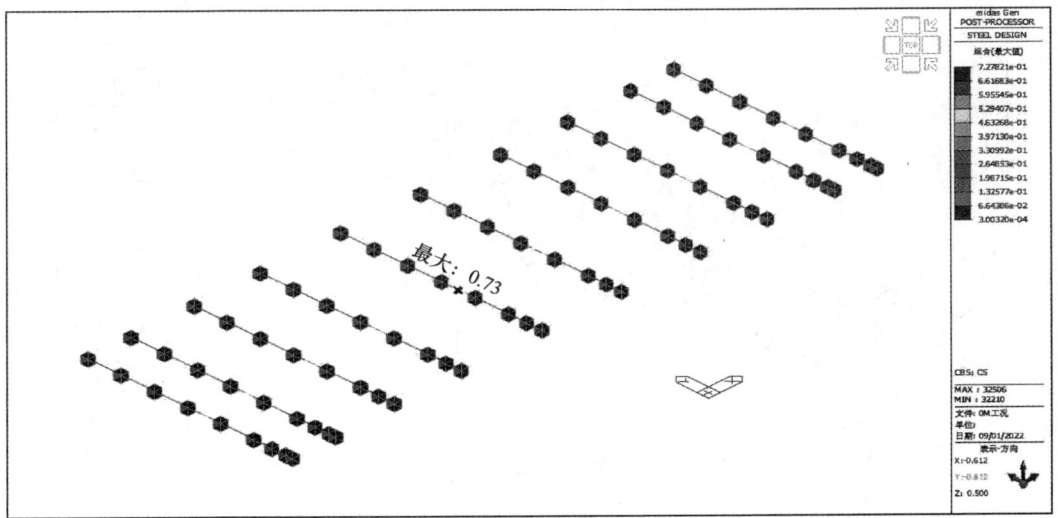

(g) 应力比：轨道梁

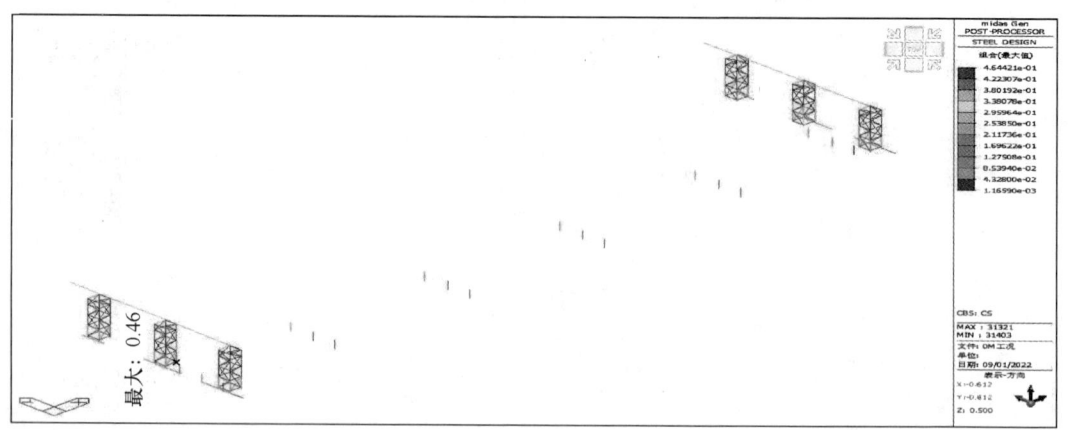

(h) 应力比：其他临时措施

图 7.2.1-3　CS1：应力比数值模拟计算结果

图 7.2.1-4 为 CS2：应力比计算结果。

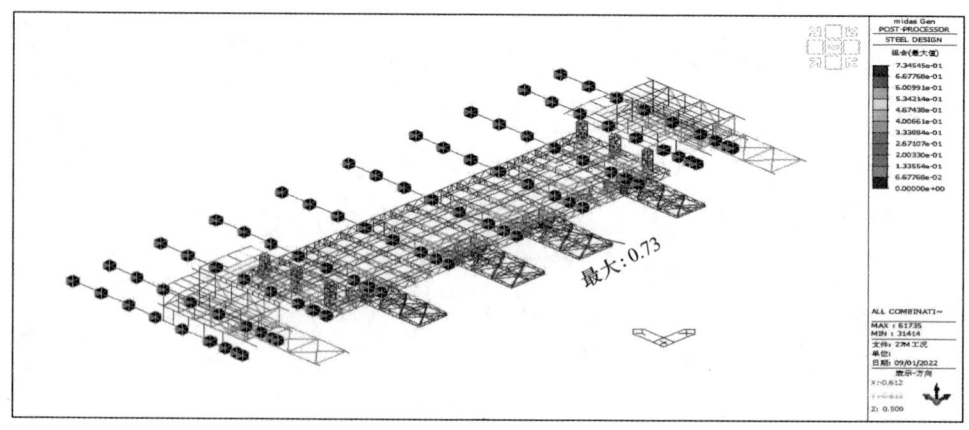

(a) 应力比：整体

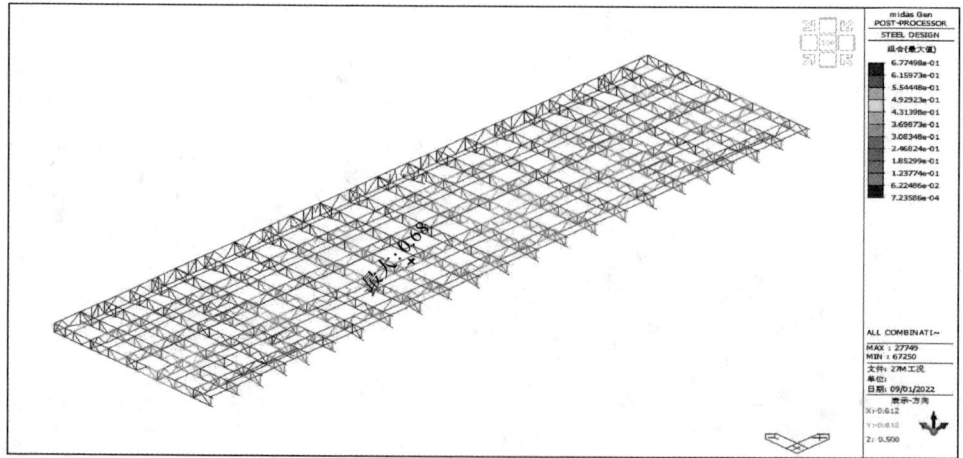

(b) 应力比：楼面桁架

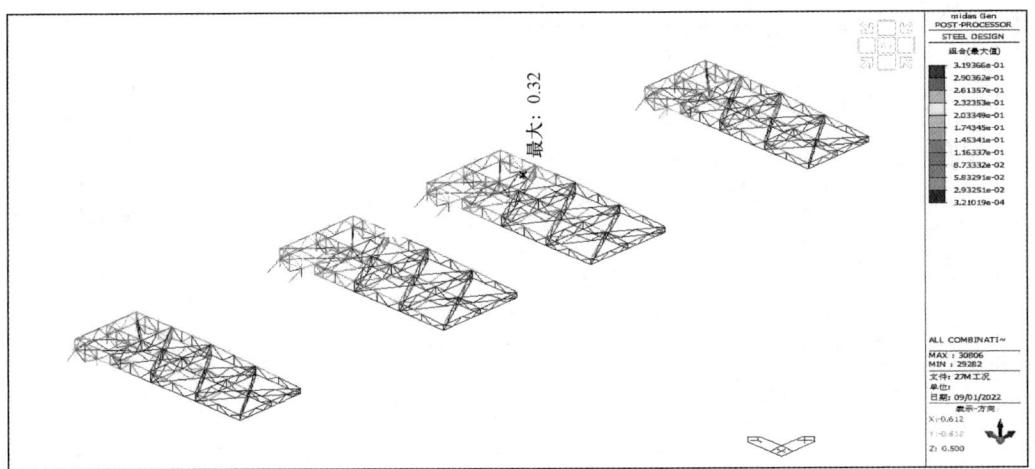

(c) 应力比：楼面桁架导梁

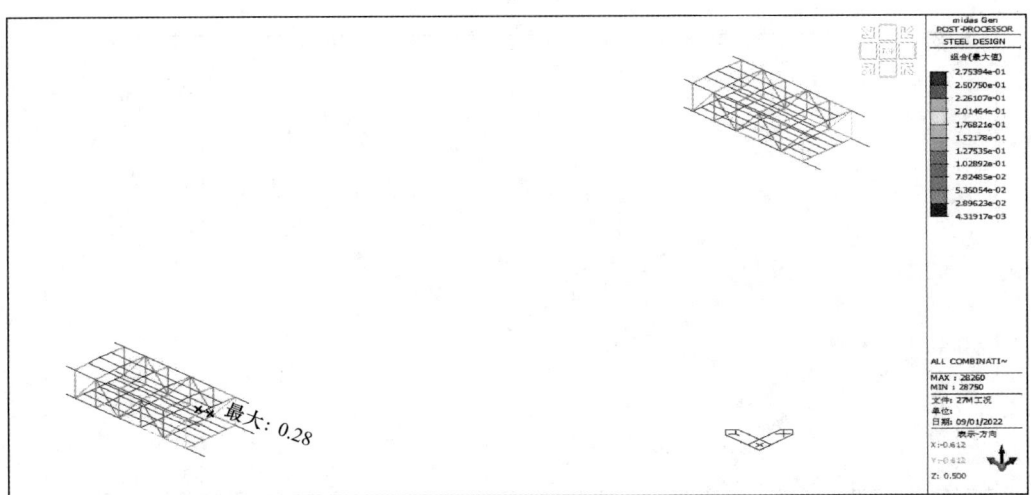

(d) 应力比：天桥

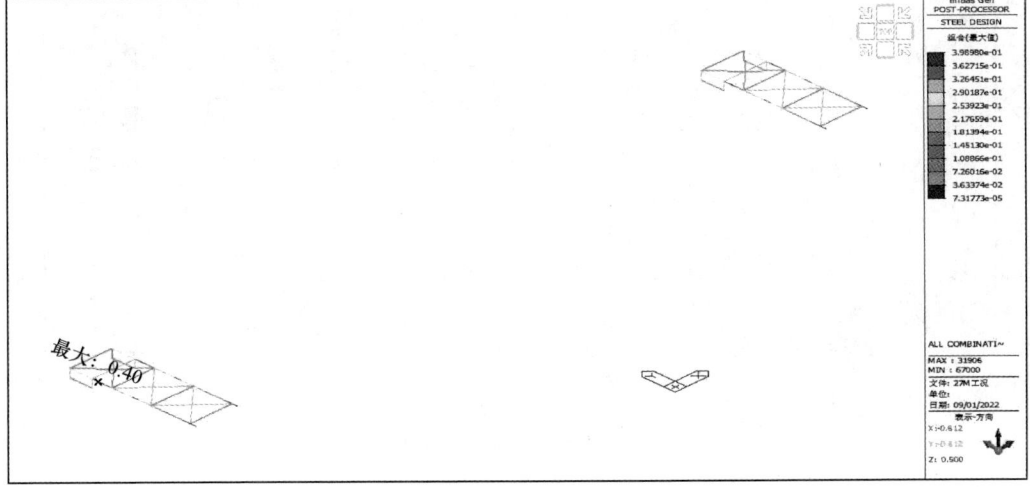

(e) 应力比：天桥导梁

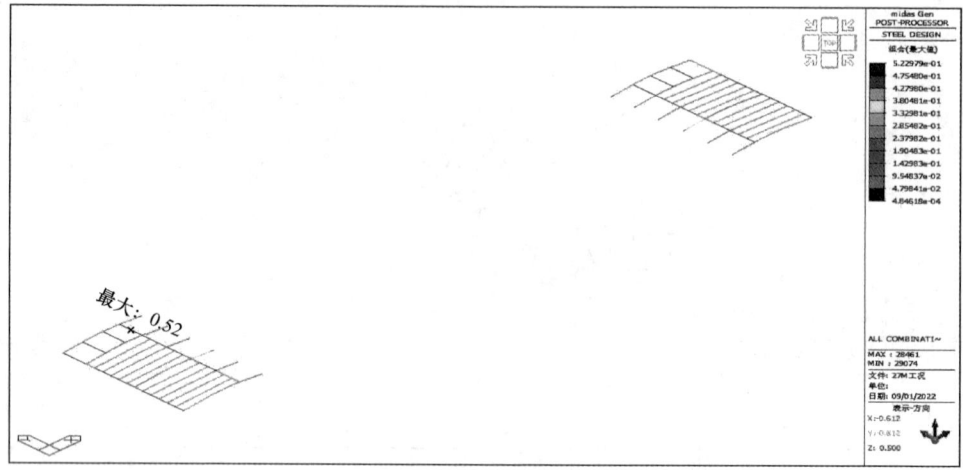

(f) 应力比：换乘通廊

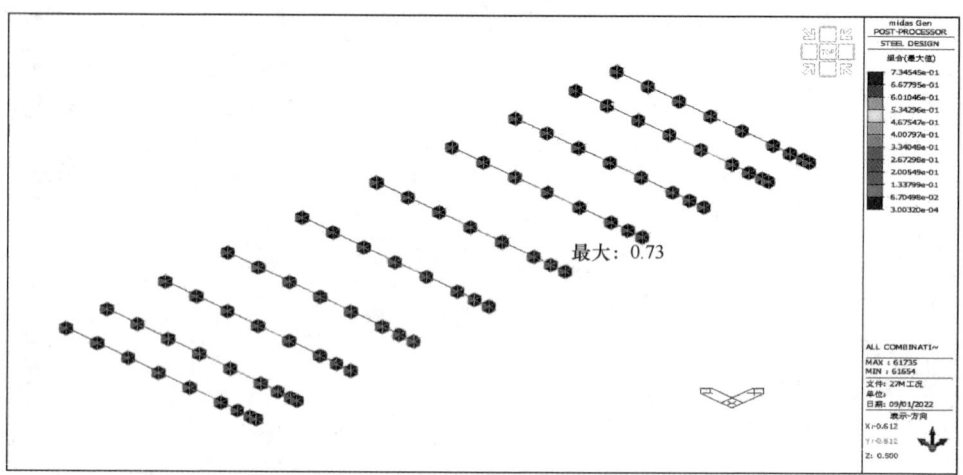

(g) 应力比：轨道梁

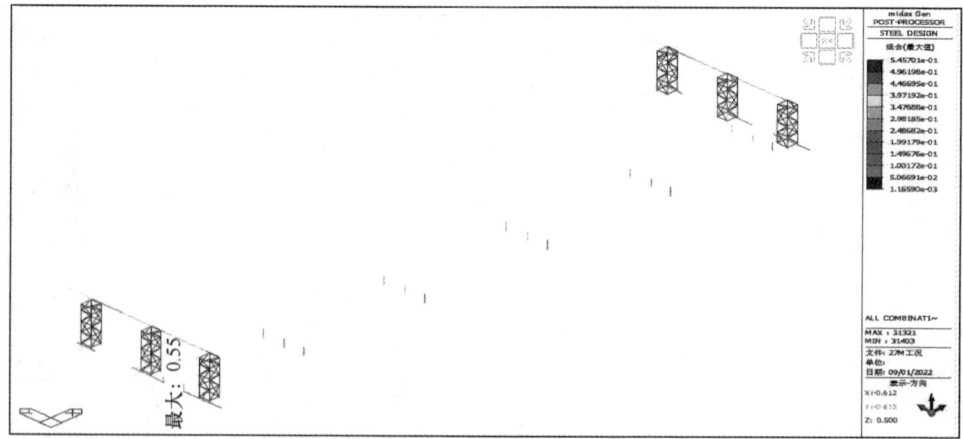

(h) 应力比：其他临时措施

图 7.2.1-4 CS2：应力比数值模拟计算结果

图 7.2.1-5 为 CS9：应力比计算结果。

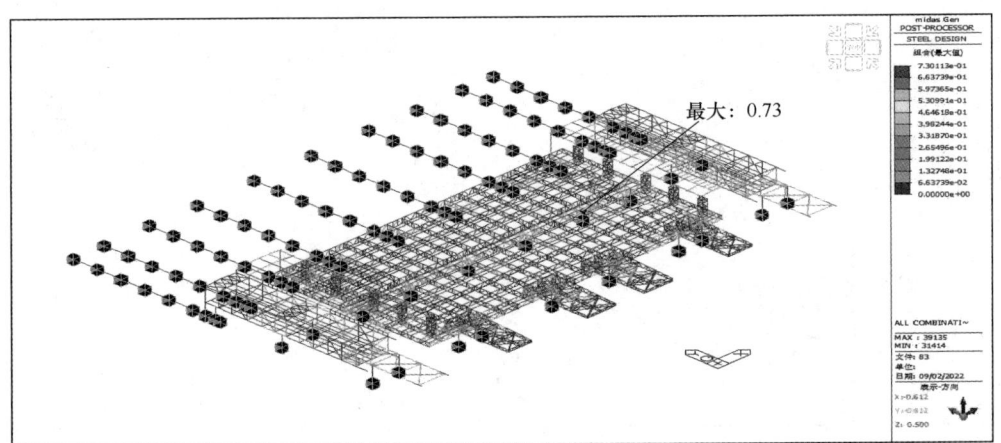

(a) 应力比：整体

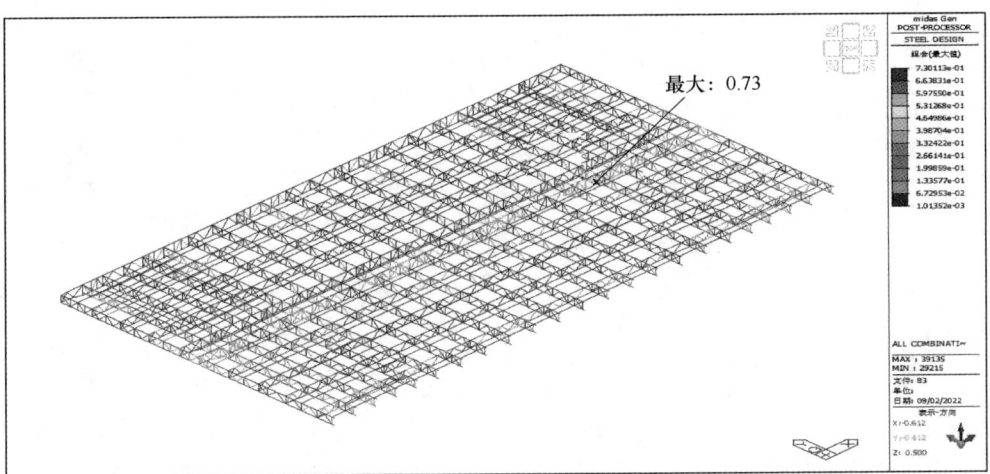

(b) 应力比：楼面桁架

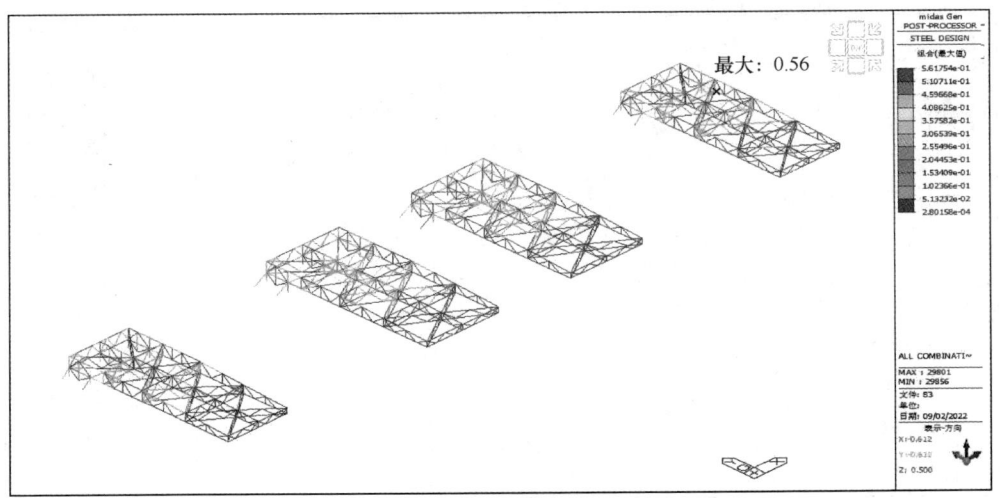

(c) 应力比：楼面桁架导梁

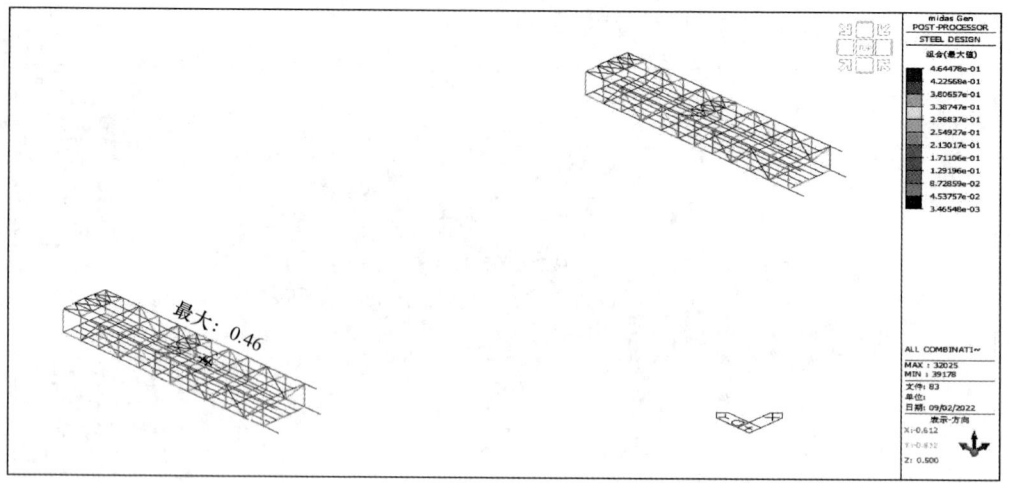

(d) 应力比：天桥

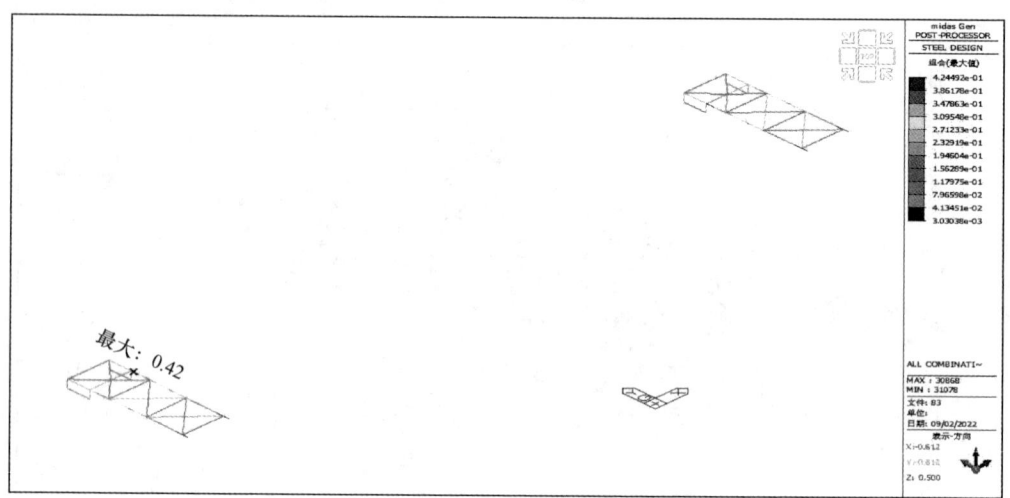

(e) 应力比：天桥导梁

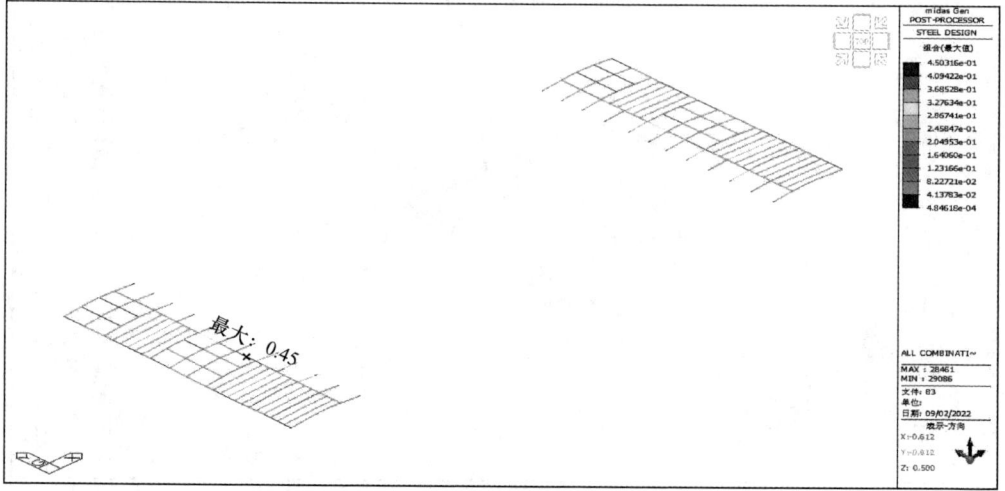

(f) 应力比：换乘通廊

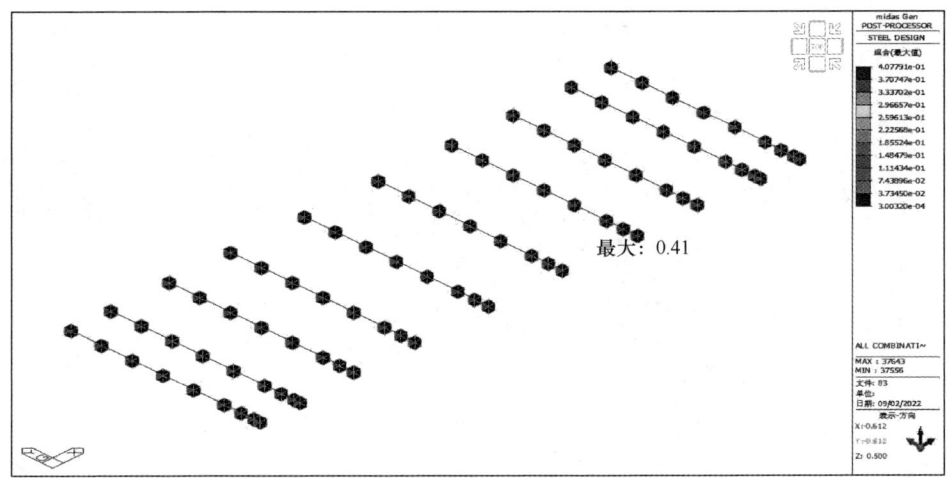

(g) 应力比：轨道梁

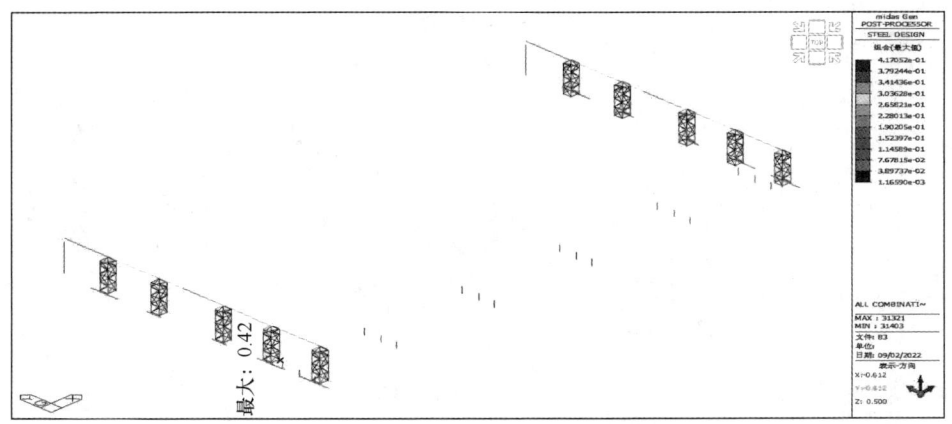

(h) 应力比：其他临时措施

图 7.2.1-5　CS9：应力比数值模拟计算结果

(2) 变形

CS1：DZ 变形计算结果如图 7.2.1-6 所示。

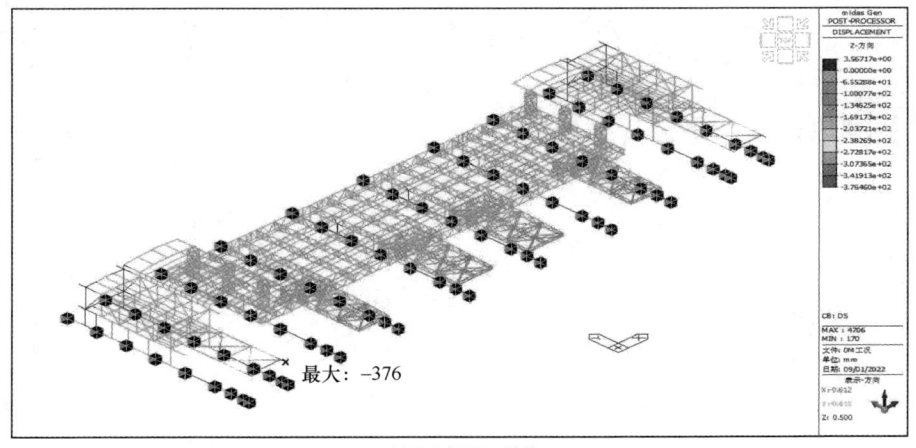

(a) DZ 变形：整体

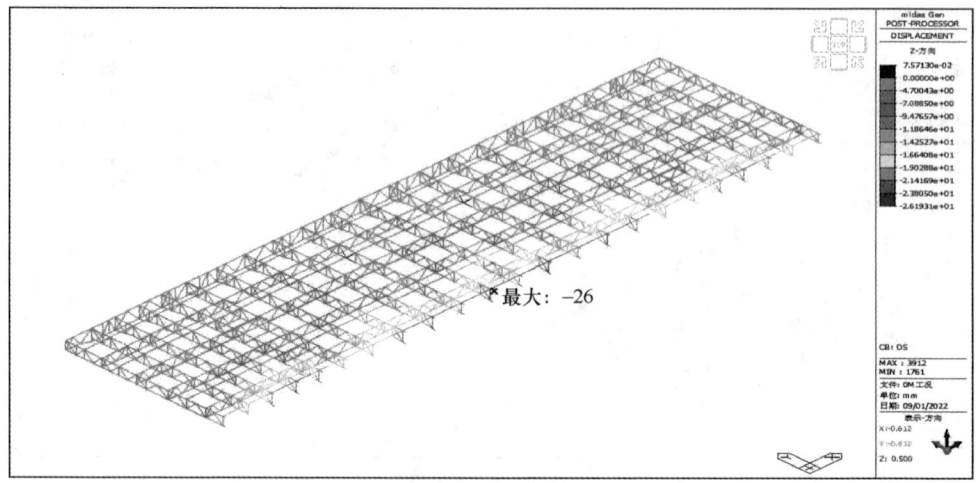

(b) DZ变形：楼面桁架

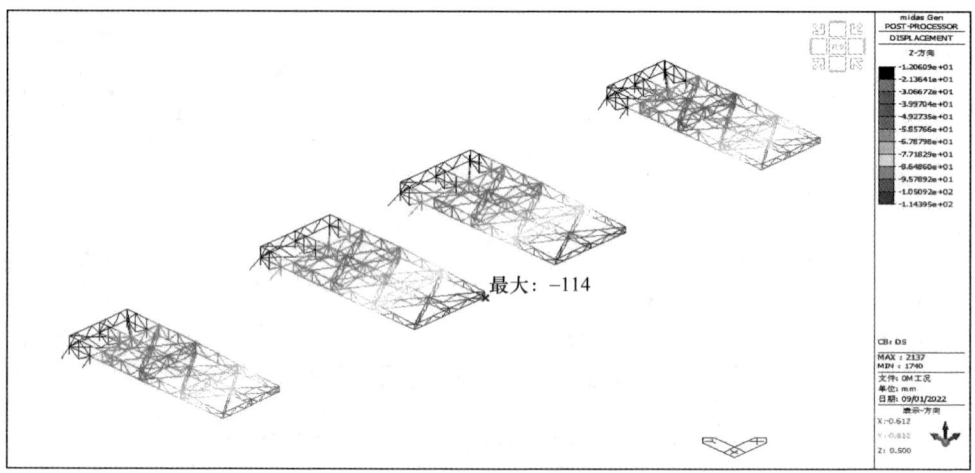

(c) DZ变形：楼面桁架导梁

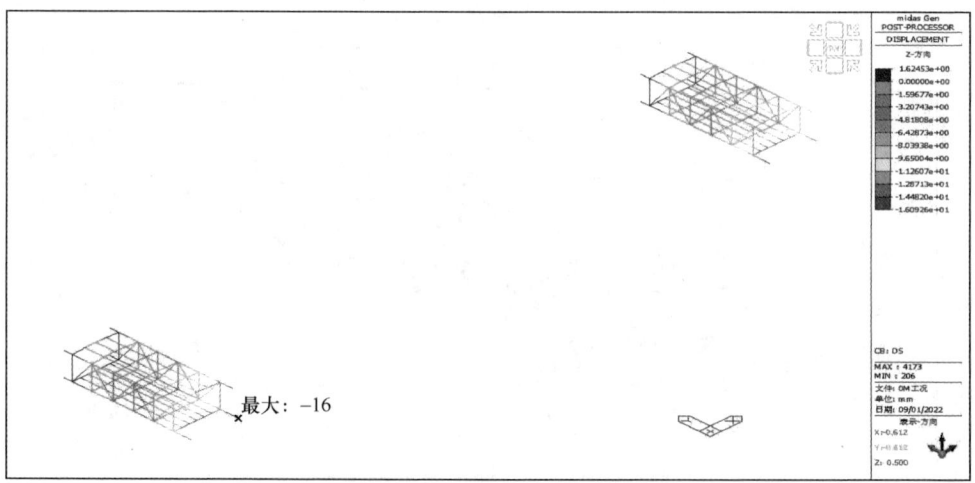

(d) DZ变形：天桥

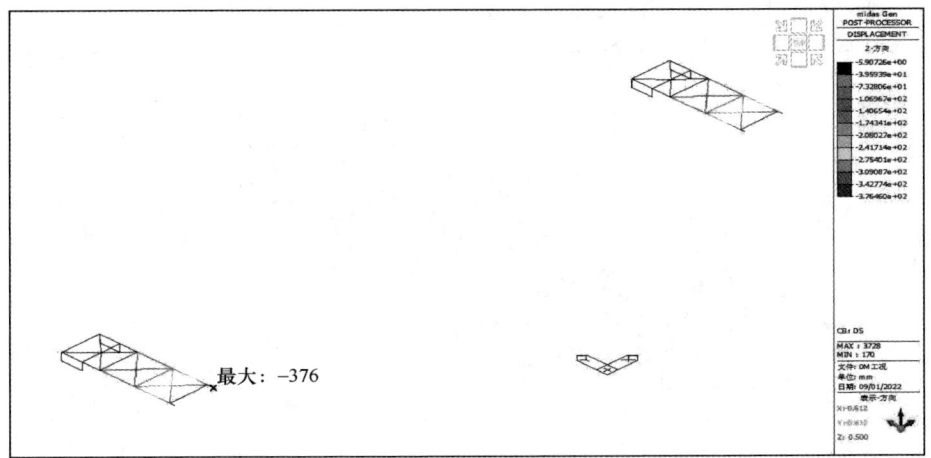

(e) DZ 变形：天桥导梁

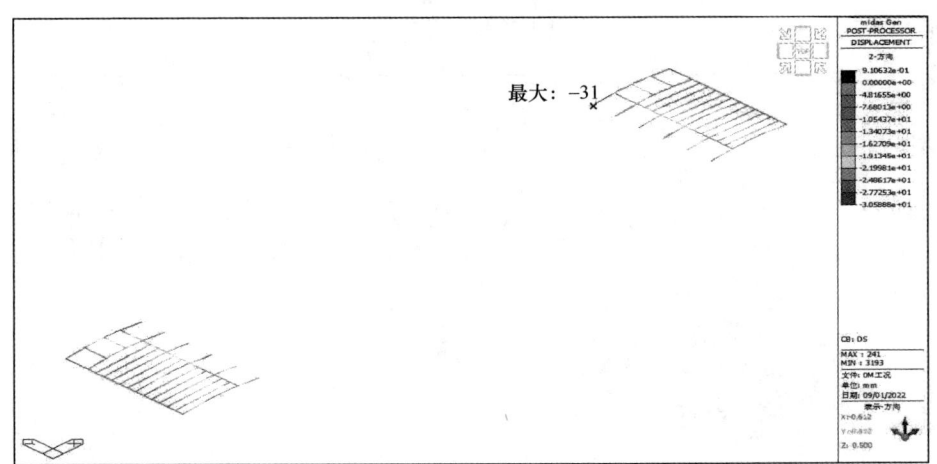

(f) DZ 变形：换乘通廊

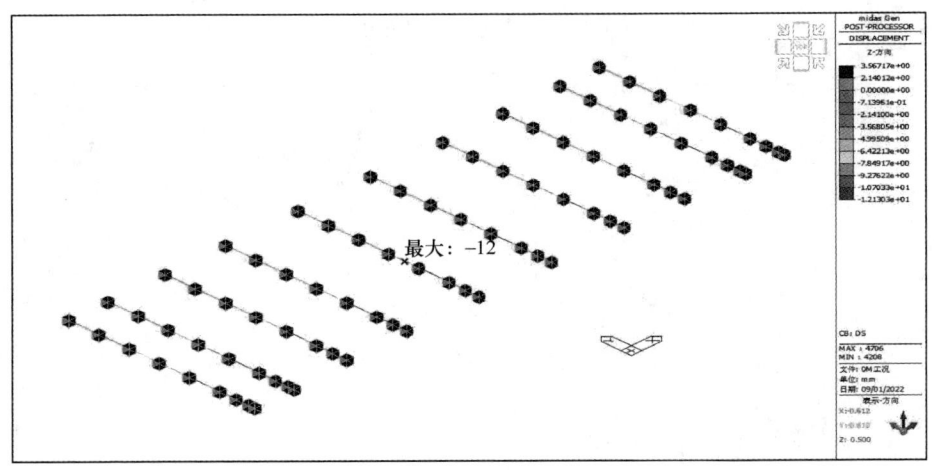

(g) DZ 变形：轨道梁

图 7.2.1-6　CS1：DZ 变形计算结果

CS2：DZ 变形计算结果如图 7.2.1-7 所示。

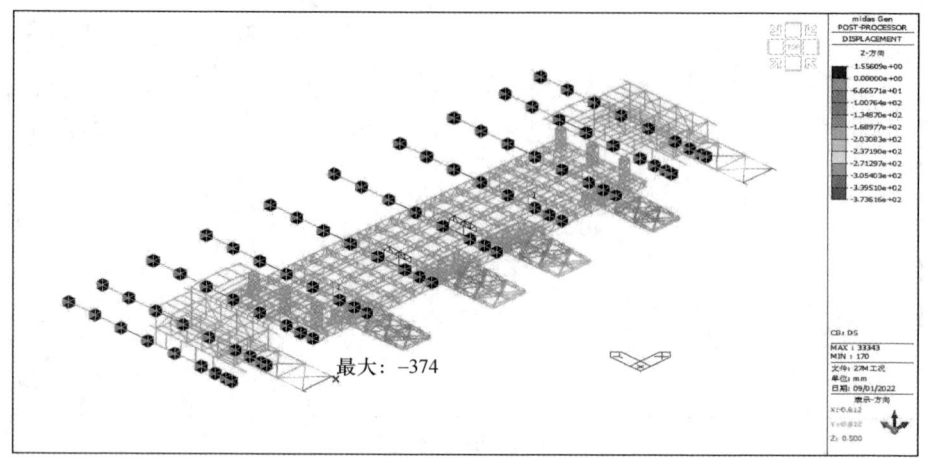

(a) DZ变形：整体

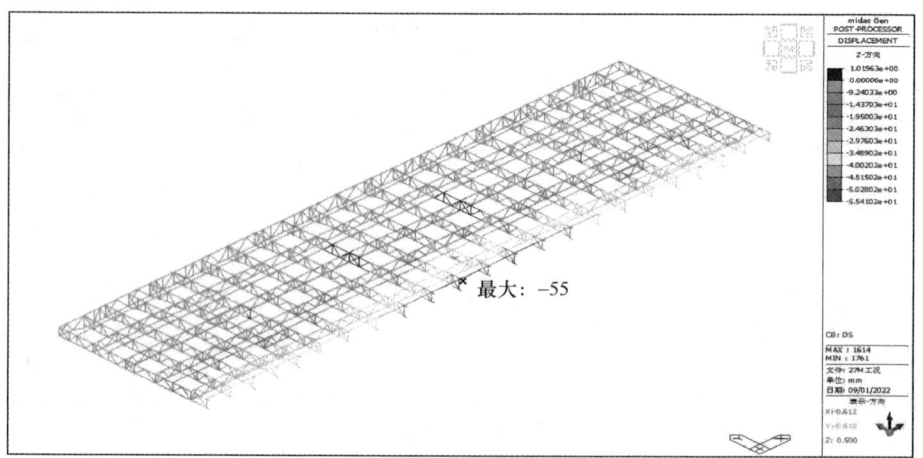

(b) DZ变形：楼面桁架

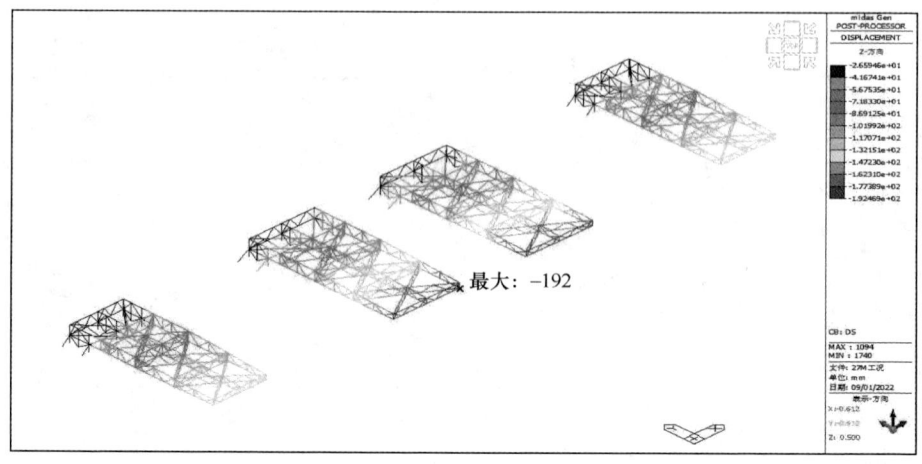

(c) DZ变形：楼面桁架导梁

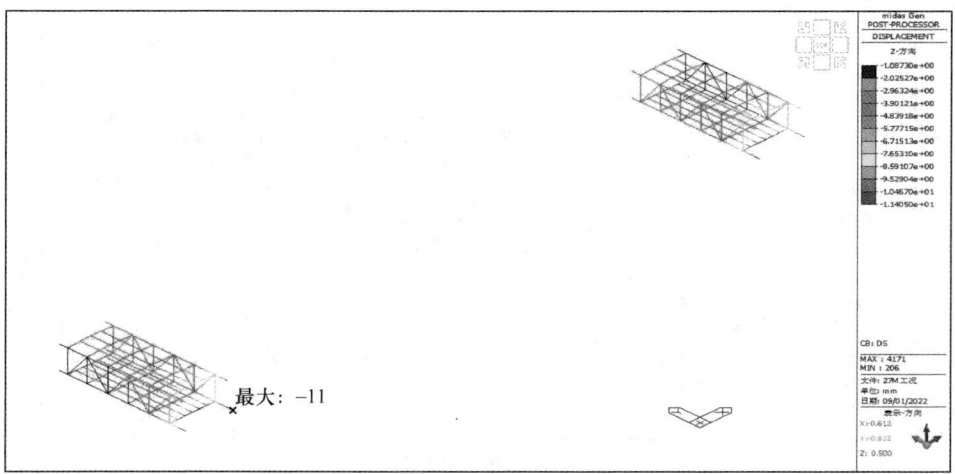

(d) DZ变形：天桥

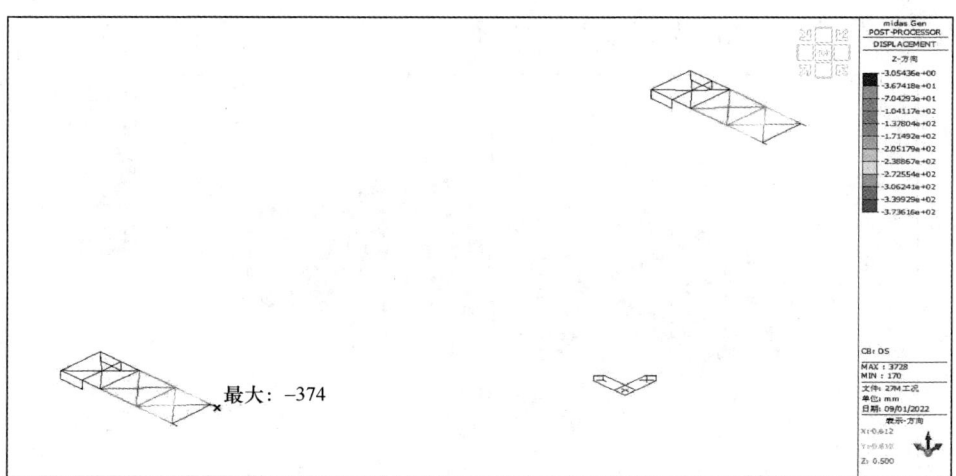

(e) DZ变形：天桥导梁

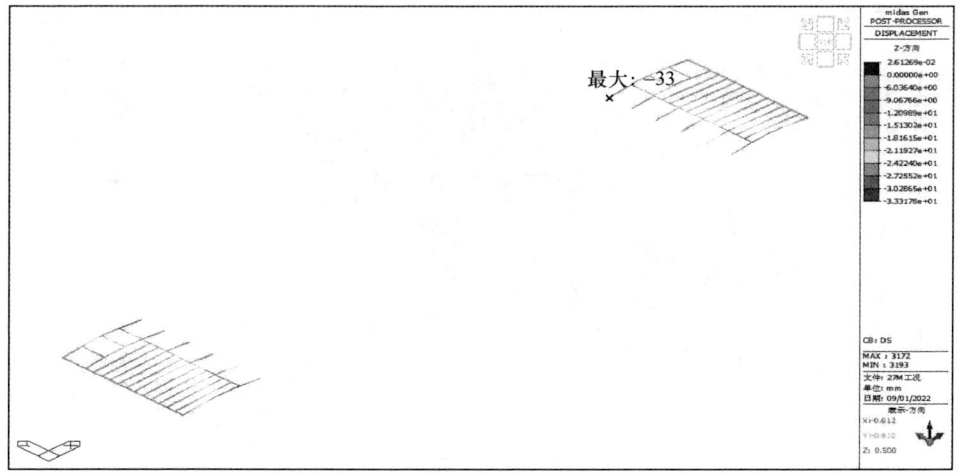

(f) DZ变形：换乘通廊

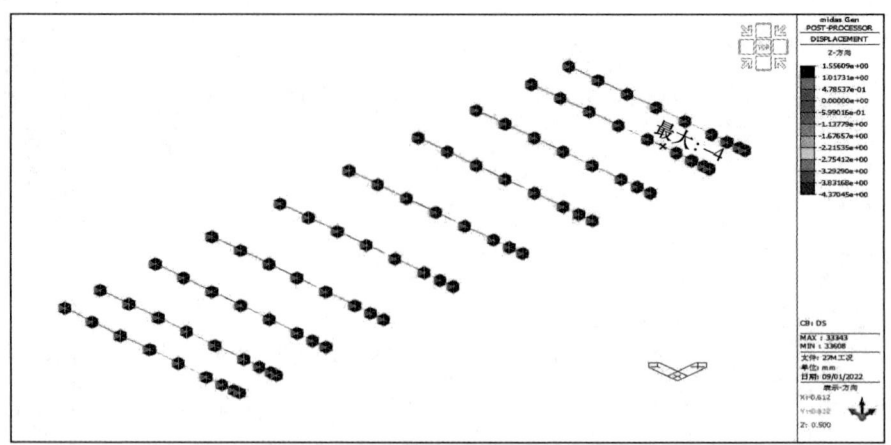

(g) DZ变形：轨道梁

图 7.2.1-7　CS2：DZ 变形计算结果

CS9：DZ 变形计算结果如图 7.2.1-8 所示。

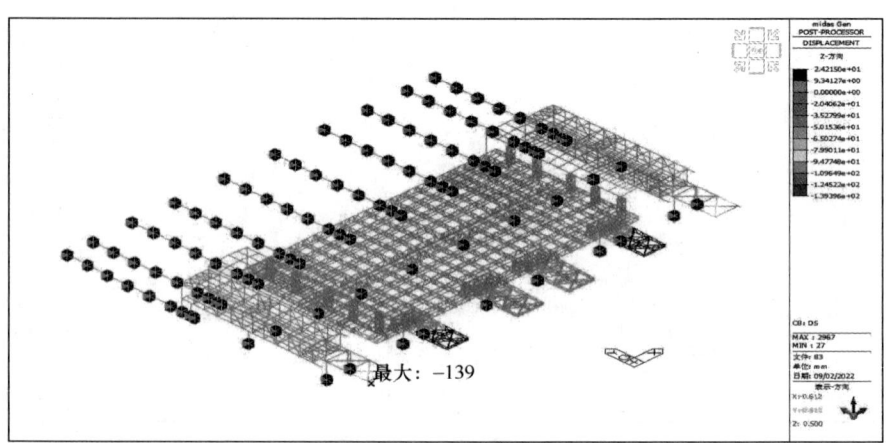

(a) DZ变形：整体

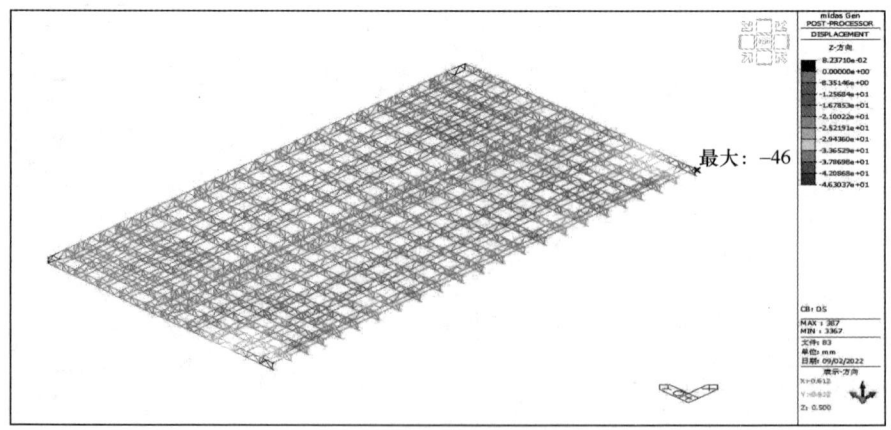

(b) DZ变形：楼面桁架

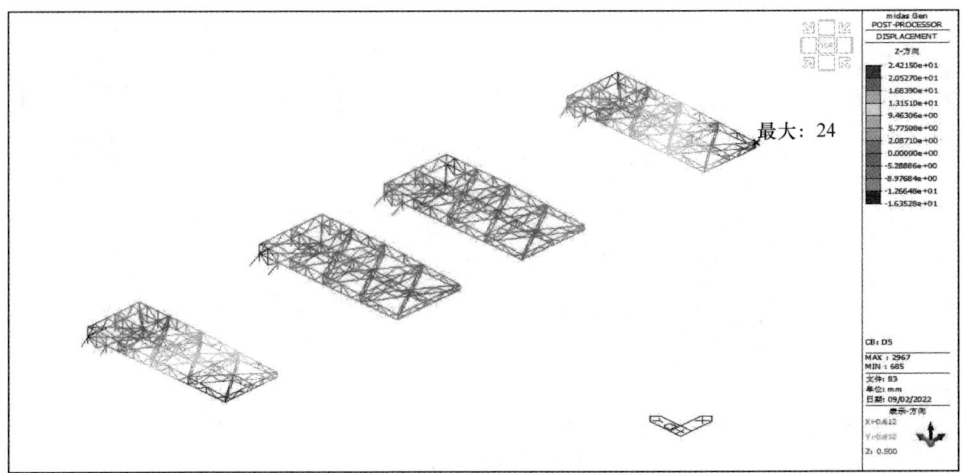

(c) DZ变形：楼面桁架导梁

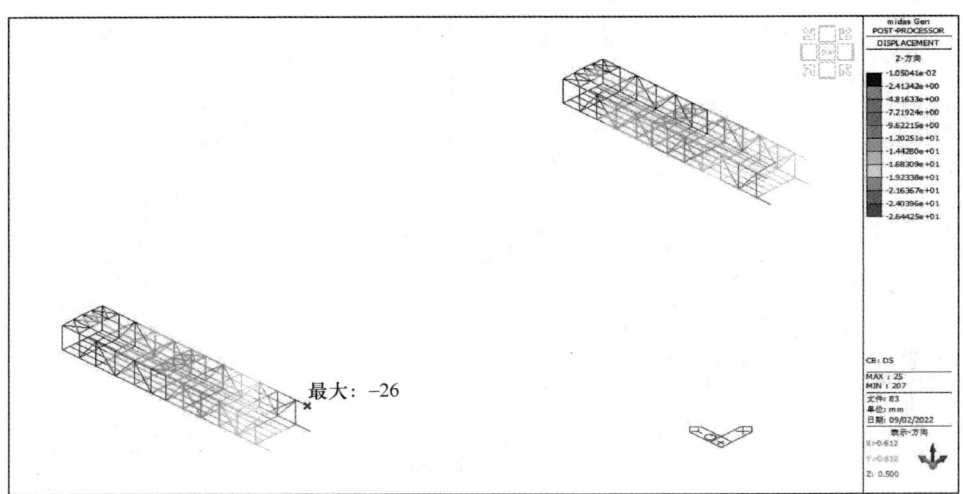

(d) DZ变形：天桥

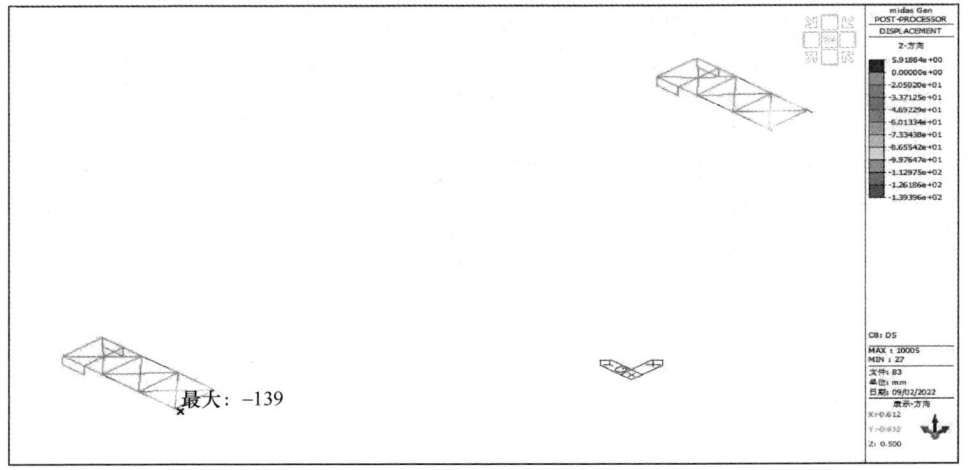

(e) DZ变形：天桥导梁

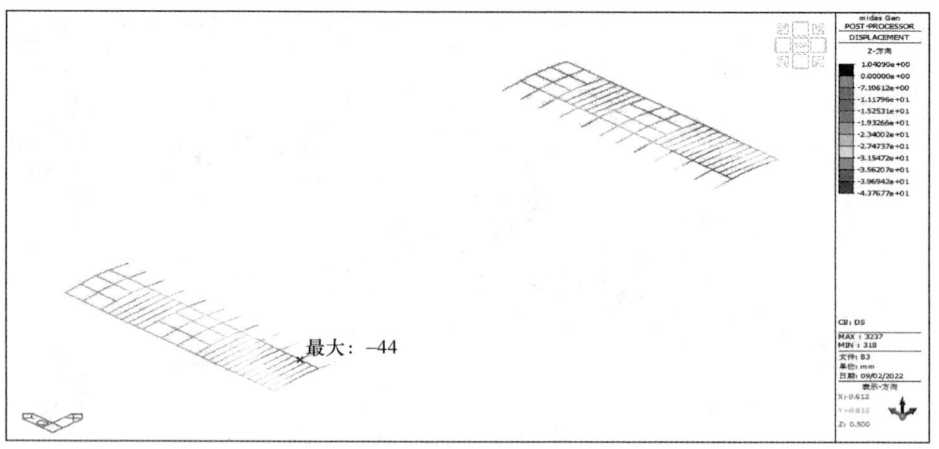

(f) DZ变形：换乘通廊

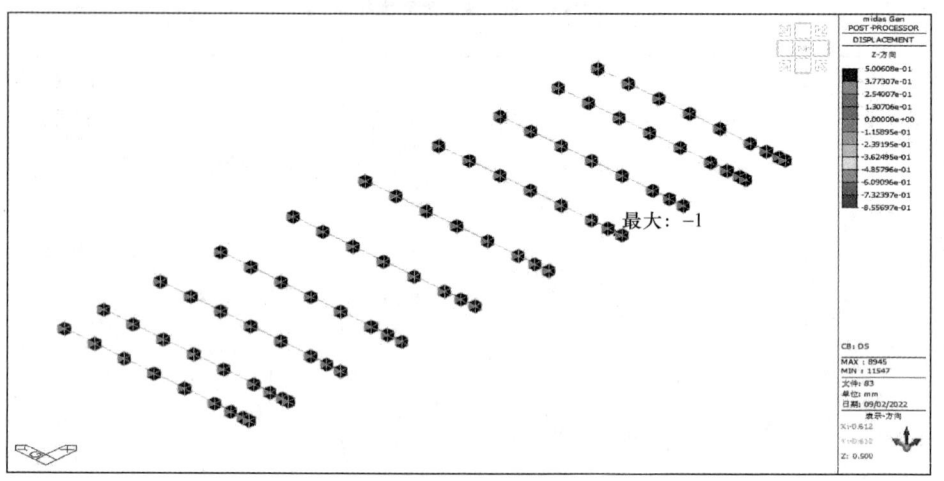

(g) DZ变形：轨道梁

图 7.2.1-8　CS9：DZ 变形计算结果

（3）反力

CS1：FZ 反力计算结果如图 7.2.1-9 所示。

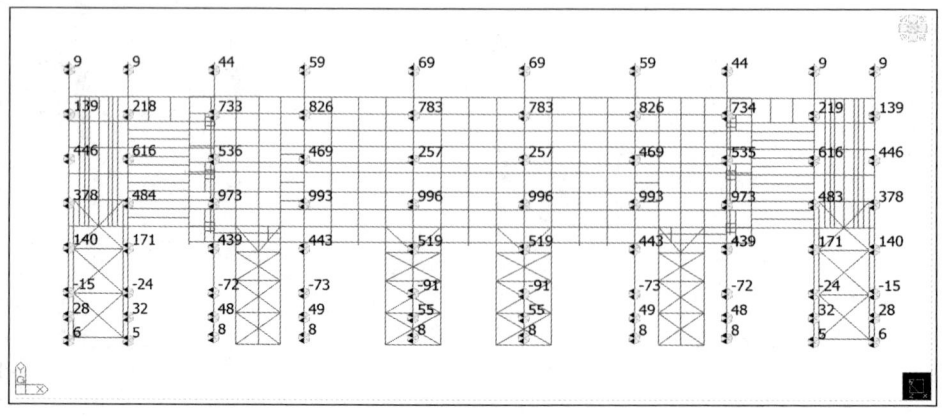

(a) FZ反力

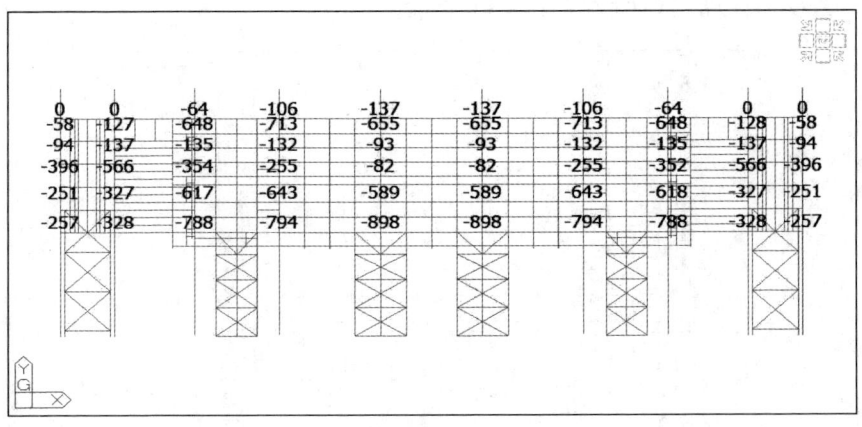

(b) 滑靴反力

图 7.2.1-9　CS1：FZ 反力计算结果

CS2：FZ 反力计算结果如图 7.2.1-10 所示。

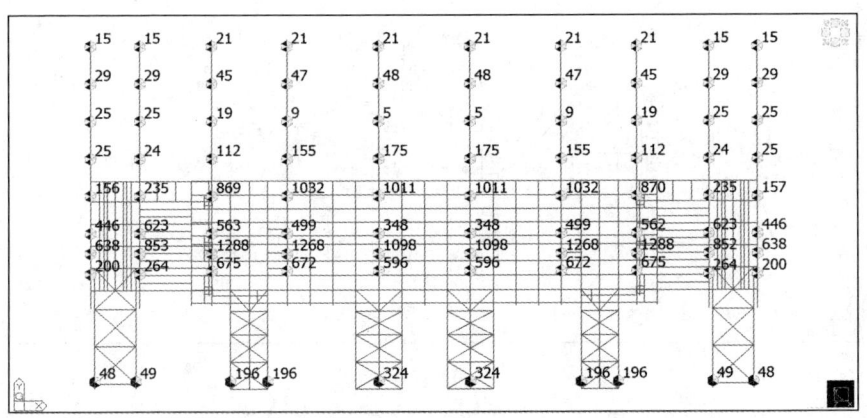

(a) FZ 反力

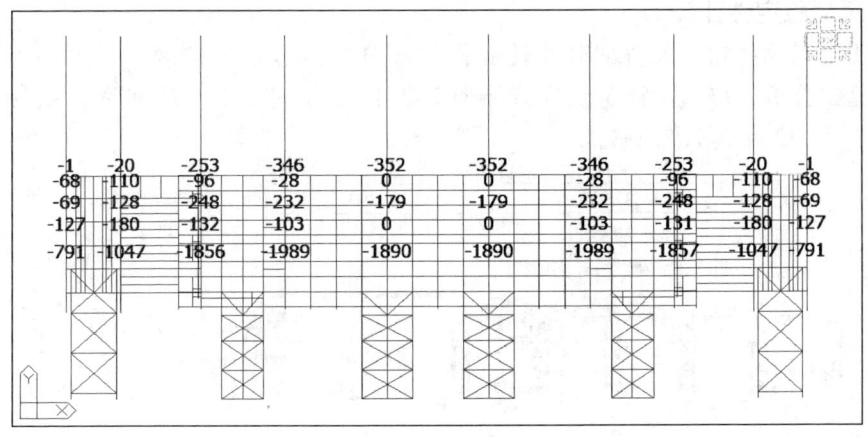

(b) 滑靴反力

图 7.2.1-10　CS2：FZ 反力计算结果

CS9：FZ反力计算结果如图 7.2.1-11 所示。

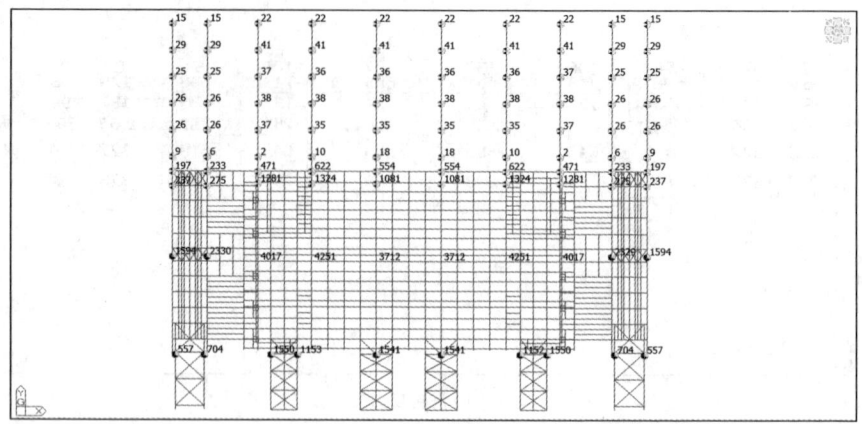

(a) FZ反力

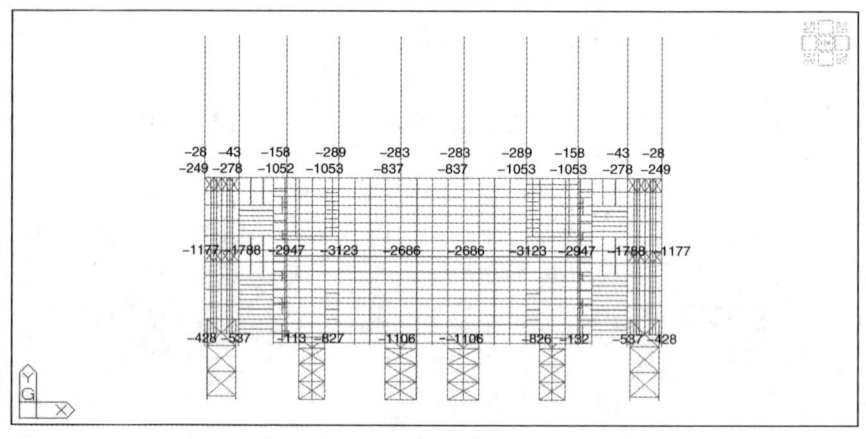

(b) 滑靴反力

图 7.2.1-11　CS9：FZ反力计算结果

5. 抗倾覆稳定性计算

根据顶推工况可知，天桥部分和楼面桁架部分顶推过程中抗倾覆最不利工况为工况二，对工况二分析，抗倾覆稳定性计算如图 7.2.1-12 和图 7.2.1-13 所示。抗倾覆稳定性计算见表 7.2.1-2 和表 7.2.1-3。

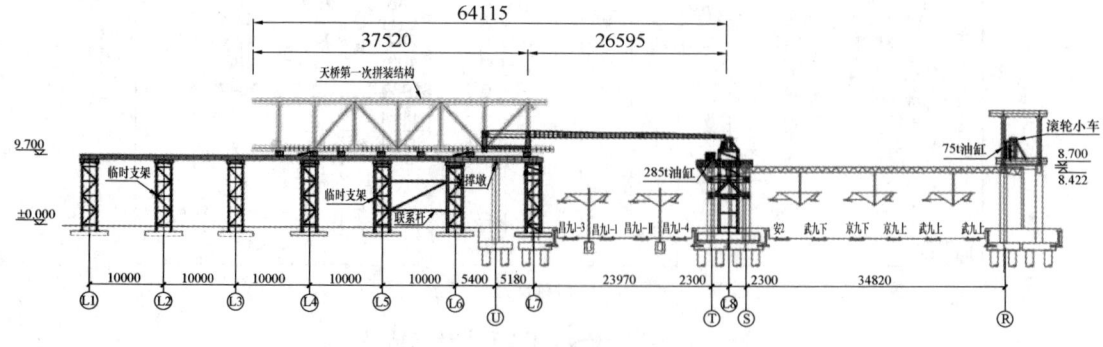

图 7.2.1-12　工况二（天桥）

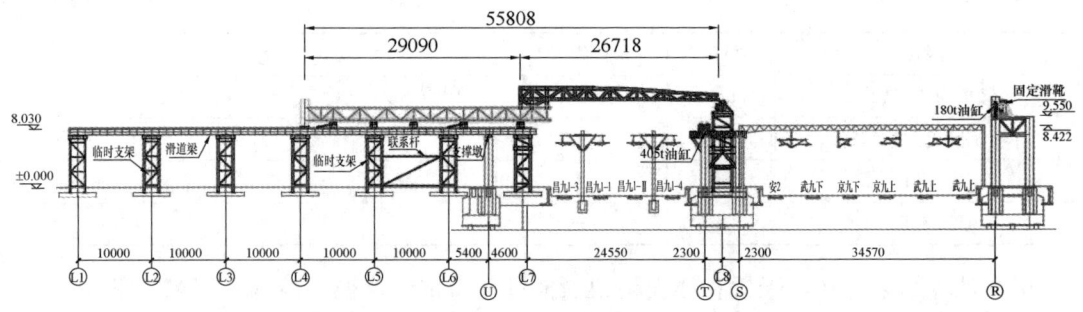

图 7.2.1-13 工况二（楼面桁架）

表 7.2.1-2 天桥抗倾覆稳定性计算（前端）

参数	单位	值	备注
钢梁长度/L1	m	37.52	—
钢梁质量/G1	t	177	—
钢梁米重/W1	t/m	4.72	G1/L1
导梁长度/L2	m	26.595	—
导梁质量/G2	t	34.2	—
导梁米重/W2	t/m	1.29	G2/L2
配重质量/G3	t	0	无配重取0
配重倾覆距离/L3	m	0	无配重取0
最大悬挑长度 L	m	26.595	—
抗倾覆力矩/M1	N·m	3320.52	$1/2 \times (L1+L2-L)^2 \times W1 + G3 \times L3$
倾覆力矩/M2	N·m	454.77	$1/2 \times (L-L2)^2 \times W1 + G2 \times (L-1/2 \times L2)$
抗倾覆系数	—	7.30	M1/M2
容许值	—	1.3	—
是否满足	—	OK	—

表 7.2.1-3 楼面桁架抗倾覆稳定性计算（前端）

参数	单位	值	备注
钢梁长度/L1	m	37.52	—
钢梁质量/G1	t	1292.5	—
钢梁米重/W1	t/m	34.45	G1/L1
导梁长度/L2	m	26.718	—
导梁质量/G2	t	200	—
导梁米重/W2	t/m	7.49	G2/L2
配重质量/G3	t	0	无配重取0
配重倾覆距离/L3	m	0	无配重取0
最大悬挑长度 L	m	26.718	—
抗倾覆力矩/M1	N·m	24247.30	$1/2 \times (L1+L2-L)^2 \times W1 + G3 \times L3$

续表

参数	单位	值	备注
倾覆力矩/M2	N·m	2671.80	$1/2 \times (L-L2)^2 \times W1 + G2 \times (L - 1/2 \times L2)$
抗倾覆系数	—	9.08	M1/M2
容许值	—	1.3	—
是否满足	—	OK	—

根据计算结果可知，天桥和楼面桁架顶推过程中抗倾覆稳定性满足规范要求。

6. 小结

（1）应力验算结果

根据上述各工况计算结果，统计见表 7.2.1-4。

表 7.2.1-4 各工况应力比计算结果统计表

工况	整体	楼面桁架	桁架导梁	天桥	天桥导梁	换乘通廊	轨道梁	其他措施
CS1	0.73	0.34	0.26	0.21	0.40	0.52	0.73	0.46
CS2	0.73	0.68	0.32	0.28	0.40	0.52	0.73	0.55
CS3	0.5	0.44	0.28	0.17	0.26	0.39	0.46	0.50
CS4	0.65	0.47	0.65	0.33	0.26	0.54	0.50	0.41
CS5	0.43	0.36	0.33	0.21	0.40	0.38	0.43	0.43
CS6	0.78	0.78	0.34	0.40	0.40	0.41	0.43	0.70
CS7	0.74	0.74	0.48	0.32	0.25	0.49	0.44	0.43
CS8	0.63	0.54	0.55	0.42	0.24	0.63	0.33	0.47
CS9	0.73	0.73	0.56	0.46	0.42	0.45	0.41	0.42
Max	0.78	0.78	0.65	0.46	0.42	0.63	0.73	0.7

根据计算结果可知，上部结构最大应力比为 0.78<1，满足规范要求。

（2）位移分布结果（单位：mm）

位移分布结果见表 7.2.1-5。

表 7.2.1-5 各工况变形计算结果统计表

工况	整体	楼面桁架	桁架导梁	天桥	天桥导梁	换乘通廊	轨道梁
CS1	376	26	114	16	376	31	12
CS2	374	55	192	11	374	33	4
CS3	44	25	25	9	44	27	6
CS4	66	66	43	33	47	54	6
CS5	342	14	63	6	342	27	6
CS6	374	69	217	12	374	36	6
CS7	62	62	47	21	40	50	3
CS8	77	77	47	44	45	63	2
CS9	139	46	24	26	139	44	1
Max	376	77	217	44	376	63	12

根据计算结果可知,天桥桁架导梁前端最大竖向悬挑变形为376mm,楼面桁架导梁前端最大竖向变形为217mm。

(3) 反力分布结果(单位:kN)

支架位置约束反力编号如图7.2.1-14和图7.2.1-15所示。

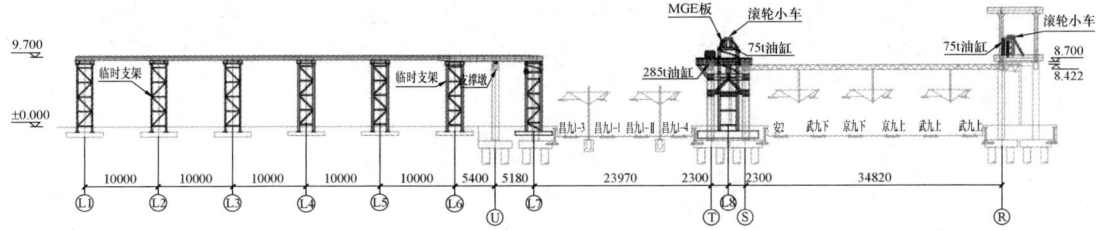

图7.2.1-14 天桥位置支架编号

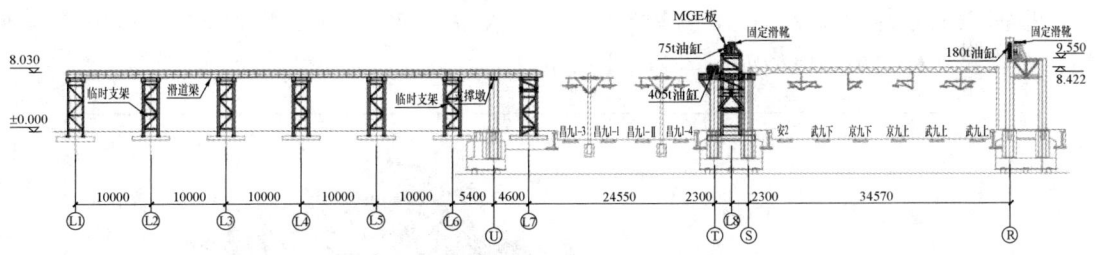

图7.2.1-15 楼面桁架位置支架编号

根据上部顶推结构计算结果,可列出各支架位置反力见表7.2.1-6。

表7.2.1-6 支架位置反力 (kN)

支架编号	L1	L2	L3	L4	L5	L6	U	L7	L8	L9	L10
天桥/MAX	83	477	690	887	826	756	1133	821/752	2062	391	559
楼面桁架/MAX	370	1118	1060	1160	1503	1384	2301	2266	3377	1043	1133

注:U为钢柱或混凝土柱支撑位置,L9为导梁受力,L8为天桥或楼面桁架受力,L10为R轴位置支架编号。

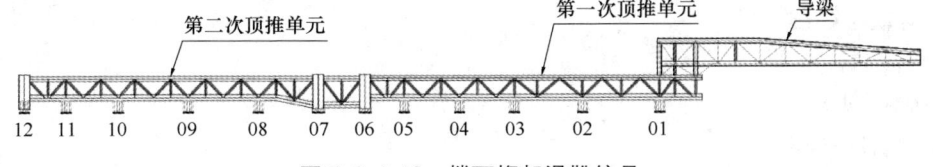

图7.2.1-16 楼面桁架滑靴编号

根据上部顶推结构计算结果,可列出各滑靴反力见表7.2.1-7。

表7.2.1-7 各滑轮反力 (kN)

滑靴编号	12	11	10	9	8	7	6	5	4	3	2	1
天桥/MAX	686	1524	1850	2109	2360	2197	1693	1474	1818	1933	1980	1309
楼面桁架/MAX	208	533	536	908	885	853	1041	842	1262	1037	1045	698

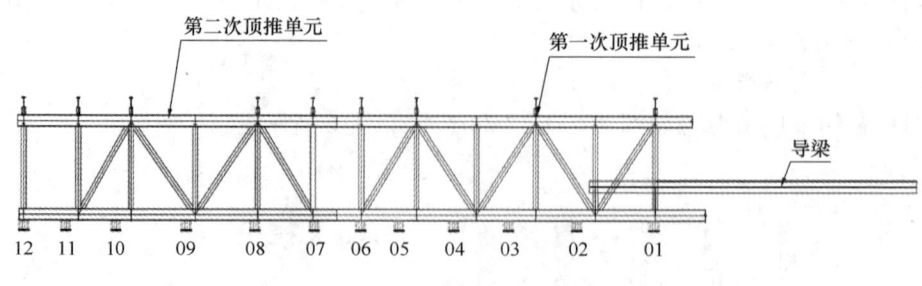

图 7.2.1-17 天桥滑靴编号

7.2.2 结构落梁工况计算

1. 结构计算模型

根据施工方案,计算模型中包含楼面桁架、天桥、换乘通廊、临时支撑、替换杆、新增杆件等,计算的结构模型如图 7.2.2-1 所示。

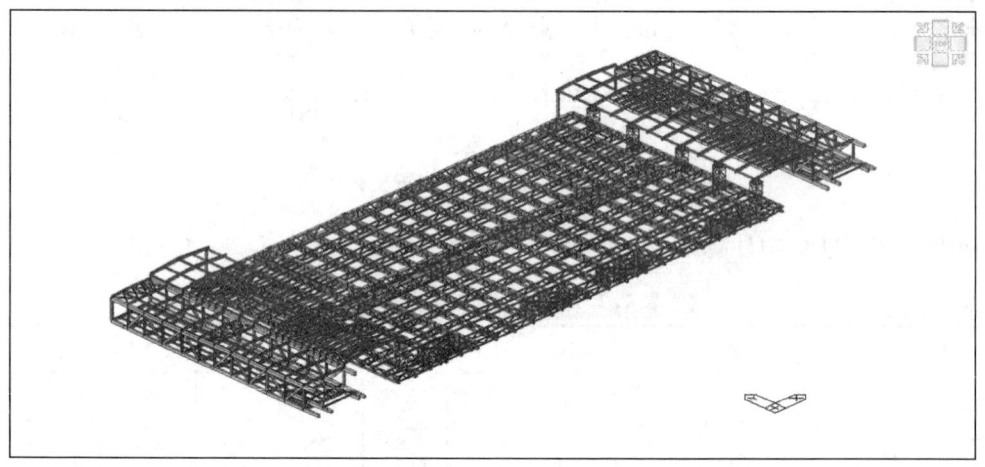

图 7.2.2-1 结构落梁工况计算模型

2. 荷载与组合

(1) 荷载标准值

恒荷载 DL;

DL 为结构自重。

(2) 荷载组合

计算时考虑荷载组合,如下:

标准组合:1.0DL;

基本组合:1.3DL。

3. 计算工况

根据施工方案、荷载和边界条件,临时支承工况和设备支承工况计算模型详情如图 7.2.2-2 和图 7.2.2-3 所示。

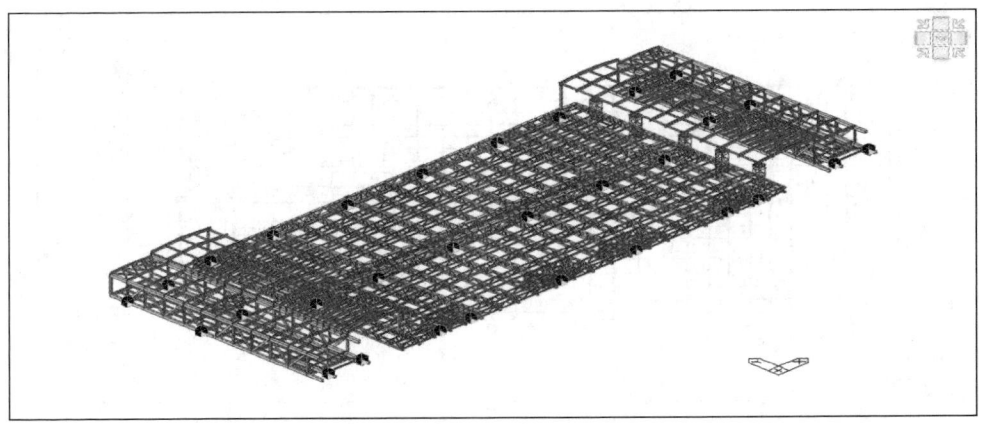

图 7.2.2-2　CS1：临时支承工况

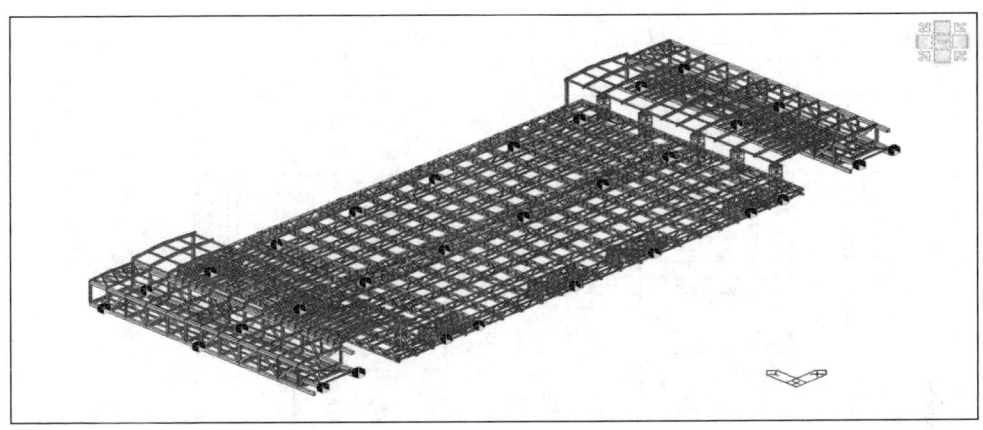

图 7.2.2-3　CS2：设备支承工况

4. 计算结果

应力比计算结果如图 7.2.2-4 所示。

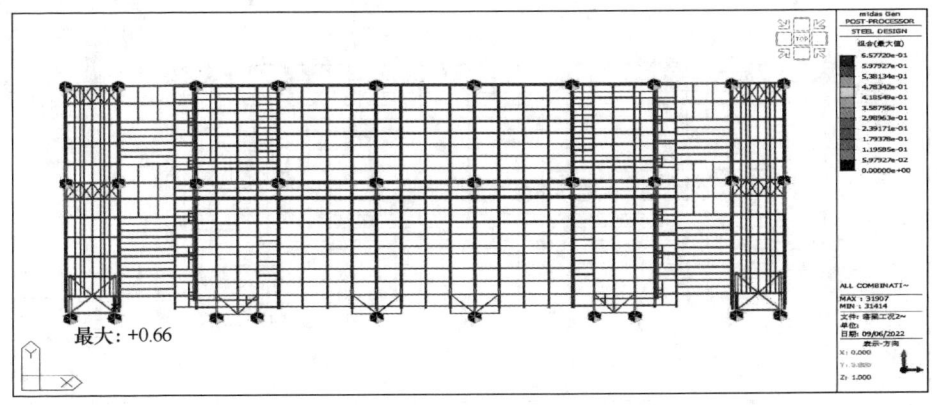

(a) CS1：应力比

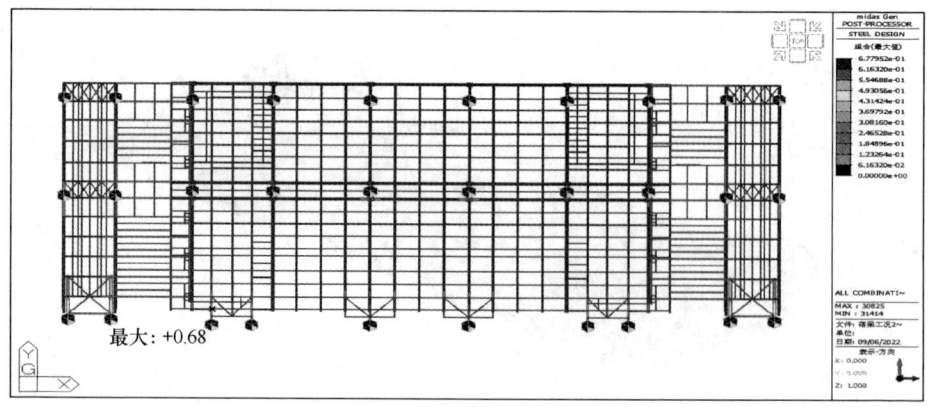

(b) CS2：应力比

图 7.2.2-4　应力比计算结果

变形计算结果如图 7.2.2-5 所示。

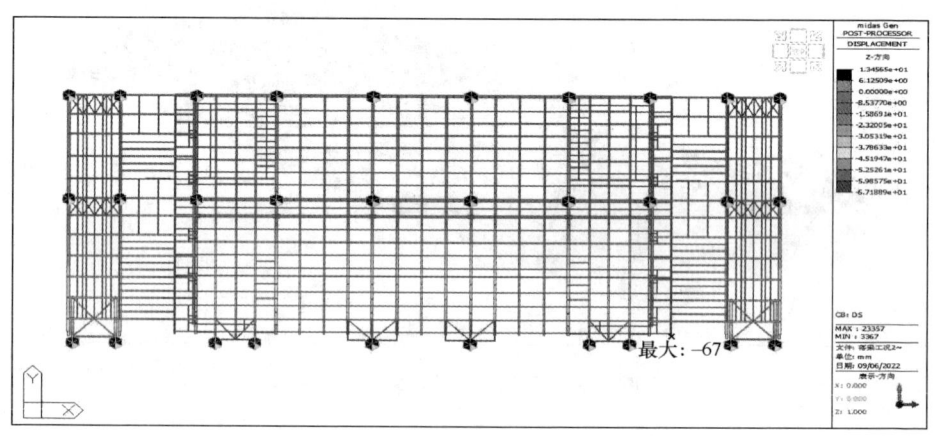

(a) CS1：DZ 变形（单位：mm）

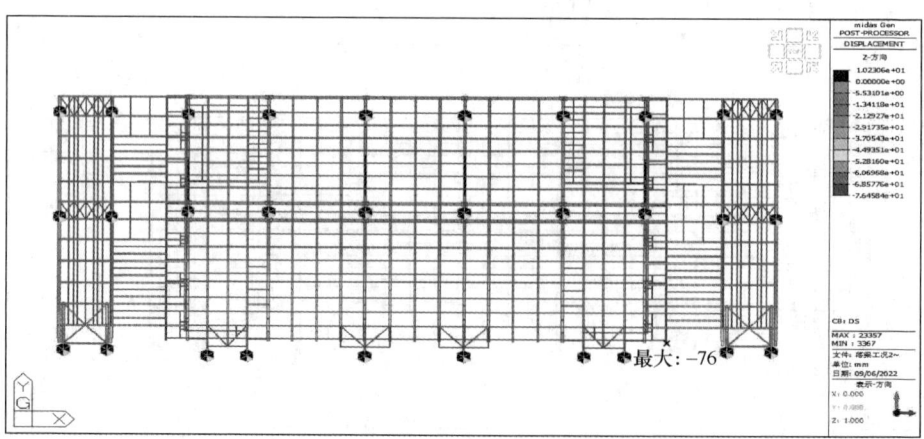

(b) CS2：DZ 变形（单位：mm）

图 7.2.2-5　变形计算结果

反力计算结果如图 7.2.2-6 所示。

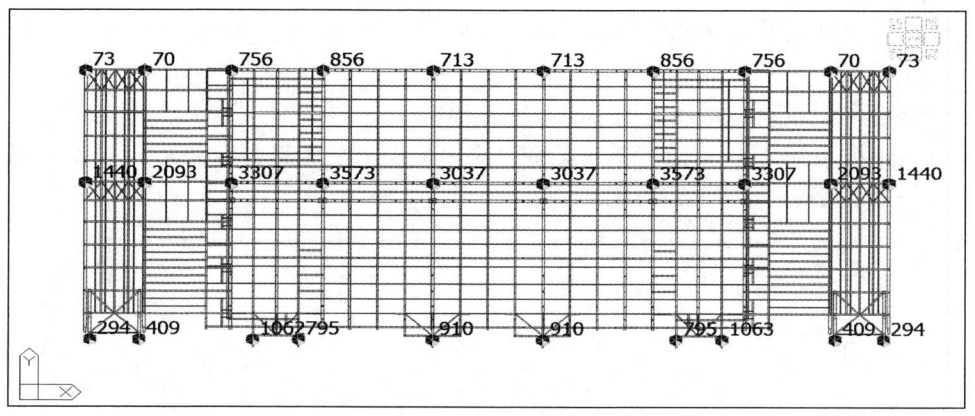

(a) CS1：FZ 反力（单位：kN）

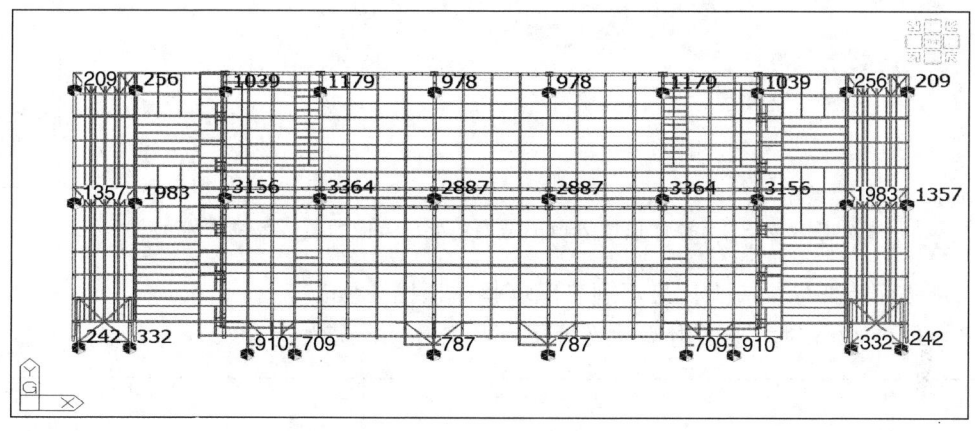

(b) CS2：FZ 反力（单位：kN）

图 7.2.2-6　反力计算结果

5. 小结

根据上述各工况计算结果，统计见表 7.2.2-1。

表 7.2.2-1　各工况计算结果统计表

工况	应力比	最大变形（mm）	最大反力（kN）
CS1	0.66	67	3573
CS2	0.68	76	3364
Max	0.68	76	3573

根据统计表可知，结构在顶推施工过程中，最大应力比为 0.68<1.0，满足规范要求；结构最大变形为 76mm，最大反力为 3573kN，满足规范要求。

7.2.3 导梁不利工况计算分析

根据结构顶推工况计算，结果如下：

1. 应力情况

(1) 楼面桁架导梁应力最不利工况（整体顶推 76m）

当整体顶推 76m 时，楼面桁架导梁所受应力最大，最大组合应力为 211MPa，最小组合应力为 −205MPa（图 7.2.3-1）。

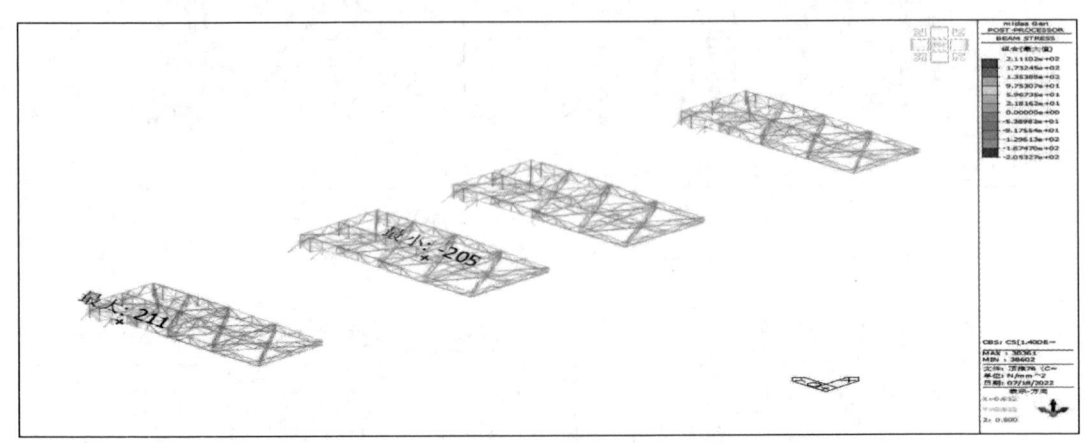

图 7.2.3-1　整体顶推 76m 时楼面桁架导梁应力图（单位：MPa）

(2) 楼面桁架导梁应力比最不利工况（整体顶推 42m）

整体顶推 42m 时，楼面桁架导梁所受应力比最大，最大应力比为 0.65（图 7.2.3-2）。

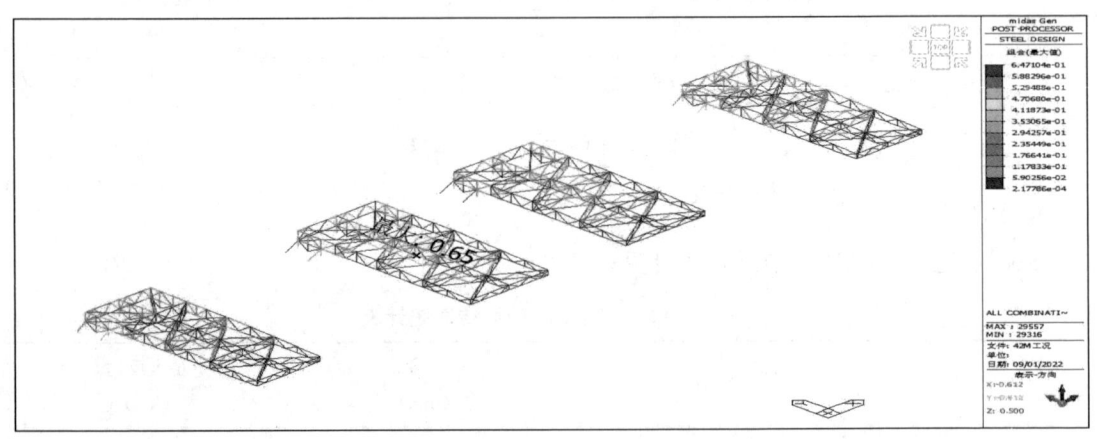

图 7.2.3-2　整体顶推 42m 楼面桁架导梁应力比图

(3) 天桥导梁应力最不利工况（整体顶推 81m）

当整体顶推 81m 时，天桥导梁所受应力最大，最大组合应力为 149MPa，最小组合应力为 −111MPa（图 7.2.3-3）。

(4) 天桥导梁应力比最不利工况（整体顶推 83.15m）

当整体顶推 83.15m 时，天桥导梁所受应力比最大，最大应力比为 0.42（图 7.2.3-4）。

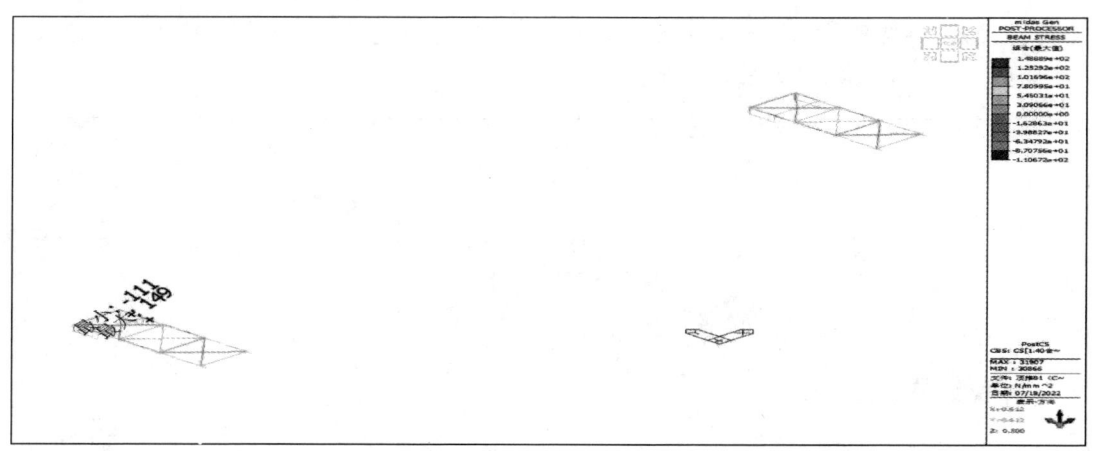

图 7.2.3-3　整体顶推 81m 大桥导梁应力图（单位：MPa）

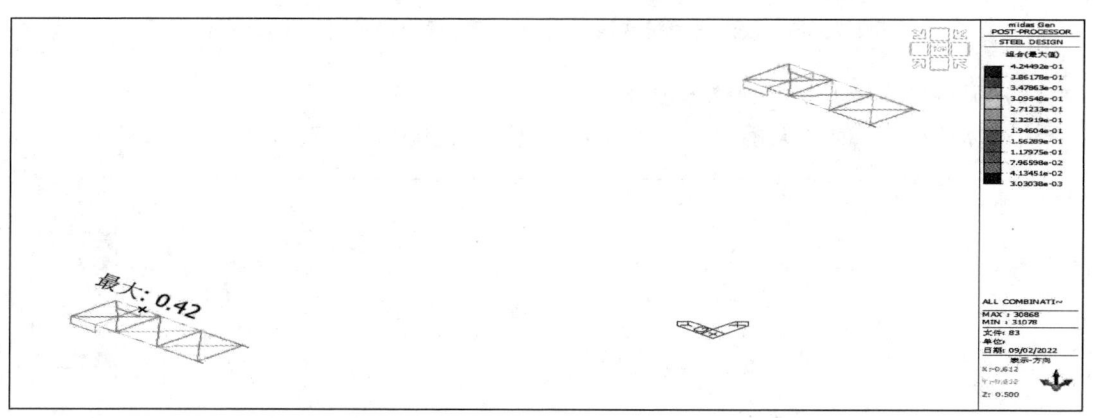

图 7.2.3-4　整体顶推 83.15m 天桥导梁应力比图

2. 变形情况

（1）楼面桁架导梁最大变形（整体顶推 62m）

当整体顶推 62m 时，楼面桁架导梁变形最大，最大竖向变形为 217mm（图 7.2.3-5）。

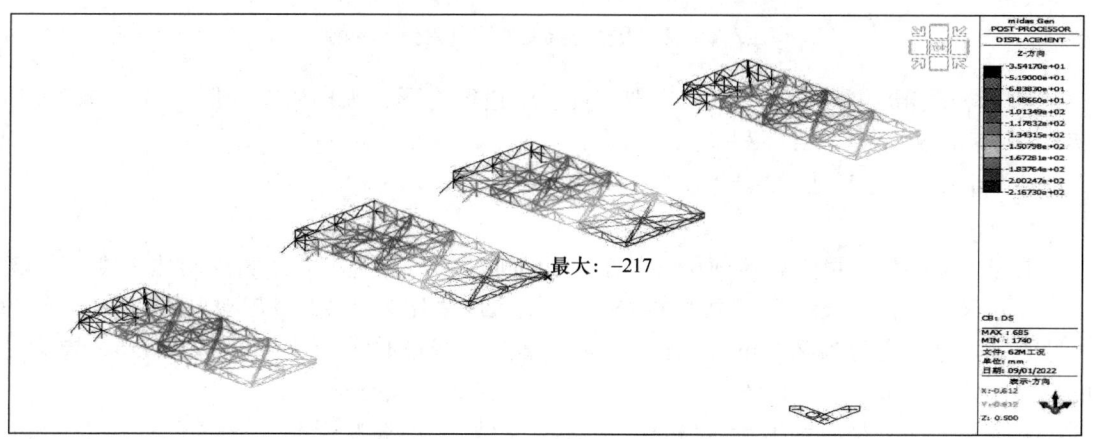

图 7.2.3-5　整体顶推 62m 楼面桁架导梁变形图（单位：mm）

楼面桁架导梁变形包含导梁变形、支架变形、轨道梁变形、楼面桁架变形。当仅考虑导梁变形，计算结果如图 7.2.3-6 所示。

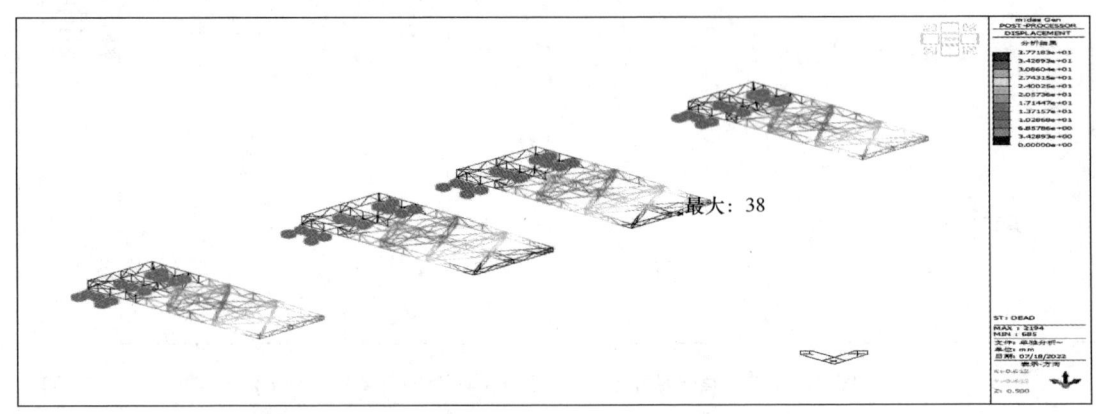

图 7.2.3-6　仅考虑导梁变形时楼面桁架导梁变形图（单位：mm）

(2) 天桥导梁最大变形（整体顶推 0m）

当整体顶推 0m 时，天桥导梁变形最大，最大竖向变形为 376mm（图 7.2.3-7）。

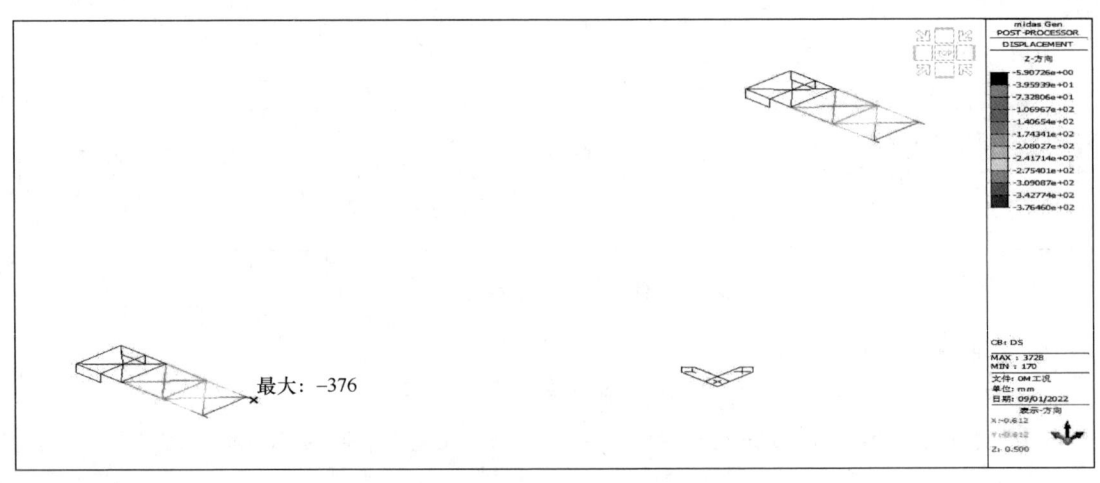

图 7.2.3-7　天桥导梁变形图（单位：mm）

天桥导梁变形包含导梁变形、支架变形、轨道梁变形、天桥桁架变形。当仅考虑导梁变形，计算结果如图 7.2.3-8 所示。

导梁主梁变形细部图如图 7.2.3-9 所示。

3. 小结

根据上面的计算可知，楼面桁架的最大组合应力为 211MPa，最大应力比为 0.65，满足规范要求。天桥最大组合应力为 149MPa，最大应力比为 0.42，满足规范要求。楼面桁架导梁最大竖向变形为 217mm，当仅考虑导梁自身变形时，导梁变形为 38mm。导梁悬挑长度为 23000mm，38/23000＝1/605＜1/200，满足规范要求。

天桥导梁最大竖向变形为 376mm，当仅考虑导梁自身变形时，导梁变形为 280mm，导梁悬挑长度为 26500mm，280/26500＝1/94＞1/200。

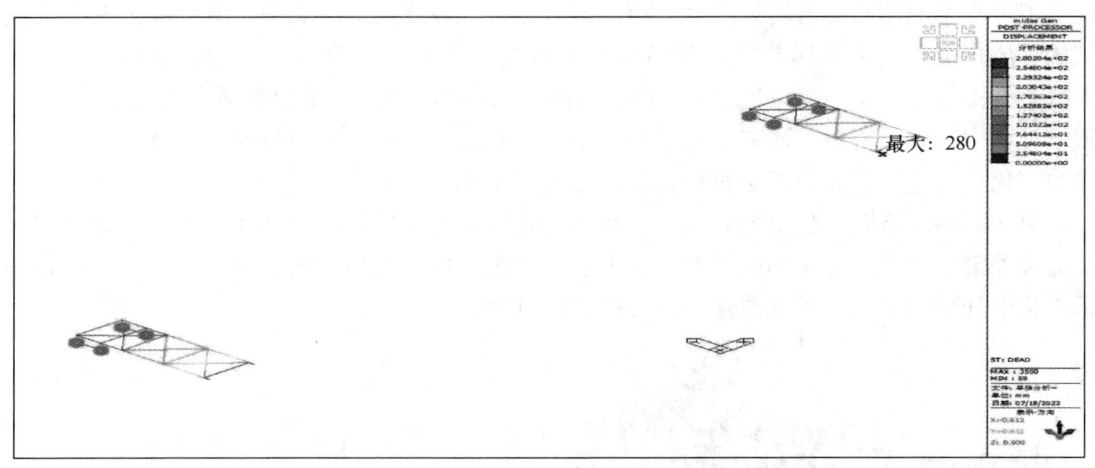

图 7.2.3-8　仅考虑导梁变形时的天桥导梁变形图（单位：mm）

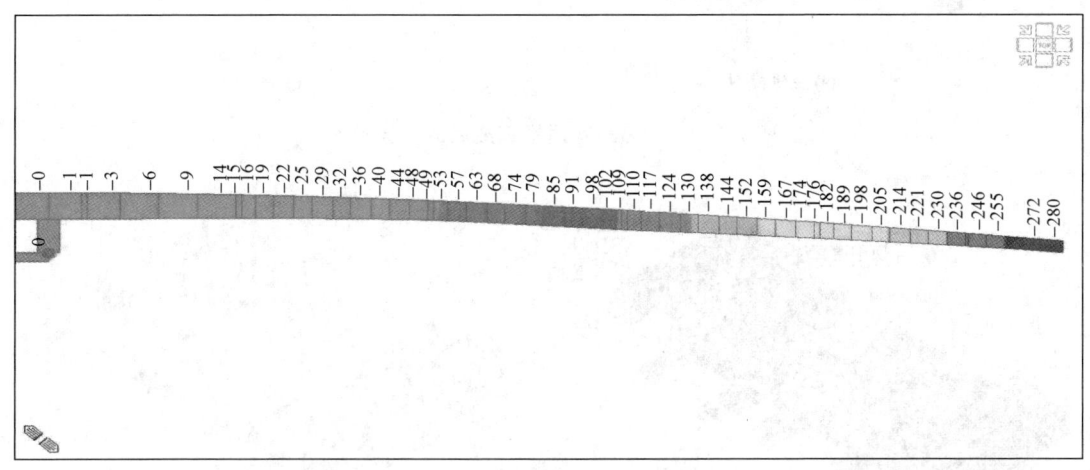

图 7.2.3-9　导梁主梁变形细部图（单位：mm）

天桥导梁为箱形截面，强度、整体稳定性和局部稳定性均满足规范要求。因跨铁路线施工，为减少主结构跨线悬挑长度，减轻主结构受力不利工况，保障结构施工工况更有利于安全，故将天桥导梁设计长度增长，导梁刚度减弱，导致导梁变形加大。

根据《钢结构设计标准》（GB 50017—2017）第 3.4.1 条，当有实际经验或有特殊要求时，可根据不影响正常使用和观感的原则下对构件变形值进行调整。天桥导梁为临时性结构，导梁变形满足使用要求，且有大量类似导梁的顶推施工经验，故天桥导梁满足要求。

7.3　极端荷载作用下顶推及落梁安全性分析

7.3.1　有限元模型

上部顶推结构由天桥、换乘通廊和楼面桁架等 3 种不同体系结构共同组成，在整体顶推施工过程中的体系受力转换及变形控制难度较大。考虑到如此大体量和规模的跨营业线结构整体顶推在国内尚属首例，可借鉴经验有限。因此，使用 Midas Gen 分析软件建立上部顶推钢结构模型，对三次整体顶推过程进行模拟，分析了关键位置节点的位移 Z 在顶推过程中的变化规律，研究了自重作用下上部钢结构主要受力杆件在三次顶推完成后的内力变化，为施工监控与顶推过程位移控制提供依据。

Midas Gen 分析模型如图 7.3.1-1 所示，顶推措施布置如图 7.3.1-2 所示，导梁与桁架前端关键位置节点分布如图 7.3.1-3 所示。三次顶推关键阶段见表 7.3.1，关键阶段包括：顶推开始与结束、滑靴滑落、边界条件改变等。

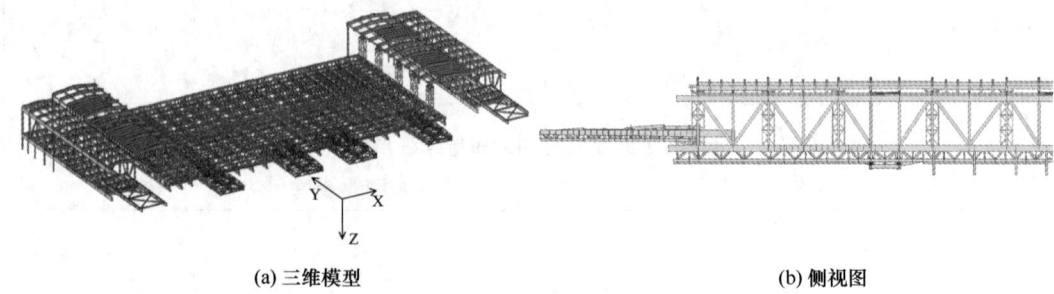

(a) 三维模型　　　　　　　　　　(b) 侧视图

图 7.3.1-1　第三次顶推完成后的计算模型

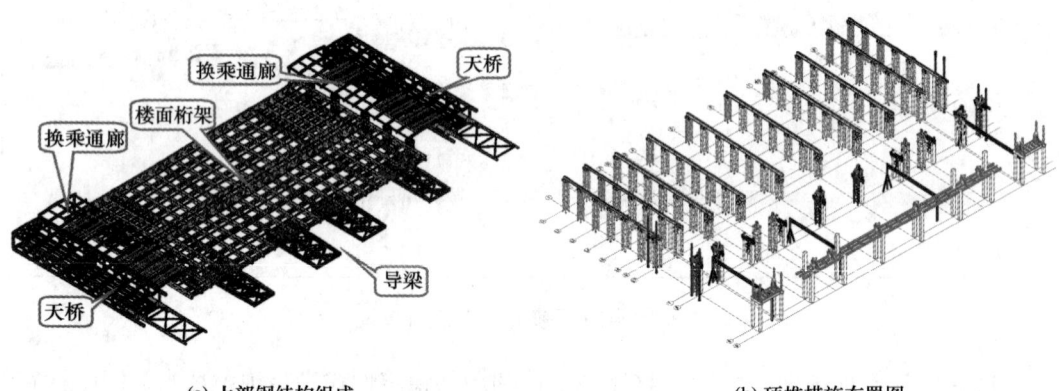

(a) 上部钢结构组成　　　　　　　　(b) 顶推措施布置图

图 7.3.1-2　上部钢结构顶推

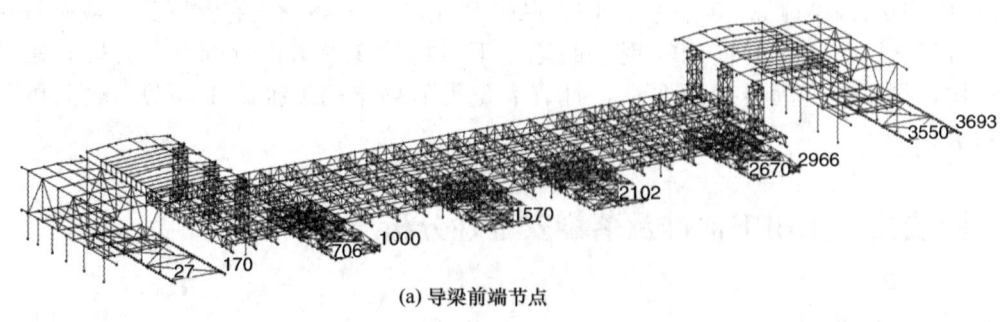

(a) 导梁前端节点

图 7.3.1-3　关键位置节点分布

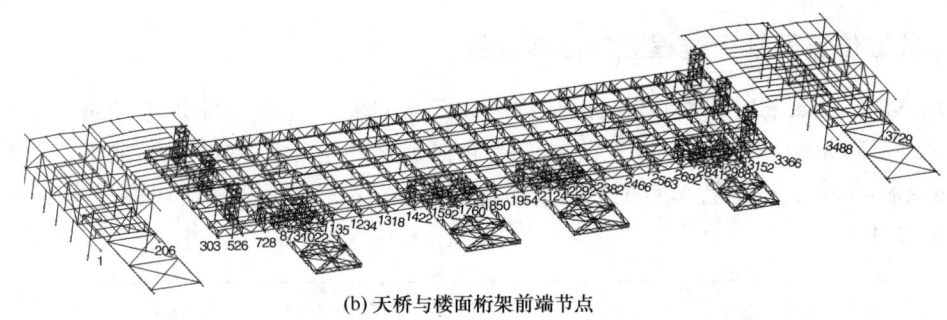

(b) 天桥与楼面桁架前端节点

图 7.3.1-3 关键位置节点分布

根据结构实际顶推过程,结合导梁布置情况与临时支撑上方滑移油缸布置情况,选择导梁前端 10 个节点、天桥与楼面桁架前端下侧全部 27 个节点等关键位置节点进行分析。关键位置节点编号如下:

(1) 导梁前端:27、170、706、1000、1570、2102、2670、2966、3550、3693 等共 10 个节点;

(2) 天桥与楼面桁架前端:1、206、303、526、728、873、1022、1135、1234、1318、1422、1592、1760、1850、1954、2124、2292、2382、2466、2563、2692、2841、2988、3152、3366、3488、3729 等共 27 个节点。

表 7.3.1 三次顶推关键阶段

序号	顶推阶段	关键阶段	模拟阶段编号	总施工阶段编号
1	第一次顶推	第一次顶推开始	0	1
2		滑靴滑落	27	28
3		导梁落位二站台临时墩	28	29
4		第一次顶推结束	30	31
5	第二次顶推	第二次顶推开始	0	32
6		滑靴滑落	4	36
7		滑靴滑落	11	43
8		滑靴滑落	17	49
9		桁架前端搭上二站台临时墩	18	50
10		二站台导梁支撑拆除	20	52
11		滑靴滑落	22	54
12		滑靴滑落	26	58
13		滑靴滑落	30	62
14		导梁搭上三站台固定滑靴	33	65
15		第二次顶推结束	34	66
16	第三次顶推	第三次顶推开始	0	67
17		滑靴滑落	2	69
18		滑靴滑落	9	76
19		滑靴滑落	16	83
20		第三次顶推结束	19	86

7.3.2 关键位置顶推全过程竖向位移分析

使用 Midas Gen 分析软件模拟钢结构整体顶推过程，三次整体顶推的施工阶段数量分别为 31、35 和 20，共 86 个施工阶段。提取自重作用下钢结构的导梁前端、天桥与楼面桁架前端等部分关键位置节点的各施工阶段竖向位移 Z，并绘制其顶推过程变化曲线，如图 7.3.2 所示。

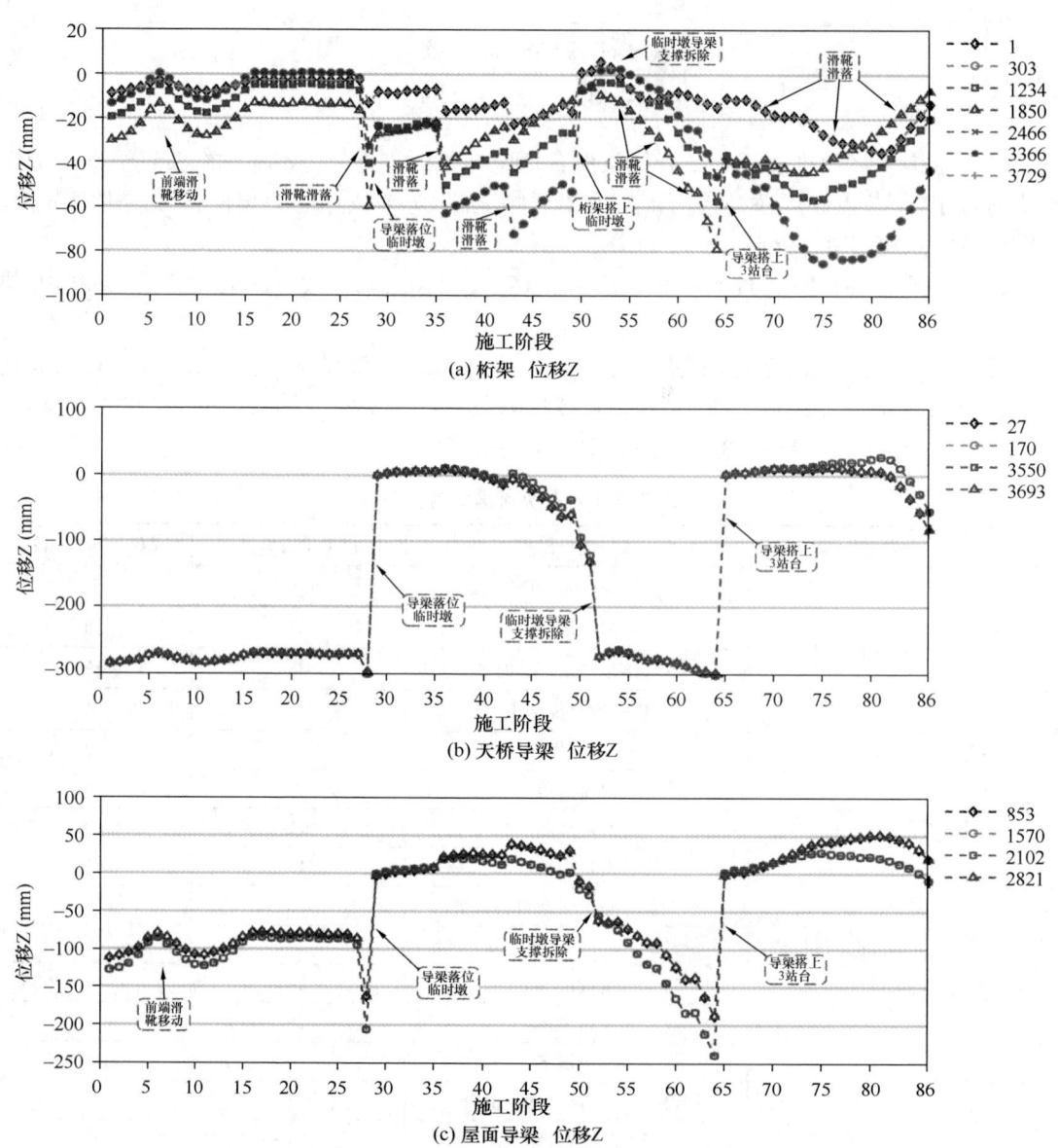

图 7.3.2 自重作用下结构关键位置节点位移 Z 顶推过程变化曲线

主要分析结论如下：

（1）滑靴滑落、导梁与桁架边界条件改变等对桁架前端竖向位移 Z 的影响较明显，而导梁前端竖向位移 Z 则主要受导梁边界条件改变的影响。

(2) 导梁落位临时墩（阶段29）、桁架搭上临时墩（阶段50）、导梁搭上三站台（阶段65）等为影响较明显的三次边界条件改变，在边界改变前，桁架前端竖向位移Z最大值约为60mm、53mm、79mm，天桥导梁前端竖向位移Z最大值约为302mm、60mm、304mm，屋面导梁前端竖向位移Z最大值约为206mm、31mm、240mm；应重点关注三次边界改变前桁架关键位置位移Z的变化情况，以及第一次和第三次边界改变前导梁关键位置位移Z的变化情况。

(3) 桁架前端竖向位移在以下阶段增加明显：①前三次滑靴掉落（阶段28、阶段36、阶段43）；②二站台导梁支撑拆除到导梁落位三站台（阶段52~阶段65）；③第三次顶推（阶段68~阶段86）。在以上三个阶段，应对桁架前端竖向位移Z进行监测，保证顶推施工的安全性。

(4) 天桥导梁和屋面导梁的前端竖向位移在以下阶段增加明显：①第一次滑靴掉落（阶段28）；②二站台导梁支撑拆除（阶段52）；③二站台导梁支撑拆除后至导梁落位三站台前（阶段53~阶段64）。在以上三个阶段，应对导梁前端竖向位移Z进行监测，保证顶推施工的安全性。

7.3.3 关键位置顶推全过程内力分析

提取自重作用下上部钢结构主要受力杆件（单元编号为：4435、4432、8788、8907、28584）（图7.3.3）在三次顶推完成后的轴力和弯矩，见表7.3.3。主要分析结论如下：

(1) 上部钢结构在整体顶推过程中，由于边界条件的改变，主要受力杆件的内力变化较为剧烈；顶推过程中，应对主要受力杆件的内力进行监测，防止结构发生破坏。

(2) 上部钢结构由楼面桁架、换乘通廊和天桥组成，顶推前应对顶推全过程进行模拟，确定主要受力杆件。

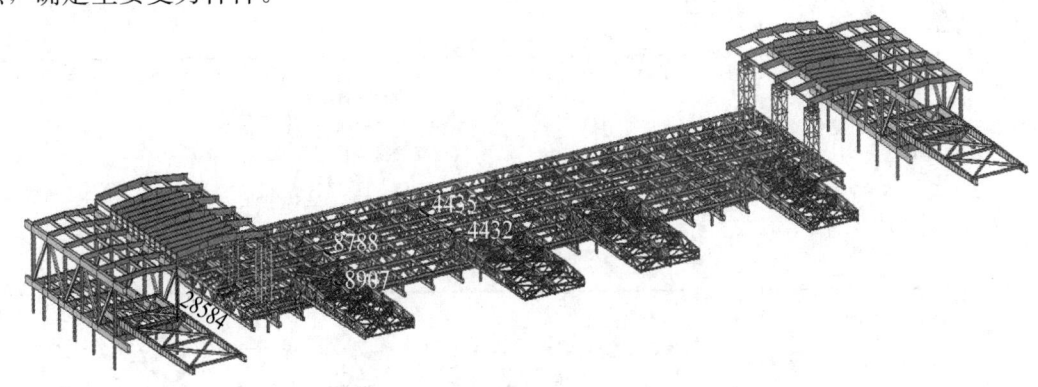

图 7.3.3 主要受力杆件及单元编号

表 7.3.3 主要受力杆件内力

单元	第一次顶推后		第二次顶推后		第三次顶推后	
	轴力/kN	弯矩/kN·m	轴力/kN	弯矩/kN·m	轴力/kN	弯矩/kN·m
4432	913.64	−86.81	2635.42	−35.19	−759.28	31.06
4435	425.30	−22.56	−3.60	−29.11	−81.11	12.78
8788	1130.75	−39.54	3036.92	−467.74	−899.30	40.64

续表

单元	第一次顶推后		第二次顶推后		第三次顶推后	
	轴力/kN	弯矩/kN·m	轴力/kN	弯矩/kN·m	轴力/kN	弯矩/kN·m
8907	−145.64	61.70	−285.09	99.68	−524.64	87.38
28584	272.02	38.97	253.50	39.07	−599.54	−82.52

7.3.4 极端温差作用下结构关键位置位移

根据《建筑结构荷载规范》(GB 50009—2012)表E.5中庐山基本气温值(最低−9℃,最高29℃),并考虑极端气温的影响,分别计算三次顶推完成后,结构在极端温度(升温40℃、升温30℃、升温20℃、降温20℃、降温30℃、降温40℃)作用下的位移,并提取导梁与桁架前端关键位置节点的位移分量,分析温度作用与关键位置节点的位移分量之间的关系。

第一次顶推完成后,极端温度作用下结构关键点的位移分量如图7.3.4-1到图7.3.4-3所示。第二次顶推完成后,极端温度作用下结构关键点的位移分量如图7.3.4-4到图7.3.4-6所示。第三次顶推完成后,极端温度作用下结构关键点的位移分量如图7.3.4-7到图7.3.4-9所示。

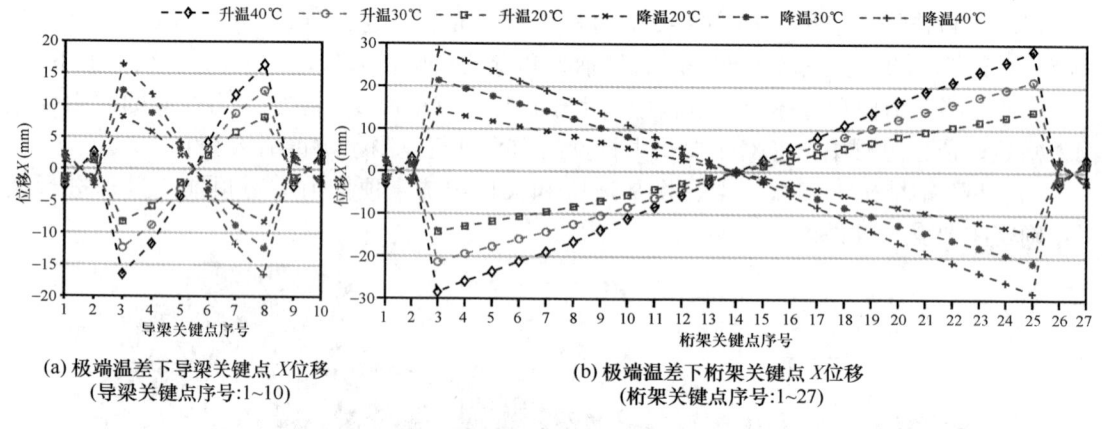

(a) 极端温差下导梁关键点 X 位移
(导梁关键点序号:1~10)

(b) 极端温差下桁架关键点 X 位移
(桁架关键点序号:1~27)

图 7.3.4-1 极端温差作用下结构(第一次顶推后)关键点位移 X

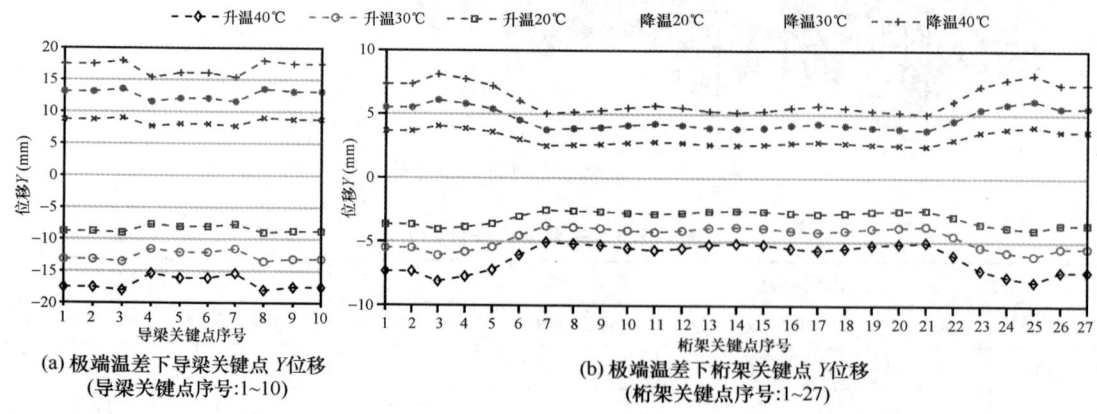

(a) 极端温差下导梁关键点 Y 位移
(导梁关键点序号:1~10)

(b) 极端温差下桁架关键点 Y 位移
(桁架关键点序号:1~27)

图 7.3.4-2 极端温差作用下结构(第一次顶推后)关键点位移 Y

第 7 章 顶推及落梁施工安全性分析

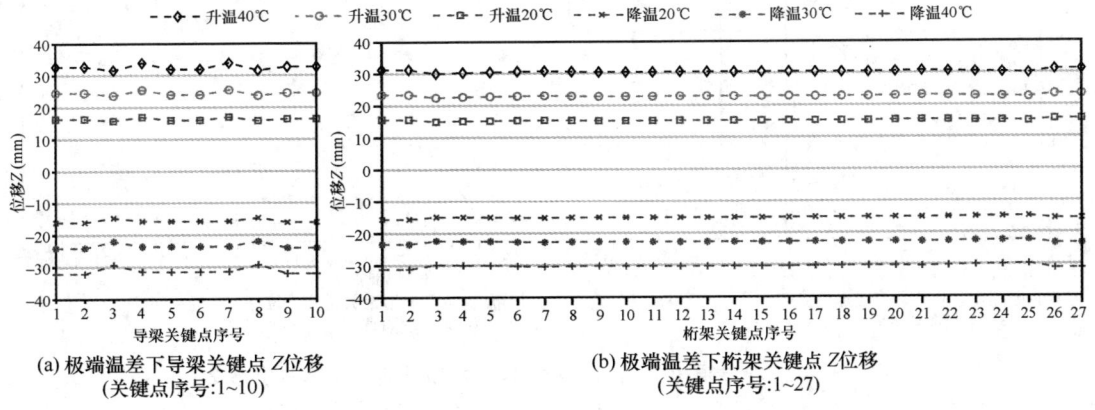

(a) 极端温差下导梁关键点 Z 位移
（关键点序号:1~10）

(b) 极端温差下桁架关键点 Z 位移
（关键点序号:1~27）

图 7.3.4-3 极端温差作用下结构（第一次顶推后）关键点位移 Z

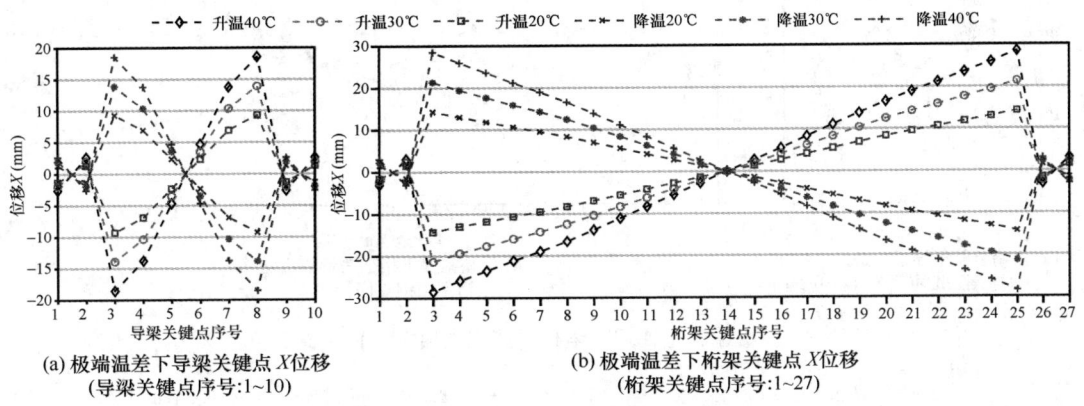

(a) 极端温差下导梁关键点 X 位移
（导梁关键点序号:1~10）

(b) 极端温差下桁架关键点 X 位移
（桁架关键点序号:1~27）

图 7.3.4-4 极端温差作用下结构（第二次顶推后）关键点位移 X

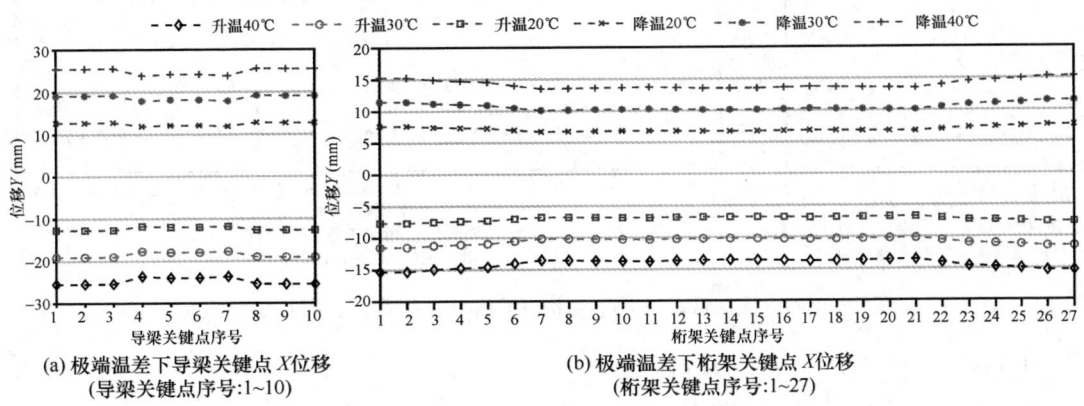

(a) 极端温差下导梁关键点 X 位移
（导梁关键点序号:1~10）

(b) 极端温差下桁架关键点 X 位移
（桁架关键点序号:1~27）

图 7.3.4-5 极端温差作用下结构（第二次顶推后）关键点位移 Y

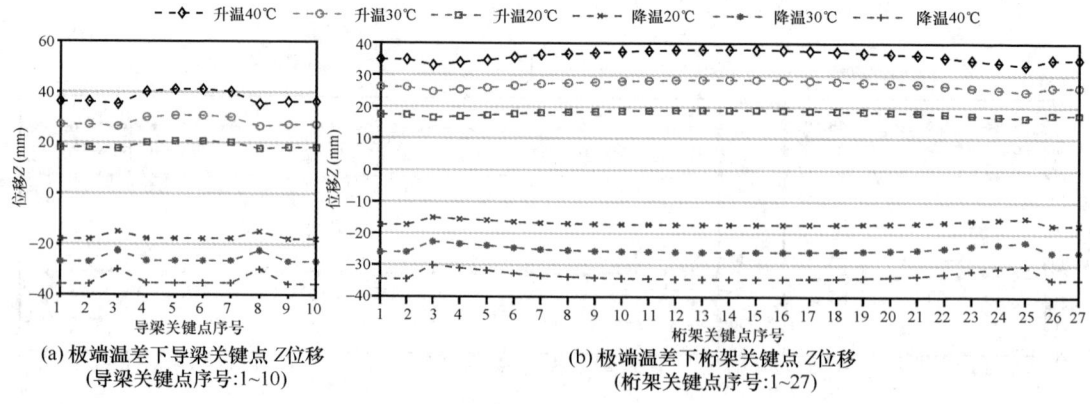

图 7.3.4-6 极端温差作用下结构（第二次顶推后）关键点位移 Z

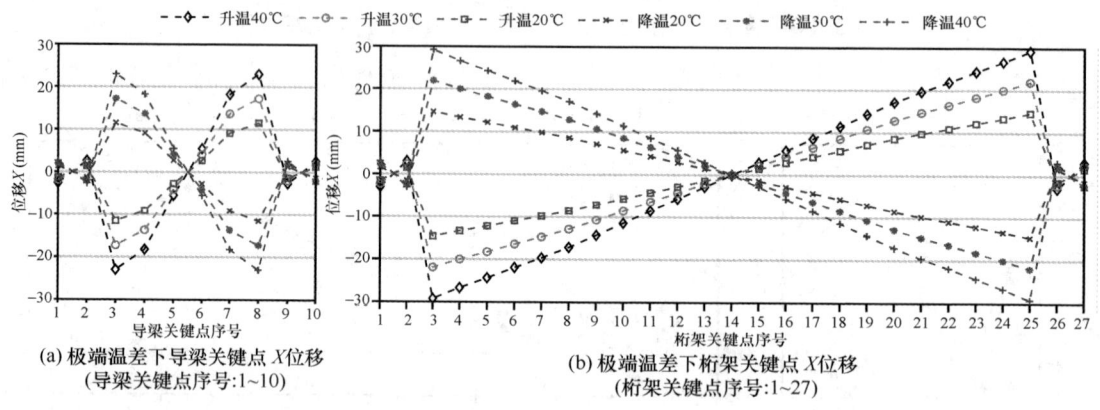

图 7.3.4-7 极端温差作用下结构（第三次顶推后）关键点位移 X

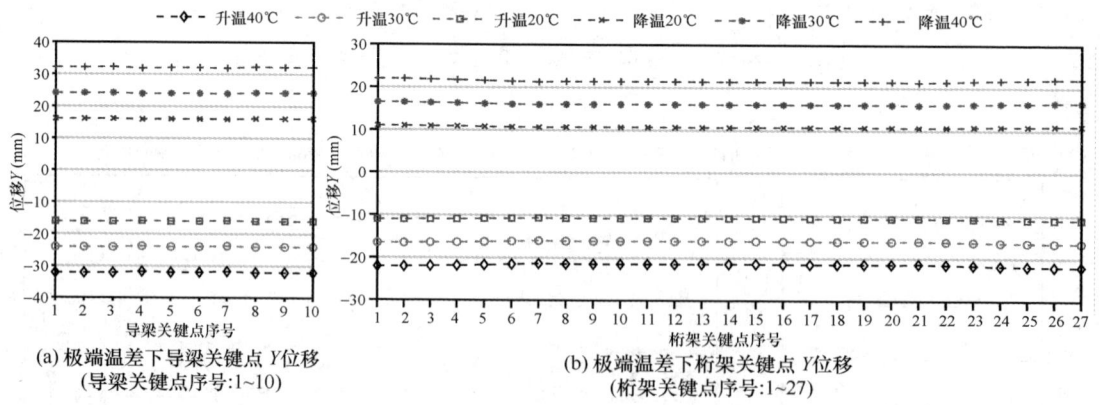

图 7.3.4-8 极端温差作用下结构（第三次顶推后）关键点位移 Y

主要分析结论如下：

（1）导梁与桁架关键位置节点均关于 YZ 坐标面对称，同一个温度作用工况下，位移 X 为反对称分布，位移 Y 与位移 Z 则为对称分布。

（2）温度变化越剧烈，各点位移分量的绝对值越大；升温与降温相同幅度，同一点位移分量数值相等，且方向相反。

第 7 章 顶推及落梁施工安全性分析

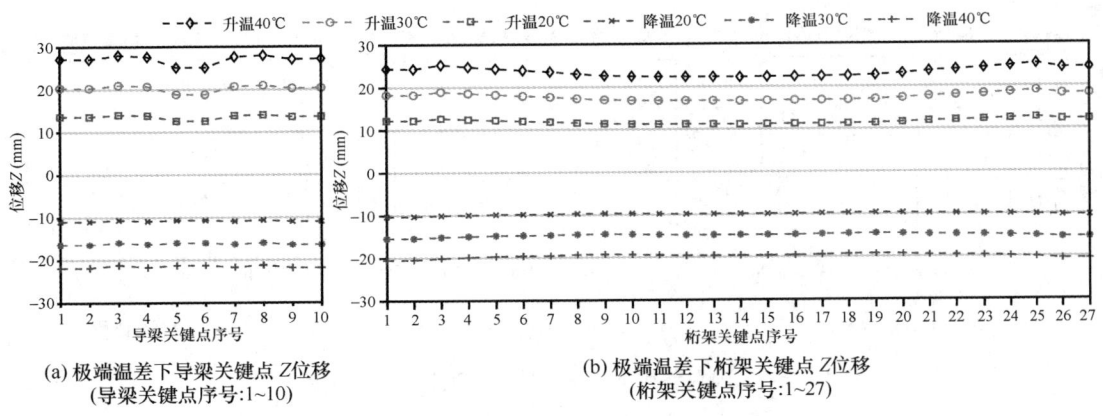

图 7.3.4-9 极端温差作用下结构（第三次顶推后）关键点位移 Z

（3）和前两次顶推完成后相比，在第三次顶推完成后，导梁与桁架前端受极端温度作用的影响较明显，且需重点关注楼面桁架前端两侧区域的位移 X 或总位移，防止位移过大，影响施工安全。

7.3.5 强风作用下结构关键位置位移

根据《建筑结构荷载规范》（GB 50009—2012）对于地面粗糙度的定义，并结合庐山站周围的实际环境，确定地面粗糙度为 B 类。基本风压值按规范附录 E 中表 E.5 重现期 R 为 50 年采用，庐山站基本风压值为 $0.35 \mathrm{kN/m^2}$。风压高度变化系数为 1.13。

考虑到结构为对称结构，计算时风荷载方向角由 $0°$ 增加至 $180°$，间隔为 $15°$。y 轴正向为 $0°$，x 轴方向为 $90°$，y 轴负向为 $180°$。

将关键节点分为两类：导梁前端节点和桁架前端节点。在三次顶推完成后，依次分类选取节点位移受强风影响最大的节点，绘制其位移分量随风荷载方向角的变化曲线，如图 7.3.5-1 到图 7.3.5-3 所示。

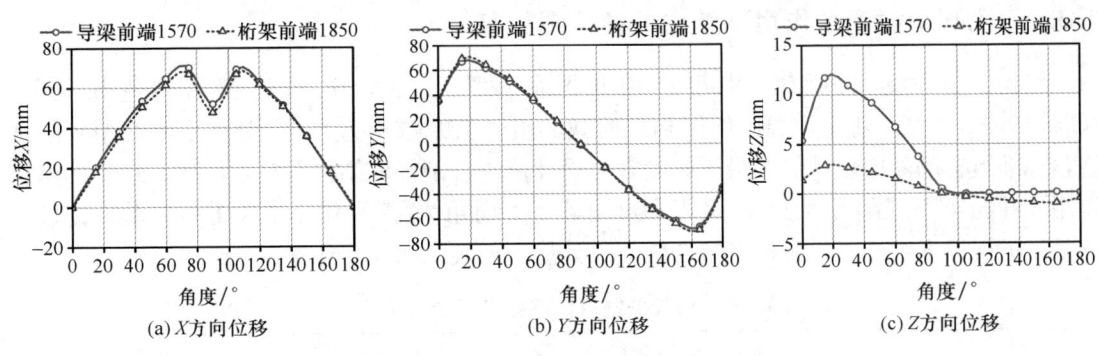

图 7.3.5-1 强风作用下结构（第一次顶推后）关键点位移

主要分析结论如下：

（1）同一类节点位移分量随风荷载方向角的变化趋势具有很强的相似性；不同类节点位移分量 z 随风荷载方向角变化趋势的差异性较明显，而位移分量 X 和 Y 变化趋势的差异性不明显。

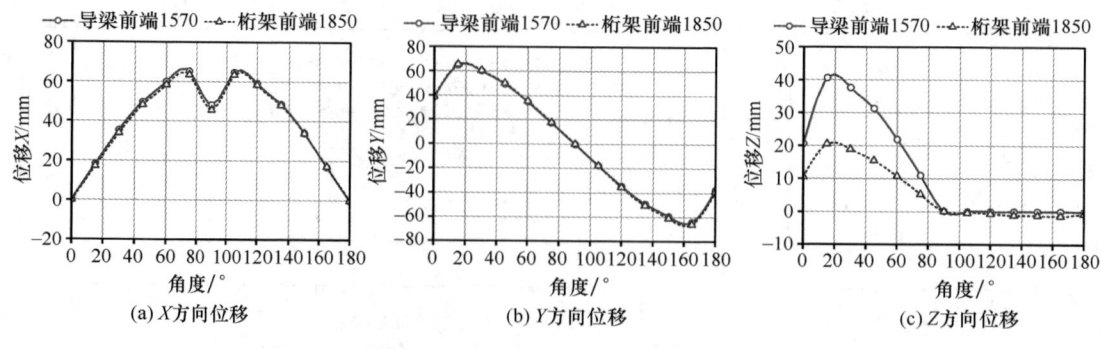

图 7.3.5-2 强风作用下结构（第二次顶推后）关键点位移

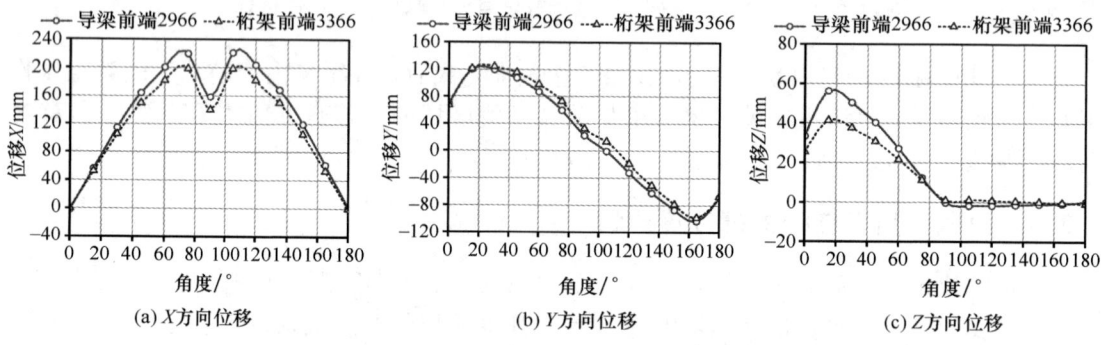

图 7.3.5-3 强风作用下结构（第三次顶推后）关键点位移

（2）位移分量 X 在风荷载方向角为 75°和 105°时取极大值；位移分量 Y 在风荷载方向角为 15°和 165°时分别取极大值和极小值；位移分量 Z 在风荷载方向角为 15°时取极大值。

（3）三次顶推完成后，均应特别注意结构在方向角为 15°、75°、105°和 165°等风荷载作用下结构的位移，防止位移过大，影响施工安全。

7.3.6 极端荷载耦合作用下结构关键位置位移

结构自重为永久荷载，温度作用和风荷载为可变荷载。《建筑结构荷载规范》（GB 50009—2012）规定，温度作用和风荷载的组合值系数均为 0.6。对于正常使用极限状态，标准组合的效应设计值为最不利的效应设计值。分别提取结构在自重作用、最不利温度作用（升温 40℃或降温 40℃）、最不利风荷载（方向角为 45°）作用下关键位置节点的位移分量，进行标准组合，得到标准组合效应设计值，见表 7.3.6-1 至表 7.3.6-3 所示。

表 7.3.6-1 桁架关键点位移标准组合（单位：mm）

阶段	节点	自重			降温 40℃			强风			标准组合		
		DX	DY	DZ	DX	DY	DZ	DX	DY	DZ	DX	DY	DZ
第一次顶推完成后	1	−0.2	0.4	−8.7	3.1	7.3	−31.2	34.18	31.62	0.84	35.80	36.39	−26.53
	303	0.1	1.2	−25.2	28.5	8.1	−29.8	50.33	42.07	3.27	67.48	48.14	−39.85
	1234	0.1	1.0	−24.2	13.8	5.3	−30.3	50.65	47.37	0.87	58.99	51.57	−41.45
	1850	0.0	0.4	−25.6	0.0	5.2	−30.4	50.49	52.97	2.20	50.49	56.45	−41.66

续表

阶段	节点	自重			降温40℃			强风			标准组合		
		DX	DY	DZ	DX	DY	DZ	DX	DY	DZ	DX	DY	DZ
第一次顶推完成后	2466	−0.1	1.0	−24.2	−13.8	5.3	−30.3	50.20	49.16	1.31	41.86	53.35	−41.00
	3366	−0.1	1.2	−25.3	−28.5	8.1	−29.8	49.94	45.51	−0.80	32.79	51.57	−43.96
	3729	0.2	0.4	−8.6	−3.1	7.3	−31.2	33.81	28.59	0.13	32.18	33.36	−27.25
第二次顶推完成后	1	−0.3	0.6	−11.5	3.1	15.3	−34.5	29.73	28.33	16.68	31.30	38.06	−15.57
	303	0.3	1.6	−44.8	28.5	14.9	−30.1	47.43	45.27	35.96	64.81	55.82	−26.87
	1234	0.1	1.3	−40.4	13.8	13.6	−34.0	47.95	47.38	16.95	56.38	56.82	−43.86
	1850	0.0	0.6	−39.3	0.0	13.5	−34.4	48.11	50.03	15.48	48.11	58.76	−44.44
	2466	−0.1	1.3	−40.4	−13.8	13.6	−34.0	47.72	48.21	12.91	39.30	57.65	−47.89
	3366	−0.3	1.6	−44.8	−28.5	14.9	−30.1	47.24	44.54	−2.18	29.87	55.09	−65.06
	3729	0.3	0.6	−11.5	−3.1	15.3	−34.5	29.29	28.43	0.32	27.72	38.17	−31.92
第三次顶推完成后	1	−1.8	−0.4	−13.3	3.1	22.0	−20.5	107.43	41.52	119.64	107.43	54.27	94.03
	303	3.2	−0.6	−43.3	29.2	21.8	−20.1	149.59	50.52	31.01	170.33	63.00	−24.37
	1234	−0.1	−0.7	−20.0	14.2	21.4	−19.3	149.40	78.32	29.02	157.82	90.41	−2.54
	1850	0.0	−1.3	−7.7	0.0	21.4	−19.7	149.11	88.76	27.36	149.12	100.26	7.90
	2466	0.1	−0.7	−20.0	−14.2	21.4	−19.3	149.18	94.18	26.23	140.76	106.28	−5.33
	3366	−3.2	−0.6	−43.3	−29.2	21.8	−20.1	149.47	115.78	30.80	128.74	128.26	−24.61
	3729	1.8	−0.4	−13.3	−3.1	22.0	−20.5	107.41	57.30	61.68	107.41	70.06	36.07

表 7.3.6-2 天桥导梁关键点位移标准组合（单位：mm）

阶段	节点	自重			降温40℃			强风			标准组合		
		DX	DY	DZ	DX	DY	DZ	DX	DY	DZ	DX	DY	DZ
第三次顶推完成后	27	2.3	0.9	−82.8	2.6	32.2	−21.8	134.16	46.89	155.86	138.03	67.15	59.94
	170	2.3	2.0	−53.3	−2.6	32.2	−21.8	134.15	58.00	103.86	134.87	79.35	37.49
	3550	−2.3	2.0	−53.3	2.6	32.2	−21.8	134.05	46.56	136.68	133.33	67.92	70.31
	3693	−2.3	0.9	−82.8	−2.6	32.2	−21.8	134.04	57.62	85.84	130.17	77.88	−10.08

表 7.3.6-3 屋面导梁关键点位移标准组合（单位：mm）

阶段	节点	自重			降温40℃			强风			标准组合		
		DX	DY	DZ	DX	DY	DZ	DX	DY	DZ	DX	DY	DZ
第三次顶推完成后	706	−4.0	4.5	23.5	−23.0	−32.1	28.0	168.41	63.19	44.96	150.59	48.42	85.20
	1000	−4.0	3.7	16.1	−18.2	−31.7	27.6	168.38	71.48	42.03	153.49	56.11	74.72
	1570	0.5	2.6	−9.0	−5.5	−32.0	25.1	162.02	85.78	41.97	159.27	69.20	48.00
	2102	−0.5	2.6	−9.0	5.5	−32.0	25.1	160.22	91.86	39.79	162.98	75.29	45.82
	2670	4.0	3.7	16.1	18.2	−31.7	27.6	164.15	100.89	39.94	179.05	85.52	72.65
	2966	4.0	4.5	23.5	23.0	−32.1	28.0	164.12	107.63	40.25	181.95	92.85	80.51

主要分析结论如下：

（1）对于桁架前端节点，降温主要影响位移分量 Z，强风主要影响位移分量 X 和 Y；对于天桥导梁前端节点，降温主要影响位移分量 Y 和 Z，强风主要影响位移分量 X 和 Z；对于屋面导梁前端节点，降温主要影响位移分量 Y 和 Z，强风主要影响位移分量 X 和 Y。

（2）与前两次顶推完成后相比，桁架前端节点在第三次顶推完成后，强风作用下的位移明显增大，其标准组合值也明显增大，应特别关注第三次顶推完成后桁架前端节点在强风作用下的位移。

（3）第三次顶推完成后，导梁前端节点的位移受强风影响较大，应特别注意其在强风作用下的位移。

7.3.7 结论

利用 Midas Gen 对庐山高铁二期站房工程中上部顶推结构的三次整体顶推过程进行模拟，分析了关键位置节点的位移 Z 在顶推过程中的变化规律，研究了自重作用下上部钢结构主要受力杆件在三次顶推完成后的内力变化。本文主要结论如下：

（1）滑靴滑落、导梁与桁架边界条件改变等对桁架前端竖向位移 Z 的影响较明显，而导梁前端竖向位移 Z 则主要受导梁边界条件改变的影响。

（2）导梁落位临时墩（阶段 29）、桁架搭上临时墩（阶段 50）、导梁搭上三站台（阶段 65）等为影响较明显的三次边界条件改变；应重点关注三次边界改变前桁架关键位置位移 Z 的变化情况，以及第一次和第三次边界改变前导梁关键位置位移 Z 的变化情况；

（3）上部钢结构在整体顶推过程中由于边界条件的改变，主要受力杆件的内力变化较为剧烈。顶推过程中，应对主要受力杆件的内力进行监测，防止结构发生破坏。

（4）导梁与桁架关键位置节点均关于 YZ 坐标面对称，同一个温度作用工况下，位移 X 为反对称分布，位移 Y 与位移 Z 则为对称分布；和前两次顶推完成后相比，在第三次顶推完成后，导梁与桁架前端受极端温度作用的影响较明显，且需重点关注楼面桁架前端两侧区域的位移 X 或总位移。

（5）三次顶推完成后，均应特别注意结构在方向角为 15°、75°、105° 和 165° 等风荷载作用下结构的位移，防止位移过大，影响施工安全。

（6）应特别关注第三次顶推完成后桁架前端节点和导梁前端节点在强风作用下的位移。

第 8 章 顶推施工安全管理与环境保护

加强施工现场的安全管理，是防止事故隐患发生、加快生产进度的重要环节。要牢牢掌握现场布局的四条原则，即整体布局要合理，料具摆放要整齐，道路畅通要平坦，有利于组织指挥和安全生产。

施工环境保护指的是在施工环节采取一系列措施优化施工现场环境，预防因施工过程中产生的噪声、扬尘、建筑垃圾、废水等污染环境，促使周边居民能够正常生活。注重加强市政工程施工环境保护对于保障施工人员身心健康、降低发生施工干扰纠纷事件的几率、降低施工成本、加快施工进度等均有重要意义。

本章针对大型钢结构屋架跨越营业线顶推施工，介绍其安全管理措施与环境保护等注意事项。

8.1 顶推及落梁施工风险管理

8.1.1 危险源辨识

1. 安全风险分析

根据施工流程顺序，针对庐山站顶推施工对铁路营业线的影响，需要采取的安全防护措施主要范围有：高空坠落、机械伤害、物体打击、机械设备侵限、接触网触电、机械倾覆、雨季施工、台风季节施工。可能存在的安全隐患有：

（1）在施工过程中野蛮操作施工机械，未执行"一机一人"制度，有可能导致机械倾覆，损坏营业线设备和影响行车安全。

（2）施工过程中防护、警示标志未设置，有可能导致施工人员随意穿越营业线路，导致人员伤亡事故。

（3）施工人员不听从防护员指挥，野蛮操作，肆意跨越营业线，有可能导致影响营业线行车安全事故。

（4）顶推或吊装前结构上部装饰装修未固定牢固，可能导致顶推或吊装过程中有杂物飘至接触网或掉落至线路内，影响营业线安全。

（5）施工现场用轻质材料堆码不整齐、不牢固，在台风季节不能及时清理和加固，因大风轻质材料有可能飞入线路，影响行车安全。

（6）防护员防护工具准备不齐全，有可能使营业线出现安全隐患，不能及时布置防护措施，不能及时联系驻站联络员，导致人员伤亡及影响行车安全事故。

2. 施工危险源辨识、分析与控制措施

为加强对庐山站施工安全重大危险源的监控，确保工程施工安全生产条件，杜绝重大生产事故发生，项目部决定成立安全施工领导小组，对存在的危险源进行辨识，并对重大

危险源进行确认，制定控制措施和应急预案。

3. 一般风险因子辨识

根据本工程施工方案和施工工艺以及施工过程中涉及到的相关作业项目，顶推及吊装施工存在诸多安全风险，对易导致一般事故发生的致险因子进行辨识和梳理，其一般风险因子辨识汇总情况见表 8.1.1-1。

表 8.1.1-1 一般风险源识别汇总表

序号	危险因子	可能发生部位	伤害类型
1	用电不规范	施工用电所有部位	触电伤害
2	特种作业人员未持证上岗	施工各部位	各类伤害
3	高空作业人员违章作业	钢桁架作业面	高空坠落
4	无安全警示牌和告知牌	施工各部位	各类伤害
5	混放氧气瓶	工地现场	爆炸伤害

4. 较大及以上风险因子辨识

较大及以上风险因子识别汇总情况见表 8.1.1-2。

表 8.1.1-2 较大及以上风险源识别汇总表

序号	作业活动	危险源描述	引发事故	控制措施
1	施工用电	违章操作	触电	1. 严格执行《施工现场临时用电安全技术规范》JGJ 46—2005 要求
		配电设备、设施不规范		2. 严格三级配电二级漏电保护，实行"一机、一闸、一箱、一漏"
		电线路设备接零、接地不规范		3. 加强用电安全教育，加强现场监督检查控制
		未采取个体防护措施		4. 电工作业必须持证上岗，严禁违章作业。正确使用安全防护用品
2	电焊作业	无过载、漏电保护等装置	触电火灾	1. 严格执行《施工现场临时用电安全技术规范》（JGJ 46—2005）要求
		接零、接地不规范		2. 规范过载、漏电、接地、接零等保护
		电线路老化，接地不规范		3. 加强过程监控，规范电源线、连接线路长度及接头数量
		电焊工要持证上岗，不违章操作		4. 加强用电安全教育，电工作业必须持证上岗，严禁违章操作
		未采取个体防护措施		5. 加强个人防护，正确使用安全防护用品
3	气割作业	氧气、乙炔使用、存放不规范	火灾爆炸	1. 氧气、乙炔使用间距大于 6m 以上，距明火 12m 以上
		无安全保护装置或失效		2. 氧气、乙炔瓶必须分库存放，严禁倒地存放
		无防火措施		3. 存放及使用位置配备足够数量的灭火器

续表

序号	作业活动	危险源描述	引发事故	控制措施
4	起重作业	安全装置不全或失灵	起重伤害	1. 严格执行"十不吊,八禁止"规定
		钢丝绳严重磨损		2. 加强过程监控,一旦发现钢丝绳磨损严重及断丝超标立即更换
		吊具不规范,吊装违章作业		3. 合理选择索具,严禁违章指挥和违章作业
		违章指挥		4. 加强起重作业和信号指挥人员的业务培训,必须持证上岗
		违章作业		5. 吊机支腿及吊装作业必须满足有关规定,六级强风及以上严禁吊装作业
5	施工机械	不做进场验收或验收不严	机械伤害	1. 严格机械设备验收制度
		不正常运转,带病作业		2. 严禁带病作业和违章作业
		不维修保养		3. 加强机械设备的维护和保养
		机械设备倾覆		4. 施工场地须保持平整,强度满足机械设备施工要求;施工中机械应放置稳固,防止施工机械设备倾覆
		机械设备侵限		5. 在营业线路路基段安全限界外制作警示标牌并设警戒,防止机械设备侵入限界
		安全防护不到位		6. 加强过程监督检查,严格安全操作规程,安全措施及安全防护到位
6	钢桁架顶推	接触网触电	列车运行安全	1. 施工前做好接触网停电、接地工作,并对接触网上安装的护线条进行有效保护
		顶推施工过程中途停机		2. 为确保顶推施工过程的顺利进行,针对施工过程中的机械设备,须配备相应数量的备用设备。当施工过程中中途停机时,及时检查各顶推设备的运转情况。如顶推设备出现故障,及时更换备用设备,设备更换完成并检查无误后,继续进行作业,直至顶推施工完成
		顶推操作不规范	失稳倾覆	3. 顶推作业严格落实施工方案规定的顶推程序,安排专业顶推单位进行施工,对作业人员进行安全和操作流程培训
7	高处作业	临边防护不规范	高处坠落物体打击	1. 严格执行《建筑施工高处作业安全技术规范》(JGJ 80—2016)要求
		脚手架、上下行人爬梯搭设不规范		2. 脚手架人行爬梯搭设严格执行有关规定
		材料、机具随意堆放		3. 严禁高血压、高度近视等患者进行高处作业
		恶劣气候进行高处作业		4. 六级强风及以上严禁高处作业
		不戴安全带、安全帽等防护用品		5. 对操作工人进行安全教育和培训,增强意识

8.1.2 风险控制和管理措施

有针对性地进行安全技术交底,安全和环保部门负责制定重大危险源识别和控制管理制度。建立工程项目施工安全重大危险源的台账,加强重大危险源的监控管理。对本工程项目的施工安全重大危险源应予以公示,并悬挂安全警示标志。项目部应对重大危险源实施动态管理,项目负责人、项目技术负责人、专职安全管理人员应当全面准确地掌握工程项目的施工安全重大危险源,加强对施工安全重大危险源的检查。编制安全应急救援预案,配备应急救援人员、器材设备,定期组织演练。

8.1.3 安全风险源分析及措施

安全风险源及控制措施见表 8.1.3。

表 8.1.3 施工安全风险源及控制措施表

序号	作业活动	危险源	危险源级别	可能导致的事故	控制措施
1	封锁防护	防护备品不全、过期、使用不当、回收不及时	一般	铁路行车事故	1. 封锁防护模拟演练; 2. 封锁前认真核对防护备品,且进行确认、试用; 3. 入网施工前安全教育,施工点后清查备品是否有遗漏
2	高空电焊(气割)作业	不采取防火措施,不配备灭火器	一般	火灾等事故	1. 高空电焊作业使用托盘或石棉布采取防火措施,严防火星四处飘落; 2. 配置专门监护人员,对动火区域进行监护; 3. 在动火区域配备灭火器
3	施工用电	不按规范用电或违章用电	一般	设备损坏,人员触电	1. 持证上岗,施工现场配置专职电工; 2. 严格遵守《施工现场临时用电安全技术规范》(JGJ 46—2005)临时用电规范
4	夜间施工	光线不足,人员不足,管理人员监控不到位	一般	各类事故	1. 夜间施工,必须配置足够的照明,并经安全部门验收合格,方可施工; 2. 夜间施工,项目经理(或项目经理指定人员)必须亲自在场,并配备安全监控人员,否则发生事故由项目经理承担直接责任
5	顶推施工	顶推人员不到位	一般	各类事故	顶推施工人员配置到位,对所有人员进行安全教育、技术交底
		顶推不按规定施工	较大	顶推施工失控	严格按施工方案及相关文件进行顶推施工,并对顶推设备进行验收
6	天桥跨线外幕墙施工	跨越线路、站台高空施工物品坠落	较大	落入营业线线内	1. 严格遵守施工方案,对所有跨线施工的作业人员做好施工交底、培训; 2. 当日施工结束,严禁在跨线部位上方堆放施工材料; 3. 天桥跨线上部施工时下方设置牢固兜网; 4. 防护人员必须重点盯控,只要有人施工必须有防护人员看管

第 8 章　顶推施工安全管理与环境保护

续表

序号	作业活动	危险源	危险源级别	可能导致的事故	控制措施
7	小型运输车辆在既有站台运输	侧翻到股道	一般	影响行车，碰触接触网	1. 小型机车在站台面行走时尽量靠站台中间行走，运输严禁超重； 2. 培训专职人员负责开运输车辆，车辆运行时限定在 20km/h 之内，其他人员禁止使用运输车辆； 3. 保证"一机一人防护"，在站台较窄处有人负责指挥、盯控； 4. 站台起吊物件时操作人员持证上岗，支腿下垫牢固，吊重预留 10% 余量，起吊方向尽量顺轨方向，人工扶好吊物
8	整个施工过程	轻飘物刮到接触网	一般	接触网停电，影响行车	1. 安排杂工清理施工现场轻飘物，装袋运出现场； 2. 防护人员、施工管理人员等全员参与加强巡视； 3. 对进入现场人员安全宣传、教育，严禁乱扔垃圾
9	上跨施工	感应电	一般	人身伤害	上跨前必须保证接触网已断电，并做好作业范围内供电线的验电接地工作

8.1.4　顶推应急预案

（1）顶推前，全面检查顶推过程可能存在碰撞的结构物或部件，提前清理或拆除，并预留足够的安全空间，避免出现碰撞的问题。

（2）顶推过程中组织专人检查，对顶推构件存在变形或焊缝开裂的情况及时停止作业，及时处理后，方可继续顶推。

（3）针对顶推不同步，顶推前进行调试预演动作，实时计算、监控，保证不同步处于误差范围内。

（4）测量人员现场实时监测结构中心位置和高程，当偏差超过 5mm 时，应采用单侧顶推方式进行纠偏，防止平面位置偏差过大而造成无法顶推的情况。

（5）为减小滑动面摩擦力，结构下设滚轮小车、MGE 板，减小顶推阻力。如遇到卡顿状况可割除部分阻碍结构，同时保证受力安全。

（6）顶推过程中，在任何时间，钢结构后部的质量始终比前端要大，如遇到未顶推到位又必须撤离时，桁架的稳定是有保障的。为确保万无一失，顶推装置全部断电、锁死，采用三角木楔固定滑靴。

8.2　顶推及落梁施工安全管理

8.2.1　安全管理措施

1. 安全管理制度

加强施工现场的安全管理，是防止事故隐患发生、加快生产进度的重要环节。要牢牢掌握现场布局的四条原则,即整体布局要合理,料具摆放要整齐,道路畅通要平坦,有利于组织指挥和安全生产。

开工前,根据施工现场情况,结合有关安全技术规定,编好安全施工技术措施,做好安全技术交底工作。

方案审查及审批完成后,及时与设备管理单位签订施工安全协议,划分责任地段,明确双方责任与义务,提前向设备管理部门报送作业配合单。

为确保工程按图施工,在工程开工前,对参加工程施工的人员进行技术交底,让他们了解所承担的工程任务和技术特点、施工方法、施工程序、质量标准、安全措施等,从而提高他们自觉研究技术问题的积极性和主动性,为更好地完成任务和提高技术水平创造条件。

技术交底按技术责任制分工、分级进行。项目经理对所属的作业班及全体人员进行技术交底,技术负责人向其所属的作业组长及全体技术人员进行技术交底,各作业班组负责人对全组的工人进行技术交底,并在分级技术交底时,做好记录,作为检查施工技术执行情况和检查技术责任的一项依据。

进场职工要经过入场安全规章制度和岗位安全技术教育,熟记各项安全技术操作规程。各类设备的操作工、电工、架子工、焊工等特种工种人员应持证上岗,严禁酒后操作。

施工人员应自觉遵守各项安全生产管理制度,正确使用个人防护用品。

有条件的施工现场要设临时围挡和门卫,同时做好防洪、防火、防盗、防雷电、防坍塌和安全保卫工作。施工现场入口处、作业处及危险作业部位均应挂有安全生产宣传画、标语、口号和安全标识,随时提醒员工注意安全。

施工现场的各种机具、设备、设施、材料、构件均要摆放整齐,标识齐全。

各种电动机械必须有良好的接地保护,其传动部位必须安装防护设施。

施工现场如有高压线,要遵照有关部门的规定,在高压线下方 10 米内不准堆放物料,不准搭建临时设施,不准停放机械设备。

实行多班作业的机械设备,执行交接班制度,认真填写交接班记录,接班人员经检查无误后,方可进行工作。

2. 重大危险源识别、交底、告示制度

对重大危险源的工程在施工前必须由技术负责人组织编制专项施工方案,专项施工方案除应包括相应的安全技术措施外,还应当包括监控措施、应急方案以及紧急救护措施等内容。

对住房城乡建设部《危险性较大工程安全专项施工方案编制及专家论证审查办法》中规定的危险性较大工程,组织专家组进行论证审查。经审批的专项施工方案确需修改时,应按原审批程序重新审批。

重大危险源的工程应按专项施工方案严格进行技术交底,并有书面记录和签字,确保作业人员清楚地掌握施工方案的技术要领。

重大危险源的工程施工应按方案实施,凡涉及验收的项目,方案编制人员应参加首次验收,并及时形成验收记录台账。

必须根据工程进度及施工环境将重大危险源的作业时间、地点及作业部位、涉及重大危险源名称、危险度分析、可能造成的后果、采取的控制措施、监控人、责任人等在工地醒目位置及时公示和更新。

3. 教育、学习、培训制度

开工前,对所有参加本段工程的施工人员进行安全生产教育,组织学习相关施工安全规则、规定,并结合本段工程的实际情况制定安全措施,进行宣传教育。

坚持每周不少于两小时的安全教育,由主管工程师或安检工程师针对施工项目,结合有关现行的规范、规则上安全技术课。

对特殊工种,如起重工、电焊工、机动车司机、电工等需经培训考试合格后,方可持证上岗操作。

4. 施工人员、安检人员持证上岗制度

各级安检人员须持证上岗,加大现场管理力度,处罚果断。安检人员须经专业培训,取得合格的上岗证。参与本工程的全体人员经过学习、培训后,须进行安全知识考试,经考试合格后,发给合格证,持证上岗。

(1) 施工负责人、安全员、驻站联络员及现场防护员由责任心强的正式职工担任。根据路局及业主的培训时间,安排培训人员,经路局有关单位培训合格,并取得合格证书后,方可持证上岗。

(2) 机械设备操作人员、特种作业人员,经专业培训合格,方可持证上岗。

(3) 其他施工人员做到全员培训,经营业线施工安全教育培训考试合格后上岗。对从事电气、起重、高空作业、架子工、焊接、机动车驾驶等特殊工种的人员,经过专业培训,获得《安全操作合格证》后,方可持证上岗。所有安全培训和教育均需建档,以备核查。

5. 安全检查制度

结合工程特点和自身管理办法,建立安全检查制度,项目部每周一次,施工班组一日一次。检查时领导带队,组织有关人员参加,发现问题及时填发安全隐患通知书,并制定对策措施,限期整改,专人复查。

6. 安全事故报告制度

建立安全事故报告制度,发生重伤、死亡、重大死亡事故后,项目部负责人用快速方法(包括电话、电报、电传等方法)立即向建设单位及施工单位等有关上级有关部门逐级报告,最迟不得超过24h。报告内容包括事故发生单位、时间、地点、伤亡情况、初步分析事故的原因等。对事故严格按"四不放过"原则进行处理。"四不放过"原则包括以下几个方面的内容:①事故原因未查清不放过;②责任人员未处理不放过;③整改措施未落实不放过;④有关人员未受到教育不放过。

对弄虚作假、隐瞒伤亡事故的单位和个人,追究相关领导和当事人的责任,并严厉处理。

7. 安全奖罚制度

通过经济与行政手段的有效结合,将安全生产与干部职工的切身利益紧密挂钩,制定安全生产奖惩办法,实行安全抵押基金制度,定期考核兑现,给干部全面加压,职工全员负载,达到施工现场安全生产有序可控。

8.2.2 安全保证措施

庐山高铁二期站房钢结构跨营业线施工项目为:钢桁架顶推施工、落位施工。营业线施工风险大,对设施、行车造成的危害几率大,制定以下安全预防措施。

1. 顶推及吊装施工安全保证措施

(1) 成立营业线上跨施工领导小组:指挥组、专家组、监控组、测量组、技术组、后勤组、施工组、安全监察组、观察应急组。各小组分工明确,协调一致,严格按照职责分工开展工作(表8.2.2)。

表8.2.2　上跨施工小组成员及职责表

序号	小组类型	职责
1	指挥组	钢结构顶推时负责整个施工过程中的统一指挥协调,并下达开始、暂停、停止等各项施工操作指令。
2	专家组	针对上跨施工中出现的问题进行分析、判断,提出调整和处理建议,供指挥组决策。
3	监控组	负责顶推、吊装施工前、施工中及到位后,对关键部位的应力、应变监测,及时将阶段成果提供给指挥组、专家组、监理组,并根据指挥组、专家组的指令在顶推中过程中对特殊结构或部位进行监控。
4	技术组	顶推、吊装施工前,技术组人员对施工中关键部位进行检查,并查看准备工作是否满足要求,做好检查顶推、吊装前签证工作。 负责过程中各结构状态的观察和观测资料的收集、整理与分析,为专家组提供技术数据。 负责上跨施工前工、料、机的准备落实,对突发问题根据实际情况,采取恰当的应急处理措施。
5	施工组	按照指挥组的指令进行施工中千斤顶操作、滑道清理及障碍物清除、顶推及微调千斤顶移位等施工具体操作。 负责技术交底、安全交底的现场督导落实,施工过程中有异常情况,应及时报告指挥组。
6	测量组	施工过程对各重点和特征部位的几何位置和位移进行观测,并将测量成果及时提供给技术组,配合监控组实时测量上跨施工中各关键部位、桁架位置及变形。
7	安全监察组	顶推和吊装前对桁架、胎架、滑道、设备等各个部位进行全面的安全检查,负责施工人员的安全培训与施工环境的安全检查,负责对施工过程整体安全状况进行监控,及时将安全状况反馈给指挥组,并执行指挥组的安全防护指令。
9	观察应急组	负责各主要部位的变形及其他异常情况的观察记录,结果报技术组,发现危险情况苗头立即上报指挥组,并做好相应的应急准备。
10	后勤组	负责施工过程中材料供应、安全保卫、接待等工作。

(2) 施工前,召集建设处、施工办、工务段、供电段、电务段、通信段、房建生活段、车站等相关单位提前召开施工调度会,商讨施工过程安全卡控的要点和步骤,施工方案讨论充分,做到提前谋划完善。

(3) 施工时,天窗点内接触网两侧停电封锁线路,为了上跨的顺利进行,正式顶推前利用2天进行试顶推调试施工,演练各个分工小组的协调配合、掌握试拉行走速度、千斤顶顶推力、纠偏措施等参数。

(4) 顶推施工前应全面检查千斤顶状况,调试完好;滑道梁上清理干净,滑块下涂油饱满;顶推停止临时锁定楔形木鞋等工作准备充分;施工前安装防护围挡,施工过程中和施工完成后进行封闭管理。照明充分,各个小组成员就位。吊装前检查履带吊运行状态、钢丝绳是否完好满足吊装要求；钢桁架四个角缆风绳已绑扎牢固，拉缆风绳的人员已到位等。

（5）整个施工过程必须一人统一指挥，驻站联络员、现场防护员、各个分工小组必须及时向现场总指挥及时汇报各自的分管信息，以方便总指挥指挥现场施工。

（6）整个施工作业严格落实施工方案规定的操作程序，安排专业钢结构单位进行，顶推作业要缓慢匀速前进，顶推速度掌握在10m/h以下，严格分配好每个天窗点内的时间，使每个天窗点的顶推长度能够顺利实现，顶推作业不得提前或拖延调度命令下达的时间。

（7）顶推、吊装就位后，迅速进行联结固定，现场防护员同时对施工范围内的线路和限界进行清理、检查，确认无误后，防护人员下道，供电段解除地线，接触网送电，驻站联络员办理销记手续，车站调度室开通线路。

（8）营业线施工作业人员、材料、机具进场施工前进行清点，防护员、施工负责人、安全员、班组长安排检查施工作业人员防护用品配备齐全，机械设备必须贴反光标识。

（9）钢结构顶推施工前，与车站协调，顶推结构悬挑跨内不得存放动车组。

2. 落梁施工安全保证措施

落梁施工按照营业线施工要求进行，要点包括接触网停电作业，安排驻站联络员驻站，现场防护员跟班作业。落位施工各结构须按照设计要求布置，确保落位施工安全可靠，避免对营业线运营造成影响。

（1）落位时，各千斤顶应同步进行，在落位过程中搁置在临时支座上时，应测量相邻支点高差，当高差大于3mm时，调整两支点高程。

（2）千斤顶安放在墩顶及梁底的位置均应严格按设计规定安放，不得随意更改。

（3）落位使用的油压千斤顶、油泵、油管、压力表等，在使用前均应分别进行试验，并配套使用。

（4）千斤顶、油泵、油管接头等尽量防止漏油。千斤顶起落时，应缓慢进行，几台千斤顶同时起落时，必须保持同步。

3. 防止接触网触电的安全保证措施

（1）为了保护接触网，在施工前联系设备管理单位做好接触网停电、接地工作，并对钢结构下方接触网安装预胶丝进行保护，防止施工中对接触网造成破坏。

（2）严格控制吊车大臂、吊钩等导电体碰触接触网线、杆塔等既有设备。

4. 起重吊装作业安全措施

（1）起重用的工索具严格按相关规范要求并考虑一定的安全系数，保证其使用安全，并在起吊前对工索具进行认真的检查，做到安全可靠，万无一失。严禁一切起重机具、锁具超负荷使用。

（2）起重工作前检查所有的工具、设备是否良好，如不符合规定，必须及时维修或更换，不得违规使用，机具设备在使用前必须试车、加润滑油。

（3）起重作业必须有专人指挥，在起吊过程中应严格执行安全操作规程。指挥起吊时，信号必须统一，手势明显，对讲机讲话要清晰，不得含糊。

（4）吊物前，应事先看好吊物通道、调运方向和地点，如有障碍必须清理；吊物时，吊臂与被起吊物下严禁站人，对违反操作规定和不安全的作业及时加以纠正或制止，对于屡教不改者应加大管理力度。

(5) 在吊装过程中,如因故中断施工时,必须采取隔离防护措施,并安排专人盯梢,保证施工现场安全,同时应立即安排人员进行抢修工作,不得使重物悬空在营业线范围内时间过长,且在天窗时间内必须完成,如现场有变故,应放弃此次吊装,待下次天窗再进行吊装作业。

(6) 禁止在雾、雨天视线不清的情况下安装和吊装重物,禁止在风力达6级以上时吊装作业。

(7) 吊装操作人员必须严格遵守"十不吊":指挥信号不明不吊;超负荷或物体质量不明不吊;歪拉斜吊重物不吊;光线不足、看不清重物时不吊;重物下站人不吊;重物埋在地下不吊;重物紧固不牢,绳打结、绳不齐不吊;棱刃物体没有衬垫措施不吊;吊载重物越过人头部不吊;安全装置失灵不吊。

5. 各种用电设备的安全措施

(1) 使用自备电源或与外电线路共用同一供电系统时,电气设备根据要求作保护接零或作保护接地。

(2) 移动式发电机供电的用电设备,其金属外壳或底座,与发电机电源的接地装置有可靠的电气连接。

(3) 手持电动工具和单机回路的照明开关箱内必须装设漏电保护器,照明灯具的金属壳必须做接零保护。

(4) 各种型号的电动设备必须按使用说明书的规定接地或接零,传动部位按设计要求安装防护装置。

(5) 维修、组装和拆卸电动设备时,断电挂牌,专人防护,防止其他人私接电动开关发生伤亡事故。

(6) 必须实行"一机一闸一漏一保"制,严禁"一闸多用"。

(7) 带电作业安全防护符合:①夜间作业有足够的照明设备,在桥台上作业的人员使用36V安全电压的工作灯具。②电源开关加箱上锁,设有防雨、防潮设施,并指定专人开合电闸。③施工用电符合国家和铁路总公司现行的有关规定。

6. 高温季节施工安全防护措施

(1) 合理安排作息时间,避开高温时段,采用"起早上班、推迟下班、延长午休"作业措施。

(2) 保证工人饮食卫生,保证工人休息环境,民工宿舍保持通风,宿舍要求配备电扇,确保良好的休息条件。

(3) 做好医疗保健工作。

(4) 夏季高温极易发生火灾,施工现场要加强对易燃易爆物品的管理。

7. 突发性停电的应急措施

(1) 立即切断总配电箱的电源开关。

(2) 分别切断各路分配电箱、开关箱的电路。

(3) 检查正在使用的各种大小型机具设备的待机状况,确保供电后安全、有序地恢复工作。

(4) 充分了解停电的原因及可能恢复供电的时机。

(5) 有效安排和组织生产、生活。

(6) 组织检查本工地供电线路是否因施工不当造成断电。

(7) 对可能造成的不稳定秩序及时进行排解。

8. 消防安全措施

(1) 建立防火安全制度。

(2) 严格控制火源。

(3) 施工现场建立集中吸烟区。

(4) 严格执行动态审批制度。

(5) 严禁乱拉乱接电源电器，严防电器线路引起火灾。

(6) 严格执行"十不烧"的规定。

(7) 按防火平面布置图，落实消防器材，挂设防火标识。

(8) 建立一支由项目经理、技术人员、施工员、质安员、工人组成义务消防队。

(9) 加强防火安全教育，并定期宣传发生火灾事故的教训。

(10) 建立定期防火检查，更换灭火器药剂。

(11) 每个施工地点工棚明确防火责任人，禁止使用电炉、煤油炉及大于60W的灯泡、禁止用电热棒烧水、禁止在宿舍燃烧纸张物品。

(12) 施工现场夜间配有照明设备，并保持消防通道畅通，安排义务消防队值班。

(13) 施工现场用电，严格执行《施工现场电气安全管理规定》，加强电源管理，防止发生电气火灾。

9. 材料仓储及现场管理

根据实际施工进度情况构件材料，库房内材料需合理摆放，建立台账明细，急需的材料可适当靠外侧放置。仓库现场管理按标准化实行，建立物资材料超市，地面平整，道路通畅，界线明显，标志鲜明；场地清洁卫生，四处无杂物，标语端正醒目，内容明确适时，室内窗明几净，物品摆放整齐，用料用具摆放有序。各种物件定量、定置合理，图物相符；一切流动物件应按规定及时转库入库。工具、消防器材定点摆放，保持完好，物品堆放整齐，标志明显，账、卡、物一致。

10. 防止长大物件坠落管理

(1) 装饰装修施工时，在安装玻璃时4个吸盘吸住玻璃，有效地防止玻璃坠落。百叶和铝板用编绳拦腰系住，防止安装时掉落在股道及接触网上。

(2) 上跨施工的材料按施工的进度上传材料，严禁在顶推结构上部堆放无有效固定的材料。如当天施工结束有小部分材料剩余，必须将材料清理到股道上空之外。

(3) 严禁起吊重物长时间悬挂在空中，作业中遇突发故障应采取措施，将重物降落到安全地方，并关闭发动机或切断电源后进行检修。在突然停电时应立即把所有控制器拨到零位，断开电源总开关，并采取措施，使重物降到地面。

(4) 吊钩和吊环严禁补焊，当吊钩吊环表面有裂纹严重磨损或危险断面及有永久变形时必须予以更换。

(5) 确认被吊物准确就位，并严格按照要求施焊或螺栓紧固完成后，再摘钩，复原设备，宣布吊装作业结束。

11. 防轻飘物侵线措施及防焊渣掉落措施

(1) 在高处作业完成后，将所有零件、工具、废弃物、养护塑料薄膜等一并清理干净,避免因大风吹落造成的伤人、伤物事故。

(2) 对施工现场可能被风吹走的物品必须采取措施压紧或绳索拉拽,防止飘浮,影响营业线安全。

(3) 施工过程前、施工过程中及施工结束后,安排专人对施工现场进行检查,及时排除漂浮物隐患。

(4) 屋面板安装完成后,及时将板接口处锁边,抗风夹安装完成。屋面未安装成型时严禁吊装或顶推到营业线范围内。

(5) 遇到特大风时及时将养护覆盖去除,防止被风吹起造成安全隐患。

(6) 施工过程中需要跨越既有股道的施工工序,如装卸材料等,应采用土工布或者彩条布覆盖既有道床,防止污染,覆盖物应做好固定措施,并派专人进行巡查。

(7) 本工程滑靴及需切割的构件必须在钢结构顶推出轨道,进入营业线前进行割除,切割过程中必须采用防火布进行围挡,防止火星侵入营业线。

(8) 顶推施工前,主体钢结构已完成焊接施工,仅为顶推到位卸载后钢柱与钢结构间支座的焊接,焊接过程中采用防风、防火布进行围挡、覆盖,并采用接火斗进行接火,防止焊渣掉落。

(9) 顶推到位后,幕墙、屋面专业局部焊接过程中必须采用接火斗,防止焊渣掉落,并对焊接位置下方既有线覆盖防火布。

(10) 施工过程中,焊接线缆、气管及照明线缆必须采用绑扎带进行绑扎固定,固定后的线管必须与钢构件间采用绝缘胶带或绝缘材料分隔。

12. 防雨天排水营业线措施

(1) 顶推施工前,对钢结构两侧天沟前端及落水孔进行封堵,引导雨水从天沟排至站台外。

(2) 在钢结构跨过站台后,在钢结构侧设置临时排水管,排水管绑扎在临时墩上,排水管直接排水至站台永久排水管,通过永久排水管排水至线侧。

13. 大风天施工安全保证措施

(1) 施工现场设置风速仪,当风速超过6级时,停止顶推施工作业,并清理、加固结构上部轻飘物。

(2) 为减小风载对结构的影响,结构两侧幕墙仅进行主龙骨施工,面板在结构卸载安装完成后再进行安装。

(3) 顶推结构拼装施工过程中,在组拼平台及临时墩侧面焊接限位型钢,在每次顶推施工过程中限位型钢与钢结构距离20mm,顶推到位后采用薄钢片塞紧,确保水平风载传力。

(4) 安排专人对接气象台,根据气象台安排施工作业内容,若遇台风天则禁止顶推,并在站台上及组拼平台侧采用缆风绳连接钢结构,增强钢结构抗风能力。

14. 局部补漆施工防护措施

由于本工程顶推结构属于跨营业线结构,为防止涂装施工对营业线设备的影响,涂装施工在钢结构顶推施工前完成。钢结构施工到位后仅进行局部涂层修补,修补全部采用刷涂,刷涂下部拉设彩条布,防止涂装对既有设备的影响。

工作完成区域及施工现场周围的设备和构件应当很好地进行保护,以免油漆和其他材料的污染。夹具、临近表面、标牌、铭牌、橡胶垫片、工具线、仪表盘等应当在油漆施工和工作完成后进行保护。油漆或其他飞溅物应当使用无损其表面的相应工具、设备和清洁剂从玻璃、夹具、设备、板盖等处清除。邻近施工区域的电气和机械设备应妥善保护，以免油漆损坏。

阴雨天不得进行涂装施工作业，潮湿及寒冷的天气气温低于5℃，相对湿度大于85%情况下不得进行涂装施工作业；6级及以上风速时，在未采取措施情况下不得进行涂装作业。

15. 既有设施保护措施

根据路局对施工方案的批复意见进行完善后，与设备管理单位签订安全协议。在供电、通信、电务部门的监护配合下，对管线进行探测、防护。对探明的管线要进行现场调查与施工范围的位置关系，确定电缆保护区，确需迁改管线的，在设备管理单位监护下进行。

施工时造成旅客行走路线上的既有站台地砖如有破坏，应立即进行更换恢复。

管线进行探测采用人工挖探沟和探测仪结合的方式进行，探沟与管线垂直，探沟宽度、深度根据现场管线埋设深度确定，施工范围内须全部探测清楚。根据现场情况，作业范围内所有地面上的光电缆采用尼龙袋装沙覆盖，防止电缆被砸坏。施工围挡范围内的既有接触网杆塔周围使用钢管搭设防护架，防护架钢管距离杆塔1m，悬挂明显标识牌，防止施工碰撞到接触网杆塔。

泵管跨越轨道施工时，站台面泵管下部垫废旧橡胶轮胎，跨轨部分架设的3处钢管支撑，钢管下部尽量支撑在线间（两条钢轨之间的空间），严禁钢管直接碰触钢轨，泵管下方的线路和站台面下垫油布，防止混凝土洒落污染道床和铁件碰触轨道。

顶推施工作业前，对钢结构顶推路径下外扩2m范围内接触网采取预绞丝绝缘保护、AF线降低至2.005m，顶推路径上雨棚柱、接触网杆经实际勘测均满足施工距离要求；顶推施工作业完成后，屋面、装修局部焊接全部采用接火斗进行接火，并在其对应下方铺设防火布，从而保护既有设备设施。

8.2.3 营业线施工安全管理措施

1. 施工防护办法

（1）各种机械操作人员必须取得操作合格证，不准操作与证不相符的机械，不准将机械设备交给无本机操作证的人员操作。

（2）操作人员必须按照本机说明规定，严格执行工作前的检查制度和工作中注意观察及工作后的检查保养制度。

（3）起重作业严格按照《建筑机械使用安全技术规程》（JGJ 33—2012）和《建筑安装工人安全技术操作规程》规定的要求执行。

（4）定期组织机电设备、车辆安全大检查，对检查中查出的安全隐患，按照"四不放过"原则进行调查处理，制定防范措施，防止机械事故的发生。

（5）施工过程中，施工材料、机具放置在隔离网之外，确保材料机具不侵入安全限界。

（6）施工场地须保持平整，强度满足机械设备施工要求。施工中机械应放置稳固，防止施工机械设备倾覆。

（7）施工过程中若出现机械设备倾覆侵限情况，现场防护员要立即通知驻站联络员，并果断采取相应措施拦停列车。

（8）各类施工机械设备在移机、转场前，架子队安全员、技术员及现场监理员和工地防护员必须全部到场，经确认各项安全措施到位，场地处理满足规定要求后，方可进行移机。

（9）施工机械的操作人员必须经过营业线施工安全培训，准确地掌握相应作业的安全风险和安全措施，并经考试合格后，方可上机操作。

（10）施工机械在作业时其走行方向尽量设置为垂直营业线的方向，从而使其易倾覆方向为非营业线方向，施工过程中严格执行"一机一人"防护措施。

（11）在营业线路路基段安全限界外制作警示标牌并设警戒，防止机械设备侵入限界。

2. 行车安全卡控措施

（1）滑道、胎架上严禁存放编织袋、塑料袋、纸箱等容易被风刮动的物体，现场防护员随时应做好排查。

（2）吊车必须遵守远离营业线停放的原则，平常作业时吊车大臂旋转半径不得侵入营业线限界2m范围内，现场必须落实"一机一人"跟班作业防护，专人指挥，不违章作业，遵守"十不吊"操作规范。吊装作业时吊装物件必须用缆风绳向远离营业线一侧辅助拉拽。

（3）顶推作业必须按照营业线施工要求进行现场防护，聘请有经验的专业队伍进行操作，整个过程须指挥得当，各个配合小组须协调一致，有条不紊。顶推过程均缓慢匀速进行，合理分配调度命令规定的作业时间，安全平稳地完成作业内容。

3. 人身安全卡控措施

（1）凡患高血压、心脏病、贫血病、癫痫病以及其他不适于高处作业的，不得从事高处作业。

（2）施工期间需进行高处作业的人员必须按照规定穿戴和使用安全防护用品，作业时必须系挂好安全带，穿防滑鞋。

（3）临时使用的爬梯、吊篮必须牢固可靠，尤其是吊篮挂钩必须使用圆钢制作，承载力满足安全要求。

4. 防台风安全措施

（1）建立防台风应急组织机构。成立防台风领导小组，成立抢险队，抢险队选择身体强壮、责任心强、有经验的人员参加。

（2）制定各项防台风工作制度，对防台风工作做出具体安排。将防台风工作责任进行分工，责任层层分解到具体人员。

（3）与当地气象部门加强联系，了解近期气象预报，掌握台风情况，做到心中有数，一旦遇到灾害性天气，应及时做出部署。六级以上大风禁止起重吊装作业，停止作业及非作业期间把起重设备的起重臂锁定，防止随风转动。

（4）台风到来之前，对施工设备及防护措施进行检查，对检查后发现的问题和隐患布置处理措施。一时处理不及的，布设重点防台风看守。

（5）及时做好道路疏通工作，做到路不积水、不堵塞，在施工中被损坏的防护设施在台风来临前予以恢复。

（6）在台风来临前，根据台风风向，将施工所用的机具、材料、设备等，放置在不易受台风影响的地方或撤离，因施工需要或场地限制时，采取有效的加固措施，防止坠落或飘洒。

（7）值班人员每天与当地气象部门联系，并将气象预报及时通知有关人员和单位，并严格执行安全检查制度，对防台风工作情况了如指掌。

（8）防台风期间领导干部24h轮流值班，防台风重点施工项目设专用通信工具，以便及时了解现场情况。台风期间准备充足的器材、运输工具及劳动力，以备应急抢险。

5. 雨季施工安全措施

（1）雨季施工主要以预防为主，采取防雨措施及加强排水手段，做好雨季施工的信息反馈工作。

（2）雨前，与当地气象部门加强联系，了解近期气象预报，掌握雨汛情况，做到心中有数，及时做出部署。

（3）雨中，对重点部位进行检查，对邻近路基段进行重点排查，做好雨中巡查记录，及时发现隐患，消除隐患。

（4）雨后，及时做好疏通清理工作，做到沟不积水、不堵塞，对施工中被损坏的排水设施予以恢复。

8.3 顶推及落梁施工环境保护

8.3.1 防治大气污染

在工程施工环节，大型机械作业、人员集中居住等因素不可避免地会污染周围的大气环境。很多施工机械都要通过燃烧柴油来带动，而不充分的燃烧就会产生废气，进入大气之后造成污染。施工环节形成的粉尘也会在空气中逸散，破坏大气环境。面对这些问题，工程施工单位要经常对临建土质运输道路进行洒水湿润，确保空气流通，减少扬尘污染。覆盖好会产生尘埃的石灰、运输车辆以及挥发性材料堆场等，减少材料挥发，避免因风力作用而污染空气。禁止焚烧有害有毒的废料、生活垃圾、生产废弃物等，坚决不使用尾气排放不符合标准的施工机械设备等，有效防治大气污染，保护环境。

8.3.2 防治建筑垃圾污染

工程施工经常会遇到将原有人行道、路面等拆除的施工作业，这势必会形成大量建筑垃圾，须按照可回收、不可回收加以分类。一是分拣市政工程施工建筑垃圾，对其中的金属配件、废钢筋等资源要进行重新利用；二是对于碎石、混凝土、土石方等可回收再利用的垃圾，可将其作为填埋地基、加固路基等的材料，提高建筑垃圾的再利用率；三是不可回收的建筑垃圾必须要进行装袋处理，同时及时向指定地点清运，进行填埋处理，避免污染环境。

8.3.3 防治水污染

在条件的制约下,工程施工形成的废水很难在处理之后再排放,极易发生污染地下水的问题。各类机械所排放的废机油也会污染周围的水域。施工人员集中住宿产生的生活污水也随意排放,势必破坏周围水域等。所以要预先在施工现场四周挖好排水沟,畅通排水,保证施工场地以内不积污、不积水;充分考虑新开挖的排水沟对施工场地既有地面排水设施的影响,预防阻挡排泄地表径流,避免影响居民生活;检测施工废水,确认没有污染性强的物质才可直接排放,否则要经过简易的去污处理之后才能排放。另外,工程施工过程还会产生固体废弃物污染、破坏植被、破坏生态平衡等环境问题,均需施工单位严格依据施工要求规范操作,尽可能地不影响周边的环境,并加强环境管理工作,充分落实善后工作。

8.3.4 绿色节能措施

工程施工要合理制定能耗指标,提高利用能源的效率。设立能耗监督小组,在项目工程部临时设立用水、用电管理小组,不仅要开展日常维护工作,还要监督水与电的使用过程,一旦发现浪费要给予处罚。同时,优先选用国家以及行业推荐的环保、节能、高效的施工机具,如变频技术节能施工机具。加强能源节约教育,即在施工之前对全体人员实施节能教育,增强能源节约意识,同时在电源控制处贴上人走灯灭、节约用电等标志,在厕所设置声控感应灯,满足节约用电的要求。在工程施工组织设计环节还要科学安排工作面,减少施工场地的作业机具数量,相邻施工区域要充分共享机具资源,达到绿色、节能的施工标准与环境保护标准。

8.3.5 设备节能措施

施工单位要完善建立设备管理制度,计量用电、用油等情况,健全设备档案,使机械设备始终保持在高效、低耗的状态。选用负载、功率相匹配的机械设备,预防大功率设备长时间低负载运行。安装机电设备时可选用节电型机械,包括低能耗且高效率的手持电动工具、逆变式电焊机等,同时选用节能型的油料添加剂,使设备节电、节油。如果条件允许,应科学地安排施工工序,增加设备的满载率、使用率,减少设备耗能,并考虑回收利用、节约油量,保护环境。

8.4 顶推及落梁施工智能化风险与安全管控平台

8.4.1 概述

《建筑信息模型施工应用标准》(GB/T 51235—2017)对建筑信息模型(Building Information Modeling,BIM)的定义为:在建设工程及设施全生命期内,对其物理和功能特性进行数字化表达,并依此设计、施工、运营的过程和结果的总称。由此可见,BIM技术具有数字化描述工程全生命周期的性能,已在建筑工程及相关行业获得了广泛而深入的应用,且逐步形成较多成功的应用案例。近年来,随着我国社会经济的快速发展,客运及货运运能需求剧增,部分既有铁路交通枢纽的运输能力囿于设备老旧、信息化水平低等因素,已不能完全满足新时代运输能力的需求。因此,尽快地实现既有铁路车站的改造升级来满足日益增长的运力需求迫在眉睫。

BIM 因其独特的技术优势在铁路行业获得广泛应用,如吴洋介绍了 BIM 技术在新建鲁南高铁跨越营业线施工中的应用经验;为解决铁路桥梁 BIM 应用过程中出现的重复建模、各阶段数据传递不畅的问题,韩广晖等对铁路桥梁 BIM 模型的建模方法和管理方法进行研究;为解决在地质条件差、周边风险源高度敏感、施工工艺复杂、安全隐患探知处理难等复杂条件下的盾构隧道施工问题,付功云等研发复杂条件下盾构施工 BIM 管理平台,有效提升盾构隧道施工的数字化、信息化、可视化管理水平;朱肖等针对铁路桥梁体量大、工程各阶段信息流通不畅等问题,结合现有技术标准、信息分类和编码体系,研究编制桥梁 LID 编码,并针对 Revit 系统开发属性添加插件,验证构件编码的适用性和先进性;徐凯等为拓展 BIM 技术全生命周期的应用、提高铁路高边坡稳定性分析精度以及实现精细化设计,基于 BIM 技术对边坡稳定性分析流程与方法进行优化;倪苇依托实际工程项目,以 City Maker 为基础地理信息系统平台,深入研究 BIM 技术多源多维度地形数据、多专业多种类设计成果的融合应用技术,探讨 BIM 设计成果与真实地形场景的无缝融合,并基于 CIS 平台进行二次开发,实现设计方案优化比选、设计成果动静态及定性定量展示等核心功能。

8.4.2 既有铁路车站施工特征分析

1. 既有铁路车站及要素概述

既有铁路车站是指建成时间较早,但由于各种原因仍满足服役条件且正在提供生产服务的铁路车站。正因为既有铁路车站建设年代较为久远,经过多年的应用,大多已经发展成为大型客货运输综合体,具有衔接各类交通模式、提升城市发展需求的功用,而且其交通组成情况复杂,并且既有铁路车站往往以铁路客运为基础,人员流动性大,社会服务功能性强,是展示城市对外形象的标志性建筑。从功能定位角度而言,既有铁路车站主要功用可以概括成两个方面:一是铁路车站作为交通客运的集散点,承担着重要的旅客疏散和聚集功能;二是在满足对外服务交通供给的同时,更是市内交通的换乘点,有效地衔接铁路、公共交通、地铁、出租车等多种交通模式,实现城市区域范围内交通的中转换乘和交通信息共享。总体而言,从建筑需求角度分析,既有站的改造要素一般包括两大类,一类是站房工程,包括候车厅、售票厅、出站换乘大厅等;另一类为运输生产设施设备的改造,包括站台面、站台雨棚、旅客地道、行包地道、天桥等。

2. 既有铁路车站改造施工特征图谱

既有铁路车站为尚处于生产运营中的车站,与新建车站相比较,其在施工改造过程中存在以下显著特征,如图 8.4.2 所示。

首先,在施工安全性方面,既有铁路车站改扩建施工相比于其他类建筑施工而言,存在生产与施工共存交叉的矛盾,即既有铁路车站改扩建施工时,铁路列车正常执行旅客、货物的运输工作。因此,施工过程中涉及安全因素多、外部干扰多,安全风险相对较大,因此也导致道岔改建、换轨、铺设轨排等工作只能在天窗时间段内完成。施工进度、施工安全、旅客安全等多重因素交织是其一显著特征。

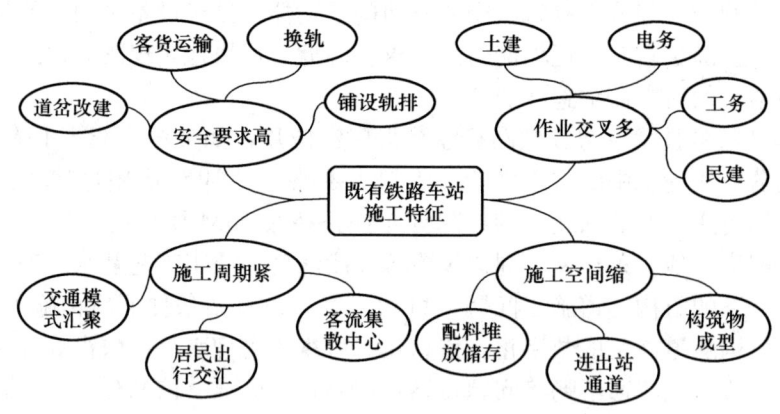

图 8.4.2 既有铁路车站改造施工特征图谱

其次,在作业交叉方面,既有铁路车站施工过程涵盖土建、电务、工务、民建等多专业交叉作业。铁道工程是典型的复杂系统工程。既有铁路车站改扩建工程施工涵盖土建、接触网、信号、通信、信息、电力等众多专业各专业间既存在独立施工内容,也存在大量接口工程内容,因此需要各专业间统筹协调、优化工序、密切协同,从而达到安全、高效地完成工程施工的目的。再次,既有铁路车站施工工期一般较为紧凑,既有铁路车站改扩建项目其庞大的建设规模、复杂的施工技术、繁杂的工作环节导致项目建设时间较长,而既有铁路车站作为大型客流集散中心,为地铁、公交出租车、私家车等多种交通模式汇集区域,建设施工期间必然影响周围居住者、出行者的交通便利性,故应最大限度缩短建设工期,因此对工期要求较为严格。理论上,工期越短,则对生产的负面影响越小。因此,在确保施工质量和施工安全的前提下,应尽可能缩短工期,提质增效。

最后,既有铁路站建设场地施工空间条件受限,需综合优化各种配料的进场及堆放储存。既有铁路车站改扩建工程属于有限条件下的施工作业,约束条件较多,存在周围建筑物或构筑物成型、现场物料堆积占地等不利因素,与新建车站相对空旷的施工条件存在显著差别。另外,施工过程不仅要考虑配料堆积对现有交通的影响,而且还需充分考虑当前旅客进出站、换乘的便利性和安全性而预留通道等问题,即占用场地,进一步压缩施工空间。综上可知,既有铁路车站的改建工程在施工安全性、交叉作业的繁杂度、工程期限时长,以及施工空间条件方面与新建铁路车站工程相比显著不同,更加决定了其采用信息化手段赋能施工过程的必要性。

8.4.3 结论

BIM 技术在既有铁路车站站改施工中发挥着越来越重要的作用。实际应用表明,通过设计标准化 BIM 应用流程,显著地提高施工效率 15% 以上,显著地提升经济和社会效益,主要结论如下:

(1) BIM 技术能够对施工重难点预先模拟,且可对工人进行可视化交底,提高了工作效率,有效地缩短工期,降本增效。

(2) 在既有铁路车站改造过程中,站房大跨度网架安装行包地道顶进、跨营业线天桥吊装等重难点施工方案中利用 BIM 技术,可直观地把握关键环节,利于风险辨识,提前发现隐患，深度优化施工方案，提升施工组织和安全质量管理水平，助力创建精品工程的目标。

（3）基于 BIM 的施工进度管理运用，设计标准化管理运作模式，并在实际工程施工中得到很好的应用，显著提升施工进度控制与管理能力。

附录 A

A.1 各风向下模型的平均风压系数分布云图

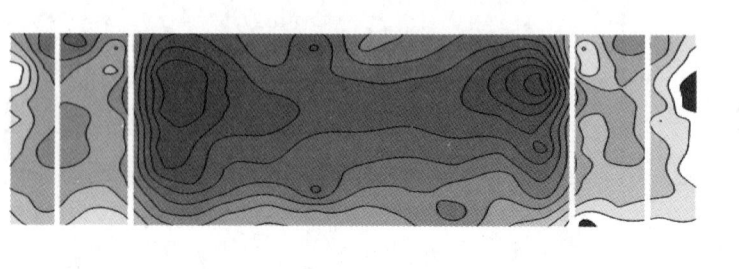

附图 A.1.1 0°风向角

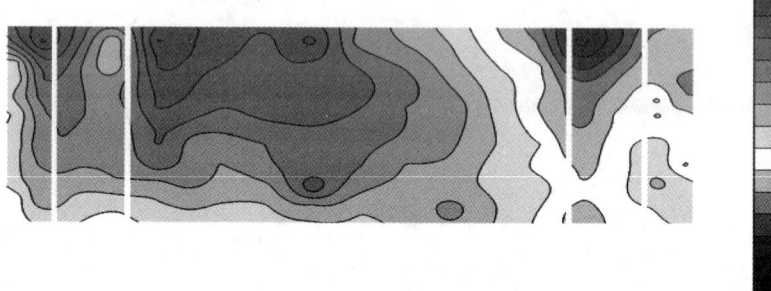

附图 A.1.2 15°风向角

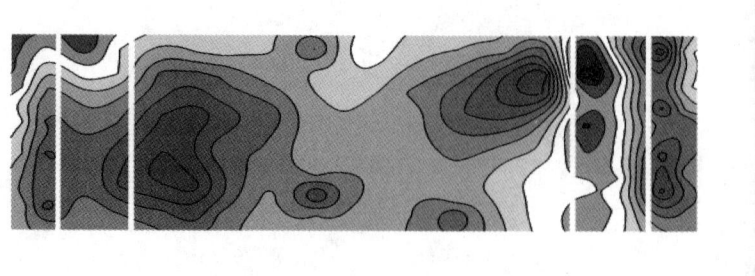

附图 A.1.3 30°风向角

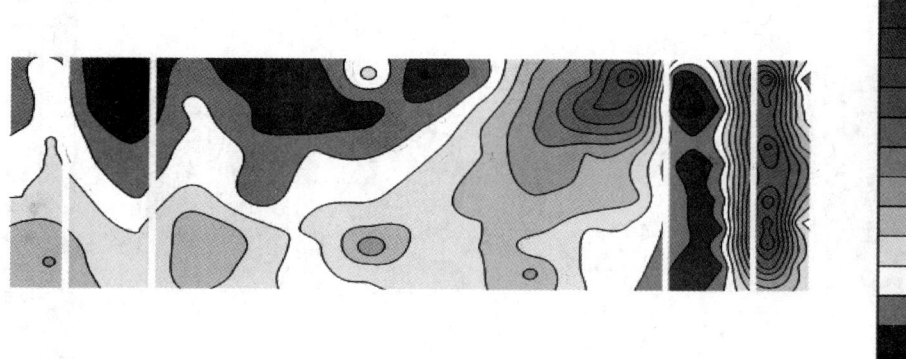

附图 A.1.4　45°风向角

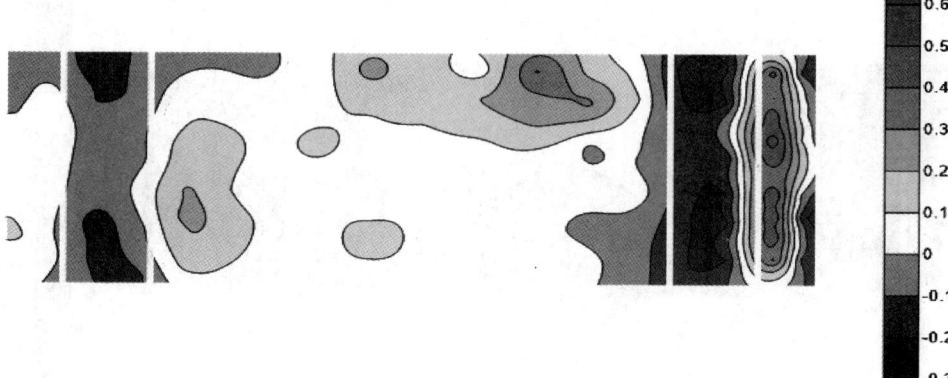

附图 A.1.5　60°风向角

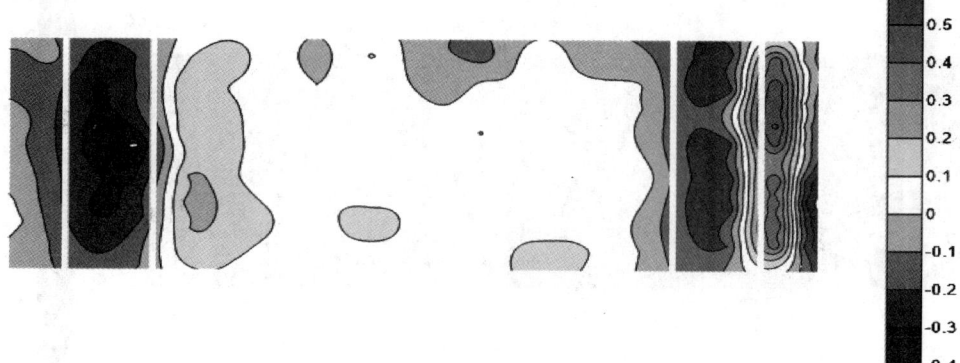

附图 A.1.6　75°风向角

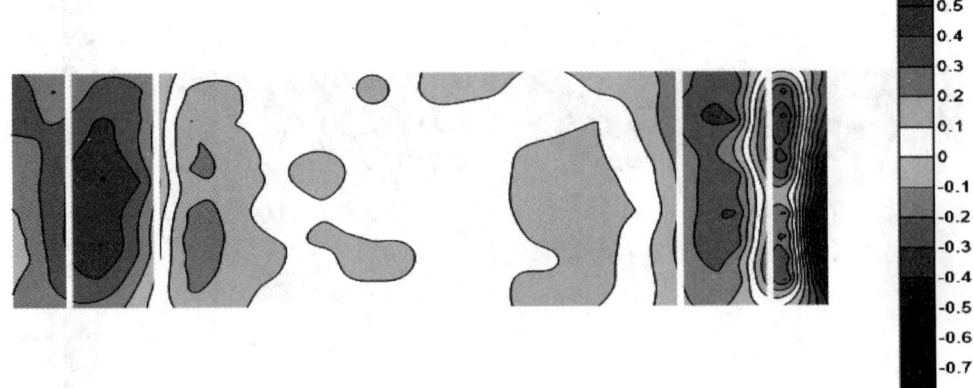

附图 A.1.7　90°风向角

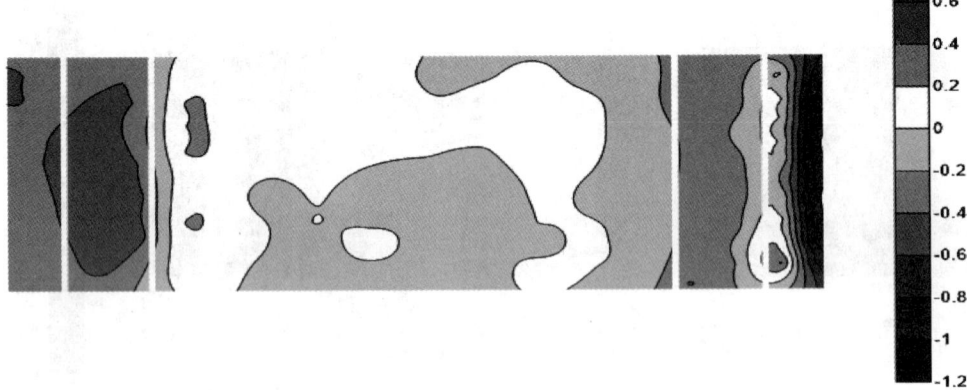

附图 A.1.8　105°风向角

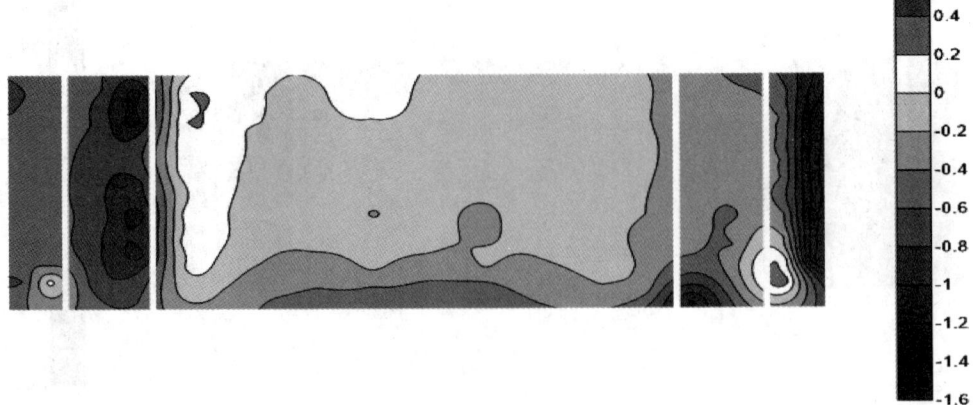

附图 A.1.9　120°风向角

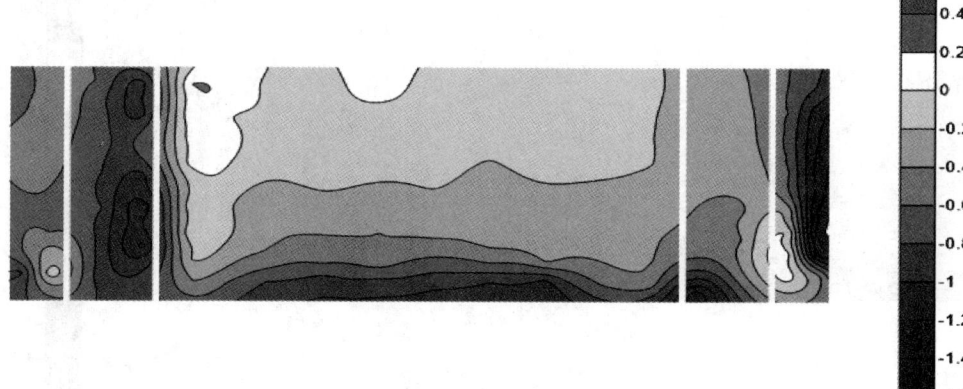

附图 A.1.10　135°风向角

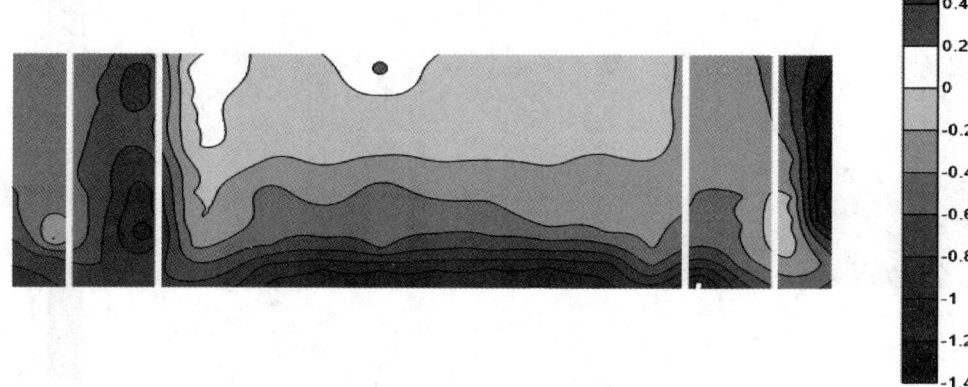

附图 A.1.11　150°风向角

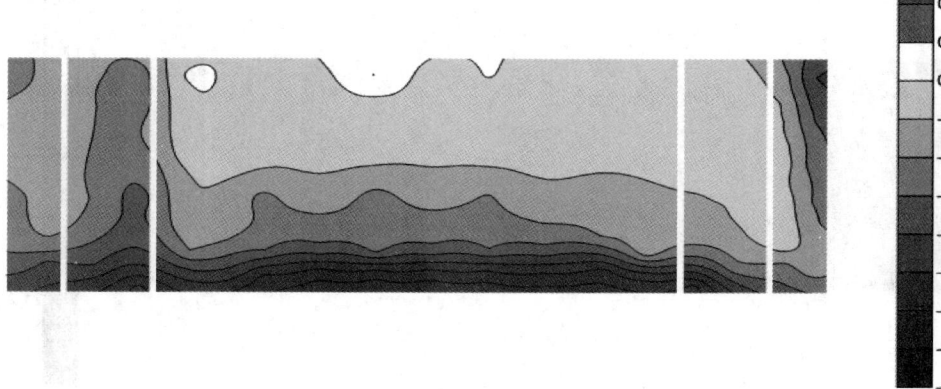

附图 A.1.12　165°风向角

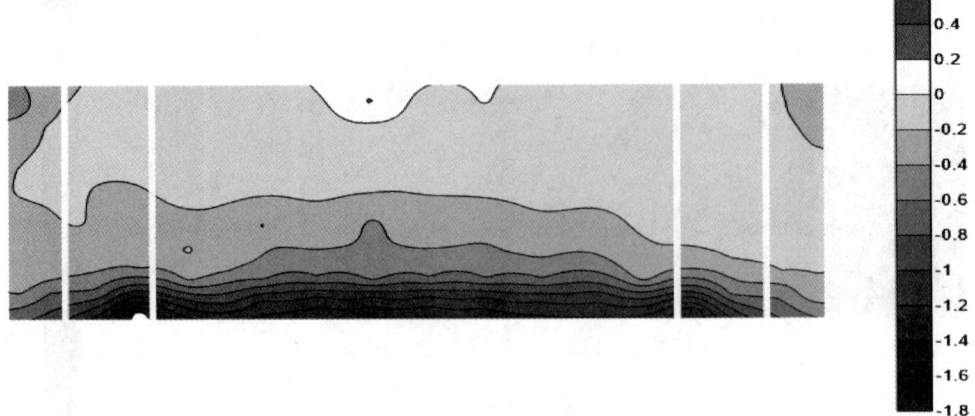

附图 A.1.13　180°风向角

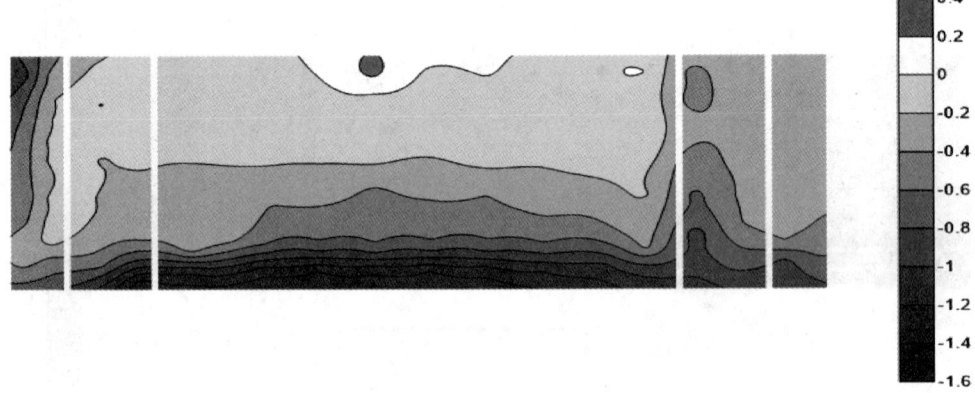

附图 A.1.14　195°风向角

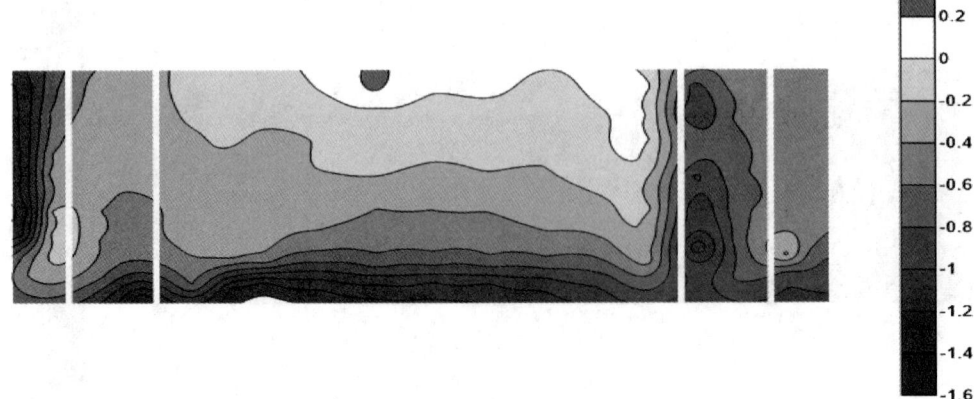

附图 A.1.15　210°风向角

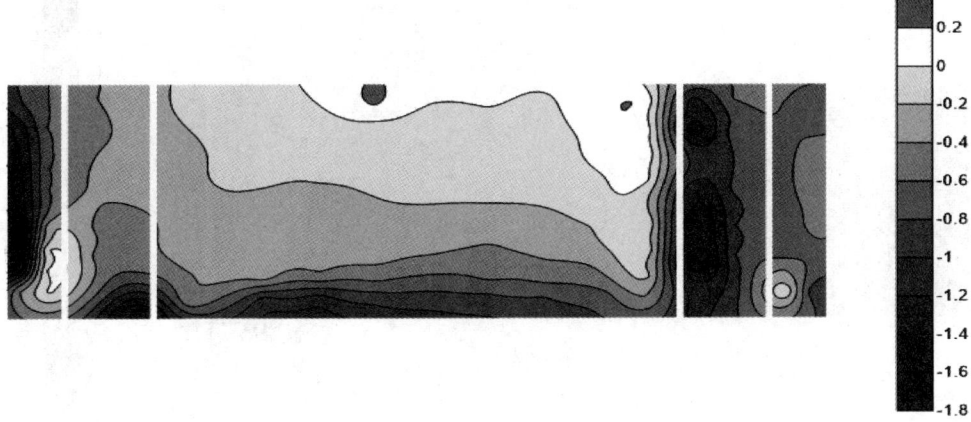

附图 A.1.16　225°风向角

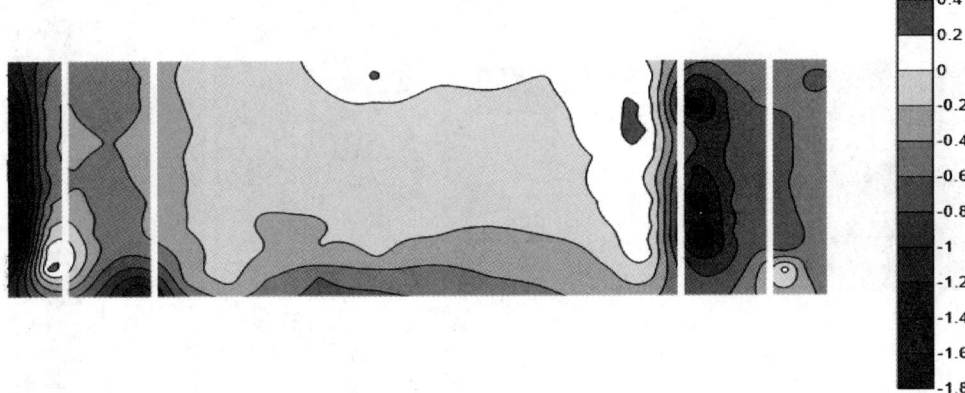

附图 A.1.17　240°风向角

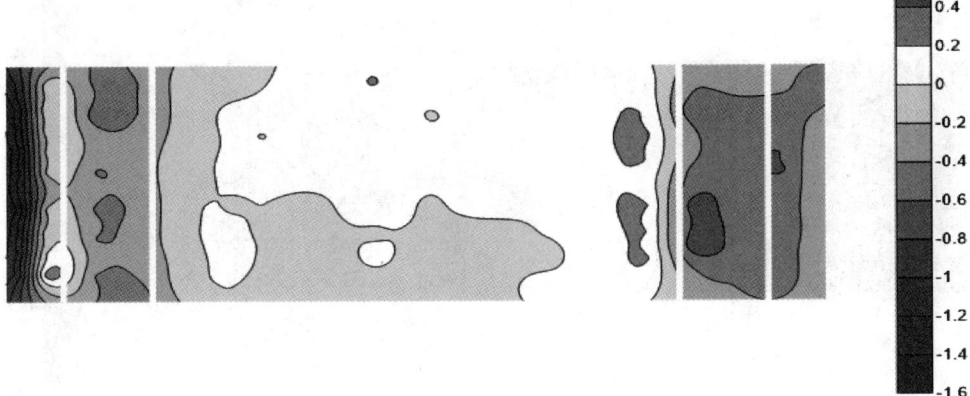

附图 A.1.18　255°风向角

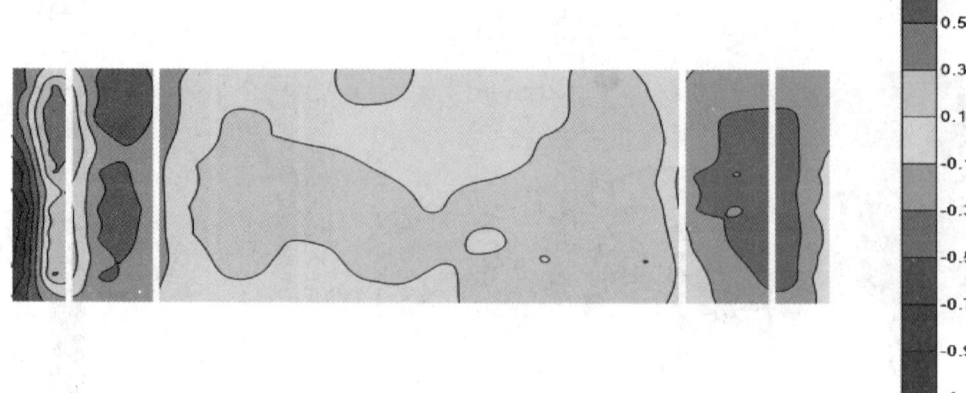

附图 A.1.19　270°风向角

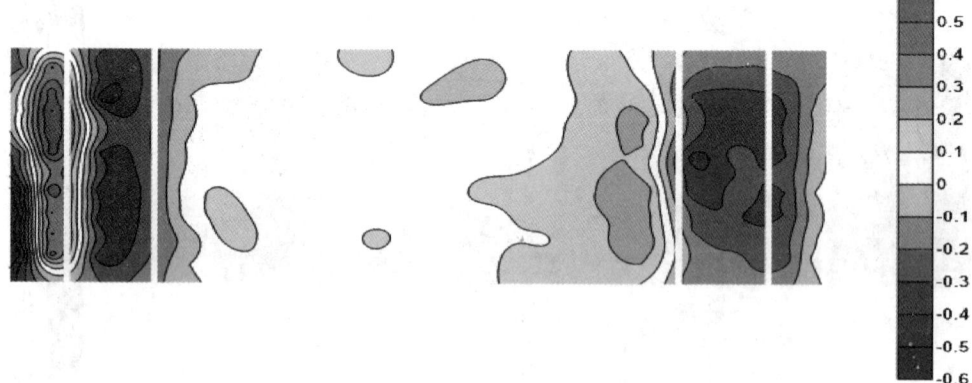

附图 A.1.20　285°风向角

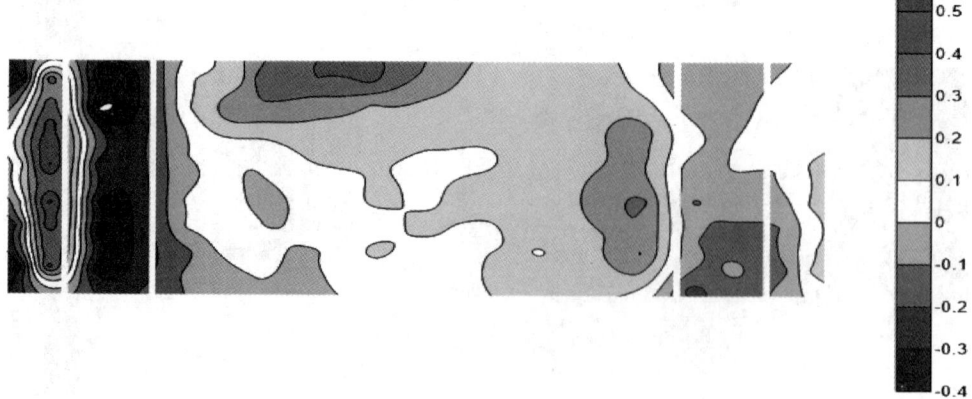

附图 A.1.21　300°风向角

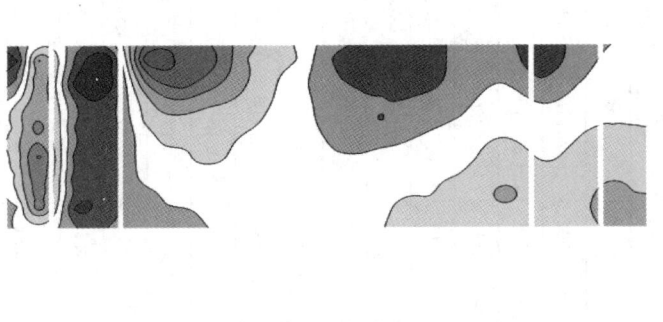

附图 A.1.22　315°风向角

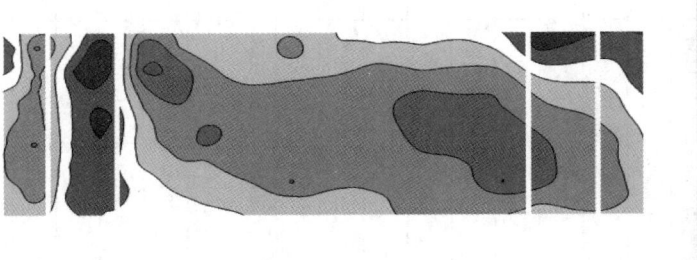

附图 A.1.23　330°风向角

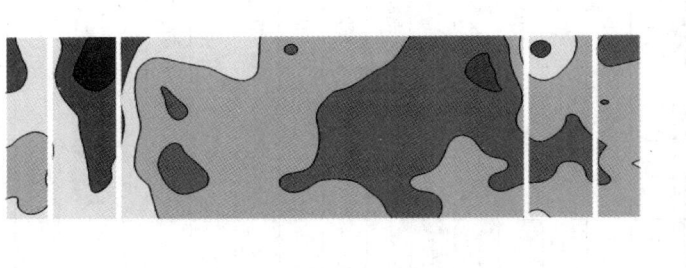

附图 A.1.24　345°风向角

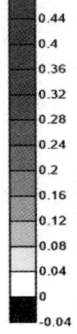

附图 A.1.25　360°风向角

A.2 各风向角下模型的平均风压系数具体值

表 A.2.1 各风向角下模型的平均风压系数值（测点编号 0～165）

序号	测点编号	0	15	30	45	60	75	90	105	120	135	150	165
1	A101	0.1133	0.2730	−0.0379	−0.0089	−0.0542	−0.1105	−0.2467	−0.4233	−0.6324	−0.6666	−0.5873	−0.4815
2	A102	0.0187	0.0878	−0.0305	−0.0400	−0.0315	−0.1677	−0.2602	−0.4189	−0.5858	−0.6213	−0.5347	−0.3748
3	A103	0.0412	0.0719	−0.0049	−0.0277	0.0025	−0.1124	−0.1988	−0.3501	−0.5114	−0.5729	−0.4988	−0.3295
4	A104	0.1124	0.1157	0.0511	0.0222	0.0602	−0.0536	−0.1269	−0.2766	−0.4613	−0.5502	−0.5015	−0.3282
5	A105	0.0775	0.0566	0.0303	0.0085	0.0394	−0.0871	−0.1447	−0.2900	−0.4813	−0.5711	−0.5212	−0.3426
6	A106	0.1139	0.0784	0.0742	0.0497	0.0634	−0.0406	−0.1133	−0.2739	−0.5028	−0.6213	−0.5880	−0.4361
7	A107	0.1331	0.0862	0.1070	0.0959	0.0951	−0.0104	−0.0880	−0.2511	−0.4792	−0.6191	−0.5857	−0.4606
8	A108	0.1452	0.0867	0.1264	0.1266	0.1106	0.0102	−0.0684	−0.2350	−0.4681	−0.6201	−0.7313	−0.5135
9	A109	0.0880	0.0266	0.0928	0.1218	0.0625	−0.0264	−0.1131	−0.3200	−0.6325	−1.0359	−0.9520	−0.6923
10	A201	0.2259	0.4083	0.0112	0.0456	−0.0184	−0.0656	−0.0932	−0.2310	−0.4392	−0.5196	−0.4563	−0.3171
11	A202	0.1624	0.2799	0.0710	0.0423	0.0370	−0.1535	−0.1739	−0.3184	−0.4544	−0.5137	−0.4444	−0.2814
12	A203	0.1535	0.2484	0.1179	0.0495	0.0635	−0.1750	−0.2163	−0.3672	−0.5024	−0.5309	−0.4614	−0.3024
13	A204	0.1509	0.2152	0.1480	0.0545	0.0777	−0.1814	−0.2421	−0.4042	−0.5070	−0.5345	−0.4813	−0.3026
14	A205	0.1428	0.1882	0.1616	0.0568	0.0754	−0.1760	−0.2494	−0.4214	−0.5181	−0.5692	−0.5339	−0.3255
15	A206	0.1820	0.1952	0.2035	0.0965	0.0542	−0.1557	−0.2603	−0.3799	−0.5172	−0.6175	−0.5551	−0.3209
16	A207	0.1567	0.1577	0.1934	0.0988	0.0320	−0.1513	−0.2532	−0.3570	−0.5152	−0.6107	−0.3537	−0.3233
17	A208	0.1297	0.1277	0.1882	0.1219	0.0194	−0.1284	−0.2351	−0.3068	−0.4941	−0.2957	−0.1877	−0.4404
18	A209	0.1514	0.1437	0.2127	0.1578	0.0422	−0.1008	−0.2150	−0.2358	0.0794	−0.0758	−0.8835	−0.8635
19	B101	0.2504	0.2674	−0.0735	−0.0916	−0.1453	−0.2321	−0.2194	−0.3095	−0.5375	−0.6136	−0.5378	−0.3597
20	B102	0.1328	0.2009	0.0256	−0.0834	−0.1015	−0.3133	−0.3199	−0.4446	−0.6338	−0.6956	−0.6110	−0.4001

续表

序号	测点编号	0	15	30	45	60	75	90	105	120	135	150	165
21	B103	0.1727	0.2057	0.1340	−0.0064	−0.0756	−0.3516	−0.4047	−0.5667	−0.7462	−0.7838	−0.6852	−0.4332
22	B104	0.1730	0.1879	0.1712	0.0379	−0.0679	−0.2884	−0.3412	−0.4875	−0.6824	−0.7725	−0.6653	−0.4261
23	B105	0.1455	0.1458	0.1591	0.0673	−0.1371	−0.3265	−0.4054	−0.5492	−0.7666	−0.8447	−0.7636	−0.5113
24	B106	0.0900	0.0774	0.1316	0.0854	−0.1192	−0.2361	−0.2907	−0.4739	−0.7360	−0.8887	−0.7977	−0.8176
25	B201	0.1147	0.1094	0.0378	−0.1230	−0.0863	−0.1955	−0.2105	−0.3897	−1.0872	−1.1109	−0.9390	−0.5277
26	B202	0.1147	0.1094	0.0378	−0.1230	−0.0863	−0.1955	−0.2105	−0.3897	−1.0872	−1.1109	−0.9390	−0.5277
27	B203	0.1209	0.1584	0.1639	−0.0436	−0.0422	−0.4061	−0.2894	−0.4036	−0.8587	−1.0540	−0.9809	−0.5790
28	B204	0.1188	0.1593	0.2174	−0.0054	0.0258	−0.2847	−0.1749	−0.4665	−1.1014	−1.3397	−1.1193	−0.6890
29	B205	0.1379	0.1546	0.2486	0.0506	−0.0397	−0.2295	−0.1620	−0.4897	−1.0817	−1.4509	−1.3607	−0.7409
30	B206	0.0470	0.0348	0.1333	0.0848	−0.1315	−0.1060	−0.0202	−0.1887	−0.5906	−0.9092	−0.8295	−1.4349
31	C101	0.3488	0.4032	0.0880	−0.0103	−0.0080	0.0884	0.1149	0.1581	0.1928	0.2025	0.1153	0.0415
32	C102	0.4271	0.3545	0.1690	0.0112	0.0779	0.1919	0.2001	0.2138	0.1952	0.1604	0.0366	−0.0332
33	C103	0.3874	0.3161	0.1834	−0.0031	0.0907	0.1723	0.1889	0.1951	0.1475	0.0773	−0.0181	−0.0720
34	C104	0.4070	0.3053	0.2380	0.0203	0.1453	0.1939	0.2058	0.2078	0.1624	0.0826	−0.0199	−0.0702
35	C105	0.3867	0.2551	0.2793	0.0714	0.2074	0.2036	0.2225	0.1778	0.1131	−0.0656	−0.1935	−0.2241
36	C106	0.3522	0.2202	0.2939	0.1211	0.2251	0.2273	0.2526	0.2162	0.1264	−0.0575	−0.2132	−0.2501
37	C107	0.2545	0.1183	0.2529	0.1142	0.1878	0.1980	0.2335	0.1751	0.0511	−0.1831	−0.3621	−0.3982
38	C108	0.2027	0.0919	0.1828	0.1099	0.1274	0.1622	0.2124	0.1374	−0.0853	−0.4130	−0.6786	−0.8732
39	C201	0.3439	0.3496	0.0646	−0.0754	−0.0036	0.1380	0.1105	0.1285	0.1320	0.1123	0.0369	−0.0444
40	C202	0.4194	0.3198	0.1803	−0.0196	0.0488	0.0860	0.0970	0.1006	0.0105	−0.0225	−0.0904	−0.0796
41	C203	0.4126	0.2785	0.2581	0.0193	0.1287	0.1303	0.1600	0.1317	0.0273	−0.0269	−0.0506	−0.0553
42	C204	0.3474	0.1715	0.2313	0.0165	0.1027	0.1168	0.1447	0.0838	−0.0326	−0.2341	−0.3335	−0.3196

续表

序号	测点编号	0	15	30	45	60	75	90	105	120	135	150	165
43	C205	0.3252	0.1815	0.2946	0.1358	0.1606	0.1727	0.1665	0.0820	−0.0773	−0.2768	−0.3940	−0.3983
44	C206	0.2088	0.1011	0.2119	0.1068	0.0958	0.1141	0.1236	0.0351	−0.2573	−0.6753	−0.8374	−0.9345
45	C301	0.3137	0.3300	0.0575	−0.0920	−0.0182	0.0751	0.0400	0.0462	0.0084	−0.0275	−0.0869	−0.1180
46	C302	0.3675	0.3014	0.1507	−0.0590	−0.0515	0.0736	0.0849	0.0751	0.0038	−0.0251	−0.0948	−0.0940
47	C303	0.3636	0.2647	0.1734	−0.0609	−0.0710	0.0571	0.0828	0.0607	−0.0363	−0.0627	−0.1363	−0.1207
48	C304	0.3627	0.2536	0.2215	−0.0182	−0.0812	0.0572	0.0926	0.0570	−0.0641	−0.1172	−0.1628	−0.1248
49	C305	0.2878	0.1772	0.1651	−0.0405	0.0318	0.0410	0.0531	−0.0636	−0.1827	−0.4015	−0.4696	−0.4484
50	C306	0.2808	0.1489	0.1993	0.0493	0.0879	0.0993	0.1089	0.0093	−0.1467	−0.3474	−0.4524	−0.4293
51	C307	0.2563	0.1330	0.1984	0.0843	0.0832	0.1152	0.1221	0.0087	−0.2129	−0.4519	−0.5772	−0.5765
52	C308	0.1687	0.0923	0.1446	0.0618	0.0594	0.0823	0.0909	−0.0300	−0.3673	−0.8197	−1.1322	−1.1975
53	C401	0.2427	0.2874	0.0745	−0.0766	0.0349	−0.0334	0.0018	0.0011	−0.0316	−0.0867	−0.0564	−0.0498
54	C402	0.2878	0.2753	0.1039	−0.0989	−0.0625	0.0001	0.0167	0.0084	−0.0571	−0.0950	−0.1193	−0.1327
55	C403	0.3157	0.2779	0.1354	−0.0702	0.0925	0.0465	0.0833	0.0481	−0.0483	−0.0892	−0.1442	−0.1283
56	C404	0.3587	0.2809	0.1899	0.0053	0.1191	0.0950	0.1333	0.0779	−0.0418	−0.0468	−0.0961	−0.0857
57	C405	0.3007	0.2013	0.1526	0.0362	0.0627	0.0701	0.0986	0.0072	−0.1048	−0.2652	−0.3411	−0.3141
58	C406	0.2730	0.1914	0.1396	0.0627	0.0671	0.0913	0.1095	0.0027	−0.1467	−0.3930	−0.4588	−0.4518
59	C407	0.2142	0.1369	0.1126	0.0378	0.0286	0.0638	0.0708	−0.0454	−0.2874	−0.5232	−0.6763	−0.6738
60	C408	0.1369	0.0931	0.1050	0.0324	0.0321	0.0524	0.0757	−0.0502	−0.4134	−0.9198	−1.2092	−1.3284
61	C501	0.3303	0.3648	0.1625	0.0782	0.2407	0.1102	0.1531	0.1737	0.1758	0.1449	0.2411	0.2071
62	C502	0.2819	0.2881	0.0696	−0.0601	0.1296	0.0224	0.0619	0.0448	−0.0101	−0.0712	−0.0389	−0.0634
63	C503	0.2962	0.2829	0.0798	−0.0511	0.0910	0.0183	0.0653	0.0317	−0.0548	−0.1057	−0.1095	−0.1082
64	C504	0.3142	0.2667	0.0927	−0.0103	0.0865	0.0243	0.0706	0.0259	−0.0872	−0.1191	−0.1564	−0.1173

续表

序号	测点编号	0	15	30	45	60	75	90	105	120	135	150	165
65	C505	0.2482	0.2368	0.0818	0.0381	0.0440	0.0428	0.0596	−0.0643	−0.2103	−0.3391	−0.4911	−0.4723
66	C506	0.2415	0.2111	0.1103	0.0833	0.0845	0.0836	0.0898	−0.0200	−0.1552	−0.4018	−0.5034	−0.4702
67	C507	0.2943	0.2894	0.2430	0.2003	0.2032	0.1882	0.1972	0.0762	−0.1517	−0.4427	−0.5329	−0.5311
68	C508	0.1566	0.1326	0.1196	0.0598	0.0629	0.0320	0.0574	−0.0662	−0.4407	−0.8761	−1.1955	−1.3265
69	C601	0.1911	0.1787	0.0053	−0.1085	0.1279	−0.0819	−0.0338	−0.0328	−0.0547	−0.0909	−0.0639	−0.0802
70	C602	0.2641	0.2469	0.0466	−0.0458	0.1457	−0.0095	0.0321	0.0102	−0.0443	−0.1223	−0.0801	−0.1039
71	C603	0.2955	0.2728	0.0752	−0.0001	0.1038	0.0030	0.0596	0.0214	−0.0615	−0.1585	−0.1191	−0.1242
72	C604	0.3020	0.2519	0.0841	0.0388	0.0742	0.0085	0.0689	0.0065	−0.1083	−0.1544	−0.1348	−0.1358
73	C605	0.2602	0.2163	0.0954	0.0832	0.0577	0.0413	0.0740	−0.0270	−0.1705	−0.2248	−0.3682	−0.3458
74	C606	0.2334	0.2023	0.1152	0.0932	0.0663	0.0653	0.0808	−0.0274	−0.1725	−0.3525	−0.5045	−0.4616
75	C607	0.1966	0.1650	0.1175	0.0776	0.0555	0.0394	0.0751	−0.0466	−0.2455	−0.6122	−0.7020	−0.6550
76	C608	0.1446	0.1062	0.0909	0.0527	0.0320	0.0232	0.0563	−0.0765	−0.5030	−0.9454	−1.2028	−1.3262
77	C701	0.2085	0.1417	0.0580	−0.0367	0.0554	−0.1343	−0.0237	−0.0110	−0.0344	−0.0440	−0.0511	0.0082
78	C702	0.2686	0.1931	0.0946	0.0527	0.2032	0.0224	0.0598	0.0242	−0.0343	−0.0908	−0.0994	−0.0777
79	C703	0.2951	0.2204	0.1245	0.0940	0.1554	0.0128	0.0859	0.0274	−0.0481	−0.1392	−0.1152	−0.0962
80	C704	0.2858	0.1986	0.0919	0.0931	0.0682	−0.0015	0.0640	−0.0071	−0.1134	−0.2098	−0.1628	−0.1383
81	C705	0.2564	0.1902	0.0978	0.1232	0.0600	0.0605	0.0807	−0.0603	−0.2356	−0.3027	−0.3725	−0.4208
82	C706	0.2132	0.1466	0.0926	0.0981	0.0262	0.0448	0.0699	−0.0457	−0.2140	−0.2913	−0.4838	−0.4767
83	C707	0.2010	0.1391	0.1120	0.1006	0.0382	0.0449	0.0882	−0.0312	−0.1727	−0.5030	−0.6808	−0.6047
84	C708	0.1699	0.1195	0.1180	0.0916	0.0463	0.0423	0.0674	−0.0515	−0.5237	−1.0209	−1.2219	−1.3030
85	C801	0.2554	0.0918	0.0818	0.1619	0.4107	0.0818	0.0529	0.0223	−0.0316	−0.0537	−0.0782	−0.0685
86	C802	0.2927	0.1145	0.1371	0.1834	0.2708	0.0142	0.0562	0.0031	−0.0727	−0.1196	−0.1721	−0.1267

续表

序号	测点编号	0	15	30	45	60	75	90	105	120	135	150	165
87	C803	0.3151	0.1428	0.1797	0.2018	0.2187	0.0308	0.1025	0.0202	−0.0665	−0.1359	−0.1929	−0.1312
88	C804	0.3123	0.1774	0.1950	0.1907	0.1048	0.0796	0.1399	0.0406	−0.0649	−0.1448	−0.1734	−0.1093
89	C805	0.2670	0.1532	0.1293	0.1486	0.0215	0.0870	0.1286	0.0123	−0.1154	−0.2614	−0.2488	−0.2662
90	C806	0.2306	0.1409	0.1131	0.1301	0.0232	0.0733	0.1128	0.0031	−0.1824	−0.2879	−0.3222	−0.4117
91	C807	0.1739	0.1048	0.0835	0.0716	−0.0022	0.0393	0.0754	−0.0417	−0.2139	−0.3402	−0.6782	−0.6694
92	C808	0.2267	0.1737	0.1938	0.1651	0.1025	0.1626	0.1573	0.0580	−0.3278	−1.1049	−1.2606	−1.2378
93	C901	0.2883	0.0053	0.0963	0.2330	0.1504	−0.0743	−0.0182	−0.0510	−0.0739	−0.0868	−0.1002	−0.0871
94	C902	0.3891	0.0519	0.2413	0.3477	0.3145	0.0300	0.1017	0.0283	−0.0630	−0.1039	−0.1174	−0.1137
95	C903	0.3255	0.0783	0.2133	0.1475	−0.0209	0.0559	0.1109	0.0096	−0.0837	−0.1386	−0.1927	−0.1470
96	C904	0.2451	0.0951	0.0978	0.1371	0.0260	0.0812	0.1165	−0.0247	−0.1803	−0.3229	−0.3393	−0.3143
97	C905	0.1780	0.0605	0.0510	0.0395	−0.0252	0.0643	0.1251	0.0110	−0.1642	−0.3271	−0.3575	−0.3595
98	C906	0.1343	0.0923	0.0659	0.0320	0.0137	0.0934	0.1161	−0.0030	−0.2078	−0.5233	−1.1054	−1.2792
99	C1001	0.3054	−0.0580	0.1695	0.4636	0.0634	−0.0774	−0.0434	−0.1079	−0.1477	−0.1415	−0.1031	−0.0668
100	C1002	0.4369	0.0088	0.3099	0.3263	0.1206	0.0101	−0.0372	−0.1202	−0.1729	−0.1823	−0.1457	−0.1168
101	C1003	0.4521	0.0150	0.2739	0.2538	0.0410	0.0052	−0.0164	−0.0828	−0.1500	−0.1932	−0.1583	−0.1373
102	C1004	0.3556	−0.0055	0.1454	0.1122	0.0135	−0.0166	0.0406	−0.0585	−0.1613	−0.1882	−0.1561	−0.1553
103	C1005	0.3363	0.0506	0.0633	0.1194	0.0497	0.0791	0.0882	−0.0569	−0.1940	−0.3174	−0.3081	−0.2372
104	C1006	0.2650	0.0346	0.0207	0.0457	−0.0254	0.0071	0.0206	−0.0990	−0.2426	−0.3776	−0.3793	−0.3141
105	C1007	0.2335	0.0744	0.0275	0.0421	−0.0613	−0.0300	0.0215	−0.0527	−0.2255	−0.3768	−0.3831	−0.2210
106	C1008	0.1496	0.0509	0.0195	0.0239	−0.0566	0.0003	0.0373	−0.0486	−0.2665	−0.4645	−0.6219	−1.0377
107	A301	0.1502	−0.0086	0.3059	0.4559	0.4420	0.4692	0.4293	0.0149	−0.4970	−0.5944	−0.6465	−0.3303
108	A302	0.0777	−0.0125	0.1997	0.3649	0.4008	0.5764	0.5294	0.0306	−0.4199	−0.5946	−0.5893	−0.2292
109	A303	0.0593	−0.0090	0.1809	0.3372	0.4528	0.6008	0.4703	−0.0011	−0.4509	−0.6315	−0.5709	−0.2067
110	A304	0.1170	0.0598	0.2491	0.4237	0.5558	0.6336	0.4476	−0.0206	−0.4203	−0.6130	−0.4618	−0.1555

续表

序号	测点编号	0	15	30	45	60	75	90	105	120	135	150	165
111	A305	0.0388	−0.0072	0.1664	0.3657	0.4931	0.5427	0.3520	−0.0255	−0.4090	−0.5497	−0.3187	−0.1172
112	A306	0.1061	0.0730	0.2523	0.4410	0.4935	0.5027	0.3200	−0.0182	−0.3267	−0.2511	−0.1625	−0.1047
113	A307	0.0928	0.0764	0.2574	0.4294	0.4794	0.4557	0.3079	0.0459	−0.1682	−0.0255	−0.1409	−0.1040
114	A308	0.1186	0.1168	0.2928	0.4580	0.4764	0.4960	0.3895	0.1570	0.1658	0.0760	−0.1002	−0.1058
115	A309	0.0462	0.0561	0.1908	0.3428	0.4098	0.4626	0.4098	0.4213	0.3567	0.0860	−0.2300	−0.4750
116	A401	0.0483	−0.0343	0.0496	0.0069	−0.1359	−0.0470	−0.1613	−0.7825	−1.0636	−0.8033	−0.9283	−0.7983
117	A402	0.0145	−0.0350	0.0645	0.0668	0.0215	0.0277	−0.1911	−0.9840	−1.2772	−1.1276	−1.0649	−0.6736
118	A403	−0.0170	−0.0669	0.0450	0.0774	0.0359	−0.0169	−0.2631	−0.9479	−1.2646	−1.1657	−1.0770	−0.6011
119	A404	−0.0130	−0.0430	0.1060	0.1588	0.0710	−0.0446	−0.3943	−1.0588	−1.2970	−1.2333	−1.0580	−0.4967
120	A405	0.0495	0.0243	0.1937	0.2578	0.1465	−0.0357	−0.4254	−0.9885	−1.2910	−1.2770	−1.1104	−0.5123
121	A406	0.0415	0.0278	0.1790	0.1823	−0.0303	−0.2277	−0.6047	−1.0669	−1.3116	−1.4060	−1.1479	−0.4278
122	A407	0.0086	−0.0047	0.1237	0.0550	−0.1830	−0.3338	−0.6097	−1.0045	−1.3490	−1.5108	−1.1184	−0.3786
123	A408	0.0575	0.0730	0.1883	0.1531	−0.0542	−0.2214	−0.5369	−0.9665	−1.3911	−1.2707	−0.6440	−0.2926
124	A409	0.0693	0.0821	0.1546	0.0965	−0.1434	−0.2487	−0.4323	−0.7307	−0.6374	−0.3183	−0.3811	−0.2588
125	B301	0.0313	−0.2703	−0.1179	−0.0966	−0.2272	−0.1664	−0.2012	−0.2995	−0.3422	−0.3132	−0.2884	−0.0931
126	B302	0.0577	−0.1710	−0.1525	−0.1474	−0.1971	−0.2012	−0.2795	−0.3187	−0.3254	−0.2895	−0.2818	−0.0844
127	B303	0.0846	−0.0733	−0.0893	−0.0625	−0.1493	−0.2013	−0.1807	−0.2326	−0.3157	−0.3483	−0.3311	−0.1511
128	B304	0.1029	−0.0384	−0.0407	−0.0364	−0.1424	−0.1781	−0.1839	−0.2581	−0.3407	−0.4040	−0.4115	−0.2123
129	B305	0.1102	−0.0023	0.0094	−0.0258	−0.1799	−0.2048	−0.1987	−0.2531	−0.3857	−0.4854	−0.4788	−0.3181
130	B306	−0.0123	−0.0317	−0.0227	−0.0780	−0.1836	−0.1459	−0.1144	−0.4126	−1.2509	−1.5629	−1.4399	−1.4564
131	B401	0.1877	−0.1757	0.1042	0.0702	−0.2345	−0.2660	−0.2931	−0.3658	−0.3898	−0.3694	−0.2930	−0.1255
132	B402	0.1273	−0.0743	−0.0113	−0.0415	−0.2214	−0.2616	−0.3087	−0.3619	−0.3903	−0.3509	−0.2676	−0.1049
133	B403	0.1456	0.0073	0.0129	−0.0291	−0.1787	−0.2495	−0.2790	−0.3333	−0.3856	−0.3431	−0.3197	−0.1263
134	B404	0.1465	0.0332	0.0246	−0.0331	−0.2106	−0.2826	−0.3091	−0.3730	−0.4321	−0.4539	−0.4089	−0.1913
135	B405	0.1018	0.0163	0.0024	−0.0661	−0.2374	−0.2794	−0.2830	−0.3366	−0.4048	−0.4389	−0.4072	−0.2233
136	B406	0.0831	0.0328	0.0101	−0.0678	−0.2082	−0.2014	−0.1880	−0.2607	−0.3860	−0.5160	−0.5163	−0.4586

表 A.2.2 各风向角下模型的平均风压系数数值（测点编号 180~345）

序号	测点编号	180	195	210	225	240	255	270	285	300	315	330	345
1	A101	−0.4961	−0.9136	−1.1424	−0.8294	−1.0827	−0.9696	−0.3530	−0.2085	−0.3387	−0.2222	−0.0265	−0.0429
2	A102	−0.3172	−0.6987	−1.1553	−1.1538	−1.3222	−1.1674	−0.1976	0.0203	−0.0712	−0.1123	−0.0186	−0.0930
3	A103	−0.2363	−0.5884	−1.1354	−1.1905	−1.3675	−1.1483	−0.2653	0.0731	0.0702	0.0134	0.0630	−0.0502
4	A104	−0.1950	−0.5391	−1.1697	−1.2948	−1.4097	−1.2936	−0.4943	0.0633	0.1530	0.1454	0.1837	0.0461
5	A105	−0.1883	−0.5044	−1.1686	−1.3251	−1.4166	−1.2729	−0.7021	−0.1928	0.0499	0.1182	0.1728	0.0326
6	A106	−0.2673	−0.5546	−1.3186	−1.6068	−1.5310	−1.3689	−0.9109	−0.3907	−0.0046	0.1443	0.2139	0.0864
7	A107	−0.2758	−0.4860	−1.2398	−1.6632	−1.5410	−1.2525	−0.8345	−0.4831	−0.1846	0.1013	0.2147	0.1104
8	A108	−0.2485	−0.2863	−0.5945	−1.3590	−1.5574	−1.1936	−0.7644	−0.3876	−0.1273	0.0952	0.2159	0.1344
9	A109	−0.3800	−0.3294	−0.4249	−0.4234	−1.1085	−1.1404	−0.7352	−0.4949	−0.3495	−0.0162	0.1155	0.0735
10	A201	−0.2327	−0.3332	−0.6428	−0.5975	−0.5531	−0.0616	0.3421	0.4167	0.3608	0.3148	0.3250	0.0772
11	A202	−0.1782	−0.2213	−0.5461	−0.5838	−0.4457	−0.0237	0.5045	0.5438	0.3468	0.2757	0.2308	0.0271
12	A203	−0.1764	−0.2044	−0.5143	−0.6389	−0.4796	−0.0607	0.4670	0.6120	0.4397	0.2613	0.2233	0.0379
13	A204	−0.1624	−0.1561	−0.3881	−0.6152	−0.4685	−0.1225	0.4003	0.5922	0.4845	0.2922	0.2169	0.0451
14	A205	−0.1885	−0.1664	−0.3167	−0.6155	−0.4993	−0.1423	0.3084	0.5578	0.5131	0.3411	0.2361	0.0602
15	A206	−0.2136	−0.1550	−0.1724	−0.2792	−0.4211	−0.1335	0.2609	0.5003	0.5284	0.4218	0.3127	0.1262
16	A207	−0.2389	−0.1461	−0.1503	−0.0135	−0.2252	−0.0707	0.2287	0.4047	0.4685	0.3775	0.2858	0.1020
17	A208	−0.2974	−0.1556	−0.1271	0.0528	0.1382	0.0478	0.2757	0.4103	0.3999	0.3510	0.2634	0.0919
18	A209	−0.5932	−0.4989	−0.2907	0.0254	0.2683	0.3528	0.3284	0.4423	0.4346	0.3624	0.2802	0.1244
19	B101	−0.1649	−0.1722	−0.3185	−0.4007	−0.4497	−0.4496	−0.3833	−0.3708	−0.3624	−0.1142	0.0889	−0.0693
20	B102	−0.1929	−0.2043	−0.3639	−0.4320	−0.5183	−0.5255	−0.5007	−0.4584	−0.4131	−0.2583	−0.1039	−0.1291
21	B103	−0.2068	−0.2077	−0.3938	−0.3962	−0.4704	−0.4187	−0.3518	−0.3172	−0.2540	−0.1320	−0.0113	−0.0025
22	B104	−0.2081	−0.2132	−0.4060	−0.4506	−0.4630	−0.4334	−0.3781	−0.3754	−0.3127	−0.1588	−0.0178	0.0132

续表

序号	测点编号	180	195	210	225	240	255	270	285	300	315	330	345
23	B105	−0.2682	−0.2571	−0.4243	−0.4790	−0.4733	−0.4122	−0.3577	−0.3688	−0.3349	−0.1845	−0.0305	0.0060
24	B106	−0.6777	−0.5339	−0.5970	−0.5933	−0.5373	−0.4227	−0.3355	−0.3655	−0.3667	−0.2319	−0.0708	−0.0120
25	B201	−0.1730	−0.1705	−0.3615	−0.3597	−0.4152	−0.4128	−0.3814	−0.3083	−0.3093	−0.2837	−0.1989	−0.2210
26	B202	−0.1730	−0.1705	−0.3615	−0.3597	−0.4152	−0.4128	−0.3814	−0.3083	−0.3093	−0.2837	−0.1989	−0.2210
27	B203	−0.2197	−0.1834	−0.3458	−0.3531	−0.3594	−0.2904	−0.2344	−0.2586	−0.2316	−0.1608	−0.1454	−0.1233
28	B204	−0.3002	−0.2725	−0.4614	−0.4653	−0.4323	−0.3612	−0.2892	−0.2974	−0.2590	−0.1506	−0.0962	−0.0854
29	B205	−0.3491	−0.3294	−0.4648	−0.4862	−0.4263	−0.3012	−0.2478	−0.2760	−0.2658	−0.1292	−0.0328	−0.0284
30	B206	−1.8999	−1.5216	−1.5205	−1.7578	−1.4257	−0.4973	−0.1420	−0.1737	−0.2059	−0.1035	0.0007	0.0020
31	C101	−0.0435	−0.0411	−0.0829	−0.1132	−0.1231	−0.0853	−0.0162	−0.0422	0.0831	0.5848	0.3783	0.0336
32	C102	−0.0824	−0.1334	−0.1657	−0.2061	−0.1839	−0.1085	−0.0224	−0.0026	0.0872	0.3300	0.4229	0.1696
33	C103	−0.1102	−0.1888	−0.2373	−0.2669	−0.2173	−0.1130	−0.0093	−0.0261	0.0057	0.1802	0.2882	0.1505
34	C104	−0.1055	−0.1768	−0.2142	−0.2376	−0.1808	−0.0507	0.0858	0.0183	−0.0025	0.1348	0.2075	0.1270
35	C105	−0.2403	−0.2833	−0.3391	−0.3235	−0.1847	−0.0214	0.1184	0.0725	0.0160	0.0757	0.1736	0.1395
36	C106	−0.1944	−0.2439	−0.3388	−0.2881	−0.1921	−0.0379	0.0912	0.0580	0.0081	0.0554	0.1344	0.1449
37	C107	−0.3363	−0.2522	−0.4376	−0.4279	−0.3025	−0.1070	−0.0124	−0.0645	−0.1214	−0.0284	0.0265	0.0644
38	C108	−1.0232	−1.1557	−0.5945	−0.4199	−0.2728	−0.0460	0.0431	−0.0002	−0.0765	−0.0056	0.0308	0.0498
39	C201	−0.0989	−0.1309	−0.1446	−0.1611	−0.1200	−0.0604	−0.0003	−0.0652	0.1099	0.4612	0.1868	0.0031
40	C202	−0.0991	−0.1176	−0.1333	−0.1150	−0.0664	0.0433	0.1396	0.0450	0.2690	0.4307	0.3635	0.1489
41	C203	−0.0993	−0.1467	−0.2249	−0.1526	−0.0974	0.0166	0.1443	0.0746	0.0154	0.1743	0.2956	0.1906
42	C204	−0.2999	−0.3160	−0.3662	−0.3188	−0.1871	−0.0115	0.1414	0.0921	0.0204	0.0768	0.2170	0.1807
43	C205	−0.3510	−0.2934	−0.2183	−0.2303	−0.1187	0.0856	0.2151	0.1599	0.0498	0.0412	0.1792	0.2479
44	C206	−1.0213	−1.2034	−1.4185	−0.7445	−0.1582	0.0079	0.0783	0.0617	−0.0228	−0.0130	0.0753	0.1492

续表

序号	测点编号	180	195	210	225	240	255	270	285	300	315	330	345
45	C301	−0.1259	−0.1206	−0.1386	−0.1196	−0.0805	−0.0076	0.0391	0.0315	0.3433	0.4730	0.1268	−0.0031
46	C302	−0.1082	−0.1167	−0.1558	−0.1215	−0.0699	0.0259	0.0990	0.0225	0.2839	0.3691	0.2439	0.1118
47	C303	−0.1389	−0.1627	−0.2380	−0.1717	−0.1111	−0.0032	0.1010	0.0207	0.1466	0.2416	0.2661	0.1197
48	C304	−0.1223	−0.1106	−0.2450	−0.1750	−0.1038	0.0124	0.1281	0.0492	0.0125	0.1488	0.2694	0.1584
49	C305	−0.4068	−0.3950	−0.3759	−0.3332	−0.1810	−0.0001	0.1193	0.0588	−0.0227	0.1576	0.3276	0.1144
50	C306	−0.3899	−0.4224	−0.3360	−0.3361	−0.2264	−0.0295	0.1068	0.0636	0.0013	0.0484	0.1865	0.1700
51	C307	−0.5314	−0.6300	−0.4982	−0.2592	−0.2103	−0.0223	0.1076	0.0877	0.0093	0.0115	0.1360	0.1840
52	C308	−1.2233	−1.3223	−1.4855	−1.1127	−0.3854	−0.0443	0.0762	0.0881	0.0029	0.0057	0.1041	0.1136
53	C401	−0.0353	0.0136	0.0206	0.0131	0.0153	0.0575	0.0751	0.0783	0.3998	0.1848	0.1019	0.0383
54	C402	−0.1208	−0.0952	−0.1502	−0.1130	−0.0625	0.0119	0.0622	0.0144	0.2286	0.1940	0.1439	0.0620
55	C403	−0.1351	−0.1440	−0.1941	−0.1699	−0.0899	0.0088	0.0876	0.0167	0.1764	0.1649	0.2078	0.1008
56	C404	−0.1026	−0.1453	−0.1863	−0.1940	−0.0965	0.0235	0.1218	0.0586	0.1252	0.1267	0.2803	0.1721
57	C405	−0.2961	−0.3577	−0.3098	−0.2797	−0.1845	−0.0151	0.1180	0.0979	0.0278	0.0427	0.2596	0.1550
58	C406	−0.4082	−0.4617	−0.4338	−0.2669	−0.2115	−0.0181	0.1132	0.0827	0.0245	0.0665	0.2698	0.1586
59	C407	−0.6046	−0.6726	−0.7456	−0.4339	−0.2066	−0.0557	0.0766	0.0395	−0.0037	0.0280	0.1957	0.1267
60	C408	−1.3133	−1.3952	−1.3331	−1.1453	−0.6097	−0.0819	0.0446	0.0371	−0.0063	0.0302	0.1208	0.0976
61	C501	0.2139	0.2561	0.2498	0.2473	0.2181	0.2180	0.1931	0.1516	0.4355	0.1223	0.2476	0.2031
62	C502	−0.0719	−0.0748	−0.0784	−0.1011	−0.0352	0.0225	0.0550	0.0097	0.1797	0.0411	0.1732	0.1214
63	C503	−0.1245	−0.1298	−0.1260	−0.1626	−0.0598	0.0226	0.0796	0.0182	0.1380	0.0488	0.2136	0.1357
64	C504	−0.1265	−0.0862	−0.1301	−0.1873	−0.0931	0.0185	0.0947	0.0281	0.1051	0.0308	0.2286	0.1654
65	C505	−0.4281	−0.4571	−0.3968	−0.2291	−0.1484	0.0396	0.1231	0.0850	0.1109	0.0431	0.2488	0.1357
66	C506	−0.4257	−0.4976	−0.5119	−0.2882	−0.1796	−0.0121	0.1135	0.0744	0.0711	0.0021	0.2383	0.1571

续表

序号	测点编号	180	195	210	225	240	255	270	285	300	315	330	345
67	C507	−0.5048	−0.6378	−0.6529	−0.5038	−0.1550	0.0315	0.1693	0.1222	0.1186	0.0807	0.3096	0.2172
68	C508	−1.3112	−1.3415	−1.2116	−0.9412	−0.5298	−0.0532	0.0919	0.0619	0.0348	0.0069	0.1622	0.1141
69	C601	−0.0803	−0.0291	0.0253	0.0117	0.0252	0.0591	0.0538	0.0174	0.2736	−0.1185	0.1047	0.0896
70	C602	−0.1046	−0.1136	−0.1032	−0.1467	−0.0662	−0.0051	0.0289	−0.0099	0.1631	−0.0878	0.1799	0.1412
71	C603	−0.1288	−0.1379	−0.1427	−0.1572	−0.0868	0.0101	0.0674	0.0208	0.1292	−0.0425	0.2260	0.1779
72	C604	−0.1435	−0.1776	−0.2063	−0.1660	−0.1199	0.0020	0.0806	0.0327	0.0930	−0.0302	0.2417	0.1934
73	C605	−0.3147	−0.3794	−0.3934	−0.2414	−0.1739	−0.0090	0.0944	0.0765	0.0927	0.0019	0.2400	0.1964
74	C606	−0.4076	−0.4808	−0.4981	−0.3561	−0.1573	−0.0097	0.1167	0.0926	0.1089	0.0276	0.2351	0.2001
75	C607	−0.5777	−0.6607	−0.6730	−0.6020	−0.2881	−0.0430	0.1031	0.0604	0.0832	0.0149	0.2267	0.1694
76	C608	−1.3250	−1.4048	−1.2600	−0.9164	−0.5237	−0.0757	0.0854	0.0489	0.0638	0.0202	0.1513	0.1208
77	C701	0.0088	0.0182	0.0813	0.0283	0.0513	0.0573	0.0511	−0.0067	0.1562	−0.1331	0.1051	0.1414
78	C702	−0.0993	−0.0972	−0.1144	−0.0994	−0.0582	0.0094	0.0351	−0.0070	0.1488	−0.1306	0.2300	0.1840
79	C703	−0.1141	−0.1174	−0.1485	−0.1002	−0.0686	0.0293	0.0755	0.0346	0.1304	−0.0948	0.2713	0.2069
80	C704	−0.1251	−0.0826	−0.1720	−0.1404	−0.1273	0.0110	0.0794	0.0276	0.0809	−0.1039	0.2792	0.1921
81	C705	−0.3597	−0.3962	−0.3861	−0.2691	−0.1112	0.0455	0.1383	0.1231	0.1430	0.0163	0.2461	0.2022
82	C706	−0.4279	−0.4982	−0.5003	−0.4392	−0.2023	−0.0435	0.0873	0.0794	0.0842	0.0219	0.2133	0.1836
83	C707	−0.5584	−0.6640	−0.6384	−0.5313	−0.3045	−0.0345	0.1056	0.0884	0.0981	0.0704	0.2263	0.1942
84	C708	−1.2977	−1.3249	−1.2348	−0.8861	−0.4064	−0.0271	0.1224	0.0854	0.1006	0.0798	0.1798	0.1717
85	C801	−0.0874	−0.0820	−0.0734	−0.0356	−0.0079	0.0321	0.0419	0.0332	0.1213	−0.1267	0.1040	0.2096
86	C802	−0.1290	−0.1263	−0.1315	−0.0651	−0.0477	0.0245	0.0564	0.0293	0.1308	−0.1356	0.1909	0.2150
87	C803	−0.1243	−0.1106	−0.1344	−0.0557	−0.0450	0.0628	0.1084	0.0834	0.1720	−0.0802	0.2882	0.2326
88	C804	−0.1049	−0.1581	−0.1968	−0.1216	−0.0935	0.0362	0.1082	0.0760	0.1325	−0.0317	0.3367	0.2083

续表

序号	测点编号	180	195	210	225	240	255	270	285	300	315	330	345
89	C805	-0.2431	-0.3113	-0.3194	-0.2660	-0.0982	0.0199	0.1351	0.1283	0.1453	0.0573	0.3285	0.2092
90	C806	-0.3542	-0.4254	-0.4222	-0.3492	-0.1590	0.0059	0.1319	0.1299	0.1395	0.0931	0.2755	0.2002
91	C807	-0.5649	-0.6441	-0.6402	-0.5026	-0.2891	-0.0426	0.0934	0.0851	0.0912	0.0881	0.1990	0.1567
92	C808	-1.1879	-1.1981	-1.1422	-0.8366	-0.3736	0.0345	0.1847	0.1642	0.1730	0.1950	0.2679	0.2352
93	C901	-0.0875	-0.0275	0.0528	0.1489	0.1647	0.1621	0.1887	0.1908	0.1791	-0.0653	0.1233	0.2566
94	C902	-0.0915	-0.0665	-0.0613	0.0320	0.0496	0.1159	0.1432	0.1204	0.1677	-0.0498	0.2180	0.2765
95	C903	-0.0884	-0.0536	-0.0911	-0.0512	0.0080	0.1113	0.1579	0.1252	0.1713	0.0137	0.3225	0.2025
96	C904	-0.2978	-0.3212	-0.2883	-0.1766	0.0079	0.1335	0.2055	0.2028	0.2282	0.0760	0.3238	0.1647
97	C905	-0.4302	-0.4602	-0.4533	-0.3186	-0.1257	0.0601	0.1616	0.1679	0.1783	0.1161	0.2892	0.1538
98	C906	-1.1202	-1.0859	-0.9321	-0.7043	-0.2785	0.0493	0.1799	0.1469	0.1491	0.1350	0.2401	0.1385
99	C1001	-0.0551	0.0053	0.0746	0.1704	0.1419	0.1170	0.0972	0.0387	0.0447	-0.0457	0.0675	0.2708
100	C1002	-0.0851	-0.0663	0.0023	0.1313	0.1596	0.1842	0.1899	0.1589	0.1580	-0.0065	0.1941	0.2719
101	C1003	-0.0753	-0.0391	0.0217	0.1373	0.1967	0.2375	0.2440	0.2285	0.2408	0.0520	0.2842	0.2867
102	C1004	-0.0735	-0.0725	-0.0384	0.0660	0.1450	0.2017	0.2103	0.1987	0.2203	0.0686	0.2995	0.2120
103	C1005	-0.1674	-0.1856	-0.1514	-0.0242	0.1318	0.2177	0.2613	0.2695	0.3226	0.1574	0.3857	0.2140
104	C1006	-0.2345	-0.2860	-0.2395	-0.0795	0.0909	0.2023	0.2575	0.2393	0.2902	0.1586	0.3603	0.1668
105	C1007	-0.2774	-0.3634	-0.3220	-0.1464	0.0911	0.2295	0.3054	0.2781	0.3048	0.2422	0.4046	0.2057
106	C1008	-1.0116	-0.9029	-0.6959	-0.4171	-0.1174	0.1481	0.2493	0.1919	0.1798	0.1566	0.2528	0.1293
107	A301	-0.1740	-0.3118	-0.4820	-0.6005	-0.5360	-0.3466	-0.1928	-0.1768	0.0106	0.0309	-0.0588	0.2254
108	A302	-0.1278	-0.2836	-0.4703	-0.6019	-0.5756	-0.4740	-0.3271	-0.2868	0.0538	0.0551	0.0430	0.1723
109	A303	-0.1282	-0.3150	-0.5096	-0.6287	-0.6335	-0.5364	-0.3750	-0.3183	0.0445	-0.0546	0.0746	0.1487
110	A304	-0.1066	-0.3146	-0.5372	-0.6312	-0.6575	-0.5942	-0.3981	-0.2969	0.0549	0.0979	0.1499	0.1868
111	A305	-0.0983	-0.2916	-0.5547	-0.6346	-0.6554	-0.6205	-0.4180	-0.3187	0.0036	0.1005	0.1607	0.1355

续表

序号	测点编号	180	195	210	225	240	255	270	285	300	315	330	345
112	A306	−0.1140	−0.2845	−0.6014	−0.7446	−0.6638	−0.5789	−0.4295	−0.3075	−0.0432	0.1683	0.2355	0.1801
113	A307	−0.1414	−0.2897	−0.3800	−0.7652	−0.6967	−0.5270	−0.4235	−0.2966	−0.0956	0.1776	0.2317	0.1667
114	A308	−0.1940	−0.4034	−0.1647	−0.4081	−0.7437	−0.4896	−0.3926	−0.2436	−0.0876	0.2294	0.2708	0.1938
115	A309	−0.5331	−0.8695	−0.9585	0.0004	0.0771	−0.5316	−0.4177	−0.2566	−0.1348	0.2266	0.2238	0.1354
116	A401	−0.3600	−0.3859	−0.5238	−0.6472	−0.6359	−0.4802	−0.2935	−0.1581	0.0158	0.0418	−0.0705	0.2282
117	A402	−0.2458	−0.3435	−0.5134	−0.6220	−0.5752	−0.4171	−0.2224	−0.1102	0.0348	0.0201	−0.0494	0.1423
118	A403	−0.1952	−0.3110	−0.4828	−0.5749	−0.5032	−0.3441	−0.1662	−0.0775	0.0544	0.0234	−0.0192	0.1002
119	A404	−0.1045	−0.2771	−0.4580	−0.5379	−0.4549	−0.2848	−0.1328	−0.0787	0.0791	0.0616	0.0310	0.0876
120	A405	−0.1125	−0.2915	−0.4797	−0.5472	−0.4625	−0.2713	−0.1055	−0.0454	0.1138	0.1006	0.0780	0.1338
121	A406	−0.1114	−0.3387	−0.4848	−0.5385	−0.4565	−0.2494	−0.0647	−0.0006	0.1186	0.1571	0.1332	0.1122
122	A407	−0.1453	−0.3910	−0.5531	−0.6195	−0.5182	−0.3084	−0.1316	−0.0478	0.0626	0.1723	0.1144	0.0797
123	A408	−0.1928	−0.5055	−0.7506	−0.6637	−0.5256	−0.2915	−0.0996	−0.0176	0.0860	0.1896	0.1516	0.1053
124	A409	−0.2528	−0.6396	−0.8807	−0.9785	−0.5957	−0.2601	−0.0344	0.0352	0.1180	0.2357	0.1916	0.1205
125	B301	−0.0604	−0.4448	−0.8540	−1.0652	−0.8376	−0.3630	−0.1619	−0.1612	−0.0772	−0.1708	−0.1374	−0.0641
126	B302	−0.0395	−0.4631	−0.9966	−1.3493	−1.3778	−0.5281	−0.2433	−0.3057	−0.0381	−0.0954	0.0338	0.0260
127	B303	−0.1270	−0.5377	−1.0268	−1.2133	−1.0312	−0.4781	−0.3260	−0.4565	−0.0591	0.0203	0.2371	0.1367
128	B304	−0.1750	−0.6293	−1.1404	−1.4735	−1.3549	−0.7174	−0.3134	−0.3924	−0.1059	0.0803	0.3170	0.1822
129	B305	−0.3019	−0.8793	−1.5676	−1.6824	−1.4693	−0.7838	−0.1521	−0.2257	−0.0881	0.1256	0.3835	0.1985
130	B306	−1.8060	−1.0634	−1.0822	−1.0639	−0.7324	−0.2908	−0.0508	−0.1711	−0.2373	0.1006	0.1612	0.0633
131	B401	−0.0576	−0.2860	−0.4833	−0.5685	−0.4981	−0.2671	−0.1513	−0.1843	−0.0564	−0.0717	−0.1053	0.0376
132	B402	−0.0472	−0.3012	−0.5605	−0.6810	−0.6460	−0.4812	−0.3314	−0.3337	−0.0315	−0.0107	0.0388	0.1117
133	B403	−0.0752	−0.3283	−0.6225	−0.7249	−0.6675	−0.4691	−0.2908	−0.2536	0.0103	0.0803	0.2063	0.1836
134	B404	−0.1317	−0.3988	−0.6562	−0.7855	−0.6843	−0.4651	−0.2799	−0.2425	−0.0292	0.1222	0.2539	0.1965
135	B405	−0.1785	−0.4328	−0.7040	−0.7867	−0.7228	−0.5197	−0.3381	−0.2942	−0.1310	0.1335	0.2274	0.1666
136	B406	−0.5427	−0.7086	−0.7561	−0.8675	−0.7153	−0.4209	−0.1892	−0.1640	−0.0731	0.1798	0.2395	0.1518

A.3　数值模拟平均风压系数分布云图

附图 A.3.1~A.3.4 为风洞试验与模型验证工况。

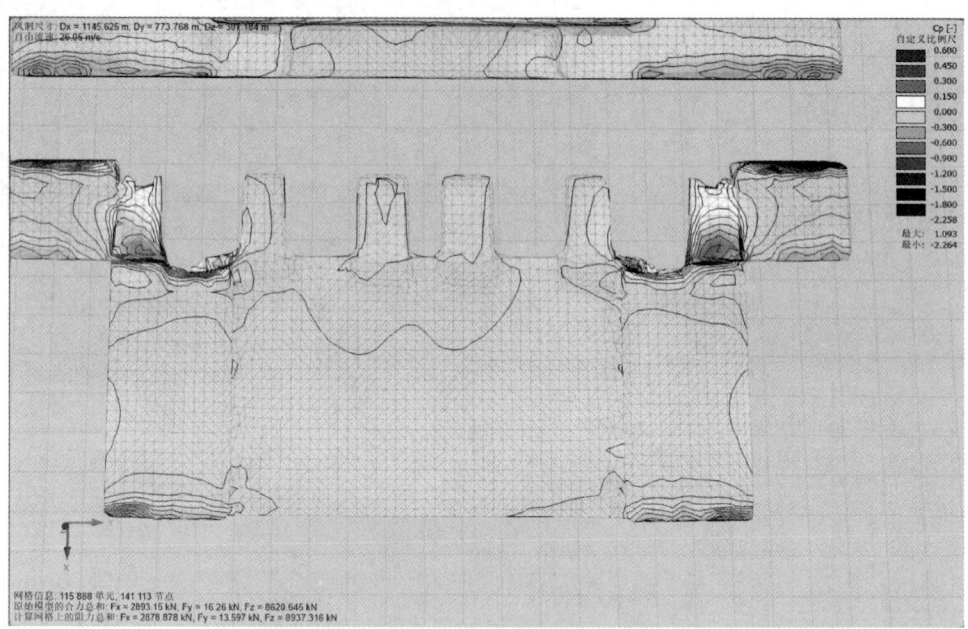

附图 A.3.1　0°风向角

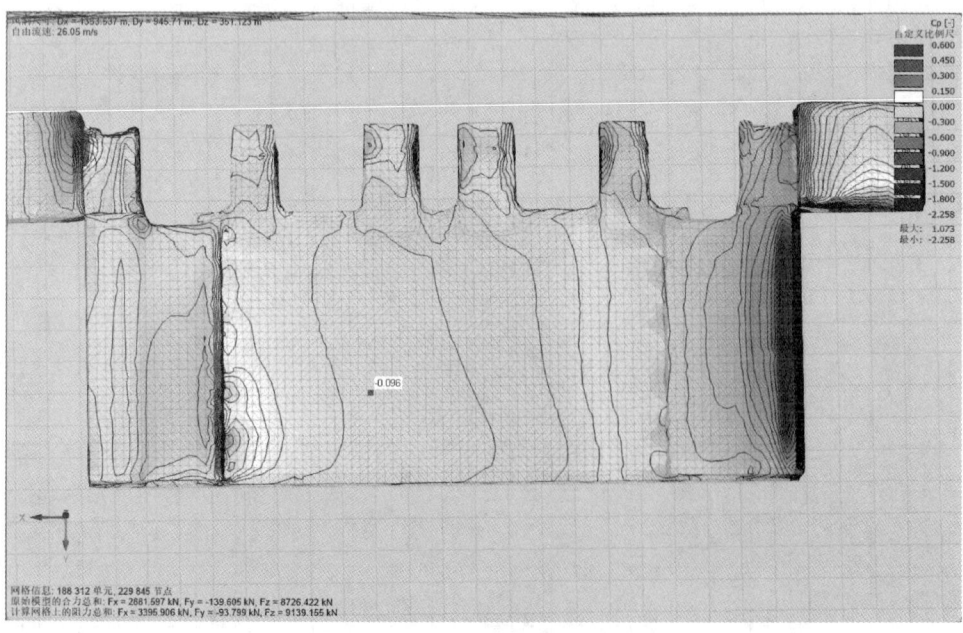

附图 A.3.2　90°风向角

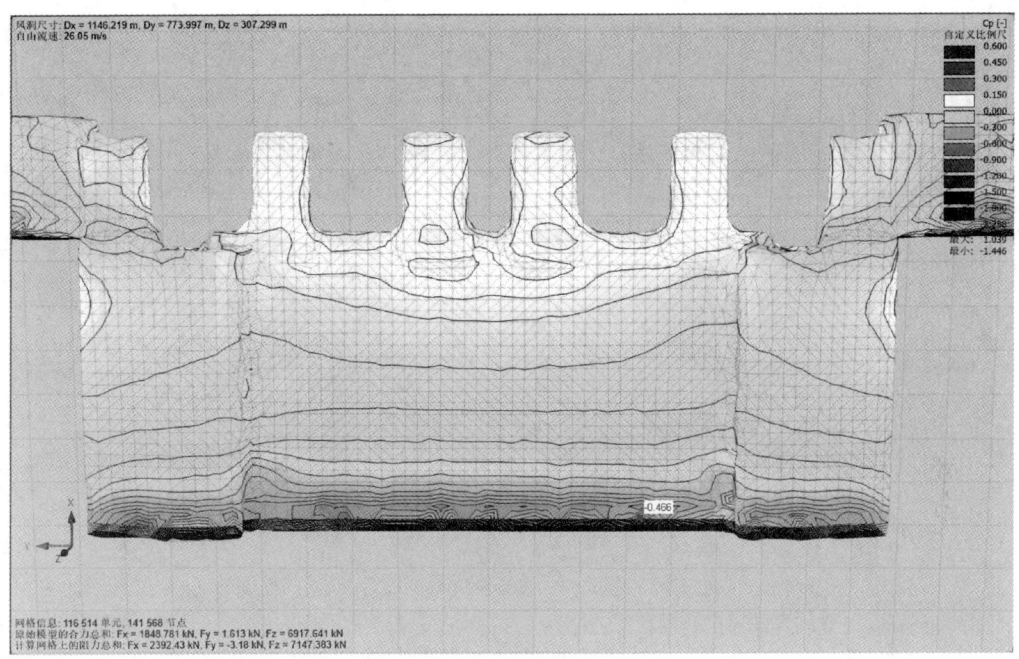

附图 A.3.3　180°风向角

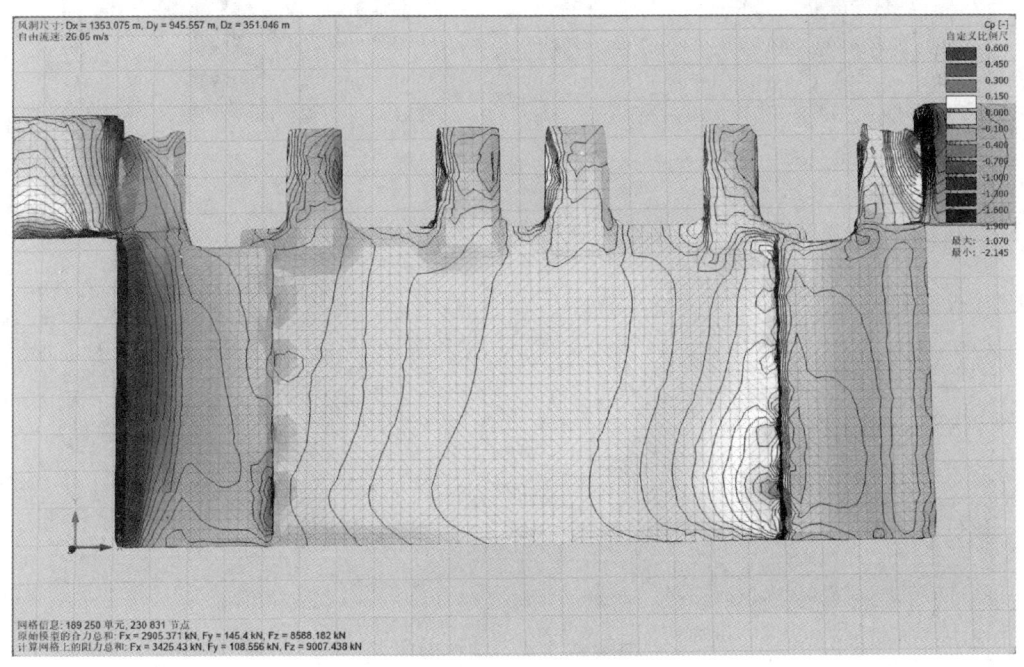

附图 A.3.4　270°风向角

附图 A.3.5～A.3.8 为第一次顶推工况。

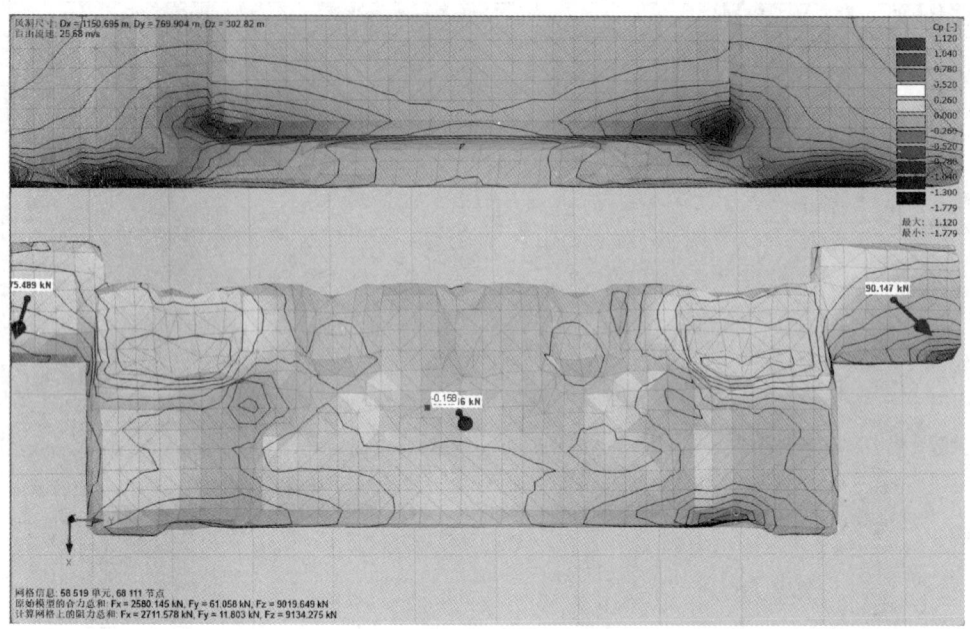

附图 A.3.5　0°风向角

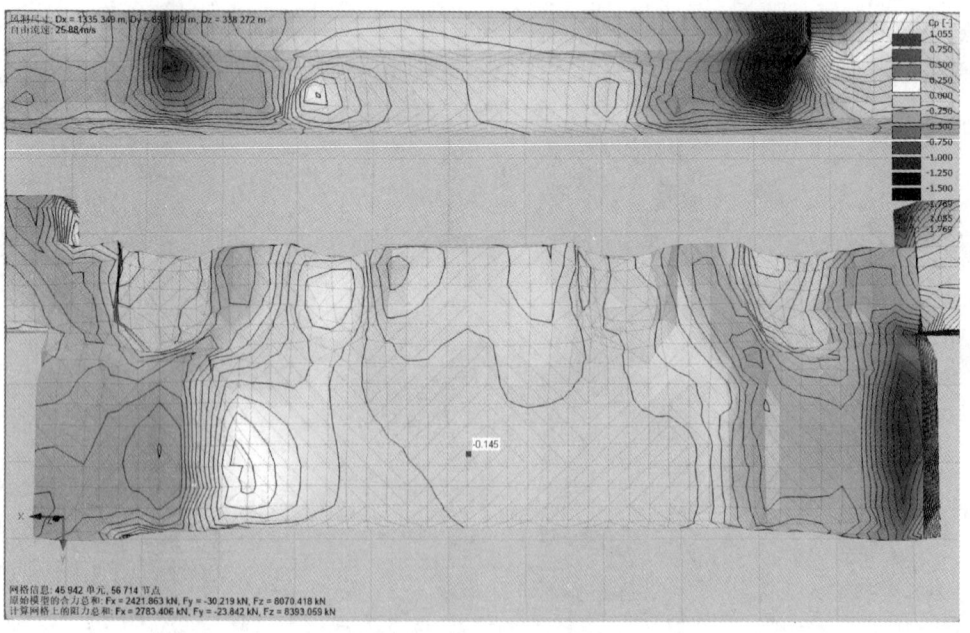

附图 A.3.6　90°风向角

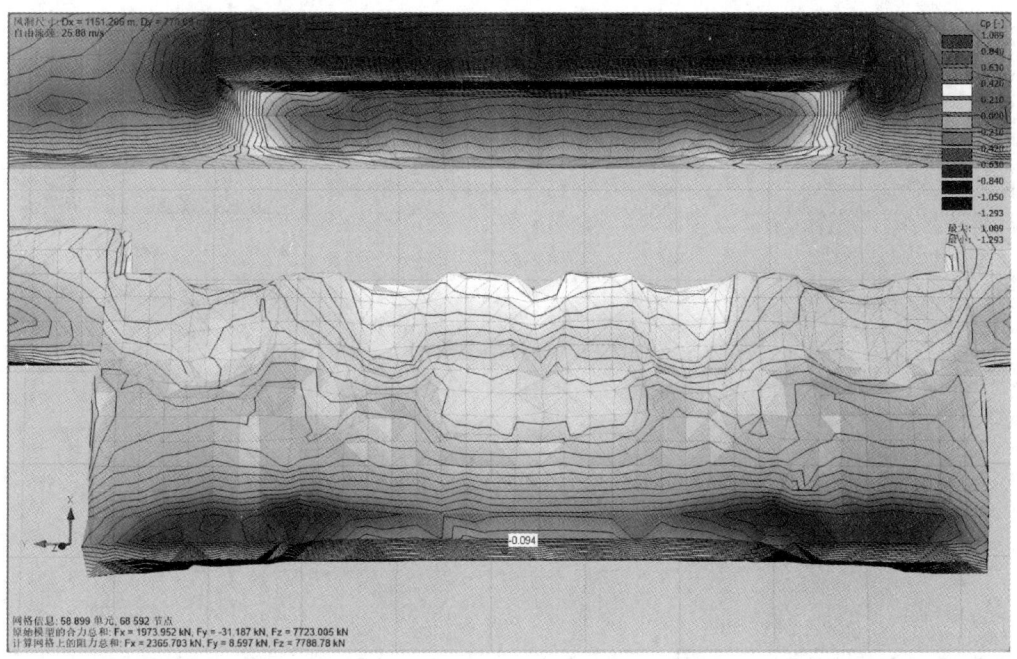

附图 A.3.7　180°风向角

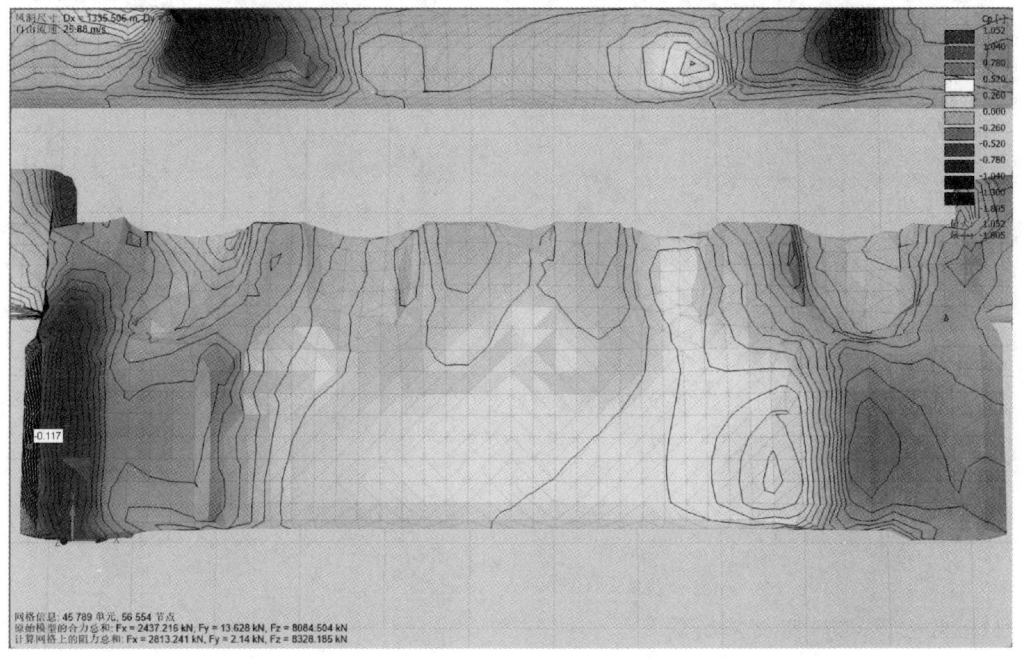

附图 A.3.8　270°风向角

附图 A.3.9~A.3.12 为第二次顶推工况。

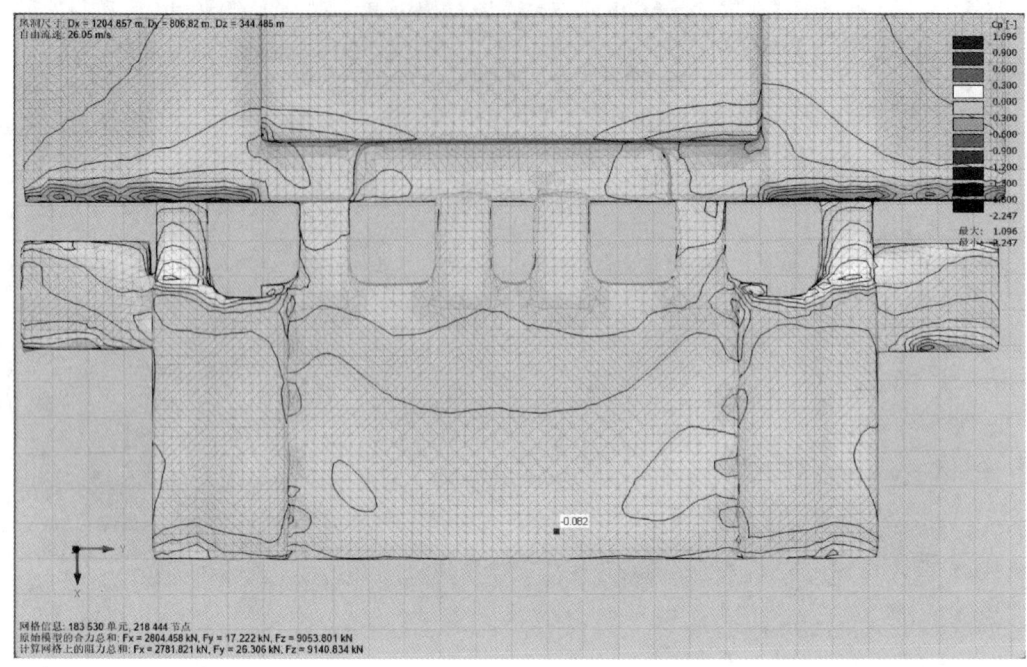

附图 A.3.9 0°风向角

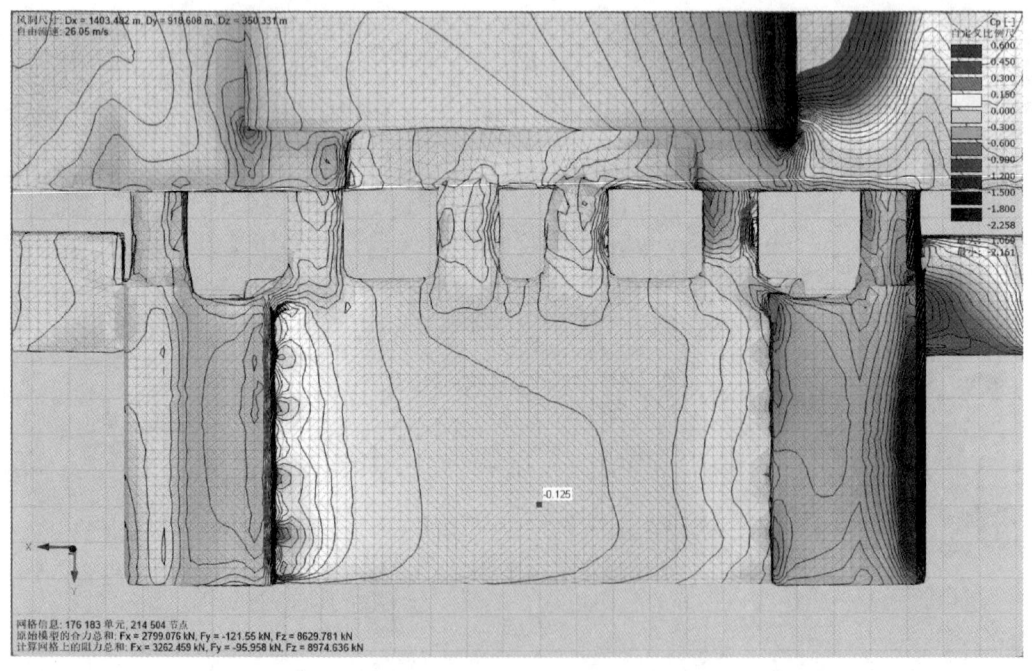

附图 A.3.10 90°风向角

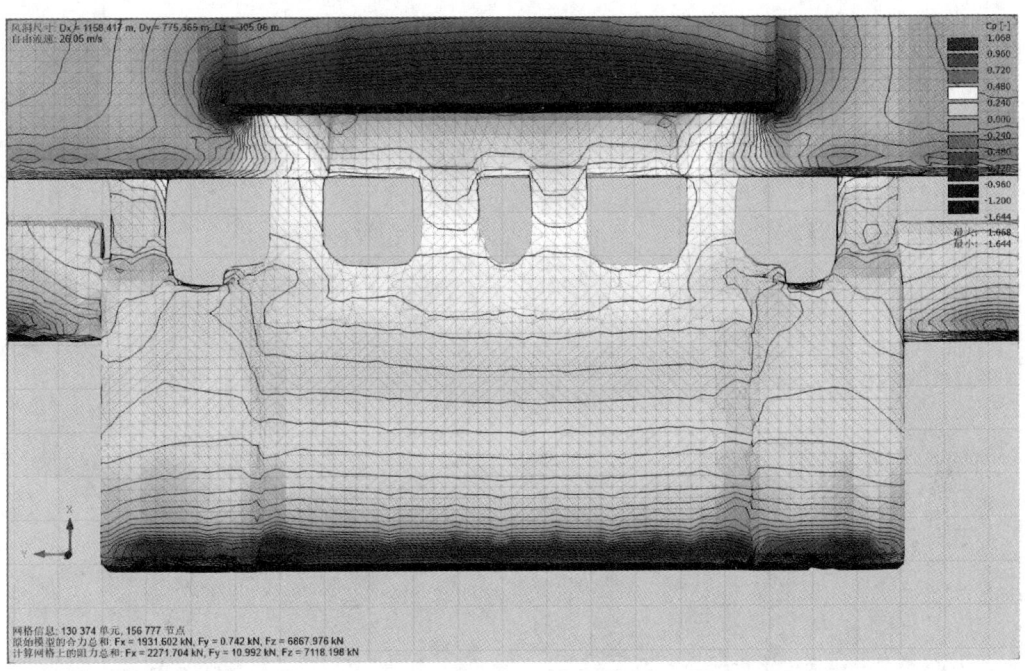

附图 A.3.11 180°风向角

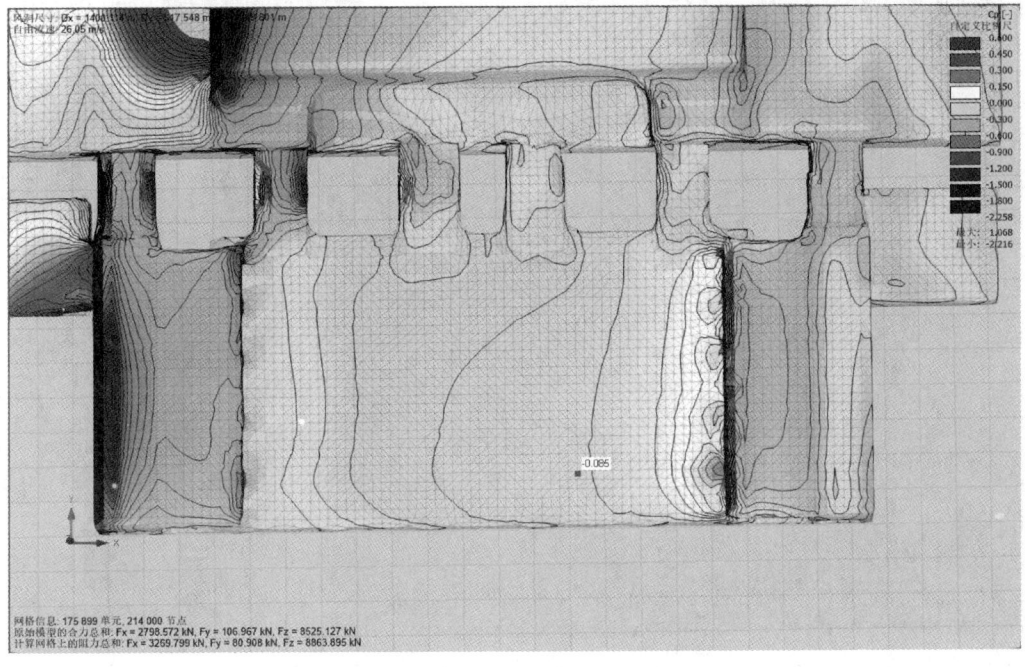

附图 A.3.12 270°风向角

附图 A.3.13~A.3.16 为第三次顶推工况。

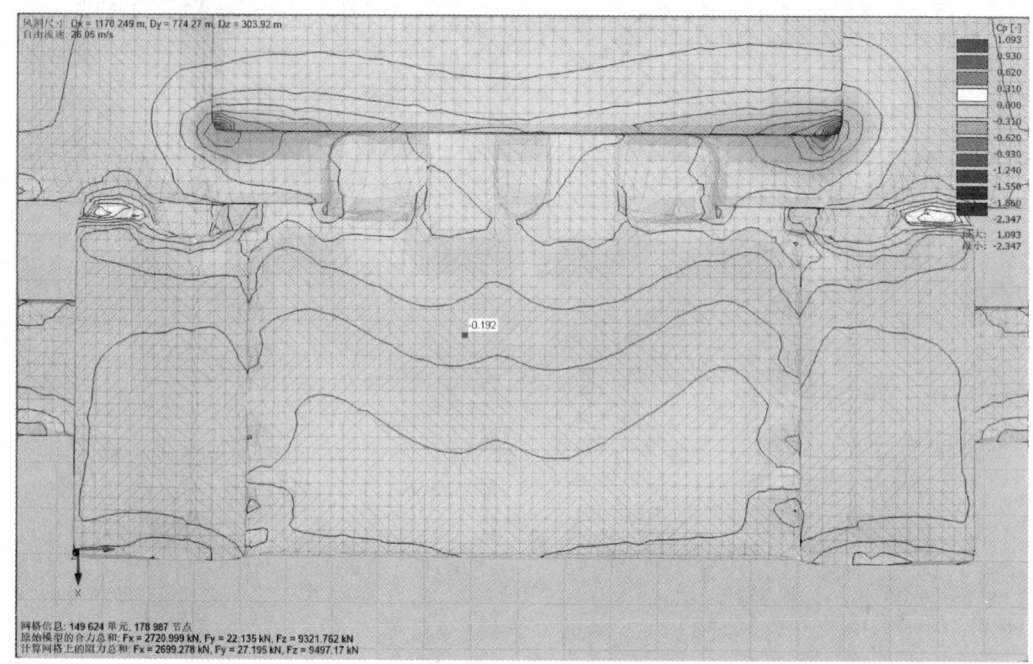

附图 A.3.13　0°风向角

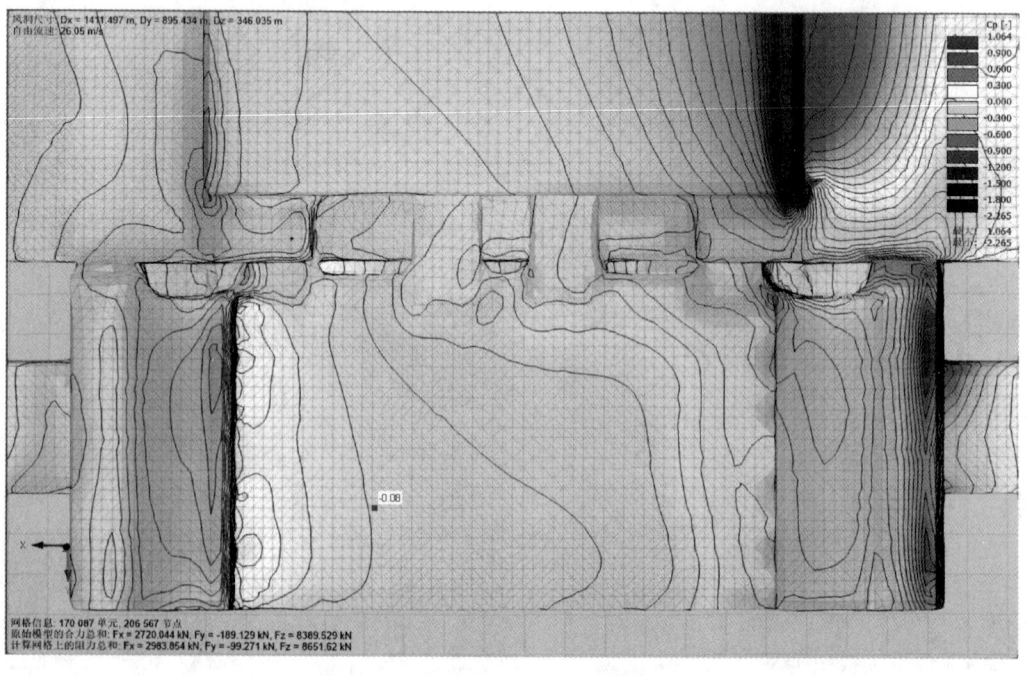

附图 A.3.14　90°风向角

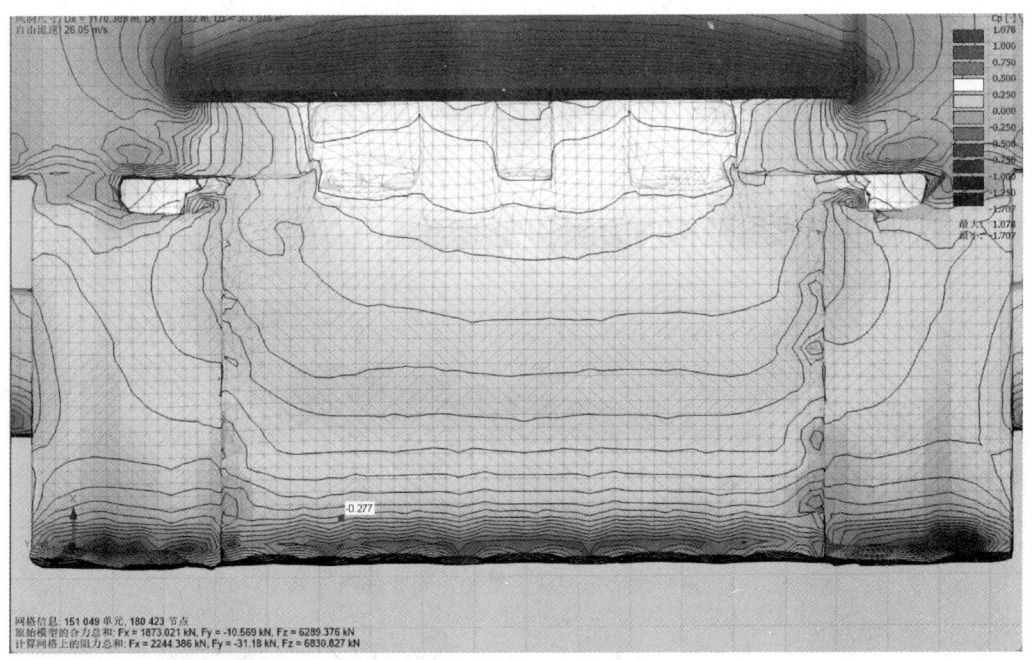

附图 A.3.15　180°风向角

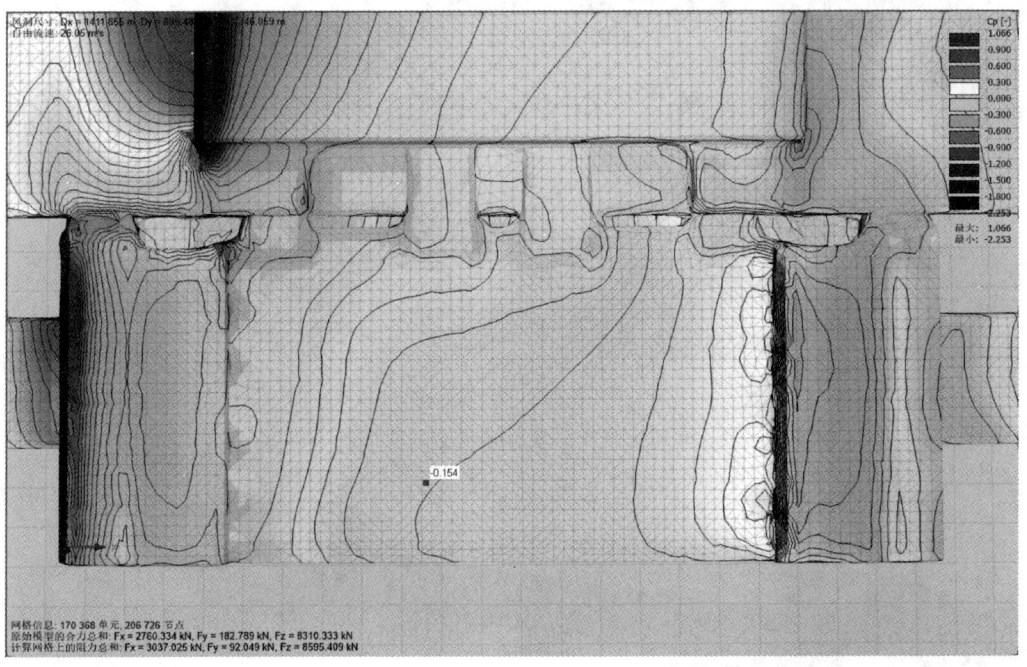

附图 A.3.16　270°风向角

附录 B

B.1 三次顶推完成后结构内力图和变形图

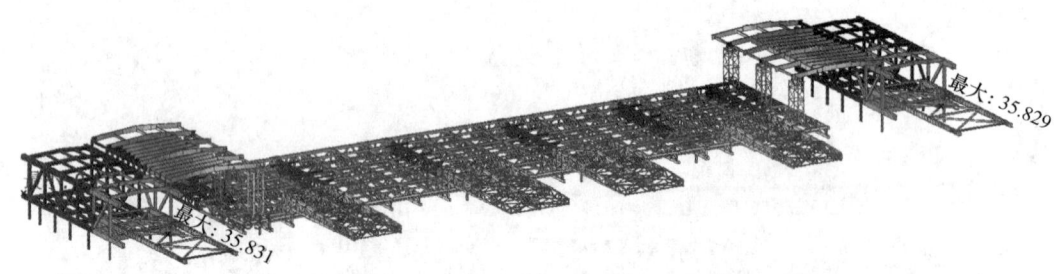

附图 B.1.1 第一次顶推完成后结构空间变形图（单位：mm）

附图 B.1.2 第二次顶推完成后结构空间变形图（单位：mm）

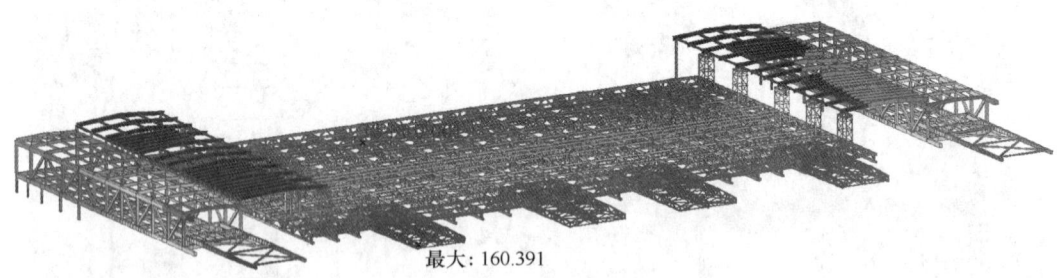

附图 B.1.3 第三次顶推完成后结构空间变形图（单位：mm）

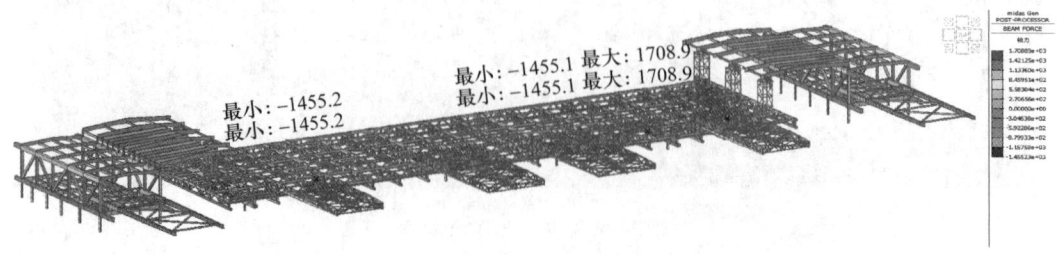

附图 B.1.4 第一次顶推完成后结构轴力图（单位：kN）

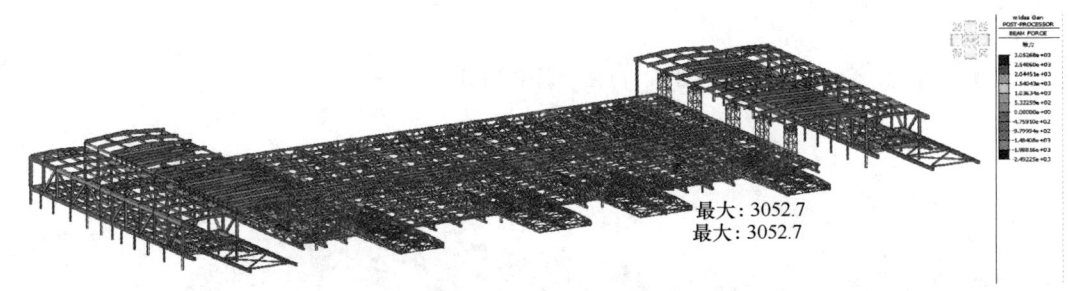

附图 B.1.5 第二次顶推完成后结构轴力图（单位：kN）

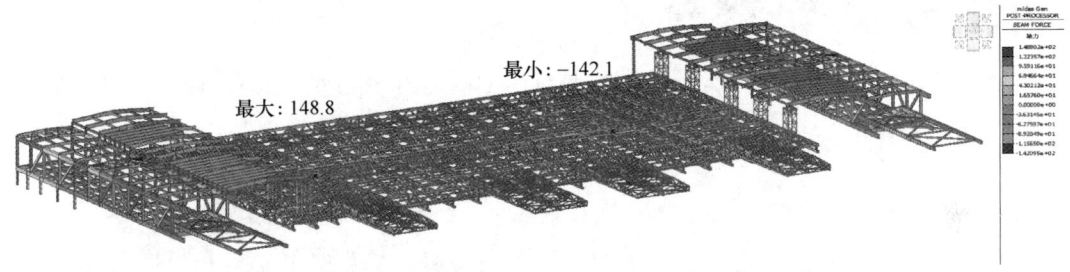

附图 B.1.6 第三次顶推完成后结构轴力图（单位：kN）

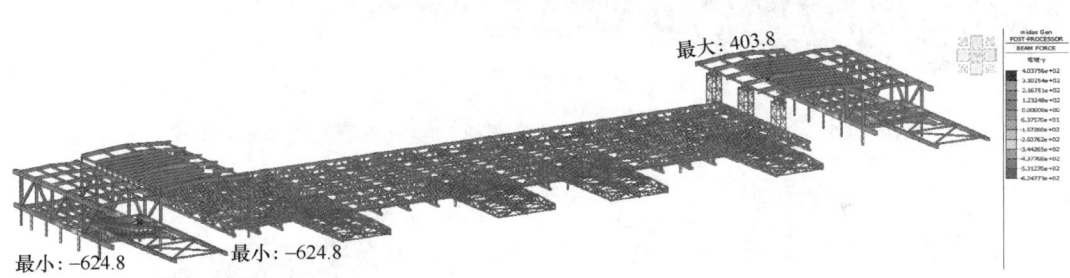

附图 B.1.7 第一次顶推完成后结构弯矩图（单位：kN·m）

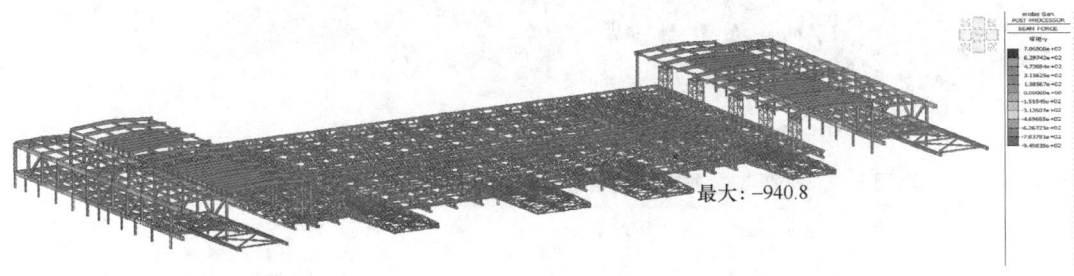

附图 B.1.8 第二次顶推完成后结构弯矩图（单位：kN·m）

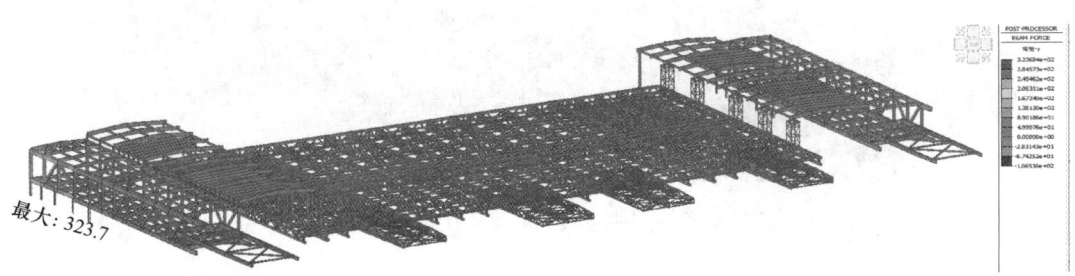

附图 B.1.9 第三次顶推完成后结构弯矩图（单位：kN·m）

B.2 极端温差作用下结构内力图和变形图

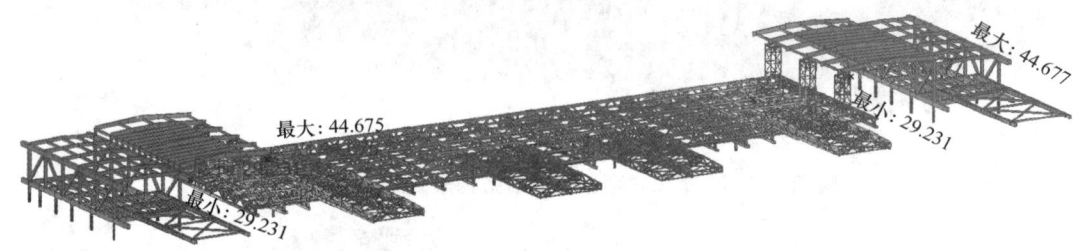

附图 B.2.1 第一次顶推完成后极端升温 40℃ 结构变形图（单位：mm）

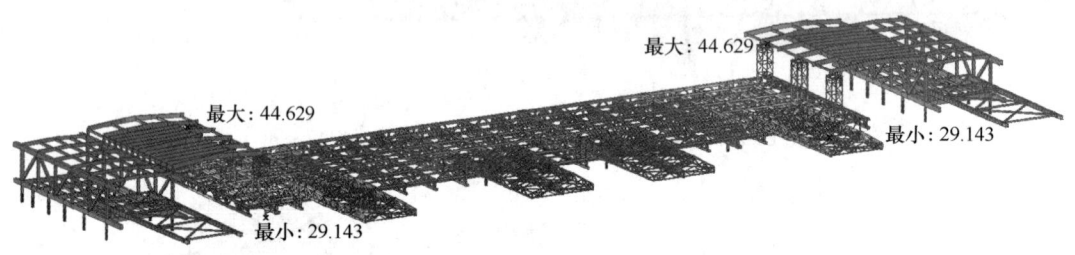

附图 B.2.2 第一次顶推完成后极端降温 40℃ 结构变形图（单位：mm）

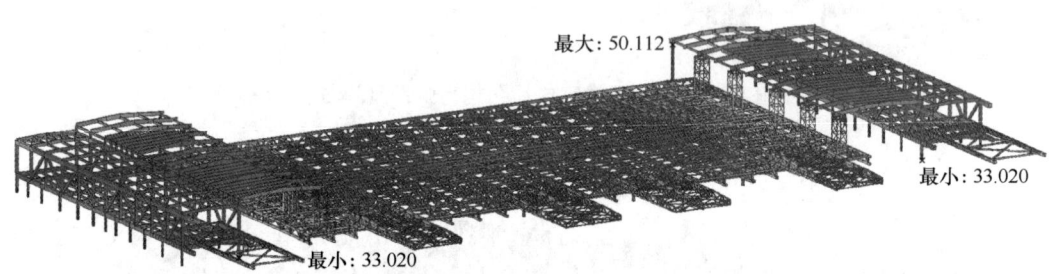

附图 B.2.3 第二次顶推完成后极端升温 40℃ 结构变形图（单位：mm）

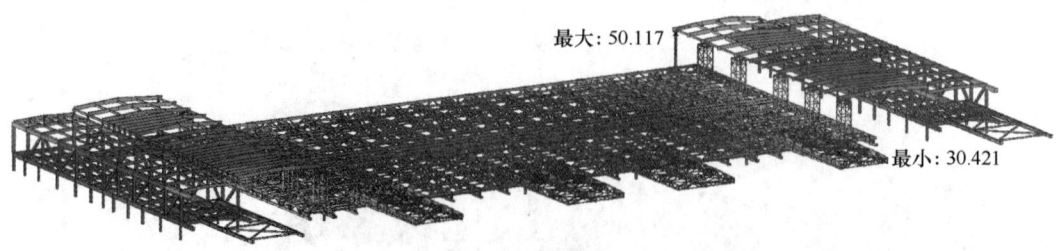

附图 B.2.4 第二次顶推完成后极端降温 40℃ 结构变形图（单位：mm）

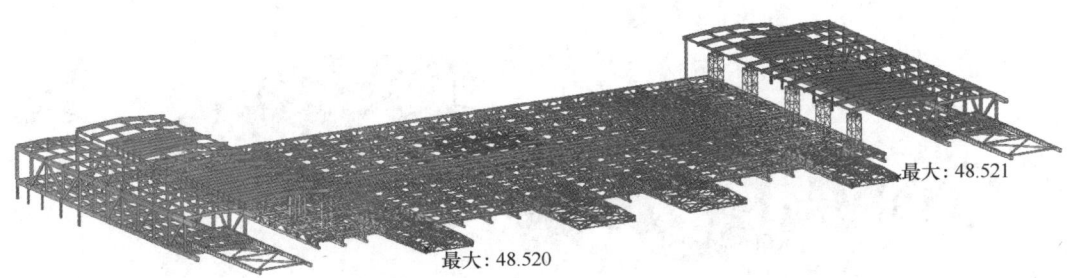

附图 B.2.5 第三次顶推完成后极端升温 40℃ 结构变形图（单位：mm）

附图 B.2.6 第三次顶推完成后极端降温 40℃ 结构变形图（单位：mm）

附图 B.2.7 第一次顶推完成后极端升温 40℃ 结构轴力图（单位：kN）

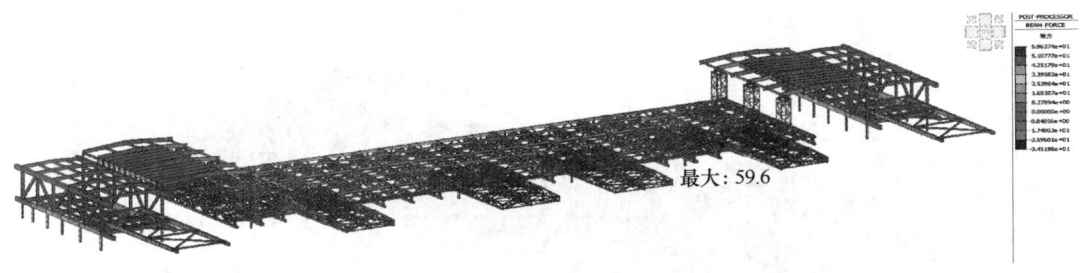

附图 B.2.8 第一次顶推完成后极端降温 40℃ 结构轴力图（单位：kN）

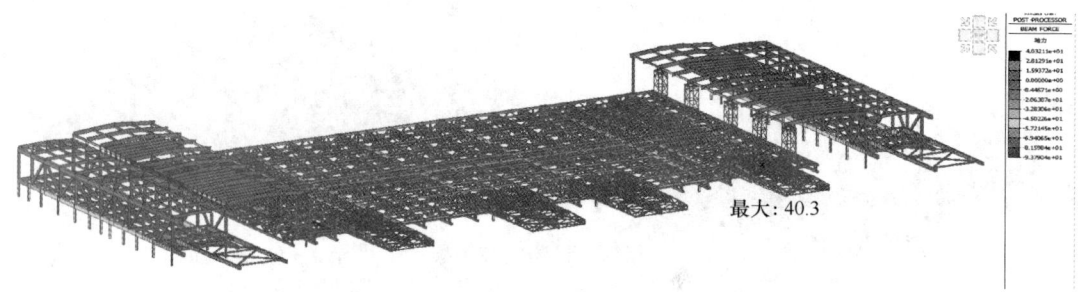

附图 B.2.9　第二次顶推完成后极端升温 40℃ 结构轴力图（单位：kN）

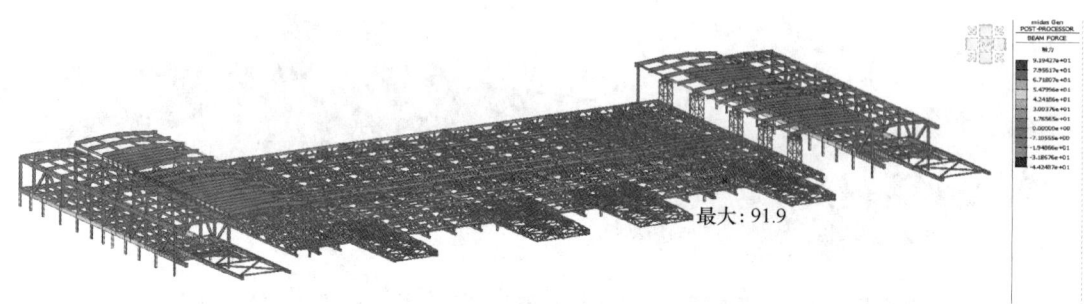

附图 B.2.10　第二次顶推完成后极端降温 40℃ 结构轴力图（单位：kN）

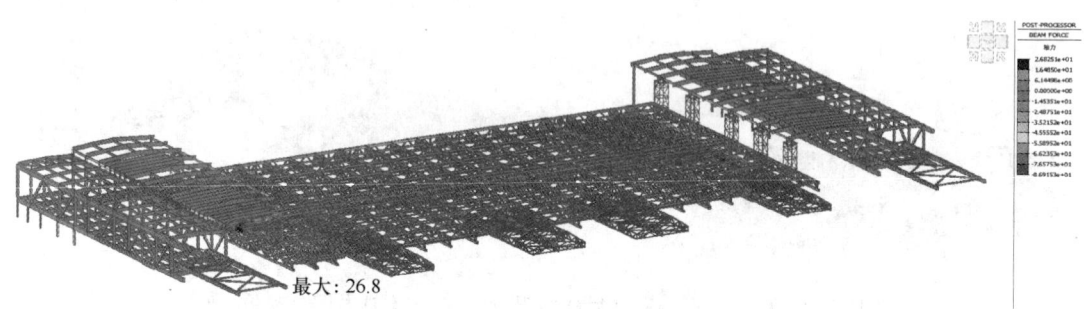

附图 B.2.11　第三次顶推完成后极端升温 40℃ 结构轴力图（单位：kN）

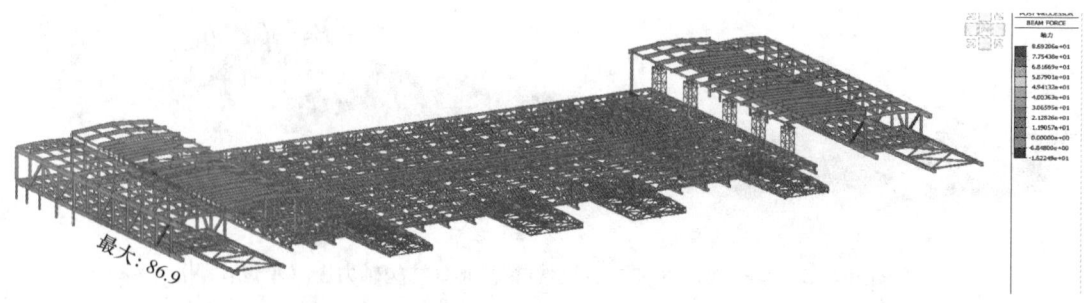

附图 B.2.12　第三次顶推完成后极端降温 40℃ 结构轴力图（单位：kN）

附录 B

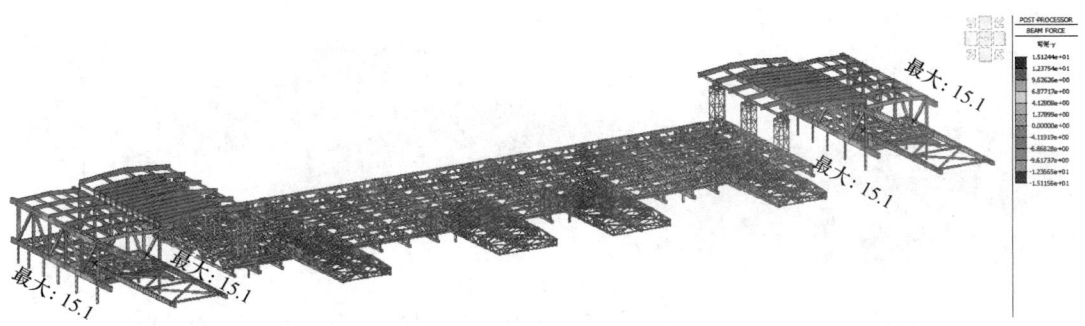

附图 B.2.13 第一次顶推完成后极端升温 40℃ 结构弯矩图（单位：kN·m）

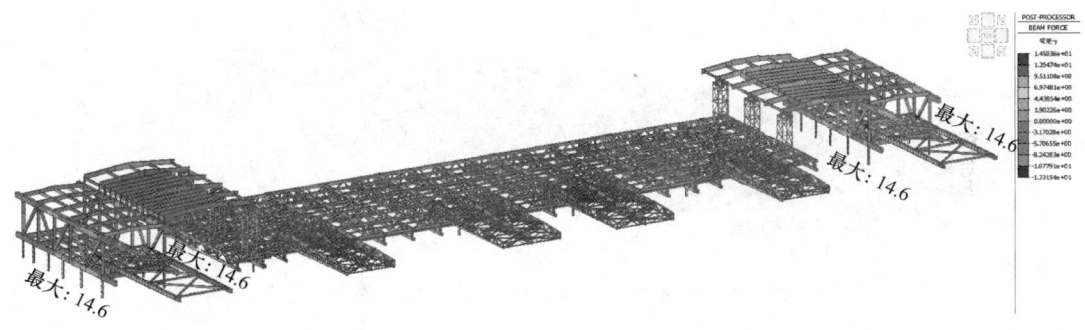

附图 B.2.14 第一次顶推完成后极端降温 40℃ 结构弯矩图（单位：kN·m）

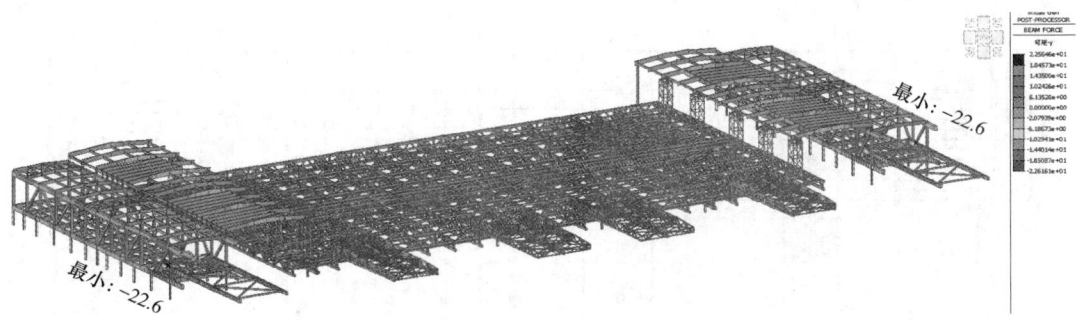

附图 B.2.15 第二次顶推完成后极端升温 40℃ 结构弯矩图（单位：kN·m）

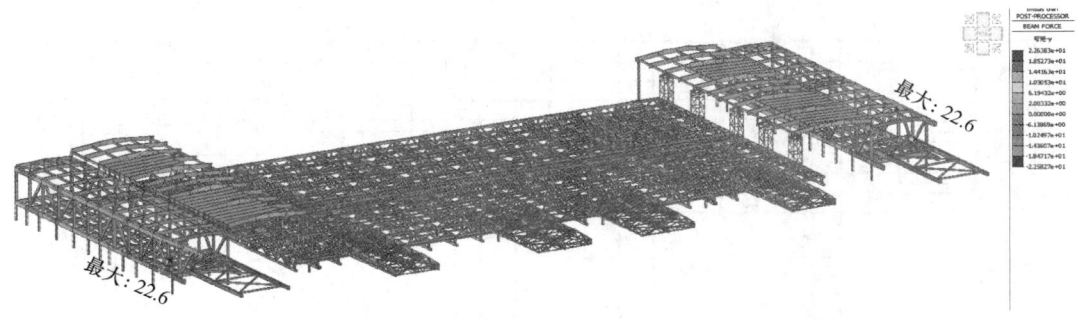

附图 B.2.16 第二次顶推完成后极端降温 40℃ 结构弯矩图（单位：kN·m）

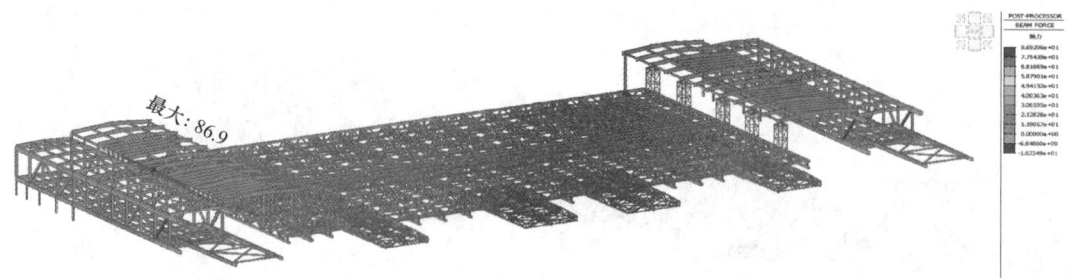

附图 B.2.17　第三次顶推完成后极端升温40℃结构弯矩图（单位：kN·m）

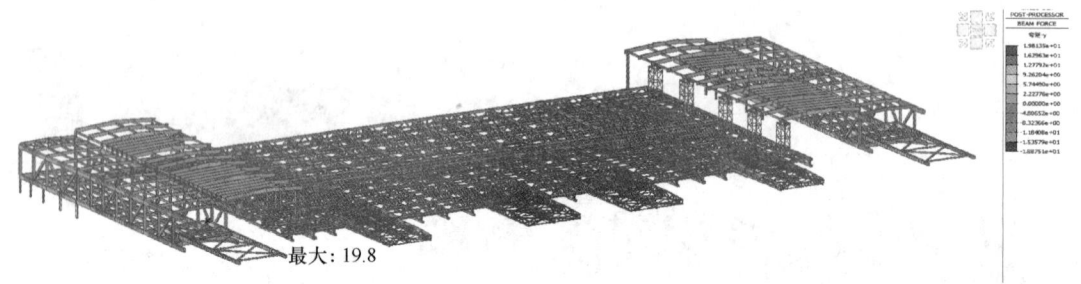

附图 B.2.18　第三次顶推完成后极端降温40℃结构弯矩图（单位：kN·m）

B.3　第一次顶推完成后强风作用下结构空间变形图

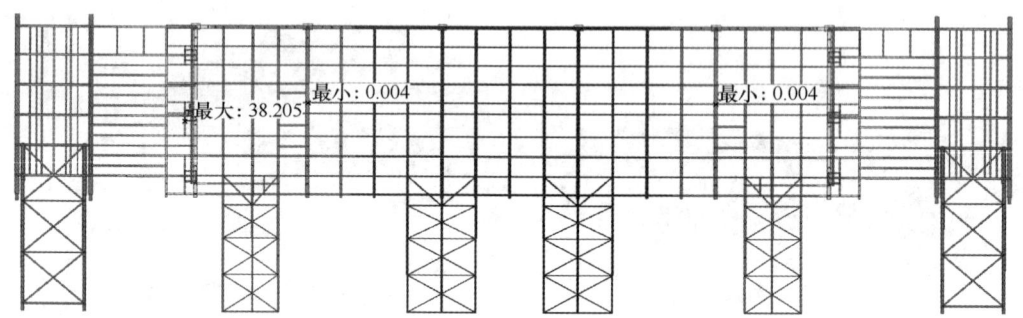

附图 B.3.1　第一次顶推完成后强风作用下结构空间变形图（方向角0°，单位mm）

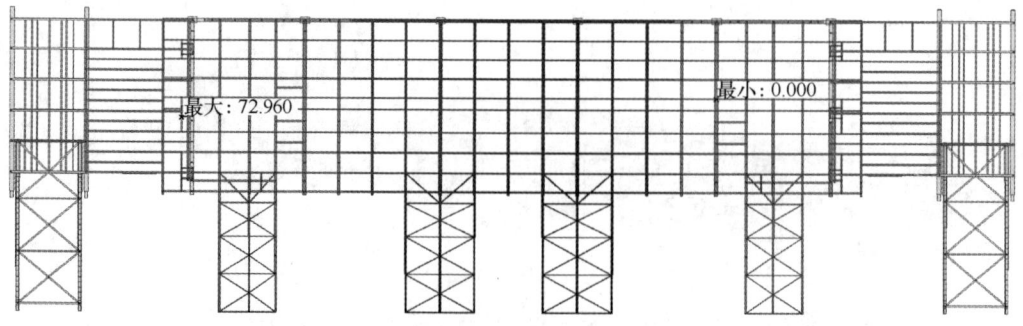

附图 B.3.2　第一次顶推完成后强风作用下结构空间变形图（方向角15°，单位mm）

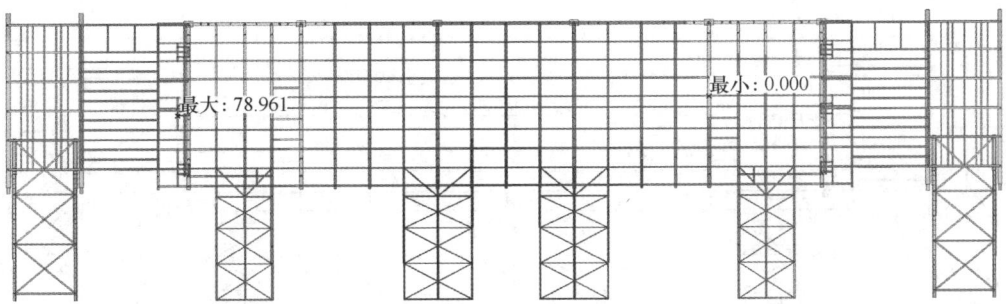

附图 B.3.3　第一次顶推完成后强风作用下结构空间变形图（方向角30°，单位mm）

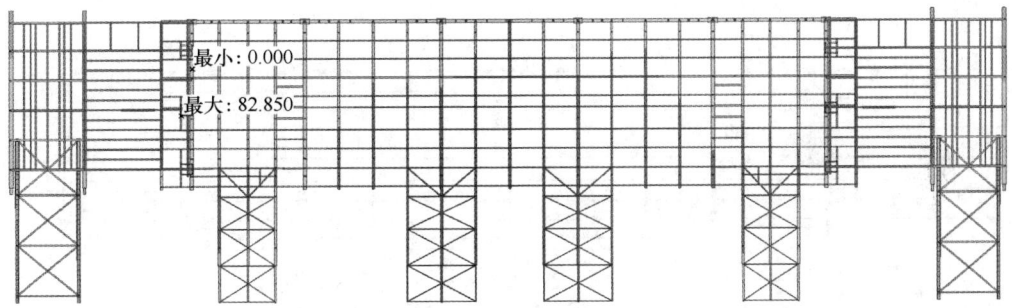

附图 B.3.4　第一次顶推完成后强风作用下结构空间变形图（方向角45°，单位mm）

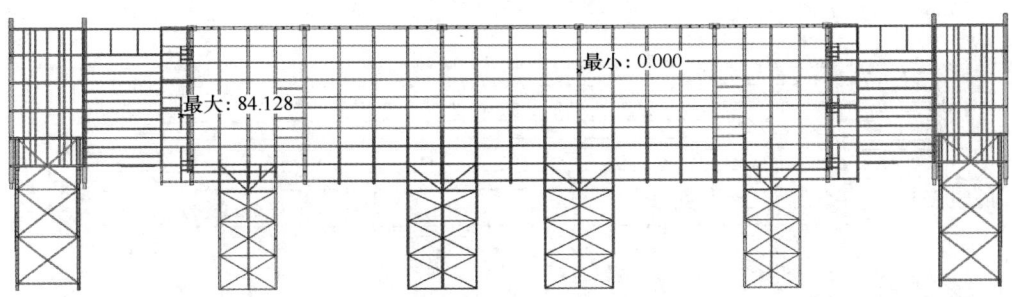

附图 B.3.5　第一次顶推完成后强风作用下结构空间变形图（方向角60°，单位mm）

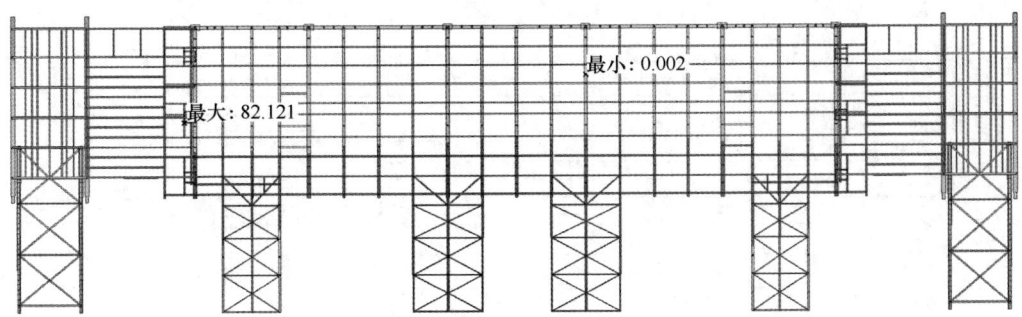

附图 B.3.6　第一次顶推完成后强风作用下结构空间变形图（方向角75°，单位mm）

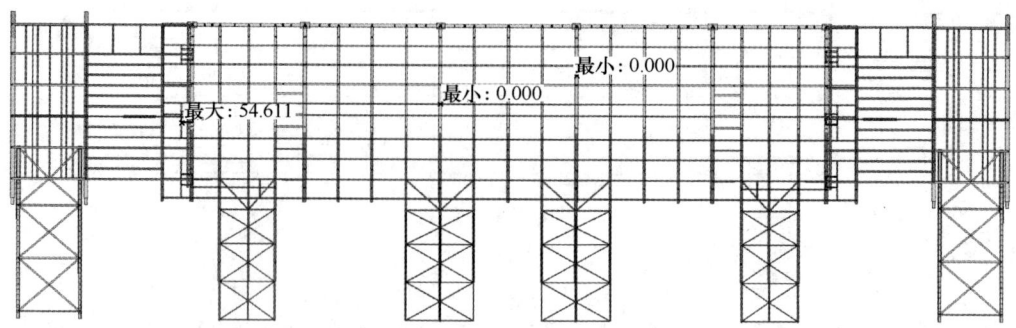

附图 B.3.7　第一次顶推完成后强风作用下结构空间变形图（方向角为 90°，单位 mm）

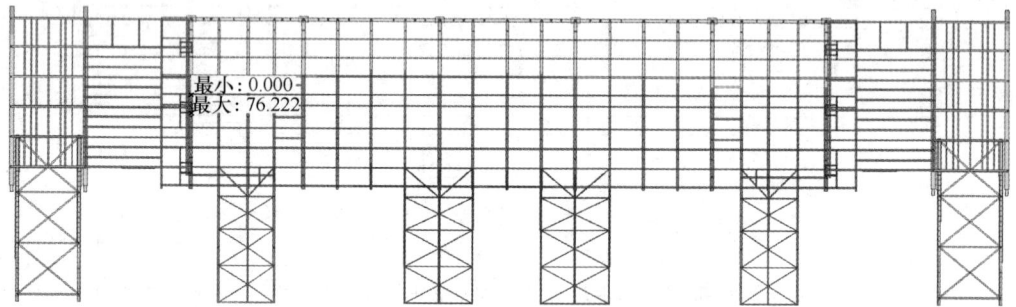

附图 B.3.8　第一次顶推完成后强风作用下结构空间变形图（方向角为 105°，单位 mm）

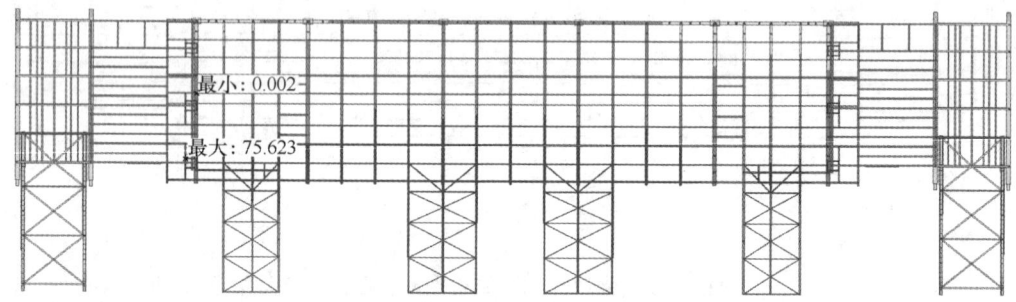

附图 B.3.9　第一次顶推完成后强风作用下结构空间变形图（方向角为 120°，单位 mm）

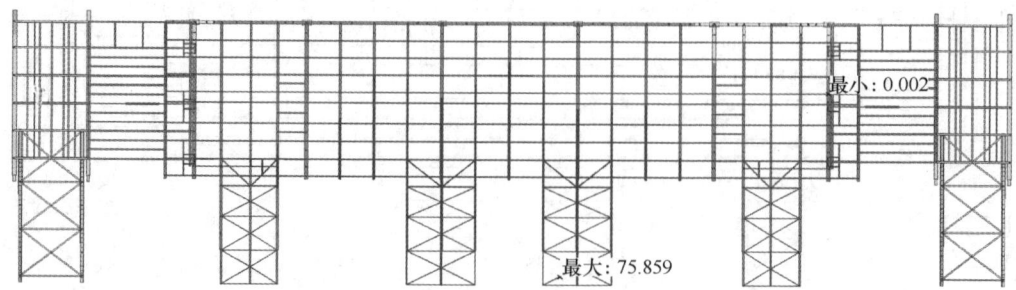

附图 B.3.10　第一次顶推完成后强风作用下结构空间变形图（方向角为 135°，单位 mm）

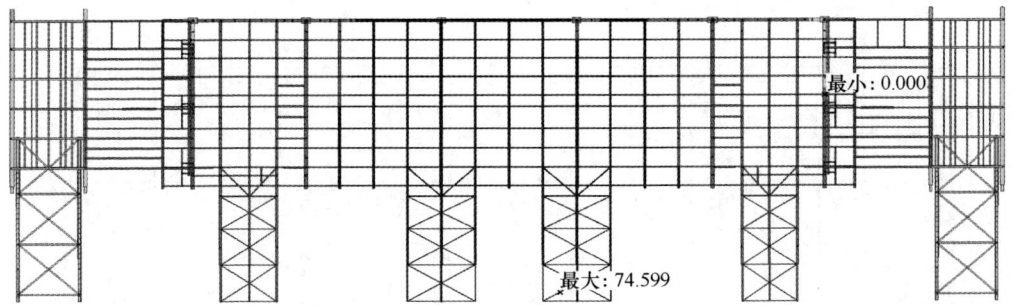

附图 B.3.11　第一次顶推完成后强风作用下结构空间变形图（方向角为150°，单位 mm）

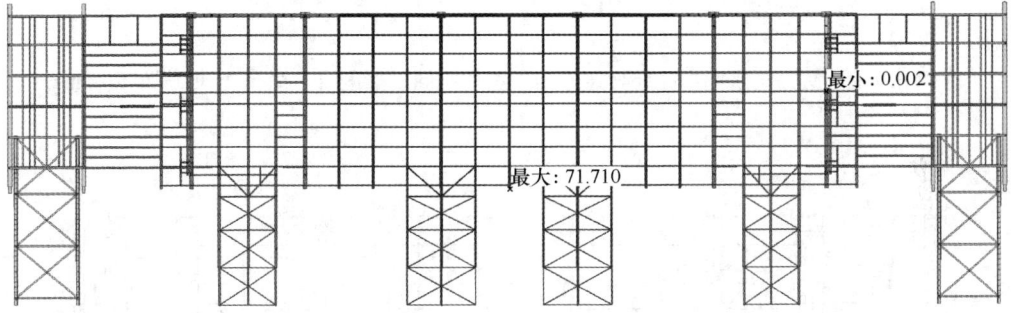

附图 B.3.12　第一次顶推完成后强风作用下结构空间变形图（方向角为165°，单位 mm）

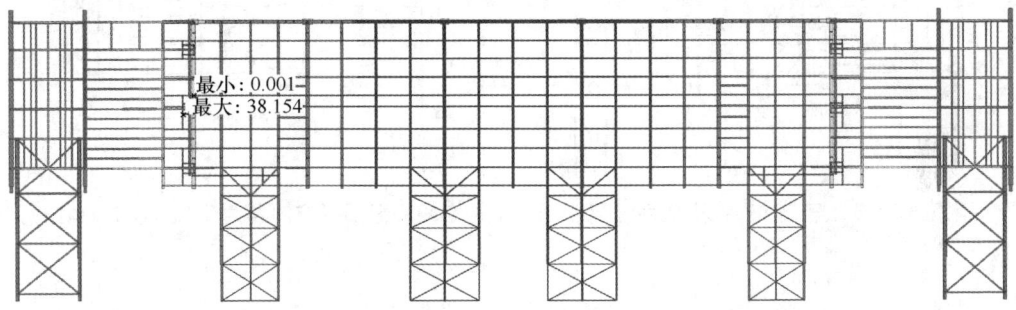

附图 B.3.13　第一次顶推完成后强风作用下结构空间变形图（方向角为180°，单位 mm）

B.4　第二次顶推完成后强风作用下结构空间变形图

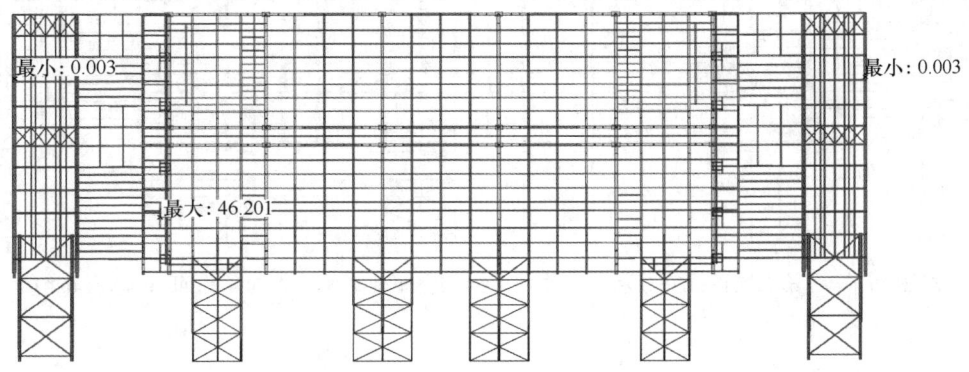

附图 B.4.1　第二次顶推完成后强风作用下结构空间变形图（方向角为0°，单位 mm）

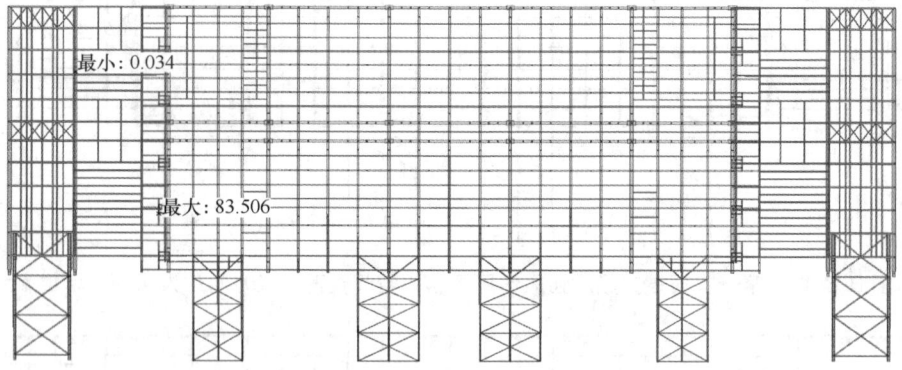

附图 B.4.2　第二次顶推完成后强风作用下结构空间变形图（方向角为 15°，单位 mm）

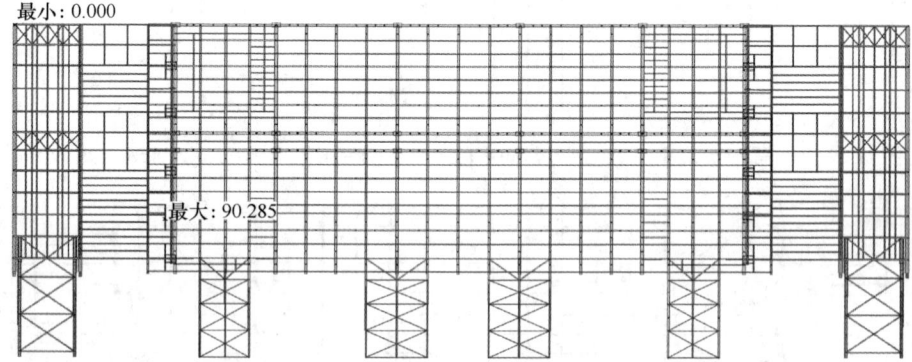

附图 B.4.3　第二次顶推完成后强风作用下结构空间变形图（方向角为 30°，单位 mm）

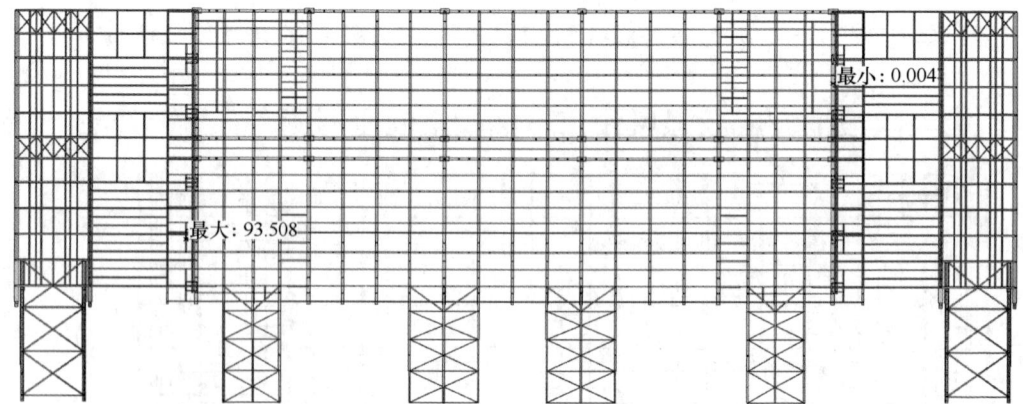

附图 B.4.4　第二次顶推完成后强风作用下结构空间变形图（方向角为 45°，单位 mm）

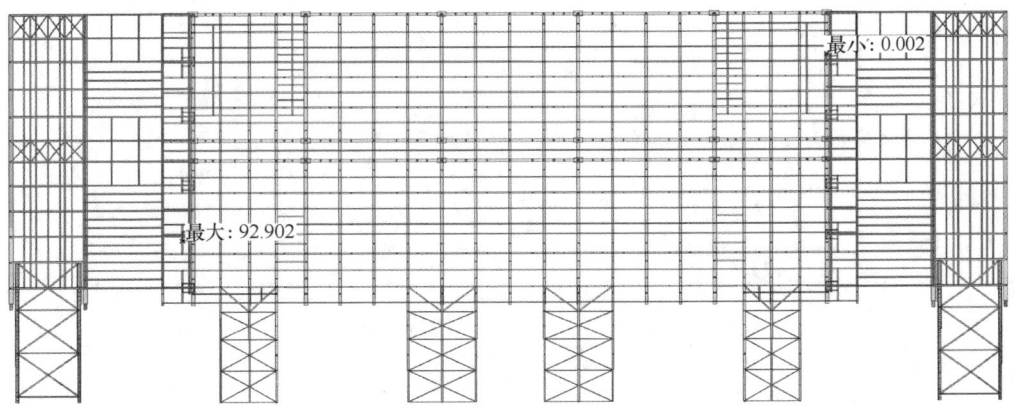

附图 B.4.5　第二次顶推完成后强风作用下结构空间变形图（方向角为 60°，单位 mm）

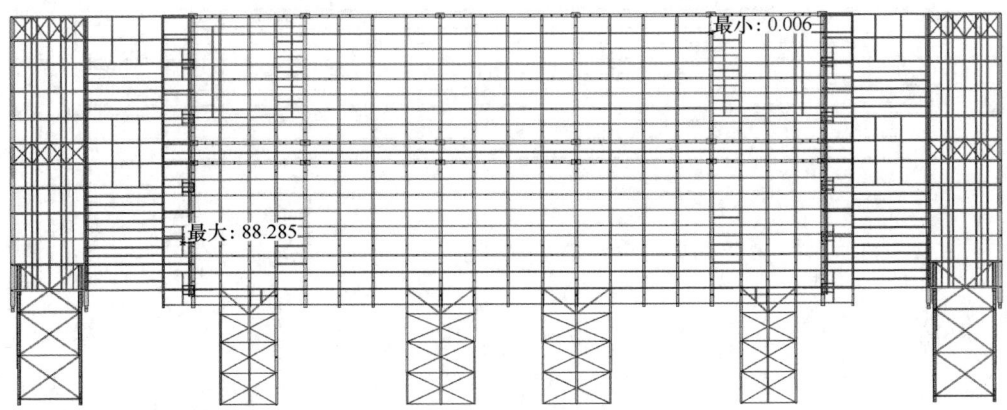

附图 B.4.6　第二次顶推完成后强风作用下结构空间变形图（方向角为 75°，单位 mm）

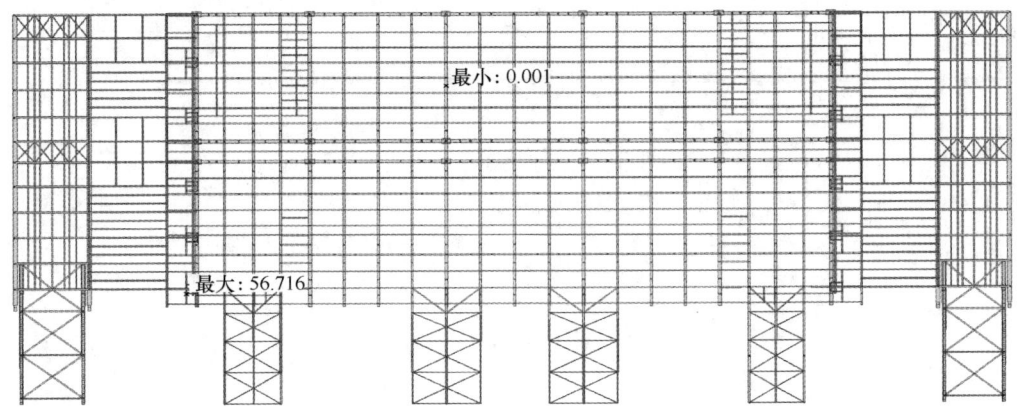

附图 B.4.7　第二次顶推完成后强风作用下结构空间变形图（方向角为 90°，单位 mm）

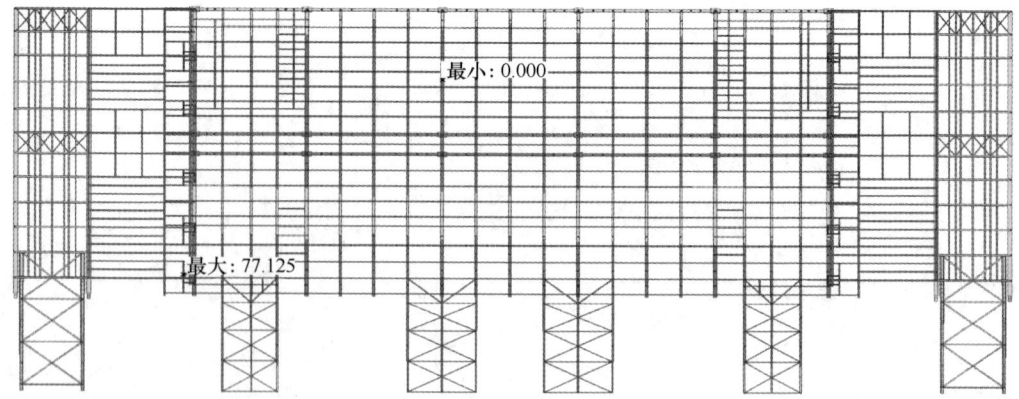

附图 B.4.8 第二次顶推完成后强风作用下结构空间变形图（方向角为105°，单位 mm）

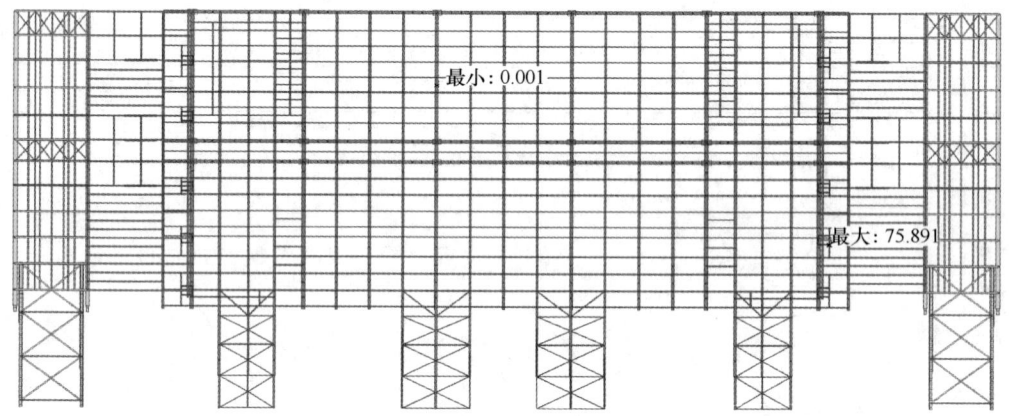

附图 B.4.9 第二次顶推完成后强风作用下结构空间变形图（方向角为120°，单位 mm）

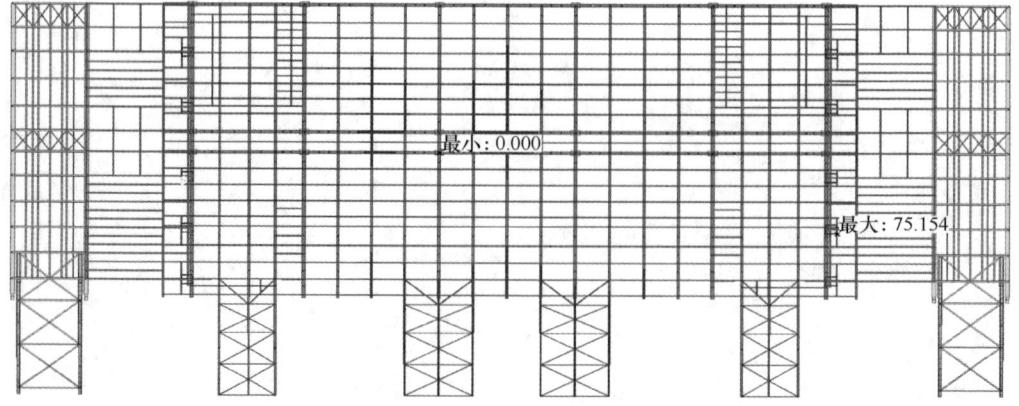

附图 B.4.10 第二次顶推完成后强风作用下结构空间变形图（方向角为135°，单位 mm）

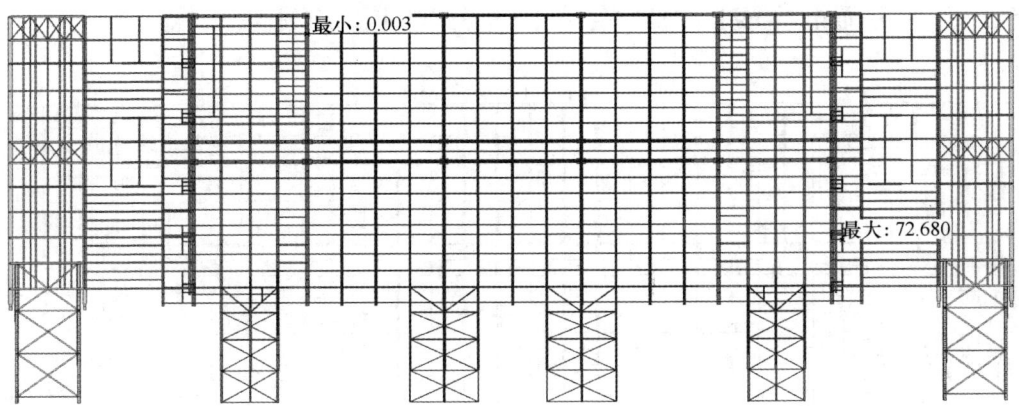

附图 B.4.11 第二次顶推完成后强风作用下结构空间变形图（方向角为150°，单位mm）

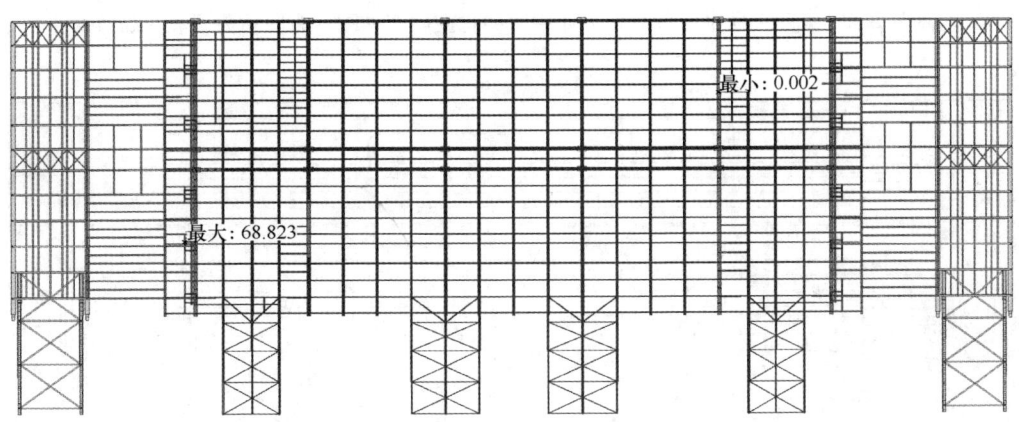

附图 B.4.12 第二次顶推完成后强风作用下结构空间变形图（方向角为165°，单位mm）

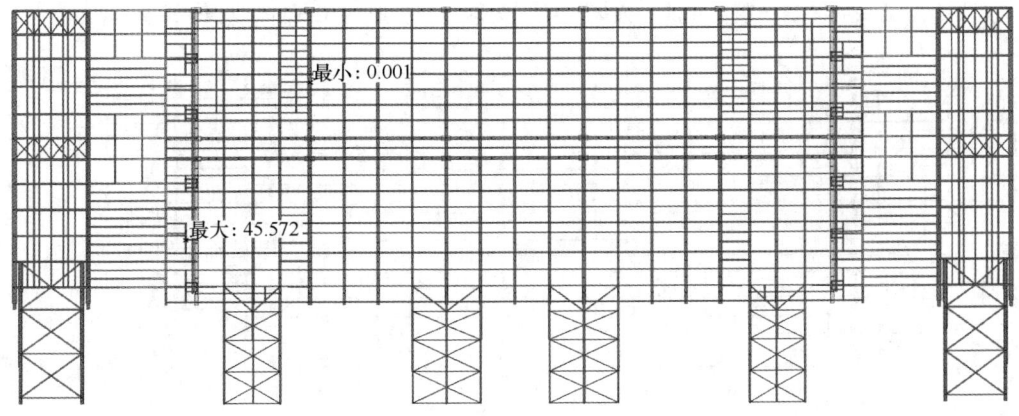

附图 B.4.13 第二次顶推完成后强风作用下结构空间变形图（方向角为180°，单位mm）

B.5 第三次顶推完成后强风作用下结构空间变形图

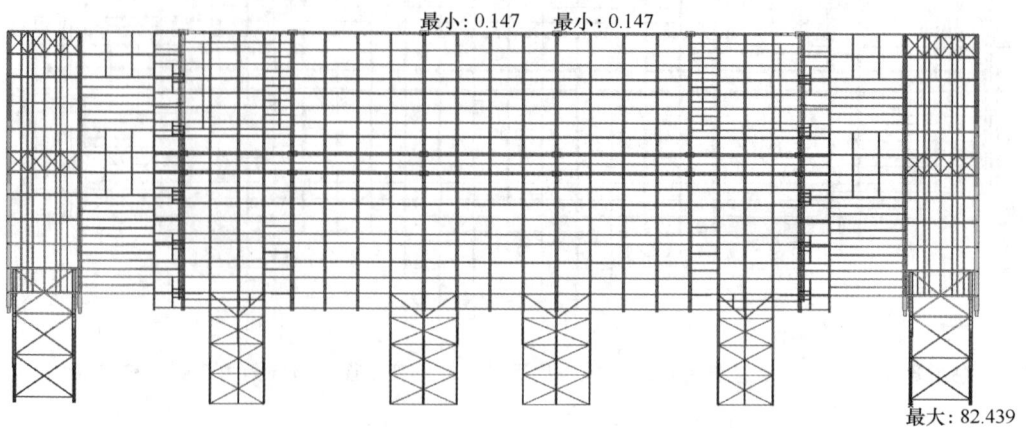

附图 B.5.1　第三次顶推完成后强风作用下结构空间变形图（方向角为 0°，单位 mm）

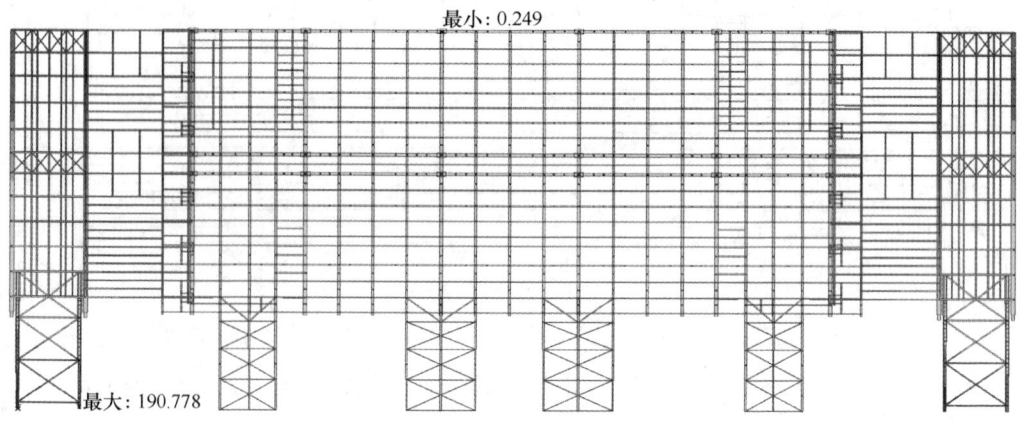

附图 B.5.2　第三次顶推完成后强风作用下结构空间变形图（方向角为 15°，单位 mm）

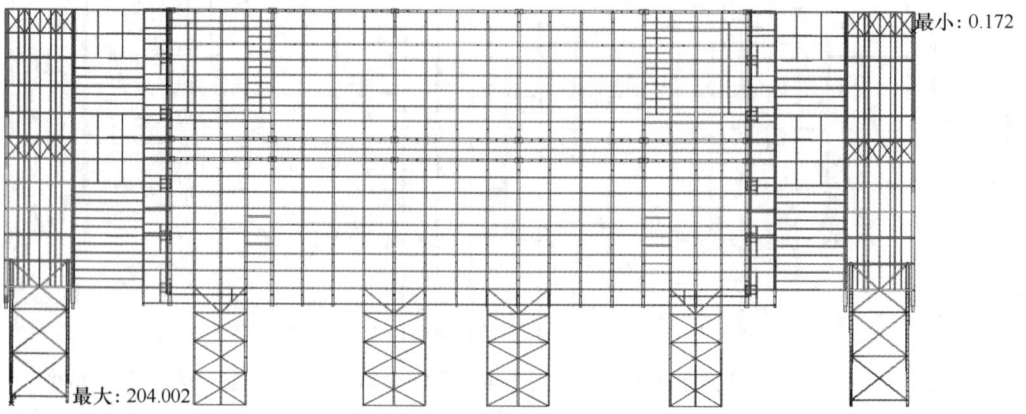

附图 B.5.3　第三次顶推完成后强风作用下结构空间变形图（方向角为 30°，单位 mm）

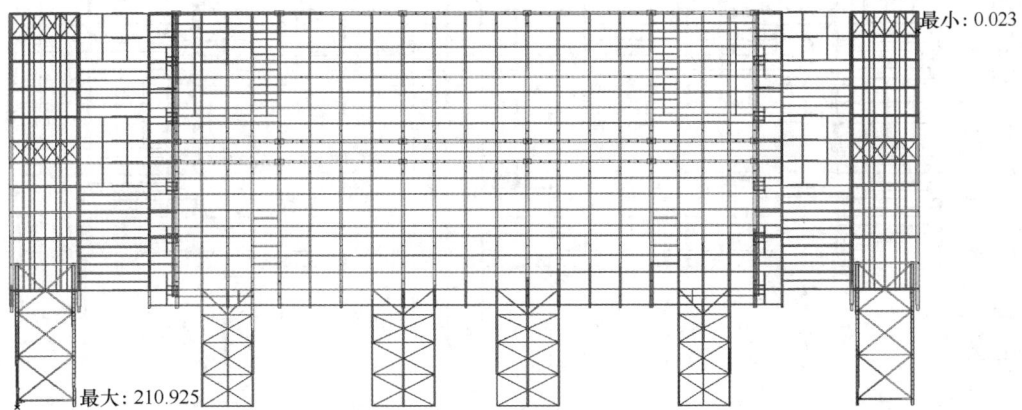

附图 B.5.4　第三次顶推完成后强风作用下结构空间变形图（方向角为 45°，单位 mm）

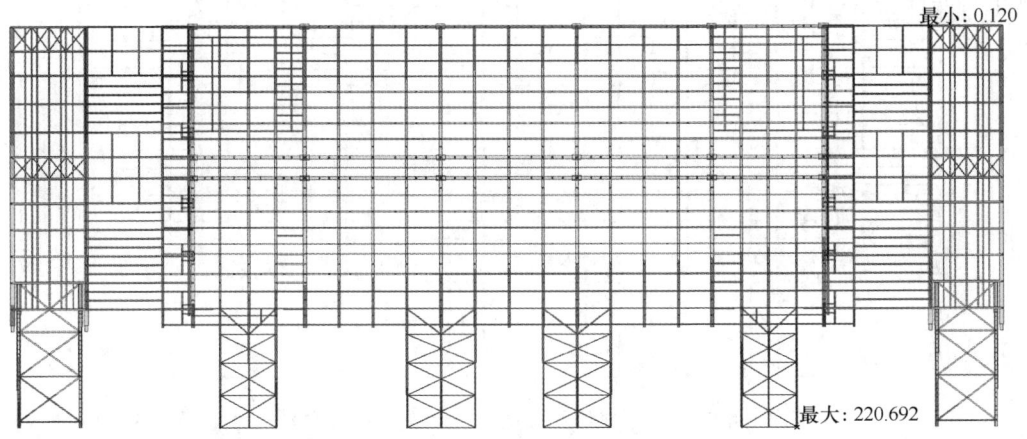

附图 B.5.5　第三次顶推完成后强风作用下结构空间变形图（方向角为 60°，单位 mm）

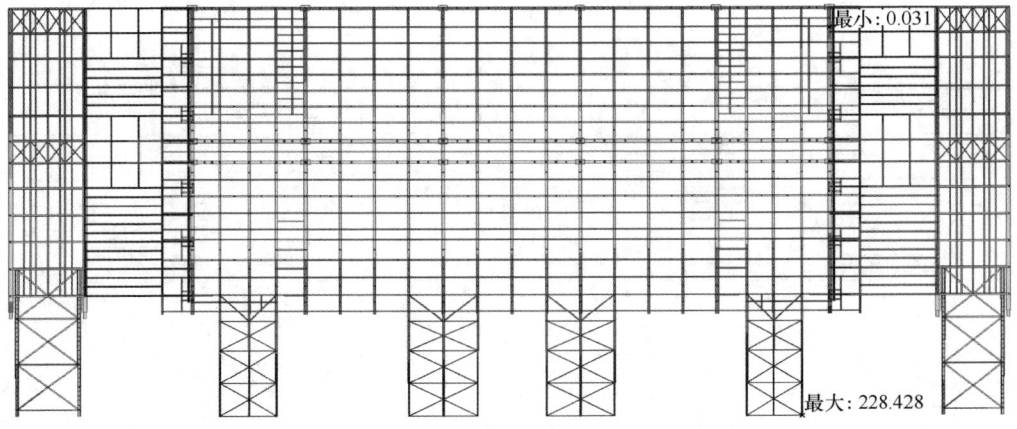

附图 B.5.6　第三次顶推完成后强风作用下结构空间变形图（方向角为 75°，单位 mm）

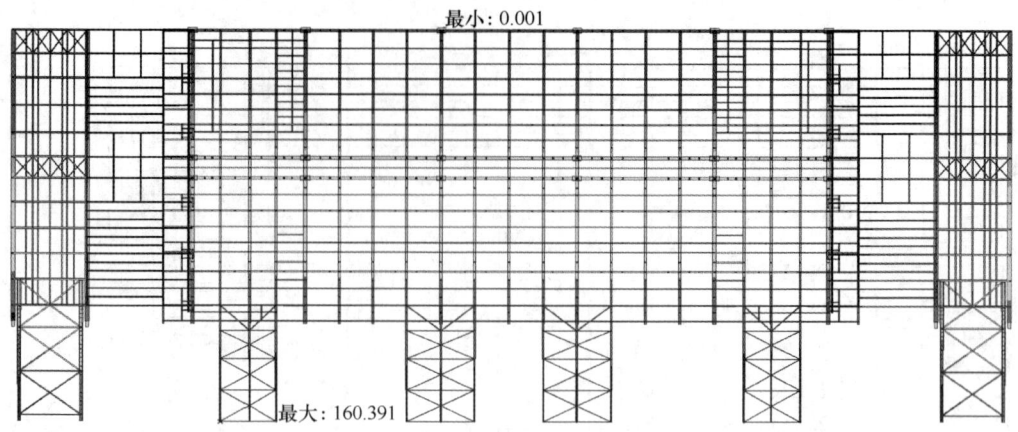

附图 B.5.7　第三次顶推完成后强风作用下结构空间变形图（方向角为90°，单位mm）

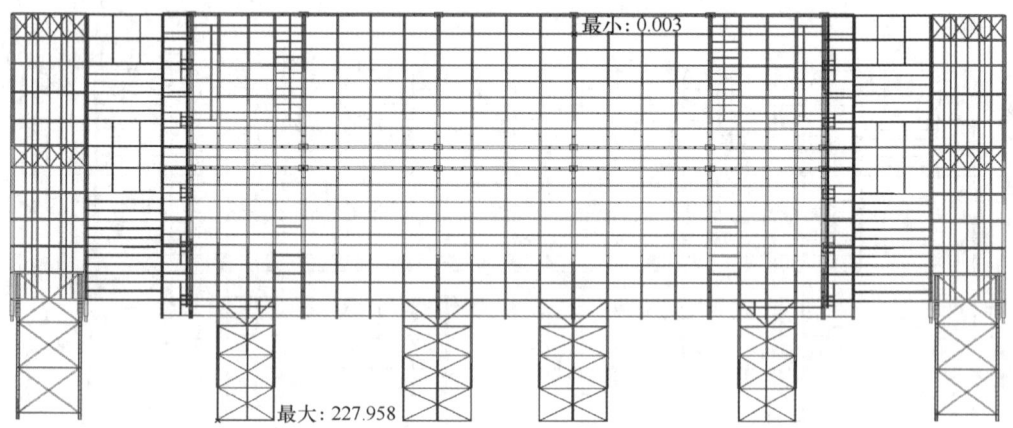

附图 B.5.8　第三次顶推完成后强风作用下结构空间变形图（方向角为105°，单位mm）

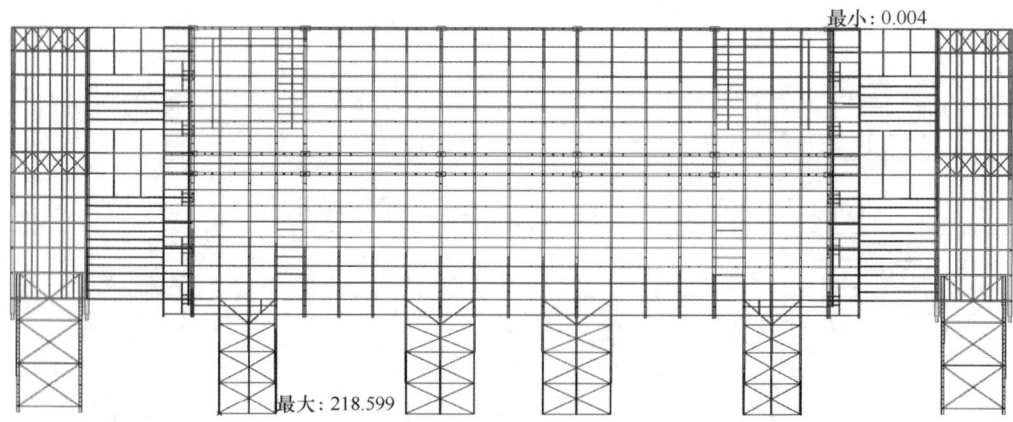

附图 B.5.9　第三次顶推完成后强风作用下结构空间变形图（方向角为120°，单位mm）

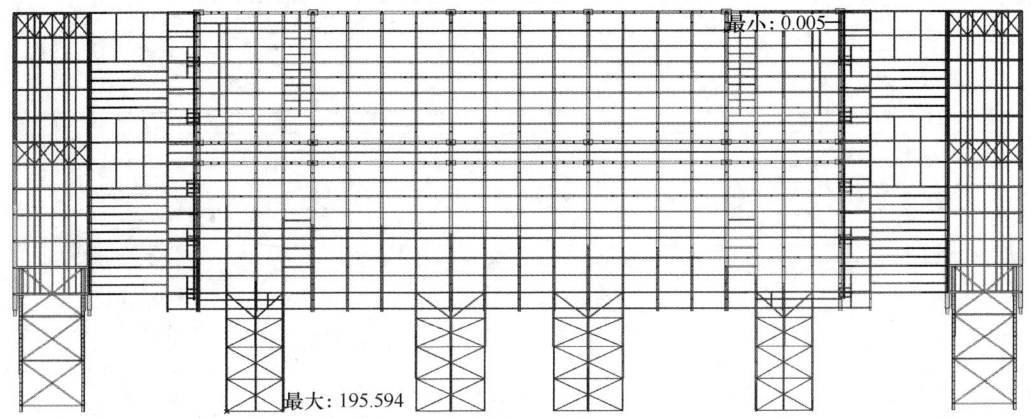

附图 B.5.10　第三次顶推完成后强风作用下结构空间变形图（方向角为 135°，单位 mm）

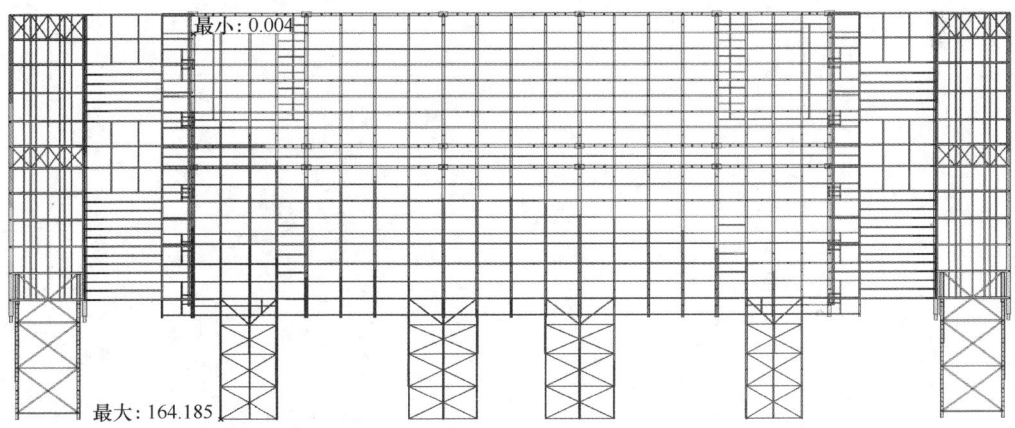

附图 B.5.11　第三次顶推完成后强风作用下结构空间变形图（方向角为 150°，单位 mm）

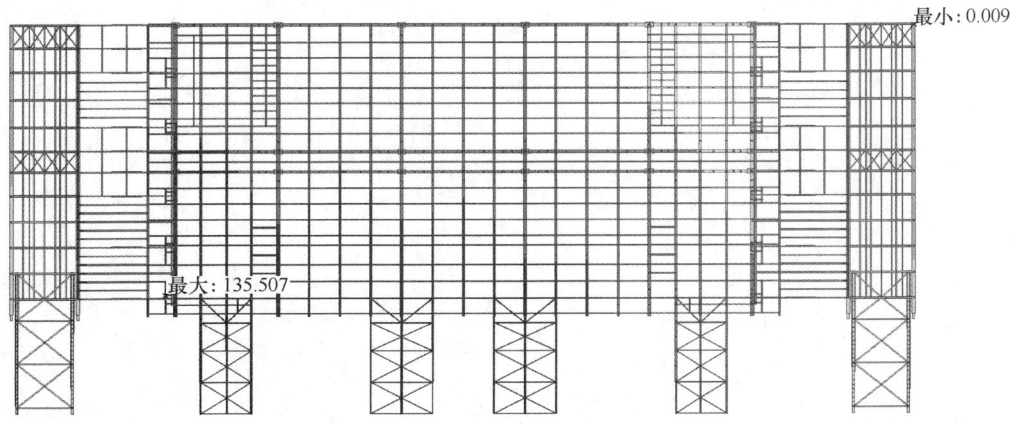

附图 B.5.12　第三次顶推完成后强风作用下结构空间变形图（方向角为 165°，单位 mm）

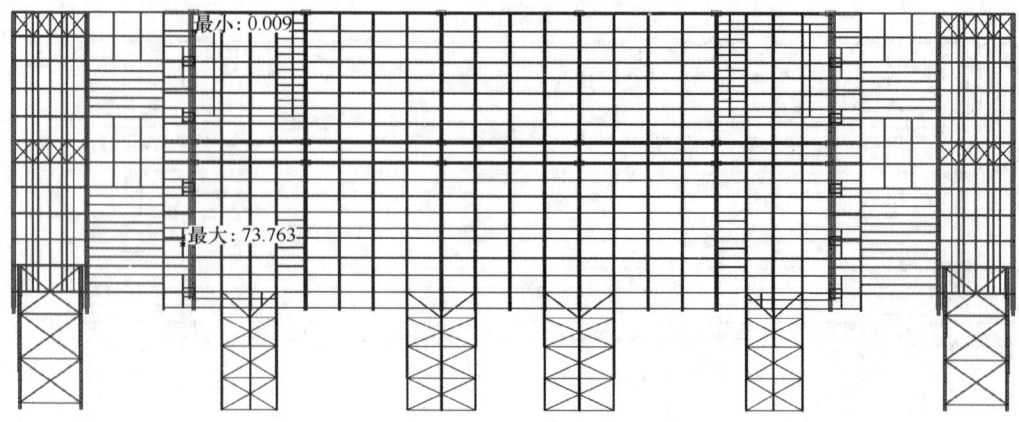

附图 B.5.13 第三次顶推完成后强风作用下结构空间变形图（方向角为 180°，单位 mm）

参 考 文 献

[1] 曹嵩岭. 跨越既有线路钢箱梁顶推施工有限元仿真分析[J]. 科技创新与应用, 2024, 14(2): 75-78.
[2] 陈桂财, 官水根. 顶推施工技术在公路桥梁工程中的应用[J]. 交通建设与管理, 2014(06): 18-20.
[3] 陈君, 吴波, 朱利明, 等. 步履式顶推施工研究综述[J]. 黑龙江交通科技, 2021, 44(02): 77-79.
[4] 陈卓. 横向四滑道步履式顶推钢箱梁局部受力分析与同步控制研究[D]. 长沙理工大学, 2018.
[5] 寸代杰, 任匀, 尹存华, 等. 加强市政工程施工环境保护探析[J]. 黑龙江科技信息, 2017(13): 230.
[6] 符健, 蔡汗, 熊壮. 上跨既有铁路钢桁梁桥顶推设计与施工分析[J]. 工程技术研究, 2023, 8(8): 181-184.
[7] 韩宇, 王兴鲁. 既有铁路站改工程BIM标准化建模方法及应用[J]. 铁道标准设计, 2023, 67(10): 86-94.
[8] 何振涛. 跨高速公路钢箱梁步履式顶推施工监测与数值分析[D]. 合肥工业大学, 2021.
[9] 贺敬轩. 大跨度站房钢结构屋盖施工方案的研究[J]. 中文科技期刊数据库(全文版)工程技术, 2023(03): 116-119.
[10] 黄群广. 上跨繁忙干线钢桁梁拖拉式顶推和步履式顶推工艺比选[J]. 中国新技术新产品, 2021(19): 124-127.
[11] 贾红兵. 钢箱梁步履式顶推法施工关键技术研究[D]. 长安大学, 2019.
[12] 李俊. 整孔箱梁现浇及落梁施工技术研究[J]. 铁道工程学报, 2003(04): 86-89, 80.
[13] 李向红, 徐腾飞. 连续箱梁步履式顶推施工关键技术与实践[M]. 北京: 科学出版社, 2016.
[14] 林志野. 大跨度空间钢结构滑移法施工全过程力学行为研究[D]. 沈阳建筑大学, 2010.
[15] 刘建东. 桥梁自锁式顶推施工技术的改进研究与应用[J]. 铁道建筑技术, 2023(3): 80-84.
[16] 刘伟亮. 大跨度钢桁架结构的滑移法施工[D]. 重庆大学, 2001.
[17] 罗晨星. 滑移法在大型钢结构施工中应用研究[D]. 湖北工业大学, 2018.
[18] 史宝宝, 高健根, 张利坤, 等. 城市立交桥钢箱梁顶推滑移整体受力及局部稳定性分析[J]. 河南城建学院学报, 2023, 32(02): 9-15.
[19] 唐军. 跨高速铁路大跨径双幅简支钢箱梁同步拖拉式顶推施工技术[J]. 中国科技信息, 2021(13): 82-84.
[20] 田黎敏. 大跨度空间钢结构的施工过程模拟分析及研究[D]. 西安建筑科技大学, 2010.
[21] 王晨阳. 跨越营业线钢结构天桥顶推施工技术[J]. 施工技术(中英文), 2023, 52(08): 85-89.
[22] 杨磊. 混凝土斜连续梁顶推施工期风险评估与预防措施[D]. 长沙理工大学, 2012.
[23] 杨振, 高健根, 葛亚南, 等. 跨城市快速路顶推滑移钢箱梁施工关键技术[J]. 兰州工业学院学报, 2023, 30(02): 27-32.
[24] 张全帅. 窄间距滑道条件下钢桁梁桥顶推施工关键技术研究[D]. 烟台大学, 2023.
[25] 张群. 上跨浅埋段铁路隧道钢箱梁拖拉式顶推施工技术[J]. 云南水力发电, 2023, 39(11): 218-223.
[26] 张书含, 果冰. 钢结构桥梁施工中顶推滑移法的应用[J]. 中国新技术新产品, 2022(18): 114-116.

[27] 张运涛. 大跨钢箱梁桥顶推施工安全控制研究[D]. 长安大学，2014.
[28] 赵金华. 既有铁路营业线改造施工特点及管控——参与铁路既有线施工的总结和思考[J]. 价值工程，2013，32(3)：71-74.
[29] 赵庆科. 液压同步安装技术在工程中的应用[D]. 西安建筑科技大学，2008.